Código Penal

Biblioteca de Textos Legales

Código Penal

LEY ORGÁNICA 10/1995, DE 23 DE NOVIEMBRE

Edición preparada por
ENRIQUE GIMBERNAT ORDEIG
Catedrático de Derecho Penal
de la Universidad Complutense de Madrid

con la colaboración de
ESTEBAN MESTRE DELGADO
Profesor Titular de Derecho Penal
de la Universidad de Alcalá

SÉPTIMA EDICIÓN

tecnos

1.ª edición, 1995
2.ª edición, 1996
3.ª edición, 1997
4.ª edición, 1998
5.ª edición, 1999
6.ª edición, 2000
7.ª edición, 2001

Cubierta de J. M. Domínguez y J. Sánchez Cuenca
Impresión de cubierta: Gráficas Molina

Juan Ignacio Luca de Tena, 15 - 28027 Madrid
ISBN: 84-309-3691-2
Depósito Legal: B-36437-2001

Printed in Spain. Impreso en España por NOVOPRINT S. A.

ÍNDICE SISTEMÁTICO

Nota explicativa de algunos de los contenidos de la edición del Código Penal de 1995 en la «Biblioteca de Textos Legales» de Editorial Tecnos .... *Pág.* 17

Prólogo a la séptima edición 18
Prólogo a la quinta edición 18
Prólogo a la tercera edición 22
Prólogo a la segunda edición 26
Abreviaturas 43

CÓDIGO PENAL DE 1995

Ley Orgánica 10/1995, de 23 de noviembre, del Código Penal ... 49

EXPOSICIÓN DE MOTIVOS 49

TÍTULO PRELIMINAR: *De las garantías penales y de la aplicación de la Ley penal* 53

LIBRO I: DISPOSICIONES GENERALES SOBRE LOS DELITOS Y LAS FALTAS, LAS PERSONAS RESPONSABLES, LAS PENAS, MEDIDAS DE SEGURIDAD Y DEMÁS CONSECUENCIAS DE LA INFRACCIÓN PENAL .. 57

TÍTULO I: *De la infracción penal* 57

Cap. I: De los delitos y faltas 57
Cap. II: De las causas que eximen de la responsabilidad criminal 59
Cap. III: De las circunstancias que atenúan la responsabilidad criminal 61
Cap. IV: De las circunstancias que agravan la responsabilidad criminal 61
Cap. V: De la circunstancia mixta de parentesco 62
Cap. VI: Disposiciones generales 62

TÍTULO II: *De las personas criminalmente responsables de los delitos y faltas* 63

TÍTULO III: *De las penas* 65
Cap. I: De las penas, sus clases y efectos 65
Secc. 1.ª: De las penas y sus clases 65
Secc. 2.ª: De las penas privativas de libertad 67
Secc. 3.ª: De las penas privativas de derechos 70
Secc. 4.ª: De la pena de multa 75
Secc. 5.ª: De las penas accesorias 77
Secc. 6.ª: Disposiciones comunes 78
Cap. II: De la aplicación de las penas 79
Secc. 1.ª: Reglas generales para la aplicación de las penas 79
Secc. 2.ª: Reglas especiales para la aplicación de las penas 82
Cap. III: De las formas sustitutivas de la ejecución de las penas privativas de libertad 84
Secc. 1.ª: De la suspensión de la ejecución de las penas privativas de libertad 84
Secc. 2.ª: De la sustitución de las penas privativas de libertad 87
Secc. 3.ª: De la libertad condicional 89
Secc. 4.ª: Disposiciones comunes 90

TÍTULO IV: *De las medidas de seguridad* 90
Cap. I: De las medidas de seguridad en general 90
Cap. II: De la aplicación de las medidas de seguridad 92
Secc. 1.ª: De las medidas privativas de libertad 92
Secc. 2.ª: De las medidas no privativas de libertad 94

TÍTULO V: *De la responsabilidad civil derivada de los delitos y faltas y de las costas procesales* 96
Cap. I: De la responsabilidad civil y su extensión 96
Cap. II: De las personas civilmente responsables 98
Cap. III: De las costas procesales 101
Cap. IV: Del cumplimiento de la responsabilidad civil y de más responsabilidades pecuniarias 102

TÍTULO VI: *De las consecuencias accesorias* 102

TÍTULO VII: *De la extinción de la responsabilidad criminal y sus efectos* 104
Cap. I: De las causas que extinguen la responsabilidad criminal 104

Cap. II: De la cancelación de antecedentes delictivos 107

LIBRO II: DELITOS Y SUS PENAS 111

TÍTULO I: *Del homicidio y sus formas* 111

TÍTULO II: *Del aborto* 113

TÍTULO III: *De las lesiones* 116

TÍTULO IV: *De las lesiones al feto* 120

TÍTULO V: *Delitos relativos a la manipulación genética* 121

TÍTULO VI: *Delitos contra la libertad* 122
Cap. I: De las detenciones ilegales y secuestros 122
Cap. II: De las amenazas 125
Cap. III: De las coacciones 127

TÍTULO VII: *De las torturas y otros delitos contra la integridad moral* 127

TÍTULO VIII: *Delitos contra la libertad e indemnidad sexuales* ... 129
Cap. I: De las agresiones sexuales 129
Cap. II: De los abusos sexuales 133
Cap. III: Del acoso sexual 134
Cap. IV: De los delitos de exhibicionismo y provocación sexual 135
Cap. V: De los delitos relativos a la prostitución y la corrupción de menores 135
Cap. VI: Disposiciones comunes a los capítulos anteriores .. 138

TÍTULO IX: *De la omisión del deber de socorro* 139

TÍTULO X: *Delitos contra la intimidad, el derecho a la propia imagen y la inviolabilidad del domicilio* 140
Cap. I: Del descubrimiento y revelación de secretos 141
Cap. II: Del allanamiento de morada, domicilio de personas jurídicas y establecimientos abiertos al público 142

TÍTULO XI: *Delitos contra el honor* 144
Cap. I: De la calumnia 144
Cap. II: De la injuria 144
Cap. III: Disposiciones generales 145

TÍTULO XII: *Delitos contra las relaciones familiares* 146
Cap. I: De los matrimonios ilegales 146
Cap. II: De la suposición de parto y de la alteración de la paternidad, estado o condición del menor 147
Cap. III: De los delitos contra los derechos y deberes familiares 148
Secc. 1.ª: Del quebrantamiento de los deberes de custodia y de la inducción de menores al abandono de domicilio 148
Secc. 2.ª: Del abandono de familia, menores o incapaces ... 149

TÍTULO XIII: *Delitos contra el patrimonio y contra el orden socioeconómico* 151
Cap. I: De los hurtos 151
Cap. II: De los robos 152
Cap. III: De la extorsión 154
Cap. IV: Del robo y hurto de uso de vehículos 154
Cap. V: De la usurpación 154
Cap. VI: De las defraudaciones 155
Secc. 1.ª: De las estafas 155
Secc. 2.ª: De la apropiación indebida 157
Secc. 3.ª: De las defraudaciones de fluido eléctrico y análogas 158
Cap. VII: De las insolvencias punibles 158
Cap. VIII: De la alteración de precios en concursos y subastas públicas 160
Cap. IX: De los daños 161
Cap. X: Disposiciones comunes a los capítulos anteriores .. 163
Cap. XI: De los delitos relativos a la propiedad intelectual e industrial, al mercado y a los consumidores 163
Secc. 1.ª: De los delitos relativos a la propiedad intelectual ... 163
Secc. 2.ª: De los delitos relativos a la propiedad industrial.. 165
Secc. 3.ª: De los delitos relativos al mercado y a los consumidores 168
Secc. 4.ª: Disposiciones comunes a las secciones anteriores .. 170
Cap. XII: De la sustracción de cosa propia a su utilidad social o cultural 170
Cap. XIII: De los delitos societarios 171
Cap. XIV: De la receptación y otras conductas afines 173

TÍTULO XIV: *De los delitos contra la Hacienda Pública y contra la Seguridad Social* 176
TÍTULO XV: *De los delitos contra los derechos de los trabajadores* 182
TÍTULO XV BIS: *Delitos contra los derechos de los ciudadanos extranjeros* 186
TÍTULO XVI: *De los delitos relativos a la ordenación del territorio y la protección del patrimonio histórico y del medio ambiente* 187
Cap. I: De los delitos sobre la ordenación del territorio 187
Cap. II: De los delitos sobre el patrimonio histórico 188
Cap. III: De los delitos contra los recursos naturales y el medio ambiente 189
Cap. IV: De los delitos relativos a la protección de la flora y fauna 193
Cap. V: Disposiciones comunes 195
TÍTULO XVII: *De los delitos contra la seguridad colectiva* 196
Cap. I: De los delitos de riesgo catastrófico 196
Secc. 1.ª: De los delitos relativos a la energía nuclear y a las radiaciones ionizantes 196
Secc. 2.ª: De los estragos 197
Secc. 3.ª: De otros delitos de riesgo provocados por otros agentes 198
Cap. II: De los incendios 200
Secc. 1.ª: De los delitos de incendio 200
Secc. 2.ª: De los incendios forestales 200
Secc. 3.ª: De los incendios en zonas no forestales 201
Secc. 4.ª: De los incendios en bienes propios 201
Secc. 5.ª: Disposición común 201
Cap. III: De los delitos contra la salud pública 202
Cap. IV: De los delitos contra la seguridad del tráfico 215
TÍTULO XVIII: *De las falsedades* 217
Cap. I: De la falsificación de moneda y efectos timbrados 217
Cap. II: De las falsedades documentales 219
Secc. 1.ª: De la falsificación de documentos públicos, oficiales y mercantiles y de los despachos transmitidos por servicios de telecomunicación 219

Secc. 2.ª: De la falsificación de documentos privados 220
Secc. 3.ª: De la falsificación de certificados 221
Cap. III: Disposición general 221
Cap. IV: De la usurpación del estado civil 221
Cap. V: De la usurpación de funciones públicas y del intrusismo 221

TÍTULO XIX: *Delitos contra la Administración pública* 222
Cap. I: De la prevaricación de los funcionarios públicos y otros comportamientos injustos 222
Cap. II: Del abandono de destino y de la omisión del deber de perseguir delitos 223
Cap. III: De la desobediencia y denegación de auxilio 224
Cap. IV: De la infidelidad en la custodia de documentos y de la violación de secretos 226
Cap. V: Del cohecho 227
Cap. VI: Del tráfico de influencias 229
Cap. VII: De la malversación 230
Cap. VIII: De los fraudes y exacciones ilegales 232
Cap. IX: De las negociaciones y actividades prohibidas a los funcionarios públicos y de los abusos en el ejercicio de su función 232

TÍTULO XIX BIS: *De los delitos de corrupción en las transacciones comerciales internacionales* 235

TÍTULO XX: *Delitos contra la Administración de Justicia* 236
Cap. I: De la prevaricación 236
Cap. II: De la omisión de los deberes de impedir delitos o de promover su persecución 237
Cap. III: Del encubrimiento 237
Cap. IV: De la realización arbitraria del propio derecho 238
Cap. V: De la acusación y denuncia falsas y de la simulación de delitos 239
Cap. VI: Del falso testimonio 239
Cap. VII: De la obstrucción a la Justicia y la deslealtad profesional 241
Cap. VIII: Del quebrantamiento de condena 243

TÍTULO XXI: *Delitos contra la Constitución* 244
Cap. I: Rebelión 244
Cap. II: Delitos contra la Corona 247

Cap. III: De los delitos contra las Instituciones del Estado y la división de poderes 249
Secc. 1.ª: Delitos contra las Instituciones del Estado 249
Secc. 2.ª: De la usurpación de atribuciones 253
Cap. IV: De los delitos relativos al ejercicio de los derechos fundamentales y libertades públicas y al deber de cumplimiento de la prestación social sustitutoria ... 254
Secc. 1.ª: De los delitos cometidos con ocasión del ejercicio de los derechos fundamentales y de las libertades públicas garantizados por la Constitución 254
Secc. 2.ª: De los delitos contra la libertad de conciencia, los sentimientos religiosos y el respeto a los difuntos 261
Secc. 3.ª: De los delitos contra el deber de cumplimiento de la prestación social sustitutoria 263
Cap. V: De los delitos cometidos por los funcionarios públicos contra las garantías constitucionales 265
Secc. 1.ª: De los delitos cometidos por los funcionarios públicos contra la libertad individual 265
Secc. 2.ª: De los delitos cometidos por los funcionarios públicos contra la inviolabilidad domiciliaria y demás garantías de la intimidad 266
Secc. 3.ª: De los delitos cometidos por los funcionarios públicos contra otros derechos individuales 267
Cap. VI: De los ultrajes a España 269

TÍTULO XXII: *Delitos contra el orden público* 270
Cap. I: Sedición 270
Cap. II: De los atentados contra la autoridad, sus agentes y los funcionarios públicos, y de la resistencia y desobediencia 271
Cap. III: De los desórdenes públicos 273
Cap. IV: Disposición común a los capítulos anteriores 274
Cap. V: De la tenencia, tráfico y depósito de armas, municiones o explosivos y de los delitos de terrorismo .. 274
Secc. 1.ª: De la tenencia, tráfico y depósito de armas, municiones o explosivos 274
Secc. 2.ª: De los delitos de terrorismo 278

TÍTULO XXIII: *De los delitos de traición y contra la paz o la independencia del Estado, y relativos a la defensa nacional* 284
Cap. I: Delitos de traición 284
Cap. II: Delitos que comprometen la paz o la independencia del Estado 286
Cap. III: De los delitos relativos a la defensa nacional 288
Secc. 1.ª: Del descubrimiento y revelación de secretos e informaciones relativas a la defensa nacional 288
Secc. 2.ª: De los delitos contra el deber de prestación del Servicio Militar 289

TÍTULO XXIV: *Delitos contra la Comunidad Internacional* 290
Cap. I: Delitos contra el Derecho de gentes 290
Cap. II: Delitos de genocidio 290
Cap. III: De los delitos contra las personas y bienes protegidos en caso de conflicto armado 293
Cap. IV: Disposiciones comunes 297

LIBRO III: FALTAS Y SUS PENAS 298

TÍTULO I: *Faltas contra las personas* 299

TÍTULO II: *Faltas contra el patrimonio* 301

TÍTULO III: *Faltas contra los intereses generales* 302

TÍTULO IV: *Faltas contra el orden público* 303

TÍTULO V: *Disposiciones comunes a las faltas* 304

DISPOSICIONES ADICIONALES 305

DISPOSICIONES TRANSITORIAS 306

DISPOSICIÓN DEROGATORIA 311

DISPOSICIONES FINALES 313

APÉNDICES

1. **Decreto 3.096/1973, de 14 de septiembre,** por el que se publica el Código Penal, texto refundido conforme a la Ley 44/1971, de 15 de noviembre 319

2. **Ley 62/1978, de 26 de diciembre,** de Protección Jurisdiccional de los Derechos Fundamentales de la Persona 469
3. **Ley 40/1979, de 10 de diciembre,** sobre Régimen Jurídico de Control de Cambios, modificada por Ley Orgánica 10/1983, de 16 de agosto 473
4. **Ley Orgánica 12/1995, de 12 de diciembre,** de Represión del Contrabando 489
5. **Ley 4/1985, de 21 de marzo,** de Extradición Pasiva 507
6. **Ley Orgánica 5/1985, de 19 de junio,** del Régimen Electoral General 545
7. **Ley Orgánica 5/1995, de 22 de mayo,** del Tribunal del Jurado 553
8. **Ley Orgánica 5/2000, de 12 de enero,** reguladora de la responsabilidad penal de los menores 555

Tablas orientativas de correspondencias entre los artículos de los dos Códigos Penales que figuran en esta obra 615

1. Entre los artículos del Código Penal de 1973 y los del Código Penal de 1995 617
2. Entre los artículos del Código Penal de 1995 y los del Código Penal de 1973 625

Índice analítico 633

NOTA EXPLICATIVA DE ALGUNOS DE LOS CONTENIDOS DE LA EDICIÓN DEL CÓDIGO PENAL DE 1995 EN LA «BIBLIOTECA DE TEXTOS LEGALES» DE EDITORIAL TECNOS

Además del CP vigente, desde la segunda edición de esta obra se ha incorporado a ella, como Apéndice 1, también el texto completo del derogado CP 1973, y ello por las tres siguientes razones: en primer lugar, porque como el Código anterior es, salvo escasas excepciones, más favorable que el CP 1995, es aquél el que, por lo general, se tiene que seguir aplicando *actualmente* para los hechos cometidos con anterioridad al 24 de mayo de 1996 (es en esta fecha, tal como exponíamos en el «Prólogo» a la primera edición de este CP y tal como reconoce también la sentencia del TC 215/1998, de 11 de noviembre, cuando entró en vigor el CP 1995, y no el 25 de mayo de 1996, como supone algún sector de la doctrina); en segundo lugar, porque para poder utilizar la jurisprudencia y la bibliografía anteriores sobre las distintas instituciones juridicopenales es preciso conocer la numeración y el contenido de los antiguos artículos del CP 1973 y así comprobar si y en qué medida esa producción jurisprudencial y científica tiene actualidad; finalmente, porque el texto del Código derogado sigue siendo muchas veces imprescindible para interpretar —examinando su evolución histórica— el articulado del vigente CP 1995.

Además, a partir de la quinta edición, y para que el usuario de este texto pueda decidir, con conocimiento de causa, qué ley es más favorable y, consiguientemente, cuál es el articulado aplicable, reproducimos también íntegramente, en nota a pie de página del Título VIII del Libro II, los «Delitos contra la libertad sexual» del CP 1995, que han estado en vigor desde el 24 de mayo de 1996 hasta el 20 de mayo de 1999, ambas fechas inclusive, en que la Ley Orgánica 11/1999, de 30 de abril, modificó sustancialmente los delitos sexuales tal como aparecían regulados en el CP 1995. A esta clase de delitos, por consiguiente, y dependiendo de la fecha en que se hayan cometido, se les puede aplicar *actualmente* el CP 1973, el CP 1995 en su versión originaria, o el CP 1995 en la redacción modificada de la Ley Orgánica 11/1999; esas tres redacciones aparecen en esta edición para que, en función de la que sea más beneficiosa para el reo, se pueda determinar cuál es la que entra en juego.

ENRIQUE GIMBERNAT ORDEIG
ESTEBAN MESTRE DELGADO

PRÓLOGO A LA SÉPTIMA EDICIÓN

La presente edición recoge las modificaciones introducidas por la Ley Orgánica 7/2000, de 22 de diciembre, en el Código Penal y en la Ley Orgánica reguladora de la Responsabilidad Penal de los Menores, todas ellas en relación con los delitos de terrorismo, así como el nuevo apartado 4.º del artículo 89 CP, redactado conforme a la Ley Orgánica 8/2000, de reforma de la de derechos y libertades de los extranjeros en España y su integración social.

Para la crítica politicocriminal de esas medidas penales dirigidas, fundamentalmente, a combatir la llamada *kale borroka*, me remito a mis artículos «La reforma de los delitos de terrorismo» (*Ensayos penales*, Tecnos, Madrid, 1999, pp. 84-87) y «¿Terrorismo sin terroristas?», publicado en el diario *El Mundo* de 14 de septiembre de 2000.

Madrid, septiembre de 2001

ENRIQUE GIMBERNAT ORDEIG

PRÓLOGO A LA QUINTA EDICIÓN

LA REFORMA DE LOS DELITOS SEXUALES

A partir de mediados de los años sesenta empieza a imponerse en la Europa democrática el criterio de que, en materias sexuales, el Derecho penal sólo debe intervenir en dos supuestos: en primer lugar, cuando una de las personas involucradas no acepta *libremente* el comportamiento carnal, bien porque se impone la conducta contra —ejerciendo violencia o intimidación— o sin el consentimiento de la víctima —que se encuentra inconsciente—, o bien cuando dicho consentimiento está viciado porque el autor se sirve de engaño o de una situación de superioridad para obtenerlo; y, en segundo lugar, cuando se actúa contra un niño.

De acuerdo con estos principios, el Derecho penal sexual occidental —también el español, a partir de la llegada de la democracia— entra en un radical proceso de reforma despenalizadora, desapareciendo de los Códigos —porque se trata de conductas ejercidas libremente entre adultos— los tradicionales delitos de adulterio y de amancebamiento, de homosexualidad, de comercialización de productos pornográficos, etc.

La reforma del Código Penal, por Ley Orgánica 11/1999, de 30 de abril, de los «delitos contra la libertad e indemnidad sexuales» rellena dos lagunas en referencia a la protección de la infancia que la torpeza o la imprevisión del legislador habían dejado sin cubrir en el CP 1995.

Como el Código anterior sólo castigaba incondicionalmente —es decir: aunque se practicaran con su «consentimiento»— las acciones sexuales ejercidas sobre menores de doce años, y como la jurisprudencia del Tribunal Supremo (TS), para reprimir adecuadamente los abusos cometidos con niños de doce y de trece años, acudía al tipo de la corrupción de menores, la supresión por el CP 1995 de este delito dejó desamparados —a pesar de que todavía se encontraban en una edad infantil— a los sujetos pasivos que tenían tales edades, desamparo que se puso de manifiesto espectacularmente cuando el TS en 1996, al aplicar por primera vez el nuevo Código, tuvo que anular la condena de cuatro años y nueve meses de prisión impuesta a un padre por la Audiencia Provincial de Madrid, por la desaparecida corrupción de menores, que «acariciaba y besaba los senos y los órganos genitales de una hija suya de doce años de edad, llegando incluso en alguna ocasión a introducir los dedos en éstos», dictando una nueva e inevitable sentencia en la que —respetando, como no podía ser de otra manera, el principio de legalidad— se sancionaba al autor solamente con una irrisoria pena pecuniaria.

La torpeza del legislador de 1995, que no previó qué alcance tenía la supresión sin sustitutivo alguno de la corrupción de menores, ha sido enmendada por la Ley Orgánica 11/1999, que, al elevar la protección sexual incondicional del menor hasta abarcar a los que tienen una edad de doce años, va a permitir imponer ahora, en cualquier supuesto semejante al enjuiciado en la referida sentencia de 1996, una pena de prisión de tres años (art. 181.2 en relación con el 180.1.3.ª y 4.ª), y, en el caso de que el abuso llegue al acceso carnal, una de hasta diez años de privación de libertad.

La pornografía infantil es un fenómeno delictivo *nuevo* que empieza a manifestarse masivamente a partir de finales de la década pasada, y que, por la imprevisión del legislador de 1995, no se supo abordar adecuadamente en la redacción del nuevo Código. Para subsanar dicha falta de previsión, la Ley Orgánica 11/1999 tipifica, por primera vez en nuestro Derecho, la comercialización de pornografía infantil —hasta ahora sólo era delito su elaboración—, habiendo sido rechazada en el Congreso de los Diputados, por la oposición de los parlamentarios del PSOE, una enmienda introducida en el Senado —y que contó posteriormente con el apoyo del PP, de IU y de CiU—, que preveía también castigar penalmente la adquisición de ese material pornográfico, conducta ésta que, en mi opinión, asimismo —y aunque sólo se hubiera sancionado con una pena simbólica— debería haberse incorporado al CP, por las razones que expongo a continuación.

En primer lugar, porque estamos ante un comportamiento estructuralmente semejante al clásico delito de la receptación —que se comete, por ejemplo, cuando se compran objetos robados con conocimiento de su ilicitud de origen—, ya que la razón por la cual esa conducta se considera punible reside, por una parte, en que el receptador ataca el mismo bien jurídico (la propiedad) que el delincuente originario, pues al adquirir la cosa sustraída perpetúa y agudiza la situación patrimonial antijurídica creada por el ladrón; y, por otra, en consideraciones de prevención general, ya que el perista supone un estímulo para que se cometan delitos contra la propiedad, en cuanto que —por acudir a un ejemplo característico— muchos robos de joyas no se cometerían si el autor no contara con que, *a posteriori,* iba a encontrar una persona que diera salida a las alhajas sustraídas. De la misma manera, el adquirente de pornografía infantil, por una parte y cada vez que pasa en el vídeo las imágenes reproducidas —a veces de menores de cinco o de seis años o, incluso, de bebés—, perpetúa el ataque a la libertad y a la dignidad de los niños que han sido grabados previamente; y, por otra parte, contribuye al mantenimiento y expansión de una nueva y degradante «industria» que tiene como objeto y presupuesto la comisión de gravísimos delitos sexuales contra niñas y niños, pues aquélla sólo puede desarrollarse sobre la base de que el material filmado va a generar beneficios, encontrando compradores.

En segundo lugar, porque el argumento que a veces se utiliza contra la opinión que aquí se mantiene, de que, igual que no constituye delito la adquisición de droga para el propio consumo, tampoco lo debería constituir la de pornografía infantil, carece de fuerza de convicción, ya que establece una equivocada analogía entre dos supuestos que nada tienen que ver entre sí. El bien jurídico protegido en los delitos de tráfico de drogas es el de la salud, y el titular de ese bien jurídico es el adquirente, por lo que carecería de cualquier clase de lógica politicocriminal que se pretendiera castigar precisamente a aquel a quien la legislación penal trata de amparar; además: como la vida y la integridad física son bienes disponibles por su titular, de ahí que un CP que no castiga ni el suicidio frustrado ni la automutilación, tampoco puede castigar, inconsecuentemente, la adquisición para el propio consumo de una sustancia que sólo potencialmente puede menoscabar la vida o la salud de quien legítima y libremente puede disponer de ellas. En cambio, el bien jurídico protegido en un eventual delito de adquisición de pornografía infantil no pertenece al comprador, sino a un tercero (por ejemplo, al bebé cuya libertad e indemnidad sexuales son brutalmente atropelladas por el productor pornográfico), por lo que, al contrario de lo que sucede con quien se procura droga, el adquirente no tiene ninguna legitimación para disponer de los intereses de un tercero; y, además y como ya he señalado y desde un punto de vista preventivogeneral: si la receptación está ahí y se justifica, entre otras razones, porque trata de dificultar la comisión de delitos patrimoniales al penalizar también a quien se beneficia de ellos, con mucho mayor motivo debería tipificarse la conducta de quien se aprovecha de la pornografía infantil, en cuanto que es más grave y ataca bienes jurídicos mucho más importantes el delito base de filmar a una niña o a un niño practicando una felación que el de hurtar una cosa a su legítimo propietario.

Termino como empecé: Un Derecho penal progresista sólo puede —pero en esos casos: debe— intervenir para proteger de la imposición de comportamientos sexuales contra o sin el consentimiento de la víctima, o cuando se ejecutan sobre niñas o niños. Por ello, y en la medida en que se han cubierto lagunas legales en relación con la protección sexual de la infancia, la reciente reforma supone un avance frente a la regulación del Código Penal de 1995.

Madrid, junio de 1999

ENRIQUE GIMBERNAT ORDEIG

PRÓLOGO A LA TERCERA EDICIÓN

LA FUTURA PRIMERA REFORMA DEL CÓDIGO PENAL DE 1995

«El acusado [...], desde mayo de 1995 y con cada vez más frecuencia, acariciaba y besaba los senos y los órganos genitales de una hija suya de doce años de edad, llegando incluso en alguna ocasión a introducirle los dedos en éstos.» La resolución de la Audiencia Provincial de Madrid que, *mientras todavía regía el ya derogado Código Penal (CP 73)*, había calificado ese supuesto de hecho de un delito de corrupción de menores del antiguo artículo 452 bis b).1, imponiendo al autor la pena de cuatro años, nueve meses y once días de prisión, ha sido anulada por el Tribunal Supremo (TS), en su sentencia de 16 de septiembre de 1996 [Aranzadi (A.) 6843], *dictada después de la entrada en vigor del nuevo CP (CP 95)*, que tiene efectos retroactivos en lo favorable para el reo, sancionando ahora al padre *con una simple pena de multa* como responsable de un abuso sexual del artículo 181.3 CP 95.

El delito del antiguo artículo 452 bis b).1 que la Audiencia había imputado al padre se distinguía de un esporádico abuso o agresión sexuales en que, como consecuencia de la realización de aquél, la menor resultaba corrompida, quedando afectada «una faceta tan importante de la personalidad de la menor, comprometiendo la evolución y desarrollo de su personalidad» (sentencia del TS de 21 de abril de 1995, A. 3533). Sin embargo, y dado que el CP 95 ha decidido suprimir la corrupción de menores, ello ha hecho imposible que el TS pudiera confirmar la sentencia de la Audiencia, ya que, obviamente, no se puede aplicar un tipo penal que ha dejado de existir. Como los hechos tampoco se podían calificar de prostitución –entre otras razones, porque, para conseguir que la niña consintiera en los actos sexuales perpetrados, el padre se prevaleció de la situación de superioridad inherente a la relación que existe entre un progenitor y una niña de tan corta edad, pero no pagó contraprestación económica alguna–, de ahí que el TS no haya tenido más salida que castigar ahora al padre por un mero abuso sexual con una pena pecuniaria que, a la vista de la enorme gravedad de los hechos cometidos, constituye una sanción que, por su insignificancia, simplemente clama al cielo.

Como consecuencia de esta sentencia del TS en la que se aplica estrictamente lo dispuesto en el CP 95, en el Congreso de los Diputados se aprobó en noviembre de 1996, *por unanimidad*, una proposición no de ley en la que se solicitaba al Gobierno que «se tipifique el delito específico de corrupción de menores»: que seis meses después de la entrada en vigor del CP 95 los mismos grupos que lo habían aprobado propongan ahora reintroducir lo que acababa de ser suprimido constituye un política legislativa de pon y quita, de quita y pon, desconocida, por lo que alcanzo a ver, en la historia parlamentaria española.

La supresión de la corrupción de menores no es más que una muestra de otras regulaciones técnica y politicocriminalmente defectuosas, de las que el nuevo Código está plagado, y que condicionarán en el futuro, en la medida en que aquéllas vayan siendo puestas de manifiesto por la jurisprudencia o por la doctrina, ulteriores reformas para remediar los numerosos desaguisados cometidos. De ellas elijo sólo dos ejemplos más, que expongo a continuación.

En la regulación de la injuria, el CP 95, en su artículo 208.3, se aparta de lo regulado tanto en el CP 73, como en los anteriores Proyectos y Anteproyectos del CP, y establece la *exceptio veritatis* en ese delito cuando se manifiesta como *imputación de hechos:* «Las injurias que consistan en la imputación de hechos no se considerarán graves, *salvo cuando se hayan llevado a cabo con conocimiento de su falsedad o temerario desprecio de la verdad.*» Contra esta regulación hay que objetar dos cosas.

En primer lugar, que se introduce un concepto («temerario desprecio») prácticamente desconocido en la terminología juridicopenal española: si ese concepto equivale a dolo eventual o, en su caso, a imprudencia consciente –que son los títulos de imputación con los que hasta ahora se había operado–, así se debería haber especificado expresamente por el CP 95 para evitar el desconcierto y la inseguridad para la práctica y para la ciencia sobre lo que se ha querido decir con esos nuevos términos; y si se trata de una nueva «forma de culpabilidad» a intercalar entre el dolo eventual y la imprudencia consciente, cuyo límite no se ha podido establecer nítidamente después de más de un siglo de discusión, lo único que faltaba ya era añadir un nuevo título de imputación para perder toda esperanza de que esta difícil materia pueda llegar a aclararse algún día.

Por otra parte, que las injurias tengan como elemento del tipo la falsedad de los hechos imputados supone que, por ejemplo y a partir de ahora, impunemente y por todos los medios de comunicación imaginables, se pueda propagar de un pacífico y particular ciudadano y de su esposa que aquél es un cornudo ya que ésta ha mantenido relaciones sexuales con todos los jugadores del equipo de baloncesto local. Pues, si esa afirmación se ajusta a los hechos, la conducta del difamador no constituirá un delito de injurias, ya que no se ha aseverado nada «con conocimiento de su *falsedad*», sino que, por el contrario, sólo se han expresado hechos rigurosamente ciertos; y, si la afirmación no se corresponde con la verdad, difícilmente el marido o la mujer van a acudir a la justicia penal para obtener una reparación, ya que, como la falsedad de lo imputado es un elemento del tipo, éste tiene que quedar acreditado, por lo que, para demostrarlo, habría que hacer pasar a los querellantes por la humillante diligencia de que se recibiera declaración a todos los baloncestistas del lugar para preguntarles si la relación de éstos con la esposa difamada había consistido solamente en una hermosa amistad, o en algo más.

La nueva configuración de la injuria en el artículo 208.3 CP 95 supone, por todo ello, una carta blanca para que se pueda entrar a saco en la intimidad y en el honor de los ciudadanos, a los que el CP 95 deja desamparados, porque, si el hecho desacreditador que se afirma es verdad, entonces no constituye delito de injurias, y porque si es mentira ello tendría que ser demostrado en un procedimiento penal degradante y, por ello, prácticamente inexigible e inviable.

En Derecho penal se distingue entre actos preparatorios y ejecutivos, caracterizándose los primeros por que se realizan en un momento muy alejado aún de la consumación del delito (se compra una navaja para matar a un tercero); y los segundos, por que se llevan a cabo inmediatamente antes de lo que debería ser la lesión del bien jurídico (se intenta ya apuñalar a otro y éste consigue evitarlo). La doctrina española estaba de acuerdo en que *determinados* actos preparatorios (conspiración, proposición y provocación), dentro de los cuales se incluía la inducción frustrada, deberían castigarse, por la ausencia de un peligro inmediato y a diferencia de lo que sucedía en el CP 73, *sólo* cuando lo eran de un delito muy grave. A pesar de ello, el CP 95, en contra de esa opinión mayoritaria y sin que se haya dado ninguna explicación politicocriminalmente plausible de por qué se ha hecho así, ha decidido eliminar como delito la inducción frustrada –que la jurisprudencia del Tribunal Supremo incluía unánimemente en la provocación (art. 4.3 CP 73, art. 18.1 CP 95)– cuando se realiza *directamente* de palabra sobre el provocado, reservando para la provocación punible *únicamente* la incitación al delito a través de los medios de comunicación; por consiguiente, y a partir de la entrada en vigor del nuevo CP, ya no se puede castigar, porque ha dejado de ser delito si el provocado por cualquier circunstancia decide no ejecutar el hecho, a quien, por ejemplo, paga a unos sicarios para que maten a una anciana (sancionado todavía como provocación en la sentencia del TS de 21 de marzo de 1986, A. 1678), ni a quien ordena a otros ejecutar un atentado contra la vida de un miembro de las Fuerzas de Seguridad del Estado (considerado, bajo la vigencia del CP derogado, igualmente una provocación por la sentencia de 22 de septiembre de 1987, A. 6618).

El CP 95 es en su mayor parte una copia literal del Proyecto de 1980 (modificado a su vez, en algunos aspectos puntuales, por el Anteproyecto de 1983). Pero esa recepción masiva debería haberse efectuado teniendo en cuenta que algunas de las circunstancias entonces vigentes se habían modificado con el transcurso del tiempo. Y, así, cuando el Anteproyecto de 1983 decidió suprimir la corrupción de menores ello se hizo porque, en ocasiones, una jurisprudencia conservadora estaba utilizando esa figura delictiva para amenazar la libertad de expresión considerando punible, por ejemplo, la difusión entre niños de obras de educación sexual (caso *Libro rojo del cole*). Pero en 1995, y desde hacía diez años, los Tribunales habían pasado a aplicar la corrupción *única y exclusivamente* a graves agresiones sexuales no violentas contra niños, especialmente en la franja de doce y trece años, con penetración o sin ella, como en el caso de la sentencia de 16 de septiembre de 1996 al que me refería al comienzo de este prólogo.

Por lo demás, y a diferencia de los textos prelegislativos anteriores, incluyendo el Proyecto de 1992, que no quisieron dar por cerrada ninguna cuestión que fuera técnicamente discutida o discutible, a fin de no perturbar el progreso de la jurisprudencia y de la doctrina, los desconocidos redactores del Proyecto que ha servido de base al CP 95 –incapaces, por otra parte, de poner en pie un texto alternativo de Código Penal– han agotado su ingenio en meter la pluma para introducir, de acuerdo con sus particulares y minoritarias opiniones, cambios súbitos que, como la supresión como delito de la inducción frustrada o la pintoresca nueva regulación de la injuria, no habían sido madurados, en cuanto que no venían precedidos de una discusión previa en la que se hubiera llegado a una conclusió n unánimemente aceptable y aceptada.

Como consecuencia de esta actitud sectaria, de la que se podrían exponer muchos otros ejemplos, se ha desperdiciado –y dilapidado– en un año lo que el esfuerzo de *toda* la ciencia y de *toda* la jurisprudencia nacionales había aportado a lo largo de dieciséis años al proceso de reforma. España no se merecía este Código Penal.

Madrid, junio de 1997

ENRIQUE GIMBERNAT ORDEIG

PRÓLOGO A LA SEGUNDA EDICIÓN

El nuevo Código Penal (CP 95) debe ser sometido, entre otras, a las siguientes objeciones.

I. EL SECTARISMO DOCTRINAL

Sobre las manifestaciones de sectarismo que con frecuencia aparecen en el CP 95 sólo quiero mencionar las seis que expongo a continuación.

1. LA COMISIÓN POR OMISIÓN

El artículo 11 CP 95 regula la comisión por omisión optando por una determinada dirección que parece anclada en el Mezger de 1933 y en la entonces todavía dominante teoría del deber jurídico, desconoce la crisis por la que atraviesan las categorías doctrinales de la omisión impropia tanto en España como en Alemania[1], adopta el criterio de la injerencia a pesar de las críticas recientes y crecientes de las que está siendo objeto, y no tiene en cuenta las aportaciones de un importante sector de la doctrina española, ni, por supuesto, las del mayor especialista nacional de la omisión[2].

Por lo que se refiere al *fondo* de la regulación del artículo 11, hay que decir, en primer lugar, que ya que se adopta la teoría del deber jurídico, al menos se debería haber sido consecuente y prever también la *posibilidad de atenuación* —vinculada de forma prácticamente unánime, como su reverso, a aquella teoría— para la comisión por omisión. En segundo lugar, que el precepto es sumamente confuso, porque no se explica si la omisión se equipara a la acción siempre que concurran los supuestos *a*) y *b*) del artículo 11 CP 95, o si es preciso, *además*, que «según el sentido

---

[1] En ese país —que es precisamente donde se creó la teoría de la posición de garante como criterio de equivalencia entre la acción y la omisión (impropia)—, especialmente a partir de la monografía de Schünemann, *Grund und Grenzen der unechten Unterlassungsdelikte*, Göttingen, 1971.

[2] Cfr. las numerosas contribuciones de Silva Sánchez sobre el tema y, sobre todo, su libro *El delito de omisión. Concepto y sistema*, Barcelona, 1986.

del texto de la Ley [la omisión] equivalga [...] a su causación [del resultado]». Y finalmente que, aunque en el artículo 11.*b*) se acoge el criterio de la injerencia como fundamentador de una omisión impropia, no obstante en el artículo 195.3 CP 95 al injerente causante (fortuita o imprudentemente) de un accidente se le hace responder inconsecuentemente, no por un delito consumado contra la vida o la integridad física en comisión por omisión —o por esos mismos delitos en grado de tentativa si la lesión del bien jurídico no llega a producirse—, sino por una omisión propia la cual, por consiguiente, según el artículo 195.3 CP 95, y diga lo que diga el artículo 11 del mismo texto legal, «no equivale a una acción»; y que, aunque en el artículo 11.*a*) CP 95 se afirma que la omisión equivale a una acción «cuando exista una específica obligación legal [...] de actuar», a pesar de ello y según el propio CP 95, al padre que, infringiendo su específica obligación legal, no impide que su hijo menor se prostituya, se le hace responder, en el artículo 189.2 CP 95, de una omisión propia sancionada con pena de multa y no, como se derivaría lógicamente del referido artículo 11.*a*), de un favorecimiento o facilitamiento de la prostitución en comisión por omisión del artículo 187.1 CP 95, castigadas con prisión de uno a cuatro años y multa.

A la vista de que es el *propio* CP 95 el que trata como omisiones propias a inactividades que, según lo previsto en los supuestos *a*) y *b*) del artículo 11, deberían constituir en principio comisiones por omisión, hay que deducir que, *según la voluntad objetiva de la ley* y conforme a una interpretación integradora y conjunta de *todo* el CP 95, el criterio de la posición de garante ni es decisivo ni tampoco exclusivo, y que, en consecuencia, a la omisión sólo se le podrá imputar el resultado cuando aquélla equivalga, de acuerdo también con el artículo 11, párrafo 1 —que es donde se encerraría el criterio legal determinante y abierto de equiparación—, y «según el sentido del texto de la Ley, a su causación», formulación ésta que debe ser interpretada estableciendo, primero, cuáles son los mecanismos que permiten atribuir una lesión típica concreta a *una acción*, y determinando, después, cuándo la omisión presenta lo que Silva denomina una «identidad estructural» con aquélla[3].

[3] He tratado de establecer esos criterios en mi artículo «Causalidad, omisión e imprudencia», *ADPCP*, 1994, fascículo III, pp. 25 ss.

2. La tentativa

El CP 95, de acuerdo en esto con los anteriores textos prelegislativos, suprime la referencia independizada y expresa que al llamado delito imposible hacía el artículo 52.2 del anterior Código Penal (CP 73), pero, y separándose de los anteriores Proyectos y Propuestas, introduce en la definición de la tentativa una nueva e inesperada exigencia de «objetivismo» en los actos ejecutivos [4], con la que aparentemente se trata de consagrar una *minoritaria* tesis doctrinal [5], según la cual sólo deberían ser punibles aquellos actos ejecutivos que constituyan un supuesto peligro de lesión para el bien jurídico.

Sin embargo, y como se debería saber, desde un punto de vista *estrictamente objetivo*, todas las tentativas son inidóneas, es decir: no peligrosas [6], ya que con un conocimiento completo (objetivo) de los hechos (saber ontológico) y de las leyes cientificonaturales que rigen los cursos causales (saber nomológico) solamente se podrían formular, nunca juicios de probabilidad (todos los juicios de probabilidad son subjetivos), sino únicamente de necesidad [7].

De adoptarse este criterio, y en consecuencia, no serían subsumibles en el artículo 16.1 CP 95 los comportamientos de intentar violar a una niña que fracasa por la desproporción entre los órganos genitales del hombre y de la víctima, de tratar de envenenar a una persona con el contenido que se cree letal de un frasco rotulado como de cianuro, y que, sin embargo y en realidad, sólo contiene sal, de pretender asesinar a otra persona con una bomba-lapa adosada a su vehículo, pero que tiene un pequeño defecto que le impide explosionar, o con una bomba en perfectas condiciones, que, no obstante, se activa un segundo después de que el conductor del automóvil fallezca a consecuencia de un infarto, o con una pistola que se encasquilla, o de realizar actos encaminados a practicar un aborto a una mujer de la que

---

[4] Artículo 16.1 CP 95: «Hay tentativa cuando el sujeto da principio a la ejecución del delito directamente por hechos exteriores, practicando todos o parte de los actos que *objetivamente* deberían producir el resultado, y sin embargo éste no se produce por causas independientes de la voluntad del autor.»

[5] Sobre el estado de la cuestión en la doctrina y en la jurisprudencia informa detalladamente González Cussac, «Principio de ofensividad, aplicación del Derecho y reforma penal», *PJ*, 28 (1992), pp. 10 ss.

[6] Sobre el concepto de peligro, cfr. Gimbernat, *Delitos cualificados por el resultado y causalidad,* Madrid, 1966 (hay reimpresión de 1990), pp. 19 ss.

[7] Si se cree en el libre albedrío, lo único que no estaría predeterminado de manera necesaria en el momento de los hechos sería el comportamiento humano.

se cree que está embarazada, sin estarlo, o de intentar un robo por el procedimiento del butrón que se frustra porque, a la vista del espesor de la pared y de los instrumentos que emplean los autores para forzarla, éstos no eran aptos para forzar aquélla: como en todos estos casos estaban predeterminados la desproporción de los órganos sexuales de autor y víctima, el contenido de sal en el frasco originariamente de cianuro, el defecto de la bomba, la enfermedad cardíaca de la víctima elegida y el momento en el que iba a desembocar en una crisis mortal, el encasquillamiento del arma, el no embarazo de la mujer, o la inidoneidad de los picos y de las palas para vencer la resistencia del muro, de ahí que, desde un punto de vista estrictamente objetivo, esos comportamientos de los autores no hayan supuesto ningún peligro para el bien jurídico, y de ahí también que, al no ser idóneos para «producir objetivamente el resultado», tampoco se podrían castigar como tentativa, por lo que, como tal tentativa, serían impunes.

Como esta interpretación de lo que sea «objetivo» no puede ser correcta, dado que llevaría a la inaplicabilidad de un precepto vigente del CP 95 (del art. 16), de ahí que aquel término deba ser interpretado en el siguiente sentido: cuando un *hombre medio* (objetivo), con el mismo desconocimiento parcial del autor —esto es: ignorando, por ejemplo, la desproporcionalidad de los órganos sexuales entre el violador y la niña, o el no embarazo de la mujer, o el defecto de la bomba— y con un conocimiento nomológico objetivo de las leyes de la naturaleza, hubiera llegado a la misma conclusión del sujeto activo de que el hecho exterior iba a lesionar el bien jurídico protegido, entonces estaremos ante «actos que objetivamente deberían producir el resultado», y, consiguientemente, ante el supuesto de hecho previsto en el artículo 16.1 CP 95; en cambio, si un hombre medio («objetivo»), situado en el lugar del autor y con el mismo conocimiento (más o menos amplio) de los hechos que el autor, *pero con un conocimiento objetivo de las leyes de la naturaleza*, llega a la conclusión de que el comportamiento no suponía ningún peligro de lesión para el bien jurídico, entonces estaremos ante un supuesto en el que los «actos objetivamente *no* deberían producir el resultado», y en el que serían impunes, por consiguiente, como tentativa, que es lo que sucede cuando el autor piensa que puede lesionar a otra persona por el procedimiento del vudú, o matar a un tercero arrojando su zapatilla a una sepultura, ya que aquí el peligro sólo puede estar en la cabeza (subjetiva) de ese autor *particular* que da por vigentes leyes de la naturaleza que, en la realidad, ni existen, ni nadie, objetivamente, piensa que tengan validez alguna.

De acuerdo con lo expuesto, la llamada imprecisamente «tentativa inidónea» (imprecisamente porque todas las tentativas son, por definición, inidóneas) seguiría siendo punible, y sólo quedaría al margen del artículo 16.1 CP 95 la «tentativa irreal o supersticiosa», con lo que se seguiría manteniendo la misma situación jurídica del CP 73 [8].

3. La culpabilidad

Un importante sector de la doctrina española fundamenta la llamada «culpabilidad» no en la (según este sector, indemostrable) posibilidad del sujeto de haber podido o no actuar de otra manera, sino en la accesibilidad —vinculada a la presencia o ausencia de ciertas enfermedades o situaciones psíquicas o a determinadas circunstancias de hecho como, por ejemplo, el desconocimiento invencible de la prohibición penal— a la motivación por la norma penal [9].

A pesar de esta diversidad de opiniones realmente existente, el CP 95 toma posición, en el artículo 20.1.º, a favor de la tesis que establece el límite entre la culpabilidad y la inculpabilidad en el libre albedrío, olvidándose, no obstante, del importante detalle de indicar *cómo* se demuestra en el caso concreto si el autor tenía libertad para actuar o carecía de ella.

4. La legítima defensa

El artículo 8.º4.º1.º CP 73, al definir qué entendía por agresión ilegítima en la legítima defensa, establecía lo siguiente: «En caso de defensa de los bienes se reputará agresión ilegítima el ataque a los mismos

---

[8] Por lo que se refiere a aspectos estrictamente formales, el artículo 16.3, al regular el desistimiento de los partícipes, exige de éstos que «impidan o intenten impedir *seria, firme y decididamente* la consumación», redacción cuyo barroquismo de novela mala sólo se ve superado —por lo que alcanzo a ver y por lo que espero— por el artículo 155, párrafo 1.º, donde se habla del «consentimiento *válida, libre, espontánea y expresamente* emitido». No recuerdo haber leído nunca en un texto legal un torrente semejante de adverbios (por lo demás, prácticamente equivalentes), y que le descalifican estilísticamente, pues el rigor gramatical que exige un Código no se alcanza acarreando muchas palabras, sino seleccionando pocas, pero precisas.

[9] Sobre el estado de la cuestión en las doctrinas española y extranjera informa exhaustivamente Pérez Manzano, *Culpabilidad y prevención: Las teorías de la prevención general positiva y la fundamentación de la imputación objetiva y de la pena*, Madrid, 1990.

que constituya *delito* y los ponga en grave peligro de deterioro o pérdida inminentes; en caso de defensa de la morada o sus dependencias, se reputará agresión ilegítima la entrada indebida en aquélla o éstas.»

Tanto en la jurisprudencia como en la ciencia estaba plenamente vigente la polémica sobre si, en el caso de ataque a los bienes, el término «delito» que emplea el CP 73 había de entenderse en un *sentido amplio*, que abarcaría tanto a los delitos del Libro II como a las faltas del Libro III, o si, más bien, debía interpretarse en un *sentido estricto*, con lo que los ataques a la propiedad consistentes en faltas no hubieran podido rechazarse en legítima defensa, sino sólo en estado de necesidad, quedando entonces sometida la acción de defensa a los límites establecidos por el artículo 8.º7.º1.º de «que el mal causado no sea mayor que el que se trata de evitar».

El CP 95, también aquí, ha intentado acabar por decreto con una controversia viva, añadiendo la expresión «falta» al definir qué entiende por agresión ilegítima en los ataques a la propiedad («el ataque a los mismos que constituya delito *o falta*», art. 20.4.º1.º CP 95), y manteniendo íntegramente, en lo demás, el texto del artículo 8.º4.º1.º CP 73.

Sobre el texto del artículo 20.4.º1.º CP 95 hay que decir, en primer lugar, que con la intercalación del término «falta» la nueva regulación se convierte en una perogrullada, pues que la agresión contra *cualquier* bien jurídico, para poder fundamentar una legítima defensa, tiene que constituir por lo menos un delito o falta, es decir: una agresión *penalmente* antijurídica, es algo que se deduce, *a contrario*, de la definición legal de agresión ilegítima a la morada que sigue manteniendo el CP 95; ya que si en ésta se excluye, como fundamentadora de una legítima defensa, el *delito* de allanamiento de morada por omisión, con mayor motivo quedará excluido *cualquier* ataque a *cualquier* bien jurídico que no constituya ni siquiera un ilícito penal (sino, sólo y por ejemplo, un ilícito civil o mercantil). Y, en segundo lugar, que la definición de agresión ilegítima contra los bienes en el CP 73 *permitía* mantener la tesis —en mi opinión, correcta— de que quedaba excluida la legítima defensa frente a agresiones de bagatela en la propiedad (las constitutivas de falta), con lo que en el CP 73 quedaba abierta la puerta a las modernas «restricciones ético-sociales» al derecho de legítima defensa [10], tendencias que, parcial y regresivamente, el CP 95 parece querer despreciar.

---

[10] Sobre ellas cfr., por ejemplo, Baldó, *Estado de necesidad y legítima defensa*, Barcelona, 1994, pp. 321 ss.

5. EL ESTADO DE NECESIDAD

Sobre el estado de necesidad, y teniendo en cuenta que el artículo 8.º7.º CP 73 exigía, para la apreciación de la eximente, que se actuara «impulsado por un estado de necesidad», se discutía en la ciencia y en la jurisprudencia españolas si era preciso que el autor, además de conocer la situación objetiva de estado de necesidad, se comportara o no movido por el «elemento subjetivo de justificación» de querer salvaguardar el orden jurídico. Si se estima que el estado de necesidad requiere ese elemento subjetivo, entonces (y operando como ejemplo con el supuesto de hecho de la sentencia del Tribunal Supremo de 5 de diciembre de 1994) la eximente no podrá aplicarse al delito de colaboración con banda armada cometido por un intermediario en el secuestro de Emiliano Revilla, que interviene, no para salvaguardar la libertad y la vida de aquél, sino para obtener una contraprestación económica a cambio de sus servicios, mientras que si se mantiene que el móvil es irrelevante, entonces no habrá ningún obstáculo para eximir de responsabilidad criminal, dado que el estado de necesidad concurría objetivamente y que el intermediario era consciente de ello.

Inesperadamente, el artículo 20.5.º ha decidido suprimir de la eximente la frase: «*impulsado por* un estado de necesidad», manteniendo en todo lo demás, literalmente, el texto del artículo 8.º7.º CP 73, e introduciendo, así, un factor perturbador y parcial en la discusión aún sin decidir sobre la exigencia o no de elementos subjetivos de lo injusto, y todo ello en el preciso momento en que aquélla se había agudizado como consecuencia del enjuiciamiento de intermediarios en los secuestros de ETA y de la aparición de nada menos que dos monografías sobre el problema publicadas en los tres últimos años [11].

6. LA PARTICIPACIÓN DELICTIVA

El artículo 14 CP 73 disponía lo siguiente:

> Se consideran autores:
> 1.º Los que toman parte directa en la ejecución del hecho.

---

[11] Cfr. Sanz Morán, *Los elementos subjetivos de justificación*, Barcelona, 1993, y Valle Muñiz, *El elemento subjetivo de justificación y la graduación del injusto penal*, Barcelona, 1994.

2.º Los que fuerzan o inducen directamente a otros a ejecutarlo.
3.º Los que cooperan a la ejecución del hecho con un acto sin el cual no se hubiera efectuado.

Sobre cuál era el contenido del artículo 14, en general, y del artículo 14.1.º CP 73, en particular, se mantenían dos tesis distintas en la dogmática española [12].

Para la primera dirección, el artículo 14 CP 73 se debía interpretar en el sentido de que el «verdadero autor» o «autor en sentido estricto» era el descrito en el artículo 14.1.º, mientras que los que «inducen» (art. 14.2.º) o «cooperan necesariamente» (art. 14.3.º) no eran «verdaderos autores», sino únicamente partícipes a los que, mediante la ficción de «considerarles autores», se les equiparaba *—pero únicamente a efectos de punibilidad—* con el autor principal.

De acuerdo con una segunda teoría, «autor en sentido estricto» sería aquel cuya conducta era subsumible, sin más, en el correspondiente tipo penal, esto es: el que *hurtaba*, el que *falsificaba* o el que *violaba*, mientras que el artículo 14.1.º era una «causa de ampliación de la tipicidad» (como lo podían ser las de los n.ºs 2.º o 3.º del art. 14) aplicable a aquellos que, sin ser «autores en sentido estricto», no obstante intervenían en el hecho con actos ejecutivos.

El CP 95 se entromete nuevamente en una discusión científica abierta y en su artículo 28 [13] toma posición descaradamente a favor de la primera tesis. A estos efectos, suprime en la definición del artículo 28 a los que «toman parte directa en la ejecución del hecho» del artículo 14.1.º CP 73, sustituyéndolos por «quienes realizan el hecho [...] conjuntamente», y afirmando de ellos que «*son*» autores, diferenciándoles así de los inductores y de los cooperadores necesarios del artículo 28.*a*) y *b*) CP 95, de los que dice que sólo «serán considerados autores».

Sin embargo, y a pesar de todos estos esfuerzos partidistas del legislador del CP 95, la situación no habrá cambiado en nada. Pues

---

[12] Sobre la polémica en torno al contenido del artículo 14.1.º CP 73 informa ampliamente Díaz y García Conlledo, *La autoría en Derecho penal*, Barcelona, 1991, pp. 488 ss., 708 ss.

[13] Que tiene el siguiente texto:

«Son autores quienes realizan el hecho por sí solos, conjuntamente o por medio de otro del que se sirven como instrumento.

»También serán considerados autores:

»*a*) Los que inducen directamente a otro u otros a ejecutarlo.

»*b*) Los que cooperan a su ejecución con un acto sin el cual no se habría efectuado.»

si A sujeta por la fuerza a una mujer mientras B yace con ella, por mucho que A y B hayan actuado *conjuntamente* y que ambos *sean*, por consiguiente y en el sentido del artículo 28 CP 95, autores, es evidente —por redundante— que sólo ha cumplido el tipo de «atentar con violencia contra la libertad sexual de otra persona mediante acceso carnal» (art. 178 en relación con el 179 CP 95) quien efectivamente ha «atentado contra la libertad sexual mediante acceso carnal»; y que quien ha aplicado fuerza sin tener acceso carnal ha realizado una conducta no subsumible en el tipo de violación, por lo que su responsabilidad —al contrario de lo que sucede con el autor en sentido estricto— sólo puede fundamentarse sobre la base de *poner en relación* el concreto delito con la «causa de ampliación de la tipicidad» del artículo 28, párrafo 1.º, CP 95 («conjuntamente»).

De todo lo expuesto se deriva que a partir de ahora el artículo 28 CP 95 contendrá *dos clases de autores asimilados*, a quienes se les equipara, a los puros efectos de penalidad, *pero sin serlo*, con el autor en sentido estricto: los autores asimilados de la «categoría A», que, sin cumplir el tipo —y de los que se predica, no obstante, que «son» autores—, realizan el hecho conjuntamente con el autor en sentido estricto, y los autores asimilados de la «categoría B», que inducen o cooperan necesariamente al hecho, y de los que se dice, esta vez correctamente —porque *tampoco* son autores en sentido estricto—, que, asimismo y a los únicos efectos de penalidad, deben ser «considerados» autores.

7. Recapitulación

Estos rasgos de sectarismo doctrinal no figuraban en ninguno de los textos prelegislativos anteriores (Proyecto de 1980, Propuesta de 1983, Proyecto de 1992), donde sus autores nunca quisieron —a pesar de que también habrían podido— cerrar legislativamente cuestiones sujetas a discusión. Así debería haber sucedido también con el CP 95, que se «ha llevado a cabo», según su Exposición de Motivos, «desde la idea, profundamente sentida, de que el Código Penal ha de ser de todos»; pero, aparentemente, se ha intentado imponer a un legislador accesible —y, tal vez, ingenuo— lo que no se había conseguido en la discusión doctrinal con la fuerza de convicción de los argumentos. Lo que sucede es que la ley tiene su propia lógica objetiva, independiente de la voluntad subjetiva de quien en concreto ha redactado un determinado precepto, y que, tal como he tratado de demostrar más arriba en referencia a algunas de estas manifestaciones sectarias, a veces se es tan torpe que, después de haberse quedado solo en la controversia científica, tampoco se consigue hacer prevalecer las propias ideas ni aun teniendo la posibilidad de influir nada menos que sobre el mismo legislador.

II. EL SUPUESTO PROGRESISMO DEL NUEVO CÓDIGO PENAL

El nivel de progresismo —progresismo que, según se ha querido trasmitir a la opinión pública, es una de las virtudes que adorna al CP 95— de un Código Penal se puede determinar por el sistema de penas que adopta, por su regulación de la eutanasia, por el grado de despenalización del aborto, por su mayor o menor respeto de la autonomía personal, y, finalmente y en el caso concreto de España, por el tratamiento que da al fenómeno de la insumisión. De la actitud del CP 95 ante estas cinco cuestiones definitorias de su ideología —no están todas las que son, pero sí son todas las que están— paso a ocuparme a continuación.

1. El sistema de penas

El CP 95, como todos los textos prelegislativos del Código penal, desde el Anteproyecto de 1979, ha suprimido de raíz la pena privativa de libertad inferior a los seis meses e intentado, en lo posible, evitar la de hasta dos años mediante la aplicación de la condena condicional, de los días-multa o del arresto de fin de semana. Y con razón, porque esas penas cortas privativas de libertad obligan al condenado a interrumpir —y tal vez a deteriorar irreversiblemente— su vida familiar y profesional, condicionan que difícilmente pueda ocultar ante sus hijos y otros allegados que ha sido estigmatizado como un delincuente, e imponen su ingreso en el mundo carcelario, quedando expuesto, con ello, al inicio o a la consolidación de su degradación personal.

Pero un sistema de penas progresista no puede limitarse a acabar con las penas cortas, sino que igualmente debe erradicar de su catálogo de sanciones las largas privativas de libertad, ya que criminológicamente está demostrado que un internamiento superior a los quince años causa al penado, irremediable e inconstitucionalmente, «daños irreversibles en su personalidad», conduciéndole a «su destrucción como ser social»[14]. El CP 95 no ha tenido inconveniente, sin embargo, en establecer estas sanciones aniquiladoras de la persona y frente al CP 73, en el que una pena de prisión difícilmente podía exceder de quince años de cumplimiento real, no sólo *endurece, de forma generalizada*, las penas privativas de libertad hasta ahora efectivamente aplicables, sino que introduce sanciones de hasta treinta años de duración *efectiva* (arts. 78 y 572.2 CP 95), que sólo pueden encontrar un paralelo, por su brutalidad, en la cadena perpetua de los Códigos españoles del siglo pasado, y que deben ser rechazadas no sólo desde los principios de una política criminal mínimamente progresista y acorde con la Constitución, sino simplemente sobre la base de la más elemental humanidad.

2. La eutanasia

El artículo 409 CP 73, después de establecer que «el que prestare auxilio o induzca a otro para que se suicide será castigado con la pena de prisión menor», añadía, en su segundo inciso: «si se lo prestare hasta el punto de ejecutar él mismo la muerte será castigado con la pena de reclusión menor».

Esta regulación indiferenciada y genérica del homicidio consentido ha permitido en los últimos años formular a prácticamente la totalidad de los penalistas españoles que se habían ocupado de esa materia la tesis —que operaba para ello con la eximente del estado de necesidad y con algunos bienes constitucionales a salvaguardar, como la dignidad humana, el derecho al libre desarrollo de la personalidad o la prohibición de tratos inhumanos o degradantes— de que, de acuerdo con el Derecho hasta ahora vigente en España, habría que concluir que especialmente la eutanasia activa, esto es: la muerte producida con su consentimiento a un enfermo desahuciado, constituía un comportamiento *justificado* y, con ello, *impune*[15].

El CP 95, en su artículo 143.4 («El que causare o cooperare activamente con actos necesarios y directos a la muerte de otro, por la petición expresa, seria e inequívoca de éste, en el caso de que la víctima sufriera una enfermedad grave que conduciría necesariamente a su muerte, o que produjera graves padecimientos permanentes y

---

[14] Cfr., sólo, Mapelli/Terradillos, *Las consecuencias jurídicas del delito*, 3.ª ed., Madrid, 1996, pp. 69 ss.

[15] Sobre la discusión informa ampliamente Díaz Aranda, *Dogmática del suicidio y homicidio consentido*, Madrid, 1995, pp. 217 ss.

difíciles de soportar, será castigado con la pena inferior en uno o dos grados a las señaladas en los números 2 y 3 de este artículo»), toma posición frente a la eutanasia. Y en mala hora.

Pues la *despenalización*, como se deduce *a contrario* del artículo 143.4 CP 95 («el que causare o cooperare *activamente*»), de la llamada eutanasia *pasiva*, esto es: de la conducta de quien decide *no aplicar* técnicas médicas avanzadas para mantener con vida a un enfermo irreversible (casos Francisco Franco, Tito, Hiro-Hito), independientemente de que de hecho se practicaba y se practica en los hospitales españoles, e independientemente de que la doctrina española la había incluido de forma prácticamente unánime entre los supuestos que, de acuerdo *ya* con el Derecho vigente, estaban exentos de pena, ni supone, por ello, ningún progreso frente a la situación actual, ni va a encontrar tampoco objeción alguna entre los sectores más reaccionarios de la sociedad, pues incluso la Iglesia católica —la institución más reacia a la eutanasia— se ha manifestado en reiteradas ocasiones en el sentido de oponerse al llamado «encarnizamiento médico».

En cambio, y como reverso de la despenalización de la eutanasia pasiva, el CP 95 decide ahora castigar *expresamente* a la activa. Lo cual supone: por una parte, una regresión frente a la situación anterior, ya que, como acabo de indicar, la ciencia española había aportado argumentos muy sólidos para fundamentar que esa clase de «homicidio piadoso» era impune, sin que hasta ahora los tribunales hubieran tenido ocasión de pronunciarse sobre esa opinión doctrinal, opinión a la que ahora se le priva de muchos —¿o de todos?— sus argumentos ante la tipificación explícita de la eutanasia activa; y, por otra, supone también un acontecimiento legislativo insólito y desgraciado, pues en el Derecho comparado, o bien se castiga indiferenciadamente el homicidio consentido, intentando la doctrina más progresista —como en España— fundamentar que en el caso de la eutanasia la conducta es, no obstante, impune, o bien los esfuerzos se dirigen —con mayor o menor éxito— a conseguir una reforma legal que despenalice la eutanasia, pero, por lo que alcanzo a ver, hasta ahora ningún legislador había tenido la ocurrencia de describir expresamente los supuestos eutanásicos, no para descriminalizarlos, sino para declarar que son punibles, y haciendo creer, encima, que todo ello constituye un avance.

3. El aborto

El CP 95 *reafirma y consolida* la regulación de la interrupción del embarazo del CP 73, que sólo lo despenaliza en tres casos extremos, adoptando con ello una posición tan restrictiva que únicamente es comparable con la que rige en la archicatólica Irlanda, y despreciando, por consiguiente, la descriminalización absoluta del aborto practicado en los tres primeros meses del embarazo que constituye ya una *seña de identidad* —desde Italia hasta EEUU, pasando por Alemania o por Francia— de los Estados —estén o no gobernados por la izquierda— simplemente civilizados y demócratas. Frente a los que alegan que la ciencia ha demostrado que el óvulo fecundado tiene su propio código genético, que, por consiguiente, es ya un ser humano y que, por ello, su destrucción ha de ser considerada un «asesinato» (con lo que convierten en asesinos, igualmente, a las parejas que utilizan el DIU como método anticonceptivo y a los médicos que practican la fecundación *in vitro*), hay que responder: lo único que la ciencia establece es que a lo que se pone fin con un aborto es, en efecto, a un óvulo (en sus comienzos de tamaño microscópico) fecundado que tiene un código genético; pero que ello sea ya un ser humano, eso es un juicio de valor que, por definición, no puede ser resuelto por las ciencias de la naturaleza, las cuales, porque sólo describen, no tienen competencia ni autoridad alguna para valorar al objeto de su descripción. De todo ello se sigue que estamos ante un problema específicamente moral sobre el que es posible y legítimo mantener posiciones distintas y en el que, por consiguiente y en un Estado pluralista, nada se le ha perdido al Derecho penal.

4. El consentimiento en las lesiones

Desde 1983 el CP 73 eximía de responsabilidad penal, en su artículo 428, al que lesionaba a otro con su consentimiento en los casos de trasplantes de órganos, de esterilizaciones y de cirugía transexual. Pero una opinión muy extendida en la doctrina, y formulada por primera vez por Rodríguez Muñoz [16] en los años treinta, mantiene —acudiendo a distintos argumentos, algunos de ellos de orden constitucional [17]— que, *fuera de los casos previstos por el artículo 428 CP 73*, el asentimiento del sujeto pasivo también

[16] Notas al *Tratado de Derecho penal* de Mezger, tomo I, 3.ª ed., Madrid, 1955, pp. 425-427.

[17] Para más detalles cfr., por ejemplo, Berdugo, *El delito de lesiones*, Salamanca, 1982, pp. 59 ss. y pássim.

podía excluir la punibilidad en otras clases de lesiones. Sin entenderse muy bien por qué, el CP 95, en su artículo 155 («En los delitos de lesiones, si ha mediado el consentimiento válida, libre, espontánea y expresamente emitido del ofendido, se impondrá la pena inferior en uno o dos grados»), niega ahora, *explícitamente y de forma genérica*, eficacia *eximente* al consentimiento en las lesiones, lo que hace imposible —o al menos dificulta— que se pueda seguir sosteniendo esa interpretación doctrinal, con lo que a partir de ahora habrá que considerar delincuentes a todos los adultos que mantienen libremente relaciones sexuales sadomasoquistas, ya que el consentimiento para ser lesionado que se presta en esas prácticas sirve, según declara expresamente el artículo 155 CP 95, sólo para atenuar, pero no para eximir de pena.

5. LA INSUMISIÓN

Finalmente y por lo que se refiere a la insumisión, el CP 95, en sus artículos 527 y 528, castiga a los que se niegan a cumplir la prestación social sustitutoria con una pena de inhabilitación absoluta de hasta dieciocho años, durante los cuales —y en una época que abarca desde su juventud hasta su madurez— no podrán ejercer de Médicos Internos Residentes, ni ser conductores de autobuses municipales, ni jueces, ni bedeles de un Ministerio, ni desempeñar la docencia en la Universidad, ni trabajar como cámaras en TVE, por sólo mencionar algunos ejemplos del horrible ostracismo con el que se les margina. El CP 95 ignora así el reconocimiento que dispensa el Derecho penal moderno a los llamados «autores de conciencia» cuando no están en juego bienes jurídicos esenciales como la vida o la integridad física, y crea, como nueva casta social, una figura de «paria» inexistente en cualquier ordenamiento jurídico conocido.

6. NUEVA RECAPITULACIÓN

A la vista de lo expuesto, no se acaba de entender por qué en el pasado debate de investidura el coordinador general de Izquierda Unida, Julio Anguita, formulaba al candidato a la Presidencia del Gobierno, José María Aznar, la exigencia de que se despenalizasen el aborto, la eutanasia activa y la insumisión, siendo así que quien los criminaliza es un Código Penal votado favorable y precisamente por IU, mientras que el ahora partido del Gobierno optó por la abstención. Un Código así, con una pena privativa de libertad de una extensión efectiva *inconstitucional* y contraria a nuestra tradición jurídica, con una regulación del aborto restrictiva hasta decir basta, que penaliza expresamente la eutanasia activa, que trata como parias a los insumisos, y que —para que no falte picante— incluso declara delito las relaciones sexuales sadomasoquistas consentidas entre adultos, colma, sin duda, todas las expectativas de los sectores más conservadores de nuestra sociedad. Y, encima, ni siquiera han tenido que votarlo.

III. EL DESPRECIO POR LA SEGURIDAD JURÍDICA

El CP 95 obedece, según su Exposición de Motivos, a que «en nuestro país [...] el texto vigente data, en lo que pudiera considerarse su núcleo básico, del *pasado siglo* [por lo que] la necesidad de su reforma no puede, pues, discutirse».

No obstante, el CP 95 no se ha limitado a reformar preceptos que se remontan a tiempo atrás, sino que las modificaciones alcanzan, igualmente, a regulaciones muy recientes, resultado de Proyectos de Ley presentados precisamente por Gobiernos socialistas como los que presentaron el Proyecto de CP 95, y aprobados asimismo con el apoyo de los parlamentarios de ese mismo partido que acaban de votar afirmativamente el CP 95.

Así, la regulación del error en el CP 73 [art. 6 bis a)] procede de 1983, por lo que no se entiende que haya podido quedar superada en sólo doce años, siendo de destacar, como ha manifestado verbalmente Enrique Bacigalupo, que las dos parejas conceptuales con las que en materia de error se ha operado siempre por las legislaciones, por la doctrina y por la jurisprudencia son la primitiva de error de hecho-error de Derecho o la moderna de error de tipo-error de prohibición (que es la acogida por el CP 73), pero que hasta ahora no se conocía ese batiburrillo dicotómico que adopta el artículo 14 CP 95 de distinguir entre, por una parte, error de hecho («el error [...] sobre un *hecho* constitutivo de la infracción penal») y, por otra, no error de Derecho, sino de prohibición («el error [...] sobre la *ilicitud* del hecho»).

Igualmente tiene su origen en 1983, produciéndose una radical ruptura con el sistema anterior (con el «pasado siglo»), la tipificación en el CP 73 del hurto, del robo y de la estafa, no obstante lo cual el legislador del CP 95 ha creído necesario introducir nuevas e importantes modificaciones en el régimen de esos tres delitos contra la propiedad (arts. 234 ss., 237 ss. y 248 ss. CP 95).

Pero el punto álgido del «penelopismo» legislativo se alcanza en los delitos de lesiones y en los de contra la libertad sexual. Ambos grupos de delitos fueron reformados hace tan poco tiempo como en 1988 y 1989, estableciéndose entonces un régimen penal totalmente distinto del que había estado en vigor hasta entonces. Sólo seis años más tarde, en el CP 95, el legislador decide dar un tratamiento sustancialmente distinto a los delitos contra la integridad física, y cambiar radicalmente los criterios rectores que habían inspirado la reforma de 1989 de los delitos contra la libertad sexual.

Los tres ejemplos mencionados ponen de manifiesto no sólo una lamentable *falta de criterio* del legislador socialista, sino también el desprecio por un valor tan importante como es el de la seguridad jurídica; pues muchas de las pautas exegéticas que trabajosamente habían ido estableciendo la jurisprudencia y la doctrina en los pocos años en que han estado en vigor los preceptos actuales que regían para el error, y para los delitos contra la propiedad, de lesiones y contra la libertad sexual van a convertirse en inaplicables —por tener un sustrato legal distinto— cuando el texto legal a interpretar sea el CP 95, con el inconveniente añadido de que, por no alcanzar el nivel necesario de pena, muchos de esos delitos no van a poder llegar en casación al Tribunal Supremo, ni, con ello, ser objeto tampoco de una interpretación unitaria.

Desde Radbruch [18] sabemos que la idea del Derecho tiene, como partes integrantes, la justicia, la seguridad jurídica y la oportunidad, y que en toda reforma legislativa se produce una tensión entre el primero y el segundo de los valores: cada innovación legal persigue alcanzar unas soluciones *más justas* para la materia objeto de regulación, pero ello tiene necesariamente un *costo*: el sacrificio de la seguridad jurídica en cuanto que, como acabo de señalar, en gran parte se convierten en inservibles las pautas de interpretación establecidas jurisprudencial y doctrinalmente para los preceptos derogados. De ahí que esta contrarreforma penal de 1995 de sectores nucleares del CP, que, a su vez, acababan de ser modificados, sólo habría estado justificada si se hubiera hecho plausible que las innovaciones de la pasada década eran tan injustas que legitimaban un nuevo ataque a la seguridad jurídica: algo que nadie ha querido —posiblemente, por-

---

[18] Cfr., por ejemplo, *Rechtsphilosophie*, 3.ª ed., Leipzig, 1932, pp. 70 ss. y pássim.

que tampoco hubiera podido— explicar[19], ya que en todo ello no han desempeñado ningún papel las ideas de justicia y de seguridad, sino únicamente criterios extrajurídicos sobre los supuestos beneficios *políticos* de promulgar un Código Penal de nueva planta.

IV. CONCLUSIÓN

Y con esto finalizaría el presente Prólogo, porque, bajo el impacto de ese sectarismo doctrinal, de esos aspectos regresivos del CP 95 y de su desprecio por la seguridad jurídica, a uno no le quedan ganas ya, de momento, de ponerse a buscar sus eventuales aspectos positivos. Pero no quiero hacerlo sin pronunciar unas palabras de despedida al Código ya derogado. Al mejor que nunca hemos tenido, porque, conservando toda la sabiduría —y también las virtudes formales de precisión y de estilo gramatical en la formulación de los preceptos legales— del movimiento codificador del siglo pasado, supo incorporar, con las distintas reformas aprobadas desde 1976, aquellas —y sólo aquellas— innovaciones («principio de culpabilidad», supresión de la punibilidad por cuantías en los delitos contra la propiedad, regulación de las lesiones evitando cualificaciones por el resultado, equiparación entre el hombre y la mujer en los delitos contra la libertad sexual, etc.) sobre cuya necesidad existía un acuerdo prácticamente unánime, manteniendo en términos generales, y de conformidad con los principios humanitarios y humanistas del movimiento europeo de reforma de los años sesenta, una tendencia de descriminalización y de rebaja de las penas, que se ve ahora sustituida en el nuevo Código Penal, influido por el renacimiento en los últimos años de la ideología de la «ley y el orden», por un incremento descontrolado de nuevas figuras delictivas y por un insoportable rigor punitivo[20].

Teníamos un gran Código Penal; ahora es cuando lo sabemos.

Madrid, julio de 1996

ENRIQUE GIMBERNAT ORDEIG

[19] Cfr. Gimbernat, «¿Hace falta un nuevo Código Penal?», Prólogo a la 10.ª ed. (1993) del Código Penal editado por Tecnos, como tomo 11, dentro de esta «Biblioteca de Textos Legales».

[20] Sobre el «impulso criminalizador» y el endurecimiento de penas en el CP 95, cfr. el lúcido trabajo de Ramón Sáez Valcárcel, «El nuevo Código: maximalismo penal», *Jueces para la Democracia*, 26 (1996), pp. 3-7.

ABREVIATURAS

BOE	*Boletín Oficial del Estado.*
CC	Código Civil.
C. de C.	Código de Comercio.
C. de la C.	Código de la Circulación.
CE	Constitución Española de 1978.
CP	Código Penal.
CPDHLF	Convenio Europeo para la Protección de los Derechos Humanos y Libertades Fundamentales.
CPM	Código Penal Militar.
DOCE	*Diario Oficial de las Comunidades Europeas.*
DUDH	Declaración Universal de los Derechos Humanos.
ET	Real Decreto-Ley 1/1995, de 24 de marzo (*BOE* n.º 75, de 29 de marzo), por el que se aprueba el Texto Refundido del Estatuto de los Trabajadores, modificado por Leyes 50/1998, de 30 de diciembre (*BOE* n.º 313, de 31 de diciembre; corrección de errores en *BOE* n.º 109, de 7 de mayo de 1999); 24/1999, de 6 de julio (*BOE* n.º 161, de 7 de julio); 39/1999, de 5 de noviembre (*BOE* n.º 266, de 6 de noviembre), y 55/1999, de 29 de diciembre (*BOE* n.º 312, de 30 de diciembre; corrección de erratas en *BOE* n.º 54, de 3 de marzo de 2000), así como por Real Decreto Legislativo 5/2000, de 4 de agosto (*BOE* n.º 189, de 8 de agosto; corrección de errores en *BOE* n.º 228, de 22 de septiembre); Ley 14/2000, de 29 de diciembre (*BOE* n.º 313, de 30 de diciembre), y Real Decreto-Ley 5/2001, de 2 de marzo (*BOE* n.º 54, de 3 de marzo).
LCAP	Real Decreto Legislativo 2/2000, de 16 de junio, por el que se aprueba el texto refundido de la Ley de Contratos de las Administraciones Públicas (*BOE* n.º 148, de 21 de junio; corrección de erratas en *BOE* n.º 227, de 21 de septiembre), modificada por Ley 14/2000, de 29 de diciembre (*BOE* n.º 313, de 30 de diciembre).
LCD	Ley 3/1991, de 10 de enero (*BOE* n.º 10, de 11 de enero), de Competencia Desleal, modificada por Ley 52/1999, de 28 de diciembre (*BOE* n.º 311, de 29 de diciembre).
LE	Ley 4/1985, de 21 de marzo, de Extradición Pasiva.
LEC	Ley de Enjuiciamiento Civil.

LEC 2000 Ley 1/2000, de 7 de enero (*BOE* n.º 7, de 8 de enero; corrección de errores en *BOE* n.º 90, de 14 de abril), de Enjuiciamiento Civil, con entrada en vigor el 8 de enero de 2001.

LECr Ley de Enjuiciamiento Criminal.

LI Ley Provisional de 18 de junio de 1870 estableciendo reglas para el ejercicio de la gracia de indulto, modificada por Ley 1/1988, de 14 de enero.

LIE Ley 38/1992, de 28 de diciembre (*BOE* n.º 312, de 29 de diciembre), de Impuestos Especiales, modificada por Leyes 40/1995, de 19 de diciembre (*BOE* n.º 303, de 20 de diciembre), y 55/1999, de 29 de diciembre (*BOE* n.º 312, de 30 de diciembre; corrección de erratas en *BOE* n.º 54, de 3 de marzo de 2000).

LIRPF Ley 40/1998, de 9 de diciembre (*BOE* n.º 295, de 10 de diciembre), del Impuesto sobre la Renta de las Personas Físicas y otras Normas Tributarias, modificada por Leyes 54/1999, de 29 de diciembre (*BOE* n.º 312, de 30 de diciembre); 55/1999, de 29 de diciembre (*BOE* n.º 312, de 30 de diciembre; corrección de erratas en *BOE* n.º 54, de 3 de marzo de 2000); 6/2000, de 13 de diciembre (*BOE* n.º 299, de 14 de diciembre), y 14/2000, de 29 de diciembre (*BOE* n.º 313, de 30 de diciembre).

LIVA Ley 37/1992, de 28 de diciembre (*BOE* n.º 312, de 29 de diciembre), del Impuesto sobre el Valor Añadido, modificada por Ley 13/1996, de 30 de diciembre (*BOE* n.º 315, de 31 de diciembre), por Real Decreto-Ley 14/1997, de 29 de agosto (*BOE* n.º 208, de 30 de agosto), por Ley 9/1998, de 21 de abril (*BOE* n.º 96, de 22 de abril), por Ley 50/1998, de 30 de diciembre (*BOE* n.º 313, de 31 de diciembre; corrección de errores en *BOE* n.º 109, de 7 de mayo de 1999); por Ley 54/1999, de 29 de diciembre (*BOE* n.º 312, de 30 de diciembre); por Ley 55/1999, de 29 de diciembre (*BOE* n.º 312, de 30 de diciembre; corrección de erratas en *BOE* n.º 54, de 3 de marzo de 2000); por Ley 6/2000, de 13 de diciembre (*BOE* n.º 299, de 14 de diciembre), y por Ley 14/2000, de 29 de diciembre (*BOE* n.º 313, de 30 de diciembre).

LMV Ley 24/1998, de 28 de julio (*BOE* n.º 181, de 29 de julio; corrección de errores en *BOE* n.º 185, de 4 de agosto), del Mercado de Valores, modificada por Leyes 13/1996, de 30 de diciembre (*BOE* n.º 315, de 31 de diciembre); 37/1998, de 16 de noviembre (*BOE* n.º 275, de 17 de noviembre); 50/1998, de 30 de diciembre (*BOE* n.º 313, de 31 de diciembre; corrección de errores en *BOE* n.º 109, de 7 de mayo de 1999); 55/1999, de 29 de diciembre (*BOE* n.º 312, de 30 de diciembre; corrección de erratas en *BOE* n.º 54, de 3 de marzo de 2000), y 14/2000, de 29 de diciembre (*BOE* n.º 313, de 30 de diciembre).

LOGP Ley Orgánica General Penitenciaria.

LOPJ Ley Orgánica 6/1985, de 1 de julio, del Poder Judicial, reformada por Ley Orgánica 16/1994, de 8 de noviembre; por Ley Orgánica 11/1999, de 30 de abril (*BOE* n.º 104, de 1 de mayo); por Ley Orgánica 13/1999, de 14 de mayo (*BOE* n.º 116, de 15 de mayo); por Ley Orgánica 7/2000, de 22 de diciembre (*BOE* n.º 307, de 23 de diciembre); por Ley Orgánica 9/2000, de 22 de diciembre (*BOE* n.º 307, de 23 de diciembre), y por Ley Orgánica 2/2001, de 28 de junio (*BOE* n.º 155, de 29 de junio).

LOPSC Ley Orgánica 1/1992, de 21 de febrero, sobre Protección de la Seguridad Ciudadana, modificada por Ley 10/1999, de 21 de abril (*BOE* n.º 96, de 22 de abril).

LOTJ Ley Orgánica 5/1995, de 22 de mayo (*BOE* n.º 122, de 23 de mayo), del Tribunal del Jurado.

LPPNA Ley Penal y Procesal de Navegación Aérea, modificada por Ley 55/1999, de 29 de diciembre (*BOE* n.º 312, de 30 de diciembre; corección de erratas en *BOE* n.º 54, de 3 de marzo de 2000).

LRJAP Ley 30/1992, de 26 de noviembre, de Régimen Jurídico de las Administraciones Públicas y del Procedimiento Administrativo Común (*BOE* n.º 285, de 27 de noviembre; corrección de errores en *BOE* n.º 311, de 28 de diciembre, y n.º 23, de 27 de enero de 1993), modificada por Ley 4/1999, de 13 de enero (*BOE* n.º 12, de 14 de enero; corrección de erratas en *BOE* n.os 16 y 30, de 19 de enero y 4 de febrero, respectivamente).

LSA Real Decreto-Ley 1.564/1989, de 22 de diciembre (*BOE* n.º 310, de 27 de diciembre; corrección de errores en *BOE* n.º 28, de 1 de febrero de 1990), por el que se aprueba el Texto Refundido de la Ley de Sociedades Anónimas, texto revisado por Real Decreto 572/1997, de 18 de abril (*BOE* n.º 104, de 1 de mayo), y modificado por Leyes 50/1998, de 30 de diciembre (*BOE* n.º 313, de 31 de diciembre; corrección de errores en *BOE* n.º 109, de 7 de mayo de 1999), y 55/1999, de 29 de diciembre (*BOE* n.º 312, de 30 de diciembre; corrección de erratas en *BOE* n.º 54, de 3 de marzo de 2000).

LTCVM Ley sobre Tráfico, Circulación de Vehículos a Motor y Seguridad Vial, aprobada por Real Decreto-Ley 339/1990, de 2 de marzo (*BOE* n.º 63, de 14 de marzo; corrección de errores en *BOE* n.º 75, de 28 de marzo), y modificada por Leyes 43/1999, de 25 de noviembre (*BOE* n.º 283, de 26 de noviembre), y 55/1999, de 29 de diciembre (*BOE* n.º 312, de 30 de diciembre; corrección de erratas en *BOE* n.º 54, de 3 de marzo de 2000).

PIDCP Pacto Internacional de Derechos Civiles y Políticos.

RIRPF Real Decreto 214/1999, de 5 de febrero (*BOE* n.º 34, de 9 de febrero; corrección de errores en *BOE* n.º 55, de 5 de marzo),

	por el que se aprueba el Reglamento de la Ley 40/1998, de 9 de diciembre, del Impuesto sobre la Renta de las Personas Físicas y otras Normas Tributarias. Este Real Decreto ha sido modificado por Real Decreto 1.968/1999, de 23 de diciembre (*BOE* n.º 312, de 30 de diciembre; corrección de errores en *BOE* n.º 17, de 20 de enero de 2000); por Real Decreto 1.088/2000, de 9 de junio (*BOE* n.º 139, de 10 de junio); por Real Decreto 1.732/2000, de 20 de octubre (*BOE* n.º 253, de 21 de octubre); por Real Decreto 3.472/2000, de 29 de diciembre (*BOE* n.º 313, de 30 de diciembre), y por Real Decreto 579/2001, de 1 de junio (*BOE* n.º 132, de 2 de junio).
RIVA	Real Decreto 1.624/1992, de 29 de diciembre (*BOE* n.º 314, de 31 de diciembre), por el que se aprueba el Reglamento de la Ley 37/1992, de 28 de diciembre, del Impuesto sobre el Valor Añadido. Este Real Decreto ha sido modificado por Real Decreto 215/1999, de 5 de febrero (*BOE* n.º 34, de 9 de febrero), y Real Decreto 1.966/1999, de 23 de diciembre (*BOE* n.º 312, de 30 de diciembre).
RP	Reglamento Penitenciario, aprobado por Real Decreto 190/1996, de 9 de febrero.

CÓDIGO PENAL
DE 1995

LEY ORGÁNICA 10/1995, DE 23 DE NOVIEMBRE, DEL CÓDIGO PENAL*

(*BOE* n.º 281, de 24 de noviembre de 1995; corrección de errores en *BOE* n.º 54, de 2 de marzo de 1996)

EXPOSICIÓN DE MOTIVOS

Si se ha llegado a definir el ordenamiento jurídico como conjunto de normas que regulan el uso de la fuerza, puede entenderse fácilmente la importancia del Código Penal en cualquier sociedad civilizada. El Código Penal define los delitos y faltas que constituyen los presupuestos de la aplicación de la forma suprema que puede revestir el poder coactivo del Estado: la pena criminal. En consecuencia, ocupa un lugar preeminente en el conjunto del ordenamiento, hasta el punto de que, no sin razón, se ha considerado como una especie de «Constitución negativa». El Código Penal ha de tutelar los valores y principios básicos de la convivencia social. Cuando esos valores y prin-

* El texto que se publica incorpora las modificaciones efectuadas por las Leyes Orgánicas 2/1998, de 15 de junio (*BOE* n.º 143, de 16 de junio de 1998), por la que se modificaron el Código Penal y la Ley de Enjuiciamiento Criminal; 7/1998, de 5 de octubre (*BOE* n.º 239, de 6 de octubre), por la que se suprimen las penas de prisión y multa para los supuestos de no cumplimiento del servicio militar obligatorio y prestación social sustitutoria, y se rebajan las penas de inhabilitación para dichos supuestos; 11/1999, de 30 de abril (*BOE* n.º 104, de 1 de mayo), de modificación del Título VIII del Libro II del Código Penal; 14/1999, de 9 de junio (*BOE* n.º 138, de 10 de junio), de modificación del Código Penal de 1995, en materia de protección a las víctimas de malos tratos, y de la Ley de Enjuiciamiento Criminal; 2/2000, de 7 de enero (*BOE* n.º 8, de 10 de enero), de modificación del Código Penal en materia de prohibición del desarrollo y el empleo de armas químicas; 3/2000, de 11 de enero (*BOE* n.º 10, de 12 de enero), de modificación del Código Penal en materia de lucha contra la corrupción de agentes públicos extranjeros en las transacciones comerciales internacionales; 4/2000, de 11 de enero (*BOE* n.º 10, de 12 de enero; corrección de errores en *BOE* n.º 20, de 24 de enero), sobre derechos y libertades de los extranjeros en España y su integración social; 7/2000, de 22 de diciembre (*BOE* n.º 307, de 23 de diciembre), de modificación del Código Penal y de la Ley Orgánica reguladora de la responsabilidad penal de los menores, en relación con los delitos de terrorismo, y 8/2000, de 22 de diciembre (*BOE* n.º 307, de 23 de diciembre; corrección de errores en *BOE* n.º 47, de 23 de febrero de 2001), de reforma de la Ley Orgánica sobre derechos y libertades de los extranjeros en España y su integración social.

cipios cambian, debe también cambiar. En nuestro país, sin embargo, pese a las profundas modificaciones de orden social, económico y político, el texto vigente data, en lo que pudiera considerarse su núcleo básico, del pasado siglo. La necesidad de su reforma no puede, pues, discutirse.

A partir de los distintos intentos de reforma llevados a cabo desde la instauración del régimen democrático, el Gobierno ha elaborado el Proyecto que somete a la discusión y aprobación de las Cámaras. Debe, por ello, exponer, siquiera sea de modo sucinto, los criterios en que se inspira, aunque éstos puedan deducirse con facilidad de la lectura de su texto.

El eje de dichos criterios ha sido, como es lógico, el de la adaptación positiva del nuevo Código Penal a los valores constitucionales. Los cambios que introduce en esa dirección el presente Proyecto son innumerables, pero merece la pena destacar algunos.

En primer lugar, se propone una reforma total del actual sistema de penas, de modo que permita alcanzar, en lo posible, los objetivos de resocialización que la Constitución le asigna. El sistema que se propone simplifica, de una parte, la regulación de las penas privativas de libertad, ampliando, a la vez, las posibilidades de sustituirlas por otras que afecten a bienes jurídicos menos básicos, y, de otra, introduce cambios en las penas pecuniarias, adoptando el sistema de días-multa y añade los trabajos en beneficio de la comunidad.

En segundo lugar, se ha afrontado la antinomia existente entre el principio de intervención mínima y las crecientes necesidades de tutela en una sociedad cada vez más compleja, dando prudente acogida a nuevas formas de delincuencia, pero eliminando, a la vez, figuras delictivas que han perdido su razón de ser. En el primer sentido, merece destacarse la introducción de los delitos contra el orden socieconómico o la nueva regulación de los delitos relativos a la ordenación del territorio y de los recursos naturales; en el segundo, la desaparición de las figuras complejas de robo con violencia e intimidación en las personas que, surgidas en el marco de la lucha contra el bandolerismo, deben desaparecer dejando paso a la aplicación de las reglas generales.

En tercer lugar, se ha dado especial relieve a la tutela de los derechos fundamentales y se ha procurado diseñar con especial mesura el recurso al instrumento punitivo allí donde está en juego el ejercicio de cualquiera de ellos: sirva de ejemplo, de una parte, la tutela específica de la integridad moral y, de otra, la nueva regulación de los delitos contra el honor. Al tutelar específicamente la integridad moral, se otorga al ciudadano una protección más fuerte frente a la tortura, y al configurar los delitos contra el honor del modo en que se propone, se otorga a la libertad de expresión toda la relevancia que puede y debe reconocerle un régimen democrático.

En cuarto lugar, y en consonancia con el objetivo de tutela y respeto a los derechos fundamentales, se ha eliminado el régimen de privilegio de que hasta ahora han venido gozando las injerencias ilegítimas de los funcionarios públicos en el ámbito de los derechos y libertades de los ciudadanos. Por tanto, se propone que las detenciones, entradas y registros en el domicilio llevadas a cabo por autoridad o funcionario fuera de los casos permitidos por la Ley, sean tratadas como formas agravadas de los correspondientes delitos comunes, y no como hasta ahora lo han venido siendo, esto es, como delitos especiales incomprensible e injustificadamente atenuados.

En quinto lugar, se ha procurado avanzar en el camino de la igualdad real y efectiva, tratando de cumplir la tarea que, en ese sentido, impone la Constitución a los poderes públicos. Cierto que no es el Código Penal el instrumento más importante para llevar a cabo esa tarea; sin embargo, puede contribuir a ella, eliminando regulaciones que son un obstáculo para su realización o introduciendo medidas de tutela frente a situaciones discriminatorias. Además de las normas que otorgan una protección específica frente a las actividades tendentes a la discriminación, ha de mencionarse aquí la nueva regulación de los delitos contra la libertad sexual. Se pretende con ella adecuar los tipos penales al bien jurídico protegido, que no es ya, como fuera históricamente, la honestidad de la mujer, sino la libertad sexual de todos. Bajo la tutela de la honestidad de la mujer se escondía una intolerable situación de agravio, que la regulación que se propone elimina totalmente. Podrá sorprender la novedad de las técnicas punitivas utilizadas; pero, en este caso, alejarse de la tradición parece un acierto.

Dejando el ámbito de los principios y descendiendo al de las técnicas de elaboración, el presente proyecto difiere de los anteriores en la pretensión de universalidad. Se venía operando con la idea de que el Código Penal constituyese una regulación completa del poder punitivo del Estado. La realización de esa idea partía ya de un déficit, dada la importancia que en nuestro país reviste la potestad sancionadora de la Administración; pero, además, resultaba innecesaria y perturbadora.

Innecesaria, porque la opción decimonónica a favor del Código Penal y en contra de las leyes especiales se basaba en el hecho innegable de que el legislador, al elaborar un Código, se hallaba constreñido, por razones externas de trascendencia social, a respetar los principios constitucionales, cosa que no ocurría, u ocurría en menor medida, en el caso de una ley particular. En el marco de un constitucionalismo flexible, era ese un argumento de especial importancia para fundamentar la pretensión de universalidad absoluta del Código. Hoy, sin embargo, tanto el Código Penal como las leyes especiales se hayan jerárquicamente subordinados a la Constitución y obligados a someterse a ella, no sólo por esa jerarquía, sino también por la existencia de un control jurisdiccional de la constitucionalidad. Consiguientemente, las leyes especiales no pueden suscitar la prevención que históricamente provocaban.

Perturbadora, porque, aunque es innegable que un Código no merecería ese nombre si no contuviese la mayor parte de las normas penales y, desde luego los principios básicos informadores de toda la regulación, lo cierto es que hay materias que difícilmente pueden introducirse en él. Pues, si una pretensión relativa de universalidad es inherente a la idea de Código, también lo son las de estabilidad y fijeza, y existen ámbitos en que, por la especial situación del resto del ordenamiento, o por la naturaleza misma de las cosas, esa estabilidad y fijeza son imposibles. Tal es, por ejemplo, el caso de los delitos relativos al control de cambios. En ellos, la modificación constante de las condiciones económicas y del contexto normativo, en el que, quiérase o no, se integran tales delitos, aconseja situar las normas penales en dicho contexto y dejarlas fuera del Código: por lo demás, ésa es nuestra tradición, y no faltan, en los países de nuestro entorno, ejemplos caracterizados de un proceder semejante.

Así pues, en ese y en otros parecidos, se ha optado por remitir a las correspondientes leyes especiales la regulación penal de las respectivas materias. La misma técnica se ha utilizado para las normas reguladoras de la despenalización de la interrupción voluntaria del embarazo. En este caso, junto a razones semejantes a las anteriormente expuestas, podría argüirse que no se trata de normas incriminadoras, sino de normas que regulan supuestos de no incriminación. El Tribunal Constitucional exigió que, en la configuración de dichos supuestos, se adoptasen garantías que no parecen propias de un Código Penal, sino más bien de otro tipo de norma.

En la elaboración del Proyecto se han tenido muy presentes las discusiones parlamentarias del de 1992, el dictamen del Consejo General del Poder Judicial, el estado de la jurisprudencia y las opiniones de la doctrina científica. Se ha llevado a cabo desde la idea, profundamente sentida, de que el Código Penal ha de ser de todos y de que, por consiguiente, han de escucharse todas las opiniones y optar por las soluciones que parezcan más razonables, esto es, por aquellas que todo el mundo debería poder aceptar.

No se pretende haber realizado una obra perfecta, sino, simplemente, una obra útil. El Gobierno no tiene aquí la última palabra, sino solamente la primera. Se limita, pues, con este proyecto, a pronunciarla, invitando a todas las fuerzas políticas y a todos los ciudadanos a colaborar en la tarea de su perfeccionamiento. Solamente si todos deseamos tener un Código Penal mejor y contribuimos a conseguirlo podrá lograrse un objetivo cuya importancia para la convivencia y el pacífico disfrute de los derechos y libertades que la Constitución proclama difícilmente podría exagerarse.

TÍTULO PRELIMINAR

De las garantías penales y de la aplicación de la Ley penal

Artículo 1.º 1. No será castigada ninguna acción ni omisión que no esté prevista como delito o falta por Ley anterior a su perpetración.

2. Las medidas de seguridad sólo podrán aplicarse cuando concurran los presupuestos establecidos previamente por la Ley.

Art. 1.º1: V. art. 25.1 CE: «Nadie puede ser condenado o sancionado por acciones u omisiones que en el momento de producirse no constituyan delito, falta o infracción administrativa, según la legislación vigente en aquel momento». V. art. 15 PIDCP, que dispone lo siguiente:

«1. Nadie será condenado por actos u omisiones que en el momento de cometerse no fueran delictivos según el derecho nacional o internacional. Tampoco se impondrá pena más grave que la aplicable en el momento de la comisión del delito. Si con posterioridad a la comisión del delito la ley dispone la imposición de una pena más leve, el delincuente se beneficiará de ello.

»2. Nada de lo dispuesto en este artículo se opondrá al juicio ni a la condena de una persona por actos u omisiones que, en el momento de cometerse, fueran delictivos según los principios generales del derecho reconocidos por la comunidad internacional.»

V. también Disps. Trans. 1.ª y 2.ª CP y Disp. Trans. 1.ª RP; art. 11.2.º DUDH; art. 7.º CPDHLF; y arts. 1.º2.º y 20 CPM.

Art. 1.º2: V. arts. 6 y 95 ss. CP.

Art. 2.º 1. No será castigado ningún delito ni falta con pena que no se halle prevista por Ley anterior a su perpetración. Carecerán, igualmente, de efecto retroactivo las Leyes que establezcan medidas de seguridad.

2. No obstante, tendrán efecto retroactivo aquellas leyes penales que favorezcan al reo, aunque al entrar en vigor hubiera recaído sentencia firme y el sujeto estuviese cumpliendo condena. En caso de duda sobre la determinación de la Ley más favorable, será oído el reo. Los hechos cometidos bajo la vigencia de una Ley temporal serán juzgados, sin embargo, conforme a ella, salvo que se disponga expresamente lo contrario.

Art. 3.º 1. No podrá ejecutarse pena ni medida de seguridad sino en virtud de sentencia firme dictada por el Juez o Tribunal competente, de acuerdo con las leyes procesales.

2. Tampoco podrá ejecutarse pena ni medida de seguridad en otra forma que la prescrita por la Ley y reglamentos que la desarrollan, ni con otras circunstancias o accidentes que los expresados en su texto. La ejecución de la pena o de la medida de seguridad se realizará bajo el control de los Jueces y Tribunales competentes.

Art. 4.º 1. Las leyes penales no se aplicarán a casos distintos de los comprendidos expresamente en ellas.

2. En el caso de que un Juez o Tribunal, en el ejercicio de su jurisdicción, tenga conocimiento de alguna acción u omisión que, sin estar penada por la Ley, estime digna de represión, se abs-

---

Art. 2.º: El art. 9.º3 CE garantiza «el principio de legalidad, la jerarquía normativa, la publicidad de las normas, la irretroactividad de las disposiciones sancionadoras no favorables o restrictivas de derechos individuales, la seguridad jurídica, la responsabilidad y la interdicción de la arbitrariedad de los poderes públicos», y el art. 4.2 CC establece que «Las leyes penales, las excepcionales y las de ámbito temporal no se aplicarán a supuestos ni en momentos distintos de los comprendidos expresamente en ellas». V. también la Disp. Trans. 11.ª CP y los arts. 1.º LECr, 4.º CPM, y 2.º3, CC, así como la nota al art. 1.º1 precedente.

Art. 3.º: V. arts. 1.º, 145.5.º y 983 ss. LECr; 94 y 95 LOPJ; 2.º, 9.º ss., 72 y 76 ss. LOGP; 3.º RP y 5.º1.º*a*) CPDHLF.

Art. 4.º: V. arts. 11, 12, 20 y 28 LI; y 902 LECr. La Real Orden del 14 de abril de 1866 dispone que cuando las Salas de Justicia de las Audiencias expongan lo conveniente con arreglo a lo preceptuado en el párrafo último del art. 2.º CP (antecedente inmediato del presente art. 4) deben proponer siempre, no sólo la rebaja o conmutación de pena que a su juicio proceda en el caso de la exposición, sino el grado y extensión en que debe comprenderse, debiendo al mismo tiempo acompañar a la exposición copia certificada de la sentencia que haya dado ocasión a la consulta.

tendrá de todo procedimiento sobre ella y expondrá al Gobierno las razones que le asistan para creer que debiera ser objeto de sanción penal.

3. Del mismo modo acudirá al Gobierno exponiendo lo conveniente sobre la derogación o modificación del precepto o la concesión de indulto, sin perjuicio de ejecutar desde luego la sentencia, cuando de la rigurosa aplicación de las disposiciones de la Ley resulte penada una acción u omisión que, a juicio del Juez o Tribunal, no debiera serlo, o cuando la pena sea notablemente excesiva, atendidos el mal causado por la infracción y las circunstancias personales del reo.

4. Si mediara petición de indulto, y el Juez o Tribunal hubiere apreciado en resolución fundada que por el cumplimiento de la pena puede resultar vulnerado el derecho a un proceso sin dilaciones indebidas, suspenderá la ejecución de la misma en tanto no se resuelva sobre la petición formulada.

También podrá el Juez o Tribunal suspender la ejecución de la pena, mientras no se resuelva sobre el indulto cuando, de ser ejecutada la sentencia, la finalidad de éste pudiera resultar ilusoria.

Art. 5.º No hay pena sin dolo o imprudencia.

Art. 6.º 1. Las medidas de seguridad se fundamentan en la peligrosidad criminal del sujeto al que se impongan, exteriorizada en la comisión de un hecho previsto como delito.

2. Las medidas de seguridad no pueden resultar ni más gravosas ni de mayor duración que la pena abstractamente aplicable al hecho cometido, ni exceder el límite de lo necesario para prevenir la peligrosidad del autor.

Art. 7.º A los efectos de determinar la Ley penal aplicable en el tiempo, los delitos y faltas se consideran cometidos en el momento en que el sujeto ejecuta la acción u omite el acto que estaba obligado a realizar.

Art. 8.º Los hechos susceptibles de ser calificados con arreglo a dos o más preceptos de este Código, y no comprendidos en los artículos 73 a 77, se castigarán observando las siguientes reglas:

1.ª El precepto especial se aplicará con preferencia al general.

2.ª El precepto subsidiario se aplicará sólo en defecto del

Art. 6.º: V. arts. 95 ss. CP.

Art. 7.º: V. Disps. Trans. 1.ª y 2.ª CP y Disp. Trans. 1.ª RP.

Art. 8.º: V. arts. 136 LO 5/1985, de 19 de junio, del Régimen Electoral General (Apéndice 6), y 3.º LPPNA.

principal, ya se declare expresamente dicha subsidiariedad, ya sea ésta tácitamente deducible.

3.ª El precepto penal más amplio o complejo absorberá a los que castiguen las infracciones consumidas en aquél.

4.ª En defecto de los criterios anteriores, el precepto penal más grave excluirá los que castiguen el hecho con pena menor.

Art. 9.º Las disposiciones de este Título se aplicarán a los delitos y faltas que se hallen penados por leyes especiales. Las restantes disposiciones de este Código se aplicarán como supletorias en lo no previsto expresamente por aquéllas.

Art. 9.º: V. Disp. Trans. 11.ª CP y arts. 138 LO 5/1985, de 19 de junio, del Régimen Electoral General (Apéndice 6), y 12 LPPNA.

LIBRO PRIMERO

Disposiciones generales sobre los delitos y las faltas, las personas responsables, las penas, medidas de seguridad y demás consecuencias de la infracción penal

TÍTULO PRIMERO

De la infracción penal

CAPÍTULO PRIMERO

DE LOS DELITOS Y FALTAS

Art. 10. Son delitos o faltas las acciones y omisiones dolosas o imprudentes penadas por la Ley.

Art. 11. Los delitos o faltas que consistan en la producción de un resultado sólo se entenderán cometidos por omisión cuando la no evitación del mismo, al infringir un especial deber jurídico del autor, equivalga, según el sentido del texto de la Ley, a su causación. A tal efecto se equiparará la omisión a la acción:

a) Cuando exista una específica obligación legal o contractual de actuar.

b) Cuando el omitente haya creado una ocasión de riesgo para el bien jurídicamente protegido mediante una acción u omisión precedente.

Art. 12. Las acciones u omisiones imprudentes sólo se castigarán cuando expresamente lo disponga la Ley.

Art. 13. 1. Son delitos graves las infracciones que la Ley castiga con pena grave.

2. Son delitos menos graves las infracciones que la Ley castiga con pena menos grave.

3. Son faltas las infracciones que la Ley castiga con pena leve.

4. Cuando la pena, por su extensión, pueda incluirse a la vez

---

Art. 10: V. nota a los arts. 1.º y 2.º de este Código.

Art. 12: V. arts. 142, 146, 152, 158, 159.2.º, 220.5.º, 267, 301.3.º, 317, 324, 331, 344, 347, 358, 367, 391, 447, 467.2.º, 532, 601 y 621 de este Código.

Art. 13: V. art. 33 de este Código.

entre las mencionadas en los dos primeros números de este artículo, el delito se considerará, en todo caso, como grave.

Art. 14. 1. El error invencible sobre un hecho constitutivo de la infracción penal excluye la responsabilidad criminal. Si el error, atendidas las circunstancias del hecho y las personales del autor, fuera vencible, la infracción será castigada, en su caso, como imprudente.

2. El error sobre un hecho que cualifique la infracción o sobre una circunstancia agravante, impedirá su apreciación.

3. El error invencible sobre la ilicitud del hecho constitutivo de la infracción penal excluye la responsabilidad criminal. Si el error fuera vencible, se aplicará la pena inferior en uno o dos grados.

Art. 15. 1. Son punibles el delito consumado y la tentativa de delito.

2. Las faltas sólo se castigarán cuando hayan sido consumadas, excepto las intentadas contra las personas o el patrimonio.

Art. 16. 1. Hay tentativa cuando el sujeto da principio a la ejecución del delito directamente por hechos exteriores, practicando todos o parte de los actos que objetivamente deberían producir el resultado, y sin embargo éste no se produce por causas independientes de la voluntad del autor.

2. Quedará exento de responsabilidad penal por el delito intentado quien evite voluntariamente la consumación del delito, bien desistiendo de la ejecución ya iniciada, bien impidiendo la producción del resultado, sin perjuicio de la responsabilidad en que pudiera haber incurrido por los actos ejecutados, si éstos fueren ya constitutivos de otro delito o falta.

3. Cuando en un hecho intervengan varios sujetos, quedarán exentos de responsabilidad penal aquel o aquellos que desistan de la ejecución ya iniciada, e impidan o intenten impedir, seria, firme y decididamente, la consumación, sin perjuicio de la responsabilidad en que pudieran haber incurrido por los actos ejecutados, si éstos fueren ya constitutivos de otro delito o falta.

Art. 14: El art. 6.º1 CC establece: «La ignorancia de las leyes no excusa de su cumplimiento. El error de derecho producirá únicamente aquellos efectos que las leyes determinen.»

Art. 15: V. arts. 16, 61, 62, 64, 617 ss. y 623 ss. de este Código.

Art. 16: V. arts. 15, 61, 62 y 64 de este Código.

Art. 17. 1. La conspiración existe cuando dos o más personas se conciertan para la ejecución de un delito y resuelven ejecutarlo.

2. La proposición existe cuando el que ha resuelto cometer un delito invita a otra u otras personas a ejecutarlo.

3. La conspiración y la proposición para delinquir sólo se castigarán en los casos especialmente previstos en la Ley.

Art. 18. 1. La provocación existe cuando directamente se incita por medio de la imprenta, la radiodifusión o cualquier otro medio de eficacia semejante, que facilite la publicidad, o ante una concurrencia de personas, a la perpetración de un delito.

Es apología, a los efectos de este Código, la exposición, ante una concurrencia de personas o por cualquier medio de difusión, de ideas o doctrinas que ensalcen el crimen o enaltezcan a su autor. La apología sólo será delictiva como forma de provocación y si por su naturaleza y circunstancias constituye una incitación directa a cometer un delito.

2. La provocación se castigará exclusivamente en los casos en que la Ley así lo prevea.

Si a la provocación hubiese seguido la perpetración del delito, se castigará como inducción.

CAPÍTULO II

DE LAS CAUSAS QUE EXIMEN DE LA RESPONSABILIDAD CRIMINAL*

Art. 19. Los menores de dieciocho años no serán responsables criminalmente con arreglo a este Código.

Cuando un menor de dicha edad cometa un hecho delictivo podrá ser responsable con arreglo a lo dispuesto en la Ley que regule la responsabilidad penal del menor.

Art. 20. Están exentos de responsabilidad criminal:

1.º El que al tiempo de cometer la infracción penal, a causa de cualquier anomalía o alteración psíquica, no pueda comprender la ilicitud del hecho o actuar conforme a esa comprensión.

Art. 17: V. arts. 141, 151, 168, 269, 304, 373, 477, 488, 519, 548, 553, 578, 585 y 615 de este Código.

Art. 18: V. art. 28.*a)* CP y los citados en nota al art. anterior.

* V. arts. 637.3.ª LECr, 21 CPM, y 2.º1.º LPPNA.

Art. 19: V. arts. 375, 376 y 380 LECr; 9.º y 20 LJM; 96, 97 y Disp. Adic. 1.ª LOPJ; y la Convención sobre los Derechos del Niño, de 20 de noviembre de 1989, ratificada por Instrumento de 30 de noviembre de 1990 (*BOE* n.º 313, de 31 de diciembre).

Art. 20.1.º: V. arts. 101, 104 a 107, 118.1.º, 119 y Disp. Adic. 1.ª CP, y 381 a 383, 392 y 991 a 994 LECr.

El trastorno mental transitorio no eximirá de pena cuando hubiese sido provocado por el sujeto con el propósito de cometer el delito o hubiera previsto o debido prever su comisión.

2.º El que al tiempo de cometer la infracción penal se halle en estado de intoxicación plena por el consumo de bebidas alcohólicas, drogas tóxicas, estupefacientes, sustancias psicotrópicas u otras que produzcan efectos análogos, siempre que no haya sido buscado con el propósito de cometerla o no se hubiese previsto o debido prever su comisión, o se halle bajo la influencia de un síndrome de abstinencia, a causa de su dependencia de tales sustancias, que le impida comprender la ilicitud del hecho o actuar conforme a esa comprensión.

3.º El que, por sufrir alteraciones en la percepción desde el nacimiento o desde la infancia, tenga alterada gravemente la conciencia de la realidad.

4.º El que obre en defensa de la persona o derechos propios o ajenos, siempre que concurran los requisitos siguientes:

Primero. Agresión ilegítima. En caso de defensa de los bienes se reputará agresión ilegítima el ataque a los mismos que constituya delito o falta y los ponga en grave peligro de deterioro o pérdida inminentes. En caso de defensa de la morada o sus dependencias, se reputará agresión ilegítima la entrada indebida en aquélla o éstas.

Segundo. Necesidad racional del medio empleado para impedirla o repelerla.

Tercero. Falta de provocación suficiente por parte del defensor.

5.º El que, en estado de necesidad, para evitar un mal propio o ajeno lesione un bien jurídico de otra persona o infrinja un deber, siempre que concurran los siguientes requisitos:

Primero. Que el mal causado no sea mayor que el que se trate de evitar.

Segundo. Que la situación de necesidad no haya sido provocada intencionadamente por el sujeto.

Tercero. Que el necesitado no tenga, por su oficio o cargo, obligación de sacrificarse.

6.º El que obre impulsado por miedo insuperable.

7.º El que obre en cumplimiento de un deber o en el ejer-

Art. 20.2.º: V. arts. 87, 102, 104 a 107, 118.1.º y 119 de este Código.

Art. 20.3.º: V. arts. 103 a 107, 118.1.º, 119 y Disp. Adic. 1.ª CP y 392 LECr.

Art. 20.4.º: V. art. 2.º2.º*a*) CPDHLF.

Art. 20.5.º: V. arts. 118.1.º y 119 CP y 3.º de la Ley de 12 de enero de 1887, de Protección de Cables Submarinos (*Gaceta* n.º 13, de 13 de enero).

Art. 20.6.º: V. arts. 118.1.º y 119 CP.

Art. 20.7.º: V. arts. 34 Reales Ordenanzas para las Fuerzas Armadas, de 28 de diciembre de 1978; 5.º1.*d*) LO 2/1986, de 13 de marzo, de Fuerzas y Cuerpos de Segu-

cicio legítimo de un derecho, oficio o cargo.

En los supuestos de los tres primeros números se aplicarán, en su caso, las medidas de seguridad previstas en este Código.

CAPÍTULO III

DE LAS CIRCUNSTANCIAS QUE ATENÚAN LA RESPONSABILIDAD CRIMINAL*

Art. 21. Son circunstancias atenuantes:

1.ª Las causas expresadas en el capítulo anterior, cuando no concurrieren todos los requisitos necesarios para eximir de responsabilidad en sus respectivos casos.

2.ª La de actuar el culpable a causa de su grave adicción a las sustancias mencionadas en el número 2.º del artículo anterior.

3.ª La de obrar por causas o estímulos tan poderosos que hayan producido arrebato, obcecación u otro estado pasional de entidad semejante.

4.ª La de haber procedido el culpable, antes de conocer que el procedimiento judicial se dirige contra él, a confesar la infracción a las autoridades.

5.ª La de haber procedido el culpable a reparar el daño ocasionado a la víctima, o disminuir sus efectos, en cualquier momento del procedimiento y con anterioridad a la celebración del acto del juicio oral.

6.ª Cualquier otra circunstancia de análoga significación que las anteriores.

CAPÍTULO IV

DE LAS CIRCUNSTANCIAS QUE AGRAVAN LA RESPONSABILIDAD CRIMINAL**

Art. 22. Son circunstancias agravantes:

1.ª Ejecutar el hecho con alevosía.

Hay alevosía cuando el culpable comete cualquiera de los delitos contra las personas empleando en la ejecución medios, modos o formas que tiendan directa o especialmente a asegurarla, sin el riesgo que para su persona pudiera proceder de la defensa por parte del ofendido.

2.ª Ejecutar el hecho mediante disfraz, con abuso de superioridad o aprovechando las circuns-

---

ridad (*BOE* n.º 63, de 14 de marzo), y 21 CPM.

* V. arts. 66 y 67 CP, 22 CPM y 2.º2.º LPPNA.

Art. 21.1.ª: V. arts. 68 y 104 CP.

** V. arts. 66 y 67 CP, 22 CPM y 2.º2.º LPPNA.

Art. 22.2.ª: V. art. 42.1.º*c*) de la Ley 1/1970, de 4 de abril, de caza (*BOE* n.º 82, de 6 de abril), cuyas disposiciones pena-

tancias de lugar, tiempo o auxilio de otras personas que debiliten la defensa del ofendido o faciliten la impunidad del delincuente.

3.ª Ejecutar el hecho mediante precio, recompensa o promesa.

4.ª Cometer el delito por motivos racistas, antisemitas u otra clase de discriminación referente a la ideología, religión o creencias de la víctima, la etnia, raza o nación a la que pertenezca, su sexo u orientación sexual, o la enfermedad o minusvalía que padezca.

5.ª Aumentar deliberada e inhumanamente el sufrimiento de la víctima, causando a ésta padecimientos innecesarios para la ejecución del delito.

6.ª Obrar con abuso de confianza.

7.ª Prevalerse del carácter público que tenga el culpable.

8.ª Ser reincidente.

Hay reincidencia cuando, al delinquir, el culpable haya sido condenado ejecutoriamente por un delito comprendido en el mismo Título de este Código, siempre que sea de la misma naturaleza.

A los efectos de este número no se computarán los antecedentes penales cancelados o que debieran serlo.

CAPÍTULO V

DE LA CIRCUNSTANCIA MIXTA DE PARENTESCO

Art. 23. Es circunstancia que puede atenuar o agravar la responsabilidad según la naturaleza, los motivos y los efectos del delito, ser el agraviado cónyuge o persona a quien se halle ligado de forma estable por análoga relación de afectividad, ascendiente, descendiente o hermano por naturaleza, por adopción o afinidad en los mismos grados del ofensor.

CAPÍTULO VI

DISPOSICIONES GENERALES

Art. 24. 1. A los efectos penales se reputará autoridad al

---

les se mantienen en vigor como infracciones administrativas muy graves, de conformidad con la Disp. Derog. 1.*e*) de este Código.

Art. 22.4.ª: V. arts. 510 y 607 de este Código y notas a los mismos.

Art. 22.8.ª: V. arts. 87.2.º, 190, 375, 388 y 580 y Disp. Trans. 7.ª CP y 379 LECr. V. también art. 136 CP y RD 2.012/1983, de 28 de julio, sobre cancelación de antecedentes penales, reproducido en nota al art. 136 de este Código.

Art. 23: V. arts. 65, 153, 180.4.º, 182.1.º 268 y 424 CP.

Art. 24: V. art. 135.1 Ley Electoral (Apéndice 6); art. 7.º Ley Orgánica 2/1986, de 13 de marzo, de Fuerzas y Cuerpos de Seguridad (*BOE* n.º 63, de 14 de marzo).

Además de los preceptos mencionados en el párrafo anterior, otras disposiciones, con rango inferior al de Ley Orgánica, como el art. 23 de la Ley 50/1981, de 30 de diciembre, por el que se aprueba el Estatuto Orgánico del Ministerio Fiscal (*BOE* n.º 11, de

que por sí solo o como miembro de alguna corporación, tribunal u órgano colegiado tenga mando o ejerza jurisdicción propia. En todo caso, tendrán la consideración de autoridad los miembros del Congreso de los Diputados, del Senado, de las Asambleas Legislativas de las Comunidades Autónomas y del Parlamento Europeo. Se reputará también autoridad a los funcionarios del Ministerio Fiscal.

2. Se considerará funcionario público todo el que por disposición inmediata de la Ley o por elección o por nombramiento de autoridad competente participe en el ejercicio de funciones públicas.

Art. 25. A los efectos de este Código se considera incapaz a toda persona, haya sido o no declarada su incapacitación, que padezca una enfermedad de carácter persistente que le impida gobernar su persona o bienes por sí misma.

Art. 26. A los efectos de este Código se considera documento todo soporte material que exprese o incorpore datos, hechos o narraciones con eficacia probatoria o cualquier otro tipo de relevancia jurídica.

TÍTULO II

De las personas criminalmente responsables de los delitos y faltas

Art. 27. Son responsables criminalmente de los delitos y faltas los autores y los cómplices.

---

13 de enero de 1982); el art. 174.2 Ley 16/1987, de 30 de julio, de Ordenación de los Transportes Terrestres (*BOE* n.º 182, de 31 de julio), modificada por la Ley 55/1999, de 29 de diciembre (*BOE* n.º 312, de 30 de diciembre; corrección de erratas en *BOE* n.º 54, de 3 de marzo de 2000), o la Resolución de 8 de enero de 1988, de la Dirección General de Recaudación (*BOE* n.º 21, de 25 de enero), atribuyen a determinados funcionarios el carácter de Agente de la Autoridad. A efectos penales, tales disposiciones tienen sólo carácter orientador, pero en ningún caso vinculante; pues como «Agente de la Autoridad» es característica típica de varios delitos del CP (v., por ejemplo, arts. 550 ss.) iría en contra del principio de legalidad (v. arts. 2.º y 10 CP y sus notas correspondientes) que una norma sin rango de Ley —y, desde la entrada en vigor de la Constitución, sin rango de Ley Orgánica— pudiese definir un elemento delictivo cuando no existe una remisión expresa del CP a disposiciones extrapenales para que éstas definan o complementen los requisitos de un hecho punible.

Art. 25: V. arts. 148.3.º, 153, 155, 156, 185 a 188, 192, 197.5.º, 223, 224, 229 a 232 y 618 y Disps. Adics. 1.ª y 2.ª CP.

Art. 26: V. arts. 197, 278, 390 ss., 413 ss., 465, 534.1.2.º, 600 y 603 CP.

N. Extensiva

Art. 28. Son autores quienes realizan el hecho por sí solos, conjuntamente o por medio de otro del que se sirven como instrumento.

También serán considerados autores:

a) Los que inducen directamente a otro u otros a ejecutarlo.

b) Los que cooperan a su ejecución con un acto sin el cual no se habría efectuado.

Art. 29. Son cómplices los que, no hallándose comprendidos en el artículo anterior, cooperan a la ejecución del hecho con actos anteriores o simultáneos.

Art. 30. 1. En los delitos y faltas que se cometan utilizando medios o soportes de difusión mecánicos no responderán criminalmente ni los cómplices ni quienes los hubieren favorecido personal o realmente.

2. Los autores a los que se refiere el artículo 28 responderán de forma escalonada, excluyente y subsidiaria de acuerdo con el siguiente orden:

1.º Los que realmente hayan redactado el texto o producido el signo de que se trate, y quienes les hayan inducido a realizarlo.

2.º Los directores de la publicación o programa en que se difunda.

3.º Los directores de la empresa editora, emisora o difusora.

4.º Los directores de la empresa grabadora, reproductora o impresora.

3. Cuando por cualquier motivo distinto de la extinción de la responsabilidad penal, incluso la declaración de rebeldía o la residencia fuera de España, no pueda perseguirse a ninguna de las personas comprendidas en alguno de los números del apartado anterior, se dirigirá el procedimiento contra las mencionadas en el número inmediatamente posterior.

Art. 31. El que actúe como administrador de hecho o de derecho de una persona jurídica, o en nombre o representación legal o voluntaria de otro, responderá personalmente, aunque no concurran en él las condiciones, cualidades o relaciones que la correspondiente figura de delito o falta requiera para poder ser sujeto activo del mismo, si tales circunstancias se dan en la entidad o persona en cuyo nombre o representación obre.

Art. 28: V. arts. 61 y 62 CP.

Art. 28.a): V. art. 18.2 CP.

Art. 29: V arts. 63 y 64 CP.

Art. 30: V. arts. 816-823 LECr; arts. 34 y 64 ss. Ley 14/1966, de 18 de marzo, de Prensa e Imprenta (*BOE* n.º 67, de 19 de marzo); arts. 3.º y 4.º Ley 62/1978, de 26 de diciembre (Apéndice 2).

Art. 31: V. arts. 290 ss. y 318 CP y 7.º3.º Ley sobre Régimen Jurídico de Control de Cambios (Apéndice 3).

TÍTULO III

De las penas*

CAPÍTULO PRIMERO

DE LAS PENAS, SUS CLASES Y EFECTOS

SECCIÓN 1.ª

*De las penas y sus clases***

Art. 32. Las penas que pueden imponerse con arreglo a este Código, bien con carácter principal bien como accesorias, son privativas de libertad, privativas de otros derechos y multa.

Art. 33. 1. En función de su naturaleza y duración, las penas se clasifican en graves, menos graves y leves.

2. Son penas graves:

a) La prisión superior a tres años.

b) La inhabilitación absoluta.

c) Las inhabilitaciones especiales por tiempo superior a tres años.

d) La suspensión de empleo o cargo público por tiempo superior a tres años.

e) La privación del derecho a conducir vehículos a motor y ciclomotores por tiempo superior a seis años.

f) La privación del derecho a la tenencia y porte de armas por tiempo superior a seis años.

g) La privación del derecho a residir en determinados lugares o acudir a ellos o la prohibición de aproximarse a la víctima, o a aquellos de sus familiares u otras personas que determine el Juez o Tribunal, o de comunicarse con ellos, por tiempo superior a tres años.

3. Son penas menos graves:

a) La prisión de seis meses a tres años.

---

* V. art. 25.2 CE: «Las penas privativas de libertad y las medidas de seguridad estarán orientadas hacia la reeducación y reinserción social y no podrán consistir en trabajos forzados. El condenado a pena de prisión que estuviere cumpliendo la misma gozará de los derechos fundamentales de este Capítulo a excepción de los que se vean expresamente limitados por el contenido del fallo condenatorio, el sentido de la pena y la ley penitenciaria. En todo caso, tendrá derecho a un trabajo remunerado y a los beneficios correspondientes de la Seguridad Social, así como al acceso a la cultura y al desarrollo integral de su personalidad.»

** V. arts. 24 ss. CPM y 5.º LPPNA.

Art. 33: Los apartados 2.*g*), 3.*f*) y 4.*b*) bis figuran redactados conforme al texto establecido en la LO 14/1999, de 9 de junio (*BOE* n.º 138, de 10 de junio), de modificación del Código Penal de 1995, en materia de protección a las víctimas de malos tratos, y de la Ley de Enjuiciamiento Criminal. V. la Exposición de Motivos de esta Ley en nota al art. 153 de este Código.

b) Las inhabilitaciones especiales hasta tres años.

c) La suspensión de empleo o cargo público hasta tres años.

d) La privación del derecho a conducir vehículos a motor y ciclomotores de un año y un día a seis años.

e) La privación del derecho a la tenencia y porte de armas de un año y un día a seis años.

f) La privación del derecho a residir en determinados lugares o acudir a ellos, o la prohibición de aproximarse a la víctima, o a aquellos de sus familiares u otras personas que determine el Juez o Tribunal, o de comunicarse con ellos, por tiempo de seis meses a tres años.

g) La multa de más de dos meses.

h) La multa proporcional, cualquiera que fuese su cuantía.

i) El arresto de siete a veinticuatro fines de semana.

j) Los trabajos en beneficio de la comunidad de noventa y seis a trescientas ochenta y cuatro horas.

4. Son penas leves:

a) La privación del derecho a conducir vehículos a motor y ciclomotores de tres meses a un año.

b) La privación del derecho a la tenencia y porte de armas de tres meses a un año.

b) bis. La privación del derecho a residir en determinados lugares o acudir a ellos, o la prohibición de aproximarse a la víctima, o a aquellos de sus familiares u otras personas que determine el Juez o Tribunal, o de comunicarse con ellos, por tiempo inferior a seis meses.

c) La multa de cinco días a dos meses.

d) El arresto de uno a seis fines de semana.

e) Los trabajos en beneficio de la comunidad de dieciséis a noventa y seis horas.

5. La responsabilidad personal subsidiaria por impago de multa tendrá naturaleza menos grave o leve, según la que corresponda a la pena que sustituya.

6. Las penas accesorias tendrán la duración que respectivamente tenga la pena principal.

Art. 34. No se reputarán penas:

1. La detención y prisión preventiva y las demás medidas cautelares de naturaleza penal.

2. Las multas y demás correcciones que, en uso de atribu-

Art. 34.1: V. arts. 489 ss., 502 ss., 529 bis y 785.8.º*c*) LECr.

Art. 34.2: V. arts. 127 ss. LRJAP; y RD 1.398/1993, de 4 de agosto, por el que se aprueba el Reglamento del Procedimiento para el ejercicio de la potestad sancionadora de las Administraciones Públicas (*BOE* n.º 189, de 9 de agosto).

ciones gubernativas o disciplinarias, se impongan a los subordinados o administrados.

3. Las privaciones de derechos y las sanciones reparadoras que establezcan las leyes civiles o administrativas.

SECCIÓN 2.ª

De las penas privativas de libertad

Art. 35. Son penas privativas de libertad la prisión, el arresto de fin de semana y la responsabilidad personal subsidiaria por impago de multa.

Art. 36. La pena de prisión tendrá una duración mínima de seis meses y máxima de veinte años, salvo lo que excepcionalmente dispongan otros preceptos del presente Código.

Su cumplimiento, así como los beneficios penitenciarios que supongan acortamiento de la condena, se ajustarán a lo dispuesto en las Leyes y en el presente Código.

Art. 37. 1. El arresto de fin de semana tendrá una duración

Art. 35: V. arts. 33, 36, 37 y 53 CP.

Art. 36: V. arts. 76, 78 y 90 ss. CP; 46 y 76.2.*c*) LOGP y 4.º, 133 y 202 a 206 RP.

Art. 37: V. arts. 88 CP, 8.º LOGP y 163 RP. El Capítulo II del RD 690/1996, de 26 de abril (*BOE* n.º 120, de 17 de mayo; corrección de errores en *BOE* n.º 186, de 2 de agosto), por el que se establecen las circunstancias de ejecución de las penas de trabajo en beneficio de la comunidad y arresto de fin de semana, establece:

«CAPÍTULO II: DEL ARRESTO DE FIN DE SEMANA.

»SECCIÓN 1.ª *Plan de ejecución e ingreso.*

»*Art. 12. Determinación del lugar de cumplimiento.*—1. La pena de arresto de fin de semana se cumplirá en el centro penitenciario más próximo al domicilio del arrestado o en el depósito municipal de detenidos en caso de que no exista centro penitenciario en el partido judicial donde resida el penado y el Juez o Tribunal así lo acordara en aplicación de lo dispuesto en el artículo 37.2 del Código Penal. En caso de existir varios centros penitenciarios será preferente el cumplimiento en el centro de inserción social más próximo a su domicilio.

»2. Si no existiese centro penitenciario en el partido judicial donde resida el penado y el Juez o Tribunal no acordara el cumplimiento en el depósito municipal, la Dirección General de Instituciones Penitenciarias u órgano autonómico equivalente, indicará el centro de cumplimiento que se les asignará a quienes se impusiese tal pena.

»*Art. 13. Definición del plan de ejecución.*—1. Determinado judicialmente el sometimiento del penado a la medida de arresto de fin de semana y recibido por el Director del establecimiento penitenciario o, en su caso, encargado del depósito municipal correspondiente, el mandamiento de cumplimiento, se definirá el plan de ejecución.

»2. En el caso de que la documentación remitida al establecimiento penitenciario o depósito municipal por el Juez o Tribunal sentenciador no se dedujere con la suficiente claridad alguno de los extremos mencionados en el apartado siguiente, el Director del establecimiento pedirá, con carácter previo a la definición del plan, las oportunas aclaraciones al Juez o Tribunal.

»3. El plan de ejecución, definido por el Director o encargado del depósito muni-

de treinta y seis horas y equivaldrá, en cualquier caso, a dos días de privación de libertad. Tan sólo podrán imponerse como máximo

---

cipal, deberá contener al menos los siguientes extremos:

»*a*) Datos de identidad personal del penado, de su domicilio o residencia, trabajo u ocupación habitual.

»*b*) Delito por el que ha sido condenado y número de arrestos de fin de semana impuestos.

»*c*) Indicación expresa de si deberá cumplir de viernes a domingo u otros días de la semana, así como los días en que deberá hacerse efectiva la ejecución de la pena.

»4. Al planificar la ejecución se buscará que el cumplimiento de la pena no perjudique las obligaciones laborales, formativas o familiares del condenado, a cuyo fin serán entrevistados con carácter previo a la definición del plan por los servicios sociales. La propuesta de ejecución se pondrá en conocimiento del Juez de Vigilancia para su aprobación.

»5. Aprobado el plan de ejecución por el Juez de Vigilancia, una copia del mismo se entregará al penado que deberá presentarla en el momento de ingreso en el establecimiento. Los encargados de los depósitos municipales de detenidos remitirán una copia del plan de ejecución a la Dirección General de Instituciones Penitenciarias u órgano autonómico equivalente, que les prestará el asesoramiento técnico que precisen para la ejecución de esta pena.

»*Art. 14. Ingreso.*—1. Salvo que el Juez o Tribunal hubiese dispuesto el cumplimiento en otros días de la semana el ingreso del penado en el establecimiento penitenciario, o depósito municipal de detenidos para el cumplimiento del arresto, deberá efectuarse entre las ocho de la mañana del viernes y las doce del mediodía del sábado. A partir de esta hora no se admitirá ningún ingreso.

»2. Para el más adecuado control y mejor orden del establecimiento o depósito no se admitirán ingresos entre las doce de la noche del viernes y las ocho de la mañana del sábado. Si el penado se presentara en este intervalo horario se le hará saber que debe hacerlo a las ocho horas del sábado, haciendo constar tal extremo en la oportuna diligencia.

»3. En el caso de que el penado se presentara pasadas las doce del mediodía del sábado, se hará constar así en un acta en la que se indicará, expresamente, la hora en que se ha producido la misma, y las razones alegadas por el penado para justificar el retraso, siendo remitida inmediatamente a la autoridad judicial de quien dependa, entregándole una copia al interesado.

»*Art. 15. Gastos de transporte.*—Los gastos ocasionados por el traslado del penado hasta el centro penitenciario o depósito municipal de detenidos correrán a cargo del mismo, salvo que no exista centro penitenciario o depósito municipal de detenidos en el partido judicial donde resida, en cuyo caso le serán reintegrados por la Administración los gastos originados por el uso de cualquier medio de transporte público, excepto el de servicio de taxi que sólo se abonará cuando conste la inexistencia de otro medio de transporte.

»SECCIÓN 2.ª *Cumplimiento del arresto.*

»*Art. 16. Identificación y adscripción de celda.*—1. Una vez efectuado el ingreso e identificado convenientemente el penado, mediante la presentación de su documento de identidad o pasaporte, el encargado del establecimiento le adjudicará una celda entregándosele ropa de cama.

»2. En el primer ingreso del penado para el cumplimiento de la pena se procederá en la forma prevista en el artículo 18 del Reglamento penitenciario.

»*Art. 17. Régimen de cumplimiento.*—El penado cumplirá en celda individual y en régimen de aislamiento, es decir, con absoluta separación del resto de los detenidos, presos o penados que puedan hallarse en el mismo centro o depósito munici-

veinticuatro fines de semana como arresto, salvo que la pena se imponga como sustitutiva de otra privativa de libertad; en tal caso su duración será la que resulte de la aplicación de las reglas contenidas en el artículo 88 de este Código.

2. Su cumplimiento tendrá lugar durante los viernes, sábados o domingos en el establecimiento penitenciario más próxi-

---

pal y no podrá abandonar la celda salvo en el supuesto que se le hubiera señalado alguna medida prevista en el artículo 83.4 del Código Penal que debiera hacerse efectiva durante el período de arresto y para disfrutar de los períodos de paseo.

»*Art. 18. Derechos del penado.*—Durante el período de arresto el penado tendrá derecho a:

»*a*) Disponer de radio o televisión a su costa.

»*b*) Acceder a los servicios de biblioteca y economato.

»*c*) Efectuar una única llamada telefónica al ingreso.

»*Art. 19. Deberes del penado.*—Durante el período de arresto el penado tendrá los siguientes deberes:

»*a*) Respetar las normas de régimen interior establecidas al efecto.

»*b*) Mantener en buen estado la celda, efectuando las labores de limpieza y aseo de la misma antes de desalojarla.

»*c*) Someterse a las medidas de higiene personal que se le indiquen.

»*d*) Mantener un buen comportamiento y acatar las instrucciones u órdenes que reciba.

»*Art. 20. Alimentación.*—El centro penitenciario o el depósito municipal de detenidos, en su caso, facilitarán al interno el racionado diario.

»*Art. 21. Comunicaciones y visitas.*—1. Durante el cumplimiento del arresto los penados no serán clasificados, ni podrán recibir visitas, comunicaciones o paquetes.

»2. En el caso de que la pena de arresto se cumpla ininterrumpidamente se le permitirá mantener una comunicación semanal de cuarenta minutos de duración con sus familiares y allegados íntimos por los locutorios generales del centro o en el local habilitado al efecto, así como recibir un paquete a la semana, y efectuar las llamadas telefónicas que el Reglamento penitenciario autoriza con carácter general para el régimen ordinario.

»*Art. 22. Régimen disciplinario.*—El penado estará sometido al régimen disciplinario general del establecimiento, en cuanto resulte de aplicación a la naturaleza de esta pena y su forma de ejecución. Cuando observe una reiterada mala conducta se comunicará al Juez de Vigilancia de quien dependa a fin de que se adopten, en su caso, las medidas procedentes.

»*Art. 23. No presentación.*—A efectos de lo dispuesto en el artículo 37.3 del Código Penal, el Director del establecimiento pondrá en conocimiento del Juez de Vigilancia la falta de presentación del penado en el establecimiento penitenciario o depósito municipal, así como la presentación posterior a las doce horas del sábado o del día señalado al efecto.

»*Art. 24. Liquidación de condena.*—Transcurridos los plazos señalados en el plan de ejecución, el Director del establecimiento penitenciario o el encargado del depósito remitirán un informe al Juez de Vigilancia en el que se harán constar las vicisitudes ocurridas durante la ejecución, a efectos de la liquidación definitiva de la pena.»

V., finalmente, la Orden de 6 de marzo de 2000 (*BOE* n.º 64, de 15 de marzo), del Ministerio del Interior, por la que se establece la cantidad que la Administración penitenciaria debe abonar a los municipios que tienen depósito municipal de detenidos, para el mantenimiento del servicio de depósitos de detenidos y presos a disposición judicial o penados a arrestos de fin de semana.

mo al domicilio del arrestado.

No obstante lo dispuesto en el párrafo anterior, si las circunstancias lo aconsejaran, el Juez o Tribunal sentenciador podrá ordenar, previo acuerdo del reo y oído el Ministerio Fiscal, que el arresto de fin de semana se cumpla en otros días de la semana, o de no existir Centro penitenciario en el partido judicial donde resida el penado, siempre que fuera posible, en depósitos municipales.

3. Si el condenado incurriera en dos ausencias no justificadas, el Juez de Vigilancia, sin perjuicio de deducir testimonio por el quebrantamiento de condena, podrá acordar que el arresto se ejecute ininterrumpidamente.

4. Las demás circunstancias de ejecución se establecerán reglamentariamente de acuerdo con lo dispuesto en la Ley penitenciaria, cuyas normas se aplicarán supletoriamente en lo no previsto expresamente en este Código.

Art. 38. 1. Cuando el reo estuviere preso, la duración de las penas empezará a computarse desde el día en que la sentencia condenatoria haya quedado firme.

2. Cuando el reo no estuviere preso, la duración de las penas empezará a contarse desde que ingrese en el establecimiento adecuado para su cumplimiento.

SECCIÓN 3.ª

De las penas privativas de derechos

Art. 39. Son penas privativas de derechos:

a) La inhabilitación absoluta.

b) Las de inhabilitación especial para empleo o cargo público, profesión, oficio, industria o comercio, o de los derechos de patria potestad, tutela, guarda o curatela, derecho de sufragio pasivo o de cualquier otro derecho.

c) La suspensión de empleo o cargo público.

d) La privación del derecho a conducir vehículos a motor y ciclomotores.

e) La privación del derecho a la tenencia y porte de armas.

f) La privación del derecho a residir en determinados lugares o acudir a ellos, o la prohibición de aproximarse a la víctima, o a aquellos de sus familiares u otras personas que determine el Juez o Tribunal, o de comunicarse con ellos.

Art. 39: El apartado *f*) figura redactado conforme al texto establecido en la LO 14/1999, de 9 de junio (*BOE* n.º 138, de 10 de junio), de modificación del Código Penal de 1995, en materia de protección a las víctimas de malos tratos, y de la Ley de Enjuiciamiento Criminal. V. la Exposición de Motivos de esta Ley en nota al art. 153 de este Código.

g) Los trabajos en beneficio de la comunidad.

Art. 40. La pena de inhabilitación absoluta tendrá una duración de seis a veinte años, salvo lo que excepcionalmente dispongan otros preceptos del presente Código; las de inhabilitación especial, de seis meses a veinte años; la de suspensión de empleo o cargo público, de seis meses a seis años; la de privación del derecho a conducir vehículos a motor y ciclomotores y la de privación del derecho a la tenencia y porte de armas, de tres meses a diez años; la de privación del derecho a residir o acudir a determinados lugares, de seis meses a cinco años; y la de trabajos en beneficio de la comunidad, de un día a un año.

Art. 41. La pena de inhabilitación absoluta produce la privación definitiva de todos los honores, empleos y cargos públicos que tenga el penado, aunque sean electivos. Produce, además, la incapacidad para obtener los mismos o cualesquiera otros honores, cargos o empleos públicos, y la de ser elegido para cargo público, durante el tiempo de la condena.

Art. 42. La pena de inhabilitación especial para empleo o cargo público produce la privación definitiva del empleo o cargo sobre el que recayere y de los honores que le sean anejos. Produce, además la incapacidad para obtener el mismo u otros análogos, durante el tiempo de la condena. En la sentencia habrán de especificarse los empleos, cargos y honores sobre los que recae la inhabilitación.

Art. 43. La suspensión de empleo o cargo público priva de su ejercicio al penado durante el tiempo de la condena.

Art. 44. La inhabilitación especial para el derecho de sufragio pasivo priva al penado, durante el tiempo de la condena, del derecho a ser elegido para cargos públicos.

Art. 40: Este artículo figura redactado conforme al texto de la Ley Orgánica 7/2000, de 22 de diciembre (*BOE* n.º 307, de 23 de diciembre).

Art. 41: V. RD 2.669/1998, de 11 de diciembre, por el que se aprueba el procedimiento a seguir en materia de rehabilitación de los funcionarios públicos en el ámbito de la Administración General del Estado (*BOE* n.º 307, de 24 de diciembre).

Art. 44: V. arts. 37 y 137 Ley Orgánica del Régimen Electoral General (Apéndice 6); RD 435/1992, de 30 de abril, sobre comunicación al Registro Central de Penados y Rebeldes y a la Oficina del Censo Electoral de las condenas que lleven aparejadas privación del derecho de sufragio (*BOE* n.º 111, de 8 de mayo).

Art. 45. La inhabilitación especial para profesión, oficio, industria o comercio o cualquier otro derecho, que ha de concretarse expresa y motivadamente en la sentencia, priva al penado de la facultad de ejercerlos durante el tiempo de la condena.

Art. 46. La inhabilitación especial para el ejercicio de la patria potestad, tutela, curatela, guarda o acogimiento, priva al penado de los derechos inherentes a la primera, y supone la extinción de las demás, así como la incapacidad para obtener nombramiento para dichos cargos durante el tiempo de la condena.

Art. 47. La imposición de la pena de privación del derecho a conducir vehículos a motor y ciclomotores inhabilitará al penado para el ejercicio de ambos derechos durante el tiempo fijado en la sentencia.

La imposición de la pena de privación del derecho a la tenencia y porte de armas inhabilitará al penado para el ejercicio de este derecho por el tiempo fijado en la sentencia.

Art. 48. La privación del derecho a residir en determinados lugares o acudir a ellos impide al penado volver al lugar en que haya cometido el delito, o a aquél en que resida la víctima o su familia, si fueren distintos.

La prohibición de aproximarse a la víctima, o a aquellos de sus familiares u otras personas que determine el Juez o Tribunal, impide al penado acercarse a ellos en cualquier lugar donde se encuentren, así como acercarse al domicilio de dichas personas, a sus lugares de trabajo y a cualquier otro que sea frecuentado por ellas.

La prohibición de comunicarse con la víctima, o con aquellos de sus familiares u otras personas que determine el Juez o Tribunal, impide al penado establecer con ellos, por cualquier medio de comunicación o medio informático o telemático, contacto escrito, verbal o visual.

Art. 49. Los trabajos en beneficio de la comunidad, que no

Art. 46: V. arts. 154 ss., 172 ss., 215 ss., 286 ss. y 303 ss. CC y 18 ss. LO 1/1996, de 15 de enero (*BOE* n.º 15, de 17 de enero), de protección jurídica del menor.

Art. 47: V. art. 802.3.º LECr.

Art. 48: Figura redactado conforme al texto establecido por la LO 14/1999, de 9 de junio (*BOE* n.º 138, de 10 de junio), de modificación del Código Penal de 1995, en materia de protección a las víctimas de malos tratos, y de la Ley de Enjuiciamiento Criminal. V. la Exposición de Motivos de esta Ley en nota al art. 153 de este Código. V. art. 57 CP.

Art. 49: V. arts. 3.º y 26 ss. LOGP y 4.º y 132 ss. RP. El Capítulo I del RD 690/1996, de 26 de abril (*BOE* n.º 120, de 17 de mayo; corrección de errores en *BOE* n.º

podrán imponerse sin consentimiento del penado, le obligan a prestar su cooperación no retribuida en determinadas activida-

---

186, de 2 de agosto), por el que se establecen las circunstancias de ejecución de las penas de trabajo en beneficio de la comunidad y arresto de fin de semana, establece:

«CAPÍTULO I: DEL CUMPLIMIENTO DE LA PENA DE TRABAJO EN BENEFICIO DE LA COMUNIDAD.

»*Art. 1.º Concepto.*—A los efectos de lo previsto en el artículo 49 del Código Penal se considerarán trabajos en beneficio de la comunidad la prestación de la cooperación personal no retribuida en determinadas actividades de utilidad pública, con interés social y valor educativo, tendente a servir de reparación para la comunidad perjudicada por el ilícito penal y no supeditada al logro de intereses económicos.

»*Art. 2.º Determinación de los puestos de trabajo.*—1. El trabajo en beneficio de la comunidad será facilitado por la Administración penitenciaria. A tal fin, podrá establecer los oportunos convenios con otras Administraciones públicas o entidades públicas o privadas que desarrollen actividades de utilidad pública o social. En este caso, éstas podrán asumir las funciones de gestión de los trabajos, asesoramiento, seguimiento y asistencia de los penados, sin perjuicio de la supervisión de la Administración penitenciaria.

»2. Excepcionalmente, en caso de inexistencia de convenio o insuficiencia de plazas, el penado podrá proponer un trabajo concreto, aun cuando no esté convenido con la Administración penitenciaria. En este caso, la Administración penitenciaria tras analizar la propuesta ofrecida por el penado emitirá un informe al Tribunal sentenciador en el que valorará la misma y, en especial, si cumple los requisitos establecidos en el Código Penal y en este Real Decreto, a fin de que por el Tribunal se adopte la decisión correspondiente.

»*Art. 3.º Fijación judicial de las condiciones.*—La Administración penitenciaria procederá a la efectiva ejecución de la pena, tan pronto como le sea remitido el testimonio de la resolución y los particulares necesarios, una vez que el Juez o Tribunal haya determinado las jornadas de trabajo impuestas al penado, la duración horaria de las mismas y el plazo máximo en que deberán cumplirse.

»*Art. 4.º Entrevista y selección del trabajo.*—1. Recibido por la Administración penitenciaria el testimonio a que se refiere el artículo anterior, los servicios sociales penitenciarios, entrevistarán al penado para conocer sus características personales, su capacidad laboral y el entornosocial, personal y familiar, con el fin de determinar la actividad más adecuada. En esta entrevista se le ofertarán las distintas plazas existentes con indicación expresa de su cometido y del horario en que debería ejecutarlo.

»2. En caso de que se considerara que en atención a sus condiciones personales, sociales o familiares, resultara de difícil o imposible ejecución esta medida se hará saber así al Juez o Tribunal indicando expresamente los factores negativos que concurren.

»3. Una vez que el penado haya prestado su conformidad con el trabajo que se le propone, la Administración penitenciaria elevará la propuesta al Juez o Tribunal a los efectos oportunos.

»*Art. 5.º Jornada, horario e indemnizaciones.*—1. Cada jornada de trabajo tendrá una extensión máxima de ocho horas diarias y mínima de cuatro. Para determinar la duración de la jornada y el plazo en el que deberán cumplirse se tendrán en cuenta las cargas personales o familiares del penado.

»2. La ejecución de esta pena estará regida por un principio de flexibilidad a fin de hacer compatible en la medida de lo posible el normal desarrollo de las actividades diarias del penado con el cumplimiento de la pena impuesta. A tal efecto, cuando con-

des de utilidad pública. Su duración diaria no podrá exceder de ocho horas y sus condiciones serán las siguientes:

1.ª La ejecución se desarrollará bajo el control del Juez o Tribunal sentenciador, que, a tal efecto, podrá requerir informes

---

curra causa justificada, podrá autorizarse por el Juez o Tribunal el cumplimiento de la misma de forma partida, en el mismo o diferentes días y en períodos mínimos de dos horas.

3. La realización del trabajo no será retribuida, pero el penado será indemnizado por la entidad a beneficio de la cual sea prestado por los gastos de transporte y, en su caso, de manutención, salvo que estos servicios los preste la propia entidad.

»*Art. 6.º Seguimiento y control.*—Durante el cumplimiento de la condena el penado deberá seguir las instrucciones que reciba de la autoridad judicial competente, así como de la autoridad encargada de la ejecución de la pena, y las disposiciones de la entidad para la que preste sus servicios. La Administración penitenciaria comprobará con la periodicidad necesaria el sometimiento del penado a la pena, así como el cumplimiento efectivo del trabajo impuesto, a cuyo fin mantendrá contactos periódicos con la entidad en que se lleve a cabo, adoptando, en su caso, las medidas procedentes.

»*Art. 7.º Informe final.*—Una vez cumplidas las jornadas de trabajo, la Administración penitenciaria informará a la autoridad judicial de tal extremo, así como las vicisitudes ocurridas durante la ejecución, a los efectos oportunos.

»*Art. 8.º Incumplimiento de la pena.*—Los servicios sociales penitenciarios, hechas las verificaciones necesarias, comunicarán a la autoridad judicial a los efectos, en su caso, de lo dispuesto en el artículo 88.3 del Código Penal el incumplimiento de la pena tan pronto como tenga constancia de que el penado:

»*a*) Se ausentara del trabajo o lo abandonara injustificadamente.

»*b*) A pesar de los requerimientos del responsable del centro de trabajo su rendimiento fuera sensiblemente inferior al mínimo exigible.

»*c*) Se opusiera o incumpliera de forma reiterada y manifiesta las instrucciones que se le dieren por el responsable de la ocupación referidas al desarrollo de la misma.

»*d*) Por cualquier otra razón, su conducta fuere tal que el responsable del trabajo se negare a seguir manteniéndolo en el centro.

»*Art. 9.º Ausencias justificadas.*—Si el penado faltara del trabajo por causa justificada no se entenderá como abandono de la actividad. No obstante, el trabajo perdido no se le computará en la liquidación de la condena, en la que se deberán hacer constar los días o jornadas que efectivamente hubiese trabajado del total que se le hubiera impuesto.

»*Art. 10. Información general y particular.*—1. La Administración penitenciaria facilitará con carácter general y periódico a las autoridades judiciales y fiscales y a los Colegios de Abogados y, singularmente cuando así se reclame por éstas para un penado en concreto, información relativa a esta pena, su forma de ejecución y trabajo disponible.

»2. Esta información también se transmitirá a todas aquellas personas que estén en situación procesal susceptible de que se les aplique esta pena, que así lo deseen.

»*Art. 11. Seguridad Social y seguridad e higiene en el trabajo.*—Durante el desempeño de la actividad, los sentenciados a la pena de trabajo en beneficio de la comunidad gozarán de la protección dispensada a los penados por la legislación penitenciaria en materia de Seguridad Social y estarán protegidos por la normativa laboral en materia de seguridad e higiene en el trabajo.»

sobre el desempeño del trabajo a la Administración, entidad pública o asociación de interés general en que se presten los servicios.

2.ª No atentará a la dignidad del penado.

3.ª El trabajo en beneficio de la comunidad será facilitado por la Administración, la cual podrá establecer los convenios oportunos a tal fin.

4.ª Gozará de la protección dispensada a los penados por la legislación penitenciaria en materia de Seguridad Social.

5.ª No se supeditará al logro de intereses económicos.

Las demás circunstancias de su ejecución se establecerán reglamentariamente de acuerdo con lo dispuesto en la Ley penitenciaria, cuyas disposiciones se aplicarán supletoriamente en lo no previsto expresamente en este Código.

SECCIÓN 4.ª

De la pena de multa

Art. 50. 1. La pena de multa consistirá en la imposición al condenado de una sanción pecuniaria.

2. La pena de multa se impondrá, salvo que la Ley disponga otra cosa, por el sistema de días-multa.

3. Su extensión mínima será de cinco días, y la máxima, de dos años. Este límite máximo no será de aplicación cuando la multa se imponga como sustitutiva de otra pena; en este caso su duración será la que resulte de la aplicación de las reglas previstas en el artículo 88.

4. La cuota diaria tendrá un mínimo de doscientas pesetas y un máximo de cincuenta mil. A

Art. 50: Téngase en cuenta que el art. 2.º de la LO 10/1998, de 17 de diciembre (*BOE* n.º 302, de 18 de diciembre), establece en sus cuatro primeros apartados lo siguiente:

«Uno. Las referencias contenidas en las Leyes Orgánicas a importes monetarios expresados en pesetas se entenderán también realizadas al correspondiente importe monetario expresado en euros que se obtenga con arreglo al tipo de conversión y, en su caso, redondeando con arreglo a lo dispuesto en el artículo 11 de la Ley sobre Introducción del Euro, teniendo unas y otras la misma validez y eficacia.

»Dos. Asimismo, las referencias contenidas en las Leyes Orgánicas al ecu o a los importes expresados en la unidad de cuenta ecu se entenderán también realizadas al euro o al correspondiente importe expresado en euros.

»Tres. No obstante lo dispuesto en el artículo 4 de la Ley sobre Introducción del Euro, las referencias contenidas en las normas penales a la moneda nacional se entenderán que engloban tanto a la moneda euro como a la moneda peseta. A estos solos efectos, la peseta mantendrá la consideración de moneda nacional hasta la finalización del período de canje a que se refiere el artículo 24 de la Ley sobre Introducción del Euro.

»Cuatro. La sustitución de la peseta por el euro, en los términos previstos en la Ley sobre Introducción del Euro, no alterará la responsabilidad derivada de la comisión de delitos o faltas tipificados o penados con referencia a la peseta.»

efectos de cómputo, cuando se fije la duración por meses o por años, se entenderá que los meses son de treinta días y los años de trescientos sesenta.

5. Los Jueces o Tribunales determinarán motivadamente la extensión de la pena dentro de los límites establecidos para cada delito y según las reglas del capítulo II de este Título. Igualmente, fijarán en la sentencia, el importe de estas cuotas, teniendo en cuenta para ello exclusivamente la situación económica del reo, deducida de su patrimonio, ingresos, obligaciones y cargas familiares y demás circunstancias personales del mismo.

6. El Tribunal determinará en la sentencia el tiempo y forma del pago de las cuotas.

Art. 51. Si, después de la sentencia, el penado empeorare su fortuna, el Juez o Tribunal, excepcionalmente y tras la debida indagación de la capacidad económica de aquél, podrá reducir el importe de las cuotas.

Art. 52. 1. No obstante lo dispuesto en los artículos anteriores y cuando el Código así lo determine, la multa se establecerá en proporción al daño causado, el valor del objeto del delito o el beneficio reportado por el mismo.

2. En estos casos, en la aplicación de las multas, los Jueces y Tribunales podrán recorrer toda la extensión en que la Ley permita imponerlas, considerando para determinar en cada caso su cuantía, no sólo las circunstancias atenuantes y agravantes del hecho, sino principalmente la situación económica del culpable.

Art. 53. 1. Si el condenado no satisfaciere, voluntariamente o por vía de apremio, la multa impuesta, quedará sujeto a una responsabilidad personal subsidiaria de un día de privación de libertad por cada dos cuotas diarias no satisfechas, que podrá cumplirse en régimen de arrestos de fin de semana.

También podrá el Juez o Tribunal, previa conformidad del penado, acordar que la responsabilidad subsidiaria se cumpla mediante trabajos en beneficio de la comunidad. En este caso, cada día de privación de libertad equivaldrá a una jornada de trabajo.

2. En los supuestos de multa proporcional los Jueces y Tribunales establecerán, según su prudente arbitrio, la responsabilidad personal subsidiaria que proceda, que no podrá exceder, en ningún caso, de un año de duración. También podrá el Juez o Tribunal acordar, previa conformidad del penado, que se cumpla mediante trabajos en beneficio de la comunidad.

3. Esta responsabilidad subsidiaria no se impondrá a los condenados a pena privativa de libertad superior a cuatro años.

4. El cumplimiento de la responsabilidad subsidiaria extingue la obligación de pago de la multa, aunque el reo mejore de fortuna.

SECCIÓN 5.ª

*De las penas accesorias**

Art. 54. Las penas de inhabilitación son accesorias en los casos en que, no imponiéndolas especialmente, la Ley declare que otras penas las llevan consigo.

Art. 55. La pena de prisión igual o superior a diez años llevará consigo la inhabilitación absoluta durante el tiempo de la condena, salvo que ésta ya estuviere prevista como pena principal para el supuesto de que se trate.

Art. 56. En las penas de prisión de hasta diez años, los Jueces o Tribunales impondrán, atendiendo a la gravedad del delito, como penas accesorias alguna de las siguientes: suspensión de empleo o cargo público, inhabilitación especial para el derecho de sufragio pasivo durante el tiempo de la condena, o inhabilitación especial para empleo o cargo público, profesión, oficio, industria o comercio o cualquier otro derecho, si éstos hubieran tenido relación directa con el delito cometido, debiendo determinarse expresamente en la sentencia esta vinculación.

Art. 57. Los Jueces o Tribunales, en los delitos de homicidio, aborto, lesiones, contra la libertad, de torturas y contra la integridad moral, la libertad e indemnidad sexuales, la intimidad, el derecho a la propia imagen y la inviolabilidad del domicilio, el honor, el patrimonio y el orden socioeconómico, atendiendo a la gravedad de los hechos o al peligro que el delincuente represente, podrán acordar en sus sentencias, dentro del período de tiempo que los mismos señalen que, en ningún caso, excederá de cinco años, la imposición de una o varias de las siguientes prohibiciones:

---

* V. arts. 28 y 29 CPM.

Art. 54: V. arts. 55, 56 y 79 CP.

Art. 55: V. art. 79 CP.

Art. 56: V. art. 79 CP.

Art. 57: Figura redactado conforme al texto establecido por la LO 14/1999, de 9 de junio (*BOE* n.º 138, de 10 de junio), de modificación del Código Penal de 1995, en materia de protección a las víctimas de malos tratos, y de la Ley de Enjuiciamiento Criminal. V. la Exposición de Motivos de esta Ley en nota al art. 153 de este Código. V. art. 48 CP.

a) La de aproximación a la víctima, o a aquellos de sus familiares u otras personas que determine el Juez o Tribunal.

b) La de que se comunique con la víctima, o con aquellos de sus familiares u otras personas que determine el Juez o Tribunal.

c) La de volver al lugar en que se haya cometido el delito o de acudir a aquél en que resida la víctima o su familia, si fueren distintos.

También podrán imponerse las prohibiciones establecidas en el presente artículo, por un período de tiempo que no excederá de seis meses, por la comisión de una infracción calificada como falta contra las personas de los artículos 617 y 620 de este Código.

SECCIÓN 6.ª

Disposiciones comunes

Art. 58. 1. El tiempo de privación de libertad sufrido preventivamente se abonará en su totalidad para el cumplimiento de la pena o penas impuestas en la causa en que dicha privación haya sido acordada o, en su defecto, de las que pudieran imponerse contra el reo en otras, siempre que hayan tenido por objeto hechos anteriores al ingreso en prisión.

Art. 58: V. arts. 17.4 CE; arts. 502-519, 785.8.ª, apartado *c*), 802.3.º y 986 LECr; Real Orden Circular de 20 de marzo de 1916 (*Gaceta* n.º 82, de 27 de marzo); Circular de 10 de octubre de 1933 (*Gaceta* n.º 285, de 12 de octubre); arts. 5.º y 8.º LOGP; arts. 3.º y 96 a 98 RP.

Véase, finalmente, la Ley de 17 de enero de 1901 sobre abono de tiempo de prisión preventiva en las causas criminales (*Gaceta* n.º 18, de 18 de enero), que en sus artículos vigentes dispone lo siguiente:

«*Art. 2.º* La disposición del primer párrafo del artículo anterior [*sc.* el abono total de la prisión preventiva] es aplicable ala responsabilidad personal subsidiaria por insolvencia para el pago de la multa como pena única, o como conjunta de cualquiera de las que en el mismo se mencionan.

»También se comprenderá a los que actualmente se hallan cumpliendo condena.

»*Art. 4.º* Los Tribunales harán aplicación de las anteriores prescripciones en la parte dispositiva de la sentencia que dictaren, y los funcionarios del Ministerio fiscal las tendrán en cuenta para solicitar en sus conclusiones, acerca de este extremo, lo que sea procedente.

»Las infracciones de esta ley, en cuanto a la prisión preventiva, se considerarán incluidas en el párrafo 6.º [hoy, párrafo primero], art. 849 de la Ley de Enjuiciamiento Criminal.

»*Art. 5.º* Cuando al formular la acusación, o después de formulada en una causa, resultare que el procesado había estado preso preventivamente un tiempo igual o mayor que la pena más grave que contra él se solicite, el Tribunal resolverá, por determinación especial, la libertad del procesado, si no estuviere reducido a prisión por otra causa, sin perjuicio de continuar el procedimiento; y si señalado el día del juicio no compareciere el procesado por motivos no justificados, quedará excluido de los beneficios de esta ley.»

2. Igualmente, se abonarán en su totalidad, para el cumplimiento de la pena impuesta, las privaciones de derechos acordadas cautelarmente.

Art. 59. Cuando las medidas cautelares sufridas y la pena impuesta sean de distinta naturaleza, el Juez o Tribunal ordenará que se tenga por ejecutada la pena impuesta en aquella parte que estime compensada.

Art. 60. 1. Cuando, después de pronunciada sentencia firme, se aprecie en el penado una situación duradera de trastorno mental grave que le impida conocer el sentido de la pena, se suspenderá la ejecución de la pena privativa de libertad que se le haya impuesto garantizando el Juez o Tribunal que aquél reciba la asistencia médica precisa.

2. Restablecida la salud mental del penado, éste cumplirá la sentencia si la pena no hubiere prescrito, sin perjuicio de que el Juez o Tribunal, por razones de equidad, pueda dar por extinguida la condena o reducir su duración, en la medida en que el cumplimiento de la pena resulte innecesario o contraproducente.

CAPÍTULO II

DE LA APLICACIÓN DE LAS PENAS*

SECCIÓN 1.ª

Reglas generales para la aplicación de las penas

Art. 61. Cuando la Ley establece una pena, se entiende que la impone a los autores de la infracción consumada.

Art. 62. A los autores de tentativa de delito se les impondrá la pena inferior en uno o dos grados a la señalada por la Ley para el delito consumado, en la extensión que se estime adecuada, atendiendo al peligro inherente al intento y al grado de ejecución alcanzado.

Art. 63. A los cómplices de un delito consumado o intentado se les impondrá la pena inferior en grado a la fijada por la Ley para los autores del mismo delito.

Art. 64. Las reglas anteriores no serán de aplicación en los casos en que la tentativa y la com-

---

Art. 60: V. arts. 381-383, 991-994 LECr; art. 39 LOGP; arts. 183 a 191 RP.

* V. arts. 35 ss. CPM.

Art. 61: V. arts. 15 y 28 CP.
Art. 62: V. arts. 16, 28 y 64 CP.
Art. 63: V. arts. 15, 16, 29 y 64 CP.
Art. 64: V. arts. 16, 28 y 64 CP.

plicidad se hallen especialmente penadas por la Ley.

Art. 65. 1. Las circunstancias agravantes o atenuantes que consistan en la disposición moral del delincuente, en sus relaciones particulares con el ofendido o en otra causa personal, servirán para agravar o atenuar la responsabilidad sólo de aquéllos en quienes concurran.

2. Las que consistan en la ejecución material del hecho o en los medios empleados para realizarla, servirán únicamente para agravar o atenuar la responsabilidad de los que hayan tenido conocimiento de ellas en el momento de la acción o de su cooperación para el delito.

Art. 66. En la aplicación de la pena, los Jueces o Tribunales observarán, según haya o no circunstancias atenuantes o agravantes, las siguientes reglas:

1.ª Cuando no concurrieren circunstancias atenuantes ni agravantes o cuando concurran unas y otras, los Jueces o Tribunales individualizarán la pena imponiendo la señalada por la Ley en la extensión adecuada a las circunstancias personales del delincuente y a la mayor o menor gravedad del hecho, razonándolo en la sentencia.

2.ª Cuando concurra sólo alguna circunstancia atenuante, los Jueces o Tribunales no podrán rebasar en la aplicación de la pena la mitad inferior de la que fije la Ley para el delito.

3.ª Cuando concurran una o varias circunstancias agravantes, los Jueces o Tribunales impondrán la pena en la mitad superior de la establecida por la Ley.

4.ª Cuando sean dos o más las circunstancias atenuantes o una sola muy cualificada, los Jueces o Tribunales, razonándolo en la sentencia, podrán imponer la pena inferior en uno o dos grados a la señalada por la Ley, aplicándola en la extensión que estimen pertinente, según la entidad y número de dichas circunstancias.

Art. 67. Las reglas del artículo anterior no se aplicarán a las circunstancias agravantes o atenuantes que la Ley haya tenido en cuenta al describir o sancionar una infracción, ni a las que sean de tal manera inherentes al delito que sin la concurrencia de ellas no podría cometerse.

Art. 68. En los casos previstos en la circunstancia 1.ª del

Art. 66: V. arts. 21 a 23 y 70 a 72 CP.

Art. 68: V. arts. 70 a 72 y 101 a 104 CP y 6.º LPPNA.

artículo 21, los Jueces o Tribunales podrán imponer, razonándolo en la sentencia, la pena inferior en uno o dos grados a la señalada por la Ley, aplicándola en la extensión que estimen pertinente, atendidos el número y la entidad de los requisitos que falten o concurran, las circunstancias personales del autor y, en su caso, el resto de las circunstancias atenuantes o agravantes.

atenuación especial

Art. 69. Al mayor de dieciocho años y menor de veintiuno que cometa un hecho delictivo, podrán aplicársele las disposiciones de la ley que regule la responsabilidad penal del menor en los casos y con los requisitos que ésta disponga.

Art. 70. 1. La pena superior o inferior en grado a la prevista por la Ley para cualquier delito tendrá la extensión resultante de la aplicación de las siguientes reglas:

1.ª La pena superior en grado se formará partiendo de la cifra máxima señalada por la Ley para el delito de que se trate y aumentando a ésta la mitad de su cuantía, constituyendo la suma resultante su límite máximo.

2.ª La pena inferior en grado se formará partiendo de la cifra mínima señalada por la Ley para el delito de que se trate y deduciendo de ésta la mitad de su cuantía, constituyendo el resultado de tal deducción su límite mínimo.

2. Cuando, en la aplicación de la regla establecida en el subapartado 1.º del apartado 1 de este artículo, la pena superior en grado exceda de los límites máximos fijados a cada pena en este Código, se considerarán como inmediatamente superiores:

1.º Si la pena determinada fuera la de prisión, la misma pena, con la cláusula de que su duración máxima será de treinta años.

2.º Si fuera la de inhabilitación absoluta o especial, la misma pena, con la cláusula de que su duración máxima será de veinticinco años.

3.º Tratándose de privación del derecho a conducir vehículos a motor y ciclomotores y del derecho a la tenencia y porte de armas, las mismas penas, con la cláusula de que su duración máxima será de quince años.

4.º Si fuera de multa, la misma pena, con la cláusula de que su duración máxima será de treinta meses.

5.º En el arresto de fin de semana, el mismo arresto, con la cláusula de que su duración máxima será de treinta y seis fines de semana.

Art. 69: V. nota al art. 19 CP.

Art. 71. 1. En la determinación de la pena inferior en grado, los Jueces o Tribunales no quedarán limitados por las cuantías mínimas señaladas en la Ley a cada clase de pena, sino que podrán reducirlas en la forma que resulte de la aplicación de la regla correspondiente.

2. No obstante, cuando por aplicación de las reglas anteriores proceda imponer una pena de prisión inferior a seis meses, ésta será en todo caso sustituida conforme a lo dispuesto en la Sección 2.ª del capítulo III de este Título, sin perjuicio de la suspensión de la ejecución de la pena en los casos en que proceda.

Art. 72. Cuando la pena señalada en la Ley no tenga una de las formas previstas especialmente en este Título, se individualizará y aplicará, en cada caso, haciendo uso analógico de las reglas anteriores.

SECCIÓN 2.ª

Reglas especiales para la aplicación de las penas

Art. 73. Al responsable de dos o más delitos o faltas se le impondrán todas las penas correspondientes a las diversas infracciones para su cumplimiento simultáneo, si fuera posible, por la naturaleza y efectos de las mismas.

Art. 74. 1. No obstante lo dispuesto en el artículo anterior, el que, en ejecución de un plan preconcebido o aprovechando idéntica ocasión, realice una pluralidad de acciones u omisiones que ofendan a uno o varios sujetos e infrinjan el mismo precepto penal o preceptos de igual o semejante naturaleza, será castigado, como autor de un delito o falta continuados, con la pena señalada para la infracción más grave, que se impondrá en su mitad superior.

2. Si se tratare de infracciones contra el patrimonio, se impondrá la pena teniendo en cuenta el perjuicio total causado. En estas infracciones el Juez o Tribunal impondrá, motivadamente, la pena superior en uno o dos grados, en la extensión que estime conveniente, si el hecho revistiere notoria gravedad y hubiere perjudicado a una generalidad de personas.

3. Quedan exceptuadas de lo establecido en los apartados anteriores las ofensas a bienes eminentemente personales, salvo las constitutivas de infracciones contra el honor y la libertad sexual;

Art. 71: V. arts. 80 ss. y 88 CP.
Art. 74: V. art. 2.º2.º LO 12/1995, de 12 de diciembre, de represión del contrabando (Apéndice 4).

en tales casos se atenderá a la naturaleza del hecho y del precepto infringido para aplicar o no la continuidad delictiva.

Art. 75. Cuando todas o algunas de las penas correspondientes a las diversas infracciones no puedan ser cumplidas simultáneamente por el condenado, se seguirá el orden de su respectiva gravedad para su cumplimiento sucesivo, en cuanto sea posible.

Art. 76. 1. No obstante lo dispuesto en el artículo anterior, el máximo de cumplimiento efectivo de la condena del culpable no podrá exceder del triple del tiempo por el que se le imponga la más grave de las penas en que haya incurrido, declarando extinguidas las que procedan desde que las ya impuestas cubran dicho máximo, que no podrá exceder de veinte años. Excepcionalmente, este límite máximo será:

a) De veinticinco años, cuando el sujeto haya sido condenado por dos o más delitos y alguno de ellos esté castigado por la Ley con pena de prisión de hasta veinte años.

b) De treinta años, cuando el sujeto haya sido condenado por dos o más delitos y alguno de ellos esté castigado por la Ley con pena de prisión superior a veinte años.

2. La limitación se aplicará aunque las penas se hayan impuesto en distintos procesos si los hechos, por su conexión, pudieran haberse enjuiciado en uno solo.

Art. 77. 1. Lo dispuesto en los dos artículos anteriores, no es aplicable en el caso de que un solo hecho constituya dos o más infracciones, o cuando una de ellas sea medio necesario para cometer la otra.

2. En estos casos se aplicará en su mitad superior la pena prevista para la infracción más grave, sin que pueda exceder de la que represente la suma de las que correspondería aplicar si se penaran separadamente las infracciones.

3. Cuando la pena así computada exceda de este límite, se sancionarán las infracciones por separado.

Art. 78. Si a consecuencia de las limitaciones establecidas en el artículo 76 la pena a cumplir resultase inferior a la mitad de la suma total de las impuestas, el Juez o Tribunal, atendida la peligrosidad criminal del penado, podrá acordar motivadamente que los beneficios penitenciarios y el cómputo de tiempo para la

---

Art. 76: V. arts. 77 y 78 CP, y 17, 18, 142, regla 4.ª5.º, 300 y 988 LECr.

Art. 78: V. arts. 90 ss. CP; 46, 67, 72.1.º y 3.º y 76.2.º*c*) LOGP y 4.º, 133 y 192 a 206 RP.

libertad condicional se refieran a la totalidad de las penas impuestas en las sentencias, sin perjuicio de lo que, a la vista del tratamiento, pueda resultar procedente.

En este último caso, el Juez de Vigilancia Penitenciaria, valorando, en su caso, las circunstancias personales del reo, la evolución del tratamiento reeducador y el pronóstico de reinserción social, podrá acordar razonadamente, oído el Ministerio Fiscal, la aplicación del régimen general de cumplimiento.

Art. 79. Siempre que los Jueces o Tribunales impongan una pena que lleve consigo otras accesorias condenarán también expresamente al reo a estas últimas.

CAPÍTULO III

DE LAS FORMAS SUSTITUTIVAS DE LA EJECUCIÓN DE LAS PENAS PRIVATIVAS DE LIBERTAD

SECCIÓN 1.ª

De la suspensión de la ejecución de las penas privativas de libertad

Art. 80. 1. Los Jueces o Tribunales podrán dejar en suspenso la ejecución de las penas privativas de libertad inferiores a dos años mediante resolución motivada, atendiendo fundamentalmente a la peligrosidad criminal del sujeto.

2. El plazo de suspensión será de dos a cinco años para las penas privativas de libertad inferiores a dos años, y de tres meses a un año para las penas leves y se fijará por los Jueces o Tribunales, previa audiencia de las partes, atendidas las circunstancias personales del delincuente, las características del hecho y la duración de la pena.

3. La suspensión de la ejecución de la pena no será extensiva a la responsabilidad civil derivada del delito o falta penados.

4. Los Jueces y Tribunales sentenciadores podrán otorgar la suspensión de cualquier pena impuesta sin sujeción a requisito alguno en el caso de que el penado esté aquejado de una enfermedad muy grave con padecimientos incurables, salvo que en el momento de la comisión del delito tuviera ya otra pena suspendida por el mismo motivo.

Art. 81. Serán condiciones necesarias para dejar en suspenso la ejecución de la pena, las siguientes:

1.ª Que el condenado haya delinquido por primera vez. A tal efecto no se tendrán en cuenta las anteriores condenas por delitos imprudentes ni los antecedentes

---

Art. 79: V. arts. 54 ss. CP.

Art. 80: V. arts. 44 CPM y 104 y 196 RP.

penales que hayan sido cancelados, o debieran serlo, con arreglo a lo dispuesto en el artículo 136 de este Código.

2.ª Que la pena impuesta, o la suma de las impuestas en una misma sentencia, no sea superior a los dos años de privación de libertad.

3.ª Que se hayan satisfecho las responsabilidades civiles que se hubieren originado, salvo que el Juez o Tribunal sentenciador, después de oír a los interesados y al Ministerio Fiscal, declare la imposibilidad total o parcial de que el condenado haga frente a las mismas.

Art. 82. Declarada la firmeza de la sentencia y acreditados los requisitos establecidos en el artículo anterior, los Jueces o Tribunales se pronunciarán con la mayor urgencia sobre la concesión o no de la suspensión de la ejecución de la pena. Mientras tanto, no comunicarán ningún antecedente al Registro Central de Penados y Rebeldes.

Si el Juez o Tribunal acordara la suspensión de la ejecución de la pena, la inscripción de la pena suspendida se llevará a cabo en una Sección especial, separada y reservada de dicho Registro, a la que sólo podrán pedir antecedentes los Jueces o Tribunales.

Art. 83. 1. La suspensión de la ejecución de la pena quedará siempre condicionada a que el reo no delinca en el plazo fijado por el Juez o Tribunal conforme al artículo 80.2 de este Código. En el caso de que la pena suspendida fuese de prisión, el Juez o Tribunal sentenciador, si lo estima necesario, podrá también condicionar la suspensión al cumplimiento de las obligaciones o deberes que le haya fijado de entre las siguientes:

1.º Prohibición de acudir a determinados lugares.

1.º bis. Prohibición de aproximarse a la víctima, o a aquellos de sus familiares u otras personas que determine el Juez o Tribunal, o de comunicarse con ellos.

2.º Prohibición de ausentarse sin autorización del Juez o Tribunal del lugar donde resida.

3.º Comparecer personalmente ante el Juzgado o Tribunal, o Servicio de la Administración que éstos señalen, para informar de sus actividades y justificarlas.

4.º Participar en programas formativos, laborales, culturales,

---

Art. 83: El apartado 1.º bis del n.º 1 de este artículo ha sido introducido por la LO 14/1999, de 9 de junio (*BOE* n.º 138, de 10 de junio), de modificación del Código Penal de 1995, en materia de protección a las víctimas de malos tratos, y de la Ley de Enjuiciamiento Criminal. V. la Exposición de Motivos de esta Ley en nota al art. 153 de este Código.

de educación vial, sexual y otros similares.

5.º Cumplir los demás deberes que el Juez o Tribunal estime convenientes para la rehabilitación social del penado, previa conformidad de éste, siempre que no atenten contra su dignidad como persona.

2. Los servicios correspondientes de la Administración competente informarán al Juez o Tribunal sentenciador, al menos cada tres meses, sobre la observancia de las reglas de conducta impuestas.

Art. 84. 1. Si el sujeto delinquiera durante el plazo de suspensión fijado, el Juez o Tribunal revocará la suspensión de la ejecución de la pena.

2. Si el sujeto infringiera durante el plazo de suspensión las obligaciones o deberes impuestos, el Juez o Tribunal podrá, previa audiencia de las partes, según los casos:

a) Sustituir la regla de conducta impuesta por otra distinta.

b) Prorrogar el plazo de suspensión, sin que en ningún caso pueda exceder de cinco años.

c) Revocar la suspensión de la ejecución de la pena, si el incumplimiento fuera reiterado.

Art. 85. 1. Revocada la suspensión, se ordenará la ejecución de la pena, así como la inscripción de la misma en el Registro Central de Penados y Rebeldes.

2. Transcurriendo el plazo de suspensión fijado sin haber delinquido el sujeto, y cumplidas, en su caso, las reglas de conducta fijadas por el Juez o Tribunal, éste acordará la remisión de la pena, ordenando la cancelación de la inscripción hecha en la Sección especial del Registro Central de Penados y Rebeldes. Este antecedente penal no se tendrá en cuenta a ningún efecto.

Art. 86. En los delitos que sólo pueden ser perseguidos previa denuncia o querella del ofendido, los Jueces y Tribunales oirán a éste y, en su caso, a quien le represente, antes de conceder los beneficios de la suspensión de la ejecución de la pena.

Art. 87. 1. Aun cuando no concurran las condiciones 1.ª y 2.ª previstas en el artículo 81, el Juez o Tribunal, con audiencia de las partes, podrá acordar la suspensión de la ejecución de las penas privativas de libertad no superiores a tres años de los pena-

---

Art. 85: V. nota al art. 136 CP.

Art. 87: V. nota al art. 368 CP, y la Ley 36/1999, de 18 de octubre (*BOE* n.º 250, de 19 de octubre), de concesión del subsidio de desempleo y de garantías de integración sociolaboral para los delincuentes toxicómanos que hayan visto suspendida la ejecución de su pena de conformidad con lo previsto en la legislación penal.

dos que hubiesen cometido el hecho delictivo a causa de su dependencia de las sustancias señaladas en el número 2.º del artículo 20, siempre que se den las siguientes circunstancias:

1.ª Que se certifique suficientemente, por centro o servicio público o privado debidamente acreditado u homologado, que el condenado se encuentra deshabituado o sometido a tratamiento para tal fin en el momento de decidir sobre la suspensión.

2.ª Que no se trate de reos habituales.

2. En el supuesto de que el condenado sea reincidente, el Juez o Tribunal valorará, por resolución motivada, la oportunidad de conceder o no el beneficio de la suspensión de la ejecución de la pena, atendidas las circunstancias del hecho y del autor.

3. La suspensión de la ejecución de la pena quedará siempre condicionada a que el reo no delinca en el período que se señale, que será de tres a cinco años.

4. En el caso de que el condenado se halle sometido a tratamiento de deshabituación, también se condicionará la suspensión de la ejecución de la pena a que no abandone el tratamiento hasta su finalización. Los centros o servicios responsables del tratamiento estarán obligados a facilitar al Juez o Tribunal sentenciador, en los plazos que señale, la información precisa para comprobar el comienzo de aquél, así como para conocer periódicamente su evolución, las modificaciones que haya de experimentar así como su finalización.

5. El Juez o Tribunal revocará la suspensión de la ejecución de la pena si el penado incumpliere cualquiera de las condiciones establecidas.

Transcurrido el plazo de suspensión sin haber delinquido el sujeto, el Juez o Tribunal acordará la remisión de la pena si se ha acreditado la deshabituación o la continuidad del tratamiento del reo. De lo contrario, ordenará su cumplimiento, salvo que, oídos los informes correspondientes, estime necesaria la continuación del tratamiento; en tal caso podrá conceder razonadamente una prórroga del plazo de suspensión por tiempo no superior a dos años.

SECCIÓN 2.ª

De la sustitución de las penas privativas de libertad

Art. 88. 1. Los Jueces o Tribunales podrán sustituir, previa audiencia de las partes, en la misma sentencia, o posteriormente en

---

Art. 88: V. arts. 37, 49, 50 y 71.2.º CP.

auto motivado, antes de dar inicio a su ejecución, las penas de prisión que no excedan de un año por arresto de fin de semana o multa, aunque la Ley no prevea estas penas para el delito de que se trate, cuando las circunstancias personales del reo, la naturaleza del hecho, su conducta y, en particular, el esfuerzo para reparar el daño causado así lo aconsejen, siempre que no se trate de reos habituales. Cada semana de prisión será sustituida por dos arrestos de fin de semana; y cada día de prisión será sustituido por dos cuotas de multa. En estos casos el Juez o Tribunal podrá además imponer al penado la observancia de una o varias de las obligaciones o deberes previstos en el artículo 83 de este Código.

Excepcionalmente podrán los Jueces o Tribunales sustituir las penas de prisión que no excedan de dos años a los reos no habituales cuando de las circunstancias del hecho y del culpable se infiera que el cumplimiento de aquéllas habría de frustrar sus fines de prevención y reinserción social. En estos casos, la sustitución se llevará a cabo con los mismos requisitos y en los mismos términos y módulos de conversión establecidos en el párrafo anterior.

2. También podrán los Jueces y Tribunales, previa conformidad del reo, sustituir las penas de arresto de fines de semana por multa o trabajos en beneficio de la comunidad. En este caso, cada arresto de fin de semana será sustituido por cuatro cuotas de multa o dos jornadas de trabajo.

3. En el supuesto de quebrantamiento o incumplimiento en todo o en parte de la pena sustitutiva, la pena de prisión o de arresto de fin de semana inicialmente impuesta se ejecutará descontando, en su caso, la parte de tiempo que se haya cumplido, de acuerdo con las reglas de conversión respectivamente establecidas en los apartados precedentes.

4. En ningún caso se podrán sustituir penas que sean sustitutivas de otras.

Art. 89. 1. Las penas privativas de libertad inferiores a seis años impuestas a un extranjero no residente legalmente en España po-

---

Art. 89: El apartado cuarto de este artículo fue introducido por Ley Orgánica 8/2000, de 22 de diciembre (*BOE* n.º 307, de 23 de diciembre; corrección de errores en *BOE* n.º 47, de 23 de febrero de 2001). V. LO 4/2000, de 11 de enero (*BOE* n.º 10, de 12 de enero; corrección de errores en *BOE* n.º 20, de 24 de enero), sobre derechos y libertades de los extranjeros en España y su integración social, modificada por Ley Orgánica 8/2000, de 22 de diciembre (*BOE* n.º 307, de 23 de diciembre; corrección de errores en *BOE* n.º 47, de 23 de febrero de 2001). V., también, la Orden de 22 de febrero de 1999 (*BOE* n.º 47, de 24 de febrero), sobre normas de funcionamiento y régimen interior de los centros de internamiento de extranjeros.

drán ser sustituidas por su expulsión del territorio nacional. Igualmente, los Jueces o Tribunales, a instancia del Ministerio Fiscal, podrán acordar la expulsión del territorio nacional del extranjero condenado a pena de prisión igual o superior a seis años, siempre que haya cumplido las tres cuartas partes de la condena. En ambos casos será necesario oír previamente al penado.

2. El extranjero no podrá regresar a España en un plazo de tres a diez años contados desde la fecha de su expulsión, atendida la duración de la pena impuesta. Si regresare antes de dicho término, cumplirá las penas que le hayan sido sustituidas.

3. No obstante lo dispuesto en el apartado anterior, el extranjero que intentara quebrantar una decisión judicial de expulsión con prohibición expresa de regresar al territorio español y fuese sorprendido en la frontera, será expulsado por la autoridad gubernativa.

4. Las disposiciones establecidas en los apartados anteriores no serán de aplicación a los extranjeros que hubieren sido condenados por la comisión de delitos a que se refieren los artículos 312, 318 bis, 515.6.º, 517 y 518 del Código Penal.

SECCIÓN 3.ª

*De la libertad condicional**

Art. 90. 1. Se establece la libertad condicional en las penas privativas de libertad para aquellos sentenciados en quienes concurran las circunstancias siguientes:

1.ª Que se encuentren en el tercer grado de tratamiento penitenciario.

2.ª Que hayan extinguido las tres cuartas partes de la condena impuesta.

3.ª Que hayan observado buena conducta, y exista respecto de los mismos un pronóstico individualizado y favorable de reinserción social, emitido por los expertos que el Juez de Vigilancia estime convenientes.

2. El Juez de Vigilancia, al decretar la libertad condicional de los penados, podrá imponerles la observancia de una o varias de las reglas de conducta previstas en el artículo 105 del presente Código.

Art. 91. Excepcionalmente, cumplidas las circunstancias 1.ª y 3.ª del apartado 1 del artículo anterior, el Juez de Vigilancia Penitenciaria podrá conceder la libertad condicional a los sentenciados

---

* V. arts. 67, 72 y 76.2.*b*) LOGP; arts. 192 a 202 y 205 RP; arts. 29 ss. Reglamento de Establecimientos Penitenciarios Militares, aprobado por RD 1.396/1992, de 20 de noviembre (*BOE* n.º 305, de 21 de diciembre); y Ley de 23 de julio de 1914 (*Gaceta* n.º 211, de 30 de julio), sobre libertad condicional.

Art. 91: V. art. 205 RP.

a penas privativas de libertad que hayan extinguido las dos terceras partes de su condena, siempre que merezcan dicho beneficio por haber desarrollado continuadamente actividades laborales, culturales u ocupacionales.

Art. 92. No obstante lo dispuesto en los artículos anteriores, los sentenciados que hubieran cumplido la edad de setenta años, o la cumplan durante la extinción de la condena, y reúnan los requisitos establecidos, excepto el haber extinguido las tres cuartas partes de aquélla, o, en su caso, las dos terceras podrán obtener la concesión de la libertad condicional.

El mismo criterio se aplicará cuando, según informe médico, se trate de enfermos muy graves, con padecimientos incurables.

Art. 93. El período de libertad condicional durará todo el tiempo que le falte al sujeto para cumplir su condena. Si en dicho período el reo delinquiere o inobservare las reglas de conducta impuestas, el Juez de Vigilancia Penitenciaria revocará la libertad concedida, y el penado reingresará en prisión en el período o grado penitenciario que corresponda, sin perjuicio del cómputo del tiempo pasado en libertad condicional.

SECCIÓN 4.ª

Disposiciones comunes

Art. 94. A los efectos previstos en las secciones 1.ª y 2.ª de este capítulo se consideran reos habituales los que hubieren cometido tres o más delitos de los comprendidos en un mismo capítulo, en un plazo no superior a cinco años, y hayan sido condenados por ello.

TÍTULO IV

De las medidas de seguridad

CAPÍTULO PRIMERO

DE LAS MEDIDAS DE SEGURIDAD EN GENERAL

Art. 95. 1. Las medidas de seguridad se aplicarán por el Juez o Tribunal, previos los informes que estime convenientes, a las personas que se encuentren en los supuestos previstos en el capítulo siguiente de este Código, siempre que concurran estas circunstancias:

Art. 92: V. art. 196 RP.

Art. 95: V. art. 6.º CP.

1.ª Que el sujeto haya cometido un hecho previsto como delito.

2.ª Que del hecho y de las circunstancias personales del sujeto pueda deducirse un pronóstico de comportamiento futuro que revele la probabilidad de comisión de nuevos delitos.

2. Cuando la pena que hubiere podido imponerse por el delito cometido no fuere privativa de libertad, el Juez o Tribunal sentenciador sólo podrá acordar alguna o algunas de las medidas previstas en el artículo 105.

Art. 96. 1. Las medidas de seguridad que se pueden imponer con arreglo a este Código son privativas y no privativas de libertad.

2. Son medidas privativas de libertad:

1.ª El internamiento en centro psiquiátrico.

2.ª El internamiento en centro de deshabituación.

3.ª El internamiento en centro educativo especial.

3. Son medidas no privativas de libertad:

1.ª La prohibición de estancia y residencia en determinados lugares.

2.ª La privación del derecho a conducir vehículos a motor y ciclomotores.

3.ª La privación de licencia o del permiso de armas.

4.ª La inhabilitación profesional.

5.ª La expulsión del territorio nacional, de extranjeros no residentes legalmente en España.

6.ª Las demás previstas en el artículo 105 de este Código.

Art. 97. Durante la ejecución de la sentencia, el Juez o Tribunal sentenciador podrá, mediante un procedimiento contradictorio, previa propuesta del Juez de Vigilancia Penitenciaria:

a) Decretar el cese de cualquier medida de seguridad impuesta en cuanto desaparezca la peligrosidad criminal del sujeto.

b) Sustituir una medida de seguridad por otra que estime más adecuada, entre las previstas para el supuesto de que se trate. En el caso de que fuera acordada la sustitución y el sujeto evolucionara desfavorablemente, se dejará tal medida sin efecto.

c) Dejar en suspenso la ejecución de la medida en atención al resultado ya obtenido con su aplicación, por un plazo no superior al que reste hasta el máximo señalado en la sentencia que lo impuso. La suspensión quedará condicionada a que el sujeto no

---

Art. 96.3.5.ª: V. la Orden de 22 de febrero de 1999 (*BOE* n.º 47, de 24 de febrero), sobre normas de funcionamiento y régimen interior de los centros de internamiento de extranjeros.

delinca durante el plazo fijado, y podrá dejarse sin efecto si nuevamente resultara acreditada cualquiera de las circunstancias previstas en el artículo 95 de este Código.

A estos efectos el Juez de Vigilancia Penitenciaria estará obligado a elevar al menos anualmente una propuesta de mantenimiento, cese, sustitución o suspensión de la medida de seguridad privativa de libertad impuesta.

Art. 98. Para formular la propuesta a que se refiere el artículo anterior el Juez de Vigilancia Penitenciaria deberá valorar los informes emitidos por los facultativos y profesionales que asistan al sometido a medida de seguridad, y, en su caso, el resultado de las demás actuaciones que a este fin ordene.

Art. 99. En el caso de concurrencia de penas y medidas de seguridad privativas de libertad, el Juez o Tribunal ordenará el cumplimiento de la medida, que se abonará para el de la pena. Una vez alzada la medida de seguridad, el Juez o Tribunal podrá, si con la ejecución de la pena se pusieran en peligro los efectos conseguidos a través de aquélla, suspender el cumplimiento del resto de la pena por un plazo no superior a la duración de la misma, o aplicar alguna de las medidas previstas en el artículo 105.

Art. 100. 1. El quebrantamiento de una medida de seguridad de internamiento dará lugar al reingreso del sujeto en el mismo centro del que se hubiese evadido o en otro que corresponda a su estado, sin perjuicio de deducir testimonio por el quebrantamiento de la medida en los casos de los sometidos a ella en virtud del artículo 104 de este Código.

2. Si se tratare de otras medidas, el Juez o Tribunal podrá acordar la sustitución de la quebrantada por la de internamiento si ésta estuviese prevista para el supuesto de que se trate y si el quebrantamiento demostrase su necesidad.

CAPÍTULO II

DE LA APLICACIÓN DE LAS MEDIDAS DE SEGURIDAD

SECCIÓN 1.ª

De las medidas privativas de libertad

Art. 101. 1. Al sujeto que sea declarado exento de respon-

Art. 100: V. art. 468 CP.

Art. 101: V. arts. 100 CP y 182 a 191 RP.

sabilidad criminal conforme al número 1.º del artículo 20, se le podrá aplicar, si fuere necesaria, la medida de internamiento para tratamiento médico o educación especial en un establecimiento adecuado al tipo de anomalía o alteración psíquica que se aprecie, o cualquier otra de las medidas previstas en el apartado 3 del artículo 96. El internamiento no podrá exceder del tiempo que habría durado la pena privativa de libertad, si hubiera sido declarado responsable el sujeto, y a tal efecto el Juez o Tribunal fijará en la sentencia ese límite máximo.

2. El sometido a esta medida no podrá abandonar el establecimiento sin autorización del Juez o Tribunal sentenciador, de conformidad con lo previsto en el artículo 97 de este Código.

Art. 102. 1. A los exentos de responsabilidad penal conforme al número 2.º del artículo 20 se les aplicará, si fuere necesaria, la medida de internamiento en centro de deshabituación público, o privado debidamente acreditado u homologado, o cualquiera otra de las medidas previstas en el apartado 3 del artículo 96. El internamiento no podrá exceder del tiempo que habría durado la pena privativa de libertad, si el sujeto hubiere sido declarado responsable, y a tal efecto el Juez o Tribunal fijará ese límite máximo en la sentencia.

2. El sometido a esta medida no podrá abandonar el establecimiento sin autorización del Juez o Tribunal sentenciador de conformidad con lo previsto en el artículo 97 de este Código.

Art. 103. 1. A los que fueren declarados exentos de responsabilidad conforme al número 3.º del artículo 20, se les podrá aplicar, si fuere necesaria, la medida de internamiento en un centro educativo especial o cualquier otra de las medidas previstas en el apartado tercero del artículo 96. El internamiento no podrá exceder del tiempo que habría durado la pena privativa de libertad, si el sujeto hubiera sido declarado responsable y, a tal efecto, el Juez o Tribunal fijará en la sentencia ese límite máximo.

2. El sometido a esta medida no podrá abandonar el establecimiento sin autorización del Juez o Tribunal sentenciador de conformidad con lo previsto en el artículo 97 de este Código.

3. En este supuesto, la propuesta a que se refiere el artículo 97 de éste Código deberá hacerse al terminar cada curso o grado de enseñanza.

Art. 102: V. arts. 100 CP y 182 RP.

Art. 103: V. arts. 100 CP y 182 RP.

Art. 104. En los supuestos de eximente incompleta en relación con los números 1.º, 2.º y 3.º del artículo 20, el Juez o Tribunal podrá imponer, además de la pena correspondiente, las medidas previstas en los artículos 101, 102 y 103. No obstante, la medida de internamiento sólo será aplicable cuando la pena impuesta sea privativa de libertad y su duración no podrá exceder de la de la pena prevista por el Código para el delito. Para su aplicación se observará lo dispuesto en el artículo 99.

SECCIÓN 2.ª

De las medidas no privativas de libertad

Art. 105. En los casos previstos en los artículos 101 a 104, el Juez o Tribunal podrá acordar razonadamente, desde un principio o durante la ejecución de la sentencia, la imposición de la observancia de una o varias de las siguientes medidas:

1. Por un tiempo no superior a cinco años:

a) Sumisión a tratamiento externo en centros médicos o establecimientos de carácter socio-sanitario.

b) Obligación de residir en un lugar determinado.

c) Prohibición de residir en el lugar o territorio que se designe. En este caso, el sujeto quedará obligado a declarar el domicilio que elija y los cambios que se produzcan.

d) Prohibición de acudir a determinados lugares o visitar establecimientos de bebidas alcohólicas.

e) Custodia familiar. El sometido a esta medida quedará

Art. 105: El apartado *g*) del n.º 1 de este artículo ha sido introducido por la LO 14/1999, de 9 de junio (*BOE* n.º 138, de 10 de junio), de modificación del Código Penal de 1995, en materia de protección a las víctimas de malos tratos, y de la Ley de Enjuiciamiento Criminal. V. la Exposición de Motivos de esta Ley en nota al art. 153 de este Código. Téngase en cuenta que, por RD 758/1996, de 5 de mayo (*BOE* n.º 110, de 6 de mayo; corrección de errores en *BOE* n.º 112, de 8 de mayo), de reestructuración de Departamentos ministeriales, quedó suprimido el Ministerio de Justicia e Interior, cuyas competencias pasaron a los Ministerios de Justicia (al que corresponden ahora las entonces atribuidas a la Secretaría de Estado de Justicia en el Departamento suprimido) y de Interior (al que corresponden las competencias que asumían la Secretaría de Estado de Interior, la Secretaría de Estado de Asuntos Penitenciarios y la Delegación del Gobierno para el Plan Nacional sobre Drogas, del Ministerio suprimido). La estructura orgánica del Ministerio de Interior fue establecida por RD 765/1996, de 7 de mayo (*BOE* n.º 112, de 8 de mayo), y desarrollada por RD 1.449/2000, de 28 de julio (*BOE* n.º 181, de 29 de julio; corrección de errores en *BOE* n.º 229, de 23 de septiembre de 2000), y la del Ministerio de Justicia lo fue por RD 688/2000, de 12 de mayo (*BOE* n.º 15, de 13 de mayo), desarrollada después por RD 1.474/2000, de 4 de agosto (*BOE* n.º 187, de 5 de agosto).

sujeto al cuidado y vigilancia del familiar que se designe y que acepte la custodia, quien la ejercerá en relación con el Juez de Vigilancia y sin menoscabo de las actividades escolares o laborales del custodiado.

f) Sometimiento a programas de tipo formativo, cultural, educativo, profesional, de educación sexual y otros similares.

g) Prohibición de aproximarse a la víctima, o a aquellos de sus familiares u otras personas que determine el Juez o Tribunal, o de comunicarse con ellos.

2. Por un tiempo de hasta diez años:

a) La privación de la licencia o del permiso de armas.

b) La privación del derecho a la conducción de vehículos a motor y ciclomotores.

El Juez de Vigilancia Penitenciaria o los servicios correspondientes del Ministerio de Justicia e Interior o de la Administración Autonómica informarán al Juez o Tribunal sentenciador sobre el cumplimiento de estas medidas.

Art. 106. En los casos previstos en el artículo anterior, el Juez o Tribunal sentenciador dispondrá que los servicios de asistencia social competentes presten la ayuda o atención que precise y legalmente le corresponda al sometido a medidas de seguridad no privativas de libertad.

Art. 107. El Juez o Tribunal podrá decretar razonadamente la medida de inhabilitación para el ejercicio de determinado derecho, profesión, oficio, industria o comercio, cargo o empleo, por un tiempo de uno a cinco años, cuando el sujeto haya cometido con abuso de dicho ejercicio, o en relación con él, un hecho delictivo, y cuando de la valoración de las circunstancias concurrentes pueda deducirse el peligro de que vuelva a cometer el mismo delito u otros semejantes, siempre que no sea posible imponerle la pena correspondiente por encontrarse en alguna de las situaciones previstas en los números 1.º, 2.º y 3.º del artículo 20.

Art. 108. 1. Si el sujeto fuere extranjero no residente legalmente en España, el Juez o Tribunal podrá acordar, previa

---

Art. 106: V. arts. 74 y 75 LOGP y 2.º, 62 y 227 a 229 RP.

Art. 108: V. LO 4/2000, de 11 de enero (*BOE* n.º 10, de 12 de enero; corrección de errores en *BOE* n.º 20, de 24 de enero), sobre derechos y libertades de los extranjeros en España y su integración social, modificada por Ley Orgánica 8/2000, de 22 de diciembre (*BOE* n.º 307, de 23 de diciembre; corrección de errores en *BOE* n.º 47, de 23 de febrero de 2001). V., también, la Orden de 22 de febrero de 1999 (*BOE* n.º 47, de 24 de febrero), sobre normas de funcionamiento y régimen interior de los centros de internamiento de extranjeros.

audiencia de aquél, la expulsión del territorio nacional como sustitutiva de las medidas de seguridad privativas de libertad que le sean aplicables.

2. El sujeto a esta medida no podrá volver a entrar en España durante el plazo que se señale, sin que pueda exceder de diez años.

TÍTULO V

De la responsabilidad civil derivada de los delitos y faltas y de las costas procesales*

CAPÍTULO PRIMERO

DE LA RESPONSABILIDAD CIVIL Y SU EXTENSIÓN

Art. 109. 1. La ejecución de un hecho descrito por la Ley como delito o falta obliga a reparar, en los términos previstos en las Leyes, los daños y perjuicios por él causados.

2. El perjudicado podrá optar, en todo caso, por exigir la responsabilidad civil ante la Jurisdicción Civil.

---

* V. arts. 100, 107-117, 615 a 621, 635, 650, 655 y 742 LECr; art. 85 C. de C.; arts. 1.089, 1.092, 1.093, 1.813, 1.902 a 1.910, 1.956 CC; arts. 1.º a 8.º Ley sobre responsabilidad civil y seguro en la circulación de vehículos de motor, texto refundido aprobado por Decreto 632/1968, de 21 de marzo (*BOE* n.º 85, de 8 de abril), modificada por Ley 21/1990, de 19 de diciembre (*BOE* n.º 304, de 20 de diciembre), por Ley 30/1995, de 8 de noviembre (*BOE* n.º 268, de 9 de noviembre), de ordenación y supervisión de los seguros privados, modificada por Ley 13/1996, de 30 de diciembre, de medidas fiscales, administrativas y del orden social (*BOE* n.º 315, de 31 de diciembre), por Ley 40/1998, de 9 de diciembre (*BOE* n.º 295, de 10 de diciembre), y por Ley 14/2000, de 29 de diciembre (*BOE* n.º 313, de 30 de diciembre), y su Reglamento, aprobado por RD 7/2001, de 12 de enero (*BOE* n.º 12, de 13 de enero); y Ley 22/1994, de 6 de julio (*BOE* n.º 161, de 7 de julio), de responsabilidad civil por los daños causados por productos defectuosos, modificada por Ley 14/2000, de 29 de diciembre (*BOE* n.º 313, de 30 de diciembre).

V., también, art. 3.º5 Ley 62/1978, de 26 de diciembre (Apéndice 2); RD-L 19/1981, de 30 de octubre (*BOE* n.º 229, de 15 de diciembre) sobre pensiones extraordinarias a víctimas del terrorismo, desarrollado por Orden 92/1982, de 8 junio (*BOE* n.º 143, de 10 de junio); RD 1.211/1997, de 18 de julio (*BOE* n.º 182, de 31 de julio), por el que se aprueba el Reglamento de ayudas y resarcimientos a las víctimas de delitos de terrorismo, modificado por RD 1.734/1998, de 31 de julio (*BOE* n.º 215, de 8 de septiembre), y por RD 59/2001, de 26 de enero (*BOE* n.º 24, de 27 de enero); RD 851/1992, de 10 de julio, por el que se regulan determinadas pensiones extraordinarias causadas por actos de terrorismo (*BOE* n.º 184, de 1 de agosto); Ley 32/1999, de 8 de octubre (*BOE* n.º 242, de 9 de octubre), de solidaridad con las víctimas del terrorismo, modificada por Ley

Art. 110. La responsabilidad establecida en el artículo anterior comprende:

1.º La restitución.
2.º La reparación del daño.
3.º La indemnización de perjuicios materiales y morales.

Art. 111. 1. Deberá restituirse, siempre que sea posible, el mismo bien, con abono de los deterioros y menoscabos que el Juez o Tribunal determinen. La restitución tendrá lugar aunque el bien se halle en poder de tercero y éste lo haya adquirido legalmente y de buena fe, dejando a salvo su derecho de repetición contra quien corresponda y, en su caso, el de ser indemnizado por el responsable civil del delito o falta.

2. Esta disposición no es aplicable cuando el tercero haya adquirido el bien en la forma y con los requisitos establecidos por las Leyes para hacerlo irreivindicable.

14/2000, de 29 de diciembre (*BOE* n.º 313, de 30 de diciembre), y su Reglamento, aprobado por RD 1.912/1999, de 17 de diciembre (*BOE* n.º 305, de 22 de diciembre; corrección de errores en *BOE* n.º 19, de 22 de enero de 2000); Ley 12/1996, de 19 de diciembre, de la Comunidad de Madrid, de Ayuda a las víctimas del terrorismo (*BOE* n.º 93, de 18 de abril de 1997), modificada por Ley 7/1997, de 17 de febrero (*BOE* n.º 207, de 29 de agosto), de la Comunidad de Madrid; Ley 35/1995, de 11 de diciembre (*BOE* n.º 296, de 12 de diciembre), de ayudas y asistencia a las víctimas de delitos violentos y contra la libertad sexual, modificada por Ley 13/1996, de 30 de diciembre, de medidas fiscales, administrativas y del orden social (*BOE* n.º 315, de 31 de diciembre) —y ésta a su vez por Ley 50/1998, de 30 de diciembre (*BOE* n.º 313, de 31 de diciembre; corrección de errores en *BOE* n.º 109, de 7 de mayo de 1999), del mismo nombre—, y por Ley 38/1998, de 27 de noviembre (*BOE* n.º 285, de 28 de noviembre), por la que se modifica la composición de la Comisión Nacional de Ayuda y Asistencia a las Víctimas de Delitos Violentos y contra la Libertad Sexual; y desarrollada por RD 738/1997, de 23 de mayo, por el que se aprueba su Reglamento (*BOE* n.º 126, de 27 de mayo); art. 3.º2 LO 4/1981, de 1 de junio, reguladora de los estados de alarma, excepción y sitio (*BOE* n.º 134, de 5 de junio); art. 1.º2 LO 1/1982, de 5 de mayo, de Protección Civil del Derecho a la Intimidad Personal y Familiar y a la Propia Imagen (*BOE* n.º 115, de 14 de mayo); art. 4.º LO 12/1995, de 12 de diciembre, de contrabando (Apéndice 4); art. 4.º2 LO 9/1983, de 15 de julio, reguladora del derecho de reunión (*BOE* n.º 170, de 18 de julio); art. 48 CPM; y Resolución de 30 de enero de 2001 (*BOE* n.º 35, de 9 de febrero; corrección de erratas y errores en *BOE* n.º 53, de 2 de marzo), de la Dirección General de Seguros y Fondos de Pensiones, por la que se da publicidad a las cuantías de las indemnizaciones por muerte, lesiones permanentes e incapacidad temporal que resultarán de aplicar durante el año 2001 el sistema para valoración de los daños y perjuicios causados a las personas en accidentes de circulación.

Art. 110: V. arts. 111 a 113 CP y 1.089, 1.092 y 1.813 CC.

Art. 111: V. arts. 367, 619, 620, 635, 843 y 844 LECr; arts. 85, 86, 324, 545, n.º 3.º, 547 ss. 560 y 561 C. de C.; arts. 464 y 1.940 ss. CC; arts. 34 ss. Ley Hipotecaria de 8 de febrero de 1946 (*BOE* n.º 58, de 27 de febrero, corrección de errores en el *BOE* n.º 63, de 14 de marzo de 1956).

Art. 112. La reparación del daño podrá consistir en obligaciones de dar, de hacer o de no hacer que el Juez o Tribunal establecerá atendiendo a la naturaleza de aquél y a las condiciones personales y patrimoniales del culpable, determinando si han de ser cumplidas por él mismo o pueden ser ejecutadas a su costa.

Art. 113. La indemnización de perjuicios materiales y morales comprenderá no sólo los que se hubieren causado al agraviado, sino también los que se hubieren irrogado a sus familiares o a terceros.

Art. 114. Si la víctima hubiere contribuido con su conducta a la producción del daño o perjuicio sufrido, los Jueces o Tribunales podrán moderar el importe de su reparación o indemnización.

Art. 115. Los Jueces y Tribunales, al declarar la existencia de responsabilidad civil, establecerán razonadamente, en sus resoluciones las bases en que fundamenten la cuantía de los daños e indemnizaciones, pudiendo fijarla en la propia resolución o en el momento de su ejecución.

CAPÍTULO II

DE LAS PERSONAS CIVILMENTE RESPONSABLES

Art. 116. 1. Toda persona criminalmente responsable de un delito o falta lo es también civilmente si del hecho se derivaren daños o perjuicios. Si son dos o más los responsables de un delito o falta los Jueces o Tribunales señalarán la cuota de que deba responder cada uno.

2. Los autores y los cómplices, cada uno dentro de su respectiva clase, serán responsables solidariamente entre sí por sus cuotas, y subsidiariamente por las correspondientes a los demás responsables.

La responsabilidad subsidiaria se hará efectiva: primero, en los bienes de los autores, y después, en los de los cómplices.

Art. 112: V. 365 LECr.

Art. 113: V. arts. 1.107, 1.902 a 1.910 CC; art. 189 del texto refundido regulador de la Legislación de Accidentes de Trabajo, aprobado por Decreto de 22 de junio de 1956 (*BOE* n.º 197, de 15 de julio; corrección de errores en *BOE* n.os 200 y 247, de 18 de julio y 3 de septiembre).

V., además, la Real Orden de 27 de enero de 1851 (*Gaceta* n.º 43, de 29 de enero), la cual, en virtud de lo dispuesto en el art. 104 CP ya derogado, dispone que los hospitales y demás establecimientos de beneficencia, como subrogados en lugar del ofendido, tienen derecho a la indemnización de los gastos de curación y demás que ocasionen los enfermos a consecuencia de un delito.

Art. 116: V. arts. 1.137 ss. CC y nota a la rúbrica del presente Título.

Tanto en los casos en que se haga efectiva la responsabilidad solidaria como la subsidiaria, quedará a salvo la repetición del que hubiere pagado contra los demás por las cuotas correspondientes a cada uno.

Art. 117. Los aseguradores que hubieren asumido el riesgo de las reponsabilidades pecuniarias derivadas del uso o explotación de cualquier bien, empresa, industria o actividad cuando, como consecuencia de un hecho previsto en este Código, se produzca el evento que determine el riesgo asegurado, serán responsables civiles directos hasta el límite de la indemnización legalmente establecida o convencionalmente pactada, sin perjuicio del derecho de repetición contra quien corresponda.

Art. 118. 1. La exención de la responsabilidad criminal declarada en los números 1.º, 2.º, 3.º, 5.º y 6.º del artículo 20, no comprende la de la responsabilidad civil, que se hará efectiva conforme a las reglas siguientes:

1.ª En los casos de los números 1.º y 3.º, son también responsables por los hechos que ejecuten los declarados exentos de responsabilidad penal quienes los tengan bajo su potestad o guarda legal o de hecho, siempre que haya mediado culpa o negligencia por su parte y sin perjuicio de la responsabilidad civil directa que pudiera corresponder a los imputables.

Los Jueces o Tribunales graduarán de forma equitativa la medida en que deba responder con sus bienes cada uno de dichos sujetos.

2.ª Son igualmente responsables el ebrio y el intoxicado en el supuesto del número 2.º

3.ª En el caso del número 5.º serán responsables civiles directos las personas en cuyo favor se haya precavido el mal, en proporción al perjuicio que se les haya evitado, si fuera estimable

---

Art. 117: V. art. 636 CP y Ley sobre responsabilidad civil y seguro en la circulación de vehículos de motor, texto refundido aprobado por Decreto 632/1968, de 21 de marzo (*BOE* n.º 85, de 8 de abril), modificada por Ley 21/ 1990, de 19 de diciembre (*BOE* n.º 304, de 20 de diciembre), y por Ley 14/2000, de 29 de diciembre (*BOE* n.º 313, de 30 de diciembre), así como su Reglamento, aprobado por RD 7/2001, de 12 de enero (*BOE* n.º 12, de 13 de enero); y Ley 30/1995, de 8 de noviembre (*BOE* n.º 268, de 9 de noviembre), de ordenación y supervisión de los seguros privados, así como ésta, modificada por Ley 13/1996, de 30 de diciembre, de medidas fiscales, administrativas y del orden social (*BOE* n.º 315, de 31 de diciembre), por Ley 40/1998, de 9 de diciembre (*BOE* n.º 295, de 10 de diciembre), y por Ley 14/2000, de 29 de diciembre (*BOE* n.º 313, de 30 de diciembre).

Art. 118: V. arts. 1.447 a 1.455 LEC; arts. 615 a 621 LECr; arts. 589 a 614, 1.902 y 1.903 CC; art. 14 LJM; art. 3.º Ley de 12 de enero de 1887 de protección de cables submarinos (*Gaceta* n.º 13, de 13 de enero).

o, en otro caso, en la que el Juez o Tribunal establezca según su prudente arbitrio.

Cuando las cuotas de que deba responder el interesado no sean equitativamente asignables por el Juez o Tribunal, ni siquiera por aproximación, o cuando la responsabilidad se extienda a las Administraciones Públicas o a la mayor parte de una población y, en todo caso, siempre que el daño se haya causado con asentimiento de la autoridad o de sus agentes, se acordará, en su caso, la indemnización en la forma que establezcan las leyes y reglamentos especiales.

4.ª En el caso del número 6.º, responderán principalmente los que hayan causado el miedo, y en defecto de ellos, los que hayan ejecutado el hecho.

2. En el caso del artículo 14, serán responsables civiles los autores del hecho.

Art. 119. En todos los supuestos del artículo anterior, el Juez o Tribunal que dicte sentencia absolutoria por estimar la concurrencia de alguna de las causas de exención citadas, procederá a fijar las responsabilidades civiles salvo que se haya hecho expresa reserva de las acciones para reclamarlas en la vía que corresponda.

Art. 120. Son también responsables civilmente, en defecto de los que lo sean criminalmente:

1.º Los padres o tutores, por los daños y perjuicios causados por los delitos o faltas cometidos por los mayores de dieciocho años sujetos a su patria potestad o tutela y que vivan en su compañía, siempre que haya por su parte culpa o negligencia.

2.º Las personas naturales o jurídicas titulares de editoriales, periódicos, revistas, estaciones de radio o televisión o de cualquier otro medio de difusión escrita, hablada o visual, por los delitos o faltas cometidos utilizando los medios de los que sean titulares, dejando a salvo lo dispuesto en el artículo 212 de este Código.

3.º Las personas naturales o jurídicas, en los casos de delitos o faltas cometidos en los establecimientos de los que sean titulares, cuando por parte de los que los dirijan o administren, o de sus dependientes o empleados, se hayan infringido los reglamentos de policía o las disposiciones de la autoridad que estén relacionados con el hecho punible cometido, de modo que éste no se hubiera producido sin dicha infracción.

4.º Las personas naturales o jurídicas dedicadas a cualquier

Art. 120: V. arts. 1.783, 1.784 y 1.903 CC y 615 ss. LECr, y Ley 22/1994, de 6 de julio (*BOE* n.º 161, de 7 de julio), de responsabilidad civil por los daños causados por productos defectuosos.

género de industria o comercio, por los delitos o faltas que hayan cometido sus empleados o dependientes, representantes o gestores en el desempeño de sus obligaciones o servicios.

5.º Las personas naturales o jurídicas titulares de vehículos susceptibles de crear riesgos para terceros, por los delitos o faltas cometidos en la utilización de aquéllos por sus dependientes o representantes o personas autorizadas.

Art. 121. El Estado, la Comunidad Autónoma, la provincia, la isla, el municipio y demás entes públicos, según los casos, responden subsidiariamente de los daños causados por los penalmente responsables de los delitos dolosos o culposos, cuando éstos sean autoridad, agentes y contratados de la misma o funcionarios públicos en el ejercicio de sus cargos o funciones siempre que la lesión sea consecuencia directa del funcionamiento de los servicios públicos que les estuvieren confiados, sin perjuicio de la responsabilidad patrimonial derivada del funcionamiento normal o anormal de dichos servicios exigible conforme a las normas de procedimiento administrativo, y sin que, en ningún caso, pueda darse duplicidad indemnizatoria.

Si se exigiera en el proceso penal la responsabilidad civil de la autoridad, agentes y contratados de la misma o funcionarios públicos, la pretensión deberá dirigirse simultáneamente contra la Administración o ente público presuntamente responsable civil subsidiario.

Art. 122. El que por título lucrativo hubiere participado de los efectos de un delito o falta, está obligado a la restitución de la cosa o al resarcimiento del daño hasta la cuantía de su participación.

CAPÍTULO III

De las costas procesales

Art. 123. Las costas procesales se entienden impuestas por la Ley a los criminalmente responsables de todo delito o falta.

Art. 124. Las costas comprenderán los derechos e indem-

Art. 121: V. arts. 120 ss. Ley de Expropiación Forzosa, de 16 de diciembre de 1954 (*BOE* n.º 351, de 17 de diciembre), modificada por la Ley 11/1996, de 27 de diciembre, de Presupuestos Generales del Estado para 1997 (*BOE* n.º 313, de 28 de diciembre); arts. 139 ss. LRJAP; RD 429/1993, de 26 de marzo, por el que se aprueba el Reglamento de los procedimientos de las Administraciones Públicas en materia de responsabilidad patrimonial (*BOE* n.º 106, de 4 de mayo); y art. 25 del Reglamento Interno del Banco de España, aprobado por Resolución de 28 de marzo de 2000 (*BOE* n.º 83, de 6 de abril), de su Consejo de Gobierno.

Art. 122: V. arts. 615 ss. LECr.

Art. 123: V. arts. 239 ss. LECr y 9.º LI.

Art. 124: V. art. 241 LECr.

nizaciones ocasionados en las actuaciones judiciales e incluirán siempre los honorarios de la acusación particular en los delitos sólo perseguibles a instancia de parte.

CAPÍTULO IV

DEL CUMPLIMIENTO DE LA RESPONSABILIDAD CIVIL Y DEMÁS RESPONSABILIDADES PECUNIARIAS

Art. 125. Cuando los bienes del responsable civil no sean bastantes para satisfacer de una vez todas las responsabilidades pecuniarias, el Juez o Tribunal, previa audiencia al perjudicado, podrá fraccionar su pago, señalando, según su prudente arbitrio y en atención a las necesidades del perjudicado y a las posibilidades económicas del responsable, el período e importe de los plazos.

Art. 126. 1. Los pagos que se efectúen por el penado o el responsable civil subsidiario se imputarán por el orden siguiente:

1.º A la reparación del daño causado e indemnización de los perjuicios.

2.º A la indemnización al Estado por el importe de los gastos que se hubieran hecho por su cuenta en la causa.

3.º A las costas del acusador particular o privado cuando se impusiere en la sentencia su pago.

4.º A las demás costas procesales, incluso las de la defensa del procesado, sin preferencia entre los interesados.

5.º A la multa.

2. Cuando el delito hubiere sido de los que sólo pueden perseguirse a instancia de parte, se satisfarán las costas del acusador privado con preferencia a la indemnización del Estado.

TÍTULO VI

De las consecuencias accesorias

Art. 127. Toda pena que se imponga por un delito o falta dolosos llevará consigo la pérdida de los efectos que de ellos provengan

---

Art. 126: V. arts. 378 CP y 246 LECr.

Art. 127: V. Convenio relativo al blanqueo, seguimiento, embargo y decomiso de los productos del delito, hecho en Estrasburgo el 8 de noviembre de 1990, y ratificado por España mediante Instrumento de 22 de julio de 1998 (*BOE* n.º 252, de 21 de octubre); arts. 334 y 338 LECr; art. 50 Ley 1/1970, de 4 de abril, de Caza (*BOE* n.º 82, de 6 de abril); art.

y de los instrumentos con que se haya ejecutado, así como las ganancias provenientes del delito, cualesquiera que sean las transformaciones que hubieren podido experimentar. Los unos y las otras serán decomisados, a no ser que pertenezcan a un tercero de buena fe no responsable del delito que los haya adquirido legalmente. Los que se decomisan se venderán, si son de lícito comercio, aplicándose su producto a cubrir las responsabilidades civiles del penado y, si no lo son, se les dará el destino que se disponga reglamentariamente y, en su defecto, se inutilizarán.

Art. 128. Cuando los referidos efectos e instrumentos sean de lícito comercio y su valor no guarde proporción con la naturaleza o gravedad de la infracción penal, o se hayan satisfecho completamente las responsabilidades civiles, podrá el Juez o Tribunal no decretar el decomiso, o decretarlo parcialmente.

Art. 129. 1. El Juez o Tribunal, en los supuestos previstos en este Código, y previa audiencia de los titulares o de sus representantes legales, podrá imponer, motivadamente, las siguientes consecuencias:

a) Clausura de la empresa, sus locales o establecimientos, con carácter temporal o definitivo. La clausura temporal no podrá exceder de cinco años.

b) Disolución de la sociedad, asociación o fundación.

c) Suspensión de las actividades de la sociedad, empresa, fundación o asociación por un plazo que no podrá exceder de cinco años.

d) Prohibición de realizar en el futuro actividades, operaciones mercantiles o negocios de la clase de aquellos en cuyo ejercicio se haya cometido, favorecido o encubierto el delito. Esta prohibición podrá tener carácter temporal o definitivo. Si tuviere carácter temporal, el plazo de prohibición no podrá exceder de cinco años.

e) La intervención de la empresa para salvaguardar los derechos de los trabajadores o de los acreedores por el tiempo necesa-

7.º5 Ley sobre Régimen Jurídico de Control de Cambios (Apéndice 3); arts. 5.º ss. Ley Orgánica 12/1995, de 12 de diciembre, de Contrabando (Apéndice 4). V., finalmente, Orden de 14 de julio de 1983 sobre Depósitos Judiciales para la Conservación de Piezas de Convicción (*BOE* n.º 173, de 21 de julio), y Ley 36/1995, de 11 de diciembre (*BOE* n.º 296, de 12 de diciembre), sobre la creación de un fondo procedente de los bienes decomisados por tráfico de drogas y otros delitos relacionados; desarrollada por RD 864/1997, de 6 de junio, por el que se aprueba el Reglamento de este fondo (*BOE* n.º 138, de 10 de junio).

Art. 128: V. nota al art. 127 precedente.

Art. 129: V. arts. 194, 294, 327 y 370 CP.

rio y sin que exceda de un plazo máximo de cinco años.

2. La clausura temporal prevista en el subapartado *a*) y la suspensión señalada en el subapartado *c*) del apartado anterior, podrán ser acordadas por el Juez Instructor también durante la tramitación de la causa.

3. Las consecuencias accesorias previstas en este artículo estarán orientadas a prevenir la continuidad en la actividad delictiva y los efectos de la misma.

TÍTULO VII

De la extinción de la responsabilidad criminal y sus efectos*

CAPÍTULO PRIMERO

DE LAS CAUSAS QUE EXTINGUEN LA RESPONSABILIDAD CRIMINAL

Art. 130. La responsabilidad criminal se extingue:

1.º Por la muerte del reo.

2.º Por el cumplimiento de la condena.

3.º Por el indulto.

4.º Por el perdón del ofendido, cuando la Ley así lo prevea. El perdón habrá de ser otorgado de forma expresa antes de que se haya iniciado la ejecución

---

* V. arts. 45 ss. CPM.

Art. 130.1.º: V. art. 115 LECr.

Art. 130.3.º y 4.º: V. art. 62.*i*) CE; art. 666.4.º LECr. V. también Ley Provisional de 18 de junio de 1870 estableciendo Reglas para el Ejercicio de la Gracia de Indulto (*Gaceta* n.º 175, de 24 de junio), modificada por Ley 1/1988, de 14 de enero (*BOE* n.º 13, de 15 de enero); art. 206 RP y art. 18.3 LOPJ. V. también Orden de 10 de septiembre de 1993 por la que se dan instrucciones sobre la tramitación de solicitudes de indulto (*BOE* n.º 226, de 21 de septiembre), y que tiene el siguiente contenido:

«La especial naturaleza del acto jurídico por el que el Rey ejerce el derecho de gracia conferido por el artículo 62.*i*) de la Constitución excluye la aplicación directa a la tramitación de las solicitudes y propuestas de concesión de indulto del régimen de obligatoriedad de términos y plazos dispuesto para el dictado de resoluciones en el procedimiento administrativo común.

»Este peculiar régimen jurídico establecido por la Ley de 18 de junio de 1870 y posteriores disposiciones de reforma y desarrollo, no obsta a la conveniencia de que se apliquen a algunas de las fases de tramitación de los expedientes preparatorios del ejercicio del derecho de gracia similares principios generales a los que conforman el procedimiento administrativo común.

»Así, la actual regulación contenida en la norma cuarta de la Real Orden de 24 de diciembre de 1914, por la que se impide la tramitación de nueva solicitud de indulto en el año siguiente a la emisión en sentido desfavorable de un mero acto de trá-

de la pena impuesta. A tal efecto, declarada la firmeza de la sentencia, el Juez o Tribunal sentenciador oirá al ofendido por el delito antes de ordenar la ejecución de la pena.

En los delitos o faltas contra menores o incapacitados, los Jueces o Tribunales, oído el Ministerio Fiscal, podrán rechazar la eficacia del perdón otorgado por los representantes de aquéllos, ordenando la continuación del procedimiento, con intervención del Ministerio Fiscal, o el cumplimiento de la condena.

---

mite, responde a una cautela de economía procedimental en clara contraposición con el principio general de facilitación administrativa en el ejercicio de derechos y en la promoción de intereses legítimos por parte de los ciudadanos que informa el artículo 35.*i*) de la Ley 30/1992, de 26 de noviembre.

»La inadecuación de dicha norma al estatuto jurídico de los ciudadanos en sus relaciones con las Administraciones Públicas abona que se proceda a su derogación expresa, así como de las restantes previsiones de la Orden en que se enmarca; pero, de otra parte, ha de dotarse de una adecuada respuesta normativa al problema de economía procedimental que mediante aquella norma se abordaba. Este efecto puede ser adecuadamente obtenido mediante un expreso refuerzo de las facultades conferidas a la Subsecretaría de Justicia por el número 2 del apartado dos del artículo 2.º del Real Decreto 10/1991, de 11 de enero, por el que se determina la estructura orgánica del Ministerio de Justicia.

»Concretamente, la experiencia adquirida en la tramitación de expedientes de indulto permite apreciar que la emisión en sentido favorable de los informes previstos en la Ley de 18 de junio de 1870 no resulta en todos los casos suficiente para la formación de criterios sobre la conveniencia o sobre la forma de la concesión de la gracia. En estos supuestos, la aplicación de los principios señalados hace aconsejable una mayor flexibilidad que permita ampliar el tiempo de tramitación de aquéllos, aun después de la recepción de los informes preceptivos, a fin de que pueda complementarse la observación de la conducta del penado posterior a la ejecutoria.

»En su virtud, en uso de la facultad que me confiere el artículo 14.3 de la Ley de Régimen Jurídico de la Administración del Estado, he dispuesto:

»*1.º* Cuando, a criterio de la Subsecretaría de Justicia, la propuesta de un indulto requiera ampliar el tiempo de su tramitación, se podrá prolongar ésta durante el plazo de seis meses a partir de la recepción de los informes preceptivos.

»*2.º* De la anterior decisión se dará traslado al Tribunal sentenciador, al solicitante o proponente del indulto si no fuera aquél y al Director del establecimiento en que se halle cumpliendo condena el penado o, en otro caso, al Gobernador civil de su residencia, a efectos de que, si lo consideran oportuno, puedan comunicar a la Subsecretaría de Justicia la producción, en su caso, de circunstancias sobrevenidas que pudieran afectar a la determinación, conocimiento y comprobación de los datos requeridos para la concesión del indulto.

»*3.º* La tramitación de los expedientes para el ejercicio del derecho de gracia por indulto en ningún caso podrá interferir el ejercicio de la potestad jurisdiccional ni condicionar las medidas que pudieran adoptarse por el órgano judicial en orden al inmediato cumplimiento o a la suspensión en el cumplimiento de la ejecutoria.

»*4.º* Queda derogada la Real Orden de 24 de diciembre de 1914, sobre normativa para cursar instancia de penados.

»*5.º* La presente Orden entrará en vigor el día siguiente al de su publicación en el *Boletín Oficial del Estado*.»

Para rechazar el perdón a que se refiere el párrafo anterior, el Juez o Tribunal deberá oír nuevamente al representante del menor o incapaz.

5.º Por la prescripción del delito.

6.º Por la prescripción de la pena.

Art. 131. 1. Los delitos prescriben:

A los veinte años, cuando la pena máxima señalada al delito sea prisión de quince o más años.

A los quince, cuando la pena máxima señalada por la Ley sea inhabilitación por más de diez años, o prisión por más de diez y menos de quince años.

A los diez, cuando la pena máxima señalada por la Ley sea inhabilitación por más de seis años y menos de diez, o prisión por más de cinco y menos de diez años.

A los cinco, los restantes delitos graves.

A los tres, los delitos menos graves.

Los delitos de calumnia e injuria prescriben al año.

2. Las faltas prescriben a los seis meses.

3. Cuando la pena señalada por la Ley fuere compuesta, se estará, para la aplicación de las reglas comprendidas en este artículo, a la que exija mayor tiempo para la prescripción.

4. El delito de genocidio no prescribirá en ningún caso.

Art. 132. 1. Los términos previstos en el artículo precedente se computarán desde el día en que se haya cometido la infracción punible. En los casos de delito continuado y delito permanente, tales términos se computarán respectivamente, desde el día en que se realizó la última infracción y desde que se eliminó la situación ilícita. En la tentativa de homicidio y en los delitos de aborto no consentido, lesiones, contra la libertad, de torturas y contra la integridad moral, la libertad e indemnidad sexuales, la intimidad, el derecho a la propia imagen y la inviolabilidad del domicilio, cuando la víctima fuere menor de edad, los términos se computarán desde el día en que ésta haya alcanzado la mayoría de edad, y si falleciere antes de alcanzarla, a partir de la fecha del fallecimiento.

Art. 130.5.º: V. arts. 131 CP y 666.3.º LECr.

Art. 130.6.º: V. art. 133 CP.

Art. 131: V. arts. 666.3.º LECr y 45 CPM.

Art. 132: El último inciso del primer apartado de este artículo ha sido introducido por la LO 14/1999, de 9 de junio (*BOE* n.º 138, de 10 de junio), de modificación del Código Penal de 1995, en materia de protección a las víctimas de malos tratos, y de la Ley de Enjuiciamiento Criminal. V. la Exposición de Motivos de esta Ley en nota al art. 153 de este Código.

2. La prescripción se interrumpirá, quedando sin efecto el tiempo transcurrido, cuando el procedimiento se dirija contra el culpable, comenzando a correr de nuevo el término de la prescripción desde que se paralice el procedimiento o se termine sin condena.

Art. 133. 1. Las penas impuestas por sentencia firme prescriben:

A los veinticinco años, las de prisión de quince o más años.

A los veinte, las de inhabilitación por más de diez años y las de prisión por más de diez y menos de quince.

A los quince, las de inhabilitación por más de seis y menos de diez años y las de prisión por más de cinco y menos de diez años.

A los diez, las restantes penas graves.

A los cinco, las penas menos graves.

Al año, las penas leves.

2. Las penas impuestas por delito de genocidio no prescribirán en ningún caso.

Art. 134. El tiempo de la prescripción de la pena se computará desde la fecha de la sentencia firme, o desde el quebrantamiento de la condena, si ésta hubiese comenzado a cumplirse.

Art. 135. 1. Las medidas de seguridad prescribirán a los diez años, si fueran privativas de libertad superiores a tres años, y a los cinco años si fueran privativas de libertad iguales o inferiores a tres años o tuvieran otro contenido.

2. El tiempo de la prescripción se computará desde el día en que haya quedado firme la resolución en la que se impuso la medida o, en caso de cumplimiento sucesivo, desde que debió empezar a cumplirse.

3. Si el cumplimiento de una medida de seguridad fuere posterior al de una pena, el plazo se computará desde la extinción de ésta.

CAPÍTULO II

DE LA CANCELACIÓN DE ANTECEDENTES DELICTIVOS

Art. 136. 1. Los condenados que hayan extinguido su res-

Art. 133: V. art. 46 CPM.

Art. 136: El RD 2.012/1983, de 28 de julio, sobre Cancelación de Antecedentes Penales (*BOE* n.º 181, de 30 de julio), dispone lo siguiente:

«*Art. 1.º* Sin necesidad de declaración especial el Registro Central de Penados y Rebeldes procederá a cancelar los antecedentes penales en los siguientes supuestos:

»*a*) Cuando de conformidad con el artículo 118 del Código Penal, los Jueces y Tribunales ordenaren la cancelación.

ponsabilidad penal tienen derecho a obtener del Ministerio de Justicia e Interior, de oficio o a instancia de parte, la cancelación

---

»*b*) Las inscripciones referentes a las faltas de los artículos 587, 593 y 596 del Código Penal y 43 de la Ley 1/1970, de 4 de abril, todos los cuales dejarán de tener acceso al Registro Central.

»*Art. 2.º* Por el Servicio de Asuntos Penales se procederá a elevar propuesta de cancelación de los antecedentes penales que obren en el Registro Central de Penados y Rebeldes, cuando hayan transcurrido los plazos establecidos en los artículos 113 y 115 del Código Penal, contados respectivamente, desde la fecha de declaración de rebeldía o desde la fecha de la sentencia firme, siempre que en el Registro no constare inscripción de la que pudiera desprenderse la interrupción de la prescripción.

»Las cancelaciones previstas en el apartado *b*) del artículo 1.º y en el presente artículo implicarán, además, la eliminación definitiva de las correspondientes anotaciones, a todos los efectos.

»*Art. 3.º* 1. Mensualmente el Registro Central de Penados y Rebeldes elevará al Servicio de Asuntos Penales una relación de los antecedentes que deben cancelarse de oficio por haber transcurrido los plazos señalados en el artículo 118 del Código Penal, computados de la forma establecida en el precitado artículo.

»2. El Servicio de Asuntos Penales, si en el Registro Central de Penados y Rebeldes constare fehacientemente que se cumplen los requisitos establecidos en el artículo 118 para la rehabilitación, procederá a elevar propuesta de cancelación. De lo contrario, una vez recibida la relación a que se refiere el párrafo 1, procederá a su comprobación, dando traslado a los Jueces y Tribunales para que informen sobre la concurrencia de los requisitos indispensables para la rehabilitación. Si en el plazo de treinta días no se recibiere el citado informe, se considerará que concurren los requisitos indispensables para proceder a la cancelación de oficio, elevándose propuesta en tal sentido.

»*Art. 4.º* 1. Cuando la cancelación de los antecedentes penales proceda a instancia del interesado, en ella se hará constar su nombre, apellidos y sexo; número del documento nacional de identidad, lugar y fecha de nacimiento, nombre de los padres y domicilio, así como los antecedentes cuya cancelación solicita.

»2. A la solicitud se unirá por el Registro una nota de los antecedentes que obren en él, y si resultare que no ha transcurrido el plazo de rehabilitación, se notificará al interesado que no es posible dar curso a su instancia.

»3. En otro caso, formado el expediente, será remitido al Juzgado o Tribunal sentenciador para que, en el plazo máximo de veinte días, emita sucinto informe acerca de si concurren los requisitos indispensables para la rehabilitación.

»Si el interesado aportare certificación del Juez o Tribunal competente acreditativa de reunir los requisitos indispensables para la rehabilitación exigidos en el artículo 118 del Código Penal, una vez comprobada la misma, se procederá a elevar propuesta de cancelación.

»4. Si dentro de los diez días siguientes a la terminación del referido plazo no se recibiere el informe solicitado, se considerará que concurren los requisitos indispensables para la rehabilitación y que no hay oposición por parte del Juez o Tribunal sentenciador, sin perjuicio de dar cuenta a la Audiencia Territorial respectiva.

»5. El plazo para la formación del expediente a que se refiere el párrafo 3.º y su remisión al Tribunal sentenciador, o, en su caso, la denegación de la solicitud que lo motiva, será de quince días.

»6. Cuando un mismo expediente deba cursarse a Tribunales distintos, se remitirá el original al que hubiere dictado la última sentencia y copia autorizada de aquél a cada uno de los restantes, a fin de que puedan practicarse

de sus antecedentes penales, previo informe del Juez o Tribunal sentenciador.

2. Para el reconocimiento de este derecho serán requisitos indispensables:

1.º Tener satisfechas las responsabilidades civiles provenientes de la infracción, excepto en los supuestos de insolvencia declarada por el Juez o Tribunal sentenciador, salvo que el reo hubiera venido a mejor fortuna.

No obstante lo dispuesto en el párrafo anterior, en el caso previsto en el artículo 125 será suficiente que el reo se halle al corriente de los pagos fraccionados que le hubieran sido señalados por el Juez o Tribunal y preste, a juicio de éste, garantía suficiente con respecto a la cantidad aplazada.

2.º Haber transcurrido, sin delinquir de nuevo el culpable, los siguientes plazos: seis meses para las penas leves; dos años para las penas que no excedan de doce meses y las impuestas por delitos imprudentes; tres años para las restantes penas menos graves; y cinco para las penas graves.

3. Estos plazos se contarán desde el día siguiente a aquel en que quedara extinguida la pena, incluido el supuesto de que sea revocada la condena condicional.

4. Las inscripciones de antecedentes penales en las distintas Secciones del Registro Central de Penados y Rebeldes no serán públicas. Durante su vigencia sólo se emitirán certificaciones con las limitaciones y garantías previstas en sus normas específicas y en los casos establecidos por la Ley. En todo caso, se librarán las que soliciten los Jueces o Tribunales, se refieran o no a inscripciones canceladas, haciendo constar expresamente, si se da, esta última circunstancia.

5. En los casos en que, a pesar de cumplirse los requisitos establecidos en este artículo para la cancelación, bien por solicitud del interesado, bien de oficio por el Ministerio de Justicia e Interior, ésta no se haya producido, el Juez o Tribunal, acreditadas tales circunstancias, ordenará la cancelación y no tendrá en cuenta dichos antecedentes.

---

simultáneamente los trámites requeridos.

»7. Dentro de los diez días siguientes al de recepción de los expedientes informados en el Ministerio de Justicia se formulará propuesta de resolución.

»*Art. 5.º* Las resoluciones concediendo la cancelación serán comunicadas al interesado, al Juez o Tribunal sentenciador, al Juzgado que hubiere incoado la causa y al de Distrito o de Paz de la naturaleza del interesado, si éste lo solicitare.

»*Art. 6.º* El Registro Central de Penados y Rebeldes no podrá certificar de las notas canceladas, excepto cuando lo soliciten los Jueces y Tribunales, haciéndose constar expresamente su cancelación.

»*Art. 7.º* Queda derogado el Decreto 1.598/1972, de 25 de mayo, sobre cancelación de antecedentes penales.»

Art. 137. Las anotaciones de las medidas de seguridad impuestas conforme a lo dispuesto en este Código o en otras leyes penales serán canceladas una vez cumplida o prescrita la respectiva medida; mientras tanto, sólo figurarán en las certificaciones que el Registro expida con destino a Jueces o Tribunales o autoridades administrativas, en los casos establecidos por la Ley.

LIBRO II

Delitos y sus penas

TÍTULO PRIMERO

Del homicidio y sus formas*

Art. 138. El que matare a otro será castigado, como reo de homicidio, con la pena de prisión de diez a quince años.

Art. 139. Será castigado con la pena de prisión de quince a veinte años, como reo de asesinato, el que matare a otro concurriendo alguna de las circunstancias siguientes:

1.ª Con alevosía.

2.ª Por precio, recompensa o promesa.

* El art. 15 CE establece: «Todos tienen derecho a la vida y a la integridad física y moral, sin que, en ningún caso, puedan ser sometidos a torturas ni a penas o tratos inhumanos o degradantes. Queda abolida la pena de muerte, salvo lo que puedan disponer las leyes penales militares para tiempo de guerra.» V., también, art. 3.º DUDH; art. 6.º, n.º 1, PIDCP, y art. 2.º CPDHLF; así como el Protocolo número 6, de 28 de abril de 1983, al CPDHLF, relativo a la abolición de la pena de muerte, ratificado por Instrumento de 20 de diciembre de 1984 (*BOE* n.º 92, de 17 de abril de 1985; texto refundido en *BOE* n.º 108, de 6 de mayo de 1999; corrección de erratas en *BOE* n.º 140, de 12 de junio), el Segundo Protocolo Facultativo del PIDCP destinado a abolir la pena de muerte adoptado por la Asamblea General de las Naciones Unidas, y ratificado por Instrumento de 22 de marzo de 1991 (*BOE* n.º 164, de 10 de julio); y la LO 11/1995, de 27 de noviembre (*BOE* n.º 284, de 28 de noviembre), de abolición de la pena de muerte en tiempo de guerra. V. art. 1.º1.º*a*) y 1.º2.º*a*) LOTJ, y la Ley 35/1995, de 11 de diciembre (*BOE* n.º 296, de 12 de diciembre), de ayudas y asistencia a las víctimas de delitos violentos y contra la libertad sexual, modificada por Ley 13/1996, de 30 de diciembre, de medidas fiscales, administrativas y del orden social (*BOE* n.º 315, de 31 de diciembre) y por Ley 38/1998, de 27 de noviembre (*BOE* n.º 285, de 28 de noviembre), por la que se modifica la composición de la Comisión Nacional de Ayuda y Asistencia a las Víctimas de Delitos Violentos y contra la Libertad Sexual; y desarrollada por RD 738/1997, de 23 de mayo, por el que se aprueba su Reglamento (*BOE* n.º 126, de 27 de mayo). V., también, arts. 13, 109 y 544 bis LECr.

Sobre el momento de la determinación de la muerte, v. art. 5.º Ley 30/1979, de 27 de octubre, sobre extracción y transplante de órganos (*BOE* n.º 266, de 6 de noviembre), y el art. 10 RD 426/1980,de 22 de febrero, por el que se desarrolla la Ley 30/1979, de 27 de octubre (*BOE* n.º 63, de 13 de marzo).

3.ª Con ensañamiento, aumentando deliberada e inhumanamente el dolor del ofendido.

Art. 140. Cuando en un asesinato concurran más de una de las circunstancias previstas en el artículo anterior, se impondrá la pena de prisión de veinte a veinticinco años.

Art. 141. La provocación, la conspiración y la proposición para cometer los delitos previstos en los tres artículos precedentes, será castigada con la pena inferior en uno o dos grados a la señalada en su caso en los artículos anteriores.

Art. 142. 1. El que por imprudencia grave causare la muerte de otro, será castigado, como reo de homicidio imprudente, con la pena de prisión de uno a cuatro años.

2. Cuando el homicidio imprudente sea cometido utilizando un vehículo a motor, un ciclomotor o un arma de fuego, se impondrá asimismo, y respectivamente, la pena de privación del derecho a conducir vehículos a motor y ciclomotores o la privación del derecho a la tenencia y porte de armas, de uno a seis años.

3. Cuando el homicidio fuere cometido por imprudencia profesional se impondrá además la pena de inhabilitación especial para el ejercicio de la profesión, oficio o cargo por un período de tres a seis años.

Art. 143. 1. El que induzca al suicidio de otro será castigado con la pena de prisión de cuatro a ocho años.

Art. 142.1: V. art. 621.2.º, 4.º y 5.º CP.

Art. 142.2: V. RDL 339/1990, de 2 de marzo (*BOE* n.º 63, de 14 de marzo; corrección de errores en *BOE* n.º 185, de 3 de agosto), por el que se aprueba el texto articulado de la Ley sobre tráfico, circulación de vehículos a motor y seguridad vial, modificado por Ley 30/1995, de 8 de noviembre (*BOE* n.º 268, de 9 de noviembre), de ordenación y supervisión de los seguros privados; RD 13/1992, de 17 de enero (*BOE* n.º 27, de 31 de enero; corrección de errores en *BOE* n.º 61, de 11 de marzo), por el que se aprueba el Reglamento General de Circulación, modificado por RD 1.333/1994, de 20 de junio (*BOE* n.º 169, de 16 de julio; corrección de errores en *BOE* n.º 14, de 17 de enero de 1995), RD 116/1998, de 30 de enero (*BOE* n.º 42, de 18 de febrero), y RD 2.282/1998, de 23 de octubre (*BOE* n.º 266, de 6 de noviembre; corrección de erratas en *BOE* n.º 22, de 26 de enero de 1999); y Ley sobre responsabilidad civil y seguro en la circulación de vehículos de motor, texto refundido aprobado por Decreto 632/1968, de 21 de marzo (*BOE* n.º 85, de 8 de abril), modificada por Ley 21/1990, de 19 de diciembre (*BOE* n.º 304, de 20 de diciembre), por la ya indicada Ley 30/1995; por Ley 40/1998, de 9 de diciembre (*BOE* n.º 295, de 10 de diciembre), y por Ley 14/2000, de 29 de diciembre (*BOE* n.º 313, de 30 de diciembre). V. también RD 137/1993, de 29 de enero (*BOE* n.º 55, de 5 de marzo; corrección de errores en *BOE* n.º 95, de 5 de abril), por el que se aprueba el Reglamento de Armas.

2. Se impondrá la pena de prisión de dos a cinco años al que coopere con actos necesarios al suicidio de una persona.

3. Será castigado con la pena de prisión de seis a diez años si la cooperación llegara hasta el punto de ejecutar la muerte.

4. El que causare o cooperare activamente con actos necesarios y directos a la muerte de otro, por la petición expresa, seria e inequívoca de éste, en el caso de que la víctima sufriera una enfermedad grave que conduciría necesariamente a su muerte, o que produjera graves padecimientos permanentes y difíciles de soportar, será castigado con la pena inferior en uno o dos grados a las señaladas en los números 2 y 3 de este artículo.

TÍTULO II

Del aborto*

Art. 144. El que produzca el aborto de una mujer, sin su consentimiento, será castigado con la pena de prisión de cuatro a

* V. arts. 13, 109 y 544 bis LECr. y Ley 35/1988, de 22 de noviembre, sobre Técnicas de Reproducción Asistida (*BOE* n.º 282, de 24 de noviembre; corrección de errores en *BOE* n.º 284, de 26 de noviembre), modificada por la Disp. Final 3.ª de este Código y desarrollada por RD 415/1997, de 21 de marzo, por el que se crea la Comisión Nacional de Reproducción Humana Asistida (*BOE* n.º 70, de 22 de marzo); Ley 42/1988, de 18 de diciembre, de donación y utilización de embriones y fetos humanos o de sus células, tejidos u órganos (*BOE* n.º 314, de 31 de diciembre), cuyo art. 5.º1 ha sido interpretado y el 9.º1 parcialmente declarado inconstitucional por la STC 212/1996, de 19 de diciembre (*BOE* n.º 19, de 22 de enero de 1997). Téngase en cuenta que la Disp. Derog. 1.*a*) de este Código ha declarado vigente el art. 417 bis del CP de 1973 (Apéndice 1).

V., por ello, RD 2.409/1986, de 21 de noviembre, sobre centros sanitarios acreditados y dictámenes preceptivos para la práctica legal de la interrupción voluntaria del embarazo), cuyo texto es el siguiente:

«I. *De los centros acreditados para la práctica legal de la interrupción voluntaria del embarazo.*

»*Art. 1.º* A los efectos de lo dispuesto en el artículo 417 bis del Código Penal podrán ser acreditados:

»1. Para la realización de abortos que no impliquen alto riesgo para la mujer embarazada y no superen doce semanas de gestión, los centros o establecimientos sanitarios privados que cuenten al menos con los siguientes medios personales y materiales:

»1.1. Un médico especialista en Obstetricia y Ginecología y personal de enfermería, Auxiliar sanitario y Asistente social.

»1.2. Los locales, instalaciones y material sanitario adecuado.

»1.2.1. El lugar donde esté ubicado reunirá las condiciones de habitabilidad e higiene requeridas para cualquier centro sanitario.

ocho años e inhabilitación especial para ejercer cualquier profesión sanitaria, o para prestar servicios de toda índole en clínicas,

---

»1.2.2. El centro o establecimiento sanitario dispondrá como mínimo de espacio físico que incluya:

»— Un espacio de recepción.

»— Un despacho para información y asesoramiento.

»— Una sala adecuada para la realización de la práctica abortiva.

»— Una sala para el descanso y recuperación tras la misma.

»1.2.3. Se contará al menos con el siguiente utillaje básico, además del propio de una consulta de medicina de base:

»— Material necesario para realizar exploraciones ginecológicas.

»— Material necesario para realizar la práctica abortiva.

»— Material informativo y didáctico.

»1.3. Las prestaciones correspondientes de análisis clínicos, anestesia y reanimación. También contarán con depósitos de plasma o expansores de plasma.

»1.4. Un centro hospitalario de referencia para derivación de aquellos casos que lo requieran.

»2. Para la realización de abortos en embarazos con alto riesgo para la embarazada o con más de doce semanas de gestación, los centros o establecimientos sanitarios privados que cuenten al menos con los siguientes medios personales y materiales:

»2.1. Las unidades de Obstetricia y Ginecología, laboratorio de análisis y reanimación y banco o depósito de sangre correspondientes.

»2.2. Las unidades o instalaciones de enfermería y hospitalización correspondientes.

»*Art. 2.º* 1. Los centros o establecimientos públicos que cumplan los requisitos contenidos en el artículo anterior quedarán acreditados automáticamente para la práctica del aborto.

»Las autoridades sanitarias publicarán periódicamente relaciones de los centros o establecimientos públicos acreditados para la práctica del aborto.

»2. De conformidad con las competencias que corresponden a las Comunidades Autónomas, la autoridad sanitaria responsable acreditará cada uno de los centros o establecimientos sanitarios privados que, cumpliendo los requisitos determinados en el artículo 1.º de esta disposición, lo haya solicitado previamente.

»*Art. 3.º* 1. Todos los centros y servicios acreditados se someterán a la inspección y control de las Administraciones sanitarias competentes, en aplicación de lo dispuesto en los artículos 30 y 31 de la Ley General de Sanidad.

»2. La acreditación quedará condicionada al mantenimiento de los requisitos mínimos y al efectivo cumplimiento de las condiciones médicas adecuadas para la salvaguarda de la vida y salud de la mujer.

»*Art. 4.º* 1. Con independencia de las notificaciones que procedan conforme a la Orden de 16 de junio de 1986, en los centros o establecimientos públicos o privados acreditados se conservará la historia clínica y los dictámenes, informes y documentos que hayan sido precisos para la práctica legal del aborto, así como el relativo al consentimiento expreso de la mujer embarazada. En los casos de urgencia por riesgo vital para la gestante podrá prescindirse del dictamen y del consentimiento expreso, conforme a lo previsto en la Ley Orgánica 9/1985, de 5 de julio.

»2. Se mantendrá la confidencialidad de esta información conforme al artículo 10.3 de la Ley General de Sanidad.

»*Art. 5.º* En el ámbito de cada Comunidad Autónoma, la autoridad sanitaria velará por la disponibilidad de los servicios necesarios incluyendo las técnicas diagnósticas urgentes para posibilitar la práctica del aborto en los plazos legalmente establecidos.

»II. *De la emisión de los dictámenes preceptivos.*

»*Art. 6.º* 1. En el supuesto de que el aborto se practique para evitar un grave peligro para la vida o la salud física o psí-

establecimientos o consultorios ginecológicos, públicos o privados, por tiempo de tres a diez años.

---

quica de la embarazada, se consideran acreditados para emitir el dictamen los Médicos de la especialidad correspondiente.

»2. En el caso de que el aborto se practique por presumirse que el feto habrá de nacer con graves taras físicas o psíquicas, el dictamen habrá de ser emitido por dos Médicos especialistas de un centro o establecimiento sanitario público o privado acreditado al efecto. Esta acreditación por el órgano competente de las Comunidades Autónomas se entiende específica e independiente de la acreditación para la práctica del aborto. Esta acreditación específica se concederá a los centros públicos o privados que cuenten, según las pruebas diagnósticas complementarias que en cada caso se requieran, con los siguientes medios o métodos de diagnóstico:

»2.1. Técnicas de ecografía o similares para el diagnóstico de las malformaciones fetales.

»2.2. Técnicas bioquímicas apropiadas para el diagnóstico de enfermedades metabólicas.

»2.3. Técnicas de citogenética para el diagnóstico de alteraciones cromosomáticas.

»2.4. Técnicas analíticas precisas para el diagnóstico de malformaciones de origen infeccioso.

»3. En todos los casos a que se refieren los apartados 1 y 2 de este artículo, el diagnóstico será de presunción de riesgo y estimado en criterios de probabilidad.

»III. *De la información.*

»*Art. 7.º* Las Comunidades Autónomas, en aplicación del artículo 40.9 de la Ley General de Sanidad darán conocimiento a la Administración Sanitaria Central de los centros acreditados conforme a los artículos 2.º y 6.º del presente Real Decreto.

»*Art. 8.º* En el ámbito de cada Comunidad Autónoma la autoridad sanitaria competente garantizará que en sus dependencias públicas y centros sanitarios esté disponible y actualizada una relación de centros o establecimientos públicos o privados acreditados para la práctica legal del aborto.

»*Art. 9.º* Los profesionales sanitarios habrán de informar a las solicitantes sobre las consecuencias médicas, psicológicas y sociales de la prosecución del embarazo o de la interrupción del mismo, de la existencia de medidas de asistencia social y orientación familiar que puedan ayudarle. Informarán asimismo de las exigencias o requisitos que, en su caso, son exigibles, así como la fecha y el centro o establecimiento en que pueden practicarse.

»La no realización de la práctica del aborto habrá de ser comunicada a la interesada con carácter inmediato al objeto de que pueda con el tiempo suficiente acudir a otro Facultativo.

»En todo caso se garantizará a la interesada el secreto de la consulta.

»*Disp. Derogatoria.* Queda derogada la Orden de 31 de julio de 1985 sobre la práctica del aborto en centros o establecimientos sanitarios y, en lo que se oponga a lo dispuesto en este Real Decreto, la Orden de 16 de junio de 1986 sobre estadística e información epidemiológica de las interrupciones voluntarias del embarazo realizadas conforme a la Ley Orgánica 9/1985, de 5 de julio.

»*Disps. Finales.*

»*1.ª* Se potenciará el funcionamiento de los medios de asistencia social, la orientación familiar y la colaboración con aquellos Médicos especialistas que puedan verificar las orientaciones, informaciones y dictámenes precisos en cada caso.

»*2.ª* El presente Real Decreto entrará en vigor al día siguiente al de su publicación en el *Boletín Oficial del Estado.*»

V. Orden de 16 de junio de 1986 sobre estadística e información epidemiológica de las interrupciones voluntarias del embarazo realizadas conforme a la Ley Orgánica 9/1985, de 5 de julio, así como la Resolución de 15 de octubre de 1990 de la

Las mismas penas se impondrán al que practique el aborto habiendo obtenido la anuencia de la mujer mediante violencia, amenaza o engaño.

Art. 145. 1. El que produzca el aborto de una mujer, con su consentimiento, fuera de los casos permitidos por la ley, será castigado con la pena de prisión de uno a tres años e inhabilitación especial para ejercer cualquier profesión sanitaria, o para prestar servicios de toda índole en clínicas, establecimientos o consultorios ginecológicos, públicos o privados, por tiempo de uno a seis años.

2. La mujer que produjere su aborto o consintiere que otra persona se lo cause, fuera de los casos permitidos por la ley, será castigada con la pena de prisión de seis meses a un año o multa de seis a veinticuatro meses.

Art. 146. El que por imprudencia grave ocasionare un aborto será castigado con pena de arresto de doce a veinticuatro fines de semana.

Cuando el aborto fuere cometido por imprudencia profesional se impondrá asimismo la pena de inhabilitación especial para el ejercicio de la profesión, oficio o cargo por un período de uno a tres años.

La embarazada no será penada a tenor de este precepto.

TÍTULO III

De las lesiones*

Art. 147. 1. El que, por cualquier medio o procedimiento, causare a otro una lesión que menoscabe su integridad corpo-

---

Subsecretaría de Sanidad y Consumo (*BOE* n.º 259, de 29 de octubre).

Art. 145: V. art. 417 bis CP de 1973 (Apéndice 1), declarado en vigor por la Disp. Derog. 1.*a*) de este Código, y la nota a la rúbrica de este Título.

* V. la Ley 35/1995, de 11 de diciembre (*BOE* n.º 296, de 12 de diciembre), de ayudas y asistencia a las víctimas de delitos violentos y contra la libertad sexual, modificada por Ley 13/1996, de 30 de diciembre, de medidas fiscales, administrativas y del orden social (*BOE* n.º 315, de 31 de diciembre), y por Ley 38/1998, de 27 de noviembre (*BOE* n.º 285, de 28 de noviembre), por la que se modifica la composición de la Comisión Nacional de Ayuda y Asistencia a las Víctimas de Delitos Violentos y contra la Libertad Sexual; y desarrollada por RD 738/1997, de 23 de mayo, por el que se aprueba su Reglamento (*BOE* n.º 126, de 27 de mayo). V., también, arts. 13, 109 y 544 bis LECr.

Art. 147: V. art. 617.1.º CP.

ral o su salud física o mental, será castigado como reo del delito de lesiones con la pena de prisión de seis meses a tres años, siempre que la lesión requiera objetivamente para su sanidad, además de una primera asistencia facultativa, tratamiento médico o quirúrgico. La simple vigilancia o seguimiento facultativo del curso de la lesión no se considerará tratamiento médico.

2. No obstante, el hecho descrito en el apartado anterior será castigado con la pena de arresto de siete a veinticuatro fines de semana o multa de tres a doce meses, cuando sea de menor gravedad, atendidos el medio empleado o el resultado producido.

Art. 148. Las lesiones previstas en el apartado 1 del artículo anterior podrán ser castigadas con la pena de prisión de dos a cinco años, atendiendo al resultado causado o riesgo producido:

1.º Si en la agresión se hubieren utilizado armas, instrumentos, objetos, medios, métodos o formas concretamente peligrosas para la vida o salud, física o psíquica, del lesionado.

2.º Si hubiera mediado ensañamiento.

3.º Si la víctima fuere menor de doce años o incapaz.

Art. 149. El que causare a otro, por cualquier medio o procedimiento, la pérdida o la inutilidad de un órgano o miembro principal, o de un sentido, la impotencia, la esterilidad, una grave deformidad, o una grave enfermedad somática o psíquica, será castigado con la pena de prisión de seis a doce años.

Art. 150. El que causare a otro la pérdida o la inutilidad de un órgano o miembro no principal, o la deformidad, será castigado con la pena de prisión de tres a seis años.

Art. 151. La provocación, la conspiración y la proposición para cometer los delitos previstos en los artículos precedentes de este Título, será castigada con la pena inferior en uno o dos grados a la del delito correspondiente.

Art. 152. 1. El que por imprudencia grave causare alguna de las lesiones previstas en los artículos anteriores será castigado:

1.º Con la pena de arresto de siete a veinticuatro fines de semana si se tratare de las lesiones del artículo 147.1.

2.º Con la pena de prisión de uno a tres años si se tratare de las lesiones del artículo 149.

Art. 152.1: V. art. 621.1.º y 3.º CP.

3.º Con la pena de prisión de seis meses a dos años si se tratare de las lesiones del artículo 150.

2. Cuando los hechos referidos en este artículo se hayan cometido utilizando un vehículo a motor, un ciclomotor o un arma de fuego, se impondrá asimismo, y respectivamente, la pena de privación del derecho a conducir vehículos a motor y ciclomotores o del derecho a la tenencia y porte de armas por término de uno a tres años.

3. Cuando las lesiones fueren cometidas por imprudencia profesional se impondrá asimismo la pena de inhabilitación especial para el ejercicio de la profesión, oficio o cargo por un período de uno a cuatro años.

Art. 153. El que habitualmente ejerza violencia física o psí-

---

Art. 152.2: V. nota al art. 142.2.º CP.

Art. 153: Figura redactado conforme al texto establecido en la LO 14/1999, de 9 de junio (*BOE* n.º 138, de 10 de junio), de modificación del Código Penal de 1995, en materia de protección a las víctimas de malos tratos, y de la Ley de Enjuiciamiento Criminal. La Exposición de Motivos de esta Ley tiene el siguiente texto:

«El Plan de acción contra la violencia doméstica, aprobado por Acuerdo del Consejo de Ministros de 30 de abril de 1998, incluía entre sus medidas determinadas acciones legislativas encaminadas a la modificación del Código Penal y de la Ley de Enjuiciamiento Criminal para lograr la erradicación de las conductas delictivas consistentes en malos tratos, a la par que otorgar una mayor y mejor protección a las víctimas de tan deplorables conductas.

»La articulación de tales medidas legislativas se concreta, en cuanto se refiere al Código Penal, en la modificación de los artículos 33, 39, 48, 57, 83, 105, 153, 617 y 620, modificación que supone, entre otras innovaciones, la inclusión como pena accesoria de determinados delitos de la prohibición de aproximación a la víctima, la tipificación como delito específico de la violencia psíquica ejercida con carácter habitual sobre las personas próximas y hacer posible el ejercicio de oficio de la acción penal en los supuestos de faltas, al mismo tiempo que se adecúa la imposición de la sanción penal a las posibles consecuencias sobre la propia víctima.

»En cuanto a la Ley de Enjuiciamiento Criminal, la modificación de sus artículos 13 y 109, junto con la introducción de un nuevo artículo 544 bis, persiguen el objetivo de facilitar la inmediata protección de la víctima en los delitos de referencia, mediante la introducción de una nueva medida cautelar que permita el distanciamiento físico entre el agresor y la víctima, medida que podrá acordarse entre las primeras diligencias. Por otro lado, se reforma el artículo 104 de dicha Ley para permitir la persecución de oficio de las faltas de malos tratos, al tiempo que se elimina la obsoleta referencia que se contiene en dicho precepto a la desobediencia de las mujeres respecto de sus maridos o de los hijos respecto de sus padres. También se revisa la redacción del artículo 103 con el objeto de ponerla en consonancia con el vigente Código Penal.

»Por último, también dentro de la reforma de la Ley de Enjuiciamiento Criminal, se ha procurado introducir un aspecto altamente novedoso de carácter procesal que puede redundar en una considerable minoración de las consecuencias que sobre la propia víctima o sobre los testigos menores de edad puede tener el desarrollo del proceso. En este sentido, se introduce la cobertura legal necesaria para que no se produzca confrontación visual entre aquéllos y el procesado; la forma de llevarse a

quica sobre quien sea o haya sido su cónyuge o sobre persona que esté o haya estado ligada a él de forma estable por análoga relación de afectividad, o sobre los hijos propios o del cónyuge o conviviente, pupilos, ascendientes o incapaces que con él convivan o que se hallen sujetos a la potestad, tutela, curatela, acogimiento o guarda de hecho de uno u otro, será castigado con la pena de prisión de seis meses a tres años, sin perjuicio de las penas que pudieran corresponder a los delitos o faltas en que se hubieran concretado los actos de violencia física o psíquica.

Para apreciar la habitualidad a que se refiere el párrafo anterior, se atenderá al número de actos de violencia que resulten acreditados, así como a la proximidad temporal de los mismos, con independencia de que dicha violencia se haya ejercido sobre la misma o diferentes víctimas de las comprendidas en este artículo, y de que los actos violentos hayan sido o no objeto de enjuiciamiento en procesos anteriores.

Art. 154. Quienes riñeren entre sí, acometiéndose tumultuariamente, y utilizando medios o instrumentos que pongan en peligro la vida o integridad de las personas, serán castigados por su participación en la riña con la pena de prisión de seis meses a un año o multa superior a dos y hasta doce meses.

Art. 155. En los delitos de lesiones, si ha mediado el consentimiento válida, libre, espontánea y expresamente emitido del ofendido, se impondrá la pena inferior en uno o dos grados.

No será válido el consentimiento otorgado por un menor de edad o un incapaz.

Art. 156. No obstante lo dispuesto en el artículo anterior, el

---

cabo podrá consistir en la utilización de medios audiovisuales. Por congruencia con este principio, la práctica de careos cuando los testigos sean menores de edad, pasa a tener carácter excepcional.»

V. la Ley 5/2001, de 17 de mayo (*BOE* n.º 148, de 21 de junio), de Prevención de Malos Tratos y de Protección a las Mujeres Maltratadas, de Castilla-La Mancha.

Art. 155: V. arts. 15 ss. Convenio de 4 de abril de 1997 para la protección de los derechos humanos y la dignidad del ser humano con respecto a las aplicaciones de la Biología y la Medicina, ratificado por Instrumento de 23 de julio de 1999 (*BOE* n.º 251, de 20 de octubre; corrección de erratas en *BOE* n.º 270, de 11 de noviembre). V. también nota al art. 156 de este Código.

Art. 156: V. Ley 30/1979, de 27 de octubre, sobre extracción y trasplante de órganos (*BOE* n.º 266, de 6 de noviembre), y RD 2.070/ 1999, de 30 de diciembre (*BOE* n.º 3, de 4 de enero de 2000), por el que se regulan las actividades de obtención y utilización clínica de órganos humanos y la coordinación territorial en materia de donación y trasplante de órganos y tejidos; así como el RD 411/1996, de 1 de marzo (*BOE* n.º 72, de 23 de marzo), por el que se regulan las actividades relativas a la utilización de tejidos humanos; arts. 19 ss. Convenio de 4 de abril de 1997 para la protección de

consentimiento válida, libre, consciente y expresamente emitido exime de responsabilidad penal en los supuestos de trasplante de órganos efectuado con arreglo a lo dispuesto en la Ley, esterilizaciones y cirugía transexual realizadas por facultativo, salvo que el consentimiento se haya obtenido viciadamente, o mediante precio o recompensa, o el otorgante sea menor de edad o incapaz; en cuyo caso no será válido el prestado por éstos ni por sus representantes legales.

Sin embargo, no será punible la esterilización de persona incapacitada que adolezca de grave deficiencia psíquica cuando aquélla, tomándose como criterio rector el del mayor interés del incapaz, haya sido autorizada por el Juez, bien en el mismo procedimiento de incapacitación, bien en un expediente de jurisdicción voluntaria, tramitado con posterioridad al mismo, a petición del representante legal del incapaz, oído el dictamen de dos especialistas, el Ministerio Fiscal y previa exploración del incapaz.

TÍTULO IV

De las lesiones al feto

Art. 157. El que, por cualquier medio o procedimiento, causare en un feto una lesión o enfermedad que perjudique gravemente su normal desarrollo, o provoque en el mismo una grave

---

los derechos humanos y la dignidad del ser humano con respecto a las aplicaciones de la Biología y la Medicina, ratificado por Instrumento de 23 de julio de 1999 (*BOE* n.º 251, de 20 de octubre; corrección de erratas en *BOE* n.º 270, de 11 de noviembre); la Orden de 23 de abril de 1980 (*BOE* n.º 112, de 9 de mayo) y RRDD 1.945/1985, de 9 de octubre, por el que se regula la hemodonación y los Bancos de sangre (*BOE* n.º 255, de 24 de octubre) y de 2 de julio de 1999 (*BOE* n.º 168, de 15 de julio), por la que se actualizan las condiciones de exclusión de los donantes de sangre; Órden de 24 de junio de 1987, sobre pruebas de detección anti-VIH, en materia de obtención, extracción, trasplante, injerto o implantación de órganos humanos (*BOE* n.º 167, de 14 de julio), y 1.854/1993, de 22 de octubre (*BOE* n.º 278, de 20 de noviembre), por el que se establecen los requisitos técnicos y condiciones mínimos de la hemodonación y bancos de sangre; y art. 12 RD 561/1993, de 16 de abril, por el que se establecen los requisitos para la realización de ensayos clínicos con medicamentos (*BOE* n.º 114, de 13 de mayo).

V., también, Ley 3/2001, de 28 de mayo, de la Comunidad Autónoma de Galicia, reguladora del consentimiento informado y de la historia clínica de los pacientes (*BOE* n.º 158, de 3 de julio).

Art. 157: V. Ley 42/1988, de 28 de diciembre (*BOE* n.º 314, de 31 de diciembre), sobre donación y utilización de embriones y fetos humanos o de sus células, tejidos u órganos, cuyo art. 5.º1 ha sido interpretado y el 9.1 parcialmente declarado inconstitucional por la STC 212/1996, de 19 de diciembre (*BOE* n.º 19, de 22 de enero de 1997).

tara física o psíquica, será castigado con pena de prisión de uno a cuatro años e inhabilitación especial para ejercer cualquier profesión sanitaria, o para prestar servicios de toda índole en clínicas, establecimientos o consultorios ginecológicos, públicos o privados, por tiempo de dos a ocho años.

Art. 158. El que, por imprudencia grave, cometiere los hechos descritos en el artículo anterior, será castigado con la pena de arresto de siete a veinticuatro fines de semana.

Cuando los hechos descritos en el artículo anterior fueren cometidos por imprudencia profesional se impondrá asimismo la pena de inhabilitación especial para el ejercicio de la profesión, oficio o cargo por un período de seis meses a dos años.

La embarazada no será penada a tenor de este precepto.

TÍTULO V

Delitos relativos a la manipulación genética*

Art. 159. 1. Serán castigados con la pena de prisión de dos a seis años e inhabilitación especial para empleo o cargo público, profesión u oficio de siete a diez años los que, con finalidad distinta a la eliminación o disminución de taras o enfermedades graves, manipulen genes humanos de manera que se altere el genotipo.

---

* V. el Convenio para la protección de los derechos humanos y la dignidad del ser humano con respecto a las aplicaciones de la Biología y la Medicina, hecho en Oviedo el 4 de abril de 1997, y ratificado por Instrumento de 23 de julio de 1999 (*BOE* n.º 251, de 20 de octubre; corrección de erratas en *BOE* n.º 270, de 11 de noviembre), y su Protocolo Adicional, por el que se prohíbe la clonación de seres humanos, hecho en París el 12 de enero de 1998, y ratificado por Instrumento de 7 de enero de 2000 (*BOE* n.º 52, de 1 de marzo de 2001); Ley 35/1988, de 22 de noviembre (*BOE* n.º 282, de 24 de noviembre; corrección de errores en *BOE* n.º 284, de 26 de noviembre), sobre técnicas de reproducción asistida, modificada por Disp. Final 3.ª de este Código; el RD 412/1996, de 1 de marzo (*BOE* n.º 72, de 23 de marzo), por los que se establecen los protocolos obligatorios de estudio de los donantes y usuarios relacionados con las técnicas de reproducción humana asistida, y se regula la creación y organización del Registro Nacional de Donantes de Gametos y Preembriones con fines de reproducción humana; el RD 413/ 1996, de 1 de marzo (*BOE* n.º 72, de 23 de marzo), por el que se establecen los requisitos técnicos y funcionales precisos para la autorización y homologación de los centros y servicios sanitarios relacionados con las técnicas de reproducción humana asistida; el RD 415/1997, de 21 de marzo, por el que se crea la Comisión Nacional de Reproducción Humana Asistida (*BOE* n.º 70, de 22 de marzo); y la Orden de 25 de marzo de 1996 (*BOE* n.º 106, de 2 de mayo), por la que se establecen las normas de funcionamiento del Registro Nacional de Donantes de Gametos y Preembriones.

2. Si la alteración del genotipo fuere realizada por imprudencia grave, la pena será de multa de seis a quince meses e inhabilitación especial para empleo o cargo público, profesión u oficio de uno a tres años.

Art. 160. La utilización de la ingeniería genética para producir armas biológicas o exterminadoras de la especie humana será castigada con la pena de prisión de tres a siete años e inhabilitación especial para empleo o cargo público, profesión u oficio por tiempo de siete a diez años.

Art. 161. 1. Serán castigados con la pena de prisión de uno a cinco años e inhabilitación especial para empleo o cargo público, profesión u oficio de seis a diez años quienes fecunden óvulos humanos con cualquier fin distinto a la procreación humana.

2.º Con la misma pena se castigarán la creación de seres humanos idénticos por clonación u otros procedimientos dirigidos a la selección de la raza.

Art. 162. 1. Quien practicare reproducción asistida en una mujer, sin su consentimiento, será castigado con la pena de prisión de dos a seis años, e inhabilitación especial para empleo o cargo público, profesión u oficio por tiempo de uno a cuatro años.

2. Para proceder por este delito será precisa denuncia de la persona agraviada o de su representante legal. Cuando aquélla sea menor de edad, incapaz, o una persona desvalida, también podrá denunciar el Ministerio Fiscal.

TÍTULO VI

Delitos contra la libertad*

CAPÍTULO PRIMERO

De las detenciones ilegales y secuestros**

Art. 163. 1. El particular que encerrare o detuviere a otro, privándole de su libertad, será castigado con la pena de prisión de cuatro a seis años.

2. Si el culpable diera libertad al encerrado o detenido dentro de los tres primeros días de su detención, sin haber logrado el

* V. arts. 1.º1.º*d)* LOTJ y 13, 109 y 544 bis LECr.

** El art. 17 CE establece lo siguiente: «1. Toda persona tiene derecho a la libertad y a la seguridad. Nadie puede ser privado de su libertad, sino con la observancia de lo establecido en este artículo y en los casos y en la forma previstos en la Ley.

»2. La detención preventiva no podrá durar más del tiempo estrictamente necesario para la realización de las averiguaciones tendentes al esclarecimiento de los hechos, y, en todo caso, en el plazo máximo de setenta y dos horas, el detenido deberá ser puesto en libertad o a disposición de la autoridad judicial.

»3. Toda persona detenida debe ser informada de forma inmediata, y de modo que le sea comprensible, de sus derechos y de las razones de su detención, no pudiendo ser obligada a declarar. Se garantiza la asistencia de abogado al detenido en las diligencias policiales y judiciales, en los términos que la Ley establezca.

»4. La Ley regulará un procedimiento de *habeas corpus* para producir la inmediata puesta a disposición judicial de toda persona detenida ilegalmente. Asimismo, por ley se determinará el plazo máximo de duración de la prisión provisional.»

V., también, art. 1.º2 Ley 62/1978, de 26 de diciembre (Apéndice 2); LO 6/1984, de 24 de mayo, reguladora del procedimiento de *Habeas Corpus* (*BOE* n.º 126, de 26 de mayo); arts. 3.º y 9.º DUDH; art. 5.º CPDHLF, y art. 9.º PIDCP; este último artículo dispone lo siguiente:

«1. Todo individuo tiene derecho a la libertad y a la seguridad personales. Nadie podrá ser sometido a detención o prisión arbitrarias. Nadie podrá ser privado de su libertad, salvo por las causas fijadas por ley y con arreglo al procedimiento establecido en ésta.

»2. Toda persona detenida será informada, en el momento de su detención, de las razones de la misma, y notificada, sin demora, de la acusación formulada contra ella.

»3. Toda persona detenida o presa a causa de una infracción penal será llevada sin demora ante un Juez u otro funcionario autorizado por la Ley para ejercer funciones judiciales, y tendrá derecho a ser juzgada dentro de un plazo razonable o a ser puesta en libertad. La prisión preventiva de las personas que hayan de ser juzgadas no debe ser la regla general, pero su libertad podrá estar subordinada a garantías que aseguren la comparecencia del acusado en el acto del juicio, o en cualquier otro momento de las diligencias procesales y, en su caso, para la ejecución del fallo.

»4. Toda persona que sea privada de libertad en virtud de detención o prisión tendrá derecho a recurrir ante un tribunal a fin de que éste decida a la brevedad posible sobre la legalidad de su prisión y ordene su libertad si la prisión fuera ilegal.

»5. Toda persona que haya sido ilegalmente detenida o presa, tendrá el derecho efectivo a obtener reparación.»

V., también, art. 20 LOPSC, que dispone lo siguiente:

«1. Los agentes de las Fuerzas y Cuerpos de Seguridad podrán requerir, en el ejercicio de sus funciones de indagación o prevención, la identificación de las personas y realizar las comprobaciones pertinentes en la vía pública o en el lugar donde se hubiere hecho el requerimiento, siempre que el conocimiento de la identidad de las personas requeridas fuere necesario para el ejercicio de las funciones de protección de la seguridad que a los agentes encomiendan la presente Ley y la Ley Orgánica de Fuerzas y Cuerpos de Seguridad.

»2. De no lograrse la identificación por cualquier medio, y cuando resulte necesario a los mismos fines del apartado anterior, los agentes, para impedir la comisión de un delito o falta, o al objeto de sancionar una infracción, podrán requerir a quienes no pudieran ser identificados a que les acompañen a dependencias próximas y que cuenten con medios adecuados para realizar las diligencias de identificación, a estos solos efectos y por el tiempo imprescindible.

»3. En las dependencias a que se hace referencia en el apartado anterior se llevará un Libro-Registro en el que se harán constar las diligencias de identificación realizadas en aquéllas, así como los motivos y duración de las mismas, y que estará en todo momento a disposición de la autoridad judicial competente y del Ministerio Fiscal. No obstante lo anterior, el Ministerio del Interior remitirá periódicamente extracto de las diligencias de identificación al Ministerio Fiscal.

objeto que se había propuesto, se impondrá la pena inferior en grado.

3. Se impondrá la pena de prisión de cinco a ocho años si el encierro o detención ha durado más de quince días.

4. El particular que, fuera de los casos permitidos por las leyes, aprehendiere a una persona para presentarla inmediatamente a la autoridad, será castigado con la pena de multa de tres a seis meses.

Art. 164. El secuestro de una persona exigiendo alguna condición para ponerla en libertad, será castigado con la pena de prisión de seis a diez años. Si en el secuestro se hubiera dado la circunstancia del artículo 163.3, se impondrá la pena superior en grado, y la inferior en grado si se dieren las condiciones del artículo 163.2.

Art. 165. Las penas de los artículos anteriores se impondrán en

---

»4. En los casos de resistencia o negativa infundada a identificarse o a realizar voluntariamente las comprobaciones o prácticas de identificación, se estará a lo dispuesto en el Código Penal y en la Ley de Enjuiciamiento Criminal.»

V., asimismo, arts. 309, 489 y 750 LECr, y Convención Internacional contra la Toma de Rehenes de 17 de diciembre de 1979, a la que España se adhirió por Instrumento de 9 de marzo de 1984 (*BOE* n.º 162, de 7 de julio), reproducida parcialmente en nota al art. 1 LE (Apéndice 5).

El art. 19 CE, por su parte, establece:

«Los españoles tienen derecho a elegir libremente su residencia y a circular por el territorio nacional.

»Asimismo, tienen derecho a entrar y salir libremente de España en los términos que la Ley establezca. Este derecho no podrá ser limitado por motivos políticos o ideológicos.»

V. LO 4/2000, de 11 de enero (*BOE* n.º 10, de 12 de enero; corrección de errores en *BOE* n.º 20, de 24 de enero), sobre derechos y libertades de los extranjeros en España y su integración social, modificada por Ley Orgánica 8/2000, de 22 de diciembre (*BOE* n.º 307, de 23 de diciembre; corrección de errores en *BOE* n.º 47, de 23 de febrero de 2001).

V., también, arts. 9.º y 13 DUDH y el art. 12 PIDCP, que dispone lo siguiente:

«1. Toda persona que se halle legalmente en el territorio de un Estado tendrá derecho a circular libremente por él y a escoger libremente en él su residencia.

»2. Toda persona tendrá derecho a salir libremente de cualquier país incluso del propio.

»3. Los derechos antes mencionados no podrán ser objeto de restricciones salvo cuando éstas se hallen previstas en la Ley, sean necesarias para proteger la seguridad nacional, el orden público, la salud o la moral públicas o los derechos y libertades de terceros, y sean compatibles con los demás derechos reconocidos en el presente Pacto.

»4. Nadie podrá ser arbitrariamente privado del derecho a entrar en su propio país.»

Art. 163: V. arts. 489 a 491, 495 y 496 LECr.

Art. 164: V. art. 282 bis LECr., reproducido en nota al art. 368 de este Código.

Art. 165: V. Convenio Europeo relativo al reconocimiento y ejecución de decisiones en materia de custodia de menores, así como al restablecimiento de dicha custodia, de 20 de mayo de 1980, ratificado por Instrumento de 9 de mayo de 1984 (*BOE* n.º 210, de 1 de septiembre; la retirada de la reserva de España a su art. 2.º se publicó en el *BOE* n.º 248, de 17 de octubre de 1995); Convenio de 25 de octubre de 1980 sobre los aspectos civi-

su mitad superior, en los respectivos casos, si la detención ilegal o secuestro se ha ejecutado con simulación de autoridad o función pública, o la víctima fuere menor de edad o incapaz o funcionario público en el ejercicio de sus funciones.

Art. 166. El reo de detención ilegal o secuestro que no dé razón del paradero de la persona detenida será castigado, según los casos, con las penas superiores en grado a las señaladas en los artículos anteriores de este capítulo, salvo que la haya dejado en libertad.

Art. 167. La autoridad o funcionario público que, fuera de los casos permitidos por la Ley, y sin mediar causa por delito, cometiere alguno de los hechos descrtos en los artículos anteriores será castigado con las penas respectivamente previstas en éstos, en su mitad superior y, además, con la de inhabilitación absoluta por tiempo de ocho a doce años.

Art. 168. La provocación, la conspiración y la proposición para cometer los delitos previstos en este capítulo se castigarán con la pena inferior en uno o dos grados a la señalada al delito de que se trate.

CAPÍTULO II

DE LAS AMENAZAS

Art. 169. El que amenazare a otro con causarle a él, a su familia o a otras personas con las que esté íntimamente vinculado un mal que constituya delitos de homicidio, lesiones, aborto, contra la libertad, torturas y contra la integridad moral, la libertad sexual, la intimidad, el honor, el

---

les de la sustracción internacional de menores, ratificado por Instrumento de 28 de mayo de 1987 (*BOE* n.º 202, de 24 de agosto; corrección de errores en *BOE* n.º 155, de 30 de junio de 1989, y *BOE* n.º 21, de 24 de enero de 1996), y Declaración, relativa a este Convenio, de 17 de noviembre de 1994 (*BOE* n.º 285, de 29 de noviembre); Convención sobre los Derechos del Niño, adoptado por la Asamblea General de las Naciones Unidas el 20 de noviembre de 1989 y ratificada por Instrumento de 30 de noviembre de 1990 (*BOE* n.º 313, de 31 de diciembre); Convenio relativo a la protección del niño y a la cooperación en materia de adopción internacional, ratificado por Instrumento de 30 de junio de 1995 (*BOE* n.º 182, de 1 de agosto).

Art. 167: V. arts. 492 ss. LECr y 5.º3.º LO 2/1986, de 13 de marzo (*BOE* n.º 63, de 14 de marzo), de Fuerzas y Cuerpos de Seguridad. Ténganse en cuenta, no obstante, arts. 55 y 116 CE, así como art. 520 bis LECr y LO 4/2000, de 11 de enero (*BOE* n.º 10, de 12 de enero; corrección de errores en *BOE* n.º 20, de 24 de enero), sobre derechos y libertades de los extranjeros en España y su integración social, modificada por Ley Orgánica 8/2000, de 22 de diciembre (*BOE* n.º 307, de 23 de diciembre; corrección de errores en *BOE* n.º 47, de 23 de febrero de 2001); y la Ley Orgánica 4/1981, de 1 de junio, de los estados de alarma, excepción y sitio (*BOE* n.º 134, de 5 de junio).

Art. 169.1: V. arts. 620 CP y 1.2.º*b*) LOTJ.

patrimonio y el orden socioeconómico, será castigado:

1.º Con la pena de prisión de uno a cinco años, si se hubiere hecho la amenaza exigiendo una cantidad o imponiendo cualquier otra condición, aunque no sea ilícita, y el culpable hubiere conseguido su propósito. De no conseguirlo, se impondrá la pena de prisión de seis meses a tres años.

Las penas señaladas en el párrafo anterior se impondrá en su mitad superior si las amenazas se hicieren por escrito, por teléfono o por cualquier medio de comunicación o de reproducción, o en nombre de entidades o grupos reales o supuestos.

2.º Con la pena de prisión de seis meses a dos años, cuando la amenaza no haya sido condicional.

Art. 170. 1. Si las amenazas de un mal que constituyere delito fuesen dirigidas a atemorizar a los habitantes de una población, grupo étnico, cultural o religioso, o colectivo social o profesional, o a cualquier otro grupo de personas, y tuvieran la gravedad necesaria para conseguirlo, se impondrán respectivamente las penas superiores en grado a las previstas en el artículo anterior.

2. Serán castigados con la pena de arresto de siete a dieciocho fines de semana, o multa de seis a doce meses, los que, con la misma finalidad y gravedad, reclamen públicamente la comisión de acciones violentas por parte de bandas armadas, organizaciones o grupos terroristas.

Art. 171. 1. Las amenazas de un mal que no constituya delito serán castigadas con pena de prisión de seis meses a dos años o multa de doce a veinticuatro meses, atendidas la gravedad y circunstancia del hecho, cuando la amenaza fuere condicional y la condición no consistiere en una conducta debida. Si el culpable hubiere conseguido su propósito se le impondrá la pena en su mitad superior.

2. Si alguien exigiere de otro una cantidad o recompensa bajo la amenaza de revelar o difundir hechos referentes a su vida privada o relaciones familiares que no sean públicamente conocidos y puedan afectar a su fama, crédito o interés, será castigado con la pena de prisión de dos a cuatro años, si ha conseguido la entrega de todo o parte de lo exigido, y con la de seis meses a dos años, si no lo consiguiere.

3. Si el hecho descrito en el apartado anterior consistiere en la amenaza de revelar o denunciar la comisión de algún delito, el Minis-

---

Art. 170: Figura redactado conforme al texto establecido en la Ley Orgánica 2/1998, de 15 de junio (*BOE* n.º 143, de 16 de junio), por la que se modificaron el Código Penal y la Ley de Enjuiciamiento Criminal.

terio Fiscal podrá, para facilitar el castigo de la amenaza, abstenerse de acusar por el delito con cuya revelación se hubiere amenazado, salvo que éste estuviere sancionado con pena de prisión superior a dos años. En este último caso, el Juez o Tribunal podrá rebajar la sanción en uno o dos grados.

CAPÍTULO III

DE LAS COACCIONES

Art. 172. El que sin estar legítimamente autorizado impidiere a otro con violencia hacer lo que la Ley no prohíbe, o le compeliere a efectuar lo que no quiere, sea justo o injusto, será castigado con la pena de prisión de seis meses a tres años o con multa de seis a veinticuatro meses, según la gravedad de la coacción o de los medios empleados.

Cuando la coacción ejercida tuviera como objeto impedir el ejercicio de un derecho fundamental se impondrán las penas en su mitad superior, salvo que el hecho tuviera señalada mayor pena en otro precepto de este Código.

TÍTULO VII

De las torturas y otros delitos contra la integridad moral*

Art. 173. El que infligiere a otra persona un trato degradante, menoscabando gravemente su integridad moral, será castigado con la pena de prisión de seis meses a dos años.

Art. 174. 1. Comete tortura la autoridad o funcionario público que, abusando de su cargo, y con el fin de obtener una confesión o información de cualquier persona o de castigarla por cual-

---

Art. 172: V. arts. 510 ss. de este Código y 13, 109 y 544 bis LECr.

* V. art. 15.1 CE: «Todos tienen derecho a la vida y a la integridad física y moral, sin que, en ningún caso, puedan ser sometidos a tortura ni a penas o tratos inhumanos o degradantes. Queda abolida la pena de muerte salvo lo que puedan disponer las leyes penales militares para tiempo de guerra.» V. también art. 5.º DUDH; art. 7.º PIDCP; art. 3.º CPDHLF; art. 6.º LOGP; art. 4.º RP; Convención de 10 de diciembre de 1984 contra la tortura y otros tratos o penas crueles, inhumanos o degradantes, ratificado por Instrumento de 19 de octubre de 1987 (*BOE* n.º 268, de 9 de noviembre); Convenio Europeo de 26 de noviembre de 1987 para la prevención de la tortura y de las penas o tratos inhumanos o degradantes, ratificado por Instrumento de 28 de abril de 1989 (*BOE* n.º 159, de 5 de julio).

quier hecho que haya cometido o se sospeche que ha cometido, la sometiere a condiciones o procedimientos que por su naturaleza, duración u otras circunstancias, le supongan sufrimientos físicos o mentales, la supresión o disminución de sus facultades de conocimiento, discernimiento o decisión, o que de cualquier otro modo atenten contra su integridad moral. El culpable de tortura será castigado con la pena de prisión de dos a seis años si el atentado fuera grave, y de prisión de uno a tres años si no lo es. Además de las penas señaladas se impondrá, en todo caso, la pena de inhabilitación absoluta de ocho a doce años.

2. En las mismas penas incurrirán, respectivamente, la autoridad o funcionario de instituciones penitenciarias o de centros de protección o corrección de menores que cometiere, respecto de detenidos, internos o presos, los actos a que se refiere el apartado anterior.

Art. 175. La autoridad o funcionario público que, abusando de su cargo y fuera de los casos comprendidos en el artículo anterior, atentare contra la integridad moral de una persona será castigado con la pena de prisión de dos a cuatro años si el atentado fuera grave, y de prisión de seis meses a dos años si no lo es. Se impondrá, en todo caso, al autor, además de las penas señaladas, la de inhabilitación especial para empleo o cargo público de dos a cuatro años.

Art. 176. Se impondrán las penas respectivamente establecidas en los artículos precedentes a la autoridad o funcionario que, faltando a los deberes de su cargo, permitiere que otras personas ejecuten los hechos previstos en ellos.

Art. 177. Si en los delitos descritos en los artículos precedentes, además del atentado a la integridad moral, se produjere lesión o daño a la vida, integridad física, salud, libertad sexual o bienes de la víctima o de un tercero, se castigarán los hechos separadamente con la pena que les corresponda por los delitos o faltas cometidos, excepto cuando aquél ya se halle especialmente castigado por la Ley.

Art. 174.2: V. arts. 6 LOGP y 4 RP.

TÍTULO VIII

Delitos contra la libertad e indemnidad sexuales*

CAPÍTULO PRIMERO

DE LAS AGRESIONES SEXUALES

NO VIOLACIÓN

Art. 178. El que atentare contra la libertad sexual de otra persona, con violencia o intimidación, será castigado como responsable de agresión sexual con la pena de prisión de uno a cuatro años.

VIOLACIÓN

Art. 179. Cuando la agresión sexual consista en acceso carnal

---

* El rótulo de este Título, y sus Capítulos I, II, III, IV y V, han sido modificados por la LO 11/1999, de 30 de abril (*BOE* n.º 104, de 1 de mayo), de modificación del Título VIII del Libro II del Código Penal. Su Exposición de Motivos tiene el siguiente contenido:

«Una proposición no de ley, aprobada por el Pleno del Congreso de los Diputados, con fecha 26 de noviembre de 1996, complementada por otra de 6 de mayo de 1997, ambas a iniciativa del Grupo Parlamentario Popular, ha instado al Gobierno a presentar un proyecto de Ley Orgánica en el que se revisen los tipos penales para garantizar una auténtica protección de la integridad y libertad sexual de los menores e incapaces, específicamente mediante la reforma de los tipos delictivos de abuso sexual, y se tipifique penalmente la conducta de quienes, por cualquier medio, vendieren, difundieren, exhibieren o facilitaren la difusión, venta o exhibición de materiales pornográficos cuando en ellos aparezcan personas de las características indicadas. Una recomendación del Defensor del Pueblo, dirigida al Ministerio de Justicia con fecha 28 de noviembre del mismo año, abunda en consideraciones similares.

»Las directrices que han guiado la redacción de las indicadas proposición y recomendación coinciden con las expresadas en la Resolución 1099 (1996), de 25 de septiembre, relativa a la explotación sexual de los niños, de la Asamblea Parlamentaria del Consejo de Europa.

»En el mismo sentido, el Consejo de la Unión Europea, sobre la base del artículo K.3 del Tratado de la Unión Europea, ha adoptado, el día 29 de noviembre de 1996, una acción común relativa a la lucha contra la trata de seres humanos y la explotación sexual de los niños como consecuencia de la cual los Estados miembros se comprometen a revisar la legislación nacional vigente relativa, entre otros extremos, a la explotación sexual o abusos sexuales cometidos con niños y a la trata de niños con fines de explotación o abuso sexual, considerando tales conductas como infracciones penales, previendo para las mismas penas eficaces, proporcionadas y disuasorias, y ampliando los fundamentos de la competencia de los Tribunales propios más allá del estricto principio de territorialidad.

»Todo ello determina al Estado español a modificar las normas contenidas en el Código Penal, aprobado por Ley Orgánica 10/1995, de 23 de noviembre, relativas a los delitos contra la libertad sexual, las cuales no responden adecuadamente, ni en la tipificación de las conductas ni en la conminación de las penas correspondientes, a las exigencias de la sociedad nacional e internacional en relación con la importancia de los bienes jurídicos en juego, que no se reducen a la expresada libertad sexual, ya que también se han de tener muy especialmente en cuenta los derechos inherentes a la dignidad de la persona

por vía vaginal, anal o bucal, o introducción de objetos por alguna de las dos primeras vías, el responsable será castigado, como

---

humana, el derecho al libre desarrollo de la personalidad y la indemnidad o integridad sexual de los menores e incapaces, cuya voluntad, carente de la necesaria formación para poder ser considerada verdaderamente como libre, no puede ser siempre determinante de la licitud de unas conductas que, sin embargo, podrían ser lícitas entre adultos.

»Al invocar la dignidad de la persona humana y los derechos inherentes a la misma como bienes jurídicos afectados por las conductas de referencia, se pone de manifiesto que también el acatamiento de la Constitución Española constituye uno de los fundamentos, y no el menos importante, de la reforma proyectada, desde el momento en que, según el artículo 10.1 de aquélla, "la dignidad de la persona, los derechos inviolables que le son inherentes, el libre desarrollo de la personalidad, el respeto a la ley y a los derechos de los demás son fundamento del orden político y de la paz social", lo que ha de ser completado por la constante jurisprudencia del Tribunal Constitucional, para quien "la dignidad es un valor espiritual y moral inherente a la persona, que se manifiesta singularmente en la autodeterminación consciente y responsable de la propia vida y que lleva consigo la pretensión al respeto por parte de los demás" (STC 53/1985, fundamento jurídico 8, citada a título de ejemplo).

»A las expresadas orientaciones responde la presente Ley Orgánica, la cual, no obstante el escaso tiempo transcurrido desde la entrada en vigor del nuevo Código Penal, considera indispensable, por las razones ya expuestas, la reforma del Título VIII de su Libro II, a fin de tipificar de manera más precisa los llamados delitos contra la libertad e indemnidad sexuales en relación con la edad de las víctimas y con las circunstancias concurrentes; reintroducir el delito de corrupción de menores o incapaces por considerar insuficientes las normas relativas a la prostitución, definiendo auténticamente ambos conceptos; ampliar las conductas reprochables de naturaleza pornográfica, también en relación con los menores e incapaces; acomodar la valoración de las circunstancias que agravan la responsabilidad a cada una de las especies delictivas, y revisar el sistema de penas, rechazando aquellas sanciones que en este ámbito no resultarían adecuadas al principio de proporcionalidad o a las necesidades de la prevención general y especial que la sociedad demanda, como sucedería en principio con las meramente pecuniarias.

»Asimismo, los requerimientos de la sociedad española, alarmada por la disminución de protección jurídica que se ha producido en el ámbito de los delitos de significación sexual a partir del repetido Código Penal de 23 de noviembre de 1995, han motivado que se complemente la reforma de la que se viene haciendo referencia con la revisión de los delitos de acoso sexual y el tráfico de personas con el propósito de su explotación sexual. También en estos supuestos se han procurado conjugar las necesidades de la prevención general y especial con el irrenunciable principio de proporcionalidad de las penas en el contexto general de todas las infracciones tipificadas en el nuevo título de delitos contra la libertad e indemnidad sexuales.

»Además se ha previsto, siguiendo un notable ejemplo de derecho comparado, que en los delitos sexuales relativos a menores los plazos de prescripción no empiecen a correr hasta el día en que la víctima alcance su mayoría de edad, y se ha recordado expresamente la necesidad de apreciar concurso real entre los delitos relativos a la prostitución y corrupción de menores y las agresiones o abusos sexuales cometidos concretamente sobre la persona que se encuentra en tan lamentable situación.

»Por último, por la vía de la disposición final, se han modificado las reglas sobre

reo de violación, con la pena de prisión de seis a doce años.

Art. 180. 1. Las anteriores conductas serán castigadas con

---

competencia extraterritorial previstas en el artículo 23 de la Ley Orgánica del Poder Judicial, a fin de aplicar igualmente el principio de universalidad a los delitos de corrupción de menores o incapaces, por considerarlos en el actual momento histórico al menos de tanta transcendencia internacional como los delitos relativos a la prostitución, al responder unos y otros a la categoría internacional de delitos de explotación de seres humanos, renunciando, además, al principio de la doble incriminación cuando no resulte necesario en virtud de un tratado internacional o de un acto normativo de una organización internacional de la que España sea parte.»

Hasta esta reforma, el texto de los Capítulos I a V del Título VIII del Libro II del Código Penal era el siguiente:

«CAPÍTULO PRIMERO: DE LAS AGRESIONES SEXUALES.

»*Art. 178.* El que atentare contra la libertad sexual de otra persona, con violencia o intimidación, será castigado como culpable de agresión sexual con la pena de prisión de uno a cuatro años.

»*Art. 179.* Cuando la agresión sexual consista en acceso carnal, introducción de objetos o penetración bucal o anal, la pena será de prisión de seis a doce años.

»*Art. 180.* Las anteriores conductas serán castigadas con las penas de prisión de cuatro a diez años para las agresiones del artículo 178, y de doce a quince años para las del artículo 179, cuando concurra cualquiera de las siguientes circunstancias:

»1.ª Cuando la violencia o intimidación ejercidas revistan un carácter particularmente degradante o vejatorio.

»2.ª Cuando los hechos se cometan por tres o más personas actuando en grupo.

»3.ª Cuando la víctima sea una persona especialmente vulnerable, por razón de su edad, enfermedad o situación.

»4.ª Cuando el delito se cometa, prevaliéndose de su relación de parentesco, por ascendiente, descendiente o hermano, por naturaleza, por adopción o afines de la víctima.

»5.ª Cuando el autor haga uso de medios especialmente peligrosos susceptibles de producir la muerte o cualquiera de las lesiones previstas en los artículos 149 y 150, sin perjuicio de la pena que pudiera corresponder por la muerte o lesiones causadas.

»Si concurriesen dos o más de las anteriores circunstancias, las penas previstas en este artículo se impondrán en su mitad superior.

»CAPÍTULO II: DE LOS ABUSOS SEXUALES.

»*Art. 181.* 1. El que, sin violencia o intimidación y sin que medie consentimiento, realizare actos que atenten contra la libertad sexual de otra persona, será castigado como culpable de abuso sexual con la pena de multa de doce a veinticuatro meses.

»2. En todo caso, se consideran abusos sexuales no consentidos los que se ejecuten:

»1.º Sobre menores de doce años.

»2.º Sobre personas que se hallen privadas de sentido o abusando de su trastorno mental.

»En estos casos, se impondrá la pena de prisión de seis meses a dos años.

»3. Cuando el consentimiento se obtenga prevaliéndose el culpable de una situación de superioridad manifiesta que coarte la libertad de la víctima se impondrá la pena de multa de seis a doce meses.

»*Art. 182.* Cuando el abuso sexual consista en acceso carnal, introducción de objetos o penetración bucal o anal, la pena será de prisión de cuatro a diez años en los casos de falta de consentimiento, y de uno a seis años en los de abuso de superioridad.

»Las penas señaladas en el párrafo anterior se impondrán en su mitad superior en cualquiera de los casos siguientes:

»1.º Cuando el delito se cometa, prevaliéndose de su relación de parentesco, por ascendiente, descendiente o hermano, por naturaleza o adopción, de la víctima.

las penas de prisión de cuatro a diez años para las agresiones del artículo 178, y de doce a quince años para las del artículo 179,

---

»2.º Cuando la víctima sea persona especialmente vulnerable por razón de su edad, enfermedad o situación.

»*Art. 183.* El que, interviniendo engaño, cometiere abuso sexual con persona mayor de doce años y menor de dieciséis, será castigado con la pena de multa de doce a veinticuatro meses.

»Cuando el abuso consista en acceso carnal, introducción de objetos o penetración bucal o anal, la pena será de prisión de seis meses a tres años.

»CAPÍTULO III: DEL ACOSO SEXUAL.

»*Art. 184.* El que solicitare favores de naturaleza sexual para sí o para un tercero prevaliéndose de una situación de superioridad laboral, docente o análoga, con el anuncio expreso o tácito de causar a la víctima un mal relacionado con las legítimas expectativas que pueda tener en el ámbito de dicha relación, será castigado como autor de acoso sexual con la pena de arresto de doce a veinticuatro fines de semana o multa de seis a doce meses.

»CAPÍTULO IV: DE LOS DELITOS DE EXHIBICIONISMO Y PROVOCACIÓN SEXUAL.

»*Art. 185.* El que ejecutare o hiciere ejecutar a otros actos de exhibición obscena ante menores de edad o incapaces, será castigado con la pena de multa de tres a diez meses.

»*Art. 186.* El que, por cualquier medio directo, difundiere, vendiere o exhibiere material pornográfico entre menores de edad o incapaces, será castigado con la pena de multa de tres a diez meses.

»CAPÍTULO V: DE LOS DELITOS RELATIVOS A LA PROSTITUCIÓN.

»*Art. 187.* 1. El que induzca, promueva, favorezca o facilite la prostitución de una persona menor de edad o incapaz, será castigado con las penas de prisión de uno a cuatro años y multa de doce a veinticuatro meses.

»2. Incurrirán en la pena de prisión prevista en su mitad superior y además en la de inhabilitación absoluta de seis a doce años, los que realicen las conductas anteriores prevaliéndose de su condición de autoridad pública, agente de ésta o funcionario público.

»*Art. 188.* 1. El que determine, coactivamente, mediante engaño o abusando de una situación de necesidad o superioridad, a persona mayor de edad a ejercer la prostitución o a mantenerse en ella, será castigado con las penas de prisión de dos a cuatro años y multa de doce a veinticuatro meses.

»2. Incurrirán, además, en la pena de inhabilitación absoluta de seis a doce años los que realicen las conductas descritas en el apartado anterior prevaliéndose de su condición de autoridad pública, agente de ésta o funcionario público.

»3. Si aquellas conductas se ejercieren sobre persona menor de edad o incapaz, se impondrá la pena superior en grado.

»*Art. 189.* 1. El que utilizare a un menor de edad o a un incapaz con fines o en espectáculos exhibicionistas o pornográficos será castigado con la pena de prisión de uno a tres años.

»2. El que tuviere bajo su potestad, tutela, guarda o acogimiento un menor de edad o incapaz y que, con noticia de la prostitución de éste, no haga lo posible para impedir su continuación en tal estado, o no acudiere a la autoridad para el mismo fin si carece de medios para su custodia, incurrirá en la pena de multa de tres a diez meses.

»3. El Ministerio Fiscal promoverá las acciones pertinentes con objeto de privar de la patria potestad, tutela, guarda o acogimiento familiar, a la persona que incurra en alguna de las conductas mencionadas en el párrafo anterior.

»*Art. 190.* La condena de un Juez o Tribunal extranjero, impuesta por delitos comprendidos en este capítulo, será equiparada a las sentencias de los Jueces o Tribunales españoles a los efectos de aplicación de la agravante de reincidencia.»

V. Ley 35/1995, de 11 de diciembre (*BOE* n.º 296, de 12 de diciembre), de ayu-

cuando concurra alguna de las siguientes circunstancias:

1.ª Cuando la violencia o intimidación ejercidas revistan un carácter particularmente degradante o vejatorio.

2.ª Cuando los hechos se cometan por la actuación conjunta de dos o más personas.

3.ª Cuando la víctima sea especialmente vulnerable, por razón de su edad, enfermedad o situación, y, en todo caso, cuando sea menor de trece años.

4.ª Cuando, para la ejecución del delito, el responsable se haya prevalido de una relación de superioridad o parentesco, por ser ascendiente, descendiente o hermano, por naturaleza o adopción, o afines, con la víctima.

5.ª Cuando el autor haga uso de armas u otros medios igualmente peligrosos, susceptibles de producir la muerte o alguna de las lesiones previstas en los artículos 149 y 150 de este Código, sin perjuicio de la pena que pudiera corresponder por la muerte o lesiones causadas.

2. Si concurrieren dos o más de las anteriores circunstancias, las penas previstas en este artículo se impondrán en su mitad superior.

CAPÍTULO II

DE LOS ABUSOS SEXUALES

Art. 181. 1. El que, sin violencia o intimidación y sin que medie consentimiento, realizare actos que atenten contra la libertad o indemnidad sexual de otra persona, será castigado, como responsable de abuso sexual, con la pena de prisión de uno a tres años o multa de dieciocho a veinticuatro meses.

2. A los efectos del apartado anterior, se consideran abusos sexuales no consentidos los que se ejecuten sobre menores de trece años, sobre personas que se hallen privadas de sentido o de cuyo trastorno mental se abusare.

3. La misma pena se impondrá cuando el consentimiento se obtenga prevaliéndose el responsable de una situación de superioridad manifiesta que coarte la libertad de la víctima.

---

das y asistencia a las víctimas de delitos violentos y contra la libertad sexual, modificada por Ley 13/1996, de 30 de diciembre, de medidas fiscales, administrativas y del orden social (*BOE* n.º 315, de 31 de diciembre), y por Ley 38/1998, de 27 de noviembre (*BOE* n.º 285, de 28 de noviembre), por la que se modifica la composición de la Comisión Nacional de Ayuda y Asistencia a las Víctimas de Delitos Violentos y contra la Libertad Sexual; y desarrollada por RD 738/1997, de 23 de mayo, por el que se aprueba su Reglamento (*BOE* n.º 126, de 27 de mayo). V., también, arts. 13, 109 y 544 bis LECr.

4. Las penas señaladas en este artículo se impondrán en su mitad superior si concurriere la circunstancia 3.ª o la 4.ª, de las previstas en el apartado 1 del artículo 180 de este Código.

Art. 182. 1. En todos los casos del artículo anterior, cuando el abuso sexual consista en acceso carnal por vía vaginal, anal o bucal, o introducción de objetos por alguna de las dos primeras vías el responsable será castigado con la pena de prisión de cuatro a diez años.

2. La pena señalada en el apartado anterior se impondrá en su mitad superior cuando concurra la circunstancia 3.ª o la 4.ª, de las previstas en el artículo 180.1 de este Código.

Art. 183. 1. El que, interviniendo engaño, cometiere abuso sexual con persona mayor de trece años y menor de dieciséis, será castigado con la pena de prisión de uno a dos años, o multa de doce a veinticuatro meses.

2. Cuando el abuso consista en acceso carnal por vía vaginal, anal o bucal, o introducción de objetos por alguna de las dos primeras vías, la pena será de prisión de dos a seis años. La pena se impondrá en su mitad superior si concurriera la circunstancia 3.ª o la 4.ª de las previstas en el artículo 180.1 de este Código.

CAPÍTULO III

Del acoso sexual

Art. 184. 1. El que solicitare favores de naturaleza sexual, para sí o para un tercero, en el ámbito de una relación laboral, docente o de prestación de servicios, continuada o habitual, y con tal comportamiento provocare a la víctima una situación objetiva y gravemente intimidatoria, hostil o humillante, será castigado, como autor de acoso sexual, con la pena de arresto de seis a doce fines de semana o multa de tres a seis meses.

2. Si el culpable de acoso sexual hubiera cometido el hecho prevaliéndose de una situación de superioridad laboral, docente o jerárquica, o con el anuncio expreso o tácito de causar a la víctima un mal relacionado con las legítimas expectativas que aquélla pueda tener en el ámbito de la indicada relación, la pena será de arresto de doce a veinticuatro fines de semana o multa de seis a doce meses.

3. Cuando la víctima sea especialmente vulnerable, por razón de su edad, enfermedad o situación, la pena será de arresto de doce a veinticuatro fines de semana o multa de seis a doce meses en los supuestos previstos en el apartado 1, y de prisión de seis meses a un año en los supuestos previstos en el apartado 2 del presente artículo.

CAPÍTULO IV

DE LOS DELITOS DE EXHIBICIONISMO Y PROVOCACIÓN SEXUAL*

Art. 185. El que ejecutare o hiciere ejecutar a otra persona actos de exhibición obscena ante menores de edad o incapaces, será castigado con la pena de prisión de seis meses a un año o multa de seis a doce meses.

Art. 186. El que, por cualquier medio directo, vendiere, difundiere o exhibiere material pornográfico entre menores de edad o incapaces, será castigado con la pena de prisión de seis meses a un año, o multa de seis a doce meses.

CAPÍTULO V

DE LOS DELITOS RELATIVOS A LA PROSTITUCIÓN Y LA CORRUPCIÓN DE MENORES **

Art. 187. 1. El que induzca, promueva, favorezca o facili-

---

* V. arts. 20.4 CE; 5.º LO 1/1996, de 15 de enero (*BOE* n.º 15, de 17 de enero), de protección jurídica del menor, y de modificación parcial del Código Civil y de la Ley de Enjuiciamiento Civil, y 64.2.º Ley de Prensa e Imprenta; RD 3.449/1977, de 16 de diciembre, por el que se regula la publicidad exterior de espectáculos (*BOE* n.º 19, de 23 de enero de 1978), desarrollado por Orden de 28 de abril de 1978 (*BOE* n.º 117, de 17 de mayo) y Orden de 17 de julio de 1978 (*BOE* n.º 189, de 9 de agosto); RD 3.471/1977, de 16 de diciembre, sobre clasificación de publicaciones periódicas, desarrollado por Orden de 5 de septiembre de 1978 (*BOE* n.º 248, de 17 de octubre); RD 262/1978, de 27 de enero, sobre libertad de representación de espectáculos teatrales (*BOE* n.º 53, de 3 de marzo); RD 1.189/1982, de 4 de junio, sobre regulación de determinadas actividades inconvenientes o peligrosas para la infancia (*BOE* n.º 138, de 10 de junio); arts. 10, 12 y 13 de la Ley 15/2001, de 9 de julio (*BOE* n.º 164, de 10 de julio), de fomento y promoción de la cinematografía y el sector audiovisual; Ley 1/1982, de 24 de febrero, por la que se regulan las salas especiales de exhibición cinematográfica, la filmoteca española y las tarifas de las tasas por licencia de doblaje (*BOE* n.º 50, de 27 de febrero, corrección de errores en *BOE* n.º 251, de 20 de octubre de 1983); RD 81/1997, de 24 de enero, por el que se desarrolla parcialmente la Ley de Protección y Fomento de la Cinematografía y se actualizan y refunden normas relativas a la realización de películas en coproducción, salas de exhibición y calificación de películas cinematográficas (*BOE* n.º 46, de 22 de febrero; corrección de errores en *BOE* n.º 90, de 15 de abril), modificado por RD 196/2000, de 11 de febrero (*BOE* n.º 45, de 22 de febrero); así como la Orden de 7 de julio de 1997 (*BOE* n.º 167, de 14 de julio; corrección de errores en *BOE* n.º 183, de 1 de agosto), por la que se dictan normas de aplicación de aquel RD en materias de cuotas de pantalla y distribución de películas, salas de exhibición, registro de empresas y calificación de obras cinematográficas y audiovisuales.

** V. art. 853.3.º CC; art. 23 LOPJ, reproducido en nota al art. 3.1 LE (Apéndice 5); y art. 282 bis LECr., reproducido en nota al art. 368 de este Código.

V., también, el Convenio de 21 de marzo de 1950, al que España se adhirió el 18 de junio de 1962, para la Represión de la Trata de Personas y de la Explotación de la Prostitución Ajena (*BOE* n.º 230, de 25 de sep-

te la prostitución de una persona menor de edad o incapaz, será castigado con las penas de prisión de uno a cuatro años y multa de doce a veinticuatro meses.

2. Incurrirán en la pena de prisión indicada, en su mitad superior, y además en la de inhabilitación absoluta de seis a doce años, los que realicen los hechos prevaliéndose de su condición de autoridad, agente de ésta o funcionario público.

3. Se impondrán las penas superiores en grado a las previstas en los apartados anteriores, en sus respectivos casos, cuando el culpable perteneciere a una organización o asociación, incluso de carácter transitorio, que se dedicare a la realización de tales actividades.

Art. 188. 1. El que determine, empleando violencia, intimidación o engaño, o abusando de una situación de superioridad o de necesidad o vulnerabilidad de la víctima, a persona mayor de edad a ejercer la prostitución o a mantenerse en ella, será castigado con las penas de prisión de dos a cuatro años y multa de doce a veinticuatro meses.

2. Será castigado con las mismas penas el que directa o indirectamente favorezca la entrada, estancia o salida del territorio nacional de personas, con el propósito de su explotación sexual empleando violencia, intimidación o engaño, o abusando de una situación de superioridad o de necesidad o vulnerabilidad de la víctima.

3. Se impondrán las penas correspondientes en su mitad superior, y además la pena de inhabilitación absoluta de seis a doce años, a los que realicen las conductas descritas en los apartados anteriores, en sus respectivos casos, prevaliéndose de su condición de autoridad, agente de ésta o funcionario público.

4. Si las mencionadas conductas se realizaren sobre persona menor de edad o incapaz, para iniciarla o mantenerla en una situación de prostitución, se impondrá al responsable la pena superior en grado a la que corresponda según los apartados anteriores.

5. Las penas señaladas se impondrán en sus respectivos casos sin perjuicio de las que correspondan por las agresiones o abusos sexuales cometidos sobre la persona prostituida.

---

tiembre de 1962), reproducido parcialmente en nota al art. 1.º LE (Apéndice 5), y el art. 6.º de la Convención sobre la eliminación de todas las formas de discriminación contra la mujer de 18 de diciembre de 1979 (*BOE* n.º 69, de 21 de marzo de 1984).

Art. 187: V. art. 3.º*b*) del Convenio n.º 182, de la OIT, sobre la prohibición de las peores formas de trabajo infantil y la acción inmediata para su eliminación, hecho en Ginebra el 17 de junio de 1999, y ratificado por Instrumento de 14 de marzo de 2001 (*BOE* n.º 118, de 17 de mayo).

Art. 189. 1. Será castigado con la pena de prisión de uno a tres años:

a) El que utilizare a menores de edad o a incapaces con fines o en espectáculos exhibicionistas o pornográficos, tanto públicos como privados, o para elaborar cualquier clase de material pornográfico, o financiare cualquiera de estas actividades.

b) El que produjere, vendiere, distribuyere, exhibiere o facilitare la producción, venta, difusión o exhibición por cualquier medio de material pornográfico en cuya elaboración hayan sido utilizados menores de edad o incapaces, aunque el material tuviere su origen en el extranjero o fuere desconocido.

A quien poseyera dicho material para la realización de cualquiera de estas conductas se le impondrá la pena en su mitad inferior.

2. Se impondrá la pena superior en grado cuando el culpable perteneciere a una organización o asociación, incluso de carácter transitorio, que se dedicare a la realización de tales actividades.

3. El que haga participar a un menor o incapaz en un comportamiento de naturaleza sexual que perjudique la evolución o desarrollo de la personalidad de éste, será castigado con la pena de prisión de seis meses a un año o multa de seis a doce meses.

4. El que tuviere bajo su potestad, tutela, guarda o acogimiento, a un menor de edad o incapaz, y que, con conocimiento de su estado de prostitución o corrupción, no haga lo posible para impedir su continuación en tal estado, o no acuda a la autoridad competente para el mismo fin si carece de medios para la custodia del menor o incapaz, será castigado con la pena de multa de seis a doce meses.

5. El Ministerio Fiscal promoverá las acciones pertinentes con objeto de privar de la patria potestad, tutela, guarda o acogimiento familiar, en su caso, a la persona que incurra en alguna de las conductas descritas en el apartado anterior.

Art. 190. La condena de un Juez o Tribunal extranjero, impuesta por delitos comprendidos

---

Art. 189: V. art. 3.º*b)* del Convenio n.º 182, de la OIT, sobre la prohibición de las peores formas de trabajo infantil, y de la acción inmediata para su eliminación, hecho en Ginebra el 17 de junio de 1999, y ratificado mediante Instrumento de 14 de marzo de 2001 (*BOE* n.º 118, de 17 de mayo).

Art. 190: V. art. 7.º del Convenio de 21 de marzo de 1950 para la represión de la trata de personas y de la explotación de la prostitución ajena, al que España se adhirió el 18 de junio de 1962 (*BOE* n.º 230, de 25 de septiembre).

en este capítulo, será equiparada a las sentencias de los Jueces o Tribunales españoles a los efectos de la aplicación de la circunstancia agravante de reincidencia.

CAPÍTULO VI

DISPOSICIONES COMUNES A LOS CAPÍTULOS ANTERIORES

Art. 191. 1. Para proceder por los delitos de agresiones, acoso o abusos sexuales, será precisa denuncia de la persona agraviada, de su representante legal o querella del Ministerio Fiscal, que actuará ponderando los legítimos intereses en presencia. Cuando la víctima sea menor de edad, incapaz o una persona desvalida, bastará la denuncia del Ministerio Fiscal.

2. En estos delitos el perdón del ofendido o del representante legal no extingue la acción penal ni la responsabilidad de esa clase.

Art. 192. 1. Los ascendientes, tutores, curadores, guardadores, maestros o cualquier otra persona encargada de hecho o de derecho del menor o incapaz, que intervengan como autores o cómplices en la perpetración de los delitos comprendidos en este Título, serán castigados con la pena que les corresponda, en su mitad superior.

No se aplicará esta regla cuando la circunstancia en ella contenida esté específicamente contemplada en el tipo penal de que se trate.

2. El Juez o Tribunal podrá imponer razonadamente, además, la pena de inhabilitación especial para el ejercicio de los derechos de la patria potestad, tutela, curatela, guarda, empleo o cargo público o ejercicio de la profesión u oficio, por el tiempo de seis meses a seis años.

Art. 193. En las sentencias condenatorias por delitos contra la libertad sexual, además del pronunciamiento correspondiente a la responsabilidad civil, se harán, en su caso, los que procedan en orden a la filiación y fijación de alimentos.

Art. 194. En los supuestos tipificados en los capítulos IV y V de este Título, cuando en la realización de los actos se utilizaren establecimientos o locales, abiertos o no al público, podrá decretarse en la sentencia condenatoria su clausura temporal o definitiva. La clausura temporal, que no podrá exceder de cinco años, podrá adoptarse también con carácter cautelar.

Art. 193: V. arts. 111 y 120 ss. CC. V., también, los arts. 189 y 190 del Reglamento del Registro Civil de 14 de noviembre de 1958.

TÍTULO IX

De la omisión del deber de socorro

Art. 195. 1. El que no socorriere a una persona que se halle desamparada y en peligro manifiesto y grave, cuando pudiere hacerlo sin riesgo propio ni de terceros, será castigado con la pena de multa de tres a doce meses.

2. En las mismas penas incurrirá el que, impedido de prestar socorro, no demande con urgencia auxilio ajeno.

3. Si la víctima lo fuere por accidente ocasionado fortuitamente por el que omitió el auxilio, la pena será de prisión de seis meses a un año y multa de seis a doce meses, y si el accidente se debiere a imprudencia, la de prisión de seis meses a dos años y multa de seis a veinticuatro meses.

Art. 196. El profesional que, estando obligado a ello, denegare asistencia sanitaria o abandonare los servicios sanitarios, cuando de la denegación o abandono se derive riesgo grave para la salud de las personas, será castigado con las penas del artículo precedente en su mitad superior y con la de inhabilitación especial para empleo o cargo público, profesión u oficio, por tiempo de seis meses a tres años.

Art. 195: V. arts. 33 y 42 ss. LPPNA; art. 289 C. de la C.; art. 51 LTCVM; art. 129 Reglamento General de Circulación, aprobado por RD 13/1992, de 17 de enero (*BOE* n.º 27, de 31 de enero; corrección de errores en *BOE* n.º 61, de 11 de marzo), modificado por RD 1.333/1994, de 20 de junio (*BOE* n.º 169, de 16 de julio de 1994; corrección de errores en *BOE* n.º 14, de 17 de enero de 1995), RD 116/1998, de 30 de enero (*BOE* n.º 42, de 18 de febrero), y RD 2.282/1998, de 23 de octubre (*BOE* n.º 266, de 6 de noviembre de 1998; corrección de erratas en *BOE* n.º 22, de 26 de enero de 1999); arts. 1.º1.º*d*) y 1.º2.º*c*) LOTJ.

TÍTULO X

Delitos contra la intimidad, el derecho a la propia imagen y la inviolabilidad del domicilio*

CAPÍTULO PRIMERO

DEL DESCUBRIMIENTO Y REVELACIÓN DE SECRETOS**

Art. 197. 1. El que, para descubrir los secretos o vulnerar la intimidad de otro, sin su consentimiento, se apodere de sus papeles, cartas, mensajes de correo electrónico o cualesquiera otros documentos o efectos personales o intercepte sus telecomunicaciones o utilice artificios técnicos de escucha, transmisión, grabación o reproducción del sonido o de la imagen, o de cualquier otra señal de comunicación, será castigado con las penas de prisión de uno a cuatro años y multa de doce a veinticuatro meses.

2. Las mismas penas se impondrán al que, sin estar autorizado, se apodere, utilice o modifique, en perjuicio de tercero, datos reservados de carácter personal o familiar de otro que se hallen registrados en ficheros o

---

* V. arts. 13, 109 y 544 bis LECr.

** El art. 18 CE garantiza, entre otros derechos, el de la intimidad personal, que goza de la protección de la Ley 62/1978, de 26 de diciembre (Apéndice 2). V. Convenio para la protección de las personas con respecto al tratamiento automatizado de datos de carácter personal, de 28 de enero de 1981, ratificado por Instrumento de 27 de enero de 1984 (*BOE* n.º 274, de 15 de noviembre de 1985); art. 13 LCD; art. 20.*a*) LCAP; LO 15/1999, de 13 de diciembre (*BOE* n.º 298, de 14 de diciembre), de Protección de Datos de Carácter Personal; arts. 102 ss. y 126 ss., referidos a la protección de datos de carácter personal, del Acuerdo de Adhesión del Reino de España al Convenio de Aplicación del Acuerdo de Schengen, de 14 de junio de 1985, ratificado por Instrumento de 23 de julio de 1993 (*BOE* n.º 81, de 5 de abril de 1994); art. 37 LRJAP; Ley 5/1998, de 6 de marzo, de incorporación al Derecho español de la Directiva 96/9/CE, del Parlamento Europeo y del Consejo, de 11 de marzo de 1996, sobre la protección jurídica de las bases de datos (*BOE* n.º 57, de 7 de marzo), e Instrucción 1/2000, de 1 de diciembre (*BOE* n.º 301, de 16 de diciembre), de la Agencia de Protección de Datos, relativa a las normas por los que se rigen los movimientos internacionales de datos.

En el art. 18.3 CE también se garantiza el secreto de las comunicaciones y, en especial, de las postales, telegráficas y telefónicas, salvo resolución judicial. Ténganse en cuenta, no obstante, los arts. 55 y 116 CE, así como los arts. 579 LECr, 51.4.º LOGP, 49 ss. de la Ley 11/1998, de 24 de abril (*BOE* n.º 99, de 25 de abril; corrección de erratas en *BOE* n.º 162, de 8 de julio), General de Telecomunicaciones; y 3.º de la Ley 24/1998, de 13 de julio (*BOE* n.º 167, de 14 de julio), del Servicio Postal Universal y de Liberalización de los Servicios Postales; y la LO 4/1981, de 1 de junio, de los estados de alarma, excepción y sitio.

V., también, art. 12 DUDH; art. 17 PIDCP y art. 8 CPDHLF.

soportes informáticos, electrónicos o telemáticos, o en cualquier otro tipo de archivo o registro público o privado. Iguales penas se impondrán a quien, sin estar autorizado, acceda por cualquier medio a los mismos y a quien los altere o utilice en perjuicio del titular de los datos o de un tercero.

3. Se impondrá la pena de prisión de dos a cinco años si se difunden, revelan o ceden a terceros los datos o hechos descubiertos o las imágenes captadas a que se refieren los números anteriores.

Será castigado con las penas de prisión de uno a tres años y multa de doce a veinticuatro meses, el que, con conocimiento de su origen ilícito y sin haber tomado parte en su descubrimiento, realizare la conducta descrita en el párrafo anterior.

4. Si los hechos descritos en los apartados 1 y 2 de este artículo se realizan por las personas encargadas o responsables de los ficheros, soportes informáticos, electrónicos o telemáticos, archivos o registros, se impondrá la pena de prisión de tres a cinco años, y si se difunden, ceden o revelan los datos reservados, se impondrá la pena en su mitad superior.

5. Igualmente, cuando los hechos descritos en los apartados anteriores afecten a datos de carácter personal que revelen la ideología, religión, creencias, salud, origen racial o vida sexual, o la víctima fuere un menor de edad o un incapaz, se impondrán las penas previstas en su mitad superior.

6. Si los hechos se realizan con fines lucrativos, se impondrán las penas respectivamente previstas en los apartados 1 al 4 de este artículo en su mitad superior. Si además afectan a datos de los mencionados en el apartado 5, la pena a imponer será de prisión de cuatro a siete años.

Art. 198. La autoridad o funcionario público que, fuera de los casos permitidos por la Ley, sin mediar causa legal por delito, y prevaliéndose de su cargo, realizare cualquiera de las conductas descritas en el artículo anterior, será castigado con las penas respectivamente previstas en el mismo, en su mitad superior y, además, con la de inhabilitación absoluta por tiempo de seis a doce años.

Art. 199. 1. El que revelare secretos ajenos, de los que tenga conocimiento por razón de

---

Art. 198: V. LO 4/1997, de 4 de agosto (*BOE* n.º 186, de 5 de agosto), por la que se regula la utilización de videocámaras por las Fuerzas y Cuerpos de Seguridad en lugares públicos, y su Reglamento, aprobado por RD 596/1999, de 16 de abril (*BOE* n.º 93, de 19 de abril).

Art. 199: V. arts. 279, 466 y 467 CP y 5.º*a*), 54.2.º*d*) y 65.2.º ET.

su oficio o sus relaciones laborales, será castigado con la pena de prisión de uno a tres años y multa de seis a doce meses.

2. El profesional que, con incumplimiento de su obligación de sigilo o reserva, divulgue los secretos de otra persona, será castigado con la pena de prisión de uno a cuatro años, multa de doce a veinticuatro meses e inhabilitación especial para dicha profesión por tiempo de dos a seis años.

Art. 200. Lo dispuesto en este capítulo será aplicable al que descubriere, revelare o cediere datos reservados de personas jurídicas, sin el consentimiento de sus representantes, salvo lo dispuesto en otros preceptos de este Código.

Art. 201. 1. Para proceder por los delitos previstos en este capítulo será necesaria denuncia de la persona agraviada o de su representante legal. Cuando aquélla sea menor de edad, incapaz o una persona desvalida, también podrá denunciar el Ministerio Fiscal.

2. No será precisa la denuncia exigida en el apartado anterior para proceder por los hechos descritos en el artículo 198 de este Código, ni cuando la comisión del delito afecte a los intereses generales o a una pluralidad de personas.

3. El perdón del ofendido o de su representante legal, en su caso, extingue la acción penal o la pena impuesta, sin perjuicio de lo dispuesto en el segundo párrafo del número 4.º del artículo 130.

CAPÍTULO II

DEL ALLANAMIENTO DE MORADA, DOMICILIO DE PERSONAS JURÍDICAS Y ESTABLECIMIENTOS ABIERTOS AL PÚBLICO*

Art. 202. 1. El particular que, sin habitar en ella, entrare

---

* V. art. 18.2 CE: «El domicilio es inviolable. Ninguna entrada o registro podrán hacerse en él sin consentimiento del titular o resolución judicial, salvo en caso de flagrante delito»; y art. 87.2 LOPJ. No obstante, v. también los arts. 55 y 116 CE y 553 LECr, y la LO 4/1981, de 1 de junio, de los estados de alarma, excepción y sitio (*BOE* n.º 134, de 5 de junio).

V., también, art. 12 DUDH, y el art. 17 PIDCP, que dispone lo siguiente:

«1. Nadie será objeto de injerencias arbitrarias o ilegales en su vida privada, su familia, su domicilio o su correspondencia, ni de ataques ilegales a su honra y reputación.

»2. Toda persona tiene derecho a la protección de la Ley contra esas injerencias o esos ataques.»

V., también, art. 8 CPDHLF; arts. 545 ss. LECr; art. 34 Ley 16/1989, de 17 de julio, de Defensa de la Competencia (*BOE* n.º 170, de 18 de julio).

V., finalmente, art. 21 LOPSC, que dispone lo siguiente:

«1. Los agentes de las Fuerzas y Cuerpos de Seguridad sólo podrán proceder a la entrada y registro en domicilio en los

en morada ajena o se mantuviere en la misma contra la voluntad de su morador, será castigado con la pena de prisión de seis meses a dos años.

2. Si el hecho se ejecutare con violencia o intimidación la pena será de prisión de uno a cuatro años y multa de seis a doce meses.

Art. 203. 1. Será castigado con las penas de prisión de seis meses a un año y multa de seis a diez meses el que entrare contra la voluntad de su titular en el domicilio de una persona jurídica pública o privada, despacho profesional u oficina, o en establecimiento mercantil o local abierto al público fuera de las horas de apertura.

2. Será castigado con la pena de prisión de seis meses a tres años, el que con violencia o intimidación entrare o se mantuviere contra la voluntad de su titular en el domicilio de una persona jurídica pública o privada, despacho profesional u oficina, o en establecimiento mercantil o local abierto al público.

Art. 204. La autoridad o funcionario público que, fuera de los casos permitidos por la Ley y sin mediar causa legal por delito, cometiere cualquiera de los hechos descritos en los dos artículos anteriores, será castigado con la pena prevista respectivamente en los mismos, en su mitad superior, e inhabilitación absoluta de seis a doce años.

---

casos permitidos por la Constitución en los términos que fijen las leyes.

»2. *A los efectos de lo dispuesto en el párrafo anterior, será causa legítima para la entrada y registro en domicilio por delito flagrante el conocimiento fundado por parte de las Fuerzas y Cuerpos de Seguridad que les lleve a la constancia de que se está cometiendo o se acaba de cometer alguno de los delitos que, en materia de drogas tóxicas, estupefacientes o sustancias psicotrópicas, castiga el Código Penal, siempre que la urgente intervención de los agentes sea necesaria para impedir la consumación del delito, la huida del delincuente o la desaparición de los efectos o instrumentos del delito.*

»3. Será causa legítima suficiente para la entrada en domicilio la necesidad de evitar daños inminentes y graves a las personas y a las cosas, en supuestos de catástrofe, calamidad, ruina inminente u otros semejantes de extrema y urgente necesidad.

»En tales supuestos, y para la entrada en edificios ocupados por organismos oficiales o entidades públicas, no será preciso el consentimiento de la autoridad o funcionario que los tuviere a su cargo.

»4. Cuando por las causas previstas en el presente artículo las Fuerzas y Cuerpos de Seguridad entrasen en un domicilio, remitirán sin dilación el acta o atestado que redactaren a la autoridad judicial competente.»

Téngase en cuenta que el apartado 2 del art. 21 LOPSC ha sido declarado inconstitucional y consiguientemente nulo por la sentencia del Tribunal Constitucional 341/1993, de 18 de noviembre.

V., también, arts. 1.º2.º Ley 62/1978, de 26 de diciembre (Apéndice 2), y 1.º2.º*d*) LOTJ.

Art. 204: V., también, art. 534.1.º de este Código.

TÍTULO XI

Delitos contra el honor*

CAPÍTULO PRIMERO

DE LA CALUMNIA

Art. 205. Es calumnia la imputación de un delito hecha con conocimiento de su falsedad o temerario desprecio hacia la verdad.

Art. 206. Las calumnias serán castigadas con las penas de prisión de seis meses a dos años o multa de seis a veinticuatro meses, si se propagaran con publicidad, y, en otro caso, con multa de cuatro a diez meses.

Art. 207. El acusado por delito de calumnia quedará exento de toda pena probando el hecho criminal que hubiere imputado.

CAPÍTULO II

DE LA INJURIA

Art. 208. Es injuria la acción o expresión que lesionan la dignidad de otra persona, menoscabando su fama o atentando contra su propia estimación.

Solamente serán constitutivas de delito las injurias que, por su naturaleza, efectos y circunstancias, sean tenidas en el concepto público por graves.

Las injurias que consistan en la imputación de hechos no se considerarán graves, salvo cuando se hayan llevado a cabo con conocimiento de su falsedad o temerario desprecio hacia la verdad.

Art. 209. Las injurias graves hechas con publicidad se cas-

---

* V. arts. 13, 104, 109, 544 bis y 804 a 815 LECr; Ley 62/1978, de 28 de diciembre, de Protección Jurisdiccional de los Derechos Fundamentales de la Persona (Apéndice 2); LO 1/1982, de 5 de mayo, de protección civil del derecho al honor, a la intimidad personal y familiar y a la propia imagen (*BOE* n.º 115, de 14 de mayo), modificada por LO 3/1985, de 29 de mayo (*BOE* n.º 129, de 30 de mayo); Disp. Final 4.ª de este Código; art. 18.1 CE, que dispone lo siguiente: «Se garantiza el derecho al honor, a la intimidad personal y familiar y a la propia imagen»; art. 20.4 CE, reproducido en nota al art. 538; art. 12 DUDH; art. 17 PIDCP, reproducido en nota a la rúbrica del Capítulo II del Título X precedente; art. 19, n.º 3.º, apartado *a*), Pacto Internacional de Derechos Económicos, Sociales y Culturales, reproducido en nota al art. 538; art. 148 Ley Orgánica del Régimen Electoral General (Apéndice 6); art. 1.º1.*c*) LOTJ.

Art. 206: V. arts. 211 CP y 3.º y 4.º Ley 62/1978, de 26 de diciembre (Apéndice 2).

Art. 208: V. art. 853.2.º CC.

Art. 209: V. arts. 211 CP, 3.º y 4.º Ley 62/1978, de 26 de diciembre (Apéndice 2), y 853.2.º CC.

tigarán con la pena de multa de seis a catorce meses y, en otro caso, con la de tres a siete meses.

Art. 210. El acusado de injuria quedará exento de responsabilidad probando la verdad de las imputaciones cuando éstas se dirijan contra funcionarios públicos sobre hechos concernientes al ejercicio de sus cargos o referidos a la comisión de faltas penales o de infracciones administrativas.

CAPÍTULO III

DISPOSICIONES GENERALES

Art. 211. La calumnia y la injuria se reputarán hechas con publicidad cuando se propaguen por medio de la imprenta, la radiodifusión o por cualquier otro medio de eficacia semejante.

Art. 212. En los casos a los que se refiere el artículo anterior, será responsable civil solidaria la persona física o jurídica propietaria del medio informativo a través del cual se haya propagado la calumnia o injuria.

Art. 213. Si la calumnia o injuria fueren cometidas mediante precio, recompensa o promesa, los Tribunales impondrán, además de las penas señaladas para los delitos de que se trate, la de inhabilitación especial prevista en los artículos 42 ó 45 del presente Código, por tiempo de seis meses a dos años.

Art. 214. Si el acusado de calumnia o injuria reconociere ante la autoridad judicial la falsedad o falta de certeza de las imputaciones y se retractare de ellas, el Juez o Tribunal impondrá la pena inmediatamente inferior en grado y podrá dejar de imponer la pena de inhabilitación que establece el artículo anterior.

El Juez o Tribunal ante quien se produjera el reconocimiento ordenará que se entregue testimonio de retractación al ofendido y, si éste lo solicita, ordenará su publicación en el mismo medio en que se vertió la calumnia o injuria, en espacio idéntico o similar a aquel en que se produjo su difusión y dentro del plazo que señale el Juez o Tribunal sentenciador.

Art. 215. 1. Nadie será penado por calumnia o injuria sino

Art. 211: V. arts. 3.º y 4.º Ley 62/1978, de 26 de diciembre (Apéndice 2).

Art. 212: V. arts. 120.2.º CP, 65 Ley 14/1966, de 18 de marzo (*BOE* n.º 67, de 19 de marzo), de Prensa e Imprenta, y 1.137 CC.

Art. 214: V. LO 2/1984, de 26 de marzo, reguladora del derecho de rectificación (*BOE* n.º 74, de 27 de marzo; corrección de errores en *BOE* n.º 90, de 14 de abril).

Art. 215: V. arts. 3.º y 4.º Ley 62/1978, de 26 de diciembre (Apéndice 2), y 104 y 106 LECr.

en virtud de querella de la persona ofendida por el delito o de su representante legal. Bastará la denuncia cuando la ofensa se dirija contra funcionario público, autoridad o agente de la misma sobre hechos concernientes al ejercicio de sus cargos.

2. Nadie podrá deducir acción de calumnia o injuria vertidas en juicio sin previa licencia del Juez o Tribunal que de él conociere o hubiere conocido.

3. El culpable de calumnia o injuria quedará exento de responsabilidad criminal mediante el perdón de la persona ofendida por el delito o de su representante legal, sin perjuicio de lo dispuesto en el segundo párrafo del número 4.º del artículo 130 de este Código.

Art. 216. En los delitos de calumnia o injuria se considera que la reparación del daño comprende también la publicación o divulgación de la sentencia condenatoria, a costa del condenado por tales delitos, en el tiempo y forma que el Juez o Tribunal consideren más adecuado a tal fin, oídas las dos partes.

TÍTULO XII

Delitos contra las relaciones familiares

CAPÍTULO PRIMERO

De los matrimonios ilegales

Art. 217. El que contrajere segundo o ulterior matrimonio, a sabiendas de que subsiste legalmente el anterior, será castigado con la pena de prisión de seis meses a un año.

Art. 218. 1. El que, para perjudicar al otro contrayente, celebrare matrimonio inválido será castigado con la pena de prisión de seis meses a dos años.

2. El responsable quedará exento de pena si el matrimonio fuese posteriormente convalidado.

Art. 216: V. art. 104 LECr; LO 2/1984, de 26 de marzo, reguladora del derecho de rectificación (*BOE* n.º 74, de 27 de marzo, corrección de errores en *BOE* n.º 90, de 14 de abril).

Art. 217: V. arts. 46, 73 y 85 CC.

Art. 218: V. arts. 46 a 48 CC y 74 Ley sobre el Registro Civil, de 8 de junio de 1957 (*BOE* n.º 151, de 10 de junio).

Art. 219. 1. El que autorizare matrimonio en el que concurra alguna causa de nulidad conocida o denunciada en el expediente, será castigado con la pena de prisión de seis meses a dos años e inhabilitación especial para empleo o cargo público de dos a seis años.

2. Si la causa de nulidad fuere dispensable, la pena será de suspensión de empleo o cargo público de seis meses a dos años.

CAPÍTULO II

DE LA SUPOSICIÓN DE PARTO Y DE LA ALTERACIÓN DE LA PATERNIDAD, ESTADO O CONDICIÓN DEL MENOR

Art. 220. 1. La suposición de un parto será castigada con las penas de prisión de seis meses a dos años.

2. La misma pena se impondrá al que ocultare o entregare a terceros un hijo para alterar o modificar su filiación.

3. La sustitución de un niño por otro será castigada con las penas de prisión de uno a cinco años.

4. Los ascendientes, por naturaleza o por adopción, que cometieran los hechos descritos en los tres apartados anteriores podrán ser castigados además con la pena de inhabilitación especial para el ejercicio del derecho de patria potestad que tuvieren sobre el hijo o descendiente supuesto, ocultado, entregado o sustituido, y, en su caso, sobre el resto de hijos o descendientes por tiempo de cuatro a diez años.

5. Las sustituciones de un niño por otro que se produjeren en centros sanitarios o socio-sanitarios por imprudencia grave de los responsables de su identificación y custodia, serán castigadas con la pena de prisión de seis meses a un año.

Art. 221. 1. Los que, mediando compensación económica, entreguen a otra persona un hijo, descendiente o cualquier menor aunque no concurra relación de filiación o parentesco, eludiendo los procedimientos legales de la guarda, acogimiento o adopción, con la finalidad de establecer una relación análoga a la de filiación, serán castigados con las penas de prisión de uno a cinco años y de inhabilitación especial para el ejercicio del derecho de patria potestad por tiempo de cuatro a diez años.

Art. 219: V. notas a los dos arts. precedentes.

Art. 221: V. arts. 172 ss. CP, y LO 1/1996, de 15 de enero (*BOE* n.º 15, de 17 de enero), de protección jurídica del menor, y de modificación parcial del Código Civil y de la Ley de Enjuiciamiento Civil.

2. Con la misma pena serán castigados la persona que lo reciba y el intermediario, aunque la entrega del menor se hubiese efectuado en país extranjero.

3. Si los hechos se cometieren utilizando guarderías, colegios u otros locales o establecimientos donde se recojan niños, se impondrá a los culpables la pena de inhabilitación especial para el ejercicio de las referidas actividades por tiempo de dos a seis años y se podrá acordar la clausura temporal o definitiva de los establecimientos. En la clausura temporal, el plazo no podrá exceder de cinco años.

Art. 222. El educador, facultativo, autoridad o funcionario público que, en el ejercicio de su profesión o cargo, realice las conductas descritas en los dos artículos anteriores, incurrirá en la pena en ellos señalada y, además, en la de inhabilitación especial para empleo o cargo público, profesión u oficio, de dos a seis años.

A los efectos de este artículo, el término facultativo comprende los médicos, matronas, personal de enfermería y cualquier otra persona que realice una actividad sanitaria o socio-sanitaria.

CAPÍTULO III

DE LOS DELITOS CONTRA LOS DERECHOS Y DEBERES FAMILIARES

SECCIÓN 1.ª

*Del quebrantamiento de los deberes de custodia y de la inducción de menores al abandono de domicilio**

Art. 223. El que, teniendo a su cargo la custodia de un menor de edad o un incapaz, no lo presentare a sus padres o guardadores sin justificación para ello, cuando fuere requerido por ellos, será castigado con la pena de prisión de seis meses a dos años, sin perjuicio de que los hechos constituyan otro delito más grave.

Art. 224. El que indujere a un menor de edad o a un incapaz a que abandone el domicilio familiar, o lugar donde resida con anuencia de sus padres, tutores o guardadores, será castigado con la pena de prisión de seis meses a dos años.

Art. 225. Cuando el responsable de los delitos previstos en esta Sección restituya al menor de

---

* V., también, art. 165 y nota al mismo, y LO 1/1996, de 15 de enero (*BOE* n.º 15, de 17 de enero), de protección jurídica del menor, y de modificación parcial del Código Civil y de la Ley de Enjuiciamiento Civil.

edad o al incapaz a su domicilio o residencia, o lo deposite en lugar conocido y seguro, sin haberle hecho objeto de vejaciones, sevicias o acto delictivo alguno, ni haber puesto en peligro su vida, salud, integridad física o libertad sexual, el hecho será castigado con la pena de prisión de seis meses a un año o multa de cuatro a ocho meses, siempre y cuando el lugar de estancia del menor de edad o el incapaz haya sido comunicado a sus padres, tutores o guardadores, o la ausencia no hubiera sido superior a veinticuatro horas.

SECCIÓN 2.ª

*Del abandono de familia, menores o incapaces**

o delitos d propia mano

Art. 226. 1. El que dejare de cumplir los deberes legales de asistencia inherentes a la patria potestad, tutela, guarda o acogimiento familiar o de prestar la asistencia necesaria legalmente establecida para el sustento de sus descendientes, ascendientes o cónyuge, que se hallen necesitados, será castigado con la pena de arresto de ocho a veinte fines de semana.

2. El Juez o Tribunal podrá imponer, motivadamente, al reo la pena de inhabilitación especial para el ejercicio del derecho de patria potestad, tutela, guarda o acogimiento familiar por tiempo de cuatro a diez años.

Art. 227. 1. El que dejare de pagar durante dos meses consecutivos o cuatro meses no consecutivos cualquier tipo de prestación económica en favor de su cónyuge o sus hijos, establecida en convenio judicialmente aprobado o resolución judicial, en los supuestos de separación legal, divorcio, declaración de nulidad del matrimonio, proceso de filiación, o proceso de alimentos a favor de sus hijos, será castigado

---

* V. art. 39.3 CE, que dispone lo siguiente: «Los padres deben prestar asistencia de todo orden a los hijos habidos dentro o fuera del matrimonio, durante su minoría de edad y en los demás casos en que legalmente proceda»; arts. 66 ss., 142 ss. y 269 CC. V. también Convenio sobre reconocimiento y ejecución de decisiones en materia de obligaciones alimenticias con respecto a menores, de 15 de abril de 1958 (*BOE* de 12 de noviembre de 1973); Convenio de 2 de octubre de 1973 sobre la Ley aplicable a las obligaciones alimenticias, ratificado por Instrumento de 16 de mayo de 1986 (*BOE* n.º 222, de 16 de septiembre); Convenio de 2 de octubre de 1973 referente al reconocimiento y a la ejecución de las resoluciones relativas a las obligaciones alimenticias, ratificado por Instrumento de 28 de mayo de 1987 (*BOE* n.º 192, de 12 de agosto).

Art. 226: V. arts. 66 a 71 y 142 a 145 CC, y LO 1/1996, de 15 de enero (*BOE* n.º 15, de 17 de enero), de protección jurídica del menor, y de modificación parcial del Código Civil y de la Ley de Enjuiciamiento Civil.

con la pena de arresto de ocho a veinte fines de semana.

2. Con la misma pena será castigado el que dejare de pagar cualquier otra prestación económica establecida de forma conjunta o única en los supuestos previstos en el apartado anterior.

3. La reparación del daño procedente del delito comportará siempre el pago de las cuantías adeudadas.

Art. 228. Los delitos previstos en los dos artículos anteriores, sólo se perseguirán previa denuncia de la persona agraviada o de su representante legal. Cuando aquélla sea menor de edad, incapaz o una persona desvalida, también podrá denunciar el Ministerio Fiscal.

Art. 229. 1. El abandono de un menor de edad o un incapaz por parte de la persona encargada de su guarda, será castigado con la pena de prisión de uno a dos años.

2. Si el abandono fuere realizado por los padres, tutores o guardadores legales, se impondrá la pena de prisión de dieciocho meses a tres años.

3. Se impondrá la pena de prisión de dos a cuatro años cuando por las circunstancias del abandono se haya puesto en concreto peligro la vida, salud, integridad física o libertad sexual del menor de edad o del incapaz, sin perjuicio de castigar el hecho como corresponda si constituyera otro delito más grave.

Art. 230. El abandono temporal de un menor de edad o de un incapaz será castigado, en sus respectivos casos, con las penas inferiores en grado a las previstas en el artículo anterior.

Art. 231. 1. El que, teniendo a su cargo la crianza o educación de un menor de edad o de un incapaz, lo entregare a un tercero o a un establecimiento público sin la anuencia de quien se lo hubiere confiado, o de la autoridad, en su defecto, será castigado con la pena de multa de seis a doce meses.

2. Si con la entrega se hubiere puesto en concreto peligro la vida, salud, integridad física o libertad sexual del menor de edad o del incapaz se impondrá la pena de prisión de seis meses a dos años.

Art. 232. 1. Los que utilizaren o prestaren a menores de edad o incapaces para la prácti-

---

Art. 228: V. arts. 73 ss. CC.

Art. 232: V. el Convenio n.º 182, de la OIT, sobre la prohibición de las peores formas de trabajo infantil, y de la acción inmediata para su eliminación, hecho en Ginebra el 17 de junio de 1999, y ratificado mediante Instrumento de 14 de marzo de 2001 (*BOE* n.º 118, de 17 de mayo).

ca de la mendicidad, incluso si ésta es encubierta, serán castigados con la pena de prisión de seis meses a un año.

2. Si para los fines del apartado anterior se traficare con menores de edad o incapaces, se empleare con ellos violencia o intimidación, o se les suministrare sustancias perjudiciales para su salud, se impondrá la pena de prisión de uno a cuatro años.

Art. 233. 1. El Juez o Tribunal, si lo estima oportuno en atención a las circunstancias del menor, podrá imponer a los responsables de los delitos previstos en los artículos 229 al 232 la pena de inhabilitación especial para el ejercicio de la patria potestad o de los derechos de guarda, tutela, curatela o acogimiento familiar por tiempo de cuatro a diez años.

2. Si el culpable ostentare la guarda del menor por su condición de funcionario público, se le impondrá además la pena de inhabilitación especial para empleo o cargo público por tiempo de dos a seis años.

3. En todo caso, el Ministerio Fiscal instará de la autoridad competente las medidas pertinentes para la debida custodia y protección del menor.

TÍTULO XIII

Delitos contra el patrimonio y contra el orden socioeconómico*

CAPÍTULO PRIMERO

DE LOS HURTOS**

Art. 234. El que, con ánimo de lucro, tomare las cosas muebles ajenas sin la voluntad de su dueño, será castigado, como reo de hurto, con la pena de prisión de seis a dieciocho meses, si la cuantía de lo sustraído excede de cincuenta mil pesetas.

---

* V. art. 33 CE, que dispone lo siguiente:

«1. Se reconoce el derecho a la propiedad privada y a la herencia.

»2. La función social de estos derechos delimitará su contenido, de acuerdo con las leyes.

»3. Nadie podrá ser privado de sus bienes y derechos sino por causa justificada de utilidad pública o interés social, mediante la correspondiente indemnización y de conformidad con lo dispuesto por las leyes.» Y ténganse en cuenta las previsiones de los cuatro primeros apartados del art. 2.º de la LO 10/1998, de 17 de diciembre (*BOE* n.º 302, de 18 de diciembre), complementaria de la Ley sobre introducción del euro, reproducidos en nota al art. 50 de este Código.

Art. 235. El hurto será castigado con la pena de prisión de uno a tres años:

1. Cuando se sustraigan cosas de valor artístico, histórico, cultural o científico.

2. Cuando se trate de cosas de primera necesidad o destinadas a un servicio público, siempre que la sustracción ocasionare un grave quebranto a éste, o una situación de desabastecimiento.

3. Cuando revista especial gravedad, atendiendo al valor de los efectos sustraídos, o se produjeren perjuicios de especial consideración.

4. Cuando ponga a la víctima o a su familia en grave situación económica o se haya realizado abusando de las circunstancias personales de la víctima.

Art. 236. Será castigado con multa de tres a doce meses el que, siendo dueño de una cosa mueble o actuando con el consentimiento de éste, la sustrajere de quien la tenga legítimamente en su poder, con perjuicio del mismo o de un tercero, siempre que el valor de aquélla excediere de cincuenta mil pesetas.

CAPÍTULO II

DE LOS ROBOS*

Art. 237. Son reos del delito de robo los que, con ánimo de lucro, se apoderaren de las cosas muebles ajenas empleando fuerza en las cosas para acceder al lugar donde éstas se encuentran o violencia o intimidación en las personas.

V., también, arts. 13. 109, 282 bis (reproducido en nota al art. 368 de este Código) y 544 bis LECr.; 547 a 566 C. de C.; art. 20.*a*) LCAP; la Ley 10/1995, de 24 de abril (*BOE* n.º 98, de 25 de abril), por la que se crea la Fiscalía Especial para la Represión de los Delitos Económicos relacionados con la Corrupción; el RD 923/1995, de 9 de junio (*BOE* n.º 162, de 8 de julio), por el que se fija la plantilla orgánica de la Fiscalía Especial para la Represión de los Delitos Económicos relacionados con la Corrupción; y la Resolución de 8 de enero de 1996 (*BOE* n.º 11, de 12 de enero), de la Agencia Estatal de Administración Tributaria, por la que se crea la Unidad de Apoyo a la Fiscalía Especial para la Represión de los Delitos Económicos Relacionados con la Corrupción.

** V. arts. 59 ss. LPPNA.

Art. 234: V. art. 623.1.º de este Código.

Art. 235.1: V. art. 46 CE, que dispone lo siguiente:

«Los poderes públicos garantizarán la conservación y promoverán el enriquecimiento del patrimonio histórico, cultural y artístico de los pueblos de España y de los bienes que lo integran, cualquiera que sea su régimen jurídico y su titularidad. La ley penal sancionará los atentados contra este patrimonio.»

V., también, Ley 13/1985, de 25 de junio, del Patrimonio Histórico Español (*BOE* n.º 155, de 29 de junio), así como su desarrollo parcial en el RD 111/1986, de 10 de enero (*BOE* n.º 24, de 28 de enero), modificado por RD 64/1994 de 21 de enero (*BOE* n.º 52, de 2 de marzo).

Art. 236: V. art. 623.2.º CP.

* V. arts. 59 ss. LPPNA.

Art. 238. Son reos del delito de robo con fuerza en las cosas los que ejecuten el hecho cuando concurra alguna de las circunstancias siguientes:

1.º Escalamiento.

2.º Rompimiento de pared, techo o suelo, o fractura de puerta o ventana.

3.º Fractura de armarios, arcas u otra clase de muebles u objetos cerrados o sellados, o forzamiento de sus cerraduras o descubrimiento de sus claves para sustraer su contenido, sea en el lugar del robo o fuera del mismo.

4.º Uso de llaves falsas.

5.º Inutilización de sistemas específicos de alarma o guarda.

Art. 239. Se considerarán llaves falsas:

1.º Las ganzúas u otros instrumentos análogos.

2.º Las llaves legítimas perdidas por el propietario u obtenidas por un medio que constituya infracción penal.

3.º Cualesquiera otras que no sean las destinadas por el propietario para abrir la cerradura violentada por el reo.

A los efectos del presente artículo, se consideran llaves las tarjetas, magnéticas o perforadas, y los mandos o instrumentos de apertura a distancia.

Art. 240. El culpable de robo con fuerza en las cosas será castigado con la pena de prisión de uno a tres años.

Art. 241. 1. Se impondrá la pena de prisión de dos a cinco años cuando concurra alguna de las circunstancias previstas en el artículo 235, o el robo se cometa en casa habitada, edificio o local abiertos al público o en cualquiera de sus dependencias.

2. Se considera casa habitada todo albergue que constituya morada de una o más personas, aunque accidentalmente se encuentren ausentes de ella cuando el robo tenga lugar.

3. Se consideran dependencias de casa habitada o de edificio o local abiertos al público, sus patios, garajes y demás departamentos o sitios cercados y contiguos al edificio y en comunicación interior con él, y con el cual formen una unidad física.

Art. 242. 1. El culpable de robo con violencia o intimidación en las personas será castigado con la pena de prisión de dos a cinco años, sin perjuicio de la que pudiera corresponder a los actos de violencia física que realizase.

2. La pena se impondrá en su mitad superior cuando el delin-

Art. 238: V. art. 328 LECr.

cuente hiciere uso de las armas u otros medios igualmente peligrosos que llevare, sea al cometer el delito o para proteger la huida y cuando el reo atacare a los que acudiesen en auxilio de la víctima o a los que le persiguieren.

3. En atención a la menor entidad de la violencia o intimidación ejercidas y valorando además las restantes circunstancias del hecho, podrá imponerse la pena inferior en grado a la prevista en el apartado primero de este artículo.

CAPÍTULO III

DE LA EXTORSIÓN

Art. 243. El que, con ánimo de lucro, obligare a otro, con violencia o intimidación, a realizar u omitir un acto o negocio jurídico en perjuicio de su patrimonio o del de un tercero, será castigado con la pena de prisión de uno a cinco años, sin perjuicio de las que pudieran imponerse por los actos de violencia física realizados.

CAPÍTULO IV

DEL ROBO Y HURTO DE USO DE VEHÍCULOS

Art. 244. 1. El que sustrajere un vehículo a motor o ciclomotor ajenos, cuyo valor excediere de cincuenta mil pesetas, sin ánimo de apropiárselo, será castigado con la pena de arresto de doce a veinticuatro fines de semana o multa de tres a ocho meses si lo restituyere, directa o indirectamente, en un plazo no superior a cuarenta y ocho horas, sin que en ningún caso la pena impuesta pueda ser igual o superior a la que correspondería si se apropiare definitivamente del vehículo.

2. Si el hecho se ejecutare empleando fuerza en las cosas, la pena se aplicará en su mitad superior.

3. De no efectuarse la restitución en el plazo señalado, se castigará el hecho como hurto o robo en sus respectivos casos.

4. Si el hecho se cometiere con violencia o intimidación en las personas, se impondrán, en todo caso, las penas del artículo 242.

CAPÍTULO V

DE LA USURPACIÓN

Art. 245. 1. Al que con violencia o intimidación en las personas ocupare una cosa inmueble o usurpare un derecho real inmobiliario de pertenencia ajena, se le impondrá, además de las penas en que incurriere por

---

Art. 244: V. art. 60 LPPNA.

las violencias ejercidas, una multa de seis a dieciocho meses, que se fijará teniendo en cuenta la utilidad obtenida y el daño causado.

2. El que ocupare, sin autorización debida, un inmueble, vivienda o edificio ajenos que no constituyan morada, o se mantuviere en ellos contra la voluntad de su titular, será castigado con la pena de multa de tres a seis meses.

Art. 246. El que alterare términos o lindes de pueblos o heredades o cualquier clase de señales o mojones destinados a fijar los límites de propiedades o demarcaciones de predios contiguos, tanto de dominio público como privado, será castigado con la pena de multa de tres a dieciocho meses, si la utilidad reportada o pretendida excede de cincuenta mil pesetas.

Art. 247. El que, sin hallarse autorizado, distrajere el curso de las aguas de uso público o privativo en provecho propio o de un tercero, será castigado con la pena de multa de tres a seis meses si la utilidad reportada excediere de cincuenta mil pesetas.

CAPÍTULO VI

DE LAS DEFRAUDACIONES*

SECCIÓN 1.ª

*De las estafas***

Art. 248. 1. Cometen estafa los que, con ánimo de lucro, utilizaren engaño bastante para producir error en otro, induciéndolo a realizar un acto de disposición en perjuicio propio o ajeno.

---

* Conforme al art. 65.1.º*c*) LOPJ, la Audiencia Nacional conocerá del enjuiciamiento, salvo que corresponda en primera instancia a los Juzgados Centrales de lo Penal, de las «defraudaciones que produzcan o puedan producir grave repercusión en la seguridad del tráfico mercantil, en la economía nacional o perjuicio patrimonial en una generalidad de personas en el territorio de más de una Audiencia». V. también la Ley 10/1995, de 24 de abril (*BOE* n.º 98, de 25 de abril), por la que se crea la Fiscalía Especial para la Represión de los Delitos Económicos relacionados con la Corrupción; el RD 923/1995, de 9 de junio (*BOE* n.º 162, de 8 de julio), por el que se fija la plantilla orgánica de la Fiscalía Especial para la Represión de los Delitos Económicos relacionados con la Corrupción; y la Resolución de 8 de enero de 1996 (*BOE* n.º 11, de 12 de enero), de la Agencia Estatal de Administración Tributaria, por la que se crea la Unidad de Apoyo a la Fiscalía Especial para la Represión de los Delitos Económicos relacionados con la Corrupción, así como art. 20.*b*) LCAP.

** V. art. 40 Ley sobre Hipoteca Naval de 21 de agosto de 1983 (*Gaceta* n.º 235, de 23 de agosto). V. también art. 75 Ley de Ordenación de la Emigración de 3 de mayo de 1962 (*BOE* n.º 116, de 15 de mayo).

Art. 248: V. art. 6.º Ley de Suspensión de Pagos de 26 de julio de 1922 (*Gaceta* n.º 257, de 14 de septiembre); arts. 4.º y 5.º Ley 34/1988, de 11 de noviembre, General de Publicidad (*BOE* n.º 274, de 15 de noviembre).

2. También se consideran reos de estafa los que, con ánimo de lucro, y valiéndose de alguna manipulación informática o artificio semejante consigan la transferencia no consentida de cualquier activo patrimonial en perjuicio de tercero.

Art. 249. Los reos de estafa serán castigados con la pena de prisión de seis meses a cuatro años, si la cuantía de lo defraudado excediere de cincuenta mil pesetas. Para la fijación de la pena se tendrá en cuenta el importe de lo defraudado, el quebranto económico causado al perjudicado, las relaciones entre éste y el defraudador, los medios empleados por éste y cuantas otras circunstancias sirvan para valorar la gravedad de la infracción.

Art. 250. 1. El delito de estafa será castigado con las penas de prisión de uno a seis años y multa de seis a doce meses, cuando:

1.º Recaiga sobre cosas de primera necesidad, viviendas u otros bienes de reconocida utilidad social.

2.º Se realice con simulación de pleito o empleo de otro fraude procesal.

3.º Se realice mediante cheque, pagaré, letra de cambio en blanco o negocio cambiario ficticio.

4.º Se perpetre abusando de firma de otro, o sustrayendo, ocultando o inutilizando, en todo o en parte, algún proceso, expediente, protocolo o documento público u oficial de cualquier clase.

5.º Recaiga sobre bienes que integren el patrimonio artístico, histórico, cultural o científico.

6.º Revista especial gravedad, atendiendo al valor de la defraudación, a la entidad del perjuicio y a la situación económica en que deje a la víctima o a su familia.

7.º Se cometa abuso de las relaciones personales existentes entre víctima y defraudador, o aproveche éste su credibilidad empresarial o profesional.

2. Si concurrieran las circunstancias 6.ª o 7.ª con la 1.ª del número anterior, se impondrán las penas de prisión de cuatro a ocho años y multa de doce a veinticuatro meses.

Art. 251. Será castigado con la pena de prisión de uno a cuatro años:

1.º Quien, atribuyéndose falsamente sobre una cosa mueble

Art. 250.2.º: V. art. 11.2.º LOPJ.

Art. 250.3.º: V. Ley 19/1985, de 16 de julio (*BOE* n.º 172, de 19 de julio; corrección de errores en *BOE* n.º 249, de 17 de octubre), Cambiaria y del Cheque.

o inmueble facultad de disposición de la que carece, bien por no haberla tenido nunca, bien por haberla ya ejercitado, la enajenare, gravare o arrendare a otro, en perjuicio de éste o de tercero.

2.º El que dispusiere de una cosa mueble o inmueble ocultando la existencia de cualquier carga sobre la misma, o el que, habiéndola enajenado como libre, la gravare o enajenare nuevamente antes de la definitiva transmisión al adquirente, en perjuicio de éste, o de un tercero.

3.º El que otorgare en perjuicio de otro un contrato simulado.

SECCIÓN 2.ª

De la apropiación indebida

Art. 252. Serán castigados con las penas del artículo 249 ó 250, en su caso, los que en perjuicio de otro se apropiaren o distrajeren dinero, efectos, valores o cualquier otra cosa mueble o activo patrimonial que hayan recibido en depósito, comisión o administración, o por otro título que produzca obligación de entregarlos o devolverlos, o negaren haberlos recibido, cuando la cuantía de lo apropiado exceda de cincuenta mil pesetas. Dicha pena se impondrá en su mitad superior en el caso de depósito necesario o miserable.

Art. 253. Serán castigados con la pena de multa de tres a seis meses los que, con ánimo de lucro, se apropiaren de cosa perdida o de dueño desconocido, siempre que en ambos casos el valor de lo apropiado exceda de cincuenta mil pesetas. Si se tratara de cosas de valor artístico, histórico, cultural o científico, la pena será de prisión de seis meses a dos años.

Art. 254. Será castigado con la pena de multa de tres a seis meses el que, habiendo recibido indebidamente, por error del transmitente, dinero o alguna otra cosa mueble, niegue haberla recibido o, comprobado el error, no proceda a su devolución, siempre que la cuantía de lo recibido exceda de cincuenta mil pesetas.

Art. 252: V. arts. 623.4.º CP, 615, 616, 1.762 y 1.781 a 1.783 CC; arts. 264 y 306 C. de C.

V. art. 108 Reglamento de Ordenación Triguera de 6 de octubre de 1937 (*BOE* n.º 353, de 8 de octubre).

V. art. 59 de la Ley de 16 de diciembre de 1954 sobre hipoteca mobiliaria y prenda sin desplazamiento de posesión (*BOE* n.º 352, de 18 de diciembre).

V. art. 184 Reglamento General de Recaudación, aprobado por Real Decreto 1.684/1990, de 20 de diciembre (*BOE* n.º 3, de 3 de enero, de 1991; corrección de errores en *BOE* n.º 28, de 1 de febrero).

V., además, art. 150 Ley Orgánica del Régimen Electoral General (Apéndice 6).

Art. 253: V. art. 623.4.º de este Código.

Art. 254: V. art. 623.4.º de este Código.

SECCIÓN 3.ª

*De las defraudaciones de fluido eléctrico y análogas**

Art. 255. Será castigado con la pena de multa de tres a doce meses el que cometiere defraudación por valor superior a cincuenta mil pesetas, utilizando energía eléctrica, gas, agua, telecomunicaciones u otro elemento, energía o fluido ajenos, por alguno de los medios siguientes:

1.º Valiéndose de mecanismos instalados para realizar la defraudación.

2.º Alterando maliciosamente las indicaciones o aparatos contadores.

3.º Empleando cualesquiera otros medios clandestinos.

Art. 256. El que hiciere uso de cualquier equipo terminal de telecomunicación, sin consentimiento de su titular, ocasionando a éste un perjuicio superior a cincuenta mil pesetas, será castigado con la pena de multa de tres a doce meses.

CAPÍTULO VII

DE LAS INSOLVENCIAS PUNIBLES

Art. 257. 1. Será castigado con las penas de prisión de uno a cuatro años y multa de doce a veinticuatro meses:

1.º El que se alce con sus bienes en perjuicio de sus acreedores.

2.º Quien con el mismo fin, realice cualquier acto de disposición patrimonial o generador de obligaciones que dilate, dificulte o impida la eficacia de un embargo o de un procedimiento ejecutivo o de apremio, judicial, extrajudicial o administrativo, iniciado o de previsible iniciación.

2. Lo dispuesto en el presente artículo será de aplicación cualquiera que sea la naturaleza u origen de la obligación o deuda cuya satisfacción o pago se intente eludir, incluidos los derechos económicos de los trabajadores, y con independencia de que el acreedor sea un particular o cualquier persona jurídica, pública o privada.

---

* V. arts. 60 a 64 Reglamento de Verificaciones Eléctricas y Regularidad en el Suministro de Energía, aprobado por Decreto de 12 de marzo de 1954 (*BOE* n.º 105, de 15 de abril) y arts. 79 a 87 Reglamento General del Servicio Público de Gases Combustibles, aprobado por Decreto 2.913/1973 de 26 de octubre (*BOE* n.º 279, de 21 de noviembre).

Art. 255: V. art. 623.4.º de este Código.

Art. 256: V. art. 623.4.º de este Código.

3. Este delito será perseguido aun cuando tras su comisión se iniciara una ejecución concursal.

Art. 258. El responsable de cualquier hecho delictivo que, con posterioridad a su comisión, y con la finalidad de eludir el cumplimiento de las responsabilidades civiles dimanantes del mismo, realizare actos de disposición o contrajere obligaciones que disminuyan su patrimonio, haciéndose total o parcialmente insolvente, será castigado con la pena de prisión de uno a cuatro años y multa de doce a veinticuatro meses.

Art. 259. Será castigado con las penas de prisión de uno a cuatro años y multa de doce a veinticuatro meses, el deudor que una vez admitida a trámite la solicitud de quiebra, concurso o suspensión de pagos, sin estar autorizado para ello ni judicialmente ni por los órganos concursales, y fuera de los casos permitidos por la Ley, realice cualquier acto de disposición patrimonial o generador de obligaciones, destinado a pagar a uno o varios acreedores, preferentes o no, con posposición del resto.

Art. 260. 1. El que fuere declarado en quiebra, concurso o suspensión de pagos será castigado con las penas de prisión de dos a seis años y multa de ocho a veinticuatro meses, cuando la situación de crisis económica o la insolvencia sea causada o agravada dolosamente por el deudor o persona que actúe en su nombre.

2. Se tendrá en cuenta para graduar la pena la cuantía del perjuicio inferido a los acreedores, su número y condición económica.

3. Este delito y los delitos singulares relacionados con él, cometidos por el deudor o persona que haya actuado en su nombre, podrán perseguirse sin esperar a la conclusión del proceso civil y sin perjuicio de la continuación de éste. El importe de la responsabilidad civil derivada de dichos delitos deberá incorporarse, en su caso, a la masa.

4. En ningún caso, la calificación de la insolvencia en el proceso civil vincula a la jurisdicción penal.

Art. 261. El que en procedimiento de quiebra, concurso o expediente de suspensión de pagos presentare, a sabiendas, datos

---

Art. 259: V. 878 y 879 C. de C.

Art. 260: V. arts. 888 a 896 C. de C., 1.762 y 1.781 ss. CC, 1.300 y 1.302 LEC, y Ley de 26 de julio de 1922 (*Gaceta* n.º 257, de 14 de septiembre), de Suspensión de Pagos.

Art. 261: V. arts. 290 y 392 de este Código.

falsos relativos al estado contable, con el fin de lograr indebidamente la declaración de aquéllos, será castigado con la pena de prisión de uno a dos años y multa de seis a doce meses.

CAPÍTULO VIII

DE LA ALTERACIÓN DE PRECIOS EN CONCURSOS Y SUBASTAS PÚBLICAS*

Art. 262. Los que solicitaren dádivas o promesas para no tomar parte en un concurso o subasta pública; los que intentaren alejar de ella a los postores por medio de amenazas, dádivas, promesas o cualquier otro artificio; los que se concertaren entre sí con el fin de alterar el precio del remate, o los que fraudulentamente quebraren o abandonaren la subasta habiendo obtenido la adjudicación, serán castigados con la pena de prisión de uno a tres años y multa de doce a veinticuatro meses, así como inhabilitación especial para licitar en subastas judiciales entre tres y cinco años. Si se tratara de un concurso o subasta convocados por las Administraciones o Entes públicos, se impondrá además al agente y a la persona o empresa por él representada la pena de inhabilitación especial que comprenderá, en todo caso, el derecho a contratar con las Administraciones Públicas por un período de tres a cinco años.

---

* Conforme al art. 65.1.º*c*) LOPJ, la Audiencia Nacional conocerá del enjuiciamiento, salvo que corresponda en primera instancia a los Juzgados Centrales de lo Penal, de las «maquinaciones para alterar el precio de las cosas que produzcan o puedan producir grave repercusión en la seguridad del tráfico mercantil, en la economía nacional o perjuicio patrimonial en una generalidad de personas en el territorio de más de una Audiencia». V. también Ley 10/1995, de 24 de abril, por la que se crea la Fiscalía Especial para la Represión de los Delitos Económicos relacionados con la Corrupción (*BOE* n.º 98, de 25 de abril); el RD 923/1995, de 9 de junio (*BOE* n.º 162, de 8 de julio), por el que se fija la plantilla orgánica de la Fiscalía Especial para la Represión de los Delitos Económicos relacionados con la Corrupción; y la Resolución de 8 de enero de 1996 (*BOE* n.º 11, de 12 de enero), de la Agencia Estatal de Administración Tributaria, por la que se crea la Unidad de Apoyo a la Fiscalía Especial para la Represión de los Delitos Económicos relacionados con la Corrupción.

Art. 262: V. Ley 16/1989, de 17 de julio, de Defensa de la Competencia (*BOE* n.º 170, de 18 de julio), modificada por Ley 52/1999, de 28 de diciembre (*BOE* n.º 311, de 29 de diciembre); RD-L 2/2001, de 2 de febrero (*BOE* n.º 30, de 3 de febrero), y Ley 9/2001, de 4 de junio (*BOE* n.º 134, de 5 de junio); arts. 78 ss. LMV; y LCD. V., también, arts. 1.481 ss. LEC; 131 del Decreto de 8 de febrero de 1946 (*BOE* n.os 58 y 149, de 27 de febrero y 29 de mayo), por el que se aprueba el texto refundido de la Ley Hipotecaria, modificado por la Ley 7/1998, de 13 de abril (*BOE* n.º 89, de 14 de abril), sobre condiciones generales de la contratación; 84 de la Ley de 16 de diciembre de 1954 (*BOE* n.º 352, de 18 de diciembre), sobre hipoteca mobiliaria y prenda sin desplazamiento de posesión; y LCAP.

CAPÍTULO IX

DE LOS DAÑOS*

Art. 263. El que causare daños en propiedad ajena no comprendidos en otros Títulos de este Código, será castigado con la pena de multa de seis a veinticuatro meses, atendidas la condición económica de la víctima y la cuantía del daño, si éste excediera de cincuenta mil pesetas.

Art. 264. 1. Será castigado con la pena de prisión de uno a tres años y multa de doce a veinticuatro meses el que causare daños expresados en el artículo anterior, si concurriere alguno de los supuestos siguientes:

1.º Que se realicen para impedir el libre ejercicio de la autoridad o en venganza de sus determinaciones, bien se cometiere el delito contra funcionarios públicos, bien contra particulares que, como testigos o de cualquier otra manera, hayan contribuido o puedan contribuir a la ejecución o aplicación de las Leyes o disposiciones generales.

2.º Que se cause por cualquier medio infección o contagio de ganado.

3.º Que se empleen sustancias venenosas o corrosivas.

4.º Que afecten a bienes de dominio o uso público o comunal.

5.º Que arruinen al perjudicado o se le coloque en grave situación económica.

2. La misma pena se impondrá al que por cualquier medio destruya, altere, inutilice o de cualquier otro modo dañe los datos, programas o documentos electrónicos ajenos contenidos en redes, soportes o sistemas informáticos.

Art. 265. El que destruyere, dañare de modo grave, o inutilizare para el servicio, aun de forma temporal, obras, establecimientos o instalaciones militares, buques de guerra, aeronaves militares, medios de transporte o transmisión militar, material de guerra, aprovisionamiento u otros medios o recursos afectados al servicio de las Fuerzas Armadas o de las Fuerzas y Cuerpos de Seguridad, será castigado con

---

* V. arts. 1.902 a 1.910 CC; 62 y 63 LPPNA; Convenio de 29 de julio de 1960, acerca de la responsabilidad civil, en materia de energía nuclear, enmendado por el Protocolo Adicional de 28 de enero de 1964, que fue ratificado por Instrumento de 24 de junio de 1988 (*BOE* n.º 262, de 1 de noviembre de 1988); Convenio de 31 de enero de 1963, complementario al Convenio de 29 de julio de 1960, y modificado por Protocolo de 16 de noviembre de 1982 (*BOE* n.º 257 de 26 de octubre de 1991); Convención de 3 de marzo de 1980 sobre protección física de los materiales nucleares, ratificada por Instrumento de 20 de abril de 1987 (*BOE* n.º 256, de 15 de octubre de 1990).

Art. 263: V. art. 625 de este Código.

Art. 265: V. arts. 57 a 62 CPM.

la pena de prisión de dos a cuatro años si el daño causado excediere de cincuenta mil pesetas.

Art. 266. 1. Será castigado con la pena de prisión de uno a tres años el que cometiere los daños previstos en el artículo 263 mediante incendio, o provocando explosiones o utilizando cualquier otro medio de similar potencia destructiva, o poniendo en peligro la vida o la integridad de las personas.

2. Será castigado con la pena de prisión de tres a cinco años y multa de doce a veinticuatro meses el que cometiere los daños previstos en el artículo 264, en cualquiera de las circunstancias mencionadas en el apartado anterior.

3. Será castigado con la pena de prisión de cuatro a ocho años el que cometiere los daños previstos en los artículos 265, 323 y 560, en cualquiera de las circunstancias mencionadas en el apartado 1 del presente artículo.

4. En cualquiera de los supuestos previstos en los apartados anteriores, cuando se cometieren los daños concurriendo la provocación de explosiones o la utilización de otros medios de similar potencia destructiva y, además, se pusiera en peligro la vida o integridad de las personas, la pena se impondrá en su mitad superior.

En caso de incendio será de aplicación lo dispuesto en el artículo 351.

Art. 267. Los daños causados por imprudencia grave en cuantía superior a diez millones de pesetas, serán castigados con la pena de multa de tres a nueve meses, atendiendo a la importancia de los mismos.

Las infracciones a que se refiere este artículo sólo serán perseguibles previa denuncia de la persona agraviada o de su representante legal. El Ministerio Fiscal también podrá denunciar cuando aquélla sea menor de edad, incapaz o una persona desvalida.

En estos casos, el perdón de la persona agraviada o de su representante legal extinguirá la pena o la acción penal, sin perjuicio de lo dispuesto en el segundo párrafo del número 4.º del artículo 130 de este Código.

Art. 266: Este artículo está redactado conforme al texto extablecido por la Ley Orgánica 7/2000, de 22 de diciembre (*BOE* n.º 307, de 23 de diciembre), cuya Exposición de Motivos, en lo que a este precepto se refiere, puede verse en nota al art. 577 de este mismo Código.

Art. 267: V. arts. 1.902 ss. CC y 65 LPPNA, y nota al art. 142.2.º, y Disp. Adic. 3.ª de este Código.

CAPÍTULO X

DISPOSICIONES COMUNES A LOS CAPÍTULOS ANTERIORES

Art. 268. 1. Están exentos de responsabilidad criminal y sujetos únicamente a la civil los cónyuges que no estuvieren separados legalmente o de hecho o en proceso judicial de separación, divorcio o nulidad de su matrimonio y los ascendientes, descendientes y hermanos por naturaleza o por adopción, así como los afines en primer grado si viviesen juntos, por los delitos patrimoniales que se causaren entre sí, siempre que no concurra violencia o intimidación.

2. Esta disposición no es aplicable a los extraños que participaren en el delito.

Art. 269. La provocación, la conspiración y la proposición para cometer los delitos de robo, extorsión, estafa o apropiación indebida, serán castigadas con la pena inferior en uno o dos grados a la del delito correspondiente.

CAPÍTULO XI

DE LOS DELITOS RELATIVOS A LA PROPIEDAD INTELECTUAL E INDUSTRIAL, AL MERCADO Y A LOS CONSUMIDORES

SECCIÓN 1.ª

De los delitos relativos a la propiedad intelectual

Art. 270. Será castigado con la pena de prisión de seis meses

---

Art. 270: V. arts. 20.1.º*b)* y 149.1.º9.ª CE; 428 y 429 CC; RDL 1/1996, de 12 de abril (*BOE* n.º 97, de 22 de abril), por el que se aprueba el texto refundido de la Ley de Propiedad Intelectual, regularizando, aclarando y armonizando las disposiciones legales vigentes sobre la materia, texto modificado por la Ley 5/1998, de 6 de marzo (*BOE* n.º 57, de 7 de marzo), de incorporación al Derecho español de la Directiva 96/9/CE, del Parlamento Europeo y del Consejo, de 11 de marzo de 1996, sobre protección jurídica de las bases de datos, y complementado por la Sentencia del Tribunal Supremo de 1 de marzo de 2001 (*BOE* n.º 121, de 21 de mayo); su Reglamento aprobado por RD de 3 de septiembre de 1880 (*Gaceta* n.º 250, de 6 de septiembre); art. 34 Ley 9/1975, de 12 de marzo, del Libro (*BOE* de 14 de marzo); art. 7.º3 RD 448/1988, de 22 de abril, por el que se regula la difusión de películas cinematográficas y otras obras audiovisuales recogidas en soporte videográfico (*BOE* n.º 116, de 14 de mayo); y RD 287/1989, de 21 de marzo, por el que se desarrolla el art. 25 de la Ley de Propiedad Intelectual (*BOE* n.º 72, de 25 de marzo); Reglamento del Registro General de la Propiedad Intelectual, aprobado por RD 733/1993, de 14 de mayo (*BOE* n.º 142, de 15 de junio; corrección de errores en *BOE* n.º 166, de 13 de julio); RD 114/2000, de 28 de enero, por el que se crea y regula la Comisión Interministerial para actuar contra las actividades vulneradoras de los derechos de propiedad intelectual e industrial (*BOE* n.º 33, de 8 de febrero).

Con referencia a la protección internacional de los derechos de autor, véanse:

a dos años o de multa de seis a veinticuatro meses quien, con ánimo de lucro y en perjuicio de tercero, reproduzca, plagie, distribuya o comunique públicamente, en todo o en parte, una obra literaria, artística o científica, o su transformación, interpretación o ejecución artística fijada en cualquier tipo de soporte o comunicada a través de cualquier medio, sin la autorización de los titulares de los correspondientes derechos de propiedad intelectual o de sus cesionarios.

La misma pena se impondrá a quien intencionadamente importe, exporte o almacene ejemplares de dichas obras o producciones o ejecuciones sin la referida autorización.

Será castigada también con la misma pena la fabricación, puesta en circulación y tenencia de cualquier medio específicamente destinada a facilitar la supresión no autorizada o la neutralización de cualquier dispositivo técnico que se haya utilizado para proteger programas de ordenador.

Art. 271. Se impondrá la pena de prisión de un año a cuatro años, multa de ocho a veinticuatro meses, e inhabilitación especial para el ejercicio de la profesión relacionada con el delito cometido, por un período de dos a cinco años, cuando concurra alguna de las siguientes circunstancias:

a) Que el beneficio obtenido posea especial trascendencia económica.

b) Que el daño causado revista especial gravedad.

En tales casos, el Juez o Tribunal podrá, asimismo, decretar el cierre temporal o definitivo de la industria o establecimiento del condenado. El cierre temporal no podrá exceder de cinco años.

Convenio de 14 de julio de 1967 que establece la Organización Mundial de Propiedad Intelectual, ratificado por Instrumento de 12 de mayo de 1969 (*BOE* de 30 de enero de 1974), modificado por Anuncio de 9 de agosto de 1984 (*BOE* de 17 de agosto); Convenio de Berna para la Protección de Obras Literarias y Artísticas, revisado en París el 24 de julio de 1971 y ratificado por Instrumento de 2 de julio de 1973 (*BOE* n.os 81 y 260, de 4 de abril y 30 de octubre de 1974); Convenio de 29 de octubre de 1971 para la protección de los productores de fonogramas contra la reproducción no autorizada de sus fonogramas (*BOE* n.º 215, de 7 de septiembre de 1974); Convención Universal sobre los Derechos de Autor, revisada en París el 24 de julio de 1971 y ratificada —al igual que su Protocolo 2— por Instrumento de 7 de marzo de 1974 (*BOE* n.º 13, de 15 de enero de 1975); el Protocolo 1 de dicha Convención fue ratificado por Instrumento de 30 de abril de 1974 (*BOE* n.º 9, de 10 de enero de 1975); Convención Internacional de 26 de octubre de 1961 sobre la Protección de los Artistas Intérpretes o Ejecutantes, los Productores de Fonogramas y los Organismos de Radiodifusión, ratificado por Instrumento de 2 de agosto de 1991 (*BOE* n.º 273, de 14 de noviembre).

Art. 271: V. nota al art. anterior.

Art. 272. 1. La extensión de la responsabilidad civil derivada de los delitos tipificados en los dos artículos anteriores se regirá por las disposiciones de la Ley de Propiedad Intelectual relativas al cese de la actividad ilícita y a la indemnización de daños y perjuicios.

2. En el supuesto de sentencia condenatoria, el Juez o Tribunal podrá decretar la publicación de ésta, a costa del infractor, en un periódico oficial.

SECCIÓN 2.ª

De los delitos relativos a la propiedad industrial

Art. 273. 1. Será castigado con las penas de prisión de seis meses a dos años y multa de

---

Art. 272: V. nota al art. 270 y, especialmente, RDL 1/1996, de 12 de abril (*BOE* n.º 97, de 22 de abril), por el que se aprueba el texto refundido de la Ley de Propiedad Intelectual, modificado por la Ley 5/1998, de 6 de marzo (*BOE* n.º 57, de 7 de marzo), de incorporación al Derecho español de la Directiva 96/9/CE, del Parlamento Europeo y del Consejo, de 11 de marzo de 1996, sobre la protección jurídica de las bases de datos.

Art. 273: V. arts. 149.1.º9.ª CE; 19 Ley 3/2000, de 7 de enero (*BOE* n.º 8, de 10 de enero; corrección de errores en *BOE* n.º 33, de 8 de febrero), de régimen jurídico de la protección de las obtenciones vegetales; RD 1.270/1997, de 24 de julio (*BOE* n.º 208, de 30 de agosto), por el que se regula la Oficina Española de Patentes y Marcas; Ley 11/1986, de 20 de marzo, de Patentes (*BOE* n.º 73, de 26 de marzo), modificada por RD-L 8/1998, de 31 de julio (*BOE* n.º 194, de 14 de agosto), de medidas urgentes en materia de propiedad industrial, por Ley 50/1998, de 30 de diciembre (*BOE* n.º 313, de 31 de diciembre de 1998; corrección de errores en *BOE* n.º 109, de 7 de mayo de 1999), de Medidas Fiscales, Administrativas y del Orden Social, y por Ley 3/2000, de 7 de enero (*BOE* n.º 8, de 10 de enero), de régimen jurídico de la protección de las obtenciones vegetales; y su Reglamento de ejecución, aprobado por RD 2.245/1986, de 10 de octubre, así como RD 1.123/1995, de 3 de julio, para la aplicación del Tratado de Cooperación en materia de patentes, elaborado en Washington el 19 de junio de 1970 (*BOE* n.º 214, de 7 de septiembre de 1995); Ley 11/1988, de 3 de mayo, de Protección Jurídica de las topografías de los productos semiconductores (*BOE* n.º 108, de 5 de mayo), cuyo Reglamento fue aprobado por RD 1.465/1988, de 2 de diciembre (*BOE* n.º 294, de 8 de diciembre); así como RD 1.370/1992, de 13 de noviembre, por el que se amplía con carácter permanente la protección jurídica de las topografías de los productos semiconductores a las personas originarias de determinados países y territorios, habiendo sido sustituido el anexo de ese RD por el RD 1.166/1995, de 7 de julio (*BOE* n.º 181, de 31 de julio), y RD 149/1996, de 2 de febrero (*BOE* n.º 59, de 8 de marzo), por el que se amplía la protección jurídica de las topografías de los productos semiconductores a los nacionales de los miembros de la Organización Mundial del Comercio. V., también, art. 6.º Ley 34/1988, de 11 de noviembre, General de Publicidad (*BOE* n.º 274, de 15 de noviembre); LCD; RD 441/1994, de 11 de marzo, por el que se aprueba el Reglamento de adecuación a la Ley 30/1992, de 26 de noviembre, de Régimen Jurídico de las Administraciones Públicas y del Procedimiento Administrativo Co-

seis a veinticuatro meses el que, con fines industriales o comerciales, sin consentimiento del titular de una patente o modelo de utilidad y con conocimiento de su registro, fabrique, importe, posea, utilice, ofrezca o introduzca en el comercio objetos amparados por tales derechos.

2. Las mismas penas se impondrán al que, de igual manera, y para los citados fines, utilice u ofrezca la utilización de un procedimiento objeto de una patente, o posea, ofrezca, introduzca en el comercio, o utilice el producto directamente obtenido por el procedimiento patentado.

3. Será castigado con las mismas penas el que realice cualquiera de los actos tipificados en el párrafo primero de este artículo concurriendo iguales circunstancias en relación con objetos amparados en favor de tercero por un modelo o dibujo industrial o artístico o topografía de un producto semiconductor.

Art. 274. 1. Será castigado con las penas de seis meses a dos años de prisión y multa de seis a veinticuatro meses el que, con fines industriales o comerciales, sin consentimiento del titular de un derecho de propiedad industrial registrado conforme a la legislación de marcas, y con conocimiento del registro, reproduzca, imite, modifique, o de cualquier otro modo utilice un signo distintivo idéntico o confundible con aquél, para

---

mún, de los procedimientos relativos a la concesión, mantenimiento y modificación de los derechos de propiedad industrial (*BOE* n.º 84, de 8 de abril); RD 114/2000, de 28 de enero (*BOE* n.º 33, de 8 de febrero), por el que se crea y regula la Comisión Interministerial para actuar contra las actividades vulneradoras de los derechos de propiedad intelectual e industrial.

Sobre la protección internacional de la Propiedad industrial, véanse: Arreglo de Madrid relativo a la represión de las indicaciones de procedencia falsas o engañosas, revisado en Lisboa el 31 de octubre de 1958 y al que España se adhirió por Instrumento depositado el 14 de julio de 1967 (*BOE* n.º 25, de 29 de enero de 1974); Convenio de París de 20 de marzo de 1883, revisado en Estocolmo el 14 de julio de 1967 y ratificado por Instrumento de 13 de diciembre de 1971 (*BOE* n.º 28, de 1 de febrero de 1974).

Art. 274: Vid. nota al art. anterior y, además, Ley 32/1988, de 10 de noviembre (*BOE* n.º 272, de 12 de noviembre), de Marcas, modificada por RD-L 8/1998, de 31 de julio (*BOE* n.º 194, de 14 de agosto), de medidas urgentes en materia de propiedad industrial, y por Ley 50/1998, de 30 de diciembre (*BOE* n.º 313, de 31 de diciembre de 1998; corrección de errores en *BOE* n.º 109, de 7 de mayo de 1999); RD 645/1990, de 18 de mayo (*BOE* n.º 125, de 25 de mayo), por el que se aprueba el Reglamento para la ejecución de la Ley de Marcas; e Instrumento de 8 de abril de 1991 (*BOE* n.º 276, de 18 de noviembre de 1995), por el que se ratifica el Protocolo concerniente al Arreglo de Madrid relativo al Registro Internacional de Marcas, adoptado en Madrid el 27 de junio de 1989; y el Tratado sobre el Derecho de Marcas y Reglamento, hecho en Ginebra el 27 de octubre de 1994 y ratificado por España mediante Instrumento de 13 de noviembre de 1998 (*BOE* n.º 41, de 17 de febrero de 1999).

distinguir los mismos o similares productos, servicios, actividades o establecimientos para los que el derecho de propiedad industrial se encuentra registrado.

2. Las mismas penas se impondrán al que, a sabiendas posea para su comercialización, o ponga en el comercio, productos o servicios con signos distintivos que, de acuerdo con el apartado 1 de este artículo, suponen una infracción de los derechos exclusivos del titular de los mismos, aun cuando se trate de productos importados del extranjero.

Art. 275. Las mismas penas previstas en el artículo anterior se impondrán a quien intencionadamente y sin estar autorizado para ello, utilice en el tráfico económico una denominación de origen o una indicación geográfica representativa de una calidad determinada legalmente protegidas para distinguir los productos amparados por ellas, con conocimiento de esta protección.

Art. 276. 1. Se impondrá la pena de prisión de dos a cuatro años, multa de ocho a veinticuatro meses, e inhabilitación especial para el ejercicio de la profesión relacionada con el delito cometido, por un período de dos a cinco años, cuando los delitos tipificados en los anteriores artículos revistan especial gravedad, atendiendo al valor de los objetos producidos ilícitamente o a la especial importancia de los perjuicios ocasionados.

2. En dicho supuesto, el Juez podrá decretar el cierre temporal o definitivo de la industria o establecimiento del condenado. El cierre temporal no podrá exceder de cinco años.

Art. 277. Será castigado con las penas de prisión de seis meses a dos años y multa de seis a veinti-

---

Art. 275: V. arts. 4.º y 5.º Ley 34/1988, de 11 de noviembre (*BOE* n.º 274, de 15 de noviembre), General de Publicidad, y 7.º LCD; RD 1.906/1995, de 24 de noviembre (*BOE* n.º 302, de 19 de diciembre), por el que se modifica el RD 157/1988, de 22 de febrero, por el que se establece la normativa a la que deben ajustarse las denominaciones de origen y las denominaciones de origen calificadas de vinos y sus respectivos Reglamentos; RD 1.643/1999, de 22 de octubre, por el que se regula el procedimiento para la tramitación de las solicitudes de inscripción en el Registro Comunitario de las Denominaciones de Origen Protegidas y de las Indicaciones Geográficas Protegidas (*BOE* n.º 265, de 5 de noviembre); RD 373/2001, de 6 de abril (*BOE* n.º 84, de 7 de abril), por el que se modifica el RD 2.004/1979, de 13 de julio, por el que se regula la constitución de los Consejos Reguladores de las Denominaciones de Origen y el Consejo General del Instituto Nacional de Denominaciones de Origen; y RD 409/2001, de 20 de abril (*BOE* n.º 114, de 12 de mayo), por el que se establecen las reglas generales de utilización de indicaciones geográficas en la designación de vinos de mesa.

Art. 277: V. art. 598 CP.

cuatro meses, el que intencionadamente haya divulgado la invención objeto de una solicitud de patente secreta, en contravención con lo dispuesto en la legislación de patentes, siempre que ello sea en perjuicio de la defensa nacional.

SECCIÓN 3.ª

*De los delitos relativos al mercado y a los consumidores**

Art. 278. 1. El que, para descubrir un secreto de empresa se apoderare por cualquier medio de datos, documentos escritos o electrónicos, soportes informáticos u otros objetos que se refieran al mismo, o empleare alguno de los medios o instrumentos señalados en el apartado 1 del artículo 197, será castigado con la pena de prisión de dos a cuatro años y multa de doce a veinticuatro meses.

2. Se impondrá la pena de prisión de tres a cinco años y multa de doce a veinticuatro meses si se difundieren, revelaren o cedieren a terceros los secretos descubiertos.

3. Lo dispuesto en el presente artículo se entenderá sin perjuicio de las penas que pudieran corresponder por el apoderamiento o destrucción de los soportes informáticos.

Art. 279. La difusión, revelación o cesión de un secreto de empresa llevada a cabo por quien tuviere legal o contractualmente obligación de guardar reserva, se castigará con la pena de prisión de dos a cuatro años y multa de doce a veinticuatro meses.

Si el secreto se utilizara en provecho propio, las penas se impondrán en su mitad inferior.

Art. 280. El que, con conocimiento de su origen ilícito, y sin haber tomado parte en su descubrimiento, realizare alguna de las conductas descritas en los dos artículos anteriores, será castigado con la pena de prisión de uno a tres años y multa de doce a veinticuatro meses.

Art. 281. 1. El que detrajere del mercado materias primas o productos de primera necesidad con la intención de desabastecer un sector del mismo, de forzar una alteración de precios, o de perjudicar gravemente a los consumidores, será castigado con la pena de prisión de uno a cinco años y multa de doce a veinticuatro meses.

---

* V. art. 20.*a*) LCAP.

Art. 279: V. arts. 5.º*a*), 54.2.º*d*) y 65.2.º ET.

2. Se impondrá la pena superior en grado si el hecho se realiza en situaciones de grave necesidad o catastróficas.

Art. 282. Serán castigados con la pena de prisión de seis meses a un año o multa de seis a dieciocho meses los fabricantes o comerciantes que, en sus ofertas o publicidad de productos o servicios, hagan alegaciones falsas o manifiesten características inciertas sobre los mismos, de modo que puedan causar un perjuicio grave y manifiesto a los consumidores, sin perjuicio de la pena que corresponda aplicar por la comisión de otros delitos.

Art. 283. Se impondrán las penas de prisión de seis meses a un año y multa de seis a dieciocho meses a los que, en perjuicio del consumidor, facturen cantidades superiores por productos o servicios cuyo costo o precio se mida por aparatos automáticos, mediante la alteración o manipulación de éstos.

Art. 284. Se impondrá la pena de prisión de seis meses a dos años, o multa de seis a dieciocho meses, a los que, difundiendo noticias falsas, empleando violencia, amenaza o engaño, o utilizando información privilegiada, intentaren alterar los precios que habrían de resultar de la libre concurrencia de productos, mercancías, títulos valores, servicios o cualesquiera otras cosas muebles o inmuebles que sean objeto de contratación, sin perjuicio de la pena que pudiera corresponderles por otros delitos cometidos.

Art. 285. Quien de forma directa o por persona interpuesta usare de alguna información relevante para la cotización de cualquier clase de valores o instrumentos negociados en algún mercado organizado, oficial o reconocido, a la que haya tenido acceso reservado con ocasión del ejercicio de su actividad profesional o empresarial, o la suministrare obteniendo para sí o para un tercero un

---

Art. 282: V. Ley 26/1984, de 19 de julio (*BOE* n.º 176, de 24 de julio), General para la Defensa de Consumidores y Usuarios, modificada por la Ley 7/1998, de 13 de abril (*BOE* n.º 89, de 14 de abril), sobre condiciones generales de la contratación; Ley 34/1988, de 11 de noviembre (*BOE* n.º 274, de 15 de noviembre); LCD; y RD 3.423/2000, de 15 de diciembre (*BOE* n.º 311, de 28 de diciembre), por el que se regula la indicación de los precios de los productos ofrecidos a los consumidores y usuarios.

Art. 284: V. arts. 78 ss. LMV; 20.*a*) LCAP; RD 629/1993, de 3 de mayo, sobre normas de actuación en los mercados de valores y registros obligatorios, y Orden de 25 de octubre de 1995, de desarrollo parcial de dicho RD (*BOE* n.º 262, de 2 de noviembre de 1995), así como Circular 1/1996, de 27 de marzo, de la Comisión Nacional del Mercado de Valores (*BOE* n.º 86, de 9 de abril); y LCD.

Art. 285: V. arts. 81 y 99 LMV.

beneficio económico superior a setenta y cinco millones de pesetas o causando un perjuicio de idéntica cantidad, será castigado con la pena de prisión de uno a cuatro años y multa de tanto al triplo del beneficio obtenido o favorecido.

Art. 286. Se aplicará la pena de prisión de cuatro a seis años y multa de doce a veinticuatro meses, cuando en las conductas descritas en el artículo anterior concurra alguna de las siguientes circunstancias:

1.ª Que los sujetos se dediquen de forma habitual a tales prácticas abusivas.

2.ª Que el beneficio obtenido sea de notoria importancia.

3.ª Que se cause grave daño a los intereses generales.

SECCIÓN 4.ª

Disposiciones comunes a las secciones anteriores

Art. 287. 1. Para proceder por los delitos previstos en los artículos anteriores del presente capítulo será necesaria denuncia de la persona agraviada o de sus representantes legales. Cuando aquélla sea menor de edad, incapaz o una persona desvalida, también podrá denunciar el Ministerio Fiscal.

2. No será precisa la denuncia exigida en el apartado anterior cuando la comisión del delito afecte a los intereses generales o a una pluralidad de personas.

Art. 288. En los supuestos previstos en los artículos anteriores se dispondrá la publicación de la sentencia en los periódicos oficiales y, si lo solicitara el perjudicado, el Juez o Tribunal podrá ordenar su reproducción total o parcial en cualquier otro medio informativo, a costa del condenado.

Además, el Juez o Tribunal, a la vista de las circunstancias del caso, podrá adoptar las medidas previstas en el artículo 129 del presente Código.

CAPÍTULO XII

DE LA SUSTRACCIÓN DE COSA PROPIA A SU UTILIDAD SOCIAL O CULTURAL

Art. 289. El que por cualquier medio destruyere, inutilizare o dañare una cosa propia de utilidad social o cultural, o de cualquier modo la sustrajere al cumplimiento de los deberes legales impuestos en interés de la comunidad, será castigado con la

---

Art. 289: V. art. 33.2.º CE, reproducido en nota al art. 228 de este Código.

pena de arresto de siete a veinticuatro fines de semana o multa de cuatro a dieciséis meses.

CAPÍTULO XIII

DE LOS DELITOS SOCIETARIOS*

Art. 290. Los administradores, de hecho o de derecho, de una sociedad constituida o en formación, que falsearen las cuentas anuales u otros documentos que deban reflejar la situación jurídica o económica de la entidad, de forma idónea para causar un perjuicio económico a la misma, a alguno de sus socios, o a un tercero, serán castigados con la pena de prisión de uno a tres años y multa de seis a doce meses.

Si se llegare a causar el perjuicio económico se impondrán las penas en su mitad superior.

Art. 291. Los que, prevaliéndose de su situación mayoritaria en la Junta de accionistas o el órgano de administración de cualquier sociedad constituida o en formación, impusieren acuerdos abusivos, con ánimo de lucro propio o ajeno, en perjuicio de los demás socios, y sin que reporten beneficios a la misma, serán castigados con la pena de prisión de seis meses a tres años o multa del tanto al triplo del beneficio obtenido.

Art. 292. La misma pena del artículo anterior se impondrá a los que impusieren o se aprovecharen para sí o para un tercero, en perjuicio de la sociedad o de alguno de sus socios, de un acuerdo lesivo adoptado por una mayoría ficticia, obtenida por abuso de firma en blanco, por atribución indebida del

---

* V. arts. 116 ss. C. de C.; LMV; Ley 26/1988, de 29 de julio (*BOE* n.º 182, de 30 de julio; corrección de errores en *BOE* n.º 185, de 4 de agosto de 1989), sobre Disciplina e Intervención de las Entidades de Crédito; Ley 13/1989, de 26 de mayo, de Cooperativas de Crédito; LSA; RD 1.784/1996, de 19 de julio (*BOE* n.º 184, de 31 de julio), por el que se aprueba el Reglamento del Registro Mercantil; Ley 1/1994, de 11 de marzo, de Régimen Jurídico de Sociedades de Garantía Recíproca, y RD 2.345/1996, de 8 de noviembre, por el que se dictan normas de autorización administrativa y requisitos de solvencia de estas sociedades (*BOE* n.º 281, de 21 de noviembre); Ley 2/1995, de 23 de marzo (*BOE* n.º 71, de 24 de marzo), de Sociedades de Responsabilidad Limitada; Ley 1/1999, de 5 de enero (*BOE* n.º 5, de 6 de enero), reguladora de las Entidades de Capital-Riesgo y de sus sociedades gestoras; RD 692/1996, de 26 de abril (*BOE* de 24 de mayo), sobre el régimen jurídico de los establecimientos financieros de crédito; RD 1.251/1999, de 16 de julio, sobre sociedades anónimas deportivas (*BOE* n.º 170, de 17 de julio; corrección de errores en *BOE* n.º 174, de 22 de julio); y Circular 1/1998, de 10 de junio (*BOE* n.º 146, de 19 de junio; corrección de erratas en *BOE* n.º 173, de 21 de julio), de la Comisión Nacional del Mercado de Valores, modificada por Circular 2/2000, de 30 de mayo (*BOE* n.º 141, de 13 de junio), sobre sistemas internos de control, seguimiento y evaluación continuada de riesgos.

derecho de voto a quienes legalmente carezcan del mismo, por negación ilícita del ejercicio de este derecho a quienes lo tengan reconocido por la Ley, o por cualquier otro medio o procedimiento semejante, y sin perjuicio de castigar el hecho como corresponde si constituyese otro delito.

Art. 293. Los administradores de hecho o de derecho de cualquier sociedad constituida o en formación, que sin causa legal negaren o impidieren a un socio el ejercicio de los derechos de información, participación en la gestión o control de la actividad social, o suscripción preferente de acciones reconocidos por las Leyes, serán castigados con la pena de multa de seis a doce meses.

Art. 294. Los que, como administradores de hecho o de derecho de cualquier sociedad constituida o en formación, sometida o que actúe en mercados sujetos a supervisión administrativa, negaren o impidieren la actuación de las personas, órganos o entidades inspectoras o supervisoras, serán castigados con la pena de prisión de seis meses a tres años o multa de doce a veinticuatro meses.

Además de las penas previstas en el párrafo anterior, la autoridad judicial podrá decretar algunas de las medidas previstas en el artículo 129 de este Código.

Art. 295. Los administradores de hecho o de derecho o los socios de cualquier sociedad constituida o en formación, que en beneficio propio o de un tercero, con abuso de las funciones propias de su cargo, dispongan fraudulentamente de los bienes de la sociedad o contraigan obligaciones a cargo de ésta causando directamente un perjuicio económicamente evaluable a sus socios, depositarios, cuentapartícipes o titulares de los bienes, valores o capital que administren, serán castigados con la pena de prisión de seis meses a cuatro años, o multa del tanto al triplo del beneficio obtenido.

Art. 296. 1. Los hechos descritos en el presente capítulo, sólo serán perseguibles mediante denuncia de la persona agraviada o de su representante legal. Cuando aquélla sea menor de edad, incapaz o una persona desvalida, también podrá denunciar el Ministerio Fiscal.

2. No será precisa la denuncia exigida en el apartado anterior cuando la comisión del delito afecte a los intereses generales o a una pluralidad de personas.

Art. 297. A los efectos de este capítulo se entiende por sociedad toda cooperativa, Caja de Ahorros, mutua, entidad financiera o de crédito, fundación, sociedad mercantil o cualquier otra entidad de análoga naturaleza que para el cumplimiento de sus fines participe de modo permanente en el mercado.

CAPÍTULO XIV

DE LA RECEPTACIÓN Y OTRAS CONDUCTAS AFINES

Art. 298. 1. El que, con ánimo de lucro y con conocimiento de la comisión de un delito contra el patrimonio o el orden socioeconómico, en el que no haya intervenido ni como autor ni como cómplice, ayude a los responsables a aprovecharse de los efectos del mismo, o reciba, adquiera u oculte tales efectos, será castigado con la pena de prisión de seis meses a dos años.

2. Esta pena se impondrá en su mitad superior a quien reciba, adquiera u oculte los efectos del delito para traficar con ellos. Si el tráfico se realizase utilizando un establecimiento o local comercial o industrial, se impondrá, además, la pena de multa de doce a veinticuatro meses. En estos casos los Jueces o Tribunales, atendiendo a la gravedad del hecho y a las circunstancias personales del delincuente, podrán imponer también a éste la pena de inhabilitación especial para el ejercicio de su profesión o industria, por tiempo de dos a cinco años, y acordar la medida de clausura temporal o definitiva del establecimiento o local. Si la clausura fuese temporal, su duración no podrá exceder de cinco años.

3. En ningún caso podrá imponerse pena privativa de libertad que exceda de la señalada al delito encubierto. Si éste estuviese castigado con pena de otra naturaleza, la pena privativa de libertad será sustituida por la de multa de seis a veinticuatro meses, salvo que el delito encubierto tenga asignada pena igual o inferior a ésta; en tal caso, se impondrá al culpable la pena de aquel delito en su mitad inferior.

Art. 299. 1. El que, con ánimo de lucro y con conocimiento de la comisión de hechos constitutivos de falta contra la propiedad, habitualmente se aprovechare o auxiliare a los culpables para que se beneficien de los efectos de las mismas, será castigado con la pena de multa de seis a doce meses.

2. Si los efectos los recibiere o adquiriere para traficar con ellos, se impondrá la pena de multa de ocho a dieciséis meses y, si se realizaren los hechos en local abierto al público, podrá acordarse la clausura temporal o definitiva del mismo. En la clausura temporal, el plazo no podrá exceder de cinco años.

Art. 300. Las disposiciones de este capítulo se aplicarán aun cuando el autor o el cómplice del hecho de que provengan los efectos aprovechados fuera irresponsable o estuviera personalmente exento de pena.

Art. 301. 1. El que adquiera, convierta o transmita bienes, sabiendo que éstos tienen su origen en un delito grave, o realice cualquier otro acto para ocultar o encubrir su origen ilícito, o para ayudar a la persona que haya participado en la infracción o infracciones a eludir las consecuencias legales de sus actos, será castigado con la pena de prisión de seis meses a seis años y multa del tanto al triplo del valor de los bienes.

Las penas se impondrán en su mitad superior cuando los bienes tengan su origen en alguno de los delitos relacionados con el tráfico de drogas tóxicas, estupefacientes o sustancias psicotrópicas descritos en los artículos 368 a 372 de este Código.

2. Con las mismas penas se sancionará, según los casos, la ocultación o encubrimiento de la verdadera naturaleza, origen, ubicación, destino, movimiento o derechos sobre los bienes o propiedad de los mismos, a sabiendas de que proceden de alguno de los delitos expresados en el apartado anterior o de un acto de participación en ellos.

3. Si los hechos se realizasen por imprudencia grave, la pena será de prisión de seis meses a dos años y multa del tanto al triplo.

4. El culpable será igualmente castigado aunque el delito del que provinieren los bienes, o los actos penados en los apartados

---

Art. 301: V. Ley 19/1993, de 28 de diciembre, sobre determinadas medidas de prevención del blanqueo de capitales (*BOE* n.º 311, de 29 de diciembre); su Reglamento, aprobado por RD 925/1995, de 9 de junio (*BOE* n.º 160, de 6 de julio; corrección de errores en *BOE* n.ºs 172 y 260, de 20 de julio y 31 de octubre); la Orden de 3 de agosto de 2000 (*BOE* n.º 193, de 12 de agosto), del Ministerio de Economía, que desarrolla las obligaciones de comunicación de operaciones al Servicio Ejecutivo de la Comisión de Prevención del Blanqueo de Capitales; y Ley 36/1995, de 11 de diciembre (*BOE* n.º 296, de 12 de diciembre), sobre la creación de un fondo procedente de los bienes decomisados por tráfico de drogas y otros delitos relacionados, modificada por Ley 61/1997, de 19 de diciembre (*BOE* n.º 304, de 20 de diciembre), y desarrollada por RD 864/1997, de 6 de junio, por el que se aprueba el Reglamento de este fondo (*BOE* n.º 138, de 10 de junio). V., también, arts. 263 bis y 282 bis LECr., reproducidos en nota al art. 368 de este Código; el Convenio relativo al blanqueo, seguimiento, embargo y decomiso de los productos del delito, hecho en Estrasburgo el 8 de noviembre de 1990 y ratificado por España mediante Instrumento de 22 de julio de 1998 (*BOE* n.º 252, de 21 de octubre); y la Instrucción de 10 de diciembre de 1999 (*BOE* n.º 311, de 29 de diciembre), de la Dirección General de los Registros y del Notariado, sobre obligaciones de los Notarios y Registradores de la Propiedad y Mercantiles en materia de prevención del blanqueo de capitales.

anteriores hubiesen sido cometidos, total o parcialmente, en el extranjero.

Art. 302. En los supuestos previstos en el artículo anterior se impondrán las penas privativas de libertad en su mitad superior a las personas que pertenezcan a una organización dedicada a los fines señalados en los mismos, y la pena superior en grado a los jefes, administradores o encargados de las referidas organizaciones.

En tales casos, los Jueces o Tribunales impondrán, además de las penas correspondientes, la de inhabilitación especial del reo para el ejercicio de su profesión o industria por tiempo de tres a seis años, y podrán decretar, así mismo, alguna de las medidas siguientes:

a) Disolución de la organización o clausura definitiva de sus locales o establecimientos abiertos al público.

b) Suspensión de las actividades de la organización, o clausura de sus locales o establecimientos abiertos al público por tiempo no superior a cinco años.

c) Prohibición a las mismas de realizar aquellas actividades, operaciones mercantiles o negocios, en cuyo ejercicio se haya facilitado o encubierto el delito, por tiempo no superior a cinco años.

Art. 303. Si los hechos previstos en los artículos anteriores fueran realizados por empresario, intermediario en el sector financiero, facultativo, funcionario público, trabajador social, docente o educador, en el ejercicio de su cargo, profesión u oficio, se le impondrá, además de la pena correspondiente, la de inhabilitación especial para empleo o cargo público, profesión u oficio, industria o comercio, de tres a diez años. Se impondrá la pena de inhabilitación absoluta de diez a veinte años cuando los referidos hechos fueren realizados por autoridad o agente de la misma.

A tal efecto, se entiende que son facultativos los médicos, psicólogos, las personas en posesión de títulos sanitarios, los veterinarios, los farmacéuticos y sus dependientes.

Art. 304. La provocación, la conspiración y la proposición para cometer los delitos previstos en los artículos 301 a 303 se castigará, respectivamente, con la pena inferior en uno o dos grados.

TÍTULO XIV

De los delitos contra la Hacienda Pública y contra la Seguridad Social*

Art. 305. 1. El que por acción u omisión, defraude a la Hacienda Pública estatal, autonómica, foral o local, eludiendo el

---

* V. art. 31.1 CE; art. 36 Ley 50/1977, de 14 de noviembre (*BOE* n.º 274, de 16 de noviembre); arts. 77.6 y 111.6 Ley General Tributaria de 28 de diciembre de 1963, modificada parcialmente por la Ley 10/1985, de 26 de abril (*BOE* n.º 101, de 27 de abril, corrección de errores en *BOE* n.º 134, de 5 de junio), la Ley 25/1995, de 20 de julio (*BOE* n.º 174, de 22 de julio; corrección de errores en *BOE* n.º 245, de 13 de octubre), la Ley 1/1998, de 26 de febrero (*BOE* n.º 50, de 27 de febrero), de Derechos y Garantías de los Contribuyentes, y las Leyes 40/1998, de 9 de diciembre; 50/1998, de 30 de diciembre (*BOE* n.º 313, de 31 de diciembre de 1998; corrección de errores en *BOE* n.º 109, de 7 de mayo de 1999); 6/2000, de 13 de diciembre (*BOE* n.º 299, de 14 de diciembre), y 14/2000, de 29 de diciembre (*BOE* n.º 313, de 30 de diciembre); LIRPF y RIRPF; Ley 41/1998, de 9 de diciembre (*BOE* n.º 295, de 10 de diciembre; corrección de erratas en *BOE* n.º 301, de 17 de diciembre de 1998, y corrección de errores en *BOE* n.º 109, de 7 de mayo de 1999), sobre la Renta de No Residentes y Normas Tributarias, modificada por Ley 14/2000, de 29 de diciembre (*BOE* n.º 313, de 30 de diciembre), y RD 326/1999, de 26 de febrero (*BOE* n.º 50, de 27 de febrero), por el que se aprueba su Reglamento, modificado por RD 1.968/1999, de 23 de diciembre (*BOE* n.º 312, de 30 de diciembre; corrección de errores en *BOE* n.º 17, de 20 de enero de 2000), y por RD 579/2001, de 1 de junio (*BOE* n.º 132, de 2 de junio); Disp. Adic. 1.ª4 de la Ley 14/1985, de 29 de mayo, de Régimen Fiscal de Determinados Activos Financieros (*BOE* n.º 129, de 30 de mayo); RD 2.631/1985, de 18 de diciembre, sobre procedimiento para sancionar las infracciones tributarias (*BOE* n.º 16, de 18 de enero de 1986); Título VIII del Real Decreto Legislativo 781/1986, de 18 de abril, por el que se aprueba el texto refundido de las disposiciones legales vigentes en materia de Régimen Local (*BOE* n.ºs 96 y 97, de 22 y 23 de abril); art. 66 RD 939/1986, de 25 de abril, por el que se aprueba el Reglamento General de la Inspección de los Tributos (*BOE* n.º 115, de 14 de mayo), modificado y desarrollado por RD 1.930/1998, de 11 de septiembre (*BOE* n.º 219, de 12 de septiembre); arts. 87 y 170 ss. LIVA, y RIVA; LIE; art. 5.º Convenio Europeo de Extradición, reproducido en nota al Preámbulo de la LE (Apéndice 5); Ley 10/1995, de 24 de abril, por la que se crea la Fiscalía Especial para la Represión de los Delitos Económicos relacionados con la Corrupción (*BOE* n.º 98, de 25 de abril); RD 923/ 1995, de 9 de junio (*BOE* n.º 162, de 8 de julio), por el que se fija la plantilla orgánica de la Fiscalía Especial para la Represión de los Delitos Económicos relacionados con la Corrupción; Resolución de 8 de enero de 1996 (*BOE* n.º 11, de 12 de enero), de la Agencia Estatal de Administración Tributaria, por la que se crea la Unidad de Apoyo a la Fiscalía Especial para la Represión de los Delitos Económicos relacionados con la Corrupción; art. 20.*a*) LCAP; y Resolución de 27 de octubre de 1998, de la Presidencia de la Agencia Estatal de Administración Tributaria, por la que se crea la Oficina Nacional de Investigación del Fraude (*BOE* n.º 266, de 6 de noviembre).

Ténganse en cuenta, finalmente, las Disps. Adics. 1.ª y 2.ª de la Ley 6/1995, de

pago de tributos, cantidades retenidas o que se hubieran debido retener o ingresos a cuenta de retribuciones en especie obteniendo indebidamente devoluciones o disfrutando beneficios fiscales de la misma forma, siempre que la cuantía de la cuota defraudada, el importe no ingresado de las retenciones o ingresos a cuenta o de las devoluciones o beneficios fiscales indebidamente obtenidos o disfrutados exceda de quince millones de pesetas, será castigado con la pena de prisión de uno a cuatro años y multa del tanto al séxtuplo de la citada cuantía.

Las penas señaladas en el párrafo anterior se aplicarán en su mitad superior cuando la defraudación se cometiere concurrien-

---

29 de junio (*BOE* n.º 155, de 30 de junio), por la que se modificaron determinados preceptos del CP relativos a delitos contra la Hacienda Pública y la Seguridad Social. Aquéllas, modificadas por la Disp. Final 5.ª del presente Código, establecían:

«*Disp. Adicional 1.ª Regularización tributaria autorizada por la Ley 18/1991, de 6 de junio.*—Quedarán exentos de responsabilidad penal quienes suscribieron Deuda Pública Especial en los términos, plazos y condiciones establecidos en la disposición adicional decimotercera de la Ley 18/1991, de 6 de junio, y apliquen su precio efectivo de adquisición, de acuerdo con lo previsto en la citada disposición, a la reducción de rentas o patrimonios netos no declarados, en relación con las deudas tributarias derivadas de dichas rentas o patrimonios.

»También quedarán exentos de responsabilidad penal, en relación con las deudas anteriormente mencionadas, quienes hubieren regularizado su situación tributaria con arreglo a lo previsto en la disposición adicional decimocuarta de la Ley 18/1991, de 6 de junio.

»La exención de responsabilidad penal contemplada en los párrafos anteriores alcanzará igualmente a dichos sujetos por las posibles irregularidades contables u otras falsedades instrumentales que, exclusivamente en relación a la deuda tributaria objeto de regularización, los mismos pudieran haber cometido con carácter previo a la regularización de su situación tributaria.

»*Disp. Adicional 2.ª* La exención de responsabilidad penal, contemplada en los párrafos segundos de los artículos 305, apartado 4; 307, apartado 3, y 308, apartado 4, resultará igualmente aplicable aunque las deudas objeto de regularización sean inferiores a las cuantías establecidas en los citados artículos.»

Respecto de la Seguridad Social, v. arts. 41 y 129.1 CE, RDL 1/1994, de 20 de junio (*BOE* n.º 154, de 29 de junio), por el que se aprueba el Texto refundido de la Ley General de la Seguridad Social, modificado por la Ley 13/1996, de 30 de diciembre, de medidas fiscales, administrativas y del orden social (*BOE* n.º 315, de 31 de diciembre); por la Ley 50/1998, de 30 de diciembre (*BOE* n.º 313, de 31 de diciembre de 1998; corrección de errores en *BOE* n.º 109, de 7 de mayo de 1999), del mismo nombre, por la Ley 36/1999, de 18 de octubre (*BOE* n.º 250, de 19 de octubre), por la Ley 39/1999, de 5 de noviembre (*BOE* n.º 266, de 6 de noviembre); por Ley 55/1999, de 29 de diciembre (*BOE* n.º 312, de 30 de diciembre; corrección de erratas en *BOE* n.º 54, de 3 de marzo de 2000), y por la Ley 14/2000, de 29 de diciembre (*BOE* n.º 313, de 30 de diciembre); y la Orden de 11 de enero de 1996, sobre Bases de Cotización a la Seguridad Social, Desempleo y Fondo de Garantía Salarial.

do alguna de las circunstancias siguientes:

a) La utilización de persona o personas interpuestas de manera que quede oculta la identidad del verdadero obligado tributario.

b) La especial trascendencia y gravedad de la defraudación atendiendo al importe de lo defraudado o a la existencia de una estructura organizativa que afecte o pueda afectar a una pluralidad de obligados tributarios.

Además de las penas señaladas, se impondrá al responsable la pérdida de la posibilidad de obtener subvenciones o ayudas públicas y del derecho a gozar de beneficios o incentivos fiscales o de la Seguridad Social durante un período de tres a seis años.

2. A los efectos de determinar la cuantía mencionada en el apartado anterior, si se trata de tributos, retenciones, ingresos a cuenta o devoluciones, periódicos o de declaración periódica, se estará a lo defraudado en cada período impositivo o de declaración, y si éstos son inferiores a doce meses, el importe de lo defraudado se referirá al año natural. En los demás supuestos, la cuantía se entenderá referida a cada uno de los distintos conceptos por los que un hecho imponible sea susceptible de liquidación.

3. Las mismas penas se impondrán cuando las conductas descritas en el apartado primero de este artículo se cometan contra la Hacienda de las Comunidades, siempre que la cuantía defraudada excediere de cincuenta mil ecus.

4. Quedará exento de responsabilidad penal el que regularice su situación tributaria, en relación con las deudas a que se refiere el apartado primero de este artículo, antes de que se le haya notificado por la Administración Tributaria la iniciación de actuaciones de comprobación tendentes a la determinación de las deudas tributarias objeto de regularización, o en el caso de que tales actuaciones no se hubieran producido, antes de que el Ministerio Fiscal, el Abogado del Estado o el representante procesal de la Administración autonómica, foral o local de que se trate, interponga querella o denuncia contra aquél dirigida, o cuando el Ministerio Fiscal o el Juez de Instrucción realicen actuaciones que le permitan tener conocimiento formal de la iniciación de diligencias.

La exención de responsabilidad penal contemplada en el párrafo anterior alcanzará igualmente a dicho sujeto por las

---

Art. 305.4: V. Disp. Final 5.ª de este Código.

posibles irregularidades contables u otras falsedades instrumentales que, exclusivamente en relación a la deuda tributaria objeto de regularización, el mismo pudiera haber cometido con carácter previo a la regularización de su situación tributaria.

Art. 306. El que por acción u omisión defraude a los presupuestos generales de las Comunidades u otros administrados por éstas, en cuantía superior a cincuenta mil ecus, eludiendo el pago de cantidades que se deban ingresar, o dando a los fondos obtenidos una aplicación distinta de aquella a que estuvieren destinados, será castigado con la pena de prisión de uno a cuatro años y multa del tanto al séxtuplo de la citada cuantía.

Art. 307. 1. El que, por acción u omisión, defraude a la Seguridad Social para eludir el pago de las cuotas de ésta y conceptos de recaudación conjunta, obtener indebidamente devoluciones de las mismas o disfrutar de deducciones por cualquier concepto asimismo de forma indebida y con ánimo fraudulento, siempre que la cuantía de las cuotas defraudadas o de las devoluciones o deducciones indebidas exceda de quince millones de pesetas será castigado con la pena de prisión de uno a cuatro años y multa del tanto al séxtuplo de la citada cuantía.

Las penas señaladas en el párrafo anterior se aplicarán en su mitad superior cuando la defraudación se cometa concurriendo alguna de las circunstancias siguientes:

a) La utilización de persona o personas interpuestas de manera que quede oculta la identidad del verdadero obligado frente a la Seguridad Social.

b) La especial trascendencia y gravedad de la defraudación atendiendo al importe de lo defraudado o a la existencia de una estructura organizativa que afecte o pueda afectar a una pluralidad de obligados frente a la Seguridad Social.

2. A los efectos de determinar la cuantía mencionada en el apartado anterior, se estará a lo defraudado en cada liquidación, devolución o deducción, refiriéndose al año natural el importe de lo defraudado cuando aquéllas correspondan a un período inferior a doce meses.

3. Quedará exento de responsabilidad penal el que regulari-

Art. 306: Téngase en cuenta el texto del art. 2.º2 de la LO 10/1998, de 17 de diciembre (*BOE* n.º 302, de 18 de diciembre), reproducido en nota al art. 50 del presente Código. V. art. 628 de este Código.

Art. 307.3: V. Disp. Final 5.ª de este Código.

ce su situación ante la Seguridad Social, en relación con las deudas a que se refiere el apartado primero de este artículo, antes de que se le haya notificado la iniciación de actuaciones inspectoras dirigidas a la determinación de dichas deudas o, en caso de que tales actuaciones no se hubieran producido, antes de que el Ministerio Fiscal o el Letrado de la Seguridad Social interponga querella o denuncia contra aquél dirigida.

La exención de responsabilidad penal contemplada en el párrafo anterior alcanzará igualmente a dicho sujeto por las posibles falsedades instrumentales que, exclusivamente en relación a la deuda objeto de regularización, el mismo pudiera haber cometido con carácter previo a la regularización de su situación.

Art. 308. 1. El que obtenga una subvención, desgravación o ayuda de las Administraciones públicas de más de diez millones de pesetas falseando las condiciones requeridas para su concesión u ocultando las que la hubiesen impedido, será castigado con la pena de prisión de uno a cuatro años y multa del tanto al séxtuplo de su importe.

2. Las mismas penas se impondrán al que en el desarrollo de una actividad subvencionada con fondos de las Administraciones públicas cuyo importe supere los diez millones de pesetas, incumpla las condiciones establecidas alterando sustancialmente los fines para los que la subvención fue concedida.

3. Además de las penas señaladas, se impondrá al responsable la pérdida de la posibilidad de obtener subvenciones o ayudas públicas y del derecho a gozar de beneficios o incentivos fiscales o de la Seguridad Social durante un período de tres a seis años.

4. Quedará exento de responsabilidad penal, en relación con las subvenciones, desgravaciones o ayudas a que se refieren los apartados primero y segundo de este artículo, el que reintegre las cantidades recibidas, incrementadas en un interés anual equivalente al interés legal del dinero aumentado en dos puntos porcentuales, desde el momento en que las percibió, antes de que se le haya notificado la iniciación de actuaciones de inspección o control en relación con dichas subvenciones, desgravaciones o ayudas o, en el caso de que tales actuaciones no se hubieran pro-

---

Art. 308.4: V. Disp. Final 5.ª de este Código.

ducido, antes de que el Ministerio Fiscal, el Abogado del Estado o el representante de la Administración autonómica o local de que se trate interponga querella o denuncia contra aquél dirigida.

La exención de responsabilidad penal contemplada en el párrafo anterior alcanzará igualmente a dicho sujeto por las posibles falsedades instrumentales que, exclusivamente en relación a la deuda objeto de regularización, el mismo pudiera haber cometido con carácter previo a la regularización de su situación.

Art. 309. El que obtenga indebidamente fondos de los presupuestos generales de las Comunidades u otros administrados por éstas, en cuantía superior a cincuenta mil ecus, falseando las condiciones requeridas para su concesión u ocultando las que la hubieren impedido, será castigado con la pena de prisión de uno a cuatro años y multa del tanto al séxtuplo de la citada cuantía.

Art. 310. Será castigado con la pena de arresto de siete a quince fines de semana y multa de tres a diez meses el que estando obligado por Ley tributaria a llevar contabilidad mercantil o libros o registros fiscales:

a) Incumpla absolutamente dicha obligación en régimen de estimación directa de bases tributarias.

b) Lleve contabilidades distintas que, referidas a una misma actividad y ejercicio económico, oculten o simulen la verdadera situación de la empresa.

c) No hubiere anotado en los libros obligatorios negocios, actos, operaciones o, en general, transacciones económicas, o los hubiere anotado con cifras distintas a las verdaderas.

d) Hubiere practicado en los libros obligatorios anotaciones contables ficticias.

La consideración como delito de los supuestos de hecho, a que se refieren las letras *c*) y *d*) anteriores, requerirá que se hayan omitido las declaraciones tributarias o que las presentadas fueren reflejo de su falsa contabilidad y que la cuantía, en más o menos, de los cargos o abonos omitidos o falseados exceda, sin compensación artimética entre ellos, de treinta millones de pesetas por cada ejercicio económico.

Art. 309: Téngase en cuenta el texto del art. 2.º2 de la LO 10/1998, de 17 de diciembre (*BOE* n.º 302, de 18 de diciembre), reproducido en nota al art. 50 del presente Código. V. art. 628 de este Código.

TÍTULO XV

De los delitos contra los derechos de los trabajadores*

Art. 311. Serán castigados con las penas de prisión de seis meses a tres años y multa de seis a doce meses:

1.º Los que, mediante engaño o abuso de situación de necesidad impongan a los trabajadores a su servicio condiciones laborales o de Seguridad Social que perjudiquen, supriman o restrinjan los derechos que tengan reconocidos por disposiciones legales, convenios colectivos o contrato individual.

2.º Los que en el supuesto de transmisión de empresas, con conocimiento de los procedimientos descritos en el apartado anterior, mantengan las referidas condiciones impuestas por otro.

3.º Si las conductas reseñadas en los apartados anteriores se llevaren a cabo con violencia o intimidación se impondrán las penas superiores en grado.

Art. 312. 1. Serán castigados con las penas de prisión

---

* V. art. 20.*a*) LCAP.

Art. 311: V. arts. 35.1.º y 41 CE, Ley 51/1980, de 8 de octubre (*BOE* n.º 250, de 17 de octubre), Básica de Empleo; ET; y RD 1.659/1998, de 24 de julio (*BOE* n.º 192, de 12 de agosto), por el que se desarrolla su art. 8.º5, en materia de información al trabajador sobre los elementos esenciales del contrato de trabajo; Real Decreto Legislativo 5/2000, de 4 de agosto (*BOE* n.º 189, de 8 de agosto; corrección de errores en *BOE* n.º 228, de 22 de septiembre), por el que se aprueba el texto refundido de la Ley sobre Infracciones y Sanciones en el Orden Social, modificado por Ley 14/2000, de 29 de diciembre (*BOE* n.º 313, de 30 de diciembre); Ley 42/1997, de 14 de noviembre (*BOE* n.º 274, de 15 de noviembre), Ordenadora de la Inspección de Trabajo y Seguridad Social, y RD 928/1998, de 14 de mayo (*BOE* n.º 132, de 3 de junio), por el que se aprueba el Reglamento general sobre procedimientos para la imposición de sanciones por infracciones de orden social y para los expedientes liquidatorios de cuotas de la Seguridad Social; art. 20.*d*) LCAP; RDL 1/1994, de 20 de junio (*BOE* n.º 154, de 29 de junio), por el que se aprueba el Texto Refundido de la Ley General de la Seguridad Social, modificado por las Leyes 13/1996, de 30 de diciembre, de medidas fiscales, administrativas y del orden social (*BOE* n.º 315, de 31 de diciembre), 50/1998, de 30 de diciembre (*BOE* n.º 313, de 31 de diciembre; corrección de errores en *BOE* n.º 109, de 7 de mayo de 1999); 36/1999, de 18 de octubre (*BOE* n.º 266, de 6 de noviembre), y 55/1999, de 29 de diciembre (*BOE* n.º 54, de 3 de marzo de 2000); y Orden de 11 de enero de 1996, sobre Bases de Cotización a la Seguridad Social, Desempleo y Fondo de Garantía Salarial.

Art. 312: El primer apartado de este artículo figura redactado conforme al texto dado por la LO 4/2000, de 11 de enero (*BOE* n.º 10, de 12 de enero; corrección de errores en *BOE* n.º 20, de 24 de enero), sobre derechos y libertades de los extranjeros en España y su integración social. V. art. 54 Ley 33/1971, de 21 de julio (*BOE* n.º 175, de 23 de julio), de Emigración;

de dos a cinco años y multa de seis a doce meses, los que trafiquen de manera ilegal con mano de obra.

2. En la misma pena incurrirán quienes recluten personas o las determinen a abandonar su puesto de trabajo ofreciendo empleo o condiciones de trabajo engañosas o falsas, y quienes empleen a súbditos extranjeros sin permiso de trabajo en condiciones que perjudiquen, supriman o restrinjan los derechos que tuviesen reconocidos por disposiciones legales, convenios colectivos o contrato individual.

Art. 313. 1. El que promoviere o favoreciere por cualquier medio la inmigración clandestina de trabajadores a España, será castigado con la pena prevista en el artículo anterior.

2. Con la misma pena será castigado el que, simulando contrato o colocación, o usando de otro engaño semejante, determinare o favoreciere la emigración de alguna persona a otro país.

Art. 314. Los que produzcan una grave discriminación en el empleo, público o privado, contra alguna persona por razón de su ideología, religión o creencias, su pertenencia a una etnia, raza o nación, su sexo, orientación sexual, situación familiar, enfermedad o minusvalía, por ostentar la representación legal o sindical de los trabajadores, por el parentesco con otros trabajadores de la empresa o por el uso de alguna de las lenguas oficiales dentro del Estado español, y no restablezcan la situación de igualdad ante la Ley tras requerimiento

---

Ley 5/1984, de 26 de marzo (*BOE* n.º 74, de 27 de marzo), reguladora del derecho de asilo y de la condición de refugiado (modificada por Ley 9/1994, de 19 de mayo), y su Reglamento, aprobado por RD 203/1995, de 10 de febrero (*BOE* n.º 52, de 2 de marzo); LO 4/2000, de 11 de enero (*BOE* n.º 10, de 12 de enero; corrección de errores en *BOE* n.º 20, de 24 de enero), sobre derechos y libertades de los extranjeros en España y su integración social, modificada por Ley Orgánica 8/2000, de 22 de diciembre (*BOE* n.º 307, de 23 de diciembre; corrección de errores en *BOE* n.º 47, de 23 de febrero de 2001); Orden de 11 de abril de 1996 (*BOE* n.º 93, de 17 de abril), del Ministerio de Justicia e Interior, sobre exenciones de visado; Resolución de 15 de abril de 1996 (*BOE* n.º 93, de 17 de abril; corrección de errores en *BOE* n.º 108, de 4 de mayo), de la Subsecretaría del Ministerio de la Presidencia, por la que se dispone la publicación del Acuerdo del Consejo de Ministros de 12 de abril de 1996, por el que se desarrolla el proceso de documentación de extranjeros en situación irregular; y Resolución de 17 de abril de 1996 (*BOE* n.º 100, de 25 de abril), de la Dirección General de Migraciones, por la que se establece la correspondencia entre permisos de trabajo cuando se ejercite la opción prevista en la Disp. Trans. 2.ª del RD 155/1996. V. también art. 282 bis LECr., reproducido en nota al art. 368 de este Código.

Art. 313: V. notas a los arts. precedentes.

o sanción administrativa, reparando los daños económicos que se hayan derivado, serán castigados con la pena de prisión de seis meses a dos años o multa de seis a doce meses.

Art. 315. 1. Serán castigados con las penas de prisión de seis meses a tres años y multa de seis a doce meses los que mediante engaño o abuso de situación de necesidad, impidieren o limitaren el ejercicio de la libertad sindical o el derecho de huelga.

2. Si las conductas reseñadas en el apartado anterior se llevaren a cabo con fuerza, violencia o intimidación se impondrán las penas superiores en grado.

3. Las mismas penas del apartado segundo se impondrán a los que, actuando en grupo, o individualmente pero de acuerdo con otros, coaccionen a otras personas a iniciar o continuar una huelga.

Art. 316. Los que con infracción de las normas de prevención de riesgos laborales y estando

---

Art. 315: El art. 28 CE dispone lo siguiente:

«1. Todos tienen derecho a sindicarse libremente. La Ley podrá limitar o exceptuar el ejercicio de este derecho a las Fuerzas o Institutos armados o a los demás Cuerpos sometidos a disciplina militar y regulará las peculiaridades de su ejercicio para los funcionarios públicos. La libertad sindical comprende el derecho a fundar sindicatos y a afiliarse al de su elección, así como el derecho de los sindicatos a formar confederaciones y a fundar organizaciones sindicales internacionales o afiliarse a las mismas. Nadie podrá ser obligado a afiliarse a un sindicato.

»2. Se reconoce el derecho a la huelga de los trabajadores para la defensa de sus intereses. La Ley que regule el ejercicio de este derecho establecerá las garantías precisas para asegurar el mantenimiento de los servicios esenciales de la comunidad.»

V., además de lo citado en las notas precedentes, art. 23.4 DUDH; art. 22.1 PIDCP; art. 5.º Carta Social Europea de 18 de octubre de 1961, ratificada por Instrumento de 29 de abril de 1980 (*BOE* n.º 153, de 26 de junio; corrección de errores en *BOE* n.º 192, de 12 de agosto de 1980). V., además, arts. 1.º ss. Real Decreto-Ley 17/1977, de 4 de marzo, sobre Relaciones de Trabajo (*BOE* n.º 58, de 9 de mayo); art. 4.º1 ET; LO 11/1985, de 2 de agosto, de Libertad Sindical (*BOE* n.º 189, de 8 de agosto). Téngase en cuenta lo que sobre la libertad sindical dispone el RD 342/1979, de 20 de febrero, recogido en nota a la Ley 62/1978, de 26 de diciembre (Apéndice 2).

Art. 316: V., además de lo citado en las notas precedentes, Ley 31/1995, de 8 de noviembre (*BOE* n.º 269, de 10 de noviembre), de Prevención de Riesgos Laborales, modificada por Leyes 50/1998, de 30 de diciembre (*BOE* n.º 313, de 31 de diciembre; corrección de errores en *BOE* n.º 109, de 7 de mayo de 1999), y 39/1999, de 5 de noviembre (*BOE* n.º 266, de 6 de noviembre), y por RDL 5/2000, de 4 de agosto (*BOE* n.º 189, de 8 de agosto; corrección de errores en *BOE* n.º 228, de 22 de septiembre), y desarrollada por RRDD 485, 486, 487 y 488/1997, todos ellos de 14 de abril, y 773/1997, de 30 de mayo, sobre disposiciones mínimas de seguridad y salud en distintas actividades laborales (*BOE* n.º 97, de 23 de abril, y *BOE* n.º 140, de 12 de junio, corrección de erratas en *BOE* n.º 171, de 18 de julio); por RRDD 664 y 665/1997, ambos de 12 de mayo, sobre protección de los trabajadores frente a diversos riesgos (*BOE* n.º 124, de 24 de mayo), actualizado el primero de ellos por Orden de 25 de marzo de 1998 (*BOE* n.º 76, de 30 de marzo; correc-

legalmente obligados, no faciliten los medios necesarios para que los trabajadores desempeñen su actividad con las medidas de seguridad e higiene adecuadas, de forma que pongan así en peligro grave su vida, salud o integridad física, serán castigados con las penas de prisión de seis meses a tres años y multa de seis a doce meses.

Art. 317. Cuando el delito a que se refiere el artículo anterior se cometa por imprudencia grave, será castigado con la pena inferior en grado.

Art. 318. Cuando los hechos previstos en los artículos anteriores se atribuyeran a personas jurídicas, se impondrá la pena señalada a los administradores o encargados del servicio que hayan sido responsables de los mismos y a quienes, conociéndolos y pudiendo remediarlo, no hubieren adoptado medidas para ello.

---

ción de erratas en *BOE* n.º 90, de 15 de abril), y el segundo por RD 1.124/2000, de 16 de junio (*BOE* n.º 145, de 17 de junio); por RD 1.215/1997, de 18 de julio (*BOE* n.º 188, de 7 de agosto), por el que se establecen las disposiciones mínimas de seguridad y salud para la utilización por los trabajadores de los equipos de trabajo, por RRDD 1.389/1997, de 5 de septiembre, y 1.627/ 1997, de 24 de octubre (*BOE* n.os 240 y 256, de 7 y 25 de octubre, respectivamente), sobre disposiciones mínimas de seguridad y salud en actividades mineras y en obras de construcción; por RRDD 216/1999, de 5 de febrero, y 258/1999, de 12 de febrero (*BOE* n.º 47, de 24 de febrero, en ambos casos, con corrección de errores del segundo en *BOE* n.º 103, de 30 de abril), por los que se establecen condiciones mínimas sobre la protección de la salud en el ámbito de las empresas de trabajo temporal, y respecto de los trabajadores del mar, respectivamente; por RD 374/2001, de 6 de abril (*BOE* n.º 104, de 1 de mayo; corrección de erratas en *BOE* n.os 129, de 30 de mayo, y 149, de 22 de junio), sobre la protección de la salud y seguridad de los trabajadores contra los riesgos relacionados con los agentes químicos durante el trabajo, y por RD 614/2001, de 8 de junio (*BOE* n.º 148, de 21 de junio), sobre disposiciones mínimas para la protección de la salud y seguridad de los trabajadores frente al riesgo electrónico; art. 19 ET, Ley 8/1988, de 7 de abril (*BOE* n.º 91, de 15 de abril), sobre infracciones y sanciones en el orden social, modificada por la Ley 13/1996, de 30 de diciembre, de medidas fiscales, administrativas y del orden social (*BOE* n.º 315, de 31 de diciembre), y por Ley 50/1998, de 30 de diciembre (*BOE* n.º 313, de 31 de diciembre; corrección de errores en *BOE* n.º 109, de 7 de mayo de 1999); RD 928/1998, de 14 de mayo (*BOE* n.º 132, de 3 de junio), por el que se aprueba el Reglamento General sobre procedimiento para la imposición de sanciones por infracciones de orden social y para los expedientes liquidatorios de cuotas de la Seguridad Social; y, además, art. 7.º*b*) Pacto Internacional de Derechos Económicos, Sociales y Culturales de 19 de diciembre de 1966, ratificado por Instrumento de 13 de abril de 1977 (*BOE* n.º 103, de 30 abril); 3.º de la Carta Social Europea de 18 de octubre de 1961, ratificada por Instrumento de 29 de abril de 1980 (*BOE* n.º 153, de 26 de junio; corrección de errores en *BOE* n.º 192, de 11 de agosto); art. 20.*d*) LCAP; y RD 1.879/1996, de 2 de agosto (*BOE* n.º 192, de 9 de agosto; corrección de errores en *BOE* n.º 252, de 18 de octubre), por el que se regula la composición de la Comisión Nacional de Seguridad y Salud en el Trabajo.

Art. 318: V. art. 31 del presente Código.

TÍTULO XV BIS

Delitos contra los derechos de los ciudadanos extranjeros*

Art. 318 bis. 1. Los que promuevan, favorezcan o faciliten el tráfico ilegal de personas desde, en tránsito o con destino a España serán castigados con las penas de prisión de seis meses a tres años y multa de seis a doce meses.

2. Los que realicen las conductas descritas en el apartado anterior con ánimo de lucro, o empleando violencia, intimidación o engaño o abusando de una situación de necesidad de la víctima, serán castigados con las penas de prisión de dos a cuatro años y multa de doce a veinticuatro meses.

3. Se impondrán las penas correspondientes en su mitad superior a las previstas en los apartados anteriores, cuando en la comisión de los hechos se hubiere puesto en peligro la vida, la salud o la integridad de las personas o la víctima sea menor de edad.

4. En las mismas penas del apartado anterior y además en la inhabilitación absoluta de seis a doce años incurrirán los que realicen los hechos prevaliéndose de su condición de autoridad, agente de ésta o funcionario público.

5. Se impondrán las penas superiores en grado a las previstas en los apartados anteriores, en sus respectivos casos, cuando el culpable perteneciere a una organización o asociación, incluso de carácter transitorio que se dedicare a la realización de tales actividades.

* Este Título, y el artículo que lo integra, fueron introducidos por la LO 4/2000, de 11 de enero (*BOE* n.º 10, de 12 de enero; corrección de errores en *BOE* n.º 20, de 24 de enero), sobre derechos y libertades de los extranjeros en España y su integración social.

TÍTULO XVI
De los delitos relativos a la ordenación del territorio y la protección del patrimonio histórico y del medio ambiente

CAPÍTULO PRIMERO
DE LOS DELITOS SOBRE LA ORDENACIÓN DEL TERRITORIO

Art. 319. 1. Se impondrán las penas de prisión de seis meses a tres años, multa de doce a veinticuatro meses e inhabilitación especial para profesión u oficio por tiempo de seis meses a tres años, a los promotores, constructores o técnicos directores que lleven a cabo una construcción no autorizada en suelos destinados a viales, zonas verdes, bienes de dominio público o lugares que tengan legal o administrativamente reconocido su valor paisajístico, ecológico, artístico, histórico o cultural, o por los mismos motivos hayan sido considerados de especial protección.

2. Se impondrá la pena de prisión de seis meses a dos años, multa de doce a veinticuatro meses e inhabilitación especial para profesión u oficio por tiempo de seis meses a tres años, a los promotores, constructores o técnicos directores que lleven a cabo una edificación no autorizable en el suelo no urbanizable.

3. En cualquier caso, los Jueces o Tribunales, motivadamente, podrán ordenar, a cargo del autor del hecho, la demolición de la obra, sin perjuicio de las indemnizaciones debidas a terceros de buena fe.

Art. 320. 1. La autoridad o funcionario público que, a sa-

Art. 319: V. Ley 6/1998, de 13 de abril (*BOE* n.º 89, de 14 de abril), sobre régimen del suelo y valoraciones, modificada por Ley 55/1999, de 29 de diciembre (*BOE* n.º 312, de 30 de diciembre; corrección de erratas en *BOE* n.º 54, de 3 de marzo de 2000), y, en la parte que permanece vigente, RDL 1/1992, de 26 de junio (*BOE* n.º 156, de 30 de junio; correcciones de errores en *BOE* n.º 177, de 24 de julio, y n.º 38, de 13 de febrero de 1993), por el que se aprueba el Texto Refundido de la Ley sobre Régimen del Suelo y Ordenación Urbana; y RRDD 2.159/1978, de 23 de junio (*BOE* n.ᵒˢ 221 y 222, de 15 y 16 de agosto), 2.187/1978, de 23 de junio (*BOE* n.ᵒˢ 27 y 28, de 31 de enero y 1 de febrero de 1979), y 3.288/1978, de 25 de agosto (*BOE* n.ᵒˢ 27 y 28, de 31 de enero y 1 de febrero de 1979), por los que, respectivamente, se aprueban los Reglamentos de Planeamiento, Disciplina y Gestión Urbanística.

Art. 320: V. nota al art. anterior y Ley 7/1985, de 2 de abril (*BOE* n.º 80, de 3 de abril; corrección de errores en *BOE* n.º 139, de 11 de julio), reguladora de las Bases de Régimen Local, modificada por Leyes 11/1999, de 21 de abril (*BOE* n.º 96, de 22 de abril; corrección de errores en

biendas de su injusticia, haya informado favorablemente proyectos de edificación o la concesión de licencias contrarias a las normas urbanísticas vigentes será castigado con la pena establecida en el artículo 404 de este Código y, además, con la de prisión de seis meses a dos años o la multa de doce a veinticuatro meses.

2. Con las mismas penas se castigará a la autoridad o funcionario público que por sí mismo o como miembro de un organismo colegiado haya resuelto o votado a favor de su concesión a sabiendas de su injusticia.

CAPÍTULO II

DE LOS DELITOS SOBRE EL PATRIMONIO HISTÓRICO*

Art. 321. Los que derriben o alteren gravemente edificios singularmente protegidos por su interés histórico, artístico, cultural o monumental serán castigados con las penas de prisión de seis meses a tres años, multa de doce a veinticuatro meses y, en todo caso, inhabilitación especial para profesión u oficio por tiempo de uno a cinco años.

En cualquier caso, los Jueces o Tribunales, motivadamente, podrán ordenar, a cargo del autor del hecho, la reconstrucción o restauración de la obra, sin perjuicio de las indemnizaciones debidas a terceros de buena fe.

Art. 322. 1. La autoridad o funcionario público que, a sabiendas de su injusticia, haya informado favorablemente proyectos de derribo o alteración de edificios singularmente protegidos será castigado además de con la pena establecida en el artículo 404 de este Código con la de prisión de seis meses a dos

BOE n.º 184, de 3 de agosto), y 55/1999, de 29 de diciembre (*BOE* n.º 312, de 30 de diciembre; corrección de erratas en *BOE* n.º 54, de 3 de marzo de 2000); y RDL 781/1986, de 18 de abril (*BOE* n.os 96 y 97, de 22 y 23 de abril; correcciones de errores en *BOE* n.os 165 y 282, de 11 de julio y 25 de noviembre), por el que se aprueba el Texto Refundido de las disposiciones legales vigentes en materia de Régimen Local; y Ley 7/1995, reguladora de las Bases de Régimen Local.

* V. art. 46 CE, cuyo texto se reproduce en nota al art. 235.1.º de este Código, y Ley 13/1985, de 25 de junio, del Patrimonio Histórico Español (*BOE* n.º 155, de 29 de junio), así como su desarrollo parcial en el RD 111/1986, de 10 de enero (*BOE* n.º 24, de 28 de enero), modificado por RD 64/1994, de 21 de enero (*BOE* n.º 52, de 2 de marzo).

V., también, Ley 23/1982, de 16 de junio, del Patrimonio Nacional, y su Reglamento, aprobado por RD 496/1987, de 18 de marzo; Ley 10/1998, de 9 de julio, de Patrimonio Histórico de la Comunidad de Madrid (*BOCM* de 16 de julio); Ley 1/2001, de 6 de marzo, de la Comunidad Autónoma del Principado de Asturias, del Patrimonio Cultural (*BOE* n.º 135, de 6 de junio).

años o la de multa de doce a veinticuatro meses.

2. Con las mismas penas se castigará a la autoridad o funcionario público que por sí mismo o como miembro de un organismo colegiado haya resuelto o votado a favor de su concesión a sabiendas de su injusticia.

Art. 323. Será castigado con la pena de prisión de uno a tres años y multa de doce a veinticuatro meses el que cause daños en un archivo, registro, museo, biblioteca, centro docente, gabinete científico, institución análoga o bienes de valor histórico, artístico, científico, cultural o monumental, así como en yacimientos arqueológicos.

En este caso, los Jueces o Tribunales podrán ordenar, a cargo del autor del daño, la adopción de medidas encaminadas a restaurar, en lo posible, el bien dañado.

Art. 324. El que por imprudencia grave cause daños, en cuantía superior a cincuenta mil pesetas, en un archivo, registro, museo, biblioteca, centro docente, gabinete científico, institución análoga o en bienes de valor artístico, histórico, cultural, científico o monumental, así como en yacimientos arqueológicos, será castigado con la pena de multa de tres a dieciocho meses, atendiendo a la importancia de los mismos.

CAPÍTULO III

DE LOS DELITOS CONTRA LOS RECURSOS NATURALES Y EL MEDIO AMBIENTE*

Art. 325. Será castigado con las penas de prisión de seis meses a cuatro años, multa de ocho a veinticuatro meses e inhabilitación

---

* El art. 45 CE establece:

«1. Todos tienen el derecho a disfrutar de un medio ambiente adecuado para el desarrollo de la persona, así como el deber de conservarlo.

»2. Los poderes públicos velarán por la utilización racional de todos los recursos naturales, con el fin de proteger y mejorar la calidad de la vida y defender y restaurar el medio ambiente, apoyándose en la indispensable solidaridad colectiva.

»3. Para quienes violen lo dispuesto en el apartado anterior, en los términos que la Ley fije se establecerán sanciones penales o, en su caso, administrativas, así como la obligación de reparar el daño causado.»

V. arts. 42 a 44 Ley 1/1970, de 4 de abril, de caza (*BOE* n.º 82, de 6 de abril); Reglamento de Actividades Molestas, Insalubres, Nocivas y Peligrosas, aprobado por Decreto 2.414/1961, de 30 de noviembre (*BOE* n.º 292, de 7 de diciembre), y Orden de 15 de marzo de 1963 (*BOE* n.º 79, de 2 de abril), aprobando la instrucción complementaria de ese Reglamento; Ley 32/1972, de 22 de diciembre, sobre Protección del Medio Ambiente Atmosférico (*BOE* n.º 309, de 26 de diciembre), desarrollada por Decreto 833/1975, de 6 de febrero (*BOE* n.º 96, de 22 de abril), y por RD 1.613/1985, de 1 de agosto (*BOE* n.º 219, de 12 de septiembre; Ley 21/1977, de 1 de abril, sobre Vertidos desde Buques y Aeronaves al Mar; Convenio para la prevención de la Contaminación Marina de Origen Terrestre de 11 de junio de 1974,

especial para profesión u oficio por tiempo de uno a tres años el que, contraviniendo las Leyes u otras disposiciones de carácter general

---

ratificado por Instrumento de 27 de febrero de 1980 (*BOE* n.º 18, de 21 de febrero de 1981; corrección de errores en *BOE* n.º 36, de 11 de febrero); Convenio Internacional de 1973 para prevenir la contaminación por los buques, así como anexo del Protocolo de 1978 (*BOE* n.os 249 y 250, de 17 y 18 de octubre de 1984) y Enmiendas a dicho anexo de 1997 (*BOE* n.º 164, de 10 de julio de 1999) y Enmiendas de 1996 (*BOE* n.º 168, de 15 de julio de 1999); Convención sobre la Protección del Patrimonio Mundial Cultural y Natural de 23 de noviembre de 1972, aceptado por Instrumento de 18 de marzo de 1982 (*BOE* n.º 189, de 8 de agosto); Real Decreto Legislativo 1.302/1986, de 28 de junio, de Evaluación de Impacto Ambiental, modificado por Real Decreto-Ley 9/2000, de 6 de octubre (*BOE* n.º 241, de 7 de octubre); Ley 10/1998, de 21 de abril (*BOE* n.º 96, de 22 de abril), de Residuos, y, en la parte aún vigente, RD 833/1988, de 20 de julio (*BOE* n.º 182, de 30 de julio), por el que se aprobó el Reglamento de la Ley 20/1986, de 14 de mayo, texto modificado por RD 952/1997, de 20 de junio (*BOE* n.º 160, de 5 de julio); Resolución de 17 de noviembre de 1998 (*BOE* n.º 7, de 8 de enero de 1999), de la Dirección General de Calidad y Evaluación Ambiental, por la que se dispone la publicación del catálogo europeo de residuos, aprobado mediante la Decisión 94/3/CE de la Comisión, de 20 de diciembre de 1993; Resolución de 13 de enero de 2000 (*BOE* n.º 28, de 2 de febrero), de la Secretaría General de Medio Ambiente, por la que se dispone la publicación del Acuerdo del Consejo de Ministros, de 7 de enero de 2000, por el que se aprueba el Plan Nacional de Residuos Urbanos; arts. 56 ss. Ley 22/1988, de 28 de julio, de Costas (*BOE* n.º 181, de 29 de julio), cuyo Reglamento ha sido aprobado por RD 1.471/1989, de 1 de diciembre (*BOE* n.º 297, de 12 de diciembre); RD 258/ 1989, de 10 de marzo, por el que se establece la normativa general sobre vertidos de sustancias peligrosas desde tierra al mar (*BOE* n.º 64, de 16 de marzo); Ley 4/1989, de 27 de marzo, de Conservación de los Espacios Naturales y de la Flora y Fauna Silvestres (*BOE* n.º 74, de 28de marzo), reformada por Leyes 40 y 41/1997, de 5 de noviembre (*BOE* n.º 266, de 6 de noviembre); RD 108/1991, de 1 de febrero, sobre la prevención y reducción de la contaminación del medio ambiente producida por el amianto; RD 646/1991, sobre limitación de emisiones a la atmósfera de grandes instalaciones de combustión en determinados aspectos referentes a centrales termoeléctricas, desarrollado por Orden de 26 de diciembre de 1995 (*BOE* n.º 312, de 30 de diciembre); RD 224/1994, de 14 de febrero, por el que se crea el Consejo Asesor de Medio Ambiente (*BOE* n.º 58, de 9 de mayo); RD 484/1995, de 7 de abril, sobre medidas de regularización y control de vertidos (*BOE* n.º 95, de 21 de abril; corrección de errores en *BOE* n.º 114, de 13 de mayo); Resolución de 28 de abril de 1995, de la Secretaría de Estado de Medio Ambiente y Vivienda, por la que se dispone la publicación del Acuerdo del Consejo de Ministros de 17 de febrero de 1995, por el que se aprueba el Plan Nacional de Recuperación de Suelos Contaminados (*BOE* n.º 114, de 13 de mayo; corrección de errores en *BOE* n.º 172, de 20 de julio); Ley 6/2001, de 31 de mayo, de la Comunidad Autónoma de Cataluña, de Ordenación Ambiental del Alumbrado para la protección del Medio Nocturno (*BOE* n.º 149, de 22 junio); Convenio internacional sobre cooperación, preparación y lucha contra la Contaminación por hidrocarburos, 1990, ratificado por Instrumento de 3 de diciembre de 1993 (*BOE* n.º 133, de 5 de junio de 1995); Instrumento de 7 de febrero de 1994 (*BOE* n.º 227, de 22 de septiembre), por el que se ratifica el Convenio de Basilea de 22 de marzo de 1989, sobre el control de los movimientos transfronterizos de los desechos peligrosos y su eliminación, y enmiendas al mismo, adoptadas en Kuching (Malasia) el 27 de febrero de 1998 (*BOE* n.º 120, de 20 de mayo de 1999); Instrumento de 6 de junio de 1995 (*BOE* n.º

protectoras del medio ambiente, provoque o realice directa o indirectamente emisiones, vertidos, radiaciones, extracciones o excavaciones, aterramientos, ruidos, vibraciones, inyecciones o depósitos, en la atmósfera, el suelo, el subsuelo, o las aguas terrestres, marítimas o subterráneas, con incidencia, incluso, en los espacios transfronterizos, así como las captaciones de aguas que puedan perjudicar gravemente el equilibrio de los sistemas naturales. Si el riesgo de grave perjuicio fuese para la salud de las personas, la pena de prisión se impondrá en su mitad superior.

Art. 326. Se impondrá la pena superior en grado, sin per-

225, de 20 de septiembre; corrección de errores en *BOE* de 24 de octubre), de adhesión de España al Protocolo de 1992 que enmienda el Convenio internacional sobre responsabilidad civil nacida de daños debidos a contaminación por hidrocarburos, Convenio denunciado por España con fecha 13 de mayo de 1997 (*BOE* n.º 176, de 24 de julio), y Declaración efectuada por España, Francia e Italia el 27 de septiembre de 2000 (*BOE* n.º 150, de 23 de junio de 2001); Protocolo del Convenio sobre contaminación atmosférica transfronteriza a larga distancia de 1979, relativo a la lucha contra las emisiones de compuestos orgánicos volátiles o sus flujos transfronterizos, hecho en Ginebra el 18 de noviembre de 1991, y ratificado por Instrumento de 25 de enero de 1994 (*BOE* n.º 225, de 19 de septiembre de 1997); Protocolo al Convenio de 1979 sobre contaminación atmosférica transfronteriza a larga distancia, relativo a reducciones adicionales de las emisiones de azufre, hecho en Oslo el 14 de junio de 1994, y ratificado por Instrumento de 23 de julio de 1997 (*BOE* n.º 150, de 24 de junio de 1998); RD 1.494/1995, de 8 de septiembre (*BOE* n.º 230, de 26 de septiembre), sobre contaminación atmosférica por ozono; Ley 4/1998, de 3 de marzo (*BOE* n.º 54, de 4 de marzo), por la que se establece el régimen sancionador previsto en el Reglamento (CE) 3093/94, del Consejo, de 15 de diciembre de 1994, relativo a las sustancias que agotan la capa de ozono; RD 1.800/1995, de 3 de noviembre (*BOE* de 8 de diciembre), de modificación del RD 646/1991, de 22 de abril, por el que se establecen nuevas normas sobre limitación de las emisiones a la atmósfera de determinados agentes contaminantes procedentes de grandes instalaciones de combustión, y se fijan las condiciones para el control de los límites de emisión de SO_2 en la actividad del refino de petróleo; RD-Ley 11/1995, de 28 de diciembre, por el que se establecen las normas aplicables al tratamiento de las aguas residuales urbanas, y RD 509/1996, de 15 de marzo (*BOE* de 29 de marzo de 1996), que lo desarrolla, modificado por RD 2.116/1998, de 2 de octubre (*BOE* n.º 251, de 20 de octubre; corrección de erratas en *BOE* n.º 286, de 30 de noviembre); RD 261/ 1996, de 16 de febrero (*BOE* n.º 61, de 11 de marzo de 1996), sobre protección de las aguas contra la contaminación producida por los nitratos procedentes de fuentes agrarias; Tratado Antártico sobre Protección del Medio Ambiente y sus anejos de 4 de octubre de 1991, ratificado por Instrumento de 1 de junio de 1997 (*BOE* n.º 42, de 18 de febrero de 1998); Convenio para la Protección del Medio Ambiente Marítimo del Atlántico del Nordeste, de 22 de septiembre de 1997, ratificado por Instrumento de 25 de enero de 1994 (*BOE* n.º 150, de 24 de junio de 1998), así como Instrumento de aceptación por parte de España del anexo V y apéndice 3 del citado Convenio (*BOE* n.º 45, de 21 de febrero de 2001); Convenio de 17 de marzo de 1992, sobre la protección y utilización de los cursos de agua transfronterizos y de los lagos internacionales, ratificado por Instrumento de 23 de julio de 1997 (*BOE* n.º 81, de 4 de abril de 2000).

juicio de las que puedan corresponder con arreglo a otros preceptos de este Código, cuando en la comisión de cualquiera de los hechos descritos en el artículo anterior concurra alguna de las circunstancias siguientes:

a) Que la industria o actividad funcione clandestinamente, sin haber obtenido la preceptiva autorización o aprobación administrativa de sus instalaciones.

b) Que se hayan desobedecido las órdenes expresas de la autoridad administrativa de corrección o suspensión de las actividades tipificadas en el artículo anterior.

c) Que se haya falseado u ocultado información sobre los aspectos ambientales de la misma.

d) Que se haya obstaculizado la actividad inspectora de la Administración.

e) Que se haya producido un riesgo de deterioro irreversible o catastrófico.

f) Que se produzca una extracción ilegal de aguas en período de restricciones.

Art. 327. En todos los casos previstos en los dos artículos anteriores, el Juez o Tribunal podrá acordar alguna de las medidas previstas en las letras *a*) o *e*) del artículo 129 de este Código.

Art. 328. Serán castigados con la pena de multa de dieciocho a veinticuatro meses y arresto de dieciocho a veinticuatro fines de semana quienes establecieren depósitos o vertederos de desechos o residuos sólidos o líquidos que sean tóxicos o peligrosos y puedan perjudicar gravemente el equilibrio de los sistemas naturales o la salud de las personas.

Art. 329. 1. La autoridad o funcionario público que, a sabiendas, hubiere informado favorablemente la concesión de licencias manifiestamente ilegales que autoricen el funcionamiento de las industrias o actividades contaminantes a que se refieren los artículos anteriores, o que con motivo de sus inspecciones hubieren silenciado la infracción de Leyes o disposiciones normativas de carácter general que las regulen será castigado con la pena establecida en el artículo 404 de este Código y, además, con la de prisión de seis meses a tres años o la de multa de ocho a veinticuatro meses.

2. Con las mismas penas se castigará a la autoridad o funcionario público que por sí mismo o como miembro de un organismo colegiado hubiese resuelto o votado a favor de su concesión a sabiendas de su injusticia.

Art. 329: V. notas a la rúbrica del presente Capítulo, y al art. 320 de este Código.

Art. 330. Quien, en un espacio natural protegido, dañare gravemente alguno de los elementos que hayan servido para calificarlo, incurrirá en la pena de prisión de uno a cuatro años y multa de doce a veinticuatro meses.

Art. 331. Los hechos previstos en este capítulo serán sancionados, en su caso, con la pena inferior en grado, en sus respectivos supuestos, cuando se hayan cometido por imprudencia grave.

CAPÍTULO IV

De los delitos relativos a la protección de la flora y fauna*

Art. 332. El que corte, tale, queme, arranque, recolecte o efec-

* V. Ley 4/1989, de 27 de marzo (*BOE* n.º 74, de 28 de marzo), de Conservación de los Espacios Naturales y de la Flora y Fauna Silvestres, modificada por Leyes 40 y 41/1997, de 5 de noviembre (*BOE* n.º 266, de 6 de noviembre); Ley 3/2001, de 26 de marzo (*BOE* n.º 75, de 28 de marzo), de Pesca Marítima del Estado; RD 1.095/1989, de 8 de septiembre (*BOE* n.º 218, de 12 de septiembre), por el que se declaran las especies objeto de caza y pesca y se establecen normas para su protección, y cuyo art. 7.º2.*a*) ha sido declarado parcialmente nulo por Sentencia de 22 de febrero de 2000 (*BOE* n.º 74, de 27 de marzo), del Tribunal Supremo; RD 1.118/1989, de 15 de septiembre, por el que se determinan las especies objeto de caza y pesca comercializables y se dictan normas al respecto; RD 439/1990, de 30 de marzo (*BOE* n.º 82, de 5 de abril), por el que se regula el Catálogo Nacional de Especies Amenazadas, y Órdenes de 9 de julio de 1998 (*BOE* n.º 172, de 20 de julio; corrección de errores en *BOE* n.º 191, de 11 de agosto), 9 de junio de 1999 (*BOE* n.º 148, de 22 de junio), 10 de marzo de 2000 (*BOE* n.º 72, de 24 de marzo; corrección de errores en *BOE* n.º 96, de 21 de abril) y 28 de mayo de 2001 (*BOE* n.º 134, de 5 de junio), por las que se incluyen determinadas especies en el Catálogo Nacional de Especies Amenazadas y cambian de categoría otras especies que ya están incluidas en el mismo; RD 1.997/1995, de 7 de diciembre (*BOE* n.º 310, de 28 de diciembre; corrección de errores en *BOE* n.º 131, de 30 de mayo de 1996), modificado por RD 1.193/1998, de 12 de junio (*BOE* n.º 151, de 25 de junio), por el que se establecen medidas para contribuir a garantizar la biodiversidad mediante la conservación de los hábitats naturales y de la fauna y flora silvestres, y cuyo art. 13.2 ha sido anulado por Sentencia de 15 de marzo de 1999 (*BOE* n.º 141, de 14 de junio), del Tribunal Supremo; y Ley 14/1998, de 1 de junio (*BOE* n.º 131, de 2 de junio; corrección de erratas en *BOE* n.º 134, de 5 de junio), por la que se establece el régimen de control para protección de los recursos pesqueros. V., también, el Convenio Internacional de Especies Amenazadas de la Fauna y Flora Silvestres (CITES), hecho en Washington el 3 de marzo de 1973 (*BOE* de 30 de julio de 1986 y 10 de agosto de 1991, con modificaciones a los apéndices en *BOE* n.os 50, de 27 de febrero de 1996 —corrección de errores en *BOE* n.º 103, de 29 de abril—, 104, de 30 de abril de 1996, y 88, de 13 de abril de 1998), y el RD 1.739/1997, de 20 de noviembre, sobre medidas de aplicación del CITES y del Reglamento (CE) 338/97, del Consejo, de 9 de diciembre de 1996, relativo a la protección de especies de la fauna y flora silvestres mediante el control de su comercio (*BOE* n.º 285, de 28 de noviembre); el Reglamento (CEE) n.º 3626/82/82, del Consejo, de 3 de

túe tráfico ilegal de alguna especie o subespecie de flora amenazada o de sus propágulos, o destruya o altere gravemente su hábitat, será castigado con la pena de prisión de seis meses a dos años, o multa de ocho a veinticuatro meses.

Art. 333. El que introdujera o liberara especies de flora o fauna no autóctona, de modo que perjudique el equilibrio biológico, contraviniendo las Leyes o disposiciones de carácter general protectoras de las especies de flora y fauna, será castigado con la pena de prisión de seis meses a dos años o multa de ocho a veinticuatro meses.

Art. 334. 1. El que cace o pesque especies amenazadas, realice actividades que impidan o dificulten su reproducción o migración, contraviniendo las Leyes o disposiciones de carácter general protectoras de las especies de fauna silvestre, comercie o trafique con ellas o con sus restos, será castigado con la pena de prisión de seis meses a dos años o multa de ocho a veinticuatro meses.

2. La pena se impondrá en su mitad superior si se trata de especies o subespecies catalogadas en peligro de extinción.

Art. 335. El que cace o pesque especies distintas a las indicadas en el artículo anterior, no estando expresamente autorizada su caza o pesca por las normas específicas en la materia, será castigado con la pena de multa de cuatro a ocho meses.

Art. 336. El que, sin estar legalmente autorizado, emplee para la caza o pesca veneno, medios explosivos u otros instrumentos o artes de similar efica-

---

diciembre de 1982 (*DOCE* n.º L 384, de 31 de diciembre), relativo a la aplicación en la Comunidad de ese Convenio sobre el comercio internacional de especies amenazadas de fauna y flora silvestres; Convención sobre la conservación de las especies migratorias de animales silvestres, hecha en Bonn el 13 de junio de 1979 (*BOE* n.º 259, de 29 de octubre; corrección de errores en *BOE* n.º 296, de 11 de diciembre de 1985), así como Resolución de 12 de julio de 1999, relativa a los apéndices I y II de dicha Convención (*BOE* n.º 174, de 22 de julio), así como Resolución de 23 de febrero de 2000, relativa igualmente a dichos apéndices I y II (*BOE* n.º 60, de 10 de marzo); Convenio relativo a la conservación de la vida silvestre y del medio natural en Europa, hecho en Berna el 19 de septiembre de 1979 (*BOE* de 1 de octubre de 1986 y de 7 de junio y 5 de diciembre de 1988), así como la Relación de especies que deben ser incluidas en el anejo I del Convenio (*BOE* n.º 121, de 21 de mayo de 1997); y Acuerdo sobre la Conservación de los Cetáceos del Mar Negro, el Mar Mediterráneo y la Zona Atlántica Contigua, hecho en Mónaco el 24 de noviembre de 1996, y ratificado mediante Instrumento de 7 de enero de 1999 (*BOE* n.º 150, de 23 de junio). V., también, los arts. 263 bis y 282 bis LECr., reproducidos en nota al art. 368 de este Código.

cia destructiva para la fauna, será castigado con la pena de prisión de seis meses a dos años o multa de ocho a veinticuatro meses. Si el daño causado fuera de notoria importancia se impondrá la pena de prisión antes mencionada en su mitad superior.

Art. 337. En los supuestos previstos en los tres artículos anteriores, se impondrá además a los responsables la pena de inhabilitación especial para el ejercicio del derecho de cazar o pescar por tiempo de tres a ocho años.

CAPÍTULO V

DISPOSICIONES COMUNES

Art. 338. Cuando las conductas definidas en este Título afecten a algún espacio natural protegido, se impondrán las penas superiores en grado a las respectivamente previstas.

Art. 339. Los Jueces o Tribunales, motivadamente, podrán ordenar la adopción, a cargo del autor del hecho, de medidas encaminadas a restaurar el equilibrio ecológico perturbado, así como adoptar cualquier otra medida cautelar necesaria para la protección de los bienes tutelados en este Título.

Art. 340. Si el culpable de cualquiera de los hechos tipificados en este Título hubiera procedido voluntariamente a reparar el daño causado, los Jueces y Tribunales le impondrán la pena inferior en grado a las respectivamente previstas.

TÍTULO XVII

De los delitos contra la seguridad colectiva

CAPÍTULO PRIMERO

DE LOS DELITOS DE RIESGO CATASTRÓFICO

SECCIÓN 1.ª

*De los delitos relativos a la energía nuclear y a las radiaciones ionizantes**

Art. 341. El que libere energía nuclear o elementos radiactivos que pongan en peligro la vida o la salud de las personas o sus bienes, aunque no se produzca explosión, será sancionado con la pena de prisión de quince a veinte años, e inhabilitación especial para empleo o cargo público, profesión u oficio por tiempo de diez a veinte años.

Art. 342. El que, sin estar comprendido en el artículo anterior, perturbe el funcionamiento

---

* V. Ley 25/1964, de 29 de abril (*BOE* n.º 107, de 4 de mayo; corrección de errores en *BOE* n.º 109, de 6 de mayo), sobre Energía Nuclear, modificada por Ley 40/1994, de 30 de diciembre (*BOE* n.º 313, de 31 de diciembre), de Ordenación del Sistema Eléctrico Nacional, y parcialmente derogada por la Disp. Derog. 1.*f*) de este Código; RD 1.836/1999, de 3 de diciembre (*BOE* n.º 313, de 31 de diciembre; corrección de errores en *BOE* n.º 22, de 26 de enero de 2000, y de erratas en *BOE* n.º 31, de 5 de febrero de 2000), por el que se aprueba el Reglamento sobre instalaciones nucleares y radiactivas; Ley 15/1980, de 22 de abril (*BOE* n.º 100, de 25 de abril), de creación del Consejo de Seguridad Nuclear; RD 53/1992, de 24 de enero (*BOE* n.º 37, de 12 de febrero; corrección de errores en *BOE* n.º 91, de 15 de abril), por el que se aprueba el Reglamento sobre Protección Sanitaria contra Radiaciones Ionizantes; RD 2.088/1994, de 20 de octubre (*BOE* n.º 283, de 26 de noviembre), por el que se dictan las disposiciones de aplicación de la Directiva del Consejo de las Comunidades Europeas 92/3/EURATOM, relativa a la vigilancia y control de los traslados de residuos radiactivos entre Estados miembros o procedentes o con destino al Exterior de la Comunidad; RD 158/1995, de 3 de febrero (*BOE* n.º 54, de 4 de marzo de 1995), sobre protección física de los materiales nucleares; RD 413/1997, de 21 de marzo, sobre protección operacional de los trabajadores externos con riesgo de exposición a radiaciones ionizantes por intervención en zona controlada (*BOE* n.º 91, de 16 de abril); y RD 1.976/1999, de 23 de diciembre (*BOE* n.º 311, de 29 de diciembre; corrección de errores en *BOE* n.º 29, de 3 de febrero de 2000), por el que se establecen los criterios de calidad en radiodiagnóstico. V., también, la Convención sobre Seguridad Nuclear, hecha en Viena el 20 de septiembre de 1994, firmada por España el 15 de noviembre siguiente y ratificada por Instrumento de 19 de junio de 1995 (*BOE* n.º 236, de 30 de septiembre de 1996; corrección de errores en *BOE* n.º 95, de 21 de abril de 1997); el Acuerdo entre España y la Comisión preparatoria de la Organización del Tratado de prohibición completa de los ensayos nucleares sobre la realización de actividades rela-

de una instalación nuclear o radiactiva, o altere el desarrollo de actividades en las que intervengan materiales o equipos productores de radiaciones ionizantes, creando una situación de grave peligro para la vida o la salud de las personas, será sancionado con la pena de prisión de cuatro a diez años, e inhabilitación especial para empleo o cargo público, profesión u oficio por tiempo de seis a diez años.

Art. 343. El que exponga a una o varias personas a radiaciones ionizantes que pongan en peligro su vida, integridad, salud o bienes, será sancionado con la pena de prisión de seis a doce años, e inhabilitación especial para empleo o cargo público, profesión u oficio por tiempo de seis a diez años.

Art. 344. Los hechos previstos en los artículos anteriores serán sancionados con la pena inferior en grado, en sus respectivos supuestos, cuando se hayan cometido por imprudencia grave.

Art. 345. 1. El que se apodere de materiales nucleares o elementos radiactivos, aun sin ánimo de lucro, será sancionado con la pena de prisión de uno a cinco años. La misma pena se impondrá al que sin la debida autorización facilite, reciba, transporte o posea materiales radiactivos o sustancias nucleares, trafique con ellos, retire o utilice sus desechos o haga uso de isótopos radiactivos.

2. Si la sustracción se ejecutara empleando fuerza en las cosas, se impondrá la pena en su mitad superior.

3. Si el hecho se cometiera con violencia o intimidación en las personas, el culpable será castigado con la pena superior en grado.

SECCIÓN 2.ª

De los estragos

Art. 346. Los que, provocando explosiones o utilizando cualquier otro medio de similar

---

cionadas con instalaciones del sistema internacional de vigilancia del Tratado de prohibición completa de los ensayos nucleares, comprendidas las actividades posteriores a la homologación, hecho en Viena el 14 de septiembre de 2000 (*BOE* n.º 286, de 29 de noviembre); y la Convención conjunta sobre seguridad en la gestión del combustible gastado y sobre seguridad en la gestión de desechos radiactivos, hecho en Viena el 5 de septiembre de 1997, y ratificado mediante Instrumento de 30 de abril de 1999 (*BOE* n.º 97, de 23 de abril de 2001).

Art. 345: V. art. 282 bis LECr., reproducido en nota al art. 368 de este Código.

Art. 346: El primer párrafo de este artículo está redactado conforme al texto de la Ley Orgánica 7/2000, de 22 de diciembre (*BOE* n.º 307, de 23 de diciembre), cuya Exposición de Motivos, en lo que a

potencia destructiva causaren la destrucción de aeropuertos, puertos, estaciones, edificios, locales públicos, depósitos que contengan materiales inflamables o explosivos, vías de comunicación, medios de transporte colectivos, o la inmersión o varamiento de nave, inundación, explosión de una mina o instalación industrial, levantamiento de los carriles de una vía férrea, cambio malicioso de las señales empleadas en el servicio de ésta para la seguridad de los medios de transporte, voladura de puente, destrozo de calzada pública, perturbación grave de cualquier clase o medio de comunicación, incurrirán en la pena de prisión de diez a veinte años, cuando los estragos comportaren necesariamente un peligro para la vida o integridad de las personas. Cuando no concurriere tal peligro, se castigarán como daños previstos en el artículo 266 de este Código.

Si, además del peligro, se hubiere producido lesión para la vida, integridad física o salud de las personas, los hechos se castigarán separadamente con la pena correspondiente al delito cometido.

Art. 347. El que por imprudencia grave provocare un delito de estragos será castigado con la pena de prisión de uno a cuatro años.

SECCIÓN 3.ª

De otros delitos de riesgo provocados por otros agentes

Art. 348. Los que en la fabricación, manipulación, trans-

---

este precepto se refiere, figura parcialmente reproducida en nota al art. 577 de este mismo Código. V. art. 13 LPPNA.

Art. 348: V. RD 230/1998, de 16 de febrero (*BOE* n.º 61, de 12 de marzo; corrección de errores en *BOE* n.º 157, de 2 de julio), por el que se aprueba el Reglamento de Explosivos; RD 412/2001, de 20 de abril (*BOE* n.º 110, de 8 de mayo), por el que se regulan diversos aspectos relacionados con el transporte de mercancías peligrosas por ferrocarril; RD 1.749/1984, de 1 de agosto, por el que se aprueba el Reglamento Nacional sobre el Transporte sin Riesgos de Mercancías Peligrosas por Vía Aérea (*BOE* n.os 236 a 245, de 2 a 12 de octubre), y Órdenes de 27 de junio de 1997 (*BOE* n.º 164, de 10 de julio; corrección de errores en *BOE* n.º 222, de 16 de septiembre), 29 de mayo de 1998 (*BOE* n.º 141, de 13 de junio) y 23 de diciembre de 1999 (*BOE* n.º 15, de 18 de enero), del Ministerio de Fomento, por las que se establecen sus Instrucciones Técnicas; RD 1.253/1997, de 24 de julio (*BOE* n.º 198, de 19 de agosto), modificado por RD 701/1999, de 30 de abril (*BOE* n.º 115, de 14 de mayo), por el que se dictan normas sobre condiciones mínimas exigidas a los buques que transporten mercancías peligrosas o contaminantes, con origen o destino en puertos marítimos nacionales; RD 2.115/1998, de 2 de octubre (*BOE* n.º 248, de 16 de octubre de 1998; corrección de errores en *BOE* n.º 73, de 26 de marzo de 1999), sobre transporte de mercancías peligrosas por carretera; RD 1.566/1999, de 8 de octubre (*BOE* n.º 251, de 20 de octubre), sobre los consejeros de seguridad para el transporte de mercancías peligrosas por

porte, tenencia o comercialización de explosivos, sustancias inflamables o corrosivas, tóxicas y asfixiantes, o cualesquiera otras materias, aparatos o artificios que puedan causar estragos, contravinieren las normas de seguridad establecidas, poniendo en concreto peligro la vida, la integridad física o la salud de las personas, o el medio ambiente, serán castigados con la pena de prisión de seis meses a dos años, multa de seis a doce meses, e inhabilitación especial para empleo o cargo público, profesión u oficio por tiempo de tres a seis años.

Art. 349. Los que en la manipulación, transporte o tenencia de organismos contravinieren las normas o medidas de seguridad establecidas, poniendo en concreto peligro la vida, la integridad física o la salud de las personas, o el medio ambiente, serán castigados con las penas de prisión de seis meses a dos años, multa de seis a doce meses, e inhabilitación especial para el empleo o cargo público, profesión u oficio por tiempo de tres a seis años.

Art. 350. Sin perjuicio de lo dispuesto en el artículo 316, incurrirán en las penas previstas en el artículo anterior los que en la apertura de pozos o excavaciones, en la construcción o demolición de edificios, presas, canalizacio-

---

carretera, por ferrocarril o por vía navegable, y la Orden de 11 de enero de 2001 (*BOE* n.º 23, de 26 de enero), que lo desarrolla; RD 137/1993, de 29 de enero (*BOE* n.º 55, de 5 de marzo; corrección de errores en *BOE* n.º 95, de 21 de abril), por el que se aprueba el Reglamento de Armas; y RD 1.254/1999, de 16 de julio (*BOE* n.º 172, de 20 de julio; corrección de errores en *BOE* n.º 264, de 4 de noviembre), por el que se aprueban medidas de control de los riesgos inherentes a los accidentes graves los que intervengan sustancias peligrosas.Véase también el Acuerdo europeo sobre transporte internacional de mercancías peligrosas por carretera, hecho en Ginebra el 30 de septiembre de 1957, cuyo texto refundido se publicó en *BOE* n.º 138, de 10 de junio de 1997; y las enmiendas a sus anejos A y B en el *BOE* n.º 300, de 16 de diciembre de 1998 (corrección de errores en *BOE* n.º 120, de 20 de mayo de 1999).

Art. 349: V. Ley 15/1994, de 3 de junio (*BOE* n.º 133, de 4 de junio), por la que se establece el régimen jurídico de la utilización confinada, liberación voluntaria y comercialización de organismos modificados genéticamente, desarrollada por RD 951/1997, de 20 de junio (*BOE* n.º 150, de 24 de junio), por el que se aprueba su Reglamento; y RD 401/ 1996, de 1 de marzo (*BOE* n.º 68, de 19 de marzo), por el que se establecen las condiciones para la introducción en el territorio nacional de determinados organismos nocivos, vegetales, productos vegetales y otros objetos, con fines de ensayo, científicos y para la actividad de selección de variedades.

Art. 350: V. RD 863/1985, de 2 de abril (*BOE* n.º 140, de 12 de junio; corrección de errores en *BOE* n.º 302, de 18 de diciembre), por el que se aprueba el Reglamento General de normas básicas de seguridad minera; y la Orden de 12 de marzo de 1996 (*BOE* de 30 de marzo de 1996), por la que se aprueba el Reglamento Técnico sobre seguridad de presas y embalses.

nes u obras análogas o, en su conservación, acondicionamiento o mantenimiento infrinjan las normas de seguridad establecidas cuya inobservancia pueda ocasionar resultados catastróficos, y pongan en concreto peligro la vida, la integridad física de las personas o el medio ambiente.

CAPÍTULO II

DE LOS INCENDIOS

SECCIÓN 1.ª

De los delitos de incendio

Art. 351. Los que provocaren un incendio que comporte un peligro para la vida o integridad física de las personas, serán castigados con la pena de prisión de diez a veinte años. Los Jueces o Tribunales podrán imponer la pena inferior en grado atendidas la menor entidad del peligro causado y las demás circunstancias del hecho.

Cuando no concurra tal peligro para la vida o integridad física de las personas, los hechos se castigarán como daños previstos en el artículo 266 de este Código.

SECCIÓN 2.ª

*De los incendios forestales**

Art. 352. Los que incendiaren montes o masas forestales, serán castigados con las penas de prisión de uno a cinco años y multa de doce a dieciocho meses.

Si ha existido peligro para la vida o integridad física de las personas, se castigará el hecho conforme a lo dispuesto en el artículo 351, imponiéndose, en todo caso, la pena de multa de doce a veinticuatro meses.

Art. 353. 1. Las penas señaladas en el artículo anterior se impondrán en su mitad superior cuando el incendio alcance especial gravedad, atendida la concurrencia de alguna de las circunstancias siguientes:

1.º Que afecte a una superficie de considerable importancia.

Art. 351: El segundo párrafo de este artículo fue introducido por Ley Orgánica 7/2000, de 22 de diciembre (*BOE* n.º 307, de 23 de diciembre), cuya Exposición de Motivos, en lo que a este precepto se refiere, está parcialmente reproducida en nota al art. 577 de este mismo Código.

* V. arts. 30 a 34 Ley 81/1968, de 5 de diciembre, sobre Incendios Forestales (*BOE* n.º 294, de 7 de diciembre); arts. 131 a 147 de su Reglamento, aprobado por Decreto 3.769/1972, de 23 de diciembre (*BOE* n.º 38, de 13 de febrero de 1973; corrección de errores en *BOE* n.º 69, de 21 de marzo); RD 938/1987, de 26 de junio, por el que se regula el pago de indemnizaciones por gastos derivados de la extinción de incendios forestales (*BOE* n.º 173, de 21 de julio). V., también, art. 1.2.*e*) LOTJ.

2.º Que se deriven grandes o graves efectos erosivos en los suelos.

3.º Que altere significativamente las condiciones de vida animal o vegetal o afecte a algún espacio natural protegido.

4.º En todo caso, cuando se ocasione grave deterioro o destrucción de los recursos afectados.

2. También se impondrán dichas penas en su mitad superior cuando el autor actúe para obtener un beneficio económico con los efectos derivados del incendio.

Art. 354. 1. El que prendiere fuego a montes o masas forestales sin que llegue a propagarse el incendio de los mismos, será castigado con la pena de prisión de seis meses a un año y multa de seis a doce meses.

2. La conducta prevista en el apartado anterior quedará exenta de pena si el incendio no se propaga por la acción voluntaria y positiva de su autor.

Art. 355. En todos los casos previstos en esta sección, los Jueces o Tribunales podrán acordar que la calificación del suelo en las zonas afectadas por un incendio forestal no pueda modificarse en un plazo de hasta treinta años. Igualmente podrán acordar que se limiten o supriman los usos que se vinieran llevando a cabo en las zonas afectadas por el incendio, así como la intervención administrativa de la madera quemada procedente del incendio.

SECCIÓN 3.ª

De los incendios en zonas no forestales

Art. 356. El que incendiare zonas de vegetación no forestales perjudicando gravemente el medio natural, será castigado con la pena de prisión de seis meses a dos años y multa de seis a veinticuatro meses.

SECCIÓN 4.ª

De los incendios en bienes propios

Art. 357. El incendiario de bienes propios será castigado con la pena de prisión de uno a cuatro años si tuviere propósito de defraudar o perjudicar a terceros, hubiere causado defraudación o perjuicio, existiere peligro de propagación a edificio, arbolado o plantío ajeno o hubiere perjudicado gravemente las condiciones de la vida silvestre, los bosques o los espacios naturales.

SECCIÓN 5.ª

Disposición común

Art. 358. El que por imprudencia grave provocare alguno de los delitos de incendio penados en las secciones anteriores, será castigado con la pena inferior en grado, a las respectivamente previstas para cada supuesto.

CAPÍTULO III

DE LOS DELITOS CONTRA LA SALUD PÚBLICA*

Art. 359. El que, sin hallarse debidamente autorizado, elabore sustancias nocivas para la salud o productos químicos que puedan causar estragos, o los despache o suministre, o comercie con ellos, será castigado con la pena de prisión de seis meses a tres años y multa de seis a doce meses, e inhabilitación especial para profesión o industria por tiempo de seis meses a dos años.

Art. 360. El que, hallándose autorizado para el tráfico de

---

* V. art. 43 CE; art. 75 Ley de Ordenación de la Emigración, aprobada por Decreto 1.000/1962, de 3 de mayo (*BOE* n.º116, de 15 de mayo); RD 1.945/1983, de 22 de junio, por el que se regulan las infracciones y sanciones en materia de Defensa del Consumidor y de la Producción Agro-Alimentaria (*BOE* n.º 178, de 15 de julio, corrección de errores en *BOE* n.ºs 250 y 259, de 19 y 29 de octubre); Ley 26/1984, de 19 de julio, General para la Defensa de los Consumidores y Usuarios (*BOE* n.º 176, de 24 de julio), modificada por la Ley 7/1998, de 13 de abril (*BOE* n.º 89, de 14 de abril), sobre condiciones generales de la contratación; art. 32 Ley 14/1986, de 25 de abril, General de Sanidad (*BOE* n.º 102, de 29 de abril); RD 820/1990, de 22 de junio, por el que se prohíbe la fabricación y comercialización de los modelos de apariencia engañosa que pongan en peligro la salud o seguridad de los consumidores (*BOE* n.º 153, de 27 de junio); RD 44/1996, de 19 de enero (*BOE* n.º 46, de 22 de febrero), por el que se adoptan medidas para garantizar la seguridad general de los productos puestos a disposición del consumidor; art. 12.3 LOPSC; Ley 15/1994, de 3 de junio, por la que se establece el régimen jurídico de la utilización confinada, liberación voluntaria y comercialización de organismos modificados genéticamente, a fin de prevenir los riesgos para la salud humana y el medio ambiente (*BOE* n.º 133, de 4 de junio), y Ley 11/2001, de 5 de julio (*BOE* n.º 161, de 6 de julio), por la que se crea la Agencia Española de Seguridad Alimentaria.

De acuerdo con el art. 65.1.º*d*) LOPJ, la Audiencia Nacional conocerá del enjuiciamiento, salvo que corresponda en primera instancia a los Juzgados Centrales de lo Penal, de los delitos de «tráfico de drogas o estupefacientes, fraudes alimenticios y de sustancias farmacéuticas o medicinales, siempre que sean cometidos por bandas o grupos organizados y produzcan efectos en lugares pertenecientes a distintas Audiencias.»

Art. 359: Téngase presente el Código Alimentario Español aprobado por Decreto 2.484/1967, de 21 de septiembre (*BOE* n.ºs 248 a 253, de 17 a 23 de octubre), y desarrollado o modificado por los RRDD 106/1985, de 23 de enero (*BOE* n.º 27, de 31 de enero), y 841/1985, de 25 de mayo, y 842/1985, de 25 de mayo (*BOE* n.º 136, de 7 de junio), y el Decreto 2.519/1974, de 9 de agosto, sobre entrada en vigor, aplicación y desarrollo del Código Alimentario Español (*BOE* n.º 220, de 13 de septiembre; corrección de errores en *BOE* n.º 242, de 9 de octubre).

Art. 360: V. el Reglamento para la elaboración y venta de especialidades farmacéuticas, aprobado por RD de 9 de febrero

las sustancias o productos a que se refiere el artículo anterior, los despache o suministre sin cumplir con las formalidades previstas en las Leyes y Reglamentos respectivos, será castigado con la pena de multa de seis a doce meses e inhabilitación para la profesión u oficio de seis meses a dos años.

---

de 1924 (*Gaceta* n.º 14, de 13 de febrero); este Reglamento ha sido modificado por Decreto 2.201/1959, de 3 de diciembre (*BOE* n.º 299, de 15 de diciembre). V., también, Orden de 1 de febrero de 1977 por la que se regulan los servicios farmacéuticos de hospitales (*BOE* n.º 43, de 19 de febrero); Orden de 11 de mayo de 1977 sobre Receta Médica (*BOE* n.º 139, de 21 de mayo); RD 726/1982, de 17 de marzo, sobre caducidad y devolución de especialidades farmacéuticas; RD 1.910/1984, de 26 de septiembre, de receta médica (*BOE* n.º 259, de 29 de octubre); Orden de 30 de abril de 1986 (*BOE* n.º 106, de 3 de mayo; corrección de errores en *BOE* n.º 122, de 22 de mayo). V., también, arts. 95 ss. Ley 14/1986, de 25 de abril, General de Sanidad (*BOE* n.º 102, de 29 de abril); Ley 25/1990, de 20 de diciembre, del Medicamento (*BOE* n.º 306, de 22 de diciembre), modificada por la Ley 13/1996, de 30 de diciembre, de medidas fiscales, administrativas y del orden social (*BOE* n.º 315, de 31 de diciembre), por Ley 50/1998, de 30 de diciembre (*BOE* n.º 313, de 31 de diciembre de 1998; corrección de errores en *BOE* n.º 109, de 7 de mayo de 1999), por Ley 55/1999, de 29 de diciembre (*BOE* n.º 312, de 30 de diciembre; corrección de erratas en *BOE* n.º 54, de 3 de marzo de 2000), y por Ley 14/2000, de 29 de diciembre (*BOE* n.º 313, de 30 de diciembre); RD 478/1993, de 2 de abril, por el que se regulan los medicamentos derivados de la sangre y plasma humano, y RD 479/1993, de 2 de abril, por el que se regulan los medicamentos radiofármacos de uso humano (ambos publicados en *BOE* n.º 109, de 7 de mayo); RD 767/1993, de 21 de mayo, por el que se regula la evaluación, autorización, registro y condiciones de dispensación de especialidades farmacéuticas y otros medicamentos de uso humano fabricados industrialmente (*BOE* n.º 157, de 2 de julio), modificado por RD 2.000/1995, de 7 de diciembre (*BOE* n.º 11, de 12 de enero de 1996); RD 2.236/1993, de 17 de diciembre, por el que se regula el etiquetado y el prospecto de los medicamentos de uso humano (*BOE* n.º 42, de 18 de febrero de 1994); Orden de 23 de mayo de 1994 sobre modelos oficiales de receta médica para la prestación farmacéutica del Sistema Nacional de Salud (*BOE* n.º 129, de 31 de mayo); RD 1.416/1994, de 25 de junio (*BOE* n.º 180, de 29 de julio), por el que se regula la publicidad de los medicamentos de uso humano; RD 414/1996, de 1 de marzo, por el que se regulan los productos sanitarios, modificado por RD 2.727/1998, de 18 de diciembre (*BOE* n.º 10, de 12 de enero de 1999); RD 520/1999, de 26 de marzo (*BOE* n.º 77, de 31 de marzo), por el que se aprueba el Estatuto de la Agencia Española del Medicamento; RD 1.785/2000, de 27 de octubre (*BOE* n.º 259, de 28 de octubre), sobre la circulación intracomunitaria de medicamentos de uso humano; RD 175/2001, de 23 de febrero (*BOE* n.º 65, de 16 de marzo), por el que se aprueban las normas de correcta elaboración y control de calidad de fórmulas magistrales y preparados oficinales; Orden de 14 de febrero de 1997 por la que se establecen determinados requisitos en la prescripción y dispensación de fórmulas magistrales y preparados oficinales para tratamientos peculiares (*BOE* n.º 49, de 26 de febrero), y Orden de 17 de abril de 2001 (*BOE* n.º 103, de 30 de abril), de Ministerio de Sanidad y Consumo, por la que se aprueban adiciones y actualizaciones a la Real Farmacopea Española.

Art. 361. Los que expendan o despachen medicamentos deteriorados o caducados, o que incumplan las exigencias técnicas relativas a su composición, estabilidad y eficacia, o sustituyan unos por otros, y con ello pongan en peligro la vida o la salud de las personas serán castigados con las penas de prisión de seis meses a dos años, multa de seis a dieciocho meses e inhabilitación especial para profesión u oficio de seis meses a dos años.

Art. 362. 1. Serán castigados con las penas de prisión de seis meses a tres años, multa de seis a dieciocho meses e inhabilitación especial para profesión u oficio de uno a tres años:

1.º El que altere, al fabricarlo o elaborarlo o en un momento posterior, la cantidad, la dosis o la composición genuina, según lo autorizado o declarado, de un medicamento, privándole total o parcialmente de su eficacia terapéutica, y con ello ponga en peligro la vida o la salud de las personas.

2.º El que, con ánimo de expenderlos o utilizarlos de cualquier manera, imite o simule medicamentos o sustancias productoras de efectos beneficiosos para la salud, dándoles apariencia de verdaderos, y con ello ponga en peligro la vida o la salud de las personas.

3.º El que, conociendo su alteración y con propósito de expenderlos o destinarlos al uso por otras personas, tenga en depósito, anuncie o haga publicidad, ofrezca, exhiba, venda, facilite o utilice en cualquier forma los medicamentos referidos y con ello ponga en peligro la vida o la salud de las personas.

2. Las penas de inhabilitación previstas en este artículo y en los anteriores serán de tres a seis años cuando los hechos sean cometidos por farmacéuticos, o por los directores técnicos de laboratorios legalmente autorizados, en cuyo nombre o representación actúen.

3. En casos de suma gravedad, los Jueces o Tribunales, teniendo en cuenta las circunstancias personales del autor y las del hecho, podrán imponer las penas superiores en grado a las antes señaladas.

Art. 363. Serán castigados con la pena de prisión de uno a cuatro años, multa de seis a doce

---

Art. 361: V. nota al art. anterior.

Art. 362: V. nota al art. 360.

Art. 362.1.3.º: V. RD 1.907/1996, de 2 de agosto, sobre publicidad y promoción comercial de productos, actividades o servicios con pretendida finalidad sanitaria (*BOE* n.º 189, de 6 de agosto).

Art. 363: V. nota al art. 359, y, además, RD 1.945/1983, de 22 de junio, por el que se regulan las infracciones y sanciones en

meses e inhabilitación especial para profesión, oficio, industria o comercio por tiempo de tres a seis años los productores, distribuidores o comerciantes que pongan en peligro la salud de los consumidores:

1. Ofreciendo en el mercado productos alimentarios con omisión o alteración de los requisitos establecidos en las leyes o reglamentos sobre caducidad o composición.

2. Fabricando o vendiendo bebidas o comestibles destinados al consumo público y nocivos para la salud.

3. Traficando con géneros corrompidos.

4. Elaborando productos cuyo uso no se halle autorizado y sea perjudicial para la salud, o comerciando con ellos.

5. Ocultando o sustrayendo efectos destinados a ser inutilizados o desinfectados, para comerciar con ellos.

Art. 364. 1. El que adulterare con aditivos u otros agentes

---

materia de defensa del consumidor y de la producción agro-alimentaria (*BOE* n.º 168, de 15 de julio; corrección de errores en *BOE* n.os 250 y 259, de 19 y 29 de octubre); Ley 26/1984, de 19 de julio, General para la Defensa de los Consumidores y Usuarios (*BOE* n.º 176, de 24 de julio), modificada por la Ley 7/1998, de 13 de abril (*BOE* n.º 89, de 14 de abril), sobre condiciones generales de la contratación; RD 1.334/1999 de 31 de julio (*BOE* n.º 202, de 24 de agosto; corrección de errores en *BOE* n.º 280, de 23 de noviembre), por el que se aprueba la Norma general de etiquetado, presentación y publicidad de los productos alimenticios, modificado por RD 238/2000, de 18 de febrero (*BOE* n.º 43, de 19 de febrero); RD 1.397/1995, de 4 de agosto (*BOE* n.º 246, de 14 de octubre), por el que se aprueban medidas adicionales sobre el control oficial de productos alimenticios; RD 2.207/1995, de 28 de diciembre (*BOE* n.º 50, de 27 de febrero de 1996), por el que se establecen las normas de higiene relativas a los productos alimenticios; y Ley 10/1998, de 21 de abril (*BOE* n.º 96, de 22 de abril), de Residuos.

Art. 364: V. RD 1.904/1993, de 29 de octubre (*BOE* n.º 36, de 11 de febrero de 1994), por el que se establecen las condiciones sanitarias de producción y comercialización de productos cárnicos y otros determinados productos de origen animal, cuyos anexos han sido actualizados por Órdenes de 25 de septiembre de 1997 (*BOE* n.º 236, de 2 de octubre) y de 25 de noviembre de 1998 (*BOE* n.º 288, de 2 de diciembre); RD 2.106/1996, de 20 de septiembre (*BOE* n.º 250, de 16 de octubre), por el que se establecen las normas de identidad y pureza de los edulcorantes utilizados en los productos alimenticios, modificado por RD 1.116/1999, de 25 de junio (*BOE* n.º 162, de 8 de julio), y su Anexo por Orden de 5 de abril de 2001 (*BOE* n.º 98, de 24 de abril), del Ministerio de Sanidad y Consumo; RD 2.107/1996, de 20 de septiembre (*BOE* n.º 250, de 16 de octubre), por el que se establecen las normas de identidad y pureza de los colorantes utilizados en los productos alimenticios, modificado por RD 1.373/2000, de 19 de julio (*BOE* n.º 173, de 20 de julio); RD 145/1997, de 31 de enero (*BOE* n.º 70, de 22 de marzo; corrección de errores en *BOE* n.º 187, de 6 de agosto), por el que se aprueba la lista positiva de colorantes y edulcorantes para su uso en la elaboración de productos alimenticios, así como sus condiciones de utilización, modificado por RD 994/2000, de 2 de junio (*BOE* n.º 153, de 27 de junio; corrección de erratas en *BOE* n.º 181, de 29 de julio de 2000); RD 1.917/1997, de 19 de diciembre

no autorizados susceptibles de causar daños a la salud de las personas los alimentos, sustancias o bebidas destinadas al comercio alimentario, será castigado con las penas del artículo anterior. Si el reo fuera el propietario o el responsable de producción de una fábrica de productos alimenticios, se le impondrá, además, la pena de inhabilitación especial para profesión, oficio, industria o comercio de seis a diez años.

2. Se impondrá la misma pena al que realice cualquiera de las siguientes conductas:

1.º Administrar a los animales cuyas carnes o productos se destinen al consumo humano sustancias no permitidas que generen riesgo para la salud de las personas, o en dosis superiores o para fines distintos a los autorizados.

2.º Sacrificar animales de abasto o destinar sus productos al consumo humano, sabiendo que se les ha administrado las sustancias mencionadas en el número anterior.

3.º Sacrificar animales de abasto a los que se hayan aplicado tratamientos terapéuticos mediante sustancias de las referidas en el apartado 1.º

4.º Despachar al consumo público las carnes o productos de los animales de abasto sin respetar los períodos de espera en su caso reglamentariamente previstos.

Art. 365. Será castigado con la pena de prisión de dos a seis años el que envenenare o adulterare con sustancias infecciosas, u otras que puedan ser gravemente nocivas para la salud, las aguas potables o las sustancias alimenticias destinadas al uso público o al consumo de una colectividad de personas.

Art. 366. En el caso de los artículos anteriores, se podrá imponer la medida de clausura del establecimiento, fábrica, laboratorio o local por tiempo de hasta cinco años, y en los supuestos de extrema gravedad podrá decretarse el cierre definitivo conforme a lo previsto en el artículo 129.

(*BOE* n.º 17, de 20 de enero de 1998), modificado por RD 1.802/1999, de 26 de noviembre (*BOE* n.º 286, de 30 de noviembre), por el que se establecen las normas de identidad y pureza de los aditivos alimentarios distintos de colorantes y edulcorantes utilizados en los productos alimenticios, y cuyo anexo fue modificado por Orden de 11 de junio de 2001 (*BOE* n.º 152, de 26 de junio); RD 2.599/ 1998, de 4 de diciembre (*BOE* n.º 301, de 17 de diciembre), sobre los aditivos en la alimentación de los animales, y RD 348/2001, de 4 de abril (*BOE* n.º 82, de 5 de abril), por el que se regula la elaboración, comercialización e importación de productos alimenticios e ingredientes alimentarios tratados con radiaciones ionizantes.

Art. 365: V. notas a los arts. precedentes.

Art. 367. Si los hechos previstos en todos los artículos anteriores fueran realizados por imprudencia grave, se impondrán, respectivamente, las penas inferiores en grado.

Art. 368. Los que ejecuten actos de cultivo, elaboración o tráfico, o de otro modo promuevan, favorezcan o faciliten el consumo ilegal de drogas tóxicas, estupefacientes o sustancias psicotrópicas, o las posean con aquellos fines, serán castigados con las penas de prisión de tres a nueve años y multa del tanto al triplo del valor de la droga obje-

---

Art. 368: V. la Ley 17/1967, de 8 de abril, de Estupefacientes (*BOE* n.º 86, de 11 de abril). V. también la Orden de 31 de julio de 1967 (*BOE* n.º 196, de 17 de agosto) dictada en virtud de las facultades conferidas en el Capítulo I, art. 2.º, de la Ley 17/1967, de 8 de abril, así como el RD 75/1990, de 19 de enero, por el que se regulan los tratamientos con opiáceos de personas dependientes de los mismos (*BOE* n.º 20, de 23 de enero), modificado por RD 1.131/1990, de 14 de septiembre (*BOE* n.º 224, de 18 de septiembre), y RD 5/1996, de 15 de enero (*BOE* n.º 44, de 20 de febrero); RD 1.573/1993, de 10 de septiembre, por el que se somete a ciertas restricciones la circulación de los productos psicotrópicos y estupefacientes (*BOE* n.º 235, de 1 de octubre); Orden de 25 de abril de 1994 por la que se regulan las recetas y los requisitos especiales de prescripción y dispensación de estupefacientes para uso humano (*BOE* n.º 105, de 3 de mayo).

V. el Convenio Único de 1961 sobre estupefacientes, ratificado por Instrumento de 3 de febrero de 1966 (*BOE* n.º 96, de 22 de abril) y enmendado por el Protocolo de 25 de marzo de 1972 de modificación de la Convención Única de 1961, ratificado por Instrumento de 15 de diciembre de 1976 (*BOE* n.º 39, de 15 de febrero de 1977), habiéndose publicado el texto de la Convención Única modificado por dicho Protocolo en *BOE* n.º 264, de 4 de noviembre de 1981 y cuyo art. 36 se reproduce en nota al art. 1 LE (Apéndice 5). Posteriormente, se han incluido otras drogas en las listas anexas al Convenio o se ha dado nueva redacción a lo dispuesto en esas listas por Órdenes de 31 de julio de 1967 (*BOE* n.º 196, de 17 de agosto; corrección de errores en *BOE* n.º 267, de 8 de noviembre), de 31 de diciembre de 1971 (*BOE* n.º 22, de 26 de enero de 1972), de 12 de agosto de 1974 (*BOE* n.º 248, de 16 de octubre), de 5 de febrero de 1975 (*BOE* n.º 46, de 22 de febrero), de 26 de febrero de 1975 (*BOE* n.º 92, de 17 de abril), de 18 de junio de 1975 (*BOE* n.º 167, de 14 de julio), de 15 de enero de 1981 (*BOE* n.º 22, de 26 de enero), de 11 de febrero de 1981 (*BOE* n.º 46, de 23 de febrero), de 18 de febrero de 1982 (*BOE* n.º 48, de 25 de febrero), de 30 de mayo de 1984 (*BOE* n.º 139, de 11 de junio; corrección de errores en *BOE* n.º 155, de 29 de junio), de 20 de diciembre de 1988 (*BOE* n.º 8, de 10 de enero de 1989), de 19 de octubre de 1990 (*BOE* n.º 259, de 29 de octubre), y de 7 de febrero de 2000 (*BOE* n.º 42, de 18 de febrero).

V., también, el Convenio de 26 de junio de 1936 para la supresión del tráfico ilícito de drogas nocivas, ratificado por Instrumento de 8 de mayo de 1970 (*BOE* n.º 233, de 29 de septiembre), el Convenio de 21 de febrero de 1971 sobre sustancias psicotrópicas, al que España se adhirió por Instrumento de 2 de febrero de 1973 (*BOE* n.º 218, de 10 de septiembre de 1976), el Anexo sobre sustancias enumeradas en las listas de este último convenio (*BOE* n.º 246, de 13 de octubre de 1976), así como la enmienda a ese Anexo (*BOE* n.º 159, de 10 de marzo de 1978), y las Órdenes de 11 de febrero de 1981 (*BOE* n.º 46, de 23 de febrero), 22 de julio de 1983 (*BOE* n.º 184, de

to del delito si se tratare de sustancias o productos que causen grave daño a la salud, y de prisión de uno a tres años y multa

---

3 de agosto), 30 de mayo de 1984 (*BOE* n.º 138, de 9 de junio), 30 de mayo de 1986 (*BOE* n.º 135, de 6 de junio), 20 de diciembre de 1988 (*BOE* n.º 8, de 10 de enero de 1989), 28 de septiembre de 1989 (*BOE* n.º 243, de 10 de octubre; corrección de errores en *BOE* n.º 252, de 20 de octubre), 19 de octubre de 1990 (*BOE* n.º 259, de 29 de octubre) y 27 de febrero de 1992 (*BOE* n.º 66, de 17 de marzo). V., además, el RD 2.829/1977, de 8 de octubre (*BOE* n.º 274, de 16 de noviembre), por el que se regulan las sustancias y preparados medicinales psicotrópicos, así como la Orden de 14 de enero de 1981 (*BOE* n.º 25, de 29 de enero), la Orden de 12 de junio de 1985 (*BOE* n.º 177, de 25 de julio), la Orden de 27 de diciembre de 1995 (*BOE* n.º 26, de 30 de enero de 1996) y la Orden de 31 de enero de 2000 (*BOE* n.º 33, de 8 de febrero), que lo desarrollan. V., además, art. 22.3 LOPG; arts. 3.º1, 4.º1.*b*) y 12.4.*b*) RD 1.910/1984, de 26 de septiembre, de receta médica (*BOE* n.º 259, de 29 de octubre); Orden de 30 de abril de 1986 (*BOE* n.º 106, de 3 de mayo; corrección de errores en *BOE* n.º 122, de 22 de mayo); y Leyes 20/1985, de 25 de julio, de la Comunidad Autónoma de Cataluña, de prevención y asistencia en materia de sustancias que puedan generar dependencia, modificada por Ley 8/1988, de 10 de julio (*BOE* n.º 198, de 19 de agosto); Ley 4/1997, de 9 de julio, de la Comunidad Autonóma de Andalucía, de Prevención y Asistencia en Materia de Drogas, modificada por Ley 1/2001, de 3 de mayo (*BOE* n.º 135, de 6 de junio de 2001); 3/1997, de 16 de junio, de la Comunidad Autónoma Valenciana, sobre drogodependencias y otros trastornos adictivos (*BOE* n.º 171, de 18 de julio); 9/1998, de 22 de julio (*BOE* n.º 198, de 19 de agosto), de la Comunidad Autónoma de Canarias, sobre prevención, asistencia e inserción social en materia de drogodependencias; 1/1999, de 29 de marzo, de Prevención, Asistencia y Reinserción de las Drogodependencias de la Comunidad Autónoma de Extremadura (*BOE* n.º 125, de 26 de mayo), y 3/2001, de 4 de abril (*BOE* n.º 118, de 17 de mayo), de la Comunidad Autónoma de Aragón, de prevención, asistencia y reinserción social en materia de drogodependencias.

V. art. 23 LOPJ, reproducido en nota al art. 3.1 LE (Apéndice 5); art. 2.º3.º*a*) Ley de Contrabando (Apéndice 4); Ley 5/1988, de 24 de marzo, por la que se crea la Fiscalía Especial para la Prevención y Represión del Tráfico Ilegal de Drogas (*BOE* n.º 76, de 29 de marzo), y Convenio sobre comunicación de antecedentes penales, y de información sobre condenas judiciales por tráfico ilícito de estupefacientes y sustancias psicotrópicas, de 12 de octubre de 1984, ratificado por Instrumento de 11 de abril de 1989 (*BOE* n.º 166, de 13 de julio; corrección de errores en *BOE* n.º 226, de 21 de septiembre); Orden de 10 de diciembre de 1991 (*BOE* de 19 de diciembre) y Circular 1.029/1991, de 19 de diciembre, de la Dirección General de Aduanas e Impuestos Especiales, sobre precursores (*BOE* n.º 10, de 11 de enero de 1992), así como arts. 70 ss., referidos a tráfico de estupefacientes, del Acuerdo de Adhesión del Reino de España al Convenio de Aplicación del Acuerdo de Schengen, ratificado por Instrumento de 23 de julio de 1993 (*BOE* n.º 81, de 5 de abril de 1994); y RD 783/1998, de 30 de abril (*BOE* n.º 115, de 14 de mayo), por el que se establece en el Ministerio del Interior el Observatorio Español de la Droga y las Toxicomanías, desarrollado por Orden de 24 de noviembre de 1998 (*BOE* n.º 299, de 15 de diciembre).

V. Convención de las Naciones Unidas de 20 de diciembre de 1988 contra el tráfico ilícito de estupefacientes y sustancias psicotrópicas, ratificado por Instrumento de 30 de julio de 1990 (*BOE* n.º 270, de 10 de noviembre), así como art. 21 LOPSC, reproducido en nota a la rúbrica del Capítulo II del Título X de este Libro II, y los

del tanto al duplo en los demás casos.

Art. 369. Se impondrán las penas privativas de libertad supe-

---

arts. 12.3, 23.*h*) y 25 de la mencionada LOPSC, si bien hay que tener en cuenta que el apartado 2 del art. 21 LOPSC ha sido declarado inconstitucional y nulo por la sentencia del Tribunal Constitucional 341/1993, de 18 de noviembre. V. también RD 1.079/1993, de 2 de julio, por el que se regula la remisión de las sanciones administrativas en materia de drogas (*BOE* n.º 172, de 20 de julio).

V., el art. 263 bis LECr, en la redacción dada por la LO 5/1999, de 13 de enero (*BOE* n.º 12, de 14 de enero), de modificación de la LECr. en materia de perfeccionamiento de la acción investigadora relacionada con el tráfico ilegal de drogas y otras actividades ilícitas graves, y que tiene el siguiente texto:

«1. El Juez de Instrucción competente y el Ministerio Fiscal, así como los Jefes de las Unidades Orgánicas de Policía Judicial, centrales o de ámbito provincial, y sus mandos superiores podrán autorizar la circulación o entrega vigilada de drogas tóxicas, estupefacientes o sustancias psicotrópicas, así como de otras sustancias prohibidas. Esta medida deberá acordarse por resolución fundada, en la que se determine explícitamente, en cuanto sea posible, el objeto de autorización o entrega vigilada, así como el tipo y cantidad de la sustancia de que se trate. Para adoptar estas medidas se tendrá en cuenta su necesidad a los fines de investigación en relación con la importancia del delito y con las posibilidades de vigilancia. El Juez que dicte la resolución dará traslado de copia de la misma al Juzgado Decano de su jurisdicción, el cual tendrá custodiado un registro de dichas resoluciones.

»También podrá ser autorizada la circulación o entrega vigilada de los equipos, materiales y sustancias a los que se refiere el artículo 371 del Código Penal, de los bienes y ganancias a que se hace referencia en el artículo 301 de dicho Código en todos los supuestos previstos en el mismo, así como de los bienes, materiales, objetos y especies animales y vegetales a los que se refieren los artículos 332, 334, 386, 566, 568 y 569, también del Código Penal.

»2. Se entenderá por circulación o entrega vigilada la técnica consistente en permitir que remesas ilícitas o sospechosas de drogas tóxicas, sustancias psicotrópicas u otras sustancias prohibidas, los equipos, materiales y sustancias a que se refiere el apartado anterior, las sustancias por las que se haya sustituido las anteriormente mencionadas, así como los bienes y ganancias procedentes de las actividades delictivas tipificadas en los artículos 301 a 304 y 368 a 373 del Código Penal, circulen por territorio español o salgan o entren en él sin interferencia obstativa de la autoridad o sus agentes y bajo su vigilancia, con el fin de descubrir o identificar a las personas involucradas en la comisión de algún delito relativo a dichas drogas, sustancias, equipos, materiales, bienes y ganancias, así como también prestar auxilio a autoridades extranjeras en esos mismos fines.

»3. El recurso a la entrega vigilada se hará caso por caso y, en el plano internacional, se adecuará a lo dispuesto en los tratados internacionales.

»Los Jefes de las Unidades Orgánicas de la Policía Judicial centrales o de ámbito provincial o sus mandos superiores darán cuenta inmediata al Ministerio Fiscal sobre las autorizaciones que hubiesen otorgado de conformidad con el apartado 1 de este artículo y, si existiese procedimiento judicial abierto, al Juez de Instrucción competente.

»4. La interceptación y apertura de envíos postales sospechosos de contener estupefacientes y, en su caso, la posterior sustitución de la droga que hubiese en su interior se llevarán a cabo respetando en todo momento las garantías judiciales establecidas en el ordenamiento jurídico, con excepción de lo previsto en el artículo 584 de la presente Ley.»

riores en grado a las respectivamente señaladas en el artículo anterior y multa del tanto al cuádruplo cuando:

Por esta misma LO se introduce en la LECr. un nuevo art. 282 bis, con el siguiente contenido:

«1. A los fines previstos en el artículo anterior, y cuando se trate de investigaciones que afecten a actividades propias de la delincuencia organizada, el Juez de Instrucción competente o el Ministerio Fiscal dando cuenta inmediata al Juez, podrán autorizar a funcionarios de la Policía Judicial, mediante resolución fundada y teniendo en cuenta su necesidad a los fines de la investigación, a actuar bajo identidad supuesta y a adquirir y transportar los objetos, efectos e instrumentos del delito y diferir la incautación de los mismos. La identidad supuesta será otorgada por el Ministerio del Interior por el plazo de seis meses prorrogables por períodos de igual duración, quedando legítimamente habilitados para actuar en todo lo relacionado con la investigación concreta y a participar en el tráfico jurídico y social bajo tal identidad.

»La resolución por la que se acuerde deberá consignar el nombre verdadero del agente y la identidad supuesta con la que actuará en el caso concreto. La resolución será reservada y deberá conservarse fuera de las actuaciones con la debida seguridad.

»La información que vaya obteniendo el agente encubierto deberá ser puesta a la mayor brevedad posible en conocimiento de quien autorizó la investigación. Asimismo, dicha información deberá aportarse al proceso en su integridad y se valorará en conciencia por el órgano judicial competente.

»2. Los funcionarios de la Policía Judicial que hubieran actuado en una investigación con identidad falsa de conformidad a lo previsto en el apartado 1, podrán mantener dicha identidad cuando testifiquen en el proceso que pudiera derivarse de los hechos en que hubieran intervenido y siempre que así se acuerde mediante resolución judicial motivada, siéndole también de aplicación lo previsto en la Ley Orgánica 19/1994, de 23 de diciembre.

»Ningún funcionario de la Policía Judicial podrá ser obligado a actuar como agente encubierto.

»3. Cuando las actuaciones de investigación puedan afectar a los derechos fundamentales, el agente encubierto deberá solicitar del órgano judicial competente las autorizaciones que, al respecto, establezca la Constitución y la Ley, así como cumplir las demás previsiones legales aplicables.»

4. A los efectos señalados en el apartado 1 de este artículo, se considerará como delincuencia organizada la asociación de tres o más personas para realizar, de forma permanente o reiterada, conductas que tengan como fin cometer alguno o algunos de los delitos siguientes:

»*a*) Delito de secuestro de personas previsto en los artículos 164 a 166 del Código Penal.

»*b*) Delitos relativos a la prostitución previstos en los artículos 187 a 189 del Código Penal.

»*c*) Delitos contra el patrimonio y contra el orden socioeconómico previstos en los artículos 237, 243, 244, 248 y 301 del Código Penal.

»*d*) Delitos contra los derechos de los trabajadores previstos en los artículos 312 y 313 del Código Penal.

»*e*) Delitos de tráfico de especies de flora o fauna amenazada previstos en los artículos 332 y 334 del Código Penal.

»*f*) Delito de tráfico de material nuclear y radiactivo previsto en el artículo 345 del Código Penal.

»*g*) Delitos contra la salud pública previstos en los artículos 368 a 373 del Código Penal.

»*h*) Delito de falsificación de moneda previsto en el artículo 386 del Código Penal.

»*i*) Delito de tráfico y depósito de armas, municiones o explosivos previsto en los artículos 566 a 568 del Código Penal.

1.º Las drogas tóxicas, estupefacientes o sustancias psicotrópicas se faciliten a menores de dieciocho años o disminuidos psíquicos, o se introduzcan o difundan en centros docentes, en centros, establecimientos y unidades militares, en establecimientos penitenciarios o en centros asistenciales.

2.º Los hechos fueren realizados en establecimientos abiertos al público por los responsables o empleados de los mismos.

3.º Fuere de notoria importancia la cantidad de drogas tóxicas, estupefacientes o sustancias psicotrópicas objeto de las conductas a que se refiere el artículo anterior.

4.º Las citadas sustancias o productos se faciliten a personas sometidas a tratamiento de deshabituación o rehabilitación.

5.º Las referidas sustancias o productos se adulteren, manipulen o mezclen entre sí o con otros, incrementando el posible daño a la salud.

6.º El culpable perteneciere a una organización o asociación, incluso de carácter transitorio, que tuviere como finalidad difundir tales sustancias o productos aun de modo ocasional.

7.º El culpable participare en otras actividades delictivas organizadas o cuya ejecución se vea facilitada por la comisión del delito.

8.º El culpable fuere autoridad, facultativo, funcionario público, trabajador social, docente o educador y obrase con abuso de su profesión, oficio o cargo.

9.º Se utilice a menores de dieciséis años para cometer estos delitos.

Art. 370. Los Jueces o Tribunales impondrán las penas

»*j*) Delitos de terrorismo previstos en los artículos 571 a 578 del Código Penal.

»*k*) Delitos contra el Patrimonio Histórico previstos en el artículo 2.1.*e*) de la Ley Orgánica 12/1995, de 12 de diciembre, de represión del contrabando.

»5. El agente encubierto estará exento de responsabilidad criminal por aquellas actuaciones que sean consecuencia necesaria del desarrollo de la investigación, siempre que guarden la debida proporcionalidad con la finalidad de la misma y no constituyan una provocación al delito.

»Para poder proceder penalmente contra el mismo por las actuaciones realizadas a los fines de la investigación, el Juez competente para conocer la causa deberá, tan pronto tenga conocimiento de la actuación de algún agente encubierto en la misma, requerir informe relativo a tal circunstancia de quien hubiere autorizado la identidad supuesta, en atención al cual resolverá lo que a su criterio proceda.»

V. también art. 338 LECr, sobre destrucción de la droga decomisada, modificado por Ley 21/1994, de 6 de julio (*BOE* n.º 161, de 7 de julio); y RD 1.911/1999, de 17 de diciembre (*BOE* n.º 313, de 31 de diciembre), por el que se aprueba la estrategia nacional sobre drogas para el período 2000/2008.

privativas de libertad superiores en grado a las señaladas en el artículo anterior y multa del tanto al séxtuplo cuando las conductas en él definidas sean de extrema gravedad, o cuando se trate de los jefes, administradores o encargados de las organizaciones o asociaciones mencionadas en su número 6.º En este último caso, así como cuando concurra el supuesto previsto en el número 2.º del mencionado artículo, la autoridad judicial podrá decretar, además, alguna de las medidas siguientes:

a) Disolución de la organización o asociación o clausura definitiva de sus locales o de los establecimientos abiertos al público.

b) Suspensión de las actividades de la organización o asociación, o clausura de los establecimientos abiertos al público por tiempo no superior a cinco años.

c) Prohibición a las mismas de realizar aquellas actividades, operaciones mercantiles o negocios, en cuyo ejercicio se haya facilitado o encubierto el delito, por tiempo no superior a cinco años.

Art. 371. 1. El que fabrique, transporte, distribuya, comercie o tenga en su poder equipos, materiales o sustancias enumeradas en el cuadro I y cuadro II de la convención de Naciones Unidas, hecha en Viena el 20 de diciembre de 1988, sobre el tráfico ilícito de estupefacientes y sustancias psicotrópicas, y cualesquiera otros productos adicionados al mismo Convenio o que se incluyan en otros futuros Convenios de la misma naturaleza, ratificados por España, a sabiendas de que van a utilizarse en el cultivo, la producción o la fabricación ilícitas de drogas tóxicas, estupefacientes o sustancias psicotrópicas, o para estos fines, será castigado con la pena de prisión de tres a seis años y multa del tanto al triplo del valor de los géneros o efectos.

Art. 371: Los cuadros I y II de la Convención de Naciones Unidas de 20 de diciembre de 1988, a los que se refiere el art. 371, tienen el siguiente contenido. Cuadro I: «Ácido lisérgico; efedrina; ergometrina; ergotamina; 1-fenil-2-propanona; seudoefedrina; las sales de las sustancias enumeradas en el presente Cuadro, siempre que la existencia de dichas sales sea posible.» Cuadro II: «Acetona; ácido antranílico; ácido fenilacético; anhídrido acético; éter etílico; piperidina; las sales de las sustancias enumeradas en el presente Cuadro, siempre que la existencia de dichas sales sea posible.» V. Ley 3/1996, de 10 de enero (*BOE* n.º 11, de 12 de enero), sobre medidas de control de sustancias químicas catalogadas susceptibles de desvío para la fabricación ilícita de drogas, desarrollada por RD 865/1997, de 6 de junio, por el que se aprueba su Reglamento (*BOE* n.º 138, de 10 de junio; corrección de errores en *BOE* n.º 175, de 23 de julio), y cuyo anexo fue modificado por RD 559/2001, de 25 de mayo (*BOE* n.º 126, de 26 de mayo); y arts. 263 bis y 282 bis LECr., reproducidos en nota al art. 368 de este Código.

2. Se impondrán las penas privativas de libertad en su mitad superior cuando las personas que realicen los hechos descritos en el apartado anterior pertenezcan a una organización dedicada a los fines en él señalados, y la pena superior en grado cuando se trate de los jefes, administradores o encargados de las referidas organizaciones o asociaciones.

En tales casos, los Jueces o Tribunales impondrán, además de las penas correspondientes, la de inhabilitación especial del reo para el ejercicio de su profesión o industria por tiempo de tres a seis años, y las demás medidas previstas en el artículo 370.

Art. 372. Si los hechos previstos en este capítulo fueran realizados por empresario, intermediario en el sector financiero, facultativo, funcionario público, trabajador social, docente o educador, en el ejercicio de su cargo, profesión u oficio, se le impondrá, además de la pena correspondiente, la de inhabilitación especial para empleo o cargo público, profesión u oficio, industria o comercio, de tres a diez años. Se impondrá la pena de inhabilitación absoluta de diez a veinte años cuando los referidos hechos fueren realizados por autoridad o agente de la misma, en el ejercicio de su cargo.

A tal efecto, se entiende que son facultativos los médicos, psicólogos, las personas en posesión de título sanitario, los veterinarios, los farmacéuticos y sus dependientes.

Art. 373. La provocación, la conspiración y la proposición para cometer los delitos previstos en los artículos 368 a 372, se castigarán con la pena inferior en uno a dos grados a la que corresponde, respectivamente, a los hechos previstos en los preceptos anteriores.

Art. 374. 1. A no ser que pertenezcan a un tercero de buena fe no responsable del delito, serán objeto de decomiso las drogas tóxicas, estupefacientes o sustancias psicotrópicas, los equipos, materiales y sustancias a

---

Art. 374: V. arts. 127 y 128 CP; Convenio relativo al blanqueo, seguimiento, embargo y decomiso de los productos del delito, hecho en Estrasburgo el 8 de noviembre de 1990, y ratificado por España mediante Instrumento de 22 de julio de 1998 (*BOE* n.º 252, de 21 de octubre); y Ley 36/1995, de 11 de diciembre (*BOE* n.º 296, de 12 de diciembre), sobre la creación de un fondo procedente de los bienes decomisados por tráfico de drogas y otros delitos relacionados, modificada por Ley 61/1997, de 19 de diciembre (*BOE* n.º 304, de 20 de diciembre), y desarrollada por RD 864/1997, de 6 de junio, por el que se aprueba el Reglamento de este fondo (*BOE* n.º 138, de 10 de junio; corrección de errores en *BOE* n.º 183, de 1 de agosto).

que se refiere el artículo 371, los vehículos, buques, aeronaves y cuantos bienes y efectos, de cualquier naturaleza que sean, hayan servido de instrumento para la comisión de cualquiera de los delitos previstos en los artículos anteriores, o provengan de los mismos, así como las ganancias de ellos obtenidas, cualesquiera que sean las transformaciones que hayan podido experimentar.

2. A fin de garantizar la efectividad del comiso, los bienes, efectos e instrumentos a que se refiere el párrafo anterior podrán ser aprehendidos y puestos en depósito por la autoridad judicial desde el momento de las primeras diligencias. Dicha autoridad podrá acordar asimismo que, con las debidas garantías para su conservación y mientras se sustancia el procedimiento, los bienes, efectos o instrumentos de lícito comercio puedan ser utilizados provisionalmente por la policía judicial encargada de la represión del tráfico ilegal de drogas.

3. Los bienes, efectos e instrumentos definitivamente decomisados por sentencia se adjudicarán al Estado.

Art. 375. Las condenas de Jueces o Tribunales extranjeros por delitos de la misma naturaleza que los previstos en los artículos 368 a 372 de este capítulo producirán los efectos de reincidencia, salvo que el antecedente penal haya sido cancelado o puede serlo con arreglo al Derecho español.

Art. 376. En los delitos previstos en los artículos 368 a 372, los Jueces o Tribunales, razonándolo en sentencia, podrán imponer la pena inferior en uno o dos grados a la señalada por la Ley para el delito de que se trate, siempre que el sujeto haya abandonado voluntariamente sus actividades delictivas, y se haya presentado a las autoridades confesando los hechos en que hubiera participado y haya colaborado activamente con éstas, bien para impedir la producción del delito, bien para obtener pruebas decisivas para la identificación o captura de otros responsables o para impedir la actuación o el desarrollo de las organizaciones o asociaciones a las que haya pertenecido o con las que haya colaborado.

Art. 377. Para la determinación de la cuantía de las multas que se impongan en aplicación de los artículos 368 a 372, el valor de la droga objeto del delito o de los géneros o efectos intervenidos será el precio final del producto o, en su caso, la recompensa o ganancia obtenida por el reo, o que hubiera podido obtener.

Art. 378. Los pagos que se efectúen por el penado por uno o varios de los delitos a que se refieren los artículos 368 a 372 se imputarán por el orden siguiente:

1.º A la reparación del daño causado e indemnización de perjuicios.

2.º A la indemnización del Estado por el importe de los gastos que se hayan hecho por su cuenta en la causa.

3.º A la multa.

4.º A las costas del acusador particular o privado cuando se imponga en la sentencia su pago.

5.º A las demás costas procesales, incluso las de la defensa del procesado, sin preferencia entre los interesados.

CAPÍTULO IV

DE LOS DELITOS CONTRA LA SEGURIDAD DEL TRÁFICO*

Art. 379. El que condujere un vehículo a motor o un ciclomotor bajo la influencia de drogas tóxicas, estupefacientes, sustancias psicotrópicas o de bebidas alcohólicas, será castigado con la pena de arresto de ocho a doce fines de semana o multa de tres a ocho meses y, en cualquier caso, privación del derecho a conducir vehículos a motor y ciclomotores, respectivamente, por tiempo superior a uno y hasta cuatro años.

---

* V. arts. 276, 289 y 292 C. de la C., parcialmente derogado por RD 772/ 1997, de 30 de mayo, por el que se aprueba el Reglamento General de Conductores (*BOE* n.º 135, de 6 de junio, corrección de errores en *BOE* n.º 227, de 22 de septiembre), texto éste modificado a su vez por RRDD 1.110/1999, de 25 de junio (*BOE* n.º 161, de 7 de julio), y 1.907/1999, de 17 de diciembre (*BOE* n.º 302, de 18 de diciembre); y por RD 2.822/1998, de 23 de diciembre (*BOE* n.º 22, de 26 de enero de 1999; corrección de errores en *BOE* n.º 38, de 13 de febrero), por el que se aprueba el Reglamento General de Vehículos; arts. 9.º ss. LTCVM; arts. 2.º ss. Reglamento General de Circulación para la aplicación y desarrollo del texto articulado de la Ley sobre Tráfico, Circulación de Vehículos a Motor y Seguridad Vial, aprobado por RD 13/1992, de 17 de enero (*BOE* n.º 27, de 31 de enero; corrección de errores en *BOE* n.º 61, de 11 de marzo), modificado por RD 1.333/1994, de 20 de junio (*BOE* n.º 169, de 16 de julio; corrección de errores en *BOE* n.º 14, de 17 de enero de 1995), RD 116/1998, de 30 de enero (*BOE* n.º 42, de 18 de febrero), y RD 2.282/1998, de 23 de octubre (*BOE* n.º 266, de 6 de noviembre de 1998; corrección de erratas en *BOE* n.º 22, de 26 de enero de 1999); Reglamento de procedimiento sancionador en materia de tráfico, circulación de vehículos a motor y seguridad vial, aprobado por RD 320/1994, de 25 de febrero (*BOE* n.º 95, de 21 de abril), y modificado por RRDD 1.161/1998, de 30 de enero (*BOE* n.º 42, de 18 de febrero), y 137/2000, de 4 de febrero (*BOE* n.º 42, de 18 de febrero).

Art. 379: V. art. 31 LPPNA. V., también, Orden de 29 de julio de 1981 sobre investigación del grado de impregnación alcohólica de los usuarios de las vías públicas (*BOE* n.º 186, de 5 de agosto), así como art. 12 LTCVM; y arts. 20 ss. Reglamento General de Circulación, aprobado por RD 13/1992, de 17 de enero (*BOE* n.º 27, de 31 de enero; corrección de errores en *BOE* n.º 61, de 11 de marzo) y modificado por RD 1.333/1994, de 20 de junio (*BOE* n.º 169, de 16 de julio; corrección de errores en *BOE* n.º 14, de 17 de enero de 1995), RD 116/1998, de 30 de enero (*BOE* n.º 42, de 18 de febrero), y RD

Art. 380. El conductor que, requerido por el agente de la autoridad, se negare a someterse a las pruebas legalmente establecidas para la comprobación de los hechos descritos en el artículo anterior, será castigado como autor de un delito de desobediencia grave, previsto en el artículo 556 de este Código.

Art. 381. El que condujere un vehículo a motor o un ciclomotor con temeridad manifiesta y pusiera en concreto peligro la vida o la integridad de las personas, será castigado con las penas de prisión de seis meses a dos años y privación del derecho a conducir vehículos a motor y ciclomotores por tiempo superior a uno y hasta seis años.

Art. 382. Será castigado co la pena de prisión de seis meses a dos años o multa de tres a ocho meses el que origine un grave riesgo para la circulación de alguna de la siguientes formas:

1.º Alterando la seguridad del tráfico mediante la colocación en la vía de obstáculos imprevisibles, derramamiento de sustancias deslizantes o inflamables, mutación o daño de la señalización, o por cualquier otro medio.

2.º No restableciendo la seguridad de la vía, cuando haya obligación de hacerlo.

Art. 383. Cuando con los actos sancionados en los artículos 379, 381 y 382 se ocasionara, además del riesgo prevenido, un resultado lesivo, cualquiera que

---

2.282/1998, de 23 de octubre (*BOE* n.º 266, de 6 de noviembre de 1998; corrección de erratas en *BOE* n.º 22, de 26 de enero de 1999). V., también, Orden de 27 de julio de 1994 por la que se establece el control metrológico del Estado para los instrumentos destinados a medir la concentración de alcohol en el aire espirado (*BOE* n.º 181, de 30 de julio).

Art. 381: V. nota al art. 379 y RD 2.484/1994, de 23 de diciembre (*BOE* n.º 18, de 21 de enero de 1995), por el que se regula la utilización, instalación y comprobación de funcionamiento de dispositivos de limitación de velocidad en determinadas categorías de vehículos. Téngase en cuenta que el Anexo de este RD ha sido modificado por Orden de 28 de octubre de 1996 (*BOE* n.º 273, de 12 de noviembre).

V., también, el RD 2.242/ 1996, de 18 de octubre, por el que se establecen normas sobre tiempos de conducción, descanso y uso del tacógrafo (*BOE* n.º 259, de 26 de octubre).

Art. 382: V. art. 31 Ley 25/1988, de 29 de julio, de Carreteras (*BOE* n.º 182, de 30 de julio), modificada por Ley 14/2000, de 29 de diciembre (*BOE* n.º 313, de 30 de diciembre), y por RD-L 11/2001, de 22 de junio (BOE n.º 150, de 23 de junio); art. 10 LTCVM; arts. 4.º ss. Reglamento General de Circulación (*BOE* n.º 27, de 31 de enero; corrección de errores en *BOE* n.º 61, de 11 de marzo), modificado por RD 1.333/1994, de 20 de junio (*BOE* n.º 169, de 16 de julio de 1994; corrección de errores en *BOE* n.º 14, de 17 de enero de 1995), RD 116/1998, de 30 de enero (*BOE* n.º 42, de 18 de febrero), y RD 2.282/1998, de 23 de octubre (*BOE* n.º 266, de 6 de noviembre de 1998; corrección de erratas en *BOE* n.º 22, de 26 de enero de 1999).

sea su gravedad, los Jueces y Tribunales apreciarán tan sólo la infracción más gravemente penada, condenando en todo caso al resarcimiento de la responsabilidad civil que se haya originado.

En la aplicación de las penas establecidas en los citados artículos, procederán los Jueces y Tribunales según su prudente arbitrio, sin sujetarse a las reglas prescritas en el artículo 66.

Art. 384. Será castigado con las penas de prisión de uno a cuatro años, multa de seis a doce meses y privación del derecho a conducir vehículos a motor y ciclomotores por tiempo superior a seis y hasta diez años, el que, con consciente desprecio por la vida de los demás, incurra en la conducta descrita en el artículo 381.

Cuando no se haya puesto en concreto peligro la vida o la integridad de las personas, la pena de prisión será de uno a dos años, manteniéndose el resto de las penas.

Art. 385. El vehículo a motor o el ciclomotor utilizado en los hechos previstos en el artículo anterior, se considerará instrumento del delito a los efectos del artículo 127 de este Código.

TÍTULO XVIII

De las falsedades*

CAPÍTULO PRIMERO

DE LA FALSIFICACIÓN DE MONEDA Y EFECTOS TIMBRADOS**

Art. 386. Será castigado con las penas de prisión de ocho a doce años y multa del tanto al décuplo del valor aparente de la moneda:

1.º El que fabrique moneda falsa.

2.º El que la introduzca en el país.

3.º El que la expenda o distribuya en connivencia con los falsificadores o introductores.

* V. arts. 237, n.º 2.º, y 681, n.º 6.º, CC., art. 75 Ley de ordenación de la Emigración, aprobado por Decreto 1.000/1962, de 3 de mayo (*BOE* n.º 116, de 15 de mayo); v. también art. 20.*a*) LCAP.

** El art. 65.1.º*b*) LOPJ atribuye a la Audiencia Nacional la competencia para enjuiciar los delitos comprendidos en este Capítulo, salvo que correspondan en primera instancia a los Juzgados Centrales de

La tenencia de moneda falsa para su expendición o distribución será castigada con la pena inferior en uno o dos grados, atendiendo al valor de aquélla y al grado de connivencia con los autores mencionados en los números anteriores. La misma pena se impondrá al que, sabiéndola falsa, adquiera moneda con el fin de ponerla en circulación.

El que habiendo recibido de buena fe moneda falsa, la expenda o distribuya después de constarle su falsedad será castigado con las penas de arresto de nueve a quince fines de semana y multa de seis a veinticuatro meses, si el valor aparente de la moneda fuera superior a cincuenta mil pesetas.

Art. 387. A los efectos del artículo anterior se entiende por moneda la metálica y papel moneda de curso legal. A los mismos efectos se considerarán moneda las tarjetas de crédito, las de débito y los cheques de viaje. Igualmente, se equipararán a la moneda nacional, la de la Unión Europea y las extranjeras.

Art. 388. La condena de un Tribunal extranjero, impuesta por delito de la misma naturaleza de los comprendidos en este capítulo, será equiparada a las sentencias de los Jueces o Tribunales españoles a los efectos de reincidencia, salvo que el antecedente penal haya sido cancelado o pudiese serlo con arreglo al Derecho español.

Art. 389. El que falsificare, o expendiere, en connivencia con el falsificador, sellos de correos

---

lo Penal. V., también, art. 23 de la mencionada LOPJ, reproducido en nota al art. 3.º1 LE (Apéndice 5).

Téngase en cuenta que el art. 2.º5 de la LO 10/1998, de 17 de diciembre (*BOE* n.º 302, de 18 de diciembre), complementaria de la Ley sobre introducción del euro, dice: «Durante el período transitorio al que se refiere el artículo 12 de la Ley sobre Introducción del Euro, los euros acuñados o impresos en moneda metálica o en papel moneda se considerarán en todo caso moneda de curso legal a los efectos previstos en los artículos 386 y 387 de la Ley Orgánica 10/1995, de 23 de noviembre, del Código Penal.»

El período transitorio a que se refiere esta norma es el que media entre el 1 de enero de 1999 y el 31 de diciembre del año 2001, ambos inclusive.

Art. 386: V. Convenio de Ginebra de 20 de abril de 1929, para la Represión de la Falsificación de Moneda, ratificado por España el 28 de abril de 1930 (*Gaceta* n.º 98, de 8 de abril de 1931) y reproducido parcialmente en nota al art. 1 LE (Apéndice 5); arts. 263 bis y 282 bis LECr., reproducidos en nota al art. 368 de este Código; y art. 629 CP.

Art. 387: V. art. 5.º del Convenio de Ginebra citado en nota al art. anterior. V. Circular monetaria 1/1995, de 28 de febrero, del Banco de España (*BOE* n.º 59, de 10 de marzo), sobre utilización publicitaria de billetes o monedas o sus reproducciones.

Art. 388: V. art. 6.º del Convenio de Ginebra citado en nota al art. 386.

Art. 389: V. art. 629 CP:

o efectos timbrados, o los introdujere en España conociendo su falsedad, será castigado con la pena de prisión de seis meses a tres años.

El adquirente de buena fe de sellos de correos o efectos timbrados que, conociendo su falsedad, los distribuyera en cantidad superior a cincuenta mil pesetas, será castigado con la pena de arresto de ocho a doce fines de semana, y, si únicamente los utilizara, por la misma cantidad, con la pena de multa de tres a doce meses.

CAPÍTULO II

DE LAS FALSEDADES DOCUMENTALES*

SECCIÓN 1.ª

De la falsificación de documentos públicos, oficiales y mercantiles y de los despachos transmitidos por servicios de telecomunicación

Art. 390. 1. Será castigado con las penas de prisión de tres a seis años, multa de seis a veinticuatro meses e inhabilitación especial por tiempo de dos a seis años, la autoridad o funcionario público que, en el ejercicio de sus funciones, cometa falsedad:

1.º Alterando un documento en alguno de sus elementos o requisitos de carácter esencial.

2.º Simulando un documento en todo o en parte, de manera que induzca a error sobre su autenticidad.

3.º Suponiendo en un acto la intervención de personas que no la han tenido, o atribuyendo a las que han intervenido en él declaraciones o manifestaciones diferentes de las que hubieran hecho.

4.º Faltando a la verdad en la narración de los hechos.

2. Será castigado con las mismas penas a las señaladas en el apartado anterior el responsable de cualquier confesión religiosa que incurra en alguna de las conductas descritas en los números anteriores, respecto de actos y documentos que puedan producir efecto en el estado de las personas o en el orden civil.

---

* V. art. 954, n.º 3.º, LECr.; arts. 596 y 1.796.2.º LEC, y 317 a 323, y 510.2.º LEC 2000; art. 1.216 CC; arts. 54 ss. LPPNA; art. 135.2 Ley Electoral (Apéndice 6), y RD-L 14/1999, de 17 de septiembre (*BOE* n.º 224, de 18 de septiembre), convalidado por Resolución de 21 de octubre de 1999 (*BOE* n.º 257, de 27 de octubre), del Congreso de los Diputados, sobre firma electrónica.

Art. 390: V. art. 140 Ley de Régimen Electoral General (Apéndice 6).

Art. 391. La autoridad o funcionario público que por imprudencia grave incurriere en alguna de las falsedades previstas en el artículo anterior o diere lugar a que otro las cometa, será castigado con la pena de multa de seis a doce meses y suspensión de empleo o cargo público por tiempo de seis meses a un año.

Art. 392. El particular que cometiere en documento público, oficial o mercantil, alguna de las falsedades descritas en los tres primeros números del apartado 1 del artículo 390, será castigado con las penas de prisión de seis meses a tres años y multa de seis a doce meses.

Art. 393. El que, a sabiendas de su falsedad, presentare en juicio o, para perjudicar a otro, hiciere uso de un documento falso de los comprendidos en los artículos precedentes, será castigado con la pena inferior en grado a la señalada a los falsificadores.

Art. 394. 1. La autoridad o funcionario público encargado de los servicios de telecomunicación que supusiere o falsificare un despacho telegráfico u otro propio de dichos servicios, incurrirá en la pena de prisión de seis meses a tres años e inhabilitación especial por tiempo de dos a seis años.

2. El que, a sabiendas de su falsedad, hiciere uso del despacho falso para perjudicar a otro, será castigado con la pena inferior en grado a la señalada a los falsificadores.

SECCIÓN 2.ª

De la falsificación de documentos privados

Art. 395. El que, para perjudicar a otro, cometiere en documento privado alguna de las falsedades previstas en los tres primeros números del apartado 1 del artículo 390, será castigado

---

Art. 392: El párrafo 3.º del art. 1.º del Decreto 196/1976, de 6 de febrero, por el que se regula el Documento Nacional de Identidad (*BOE* n.º 38, de 13 de febrero), modificado parcialmente por el RD 2.091/1982, de 12 de agosto (*BOE* n.º 210, de 2 de septiembre), y por el RD 1.245/1985, de 17 de julio (*BOE* n.º 179, de 27 de julio), dispone que el Documento Nacional de Identidad «será obligatorio y gozará de la protección que a los documentos públicos y oficiales otorguen las leyes penales y el presente Decreto». En virtud del principio de legalidad (v. los arts. 2.º1.º y 10 de este CP y sus correspondientes notas), esa disposición del Decreto debe considerarse, a efectos penales, como inexistente. V., no obstante, la Orden de 26 de abril de 1996 (*BOE* n.º 102, de 27 de abril), por la que se modifica el contenido y formato de la tarjeta del Documento Nacional de Identidad.

V., también, art. 141 Ley Orgánica del Régimen Electoral General (Apéndice 6).

Art. 393: V. arts. 461 CP, 514 y 1.796.2.º LEC, y 317 a 323 y 510.2.º LEC 2000, y 954.3.º LECr.

Art. 395: V. arts. 1.225 y 1.230 CC.

con la pena de prisión de seis meses a dos años.

Art. 396. El que, a sabiendas de su falsedad, presentare en juicio o, para perjudicar a otro, hiciere uso de un documento falso de los comprendidos en el artículo anterior, incurrirá en la pena inferior en grado a la señalada a los falsificadores.

SECCIÓN 3.ª

De la falsificación de certificados

Art. 397. El facultativo que librare certificado falso será castigado con la pena de multa de tres a doce meses.

Art. 398. La autoridad o funcionario público que librare certificación falsa será castigado con la pena de suspensión de seis meses a dos años.

Art. 399. 1. El particular que falsificare una certificación de las designadas en los artículos anteriores será castigado con la pena de multa de tres a seis meses.

2. La misma pena se aplicará al que hiciere uso, a sabiendas, de la certificación falsa.

CAPÍTULO III

Disposición general

Art. 400. La fabricación o tenencia de útiles, materiales, instrumentos, sustancias, máquinas, programas de ordenador o aparatos, específicamente destinados a la comisión de los delitos descritos en los capítulos anteriores, se castigarán con la pena señalada en cada caso para los autores.

CAPÍTULO IV

De la usurpación del estado civil

Art. 401. El que usurpare el estado civil de otro será castigado con la pena de prisión de seis meses a tres años.

CAPÍTULO V

De la usurpación de funciones públicas y del intrusismo

Art. 402. El que ilegítimamente ejerciere actos propios de una autoridad o funcionario público atribuyéndose carácter oficial, será castigado con la pena de prisión de uno a tres años.

Art. 401: V. arts. 325 ss. CC.

Art. 402: V. art. 637 de este Código.

Art. 403. El que ejerciere actos propios de una profesión sin poseer el correspondiente título académico expedido o reconocido en España de acuerdo con la legislación vigente, incurrirá en la pena de multa de seis a doce meses. Si la actividad profesional desarrollada exigiere un título oficial que acredite la capacitación necesaria y habilite legalmente para su ejercicio, y no se estuviere en posesión de dicho título, se impondrá la pena de multa de tres a cinco meses.

Si el culpable, además, se atribuyese públicamente la cualidad de profesional amparada por el título referido, se le impondrá la pena de prisión de seis meses a dos años.

TÍTULO XIX

Delitos contra la Administración pública*

CAPÍTULO PRIMERO

DE LA PREVARICACIÓN DE LOS FUNCIONARIOS PÚBLICOS Y OTROS COMPORTAMIENTOS INJUSTOS**

Art. 404. A la autoridad o funcionario público que, a sabiendas de su injusticia, dictare una resolución arbitraria en un asunto administrativo se le castigará con la pena de inhabilitación especial para empleo o cargo público por tiempo de siete a diez años.

Art. 405. A la autoridad o funcionario público que, en el

Art. 403: V. art. 36 CE; art. 38 LPPNA; art. 14, apartado *a*), RD 606/ 1977, de 24 de marzo (*BOE* n.º 86, de 11 de abril); art. 5.º, apartado 1), Ley 2/1974, de 13 de febrero, de Colegios Profesionales (*BOE* n.º 40, de 15 de febrero), parcialmente modificada por Ley 74/1978, de 26 de diciembre (*BOE* n.º 10, de 11 de enero de 1979), y por RD-L 5/1996, de 7 de junio (*BOE* n.º 139, de 8 de junio), de medidas liberalizadoras en materia de suelo y de Colegios Profesionales, luego convertido en Ley 7/1997, de 14 de abril (*BOE* n.º 90, de 15 de abril); RD 1.754/1998, de 31 de julio (*BOE* n.º 188, de 7 de agosto; corrección de erratas en *BOE* n.º 253, de 22 de octubre), por el que se incorporan al Derecho español las Directivas 95/43/CE y 97/38/CE y se modifican los anexos de los RRDD 1.665/1991, de 25 de octubre, y 1.396/1995, de 4 de agosto, relativos al sistema general de reconocimientos de títulos y formaciones profesionales de los Estados miembros de la Unión Europea y demás Estados signatarios del Acuerdo sobre el Espacio Económico Europeo; y RD-L 6/1999, de 16 de abril (*BOE* n.º 92, de 17 de abril; corrección de errores en *BOE* n.º 101, de 28 de abril), de Medidas Urgentes de Liberalización e Incremento de la Competencia.

V., también, art. 637 de este Código.

* V. arts. 757 a 778 LECr; arts. 81.3 Ley de Funcionarios Civiles del Estado (*BOE* n.º

ejercicio de su competencia y a sabiendas de su ilegalidad, propusiere, nombrare o diere posesión para el ejercicio de un determinado cargo público a cualquier persona sin que concurran los requisitos legalmente establecidos para ello, se le castigará con las penas de multa de tres a ocho meses y suspensión de empleo o cargo público por tiempo de seis meses a dos años.

Art. 406. La misma pena de multa se impondrá a la persona que acepte la propuesta, nombramiento o toma de posesión mencionada en el artículo anterior, sabiendo que carece de los requisitos legalmente exigibles.

CAPÍTULO II

DEL ABANDONO DE DESTINO Y DE LA OMISIÓN DEL DEBER DE PERSEGUIR DELITOS

Art. 407. 1. A la autoridad o funcionario público que abandonare su destino con el propósito de no impedir o no perseguir cualquiera de los delitos comprendidos en los Títulos XXI, XXII, XXIII y XXIV se le castigará con la pena de prisión de

---

40, de 15 de febrero de 1964); art. 31 Ley 30/1984, de 2 de agosto, de medidas para la reforma de la función pública (*BOE* n.º 185, de 3 de agosto), reformada por la Ley 13/1996, de 30 de diciembre, de medidas fiscales, administrativas y del orden social (*BOE* n.º 315, de 31 de diciembre), por Ley 50/1998, de 30 de diciembre (*BOE* n.º 313, de 31 de diciembre de 1998; corrección de errores en *BOE* n.º 109, de 7 de mayo de 1999), y por Leyes 39/1999, de 5 de noviembre (*BOE* n.º 266, de 6 de noviembre), 55/1999, de 29 de diciembre (*BOE* n.º 312, de 30 de diciembre; corrección de errores en *BOE* n.º 54, de 3 de marzo de 2000), y 14/2000, de 29 de diciembre (*BOE* n.º 313, de 30 de diciembre); arts. 4.º a 8.º del Reglamento de Régimen Disciplinario de los Funcionarios de la Administración del Estado, aprobado por RD 33/1986, de 10 de enero (*BOE* n.º 15, de 17 de enero); arts. 5.º y 7.º del RD 1.398/1993, de 4 de agosto, por el que se aprueba el Reglamento del procedimiento para el ejercicio de la potestad sancionadora de las Administraciones Públicas (*BOE* n.º 189, de 9 de agosto); art. 60 Ley 50/1981, de 30 de diciembre, por la que se regula el Estatuto Orgánico del Ministerio Fiscal (*BOE* n.º 11, de 13 de enero de 1982); Ley 10/ 1995, de 24 de abril, por la que se crea la Fiscalía Especial para la Represión de los Delitos Económicos relacionados con la Corrupción (*BOE* n.º 98, de 25 de abril); RD 923/1995, de 9 de junio (*BOE* n.º 162, de 8 de julio), por el que se fija la plantilla orgánica de la Fiscalía Especial para la Represión de los Delitos Económicos relacionados con la Corrupción; Resolución de 8 de enero de 1996 (*BOE* n.º 11, de 12 de enero), de la Agencia Estatal de Administración Tributaria, por la que se crea la Unidad de Apoyo a la Fiscalía Especial para la Represión de los Delitos Económicos relacionados con la Corrupción; y art. 1.º1.º*b*) LOTJ.

** V. art. 184 CPM y art. 75 Ley de Ordenación de la Emigración de 3 de mayo de 1962 (*BOE* n.º 116, de 15 de mayo).

Art. 404: V. art. 62.1.*d*) LRJAP.

Art. 407: V. art. 143 Ley Orgánica del Régimen Electoral General (Apéndice 6) y Apéndice 7.

uno a cuatro años e inhabilitación absoluta para empleo o cargo público por tiempo de seis a diez años. Si hubiera realizado el abandono para no impedir o no perseguir cualquier otro delito, se le impondrá la pena de inhabilitación especial para empleo o cargo público por tiempo de uno a tres años.

2. Las mismas penas se impondrán, respectivamente, cuando el abandono tenga por objeto no ejecutar las penas correspondientes a estos delitos impuestas por la autoridad judicial competente.

Art. 408. La autoridad o funcionario que, faltando a la obligación de su cargo, dejare intencionadamente de promover la persecución de los delitos de que tenga noticia o de sus responsables, incurrirá en la pena de inhabilitación especial para empleo o cargo público por tiempo de seis meses a dos años.

Art. 409. A las autoridades o funcionarios públicos que promovieren, dirigieren u organizaren el abandono colectivo y manifiestamente ilegal de un servicio público, se les castigará con la pena de multa de ocho a doce meses y suspensión de empleo o cargo público por tiempo de seis meses a dos años.

Las autoridades o funcionarios públicos que meramente tomaren parte en el abandono colectivo o manifiestamente ilegal de un servicio público esencial y con grave perjuicio de éste o de la comunidad, serán castigados con la pena de multa de ocho a doce meses.

CAPÍTULO III

DE LA DESOBEDIENCIA Y DENEGACIÓN DE AUXILIO*

Art. 410. 1. Las autoridades o funcionarios públicos que se negaren abiertamente a dar el debido cumplimiento a resoluciones judiciales, decisiones u órdenes de la autoridad superior,

---

Art. 408: V. art. 181 CPM.

Art. 409: V. RD 1.478/1988, de 9 de diciembre (*BOE* n.º 296, de 10 de diciembre; corrección de errores en *BOE* n.º 298, de 13 de diciembre), por el que se establecen las normas básicas para garantizar el mantenimiento de los servicios esenciales en la Administración del Estado.

* V. arts. 149 ss. CPM y 49 ss. LPPNA.

Art. 410: V. arts. 103 ss. Ley 29/1998, de 13 de julio, reguladora de la Jurisdicción Contencioso-Administrativa (*BOE* n.º 167, de 14 de julio), modificada por Ley 50/1998, de 30 de diciembre (*BOE* n.º 313, de 31 de diciembre de 1998; corrección de errores en *BOE* n.º 109, de 7 de mayo de 1999), y 17.2.º LOPJ.

dictadas dentro del ámbito de su respectiva competencia y revestidas de las formalidades legales, incurrirán en la pena de multa de tres a doce meses e inhabilitación especial para empleo o cargo público por tiempo de seis meses a dos años.

2. No obstante lo dispuesto en el apartado anterior, no incurrirán en responsabilidad criminal las autoridades o funcionarios por no dar cumplimiento a un mandato que constituya una infracción manifiesta, clara y terminante de un precepto de Ley o de cualquier otra disposición general.

Art. 411. La autoridad o funcionario público que, habiendo suspendido, por cualquier motivo que no sea el expresado en el apartado segundo del artículo anterior, la ejecución de las órdenes de sus superiores, las desobedeciere después de que aquéllos hubieren desaprobado la suspensión, incurrirá en las penas de multa de doce a veinticuatro meses, e inhabilitación especial para empleo o cargo público por tiempo de uno a tres años.

Art. 412. 1. El funcionario público que, requerido por autoridad competente, no prestare el auxilio debido para la Administración de Justicia u otro servicio público, incurrirá en las penas de multa de tres a doce meses, y suspensión de empleo o cargo público por tiempo de seis meses a dos años.

2. Si el requerido fuera autoridad, jefe o responsable de una fuerza pública o un agente de la autoridad, se impondrán las penas de multa de doce a dieciocho meses y suspensión de empleo o cargo público por tiempo de dos a tres años.

3. La autoridad o funcionario público que, requerido por un particular a prestar algún auxilio a que venga obligado por razón de su cargo para evitar un delito contra la vida de las personas, se abstuviera de prestarlo, será castigado con la pena de multa de dieciocho a veinticuatro meses e inhabilitación especial para empleo o cargo público por tiempo de tres a seis años.

Si se tratase de un delito contra la integridad, libertad sexual, salud o libertad de las personas, será castigado con la pena de multa de doce a dieciocho meses y suspensión de empleo o cargo público de uno a tres años.

En el caso de que tal requerimiento lo fuera para evitar cual-

---

Art. 412: V. arts. 118 CE y 17.1.º LOPJ.

quier otro delito u otro mal, se castigará con la pena de multa de tres a doce meses y suspensión de empleo o cargo público por tiempo de seis meses a dos años.

CAPÍTULO IV

DE LA INFIDELIDAD EN LA CUSTODIA DE DOCUMENTOS Y DE LA VIOLACIÓN DE SECRETOS*

Art. 413. La autoridad o funcionario público que, a sabiendas, sustrajere, destruyere, inutilizare u ocultare, total o parcialmente, documentos cuya custodia le esté encomendada por razón de su cargo, incurrirá en las penas de prisión de uno a cuatro años, multa de siete a veinticuatro meses, e inhabilitación especial para empleo o cargo público por tiempo de tres a seis años.

Art. 414. 1. A la autoridad o funcionario público que, por razón de su cargo, tenga encomendada la custodia de documentos respecto de los que la autoridad competente haya restringido el acceso, y que a sabiendas destruya o inutilice los medios puestos para impedir ese acceso o consienta su destrucción o inutilización, incurrirá en la pena de prisión de seis meses a un año o multa de seis a veinticuatro meses y, en cualquier caso, inhabilitación especial para empleo o cargo público por tiempo de uno a tres años.

2. El particular que destruyere o inutilizare los medios a que se refiere el apartado anterior, será castigado con la pena de multa de seis a dieciocho meses.

Art. 415. La autoridad o funcionario público no comprendido en el artículo anterior que, a sabiendas y sin la debida autorización, accediere o permitiere acceder a documentos secretos cuya custodia le esté confiada por razón de su cargo, incurrirá en la pena de multa de seis a doce meses, e inhabilitación especial para empleo o cargo público por tiempo de uno a tres años.

Art. 416. Serán castigados con las penas de prisión o multa

* V. art. 13 Ley 9/1968, de 5 de abril, de Secretos Oficiales (*BOE* n.º 84, de 6 de abril), modificada por Ley 48/1978, de 7 de octubre; Ley 10/1995, de 24 de abril, por la que se crea la Fiscalía Especial para la Represión de los Delitos Económicos relacionados con la Corrupción (*BOE* n.º 98, de 25 de abril); Apéndice 7; nota al rótulo del Título X del Libro II de este Código, y arts. 1.º1.º*b*) y 1.º2.º*f*) LOTJ y 20.*a*) LCAP.

Art. 413: V. art. 579 LECr.

Art. 414: V. arts. 573 ss. LECr.

inmediatamente inferiores a las respectivamente señaladas en los tres artículos anteriores los particulares encargados accidentalmente del despacho o custodia de documentos, por comisión del Gobierno o de las autoridades o funcionarios públicos a quienes hayan sido confiados por razón de su cargo, que incurran en las conductas descritas en los mismos.

Art. 417. 1. La autoridad o funcionario público que revelare secretos o informaciones de los que tenga conocimiento por razón de su oficio o cargo y que no deban ser divulgados, incurrirá en la pena de multa de doce a dieciocho meses e inhabilitación especial para empleo o cargo público por tiempo de uno a tres años.

Si de la revelación a que se refiere el párrafo anterior resultara grave daño para la causa pública o para tercero, la pena será de prisión de uno a tres años, e inhabilitación especial para empleo o cargo público por tiempo de tres a cinco años.

2. Si se tratara de secretos de un particular, las penas serán las de prisión de dos a cuatro años, multa de doce a dieciocho meses, y suspensión de empleo o cargo público por tiempo de uno a tres años.

Art. 418. El particular que aprovechare para sí o para un tercero el secreto o la información privilegiada que obtuviere de un funcionario público o autoridad, será castigado con multa del tanto al triplo de beneficio obtenido o facilitado. Si resultara grave daño para la causa pública o para tercero, la pena será de prisión de uno a seis años.

CAPÍTULO V

DEL COHECHO*

Art. 419. La autoridad o funcionario público que, en pro-

Art. 417: V. arts. 301 y 417.2.º LECr.

* V. art. 185 CPM; art. 75 Ley de Ordenación de la Emigración de 3 de mayo de 1962 (*BOE* n.º 116, de 15 de mayo); Ley 10/1995, de 24 de abril, por la que se crea la Fiscalía Especial para la Represión de los Delitos Económicos relacionados con la Corrupción (*BOE* n.º 98, de 25 de abril); RD 923/1995, de 9 de junio (*BOE* n.º 162, de 8 de julio), por el que se fija la plantilla orgánica de la Fiscalía Especial para la Represión de los Delitos Económicos relacionados con la Corrupción; Resolución de 8 de enero de 1996 (*BOE* n.º 11, de 12 de enero), de la Agencia Estatal de Administración Tributaria, por la que se crea la Unidad de Apoyo a la Fiscalía Especial para la Represión de los Delitos Económicos relacionados con la Corrupción; y arts. 20.*a*) LCAP; y 1.º1.º*b*) y 1.º2.º*g*) LOTJ.

Art. 419: V. arts. 954.3.º LECr. y 1.796.4.º LEC.

vecho propio o de un tercero, solicitare o recibiere, por sí o por persona interpuesta, dádiva o presente o aceptare ofrecimiento o promesa para realizar en el ejercicio de su cargo una acción u omisión constitutivas de delito, incurrirá en la pena de prisión de dos a seis años, multa del tanto al triplo del valor de la dádiva e inhabilitación especial para empleo o cargo público por tiempo de siete a doce años, sin perjuicio de la pena correspondiente al delito cometido en razón de la dádiva o promesa.

Art. 420. La autoridad o funcionario público que, en provecho propio o de un tercero, solicite o reciba, por sí o por persona interpuesta, dádiva o promesa por ejecutar un acto injusto relativo al ejercicio de su cargo que no constituya delito, y lo ejecute, incurrirá en la pena de prisión de uno a cuatro años e inhabilitación especial para empleo o cargo público por tiempo de seis a nueve años, y de prisión de uno a dos años e inhabilitación especial para empleo o cargo público por tiempo de tres a seis años, si no llegara a ejecutarlo. En ambos casos se impondrá, además, la multa del tanto al triplo del valor de la dádiva.

Art. 421. Cuando la dádiva solicitada, recibida o prometida tenga por objeto que la autoridad o funcionario público se abstenga de un acto que debiera practicar en el ejercicio de su cargo, las penas serán de multa del tanto al duplo del valor de la dádiva e inhabilitación especial para empleo o cargo público por tiempo de uno a tres años.

Art. 422. Lo dispuesto en los artículos precedentes será también aplicable a los jurados, árbitros, peritos, o cualesquiera personas que participen en el ejercicio de la función pública.

Art. 423. 1. Los que con dádivas, presentes, ofrecimientos o promesas corrompieren o intentaren corromper a las autoridades o funcionarios públicos serán castigados con las mismas penas de prisión y multa que éstos.

2. Los que atendieren las solicitudes de las autoridades o funcionarios públicos, serán castigados con la pena inferior en grado a la prevista en el apartado anterior.

Art. 424. Cuando el soborno mediare en causa criminal en favor del reo por parte de su cónyuge u otra persona a la que se halle ligado de forma estable por análoga relación de afectividad, o de algún ascendiente, descendiente o hermano, por naturaleza, por adopción o afines en los mismos grados, se impondrá al sobornador la pena de multa de tres a seis meses.

Art. 425. 1. La autoridad o funcionario público que solicitare dádiva o presente o admitiere ofrecimiento o promesa para realizar un acto propio de su cargo o como recompensa del ya realizado, incurrirá en la pena de multa del tanto al triplo del valor de la dádiva y suspensión de empleo o cargo público por tiempo de seis meses a tres años.

2. En el caso de recompensa por el acto ya realizado, si éste fuera constitutivo de delito se impondrá, además, la pena de prisión de uno a tres años, multa de seis a diez meses e inhabilitación especial para empleo o cargo público por tiempo de diez a quince años.

Art. 426. La autoridad o funcionario público que admitiere dádiva o regalo que le fueren ofrecidos en consideración a su función o para la consecución de un acto no prohibido legalmente, incurrirá en la pena de multa de tres a seis meses.

Art. 427. Quedará exento de pena por el delito de cohecho el particular que haya accedido ocasionalmente a la solicitud de dádiva o presente realizada por autoridad o funcionario público y denunciare el hecho a la autoridad que tenga el deber de proceder a su averiguación, antes de la apertura del correspondiente procedimiento, siempre que no hayan transcurrido más de diez días desde la fecha de los hechos.

CAPÍTULO VI

DEL TRÁFICO DE INFLUENCIAS*

Art. 428. El funcionario público o autoridad que influyere en otro funcionario público o

* V. arts. 1.º1.º*b*) y 1.º2.º*h*) LOTJ; Ley 53/1984, de 26 de diciembre, de Incompatibilidades del Personal al Servicio de las Administraciones Públicas (*BOE* n.º 4, de 4 de enero de 1985), y RD 598/1985, de 30 de abril, sobre Incompatibilidades del Personal al Servicio de la Administración del Estado, de la Seguridad Social y de los Entes, Organismos y Empresas dependientes (*BOE* n.º 107, de 4 de mayo), modificada por la Ley 13/1996, de 30 de diciembre, de medidas fiscales, administrativas y del orden social (*BOE* n.º 315, de 31 de diciembre); así como el art. 159 de la Ley Orgánica del Régimen Electoral General, en la redacción dada por la LO 8/1991, de 13 de marzo (*BOE* n.º 63, de 14 de marzo); Ley 12/1995, de 11 de mayo, de Incompatibilidades de los Miembros del Gobierno de la Nación y de los Altos Cargos de la Administración General del Estado (*BOE* n.º 113, de 12 de mayo); y arts. 20.*a*) y 20.*e*) LCAP; y RD 1.410/1995, de 4 de agosto (*BOE* n.º 218, de 12 de septiembre; corrección de errores en *BOE* n.º 231, de 27 de septiembre), por el que se regulan los registros de actividades y de bienes y derechos patrimoniales de los altos cargos.

autoridad prevaliéndose del ejercicio de las facultades de su cargo o de cualquier otra situación derivada de su relación personal o jerárquica con éste o con otro funcionario o autoridad para conseguir una resolución que le pueda generar directa o indirectamente un beneficio económico para sí o para un tercero, incurrirá en las penas de prisión de seis meses a un año, multa del tanto al duplo del beneficio perseguido u obtenido, e inhabilitación especial para empleo o cargo público por tiempo de tres a seis años. Si obtuviere el beneficio perseguido se impondrán las penas en su mitad superior.

Art. 429. El particular que influyere en un funcionario público o autoridad prevaliéndose de cualquier situación derivada de su relación personal con éste o con otro funcionario público o autoridad para conseguir una resolución que le pueda generar directa o indirectamente, un beneficio económico para sí o para un tercero, será castigado con las penas de prisión de seis meses a un año, y multa del tanto al duplo del beneficio perseguido u obtenido. Si obtuviere el beneficio perseguido se impondrán las penas en su mitad superior.

Art. 430. Los que, ofreciéndose a realizar las conductas descritas en los artículos anteriores, solicitaren de terceros dádivas, presentes o cualquier otra remuneración, o aceptaren ofrecimiento o promesa, serán castigados con la pena de prisión de seis meses a un año.

En cualquiera de los supuestos a que se refiere este artículo, la autoridad judicial podrá imponer también la suspensión de las actividades de la sociedad, empresa, organización o despacho y la clausura de sus dependencias abiertas al público por tiempo de seis meses a tres años.

Art. 431. En todos los casos previstos en este capítulo y en el anterior, las dádivas, presentes o regalos caerán en decomiso.

CAPÍTULO VII

DE LA MALVERSACIÓN*

Art. 432. 1. La autoridad o funcionario público que, con ánimo de lucro, sustrajere o con-

* V. arts. 189 ss. CPM; Ley 10/1995, de 24 de abril, por la que se crea la Fiscalía Especial para la Represión de los Delitos Económicos relacionados con la Corrupción (*BOE* n.º 98, de 25 de abril); RD 923/1995, de 9 de junio (*BOE* n.º 162, de 8 de julio), por el que se fija la plantilla orgánica de la Fiscalía Especial para la Repre-

sintiere que un tercero, con igual ánimo, sustraiga los caudales o efectos públicos que tenga a su cargo por razón de sus funciones, incurrirá en la pena de prisión de tres a seis años e inhabilitación absoluta por tiempo de seis a diez años.

2. Se impondrá la pena de prisión de cuatro a ocho años y la de inhabilitación absoluta por tiempo de diez a veinte años si la malversación revistiera especial gravedad atendiendo al valor de las cantidades sustraídas y al daño o entorpecimiento producido al servicio público. Las mismas penas se aplicarán si las cosas malversadas hubieran sido declaradas de valor histórico o artístico, o si se tratara de efectos destinados a aliviar alguna calamidad pública.

3. Cuando la sustracción no alcance la cantidad de quinientas mil pesetas, se impondrán las penas de multa superior a dos y hasta cuatro meses, prisión de seis meses a tres años y suspensión de empleo o cargo público por tiempo de seis meses a un año.

Art. 433. La autoridad o funcionario público que destinare a usos ajenos a la función pública los caudales o efectos puestos a su cargo por razón de sus funciones, incurrirá en la pena de multa de seis a doce meses, y suspensión de empleo o cargo público por tiempo de seis meses a tres años.

Si el culpable no reintegrara el importe de lo distraído dentro de los diez días siguientes al de la incoación del proceso, se le impondrán las penas del artículo anterior.

Art. 434. La autoridad o funcionario público que, con ánimo de lucro propio o ajeno y con grave perjuicio para la causa pública, diere una aplicación privada a bienes muebles o inmuebles pertenecientes a cualquier Administración o Entidad estatal, autonómica o local u Organismos dependientes de alguna de ellas, incurrirá en las penas de prisión de uno a tres años e inhabilitación especial para empleo o cargo público por tiempo de tres a seis años.

Art. 435. Las disposiciones de este capítulo son extensivas:

1.º A los que se hallen encargados por cualquier concepto de fondos, rentas o efectos de las Administraciones públicas.

---

sión de los Delitos Económicos relacionados con la Corrupción; Resolución de 8 de enero de 1996 (*BOE* n.º 11, de 12 de enero), de la Agencia Estatal de Administración Tributaria, por la que se crea la Unidad de Apoyo a la Fiscalía Especial para la Represión de los Delitos Económicos relacionados con la Corrupción; Ley 11/1995, de 11 de mayo (*BOE* n.º 113, de 12 de mayo), reguladora de la utilización y control de los créditos destinados a gastos reservados; y arts. 20.*a*) LCAP; y 1.º1.º*b*) y 1.º2.º*i*) LOTJ.

2.º A los particulares legalmente designados como depositarios de caudales o efectos públicos.

3.º A los administradores o depositarios de dinero o bienes embargados, secuestrados o depositados por autoridad pública, aunque pertenezcan a particulares.

CAPÍTULO VIII

De los fraudes y exacciones ilegales*

Art. 436. La autoridad o funcionario público que, interviniendo por razón de su cargo en cualquiera de los actos de las modalidades de contratación pública o en liquidaciones de efectos o haberes públicos, se concertara con los interesados o usase de cualquier otro artificio para defraudar a cualquier ente público, incurrirá en las penas de prisión de uno a tres años e inhabilitación especial para empleo o cargo público por tiempo de seis a diez años.

Art. 437. La autoridad o funcionario público que exigiere, directa o indirectamente, derechos, tarifas por aranceles o minutas que no sean debidos o en cuantía mayor a la legalmente señalada, será castigado, sin perjuicio de los reintegros a que viniere obligado, con las penas de multa de seis a veinticuatro meses y de suspensión de empleo o cargo público por tiempo de seis meses a cuatro años.

Art. 438. La autoridad o funcionario público que, abusando de su cargo, cometiere algún delito de estafa o apropiación indebida, incurrirá en las penas respectivamente señaladas a éstos, en su mitad superior, e inhabilitación especial para empleo o cargo público por tiempo de dos a seis años.

CAPÍTULO IX

De las negociaciones y actividades prohibidas a los funcionarios públicos y de los abusos en el ejercicio de su función**

Art. 439. La autoridad o funcionario público que, debiendo informar, por razón de su cargo, en cualquier clase de contrato, asunto, operación o actividad, se aproveche de tal circunstancia para

* V. art. 1.º1.º*b*) y 1.º2.º*j*) LOTJ.

Art. 436: V. LCAP.

Art. 437: V. arts 13 ss. Ley 8/1989, de 13 de abril (*BOE* n.º 90, de 15 de abril), de Tasas y Precios Públicos.

** V. art. 1.º1.º*b*) y 1.º2.º*k*) LOTJ.

forzar o facilitarse cualquier forma de participación, directa o por persona interpuesta, en tales negocios o actuaciones, incurrirá en la pena de multa de doce a veinticuatro meses e inhabilitación especial para empleo o cargo público por tiempo de uno a cuatro años.

Art. 440. Los peritos, árbitros y contadores partidores que se condujeren del modo previsto en el artículo anterior, respecto de los bienes o cosas en cuya tasación, partición o adjudicación hubieran intervenido, y los tutores, curadores o albaceas respecto de los pertenecientes a sus pupilos o testamentarías, serán castigados con la pena de multa de doce a veinticuatro meses e inhabilitación especial para empleo o cargo público, profesión u oficio, guarda, tutela o curatela, según los casos, por tiempo de tres a seis años.

Art. 441. La autoridad o funcionario público que, fuera de los casos admitidos en las Leyes o Reglamentos, realizare, por sí o por persona interpuesta, una actividad profesional o de asesoramiento permanente o accidental, bajo la dependencia o al servicio de entidades privadas o de particulares, en asunto en que deba intervenir o haya intervenido por razón de su cargo, o en los que se tramiten, informen o resuelvan en la oficina o centro directivo en

---

Art. 441: V. Ley 53/1984, de 26 de diciembre, de Incompatibilidades del Personal al Servicio de las Administraciones Públicas (*BOE* n.º 4, de 4 de enero de 1985), modificada por la Ley 13/1996, de 30 de diciembre, de medidas fiscales, administrativas y del orden social (*BOE* n.º 315, de 31 de diciembre); y RD 598/1985, de 30 de abril, sobre Incompatibilidades del Personal al Servicio de la Administración del Estado, de la Seguridad Social y de los Entes, Organismos y Empresas dependientes (*BOE* n.º 107, de 4 de mayo). V. también la Ley 12/1995, de 11 de mayo, de Incompatibilidades de los Miembros del Gobierno de la Nación y de los Altos Cargos de la Administración General del Estado (*BOE* n.º 113, de 12 de mayo), modificada por Ley 14/2000, de 29 de diciembre (*BOE* n.º 313, de 30 de diciembre); arts. 20.*a*) y 20.*e*) LCAP; art. 159 de la Ley Orgánica del Régimen Electoral General, en la redacción dada por la Ley Orgánica 8/1991, de 13 de marzo (*BOE* n.º 63, de 14 de marzo); Ley 10/1995, de 24 de abril, por la que se crea la Fiscalía Especial para la Represión de los Delitos Económicos relacionados con la Corrupción (*BOE* n.º 98, de 25 de abril); RD 923/1995, de 9 de junio (*BOE* n.º 162, de 8 de julio), por el que se fija la plantilla orgánica de la Fiscalía Especial para la Represión de los Delitos Económicos relacionados con la Corrupción; Resolución de 8 de enero de 1996 (*BOE* n.º 11, de 12 de enero), de la Agencia Estatal de Administración Tributaria, por la que se crea la Unidad de Apoyo a la Fiscalía Especial para la Represión de los Delitos Económicos relacionados con la Corrupción; y RD 1.410/1995, de 4 de agosto (*BOE* n.º 218, de 12 de septiembre; corrección de errores en *BOE* n.º 231, de 27 de septiembre), por el que se regulan los registros de actividades y de bienes y derechos patrimoniales de los altos cargos.

que estuviere destinado o del que dependa, incurrirá en las penas de multa de seis a doce meses, y suspensión de empleo o cargo público por tiempo de uno a tres años.

Art. 442. La autoridad o funcionario público que haga uso de un secreto del que tenga conocimiento por razón de su oficio o cargo, o de una información privilegiada, con ánimo de obtener un beneficio económico para sí o para un tercero, incurrirá en las penas de multa del tanto al triplo del beneficio perseguido, obtenido o facilitado e inhabilitación especial para empleo o cargo público por tiempo de dos a cuatro años. Si obtuviere el beneficio perseguido se impondrán las penas en su mitad superior.

Si resultara grave daño para la causa pública o para tercero, la pena será de prisión de uno a seis años, e inhabilitación especial para empleo o cargo público por tiempo de siete a diez años. A los efectos de este artículo, se entiende por información privilegiada toda información de carácter concreto que se tenga exclusivamente por razón del oficio o cargo público y que no haya sido notificada, publicada o divulgada.

Art. 443. Será castigado con la pena de prisión de uno a dos años e inhabilitación absoluta por tiempo de seis a doce años, la autoridad o funcionario público que solicitare sexualmente a una persona que, para sí misma o para su cónyuge u otra persona con la que se halle ligado de forma estable por análoga relación de afectividad, ascendiente, descendiente, hermano, por naturaleza, por adopción, o afín en los mismos grados, tenga pretensiones pendientes de la resolución de aquél o acerca de las cuales deba evacuar informe o elevar consulta a su superior.

Art. 444. 1. El funcionario de Instituciones Penitenciarias o de centros de protección o corrección de menores que solicitare sexualmente a una persona sujeta a su guarda, será castigado con la pena de prisión de uno a cuatro años, e inhabilitación absoluta por tiempo de seis a doce años.

2. En las mismas penas incurrirán cuando la persona solicitada fuera ascendiente, descendiente, hermano, por naturaleza, por adopción, o afines en los mismos grados, de persona

---

Art. 442: Sobre información privilegiada en los mercados de valores, v. arts. 81, 99, 100, 102, 103 y 105 de la LMV. V., también, Circular 1/1996, de 27 de marzo (*BOE* n.º 86, de 9 de abril), de la Comisión Nacional del Mercado de Valores, sobre normas de actuación, transparencia e identificación de los clientes en las operaciones del Mercado de Valores, y art. 20.*a*) LCAP.

que tuviere bajo su guarda. Incurrirá, asimismo, en estas penas cuando la persona solicitada sea cónyuge de persona que tenga bajo su guarda o se halle ligada a ésta de forma estable por análoga relación de afectividad.

Art. 445. Las penas previstas en los dos artículos anteriores se impondrán sin perjuicio de las que correspondan por los delitos contra la libertad sexual efectivamente cometidos.

TÍTULO XIX BIS

De los delitos de corrupción en las transacciones comerciales internacionales

Art. 445 bis. Los que, con dádivas, presentes, ofrecimientos o promesas, corrompieren o intentaren corromper, por sí o por persona interpuesta, a las autoridades o funcionarios públicos extranjeros o de organizaciones internacionales en el ejercicio de su cargo en beneficio de éstos o de un tercero, o atendieren a sus solicitudes al respecto, con el fin de que actúen o se abstengan de actuar en relación con el ejercicio de funciones públicas para conseguir o conservar un contrato u otro beneficio irregular en la realización de actividades económicas internacionales, serán castigados con las penas previstas en el artículo 423, en sus respectivos casos.

Art. 445 bis: Este artículo, y el Título en el que se integra, fueron introducidos por LO 3/2000, de 11 de enero (*BOE* n.º 10, de 12 de enero), de modificación del Código Penal en materia de lucha contra la corrupción de agentes públicos extranjeros en las transacciones comerciales internacionales. Su Exposición de Motivos tenía el siguiente texto:

«La ratificación por España del Convenio de la Organización de Cooperación y Desarrollo Económico (OCDE) de lucha contra la corrupción de agentes públicos extranjeros en las transacciones comerciales internacionales, firmado el 17 de diciembre de 1997, conlleva la necesidad de tipificar penalmente las conductas contempladas en el Convenio.

»Se pretende así complementar la normativa penal, incluyendo los presupuestos de este Convenio que no podían ser previstos por el legislador de 1995, ante el fenómeno de la corrupción en las, cada día más frecuentes e intensas, transacciones comerciales internacionales.

»Para ello se ha considerado adecuado establecer un nuevo Título en el Código Penal, numerado como XIX bis, que protege el bien jurídico de la lucha contra la corrupción en las transacciones comerciales internacionales.»

TÍTULO XX

Delitos contra la Administración de Justicia

CAPÍTULO PRIMERO

De la prevaricación

→ Delito especial propio

Art. 446. El Juez o Magistrado que, a sabiendas, dictare sentencia o resolución injusta será castigado:

1.º Con la pena de prisión de uno a cuatro años si se trata de sentencia injusta contra el reo en causa criminal por delito y la sentencia no hubiera llegado a ejecutarse, y con la misma pena en su mitad superior y multa de doce a veinticuatro meses si se ha ejecutado. En ambos casos se impondrá, además, la pena de inhabilitación absoluta por tiempo de diez a veinte años.

2.º Con la pena de multa de seis a doce meses e inhabilitación especial para empleo o cargo público por tiempo de seis a diez años, si se tratara de una sentencia injusta contra el reo dictada en proceso por falta.

3.º Con la pena de multa de doce a veinticuatro meses e inhabilitación especial para empleo o cargo público por tiempo de diez a veinte años, cuando dictara cualquier otra sentencia o resolución injustas.

Art. 447. El Juez o Magistrado que por imprudencia grave o ignorancia inexcusable dictara sentencia o resolución manifiestamente injusta incurrirá en la pena de inhabilitación especial para empleo o cargo público por tiempo de dos a seis años.

Art. 448. El Juez o Magistrado que se negase a juzgar, sin alegar causa legal, o so pretexto de oscuridad, insuficiencia o silencio de la Ley, será castigado con la pena de inhabilitación especial

---

Art. 446: V. arts. 23 LOPJ, reproducido en nota al art. 3.º1 LE (Apéndice 5); 757 a 778 LECr; 184 CPM; Ley 10/1995, de 24 de abril (*BOE* n.º 98, de 25 de abril), por la que se crea la Fiscalía Especial para la Represión de los Delitos Económicos relacionados con la Corrupción; el RD 923/1995, de 9 de junio (*BOE* n.º 162, de 8 de julio), por el que se fija la plantilla orgánica de la Fiscalía Especial para la Represión de los Delitos Económicos relacionados con la Corrupción; y la Resolución de 8 de enero de 1996 (*BOE* n.º 11, de 12 de enero), de la Agencia Estatal de Administración Tributaria, por la que se crea la Unidad de Apoyo a la Fiscalía Especial para la Represión de los Delitos Económicos relacionados con la Corrupción.

Art. 448: V. arts. 759 y 767 LECr; art. 361 LEC. El art. 1.º7 CC dispone lo siguiente: «Los Jueces y Tribunales tienen el deber inexcusable de resolver en todo caso los asuntos de que conozcan, ateniéndose al sistema de fuentes establecido.»

para empleo o cargo público por tiempo de seis meses a cuatro años.

Art. 449. 1. En la misma pena señalada en el artículo anterior incurrirá el Juez, Magistrado o Secretario Judicial culpable de retardo malicioso en la Administración de Justicia. Se entenderá por malicioso el retardo provocado para conseguir cualquier finalidad ilegítima.

2. Cuando el retardo sea imputable a funcionario distinto de los mencionados en el apartado anterior, se le impondrá la pena indicada, en su mitad inferior.

CAPÍTULO II

DE LA OMISIÓN DE LOS DEBERES DE IMPEDIR DELITOS O DE PROMOVER SU PERSECUCIÓN

Art. 450. 1. El que, pudiendo hacerlo con su intervención inmediata y sin riesgo propio o ajeno, no impidiere la comisión de un delito que afecte a las personas en su vida, integridad o salud, libertad o libertad sexual, será castigado con la pena de prisión de seis meses a dos años si el delito fuera contra la vida, y la de multa de seis a veinticuatro meses en los demás casos, salvo que al delito no impedido le correspondiera igual o menor pena, en cuyo caso se impondrá la pena inferior en grado a la de aquél.

2. En las mismas penas incurrirá quien, pudiendo hacerlo, no acuda a la autoridad o a sus agentes para que impidan un delito de los previstos en el apartado anterior y de cuya próxima o actual comisión tenga noticia.

CAPÍTULO III

DEL ENCUBRIMIENTO

Art. 451. Será castigado con la pena de prisión de seis meses a tres años el que, con conocimiento de la comisión de un delito y sin haber intervenido en el mismo como autor o cómplice, interviniere con posterioridad a su ejecución, de alguno de los modos siguientes:

1.º Auxiliando a los autores o cómplices para que se beneficien del provecho, producto o precio del delito, sin ánimo de lucro propio.

2.º Ocultando, alterando o inutilizando el cuerpo, los efectos o los instrumentos de un delito, para impedir su descubrimiento.

3.º Ayudando a los presuntos responsables de un delito a

Art. 449: V. arts. 417 ss. LOPJ.

Art. 451: V. art. 23 CPM.

eludir la investigación de la autoridad o de sus agentes, o a sustraerse a su busca o captura, siempre que concurra alguna de las circunstancias siguientes:

a) Que el hecho encubierto sea constitutivo de traición, homicidio del Rey, de cualquiera de sus ascendientes o descendientes, de la Reina consorte o del consorte de la Reina, del Regente o de algún miembro de la Regencia, o del Príncipe heredero de la Corona, genocidio, rebelión, terrorismo u homicidio.

b) Que el favorecedor haya obrado con abuso de funciones públicas. En este caso se impondrá, además de la pena de privación de libertad, la de inhabilitación especial para empleo o cargo público por tiempo de dos a cuatro años si el delito encubierto fuere menos grave, y la inhabilitación absoluta por tiempo de seis a doce años si aquél fuera grave.

Art. 452. En ningún caso podrá imponerse pena privativa de libertad que exceda de la señalada al delito encubierto. Si éste estuviera castigado con pena de otra naturaleza, la pena privativa de libertad será sustituida por la de multa de seis a veinticuatro meses, salvo que el delito encubierto tenga asignada pena igual o inferior a ésta, en cuyo caso se impondrá al culpable la pena de aquel delito en su mitad inferior.

Art. 453. Las disposiciones de este capítulo se aplicarán aun cuando el autor del hecho encubierto sea irresponsable o esté personalmente exento de pena.

Art. 454. Están exentos de las penas impuestas a los encubridores los que lo sean de su cónyuge o de persona a quien se hallen ligados de forma estable por análoga relación de afectividad, de sus ascendientes, descendientes, hermanos, por naturaleza, por adopción, o afines en los mismos grados, con la sola excepción de los encubridores que se hallen comprendidos en el supuesto del número 1.º del artículo 451.

CAPÍTULO IV

DE LA REALIZACIÓN ARBITRARIA DEL PROPIO DERECHO

Art. 455. 1. El que, para realizar un derecho propio, actuando fuera de las vías legales, empleare violencia, intimidación o fuerza en las cosas, será castigado con la pena de multa de seis a doce meses.

2. Se impondrá la pena superior en grado si para la intimidación o violencia se hiciera uso de armas u objetos peligrosos.

CAPÍTULO V

DE LA ACUSACIÓN Y DENUNCIA FALSAS Y DE LA SIMULACIÓN DE DELITOS

Art. 456. 1. Los que, con conocimiento de su falsedad o temerario desprecio hacia la verdad, imputaren a alguna persona hechos que, de ser ciertos, constituirían infracción penal, si esta imputación se hiciera ante funcionario judicial o administrativo que tenga el deber de proceder a su averiguación, serán sancionados:

1.º Con la pena de prisión de seis meses a dos años y multa de doce a veinticuatro meses, si se imputara un delito grave.

2.º Con la pena de multa de doce a veinticuatro meses, si se imputara un delito menos grave.

3.º Con la pena de multa de tres a seis meses, si se imputara una falta.

2. No podrá procederse contra el denunciante o acusador sino tras sentencia firme o auto también firme, de sobreseimiento o archivo del Juez o Tribunal que haya conocido de la infracción imputada. Éstos mandarán proceder de oficio contra el denunciante o acusador siempre que de la causa principal resulten indicios bastantes de la falsedad de la imputación, sin perjuicio de que el hecho pueda también perseguirse previa denuncia del ofendido.

Art. 457. El que, ante alguno de los funcionarios señalados en el artículo anterior, simulare ser responsable o víctima de una infracción penal o denunciare una inexistente, provocando actuaciones procesales, será castigado con la multa de seis a doce meses.

CAPÍTULO VI

DEL FALSO TESTIMONIO*

Art. 458. 1. El testigo que faltare a la verdad en su testimo-

---

Art. 456: V. arts. 102, n.º. 2.º, y 239 ss. LECr; art. 9.º LO 6/1984, de 24 de mayo, reguladora del procedimiento de *Habeas Corpus* (*BOE* n.º 126, de 26 de mayo).

Art. 457: V. art. 9.º LO 6/1984, de 24 de mayo, reguladora del procedimiento de *Habeas Corpus*; art. 180 CPM.

* V. art. 183 CPM.

Art. 458: V. arts. 715 y 954.3.º LECr; 637 ss. LEC; 360 a 381 y 429 y 433 LEC 2000; 60 y 78 Ley 29/1998, de 13 de julio (*BOE* n.º 167, de 14 de julio), reguladora de la Jurisdicción Contencioso-Administrativa, modificada por Ley 50/1998, de 30 de diciembre (*BOE* n.º 313, de 31 de diciembre de 1998; corrección de errores en *BOE* n.º 109, de 7 de mayo de 1999); y 90 ss. RDL 2/1995, de 7 de abril, por el que se aprueba el Texto Refundido de la Ley de Procedimiento Laboral, modificado por la misma Ley 50/1998, de 30 de diciembre.

nio en causa judicial, será castigado con las penas de prisión de seis meses a dos años y multa de tres a seis meses.

2. Si el falso testimonio se diera en contra del reo en causa criminal por delito, las penas serán de prisión de uno a tres años y multa de seis a doce meses. Si a consecuencia del testimonio hubiera recaído sentencia condenatoria, se impondrán las penas superiores en grado.

3. Las mismas penas se impondrán si el falso testimonio tuviera lugar ante Tribunales Internacionales que, en virtud de Tratados debidamente ratificados conforme a la Constitución Española, ejerzan competencias derivadas de ella, o se realizara en España al declarar en virtud de comisión rogatoria remitida por un Tribunal extranjero.

Art. 459. Las penas de los artículos precedentes se impondrán en su mitad superior a los peritos o intérpretes que faltaren a la verdad maliciosamente en su dictamen o traducción, los cuales serán, además, castigados con la pena de inhabilitación especial para profesión u oficio, empleo o cargo público, por tiempo de seis a doce años.

Art. 460. Cuando el testigo, perito o intérprete, sin faltar sustancialmente a la verdad, la alterase con reticencias, inexactitudes o silenciando hechos o datos relevantes que le fueran conocidos, será castigado con la pena de multa de seis a doce meses y, en su caso, de suspensión de empleo o cargo público, profesión u oficio, de seis meses a tres años.

Art. 461. 1. El que presentare a sabiendas testigos falsos o peritos o intérpretes mendaces, será castigado con las mismas penas que para ellos se establecen en los artículos anteriores.

2. La misma pena se impondrá al que conscientemente presente en juicio elementos documentales falsos. Si el autor del hecho lo hubiera sido además de la falsedad, se impondrá la pena correspondiente al delito más grave en su mitad superior.

3. Si el responsable de este delito fuese abogado, procurador, graduado social o representante del Ministerio Fiscal, en actuación profesional o ejercicio de su función, se impondrá en cada caso la pena en su mitad superior y la de inhabilitación especial

---

Art. 459: V. arts. 456 ss. y 723 ss. LECr; 610 ss. LEC; y 335 a 352, y 429 y 433 LEC 2000.

para empleo o cargo público, profesión u oficio, por tiempo de dos a cuatro años.

Art. 462. Quedará exento de pena el que, habiendo prestado un falso testimonio en causa criminal, se retracte en tiempo y forma, manifestando la verdad para que surta efecto antes de que se dicte sentencia en el proceso de que se trate. Si a consecuencia del falso testimonio, se hubiese producido la privación de libertad, se impondrán las penas correspondientes inferiores en grado.

CAPÍTULO VII

DE LA OBSTRUCCIÓN A LA JUSTICIA Y LA DESLEALTAD PROFESIONAL

Art. 463. 1. El que, citado en legal forma, dejare voluntariamente de comparecer, sin justa causa, ante un Juzgado o Tribunal en proceso criminal con reo en prisión provisional, provocando la suspensión del juicio oral, será castigado con la pena de arresto de doce a dieciocho fines de semana y multa de seis a nueve meses. En la pena de multa de seis a nueve meses incurrirá el que, habiendo sido advertido lo hiciere por segunda vez en causa criminal sin reo en prisión, haya provocado o no la suspensión.

2. Si el responsable de este delito fuese abogado, procurador o representante del Ministerio Fiscal, en actuación profesional o ejercicio de su función, se le impondrá la pena en su mitad superior y la de inhabilitación especial para empleo o cargo público, profesión u oficio, por tiempo de dos a cuatro años.

3. Si la suspensión tuviere lugar, en el caso del apartado 1 de este artículo, como consecuencia de la incomparecencia del Juez o miembro del Tribunal o de quien ejerza las funciones de Secretario Judicial, se impondrá la pena de arresto de dieciocho a veinticuatro fines de semana, multa de seis a doce meses de inhabilitación especial por tiempo de dos a cuatro años.

Art. 464. 1. El que con violencia o intimidación intentare influir directa o indirectamente en quien sea denunciante, parte o imputado, abogado, procurador,

Art. 463: V. arts. 410 a 449, 462, 463 y 661 LECr; art. 143 Ley Orgánica del Régimen Electoral General (Apéndice 6).

Art. 464: V. art. 182 CPM; LO 19/1994, de 23 de diciembre, de protección a testigos y peritos en causas criminales (*BOE* n.º 307, de 24 de diciembre).

perito, intérprete o testigo en un procedimiento para que modifique su actuación procesal, será castigado con la pena de prisión de uno a cuatro años y multa de seis a veinticuatro meses.

Si el autor del hecho alcanzara su objetivo se impondrá la pena en su mitad superior.

2. Iguales penas se impondrán a quien realizare cualquier acto atentatorio contra la vida, integridad, libertad, libertad sexual o bienes, como represalia contra las personas citadas en el apartado anterior, por su actuación en procedimiento judicial, sin perjuicio de la pena correspondiente a la infracción de que tales hechos sean constitutivos.

Art. 465. 1. El que, interviniendo en un proceso como abogado o procurador, con abuso de su función, destruyere, inutilizare u ocultare documentos o actuaciones de los que haya recibido traslado en aquella calidad, será castigado con la pena de prisión de seis meses a dos años, multa de siete a doce meses e inhabilitación especial para su profesión, empleo o cargo público de tres a seis años.

2. Si los hechos descritos en el apartado primero de este artículo fueran realizados por un particular, la pena será de multa de tres a seis meses.

Art. 466. 1. El abogado o procurador que revelare actuaciones procesales declaradas secretas por la autoridad judicial, será castigado con las penas de multa de doce a veinticuatro meses e inhabilitación especial para empleo, cargo público, profesión u oficio de uno a cuatro años.

2. Si la revelación de las actuaciones declaradas secretas fuese realizada por el Juez o miembro del Tribunal, representante del Ministerio Fiscal, Secretario Judicial o cualquier funcionario al servicio de la Administración de Justicia, se le impondrán las penas previstas en el artículo 417 en su mitad superior.

3. Si la conducta descrita en el apartado primero fuere realizada por cualquier otro particular que intervenga en el proceso, la pena se impondrá en su mitad inferior.

Art. 467. 1. El abogado o procurador que, habiendo asesorado o tomado la defensa o representación de alguna persona, sin el consentimiento de ésta defienda o represente en el mismo asun-

---

Art. 467: V. arts. 263, 301 y 416, n.º 2, LECr.; arts. 11 a 44 Estatuto General de los Procuradores de los Tribunales, aprobado por RD 2.046/1982, de 30 de julio; arts. 30 a 46 Estatuto General de la Abogacía, aprobado por RD 658/2001, de 22 junio (*BOE* n.º 164, de 10 de julio); arts. 437.2 y 438.2 LOPJ.

to a quien tenga intereses contrarios, será castigado con la pena de multa de seis a doce meses e inhabilitación especial para su profesión de dos a cuatro años.

2. El abogado o procurador que, por acción u omisión, perjudique de forma manifiesta los intereses que le fueren encomendados será castigado con las penas de multa de doce a veinticuatro meses e inhabilitación especial para empleo, cargo público, profesión u oficio de uno a cuatro años.

Si los hechos fueran realizados por imprudencia grave, se impondrán las penas de multa de seis a doce meses e inhabilitación especial para su profesión de seis meses a dos años.

CAPÍTULO VIII

DEL QUEBRANTAMIENTO DE CONDENA

Art. 468. Los que quebrantaren su condena, medida de seguridad, prisión, medida cautelar, conducción o custodia, serán castigados con la pena de prisión de seis meses a un año si estuvieran privados de libertad, y con la multa de doce a veinticuatro meses en los demás casos.

Art. 469. Los sentenciados o presos que se fugaren del lugar en que estén recluidos, haciendo uso de violencia o intimidación en las personas o fuerza en las cosas o tomando parte en motín, serán castigados con la pena de prisión de seis meses a cuatro años.

Art. 470. 1. El particular que proporcionare la evasión a un condenado, preso o detenido, bien del lugar en que esté recluido, bien durante su conducción, será castigado con la pena de prisión de seis meses a un año y multa de doce a veinticuatro meses.

2. Si se empleara al efecto violencia o intimidación en las personas, fuerza en las cosas o soborno, la pena será de prisión de seis meses a cuatro años.

3. Si se tratara de alguna de las personas citadas en el artículo 454, se les castigará con la pena de multa de tres a seis meses, pudiendo en este caso el Juez o Tribunal imponer tan sólo las penas correspondientes a los daños causados o a las amenazas o violencias ejercidas.

Art. 471. Se impondrá la pena superior en grado, en sus respectivos casos, si el culpable fuera un funcionario público

---

Art. 468: V. art. 785.8.º, apartado *c)*, LECr; arts. 4.º1.*a)* y 45.1.*a)* LOGP; arts. 108 y 157 RP.

Art. 471: V. art. 1.º1.º*b)* y 1.º2.º*l)* LOTJ.

encargado de la conducción o custodia de un condenado, preso o detenido. El funcionario será castigado, además, con la pena de inhabilitación especial para empleo o cargo público de seis a diez años si el fugitivo estuviera condenado por sentencia ejecutoria, y con la inhabilitación especial para empleo o cargo público de tres a seis años en los demás casos.

TÍTULO XXI

Delitos contra la Constitución

CAPÍTULO PRIMERO

REBELIÓN*

Art. 472. Son reos del delito de rebelión los que se alzaren violenta y públicamente para cualquiera de los fines siguientes:

1.º Derogar, suspender o modificar total o parcialmente la Constitución.

2.º Destituir o despojar en todo o en parte de sus prerrogativas y facultades al Rey o al Regente o miembros de la Regencia, u obligarles a ejecutar un acto contrario a su voluntad.

3.º Impedir la libre celebración de elecciones para cargos públicos.

4.º Disolver las Cortes Generales, el Congreso de los Diputados, el Senado o cualquier Asamblea Legislativa de una Comunidad Autónoma, impedir que se reúnan, deliberen o resuelvan, arrancarles alguna resolución o sustraerles alguna de sus atribuciones o competencias.

5.º Declarar la independencia de una parte del territorio nacional.

6.º Sustituir por otro el Gobierno de la Nación o el Consejo de Gobierno de una Comunidad Autónoma, o usar o ejercer por sí o despojar al Gobierno o Consejo de Gobierno de una Comunidad Autónoma, o a cualquiera de sus miembros de sus

---

* V. art. 3.º LI; arts. 79 ss. CPM; arts. 384 bis, 504 bis (este precepto ha sido declarado inconstitucional y nulo por la sentencia del Tribunal Constitucional 71/1994, de 3 de marzo), 520 bis, 553, 579 y 779 LECr, así como la Disp. Trans. de la LO 4/1988, de 25 de mayo, de reforma de la LECr (*BOE* n.º 126, de 26 de mayo), que dice:

«Los Juzgados Centrales de Instrucción y la Audiencia Nacional continuarán conociendo de la instrucción y enjuiciamiento de las causas por delitos cometidos por personas integradas en bandas armadas o rela-

facultades, o impedirles o coartarles su libre ejercicio, u obligar a cualquiera de ellos a ejecutar actos contrarios a su voluntad.

7.º Sustraer cualquier clase de fuerza armada a la obediencia del Gobierno.

Art. 473. 1. Los que, induciendo a los rebeldes, hayan promovido o sostengan la rebelión, y los jefes principales de ésta, serán castigados con la pena de prisión de quince a veinticinco años e inhabilitación absoluta por el mismo tiempo; los que ejerzan un mando subalterno, con la de prisión de diez a quince años e inhabilitación absoluta de diez a quince años, y los meros participantes, con la de prisión de cinco a diez años e inhabilitación especial para empleo o cargo público por tiempo de seis a diez años.

2. Si se han esgrimido armas, o si ha habido combate entre la fuerza de su mando y los sectores leales a la autoridad legítima, o la rebelión hubiese causado estragos en propiedades de titularidad pública o privada, cortado las comunicaciones telegráficas, telefónicas, por ondas, ferroviarias o de otra clase, ejercido violencias graves contra las personas, exigido contribuciones o distraído los caudales públicos de su legítima inversión, las penas de prisión serán, respectivamente, de veinticinco a treinta años para los primeros, de quince a veinticinco años para los segundos y de diez a quince años para los últimos.

Art. 474. Cuando la rebelión no haya llegado a organizarse con jefes conocidos, se reputarán como tales los que de hecho dirijan a los demás, o lleven la voz por ellos, o firmen escritos expedidos a su nombre, o ejerzan otros actos semejantes de dirección o representación.

Art. 475. Serán castigados como rebeldes con la pena de prisión de cinco a diez años e inhabilitación absoluta por tiempo de seis a doce años los que sedujeren o allegaren tropas o cualquier otra clase de fuerza armada para cometer el delito de rebelión.

Si llegara a tener efecto la rebelión, se reputarán promotores y sufrirán la pena señalada en el artículo 473.

---

cionadas con elementos terroristas o rebeldes cuando la comisión del delito contribuya a su actividad, y por quienes de cualquier modo cooperen o colaboren con la actuación de aquellos grupos o individuos. Conocerán también de los delitos conexos con los anteriores.

»La legislación que pueda modificar esta atribución de competencias se inspirará en el principio de inmediación judicial.»

V., igualmente, art. 23.3*c*) LOPJ, reproducido en nota al art. 3.1 LE (Apéndice 5).

Art. 475: V. Ley Orgánica del Régimen Electoral General (Apéndice 6).

Art. 476. 1. El militar que no empleare los medios a su alcance para contener la rebelión en las fuerzas de su mando, será castigado con las penas de prisión de dos a cinco años e inhabilitación absoluta de seis a diez años.

2. Será castigado con las mismas penas previstas en el apartado anterior en su mitad inferior el militar que, teniendo conocimiento de que se trata de cometer un delito de rebelión, no lo denuncie inmediatamente a sus superiores o a las autoridades o funcionarios que, por razón de su cargo, tengan la obligación de perseguir el delito.

Art. 477. La provocación, la conspiración y la proposición para cometer rebelión serán castigadas, además de con la inhabilitación prevista en los artículos anteriores, con la pena de prisión inferior en uno o dos grados a la del delito correspondiente.

Art. 478. En el caso de hallarse constituido en autoridad el que cometa cualquiera de los delitos previstos en este capítulo, la pena de inhabilitación que estuviese prevista en cada caso se sustituirá por la inhabilitación absoluta por tiempo de quince a veinte años, salvo que tal circunstancia se halle específicamente contemplada en el tipo penal de que se trate.

Art. 479. Luego que se manifieste la rebelión, la autoridad gubernativa intimará a los sublevados a que inmediatamente se disuelvan y retiren.

Si los sublevados no depusieran su actitud inmediatamente después de la intimación, la autoridad hará uso de la fuerza de que disponga para disolverlos.

No será necesaria la intimación desde el momento en que los rebeldes rompan el fuego.

Art. 480. 1. Quedará exento de pena el que, implicado en un delito de rebelión, lo revelare a tiempo de poder evitar sus consecuencias.

2. A los meros ejecutores que depongan las armas antes de haber hecho uso de ellas, sometiéndose a las autoridades legítimas, se les aplicará la pena de prisión inferior en grado. La misma pena se impondrá si los rebeldes se disolvieran o sometieran a la autoridad legítima antes de la intimación o a consecuencia de ella.

Art. 481. Los delitos particulares cometidos en una rebelión o con motivo de ella serán castigados, respectivamente, según las disposiciones de este Código.

Art. 482. Las autoridades que no hayan resistido la rebelión, serán castigadas con la pena de inhabilitación absoluta de doce a veinte años.

Art. 483. Los funcionarios que continúen desempeñando sus cargos bajo el mando de los alzados o que, sin habérseles admitido la renuncia de su empleo, lo abandonen cuando haya peligro de rebelión, incurrirán en la pena de inhabilitación especial para empleo o cargo público de seis a doce años.

Art. 484. Los que aceptaren empleo de los rebeldes, serán castigados con la pena de inhabilitación absoluta de seis a doce años.

CAPÍTULO II

Delitos contra la Corona*

Art. 485. 1. El que matare al Rey, o a cualquiera de sus ascendientes o descendientes, a la Reina consorte o al consorte de la Reina, al Regente o a algún miembro de la Regencia, o al Príncipe heredero de la Corona, será castigado con la pena de prisión de veinte a veinticinco años.

2. La tentativa del mismo delito se castigará con la pena inferior en un grado.

3. Si concurrieran en el delito dos o más circunstancias agravantes, se impondrá la pena de prisión de veinticinco a treinta años.

Art. 486. 1. El que causare al Rey, o a cualquiera de sus ascendientes o descendientes, a la Reina consorte o al consorte de la Reina, al Regente o a algún miembro de la Regencia, o al Príncipe heredero de la Corona, lesiones de las previstas en el artículo 149, será castigado con la pena de prisión de quince a veinte años.

Si se tratara de alguna de las lesiones previstas en el artículo 150, se castigará con la pena de prisión de ocho a quince años.

2. El que les causare cualquier otra lesión, será castigado con la pena de prisión de cuatro a ocho años.

Art. 487. Será castigado con la pena de prisión de quince a veinte años el que privare al Rey, o a cualquiera de sus ascendientes o descendientes, a la Reina consorte o al consorte de la Reina, al Regente o a algún miembro de la Regencia, o al Príncipe heredero de la Corona, de su libertad personal, salvo que los hechos estén castigados con ma-

* V. arts. 56 ss. CE y 3.º y 29 LI. Téngase en cuenta que, conforme al art. 65.1.ª*a*) LOPJ, la Audiencia Nacional conocerá, salvo que corresponda en primera instancia a los Juzgados Centrales de lo Penal, del enjuiciamiento de los delitos comprendidos en este Capítulo. V., también, art. 23 de la mencionada LOPJ, reproducido en nota al art. 3.1 LE (Apéndice 5).

yor pena en otros preceptos de este Código.

Art. 488. La provocación, la conspiración y la proposición para los delitos previstos en los artículos anteriores se castigará con la pena inferior en uno o dos grados a las respectivamente previstas.

Art. 489. El que con violencia o intimidación grave obligare a las personas referidas en los artículos anteriores a ejecutar un acto contra su voluntad, será castigado con la pena de prisión de ocho a doce años.

En el caso previsto en el párrafo anterior, si la violencia o la intimidación no fueran graves, se impondrá la pena inferior en grado.

Art. 490. 1. El que allanare con violencia o intimidación la morada de cualquiera de las personas mencionadas en los artículos anteriores será castigado con la pena de prisión de tres a seis años. Si no hubiere violencia o intimidación la pena será de dos a cuatro años.

2. Con la pena de prisión de tres a seis años será castigado el que amenazare gravemente a cualquiera de las personas mencionadas en el apartado anterior, y con la pena de prisión de uno a tres años si la amenaza fuera leve.

3. El que calumniare o injuriare al Rey o a cualquiera de sus ascendientes o descendientes, a la Reina consorte o al consorte de la Reina, al Regente o a algún miembro de la Regencia, o al Príncipe heredero de la Corona, en el ejercicio de sus funciones o con motivo u ocasión de éstas, será castigado con la pena de prisión de seis meses a dos años si la calumnia o injuria fueran graves, y con la multa de seis a doce meses si no lo son.

Art. 491. 1. Las calumnias e injurias contra cualquiera de las personas mencionadas en el artículo anterior, y fuera de los supuestos previstos en el mismo, serán castigadas con la pena de multa de cuatro a veinte meses.

2. Se impondrá la pena de multa de seis a veinticuatro meses al que utilizare la imagen del Rey o de cualquiera de sus ascendientes o descendientes, o de la Reina consorte o del consorte de la Reina, o del Regente o de algún miembro de la Regencia, o del Príncipe heredero, de cualquier forma que pueda dañar el prestigio de la Corona.

CAPÍTULO III

DE LOS DELITOS CONTRA LAS INSTITUCIONES DEL ESTADO Y LA DIVISIÓN DE PODERES

SECCIÓN 1.ª

*Delitos contra las Instituciones del Estado**

Art. 492. Los que, al vacar la Corona o quedar inhabilitado su Titular para el ejercicio de su autoridad, impidieren a las Cortes Generales reunirse para nombrar la Regencia o el tutor del Titular menor de edad, serán sancionados con la pena de prisión de diez a quince años e inhabilitación absoluta por tiempo de diez a quince años, sin perjuicio de la pena que pudiera corresponderles por la comisión de otras infracciones más graves.

Art. 493. Los que, sin alzarse públicamente, invadieren con fuerza, violencia o intimidación las sedes del Congreso de los Diputados, del Senado o de una Asamblea Legislativa de Comunidad Autónoma, si están reunidos, serán castigados con la pena de prisión de tres a cinco años.

Art. 494. Incurrirán en la pena de prisión de seis meses a un año o multa de doce a veinticuatro meses los que promuevan, dirijan o presidan manifestaciones u otra clase de reuniones ante las sedes del Congreso de los Diputados, del Senado o de una Asamblea Legislativa de Comunidad Autónoma, cuando estén reunidos, alterando su normal funcionamiento.

Art. 495. 1. Los que, sin alzarse públicamente, portando armas u otros instrumentos peli-

* V. arts. 66 ss. CE; Reglamento del Congreso de los Diputados de 10 de febrero de 1982 (*BOE* n.º 55, de 5 de marzo), reformado por Acuerdos de 23 de septiembre de 1993 (*BOE* n.º 237, de 4 de octubre), 26 de septiembre de 1996 (*BOE* n.º 273, de 12 de noviembre), 11 de mayo de 2000 (*BOE* n.º 118, de 17 de mayo; corrección de errores en *BOE* n.º 119, de 18 de mayo) y 27 de junio de 2001 (*BOE* n.º 156, de 30 de junio); Reglamento del Senado, Texto Refundido aprobado el 3 de mayo de 1994 (*BOE* n.º 114, de 13 de mayo), y modificado por Acuerdos de 24 de octubre de 1995 (*BOE* n.º 266, de 7 de noviembre), 11 de mayo (*BOE* n.º 124, de 24 de mayo), 14 de junio (*BOE* n.º 145, de 17 de junio) y 17 de octubre (*BOE* n.º 265, de 4 de noviembre), todos ellos de 2000, y 27 de junio de 2001 (BOE n.º 155, de 29 de junio); LO 2/1979, de 3 de octubre (*BOE* n.º 239, de 5 de octubre), del Tribunal Constitucional; modificada por LO 6/1988, de 9 de junio (*BOE* n.º 140, de 11 de junio; corrección de errores en *BOE* n.º 143, de 15 de junio), LO 7/1999, de 21 de abril (*BOE* n.º 96, de 22 de abril) y LO 1/2000, de 7 de enero (*BOE* n.º 8, de 10 de enero); LO 3/1981, de 6 de abril (*BOE* n.º 109, de 7 de mayo), del Defensor del Pueblo; y LO 2/1982, de 12 de mayo (*BOE* n.º 121, de 21 de mayo), del Tribunal de Cuentas.

Art. 495: V. arts. 29 y 77 CE. V. Ley 92/1960, de 22 de diciembre, reguladora del derecho de petición (*BOE* n.º 307, de 22 de diciembre).

grosos, intentaren penetrar en las sedes del Congreso de los Diputados, del Senado o de la Asamblea Legislativa de una Comunidad Autónoma, para presentar en persona o colectivamente peticiones a los mismos, incurrirán en la pena de prisión de tres a cinco años.

2. La pena prevista en el apartado anterior se aplicará en su mitad superior a quienes promuevan, dirijan o presidan el grupo.

Art. 496. El que injuriare gravemente a las Cortes Generales o a una Asamblea Legislativa de Comunidad Autónoma, hallándose en sesión, o a alguna de sus Comisiones en los actos públicos en que las representen, será castigado con la pena de multa de doce a dieciocho meses.

El imputado de las injurias descritas en el párrafo anterior quedará exento de pena si se dan las circunstancias previstas en el artículo 210.

Art. 497. 1. Incurrirán en la pena de prisión de seis meses a un año quienes, sin ser miembros del Congreso de los Diputados, del Senado o de una Asamblea Legislativa de Comunidad Autónona, perturben gravemente el orden de sus sesiones.

2. Cuando la perturbación del orden de las sesiones a que se refiere el apartado anterior no sea grave, se impondrá la pena de multa de seis a doce meses.

Art. 498. Los que emplearen fuerza, violencia, intimidación o amenaza grave para impedir a un miembro del Congreso de los Diputados, del Senado o de una Asamblea Legislativa de Comunidad Autónoma asistir a sus reuniones, o, por los mismos medios, coartaren la libre manifestación de sus opiniones o la emisión de su voto, serán castigados con la pena de prisión de tres a cinco años.

Art. 499. La autoridad o funcionario público que quebrantare la inviolabilidad de las Cortes Generales o de una Asamblea Legislativa de Comunidad Autónoma, será castigado con las penas de inhabilitación especial para empleo o cargo público por tiempo de diez a veinte años, sin perjuicio de las que pudieran corresponderle si el hecho constituyera otro delito más grave.

Art. 500. La autoridad o funcionario público que detuviere a un miembro de las Cortes Generales o de una Asamblea Legislativa de Comunidad Autónoma fuera de los supuestos o sin los requisitos establecidos por la legislación vigente incurrirá, según los casos, en las penas previstas en este Código, impuestas en su mitad superior, y además en la de inhabilitación especial para empleo o cargo público de seis a doce años.

Art. 501. La autoridad judicial que inculpare o procesare a un miembro de las Cortes Generales o de una Asamblea Legislativa de Comunidad Autónoma sin los requisitos establecidos por la legislación vigente, será castigada con la pena de inhabilitación especial para empleo o cargo público de diez a veinte años.

Art. 502. 1. Los que, habiendo sido requeridos en forma legal y bajo apercibimiento, dejaren de comparecer ante una Comisión de investigación de las Cortes Generales o de una Asamblea Legislativa de Comunidad Autónoma, serán castigados como reos del delito de desobediencia. Si el reo fuera autoridad o funcionario público, se le impondrá además la pena de suspensión de empleo o cargo público por tiempo de seis meses a dos años.

2. En las mismas penas incurrirá la autoridad o funcionario que obstaculizare la investigación del Defensor del Pueblo, Tribunal de Cuentas u órganos equivalentes de las Comunidades Autónomas, negándose o dilatando indebidamente el envío de los informes que éstos solicitaren o dificultando su acceso a los expedientes o documentación administrativa necesaria para tal investigación.

3. El que convocado ante una Comisión parlamentaria de investigación faltare a la verdad en su testimonio, será castigado con la pena de prisión de seis meses a un año o multa de seis a doce meses.

Art. 503. Incurrirán en la pena de prisión de dos a cuatro años:

1.º Los que invadan violentamente o con intimidación el local donde esté constituido el Consejo de Ministros o un Consejo de Gobierno de Comunidad Autónoma.

2.º Los que coarten o por cualquier medio pongan obstáculos a la libertad del Gobierno reunido en Consejo o de los miembros de un Gobierno de Comunidad Autónoma, reunido en Consejo, salvo que los hechos sean constitutivos de otro delito más grave.

Art. 504. 1. Incurrirán en la pena de multa de doce a dieciocho

---

Art. 504: El segundo apartado de este artículo fue introducido por Ley Orgánica 7/2000, de 22 de diciembre (*BOE* n.º 307, de 23 de diciembre), cuya Exposición de Motivos, en lo que a este precepto se refiere, dice:

meses los que calumnien, injurien o amenacen gravemente al Gobierno de la Nación, al Consejo General del Poder Judicial, al Tribunal Constitucional, al Tribunal Supremo, o al Consejo de Gobierno o al Tribunal Superior de Justicia de una Comunidad Autónoma.

El culpable de calumnias o injurias conforme a lo dispuesto en el párrafo anterior quedará exento de pena si se dan las circunstancias previstas, respectivamente, en los artículos 207 y 210 de este Código.

Se impondrá la pena de prisión de tres a cinco años a los que empleen fuerza, violencia o intimidación para impedir a los miembros de dichos Organismos asistir a sus respectivas reuniones.

2. Los que injuriaren o amenazaren gravemente a los Ejércitos, Clases o Cuerpos y Fuerzas de Seguridad, serán castigados con la pena de multa de doce a dieciocho meses.

El culpable de las injurias previstas en el párrafo anterior quedará exento de pena si se dan las circunstancias descritas en el artículo 210 de este Código.

«También mediante la introducción de nuevos tipos penales se pretende otorgar mayor protección jurídica a los miembros de las Corporaciones locales, legítimamente elegidos, y a los Plenos que celebran para el ejercicio de las funciones de la Corporación. A tal fin, se incorpora un nuevo artículo 505 en el Código Penal, que viene a sancionar las perturbaciones graves que se provoquen en las sesiones plenarias de estas Corporaciones, y se modifica el apartado 2 del artículo 551 para definir como atentado a la autoridad el realizado contra los miembros de las mismas, en términos similares a la protección que el Código otorga a los miembros de otras instituciones.

»Como consecuencia de la inclusión del nuevo artículo 505, se modifica también el artículo 504, que ahora refunde, en párrafos separados, los anteriores artículos 504 y 505, sobre injurias o amenazas graves a diversas instituciones.

»Con el mismo propósito de reforzar las instituciones democráticas y representativas y la dignidad de la función que legítimamente corresponde a quienes resultan elegidos por sus conciudadanos y con la finalidad de adecuar las penas a la naturaleza de los delitos cometidos, se ha considerado necesario limitar la posibilidad de que quien resulte condenado por delitos de terrorismo y que, por tanto, ha atentado gravemente contra la democracia y el propio Estado de Derecho acceda inmediatamente a cargos públicos representativos. Para ello, la pena de inhabilitación absoluta, configurada en el Código Penal hasta esta fecha como pena accesoria en los delitos de terrorismo, se introduce como pena principal con una duración de seis a veinte años en el apartado segundo del nuevo artículo 579.»

V. arts. 58 a 60, 97 ss., 122, 123, 143 ss. y 159 a 165 CE. V., también, LO 2/1979, de 3 de octubre, del Tribunal Constitucional (*BOE* n.º 239, de 5 de octubre), modificada por LO 6/1988, de 9 de junio (*BOE* n.º 140, de 11 de junio; corrección de errores en *BOE* n.º 143, de 15 de junio), LO 7/1999, de 21 de abril (*BOE* n.º 96 de 22 de abril), y LO 1/2000 de 7 de enero (*BOE* n.º 8, de 10 de enero); y arts. 107 ss. LOPJ y 90 CPM.

Art. 505. Incurrirán en la pena de prisión de seis meses a un año quienes, sin ser miembro de la Corporación local, perturben de forma grave el orden de sus plenos impidiendo el desarrollo del orden del día previsto, la adopción de acuerdos o causen desórdenes que tengan por objeto manifestar el apoyo a bandas armadas, organizaciones o grupos terroristas.

SECCIÓN 2.ª

De la usurpación de atribuciones

Art. 506. La autoridad o funcionario público que, careciendo de atribuciones para ello, dictare una disposición general o suspendiere su ejecución, será castigado con la pena de prisión de uno a tres años, multa de seis a doce meses e inhabilitación especial para empleo o cargo público por tiempo de seis a doce años.

Art. 507. El Juez o Magistrado que se arrogare atribuciones administrativas de las que careciere, o impidiere su legítimo ejercicio por quien las ostentare, será castigado con la pena de prisión de seis meses a un año, multa de tres a seis meses y suspensión de empleo o cargo público por tiempo de uno a tres años.

Art. 508. 1. La autoridad o funcionario público que se arrogare atribuciones judiciales o impidiere ejecutar una resolución dictada por la autoridad judicial competente, será castigado con las penas de prisión de seis meses a un año, multa de tres a ocho meses y suspensión de empleo o cargo público por tiempo de uno a tres años.

2. La autoridad o funcionario administrativo o militar que atentare contra la independencia de los Jueces o Magistrados, garantizada por la Constitución, dirigiéndoles instrucción, orden o intimación relativas a causas o actuaciones que estén conociendo, será castigado con la pena de prisión de uno a dos años, multa de cuatro a diez meses e inhabilitación especial para empleo o cargo público por tiempo de dos a seis años.

Art. 509. El Juez o Magistrado, la autoridad o el funcionario público que, legalmente re-

---

Art. 505: Este artículo está redactado conforme al texto de la Ley Orgánica 7/2000, de 22 de diciembre (*BOE* n.º 307, de 23 de diciembre), cuya Exposición de Motivos, en lo que a este precepto se refiere, está parcialmente reproducida en nota al art. 504 de este mismo Código.

Art. 507: V. arts. 38 ss. LOPJ.
Art. 508: V. arts. 117.3.º CE y 442 LEC.
Art. 509: V. arts. 19 a 50 LECr y 72 ss. LEC; y LO 2/1987, de 18 de mayo (*BOE* n.º 120, de 20 de mayo), de Conflictos Jurisdiccionales.

querido de inhibición, continuare procediendo sin esperar a que se decida el correspondiente conflicto jurisdiccional, salvo en los casos permitidos por la Ley, será castigado con la pena de multa de tres a diez meses e inhabilitación especial para empleo o cargo público por tiempo de seis meses a un año.

CAPÍTULO IV

DE LOS DELITOS RELATIVOS AL EJERCICIO DE LOS DERECHOS FUNDAMENTALES Y LIBERTADES PÚBLICAS Y AL DEBER DE CUMPLIMIENTO DE LA PRESTACIÓN SOCIAL SUSTITUTORIA

SECCIÓN 1.ª

*De los delitos cometidos con ocasión del ejercicio de los derechos fundamentales y de las libertades públicas garantizados por la Constitución**

Art. 510. 1. Los que provocaren a la discriminación, al odio o a la violencia contra grupos o asociaciones, por motivos racistas, antisemitas u otros referentes a la ideología, religión o creencias, situación familiar, la pertenencia de sus miembros a una etnia o raza, su origen nacional, su sexo, orientación sexual, enfermedad o minusvalía, serán castigados con la pena de prisión de uno a tres años y multa de seis a doce meses.

2. Serán castigados con la misma pena los que, con conocimiento de su falsedad o temerario desprecio hacia la verdad, difundieren informaciones injuriosas sobre grupos o asociaciones en relación a su ideología, religión o creencias, la pertenencia de sus miembros a una etnia o raza, su origen nacional, su sexo, orientación sexual, enfermedad o minusvalía.

Art. 511. 1. Incurrirá en la pena de prisión de seis meses a dos años y multa de doce a veinticuatro meses e inhabilitación especial para empleo o cargo público por tiempo de uno a tres años el particular encargado de un servicio público que deniegue a una persona una prestación a la que tenga derecho por razón de su ideología, religión o creencias, su pertenencia a una etnia o raza,

---

* V. arts 3.º y 29 LI.

Art. 510: V. art. 14 CE y nota al art. 607 de este Código.

Art. 511: V. arts. 14 y 16 CE; art. 2.º DUDH; art. 26 PIDCP; art. 14 CPDHLF; Convención sobre la eliminación de todas las formas de discriminación contra la mujer de 18 de diciembre de 1979, ratificado por Instrumento de 16 de diciembre de 1983 (*BOE* n.º 69, de 21 de marzo de 1984); Convención sobre los Derechos del Niño, adoptada por la Asamblea

su origen nacional, su sexo, orientación sexual, situación familiar, enfermedad o minusvalía.

2. Las mismas penas serán aplicables cuando los hechos se cometan contra una asociación, fundación, sociedad o corporación o contra sus miembros por razón de su ideología, religión o creencias, la pertenencia de sus miembros o de alguno de ellos a una etnia o raza, su origen nacional, su sexo, orientación sexual, situación familiar, enfermedad o minusvalía.

3. Los funcionarios públicos que cometan alguno de los hechos previstos en este artículo, incurrirán en las mismas penas en su mitad superior y en la de inhabilitación especial para empleo o cargo público por tiempo de dos a cuatro años.

Art. 512. Los que en el ejercicio de sus actividades profesionales o empresariales denegaren a una persona una prestación a la que tenga derecho por razón de su ideología, religión o creencias, su pertenencia a una etnia, raza o nación, su sexo, orientación sexual, situación familiar, enfermedad o minusvalía, incurrirán en la pena de inhabilitación especial para el ejercicio de profesión, oficio, industria o comercio, por un período de uno a cuatro años.

Art. 513. Son punibles las reuniones o manifestaciones ilícitas, y tienen tal consideración:

General de las Naciones Unidas el 20 de noviembre de 1989 y ratificada por Instrumento de 30 de noviembre de 1990 (*BOE* n.º 313, de 31 de diciembre); Convención sobre el Estatuto de los Apátridas, de 28 de septiembre de 1954, a la que España se adhirió por Instrumento de 24 de abril de 1997 (*BOE* n.º 159, de 4 de julio); y Convenio-marco para la protección de las Minorías Nacionales (n.º 153 del Consejo de Europa), de 1 de febrero de 1995, ratificado por Instrumento de 20 de julio de 1995 (*BOE* n.º 20, de 23 de enero de 1998; corrección de errores en *BOE* n.º 37, de 12 de febrero, y corrección de erratas en *BOE* n.º 14 de febrero).

Art. 512: V. nota al art. precedente; y art. 2.º LO 2/1997, de 19 de junio, reguladora de la cláusula de conciencia de los profesionales de la información (*BOE* n.º 147, de 20 de junio).

Art. 513: V. art. 21, 1 CE; art. 20 DUDH; art. 21 PIDCP; art. 11 CPDHLF; LO 4/2000, de 11 de enero (*BOE* n.º 10, de 12 de enero; corrección de errores en *BOE* n.º 20, de 24 de enero), sobre derechos y libertades de los extranjeros en España y su integración social, modificada por LO 8/2000, de 22 de diciembre (*BOE* n.º 307, de 23 de diciembre; corrección de errores en *BOE* n.º 47, de 23 de febrero de 2001).

La LO 9/1983, de 15 de julio, reguladora del Derecho de reunión (*BOE* n.º 170, de 18 de julio), modificada por LO 9/1999, de 21 de abril (*BOE* n.º 96, de 22 de abril), dispone lo siguiente:

«CAPÍTULO PRIMERO: ÁMBITO DE APLICACIÓN.

»*Art. 1.º* 1. El derecho de reunión pacífica y sin armas, reconocido en el art. 21 de la Constitución, se ejercerá conforme a lo dispuesto en la presente Ley Orgánica.

»2. A los efectos de la presente Ley, se entiende por reunión la concurrencia concertada y temporal de más de 20 personas, con finalidad determinada.

1.º Las que se celebren con el fin de cometer algún delito.

2.º Aquellas a las que concurran personas con armas, arte-

»3. Son reuniones ilícitas las así tipificadas por las Leyes penales.

»*Art. 2.º* Se podrá ejercer el derecho de reunión, sin sujeción a las prescripciones de la presente Ley Orgánica, cuando se trate de las reuniones siguientes:

»*a)* Las que celebren las personas físicas en sus propios domicilios.

»*b)* Las que celebren las personas físicas en locales públicos o privados por razones familiares o de amistad.

»*c)* Las que celebren los Partidos políticos, Sindicatos, Organizaciones empresariales, Sociedades civiles y mercantiles, Asociaciones, Corporaciones, Fundaciones, Cooperativas, Comunidades de propietarios y demás Entidades legalmente constituidas en lugares cerrados, para sus propios fines y mediante convocatoria que alcance exclusivamente a sus miembros, o a otras personas nominalmente invitadas.

»*d)* Las que celebren los profesionales con sus clientes en lugares cerrados para los fines propios de su profesión.

»*e)* Las que se celebren en unidades, buques y recintos militares, a las que se refieren las Reales Ordenanzas de las Fuerzas Armadas, que se regirán por su legislación específica.

»CAPÍTULO II: DISPOSICIONES GENERALES.

»*Art. 3.º* 1. Ninguna reunión estará sometida al régimen de previa autorización.

»2. La autoridad gubernativa protegerá las reuniones y manifestaciones frente a quienes trataren de impedir, perturbar o menoscabar el lícito ejercicio de este derecho.

»*Art. 4.º* 1. Las reuniones, sometidas a la presente Ley, sólo podrán ser promovidas y convocadas por personas que se hallen en el pleno ejercicio de sus derechos civiles.

»2. Del buen orden de las reuniones y manifestaciones serán responsables sus organizadores, quienes deberán adoptar las medidas para el adecuado desarrollo de las mismas.

»3. Las personas naturales o jurídicas que figuren como organizadoras o promotoras de reuniones o manifestaciones, sólo responderán civilmente de los daños que los participantes causen a terceros cuando hayan omitido la diligencia razonablemente exigible para prevenir el daño causado.

»4. La asistencia de militares de uniforme, o haciendo uso de su condición militar, a reuniones o manifestaciones públicas se regirá por su legislación específica.

»*Art. 5.º* La autoridad gubernativa suspenderá y, en su caso, procederá a disolver las reuniones y manifestaciones en los siguientes supuestos:

»*a)* Cuando se consideren ilícitas de conformidad con las Leyes penales.

»*b)* Cuando se produzcan alteraciones del orden público, con peligro para personas o bienes.

»*c)* Cuando se hiciere uso de uniformes paramilitares por los asistentes.

»Tales resoluciones se comunicarán previamente a los concurrentes en la forma legalmente prevista.

»CAPÍTULO III: DE LAS REUNIONES EN LUGARES CERRADOS.

»*Art. 6.º* Los organizadores y promotores de reuniones, incluidas en el ámbito de aplicación de la presente Ley, que se celebren en lugares, locales o recintos cerrados, podrán solicitar la presencia de delegados de la autoridad gubernativa.

»*Art. 7.º* Los delegados de la autoridad gubernativa no intervendrán en las discusiones o debates ni harán uso de la palabra para advertir o corregir a los participantes, todo ello sin perjuicio de lo establecido en la Ley de Enjuiciamiento Civil.

»CAPÍTULO IV: DE LAS REUNIONES EN LUGARES DE TRÁNSITO PÚBLICO Y MANIFESTACIONES.

»*Art. 8.º* La celebración de reuniones en lugares de tránsito público y de manifestaciones deberán ser comunicadas por escrito a la autoridad gubernativa correspondiente por los organizadores o promotores de aquéllas, con una antelación de diez días naturales, como mínimo, y treinta como máximo. Si se tratare de personas jurídicas la comunicación deberá hacerse por su representante.

»Cuando existan causas extraordinarias y graves que justifiquen la urgencia de convocatoria y celebración de reuniones en lugares de tránsito público o manifestaciones, la comunicación, a que hace referencia el párrafo anterior, podrá hacerse con una antelación mínima de veinticuatro horas.

»*Art. 9.º* 1. En el escrito de comunicación se hará constar:

»*a)* Nombre, apellidos, domicilio y documento oficial de identificación del organizador u organizadores o de su representante, caso de personas jurídicas, consignando también la denominación, naturaleza y domicilio de éstas.

»*b)* Lugar, fecha, hora y duración prevista.

»*c)* Objeto de la misma.

»*d)* Itinerario proyectado, cuando se prevea la circulación por las vías públicas.

»*e)* Medidas de seguridad previstas por los organizadores o que se soliciten de la autoridad gubernativa.

»2. La autoridad gubernativa notificará al Ayuntamiento afectado los datos contenidos en el escrito de comunicación, excepto cuando se trate de una convocatoria urgente de las previstas en el párrafo segundo del artículo anterior, a fin de que éste informe en un plazo de veinticuatro horas sobre las circunstancias del recorrido propuesto. En caso de no recibirse el informe en dicho plazo, el mismo se entenderá favorable. El informe se referirá a causas objetivas tales como el estado de los lugares donde pretenda realizarse, la concurrencia con otros actos, las condiciones de seguridad de los lugares con arreglo a la normativa vigente y otras análogas de índole técnico. En todo caso, el informe no tendrá carácter vinculante y deberá ser motivado.

»*Art. 10.* Si la autoridad gubernativa considerase que existen razones fundadas de que puedan producirse alteraciones del orden público, con peligro para personas o bienes, podrá prohibir la reunión o manifestación o, en su caso, proponer la modificación de la fecha, lugar, duración o itinerario de la reunión o manifestación. La resolución deberá adoptarse en forma motivada, y notificarse en el plazo máximo de setenta y dos horas desde la comunicación prevista en el artículo 8.º, de acuerdo con los requisitos establecidos en la Ley 30/1992, de 26 de noviembre, de Régimen Jurídico de las Administraciones Públicas y del Procedimiento Administrativo Común.

»*Art. 11.* De no ser aceptada por los organizadores o promotores la prohibición u otras modificaciones propuestas, podrán interponer recursos contencioso-administrativos ante la Audiencia competente, en el plazo de cuarenta y ocho horas, trasladando copia de dicho recurso debidamente registrada a la autoridad gubernativa con el objeto de que aquélla remita inmediatamente el expediente a la Audiencia.

»El Tribunal tramitará dicho recurso de conformidad con lo establecido en el art. 7.6 de la Ley 62/1978, de 26 de diciembre, de protección jurisdiccional de los derechos fundamentales de la persona.

»*Disp. Adicional.* Tendrán la consideración de autoridad gubernativa a los efectos de la presente Ley, además de las de la Administración General del Estado, las correspondientes de las Comunidades Autónomas con competencias para protección de personas y bienes y para el mantenimiento de la seguridad ciudadana, con arreglo a lo dispuesto en los respectivos Estatutos y en la Ley Orgánica de Fuerzas y Cuerpos de Seguridad y conforme al proceso de despliegue de las respectivas policías autónomas.

»*Disps. Finales.*

»*1.ª* Esta Ley tiene carácter general y supletorio respecto de cualquiera [*sic*] otras en las que se regule el ejercicio del derecho de reunión.

factos explosivos u objetos contundentes o de cualquier otro modo peligroso.

Art. 514. 1. Los promotores o directores de cualquier reunión o manifestación comprendida en el número 1.º del artículo anterior y los que, en relación con el número 2.º del mismo, no hayan tratado de impedir por todos los medios a su alcance las circunstancias en ellos mencionadas, incurrirán en las penas de prisión de uno a tres años y multa de doce a veinticuatro meses. A estos efectos, se reputarán directores o promotores de la reunión o manifestación los que las convoquen o presidan.

2. Los asistentes a una reunión o manifestación que porten armas u otros medios igualmente peligrosos serán castigados con la pena de prisión de uno a dos años y multa de seis a doce meses. Los Jueces o Tribunales, atendiendo a los antecedentes del sujeto, circunstancias del caso y características del arma o instrumento portado, podrán rebajar en un grado la pena señalada.

3. Las personas que, con ocasión de la celebración de una reunión o manifestación, realicen actos de violencia contra la autoridad, sus agentes, personas o propiedades públicas o privadas, serán castigadas con la pena que a su delito corresponda, en su mitad superior.

4. Los que impidieren el legítimo ejercicio de las libertades de reunión o manifestación, o perturbaren gravemente el desarrollo de una reunión o manifestación lícita serán castigados con la pena de prisión de dos a tres años o multa de doce a veinticuatro meses si los hechos se realizaren con violencia, y con la pena de arresto de siete a veinticuatro fines de semana o multa de seis a doce meses si se cometieren mediante vías de hecho o cualquier otro procedimiento ilegítimo.

»*2.ª* Queda derogada la Ley 17/1976, de 29 de mayo, reguladora del Derecho de Reunión, y cuantas disposiciones se opongan a lo dispuesto en la presente Ley.

»*Disp. Transitoria.* En tanto no se promulgue la Ley Electoral prevista en el art. 81.1 de la Constitución, las reuniones y manifestaciones que se realicen con motivo de campaña de propaganda electoral estarán sujetas a la jurisdicción de los órganos de la Administración electoral.»

Téngase, finalmente, en cuenta el art. 1.º2 de la Ley 62/1978, de 26 de diciembre, de Protección Jurisdiccional de los Derechos Fundamentales de la Persona (Apéndice 2), y los arts. 16, 17 y 23.*c*) LOPSC.

Art. 514: Los apartados 4 y 5 de este artículo fueron añadidos por la Ley Orgánica 2/1998, de 15 de junio (*BOE* n.º 143, de 16 de junio), por la que se modificaron el Código Penal y la Ley de Enjuiciamiento Criminal.

5. Los promotores o directores de cualquier reunión o manifestación que convocaren, celebraren o intentaren celebrar de nuevo una reunión o manifestación que hubiese sido previamente suspendida o prohibida, y siempre que con ello pretendieran subvertir el orden constitucional o alterar gravemente la paz pública, serán castigados con las penas de prisión de seis meses a un año y multa de seis a doce meses, sin perjuicio de la pena que pudiera corresponder, en su caso, conforme a los apartados precedentes.

Art. 515. Son punibles las asociaciones ilícitas, teniendo tal consideración:

1.º Las que tengan por objeto cometer algún delito o, después de constituidas, promuevan su comisión.

2.º Las bandas armadas, organizaciones o grupos terroristas.

3.º Las que, aun teniendo por objeto un fin lícito, empleen medios violentos o de alteración

---

Art. 515: V. art. 22 CE, que dispone lo siguiente:

«1. Se reconoce el derecho de asociación.

»2. Las asociaciones que persigan fines o utilicen medios tipificados como delito son ilegales.

»3. Las asociaciones constituidas al amparo de este artículo deberán inscribirse en un registro a los solos efectos de publicidad.

»4. Las asociaciones sólo podrán ser disueltas o suspendidas en sus actividades en virtud de resolución judicial motivada.

»5. Se prohíben las asociaciones secretas y las de carácter paramilitar.»

V. art. 22 del PIDCP, que tiene el siguiente texto:

«1. Toda persona tiene derecho a asociarse libremente con otras, incluso el derecho a fundar sindicatos y afiliarse a ellos para la protección de sus intereses.

»2. El ejercicio de tal derecho sólo podrá estar sujeto a las restricciones previstas por la Ley que sean necesarias en una sociedad democrática, en interés de la seguridad nacional, de la seguridad pública o del orden público, o para proteger la salud o la moral públicas o los derechos y libertades de los demás. El presente artículo no impedirá la imposición de restricciones legales al ejercicio de tal derecho cuando se trate de miembros de las fuerzas armadas y de la policía.

»3. Ninguna disposición de este artículo autoriza a los Estados Partes en el Convenio de la Organización Internacional del Trabajo de 1948 relativo a la libertad sindical y a la protección del derecho de sindicación a adoptar medidas legislativas que puedan menoscabar las garantías previstas en él ni a aplicar la Ley de tal manera que pueda menoscabar esas garantías.»

V. también art. 20 DUDH; art. 11 CPDHLF; Ley 191/1964, de 24 de diciembre (*BOE* n.º 311, de 28 de diciembre), de Asociaciones; y la Ley 54/1978, de 4 de diciembre, de Partidos Políticos (*BOE* n.º 293, de 8 de diciembre). Téngase en cuenta, finalmente, el art. 1.º2 de la Ley 62/1978, de 28 de diciembre (Apéndice 2), y la LO 4/2000, de 11 de enero (*BOE* n.º 10, de 12 de enero; corrección de errores en *BOE* n.º 20, de 24 de enero), sobre derechos y libertades de los extranjeros en España y su integración social, modificada por Ley Orgánica 8/2000, de 22 de diciembre (*BOE* n.º 307, de 23 de diciembre; corrección de errores en *BOE* n.º 47, de 23 de febrero de 2001).

o control de la personalidad para su consecución.

4.º Las organizaciones de carácter paramilitar.

5.º Las que promuevan la discriminación, el odio o la violencia contra personas, grupos o asociaciones por razón de su ideología, religión o creencias, la pertenencia de sus miembros o de alguno de ellos a una etnia, raza o nación, su sexo, orientación sexual, situación familiar, enfermedad o minusvalía, o inciten a ello.

6.º Las que promuevan el tráfico ilegal de personas.

Art. 516. En los casos previstos en el número 2.º del artículo anterior, se impondrán las siguientes penas:

1.º A los promotores y directores de las bandas armadas y organizaciones terroristas, y a quienes dirijan cualquiera de sus grupos, las de prisión de ocho a catorce años y de inhabilitación especial para empleo o cargo público por tiempo de ocho a quince años.

2.º A los integrantes de las citadas organizaciones, la de prisión de seis a doce años, e inhabilitación especial para empleo o cargo público por tiempo de seis a catorce años.

Art. 517. En los casos previstos en los números 1.º y 3.º al 6.º del artículo 515 se impondrán las siguientes penas:

1.º A los fundadores, directores y presidentes de las asociaciones, las de prisión de dos a cuatro años, multa de doce a veinticuatro meses e inhabilitación especial para empleo o cargo público por tiempo de seis a doce años.

2.º A los miembros activos, las de prisión de uno a tres años y multa de doce a veinticuatro meses.

Art. 518. Los que con su cooperación económica o de cualquier otra clase, en todo caso relevante, favorezcan la fundación, organización o actividad de las asociaciones comprendidas en los números 1.º y 3.º al 6.º del

---

Art. 515.6.º: Este apartado fue introducido por la LO 4/2000, de 11 de enero (*BOE* n.º 10, de 12 de enero; corrección de errores en *BOE* n.º 20, de 24 de enero), sobre derechos y libertades de los extranjeros en España y su integración social.

Art. 517: El primer párrafo de este artículo figura redactado conforme al texto de la LO 4/2000, de 11 de enero (*BOE* n.º 10, de 12 de enero; corrección de errores en *BOE* n.º 20, de 24 de enero), sobre derechos y libertades de los extranjeros en España y su integración social.

Art. 518: Este artículo figura redactado conforme al texto de la LO 4/2000, de 11 de enero (*BOE* n.º 10, de 12 de enero; corrección de errores en *BOE* n.º 20, de 24 de enero), sobre derechos y libertades de los extranjeros en España y su integración social.

artículo 515, incurrirán en la pena de prisión de uno a tres años, multa de doce a veinticuatro meses, e inhabilitación para empleo o cargo público por tiempo de uno a cuatro años.

Art. 519. La provocación, la conspiración y la proposición para cometer el delito de asociación ilícita se castigarán con la pena inferior en uno o dos grados a la que corresponda, respectivamente, a los hechos previstos en los artículos anteriores.

Art. 520. Los Jueces o Tribunales, en los supuestos previstos en el artículo 515, acordarán la disolución de la asociación ilícita y, en su caso, cualquier otra de las consecuencias accesorias del artículo 129 de este Código.

Art. 521. En el delito de asociación ilícita, si el reo fuera autoridad, agente de ésta o funcionario público, se le impondrá, además de las penas señaladas, la de inhabilitación absoluta de diez a quince años.

SECCIÓN 2.ª

*De los delitos contra la libertad de conciencia, los sentimientos religiosos y el respeto a los difuntos**

Art. 522. Incurrirán en la pena de multa de cuatro a diez meses:

---

* V. arts. 14 y 16 CE; este último precepto dispone lo siguiente:

«1. Se garantiza la libertad ideológica, religiosa y de culto de los individuos y las comunidades sin más limitación, en sus manifestaciones, que la necesaria para el mantenimiento del orden público protegido por la Ley.

»2. Nadie podrá ser obligado a declarar sobre su ideología, religión o creencias.

»3. Ninguna confesión tendrá carácter estatal. Los poderes públicos tendrán en cuenta las creencias religiosas de la sociedad española y mantendrán las consiguientes relaciones de cooperación con la Iglesia Católica y las demás confesiones.»

V., también, art. 18 PIDCP, que tiene el siguiente texto:

«1. Toda persona tiene derecho a la libertad de pensamiento, de conciencia y de religión; este derecho incluye la libertad de tener o adoptar la religión o las creencias de su elección, así como la libertad de manifestar su religión o sus creencias, individual o colectivamente, tanto en público como en privado, mediante el culto, la celebración de los ritos, las prácticas y la enseñanza.

»2. Nadie será objeto de medidas coercitivas que puedan menoscabar su libertad de tener o de adoptar la religión o las creencias de su elección.

»3. La libertad de manifestar la propia religión o las propias creencias estará sujeta únicamente a las limitaciones prescritas por la Ley que sean necesarias para proteger la seguridad, el orden, la salud o la moral públicos, o los derechos y libertades fundamentales de los demás.

»4. Los Estados Partes en el presente Pacto se comprometen a respetar la libertad de los padres y, en su caso, de los tutores legales, para garantizar que los hijos reciban la educación religiosa y moral que esté de acuerdo con sus propias convicciones.»

1.º Los que por medio de violencia, intimidación, fuerza o cualquier otro apremio ilegítimo impidan a un miembro o miembros de una confesión religiosa practicar los actos propios de las creencias que profesen, o asistir a los mismos.

2.º Los que por iguales medios fuercen a otro u otros a practicar o concurrir a actos de culto o ritos, o a realizar actos reveladores de profesar o no profesar una religión, o a mudar la que profesen.

Art. 523. El que con violencia, amenaza, tumulto o vías de hecho, impidiere, interrumpiere o perturbare los actos, funciones, ceremonias o manifestaciones de las confesiones religiosas inscritas en el correspondiente registro público del Ministerio de Justicia e Interior, será castigado con la pena de prisión de seis meses a seis años, si el hecho se ha cometido en lugar destinado al culto, y con la de multa de cuatro a diez meses si se realiza en cualquier otro lugar.

Art. 524. El que en templo, lugar destinado al culto o en ceremonias religiosas, ejecutare actos de profanación en ofensa de los sentimientos religiosos legalmente tutelados, será castigado con la pena de prisión de seis meses a un año o multa de cuatro a diez meses.

Art. 525. 1. Incurrirán en la pena de multa de ocho a doce meses los que, para ofender los sentimientos de los miembros de una confesión religiosa, hagan públicamente, de palabra, por escrito o mediante cualquier tipo de documento, escarnio de sus dogmas, creencias, ritos o ceremonias, o vejen, también públicamente, a quienes los profesan o practican.

2. En las mismas penas incurrirán los que hagan públicamente escarnio, de palabra o por escrito, de quienes no profesan religión o creencia alguna.

Art. 526. El que, faltando al respeto debido a la memoria de los muertos, violare los sepulcros o sepulturas, profanare un cadáver o sus cenizas o, con ánimo de ultraje, destruyere, alterare o dañare las urnas funerarias, panteones, lápidas o nichos, será castigado con la

---

V., además, art. 18 DUDH; art. 9.º CPDHLF; LO 7/1980, de 5 de julio, de Libertad Religiosa (*BOE* n.º 177, de 24 de julio); Acuerdo entre el Estado Español y la Santa Sede sobre Asuntos Jurídicos de 3 de enero de 1977, ratificado por Instrumento de 4 de diciembre de 1979 (*BOE* n.º 300, de 15 de diciembre). Téngase en cuenta, finalmente, que el ejercicio del derecho a la libertad religiosa está protegido por la Ley 62/1978, de 26 de diciembre (Apéndice 2).

pena de arresto de doce a veinticuatro fines de semana y multa de tres a seis meses.

SECCIÓN 3.ª

De los delitos contra el deber de cumplimiento de la prestación social sustitutoria

Art. 527. Será castigado con la pena de inhabilitación especial para empleo o cargo público por tiempo de cuatro a seis años el objetor reconocido que:

1.º Llamado al cumplimiento del servicio que se le asigne, dejare de presentarse sin causa justificada, retrasando su incorporación al mismo por tiempo superior a un mes.

2.º Hallándose incorporado al referido servicio, dejare de asistir al mismo por más de veinte días consecutivos o trein-

---

Art. 527: Figura redactado conforme al texto aprobado por la LO 7/1998, de 5 de octubre (*BOE* .º 239, de 6 de octubre), por la que se suprimen las penas de prisión y multa para los supuestos de no cumplimiento del servicio militar obligatorio y prestación social sustitutoria y se rebajan las penas de inhabilitación para dichos supuestos. La Exposición de Motivos de esta Ley dice lo siguiente:

«El proceso ya iniciado para la plena profesionalización de las Fuerzas Armadas, que deberá conllevar la supresión del servicio militar obligatorio, requiere un período transitorio que evite sustituciones traumáticas, construyéndose con bases sólidas que impidan la reducción del nivel de operatividad de los Ejércitos, lo que exige ajustar gradualmente los efectivos de reemplazo y profesionales y adecuar la normativa actual de las Fuerzas Armadas.

»El cambio de modelo no sólo debe proyectar sus efectos en la normativa específica de las Fuerzas Armadas, sino también sobre la normativa sancionadora, que no debe ser ajena al momento histórico actual. En este sentido, inmersos en un período transitorio, se considera conveniente adecuar las penas previstas en el Código Penal para sancionar los incumplimientos del deber de prestación del servicio militar y de la prestación social sustitutoria a los cambios que se están produciendo. Se considera, asimismo, que no puede darse un tratamiento distinto para los supuestos de insumisión al servicio militar respecto a los de la prestación social sustitutoria, dado que en ambos existe una evidente «simetría constitucional».

»Para la finalidad anteriormente expuesta debe buscarse un nuevo equilibrio entre las infracciones y las sanciones previstas en el Código Penal, para que, por un lado, se mantenga el efecto disuasorio implícito en toda ley y, por otro, la adecuada proporción entre la gravedad de la infracción y su consecuencia. Con este objetivo deben mantenerse sanciones que garanticen el cumplimiento del servicio militar y de la prestación social sustitutoria, pero suavizando las penas actuales.

»En ninguno de estos supuetos deben existir penas de prisión, dado que éstas son siempre en el Derecho Penal la *ultima ratio* sancionadora, que no queda ahora justificada.

»La regulación del régimen sancionador para estos delitos debe guardar una mayor proporción respecto al bien jurídico que se pretende proteger, cumplir mejor con la función rehabilitadora que la Constitución asigna al Derecho Penal y no suponer un menosprecio para aquellos que optan por el cumplimiento del servicio militar obligatorio o de la prestación social sustitutoria.

ta no consecutivos, sin justa causa.

3.º Incorporado para el cumplimiento de la prestación social sustitutoria, se negare de modo explícito o por actos concluyentes a cumplirla.

La inhabilitación incluirá la incapacidad para desempeñar cualquier empleo o cargo al servicio de las Administraciones, entidades o empresas públicas o de sus Organismos autónomos y, además, la imposibilidad de obtener subvenciones, becas o ayudas públicas de cualquier tipo durante el período de condena.

Una vez cumplida la condena impuesta, el penado quedará exento del cumplimiento de la prestación.

Art. 528. [*Derogado por Ley Orgánica 7/1998, de 5 de octubre.*]

»Por otra parte, se considera conveniente mantener el régimen sancionador en el Código Penal para que sean los Tribunales de Justicia los que juzguen y sancionen estas conductas, por las garantías de tutela y defensa de los derechos de los ciudadanos que ello supone.

»En consecuencia, la presente Ley Orgánica suprime las penas privativas de libertad y de multa establecidas en el vigente Código Penal para estos incumplimientos, pero mantiene las penas privativas de derechos, si bien se moderan rebajándolas a un tiempo de cuatro a seis años.

»La Ley Orgánica incluye una primera disposición para modificar el artículo 527 del Código Penal y una segunda para modificar el artículo 604 del citado Código Penal. Se complementa con una disposición derogatoria única para suprimir el artículo 528 del Código Penal y la necesaria disposición final para señalar la entrada en vigor. Asimismo, se introducen dos disposiciones transitorias a los efectos de revisar, de acuerdo con la nueva normativa, los procesos penales ya iniciados, permitiendo también expresamente su carácter retroactivo en cuanto favorezcan a los condenados mediante sentencia firme con arreglo a la legislación anterior.»

Téngase en cuenta que, por RD 247/2001, de 9 de marzo (*BOE* n.º 60, de 10 de marzo), se adelantó al 31 de diciembre de 2001 la fecha de suspensión de la prestación del servicio militar; y que, por RD 342/2001, de 4 de abril (*BOE* n.º 92, de 17 de abril), se suspendió la prestación social sustitutoria del servicio militar.

V. art. 30.2 CE; Ley 22/1998, de 6 de julio (*BOE* n.º 161, de 7 de julio), reguladora de la Objeción de Conciencia y la Prestación Social Sustitutoria; y RD 700/1999, de 30 de abril (*BOE* n.º 119, de 19 de mayo), por el que se aprueba el Reglamento de la objeción de conciencia y de la prestación social sustitutoria.

CAPÍTULO V

DE LOS DELITOS COMETIDOS POR LOS FUNCIONARIOS PÚBLICOS CONTRA LAS GARANTÍAS CONSTITUCIONALES*

SECCIÓN 1.ª

De los delitos cometidos por los funcionarios públicos contra la libertad individual

Art. 529. 1. El Juez o Magistrado que entregare una causa criminal a otra autoridad o funcionario, militar o administrativo, que ilegalmente se la reclame, será castigado con la pena de inhabilitación especial para empleo o cargo público por tiempo de seis meses a dos años.

2. Si además entregara la persona de un detenido, se le impondrá la pena superior en grado.

Art. 530. La autoridad o funcionario público que, mediando causa por delito, acordare, practicare o prolongare cualquier privación de libertad de un detenido, preso o sentenciado, con violación de los plazos o demás garantías constitucionales o legales, será castigado con la pena de inhabilitación especial para empleo o cargo público por tiempo de cuatro a ocho años.

Art. 531. La autoridad o funcionario público que, mediando causa por delito, decretare, practicare o prolongare la incomunicación de un detenido, preso o sentenciado, con violación de los plazos o demás garantías constitucionales o legales, será castigado con la pena de inhabilitación especial para empleo o cargo público por tiempo de dos a seis años.

---

* V. arts. 489 a 491, 495 y 496 LECr; art. 146 LRJAP; y arts. 4.º y 7.º del RD 1.398/1993, de 4 de agosto, por el que se aprueba el Reglamento de Procedimiento para el ejercicio de la potestad sancionadora de las Administraciones Públicas (*BOE* n.º 189, de 9 de agosto). Téngase en cuenta que los derechos violados por los delitos tipificados en este Capítulo gozan, en su mayoría, de la protección prevista en la Ley 62/1978, de 26 de diciembre (Apéndice 2).

Art. 530: V. nota a la rúbrica del Capítulo Primero del Título VI del Libro II de este Código y, especialmente, art. 17.4.º CE; y LO 6/1984, de 24 de mayo (*BOE* n.º 126, de 26 de mayo), reguladora del procedimiento de *Habeas Corpus*. V. también arts. 309, 489, 492 ss. y 750 LECr; 15, 17 y 51 a 53 LOGP y 15, 16, 19, 23 y 41 ss. RP. Ténganse en cuenta, no obstante, arts. 55 y 116 CE, así como art. 520 bis LECr y la LO 4/2000, de 11 de enero (*BOE* n.º 10, de 12 de enero; corrección de errores en *BOE* n.º 20, de 24 de enero), sobre derechos y libertades de los extranjeros en España y su integración social, modificada por Ley Orgánica 8/2000, de 22 de diciembre (*BOE* n.º 307, de 23 de diciembre; corrección de errores en *BOE* n.º 47, de 23 de febrero de 2001); y la LO 4/1981, de 1 de junio, reguladora de los estados de alarma, excepción y sitio (*BOE* n.º 134, de 5 de junio).

Art. 531: V. nota al art. anterior.

Art. 532. Si los hechos descritos en los dos artículos anteriores fueran cometidos por imprudencia grave, se castigarán con la pena de suspensión de empleo o cargo público por tiempo de seis meses a dos años.

Art. 533. El funcionario penitenciario o de centros de protección o corrección de menores que impusiere a los reclusos o internos sanciones o privaciones indebidas, o usare con ellos de un rigor innecesario, será castigado con la pena de inhabilitación especial para empleo o cargo público por tiempo de dos a seis años.

SECCIÓN 2.ª

De los delitos cometidos por los funcionarios públicos contra la inviolabilidad domiciliaria y demás garantías de la intimidad

Art. 534. 1. Será castigado con las penas de multa de seis a doce meses e inhabilitación especial para empleo o cargo público de dos a seis años la autoridad o funcionario público que, mediando causa por delito, y sin respetar las garantías constitucionales o legales:

1.º Entre en un domicilio sin el consentimiento del morador.

2.º Registre los papeles o documentos de una persona o los efectos que se hallen en su domicilio, a no ser que el dueño haya prestado libremente su consentimiento.

Si no devolviera al dueño, inmediatamente después del registro, los papeles, documentos y efectos registrados, las penas serán las de inhabilitación especial para empleo o cargo público de seis a doce años y multa de doce a veinticuatro meses, sin perjuicio de la pena que pudiera corresponderle por la apropiación.

2. La autoridad o funcionario público que, con ocasión de lícito registro de papeles, documentos o efectos de una persona, cometa cualquier vejación injusta o daño innecesario en sus bienes, será castigado con las penas previstas para estos hechos, impuestas en su mitad superior, y, además, con la pena de inhabilitación especial para empleo o cargo público por tiempo de dos a seis años.

Art. 535. La autoridad o funcionario público que, mediando causa por delito, interceptare

---

Art. 533: V. arts. 41 a 45 LOGP y 4.º y 232 ss. RP.

Art. 534: V. nota a la rúbrica del Capítulo II del Título X del Libro II de este Código.

Art. 535: V. nota a la rúbrica del Capítulo I del Título X del Libro II de este Código.

cualquier clase de correspondencia privada, postal o telegráfica, con violación de las garantías constitucionales o legales, incurrirá en la pena de inhabilitación especial para empleo o cargo público de dos a seis años.

Si divulgara o revelara la información obtenida, se impondrá la pena de inhabilitación especial, en su mitad superior, y, además, la de multa de seis a dieciocho meses.

Art. 536. La autoridad, funcionario público o agente de éstos que, mediando causa por delito, interceptare las telecomunicaciones o utilizare artificios técnicos de escuchas, transmisión, grabación o reproducción del sonido, de la imagen o de cualquier otra señal de comunicación, con violación de las garantías constitucionales o legales, incurrirá en la pena de inhabilitación especial para empleo o cargo público de dos a seis años.

Si divulgare o revelare la información obtenida, se impondrán las penas de inhabilitación especial, en su mitad superior y, además, la de multa de seis a dieciocho meses.

SECCIÓN 3.ª

De los delitos cometidos por los funcionarios públicos contra otros derechos individuales

Art. 537. La autoridad o funcionario público que impida u obstaculice el derecho a la asistencia de abogado al detenido o preso, procure o favorezca la renuncia del mismo a dicha asistencia o no le informe de forma inmediata y de modo que le sea comprensible de sus derechos y de las razones de su detención, será castigado con la pena de multa de cuatro a diez meses e inhabilitación especial para empleo o cargo público de dos a cuatro años.

Art. 538. La autoridad o funcionario público que establezca

Art. 536: V. arts. 18.3.º CE, 51 LOGP, 43 y 46 ss. RP y 579 LECr.

Art. 537: V. arts. 17.3 CE, 520 ss. LECr, 51.2.º y 52.3.º LOGP y 41.3.º y 46 ss. RP.

Art. 538: V. art. 20 CE (no obstante, v. arts. 55.1 y 116 CE y la LO 4/1981, de 1 de junio, de los estados de alarma, excepción y sitio), que dispone lo siguiente:

«1. Se reconocen y protegen los derechos:

»*a*) A expresar y difundir libremente los pensamientos, ideas y opiniones mediante la palabra, el escrito o cualquier otro medio de reproducción.

»*b*) A la producción y creación literaria, artística, científica y técnica.

»*c*) A la libertad de cátedra.

»*d*) A comunicar o recibir libremente información veraz por cualquier medio de difusión. La Ley regulará el derecho a la cláusula de conciencia y al secreto profe-

la censura previa o, fuera de los casos permitidos por la Constitución y las Leyes, recoja ediciones de libros o periódicos o suspenda su publicación o la difusión de cualquier emisión radiotelevisiva, incurrirá en la pena de inhabilitación absoluta de seis a diez años.

Art. 539. La autoridad o funcionario público que disuelva o suspenda en sus actividades a una asociación legalmente constituida, sin previa resolución judicial, o sin causa legítima le impida la celebración de sus sesiones, será castigado con la pena de inhabilitación especial para empleo o cargo público de ocho a doce años y multa de seis a doce meses.

Art. 540. La autoridad o funcionario público que prohiba una reunión pacífica o la disuelva fuera de los casos expresamente permitidos por las Leyes, será castigado con la pena de inhabilitación especial para empleo o cargo público de cuatro a ocho años y multa de seis a nueve meses.

---

sional en el ejercicio de estas libertades.

»2. El ejercicio de estos derechos no puede restringirse mediante ningún tipo de censura previa.

»3. La Ley regulará la organización y el control parlamentario de los medios de comunicación social dependientes del Estado o de cualquier ente público y garantizará el acceso a dichos medios de los grupos sociales y políticos significativos, respetando el pluralismo de la sociedad y de las diversas lenguas de España.

»4. Estas libertades tienen su límite en el respeto a los derechos reconocidos en este Título, en los preceptos de las leyes que lo desarrollen y, especialmente, en el derecho al honor, a la intimidad, a la propia imagen y a la protección de la juventud y de la infancia.

»5. Sólo podrá acordarse el secuestro de publicaciones, grabaciones y otros medios de información en virtud de resolución judicial.»

V. también art. 19 PIDCP:

«1. Nadie podrá ser molestado a causa de sus opiniones.

»2. Toda persona tiene derecho a la libertad de expresión; este derecho comprende la libertad de buscar, recibir y difundir informaciones e ideas de toda índole, sin consideración de fronteras, ya sea oralmente, por escrito o en forma impresa o artística, o por cualquier otro procedimiento de su elección.

»3. El ejercicio del derecho previsto en el párrafo 2 de este artículo entraña deberes y responsabilidades especiales. Por consiguiente, puede estar sujeto a ciertas restricciones que deberán, sin embargo, estar expresamente fijadas por la Ley y ser necesarias para:

»*a*) Asegurar el respeto a los derechos o a la reputación de los demás.

»*b*) La protección de la seguridad nacional, el orden público o la salud o la moral públicas.»

V., finalmente, arts. 19 DUDH y 10 CPDHLF.

Art. 539: V. art. 22 CE, y Ley 191/1964, de 24 de diciembre (*BOE* n.º 311, de 28 de diciembre), de Asociaciones.

Art. 540: V. art. 21 CE, y LO 9/1983, de 15 de julio (*BOE* n.º 170, de 18 de julio), reguladora del derecho de reunión, modificada por LO 9/1999, de 21 de abril (*BOE* n.º 96, de 22 de abril).

Art. 541. La autoridad o funcionario público que expropie a una persona de sus bienes fuera de los casos permitidos y sin cumplir los requisitos legales, incurrirá en las penas de inhabilitación especial para empleo o cargo público de uno a cuatro años y multa de seis a doce meses.

Art. 542. Incurrirá en la pena de inhabilitación especial para empleo o cargo público por tiempo de uno a cuatro años la autoridad o el funcionario público que, a sabiendas, impida a una persona el ejercicio de otros derechos cívicos reconocidos por la Constitución y las Leyes.

CAPÍTULO VI

DE LOS ULTRAJES A ESPAÑA

Art. 543. Las ofensas o ultrajes de palabra, por escrito o de

---

Art. 541: V. art. 33 CE, reproducido en nota a la rúbrica del Título XIII del Libro II de este Código. V., además, art. 17 DUDH; Ley de Expropiación Forzosa de 16 de diciembre de 1954 (*BOE* n.º 351, de 17 de diciembre), modificada por la Ley 11/1996, de 27 de diciembre, de Presupuestos Generales del Estado para 1997 (*BOE* n.º 313, de 28 de diciembre); Reglamento de dicha Ley de 26 de abril de 1957 (*BOE* n.º 160, de 20 de junio); Decreto de 23 de diciembre de 1955 sobre Disposiciones Vigentes sobre Expropiación Forzosa (*BOE* n.º 17, de 17 de enero de 1956); Ley 40/1994, de 30 de diciembre (*BOE* n.º 313, de 31 de diciembre), de ordenación del Sistema Eléctrico Nacional.

Art. 542: V. arts. 10 ss. CE.

Art. 543: V. art. 4 CE; art. 87 CPM. V., además, Ley 33/1981, de 5 de octubre, del Escudo de España (*BOE* de 19 de octubre), y RD 2.864/1981, de 18 de diciembre, por el que se hace público el modelo oficial del Escudo de España (*BOE* n.º 303, de 19 de diciembre).

V., finalmente, Ley 39/1981, de 28 de octubre, por la que se regula el uso de la Bandera de España y de otras Banderas y Enseñas (*BOE* n.º 271, de 12 de noviembre), y, en especial, su art. 10 que dispone lo siguiente:

«1. Los ultrajes y ofensas a la bandera de España y a las contempladas en el artículo 4.º del presente texto, se castigarán conforme a lo dispuesto en las leyes.

»2. *Las infracciones de lo previsto en esta ley se considerarán incursas en lo establecido en el artículo 123 y concordantes del Código Penal y, en su caso, en el artículo 316 del Código de Justicia Militar, sin perjuicio de las sanciones administrativas que pudieran proceder.*

»3. *Los ultrajes y ofensas a las banderas a que se refiere el artículo 3.º de esta ley, se considerarán siempre como cometidos con publicidad a los efectos de lo dispuesto en el citado artículo 123 del Código Penal.*

»4. Sin perjuicio de la responsabilidad en que incurran los autores de las infracciones de lo dispuesto en esta Ley, lo establecido en el artículo 123 del Código Penal o 316 del Código de Justicia Militar, en los casos de personas y lugares previstos en este último, serán asimismo de aplicación a los Presidentes, Directores o titulares de organismos, instituciones, centros o dependencias y a los representantes legales de partidos políticos, sindicatos, asociaciones o entidades privadas de toda índole que, tras ser requeridos para el cumplimiento de esta Ley por la autoridad gubernativa, incumplan lo preceptuado en los artículos anteriores.»

hecho a España, a sus Comunidades Autónomas o a sus símbolos o emblemas, efectuados con publicidad, se castigarán con la pena de multa de siete a doce meses.

TÍTULO XXII

Delitos contra el orden público

CAPÍTULO PRIMERO

Sedición*

Art. 544. Son reos de sedición los que, sin estar comprendidos en el delito de rebelión, se alcen pública y tumultuariamente para impedir, por la fuerza o fuera de las vías legales, la aplicación de las Leyes o a cualquier autoridad, corporación oficial o funcionario público, el legítimo ejercicio de sus funciones o el cumplimiento de sus acuerdos, o de las resoluciones administrativas o judiciales.

Art. 545. 1. Los que hubieren inducido, sostenido o dirigido la sedición o aparecieren en ella como sus principales autores, serán castigados con la pena de prisión de ocho a diez años, y con la de diez a quince años, si fueran personas constituidas en autoridad. En ambos casos se impondrá, además, la inhabilitación absoluta por el mismo tiempo.

2. Fuera de estos casos, se impondrá la pena de cuatro a ocho años de prisión, y la de inhabilitación especial para empleo o cargo público por tiempo de cuatro a ocho años.

Art. 546. Lo dispuesto en el artículo 474 es aplicable al caso de sedición cuando ésta no haya llegado a organizarse con jefes conocidos.

Art. 547. En el caso de que la sedición no haya llegado a entorpecer de un modo grave el ejercicio de la autoridad pública y no haya tampoco ocasionado la perpetración de otro delito al que la Ley señale penas graves, los

---

El art. 10.3 de la Ley 39/1981, de 28 de octubre, ha sido declarado inconstitucional por la Sentencia 118/1992, de 16 de septiembre, del Tribunal Constitucional, y el art. 10.2 de la referida Ley ha sido declarado igualmente inconstitucional por la Sentencia 119/1992, de 18 de septiembre, del mismo Tribunal.

* V. art. 3 LI; arts. 91 ss. CPM; arts. 20 a 27 LPPNA; art. 23 LOPJ, reproducido en nota al art. 3.1 LE (Apéndice 5).

Art. 544: V. Ley Orgánica del Régimen Electoral General (Apéndice 6).

Jueces o Tribunales rebajarán en uno o dos grados las penas señaladas en este capítulo.

Art. 548. La provocación, la conspiración y la proposición para la sedición serán castigadas con las penas inferiores en uno o dos grados a las respectivamente previstas, salvo que llegue a tener efecto la sedición, en cuyo caso se castigará con la pena señalada en el primer apartado del artículo 545, y a sus autores se los considerará promotores.

Art. 549. Lo dispuesto en los artículos 479 a 484 es también aplicable al delito de sedición.

CAPÍTULO II

DE LOS ATENTADOS CONTRA LA AUTORIDAD, SUS AGENTES Y LOS FUNCIONARIOS PÚBLICOS, Y DE LA RESISTENCIA Y DESOBEDIENCIA*

Art. 550. Son reos de atentado los que acometan a la autoridad, a sus agentes o funcionarios públicos, o empleen fuerza contra ellos, los intimiden gravemente o les hagan resistencia activa también grave, cuando se hallen ejecutando las funciones de sus cargos o con ocasión de ellas.

Art. 551. 1. Los atentados comprendidos en el artículo anterior serán castigados con las penas de prisión de dos a cuatro años y multa de tres a seis meses si el atentado fuera contra autoridad y de prisión de uno a tres años en los demás casos.

2. No obstante lo previsto en el apartado anterior, si la autoridad contra la que se atentare fuera miembro del Gobierno, de los Consejos de Gobierno de las Comunidades Autónomas, del Congreso de los Diputados, del Senado o de las Asambleas Legislativas de las Comunidades Autónomas, de las Corporaciones locales, del Consejo General del Poder Judicial o Magistrado del Tribunal Constitucional, se impondrá la pena de prisión de cuatro a seis años y multa de seis a doce meses.

* V. arts. 87 CPM y 23 LOPJ, reproducido en nota al art. 3.1 LE (Apéndice 5). V., también, LO 2/1986, de 13 de marzo (*BOE* n.º 63, de 14 de marzo), de Fuerzas y Cuerpos de Seguridad; y LOPSC.

Art. 551: El apartado 2 de este artículo figura redactado conforme al texto de la Ley Orgánica 7/2000, de 22 de diciembre (*BOE* n.º 307, de 23 de diciembre), cuya Exposición de Motivos, en lo que a este precepto se refiere, está parcialmente reproducida en nota al art. 504 de este mismo Código.

Art. 552. Se impondrán las penas superiores en grado a las respectivamente previstas en el artículo anterior siempre que en el atentado concurra alguna de las circunstancias siguientes:

1.ª Si la agresión se verificara con armas u otro medio peligroso.

2.ª Si el autor del hecho se prevaliera de su condición de autoridad, agente de ésta o funcionario público.

Art. 553. La provocación, la conspiración y la proposición para cualquiera de los delitos previstos en los artículos anteriores, será castigada con la pena inferior en uno o dos grados a la del delito correspondiente.

Art. 554. 1. El que maltratare de obra o hiciere resistencia activa grave a fuerza armada en el ejercicio de sus funciones o con ocasión de ellas, será castigado con las penas establecidas en los artículos 551 y 552, en sus respectivos casos.

2. A estos efectos, se entenderán por fuerza armada los militares que, vistiendo uniforme, presten un servicio que legalmente esté encomendado a las Fuerzas Armadas y les haya sido reglamentariamente ordenado.

Art. 555. Las penas previstas en los artículos 551 y 552 se impondrán en un grado inferior, en sus respectivos casos, a los que acometan o intimiden a las personas que acudan en auxilio de la autoridad, sus agentes o funcionarios.

Art. 556. Los que, sin estar comprendidos en el artículo 550, resistieren a la autoridad o sus agentes, o los desobedecieren gravemente, en el ejercicio de sus funciones, serán castigados con la pena de prisión de seis meses a un año.

Art. 554: V. art. 85 CPM.

Art. 556: V. art. 24.2 LO 3/1981, de 6 de abril, del Defensor del Pueblo (*BOE* n.º 109, de 7 de mayo). Lo dispuesto en el art. 46.6 de la Ley 16/1989, de 17 de julio, de Defensa de la Competencia (*BOE* n.º 170, de 18 de julio), modificada por RD-L 6/1999, de 16 de abril (*BOE* n.º 92, de 17 de abril; corrección de errores en *BOE* n.º 101, de 28 de abril), Ley 52/1999, de 28 de diciembre (*BOE* n.º 311, de 29 de diciembre), y RD-L 2/2001, de 2 de febrero (*BOE* n.º 30, de 3 de febrero): «La desobediencia a las intimaciones del Tribunal será castigada conforme a lo establecido en el Código Penal», es penalmente irrelevante, en cuanto que este art. 556 no es una norma penal en blanco, y en cuanto que una Ley ordinaria, como lo es la 16/1989, no puede tipificar conductas como delitos.

CAPÍTULO III

DE LOS DESÓRDENES PÚBLICOS*

Art. 557. Serán castigados con la pena de prisión de seis meses a tres años los que, actuando en grupo, y con el fin de atentar contra la paz pública, alteren el orden público causando lesiones a las personas, produciendo daños en las propiedades, obstaculizando las vías públicas o los accesos a las mismas de manera peligrosa para los que por ellas circulen, o invadiendo instalaciones o edificios, sin perjuicio de las penas que les puedan corresponder conforme a otros preceptos de este Código.

Art. 558. Serán castigados con la pena de arresto de siete a veinticuatro fines de semana o multa de tres a doce meses, los que perturben gravemente el orden en la audiencia de un Tribunal o Juzgado, en los actos públicos propios de cualquier autoridad o corporación, en colegio electoral, oficina o establecimiento público, centro docente, o con motivo de la celebración de espectáculos deportivos o culturales.

Art. 559. Los que perturben gravemente el orden público con objeto de impedir a alguna persona el ejercicio de sus derechos cívicos, serán castigados con las penas de multa de tres a doce meses y de inhabilitación especial para el derecho de sufragio pasivo por tiempo de dos a seis años.

Art. 560. 1. Los que causaren daños que interrumpan, obstaculicen o destruyan líneas o instalaciones de telecomunica-

---

* V. Convenio Europeo de 19 de agosto de 1985 sobre la violencia e irrupciones de espectadores con motivo de manifestaciones deportivas y especialmente de partidos de fútbol, ratificado por Instrumento de 22 de junio de 1987 (*BOE* n.º 193, de 13 de agosto); arts. 60 ss. Ley 10/1990, de 15 de octubre, del Deporte (*BOE* n.º 249, de 17 de octubre); RD 75/1992, de 31 de enero, sobre la Comisión Nacional contra la Violencia en los Espectáculos Deportivos (*BOE* n.º 37, de 12 de febrero); art. 8.º LOPSC; RD 1.591/1992, de 23 de diciembre, sobre Disciplina Deportiva (*BOE* n.º 43, de 19 de febrero de 1993); Reglamento para la Prevención de la Violencia en los Espectáculos Deportivos, aprobado por RD 769/1993, de 21 de mayo (*BOE* n.º 146, de 19 de junio), y modificado por RD 1.247/1998, de 19 de junio (*BOE* n.º 152, de 26 de junio); y Orden de 22 de diciembre de 1998 (*BOE* n.º 309, de 26 de diciembre), por la que se regulan las Unidades de Control Organizativo para la prevención de la violencia en los espectáculos deportivos.

Art. 557: V. art. 147 Ley Orgánica del Régimen Electoral General (Apéndice 6).

Art. 558: V. nota al art. anterior, y arts. 258 y 684 LECr, 437 ss. LEC y 191 LOPJ.

Art. 560: V. art. 3.º Ley de 12 de enero de 1887, de Protección de Cables Submarinos (*Gaceta* n.º 13, de 13 de enero), y art. 4.º Decreto-Ley de 23 de marzo de 1956 (*BOE* n.º 96, de 5 de abril).

ciones o la correspondencia postal, serán castigados con la pena de prisión de uno a cinco años.

2. En la misma pena incurrirán los que causen daños en vías férreas u originen un grave daño para la circulación ferroviaria de alguna de las formas previstas en el artículo 382.

3. Igual pena se impondrá a los que dañen las conducciones o transmisiones de agua, gas o electricidad para las poblaciones, interrumpiendo o alterando gravemente el suministro o servicio.

Art. 561. El que, con ánimo de atentar contra la paz pública, afirme falsamente la existencia de aparatos explosivos u otros que puedan causar el mismo efecto, será castigado con la pena de prisión de seis meses a un año o multa de seis a dieciocho meses, atendida la alarma o alteración del orden efectivamente producida.

CAPÍTULO IV

DISPOSICIÓN COMÚN A LOS CAPÍTULOS ANTERIORES

Art. 562. En el caso de hallarse constituido en autoridad el que cometa cualquiera de los delitos expresados en los capítulos anteriores de este Título, la pena de inhabilitación que estuviese prevista en cada caso se sustituirá por la inhabilitación absoluta por tiempo de diez a quince años, salvo que dicha circunstancia esté específicamente contemplada en el tipo penal de que se trate.

CAPÍTULO V

DE LA TENENCIA, TRÁFICO Y DEPÓSITO DE ARMAS, MUNICIONES O EXPLOSIVOS Y DE LOS DELITOS DE TERRORISMO*

SECCIÓN 1.ª

De la tenencia, tráfico y depósito de armas, municiones o explosivos

Art. 563. La tenencia de armas prohibidas y la de aquellas que sean resultado de la modificación sustancial de las características de fabricación de armas reglamentadas, será castigada con la pena de prisión de uno a tres años.

Art. 561: V. art. 59 CPM.

* V. art. 23 LOPJ, reproducido en nota al art. 3.º1 LE (Apéndice 5).

V., además, Convenio Europeo para la Represión del Terrorismo de 27 de enero de 1977, ratificado por Instrumento de 9 de

Art. 564. 1. La tenencia de armas de fuego reglamentadas, careciendo de las licencias o permisos necesarios, será castigada:

1.º Con la pena de prisión de uno a dos años, si se trata de armas cortas.

2.º Con la pena de prisión de seis meses a un año, si se trata de armas largas.

2. Los delitos previstos en el número anterior se castigarán, respectivamente, con las penas de prisión de dos a tres años y de uno a

---

mayo de 1980 (*BOE* n.º 242, de 8 de octubre), reproducido parcialmente en nota al art. 1 LE (Apéndice 5), y la Directiva 91/477/CEE, del Consejo, de 18 de junio de 1991, sobre el control y la adquisición y tenencia de armas (*Diario Oficial de las Comunidades Europeas*, de 13 de septiembre).

V. Reglamento de Explosivos, aprobado por RD 230/1998, de 16 de febrero (*BOE* n.º 61, de 12 de marzo; corrección de errores en *BOE* n.º 157, de 2 de julio), así como el Reglamento de Armas aprobado por RD 137/1993, de 29 de enero (*BOE* n.º 55, de 5 de marzo; corrección de errores en *BOE* n.º 95, de 21 de abril), modificado por RD 540/1994, de 25 de marzo (*BOE* n.º 73, de 26 de marzo), y RD 316/2000, de 3 de marzo (*BOE* n.º 55, de 4 de marzo); Órdenes de 24 de febrero de 1994, por la que se aprueban los modelos de licencias, autorizaciones, tarjetas y guías de pertenencia que serán utilizados para documentar las diversas clases de armas (*BOE* n.º 54, de 4 de marzo), y de 2 de marzo de 1995, por la que se determinan las armas que, amparadas con licencia tipo F, son consideradas de concurso (*BOE* n.º 55, de 6 de marzo), y de 28 de febrero de 1996, por la que se regula la utilización, por parte de los armeros, de procedimientos informáticos para llevar los libros-registros y cumplimentar otras obligaciones documentales (*BOE* n.º 59, de 8 de marzo). V., también, arts. 77 ss., referidos a armas de fuego y municiones, del Acuerdo de Adhesión del Reino de España al Convenio de aplicación del Acuerdo de Schengen, de 14 de junio de 1985, ratificado por Instrumento de 23 de julio de 1993 (*BOE* n.º 81, de 5 de abril de 1994). V., finalmente, art. 2.º3.º, LO 12/1995, de 12 de diciembre, de Contrabando (Apéndice 4); arts. 6, 7, 18, 23.*a*) y 26.*c*) LOPSC; arts. 5 y 6 RD 1.631/1992, de 29 de diciembre, sobre restricciones a la circulación de ciertos bienes y mercancías (*BOE* n.º 1, de 1 de enero de 1993); RD 2.487/1998, de 20 de noviembre, por el que se regula la acreditación de la aptitud psicofísica necesaria para tener y usar armas y para prestar servicios de seguridad privada (*BOE* n.º 289, de 3 de diciembre), así como la Orden de 14 de enero de 1999, por la que se aprueban los modelos de informes de aptitud psicofísica necesaria para tener y usar armas y para prestar servicios de seguridad privada (*BOE* n.º 20, de 23 de enero); Orden de 7 de marzo de 2000, sobre pruebas de capacitación para obtener licencia de armas, modificada parcialmente por Orden de 21 de julio de 2000 (*BOE* n.º 179, de 27 de julio); Orden de 27 de octubre de 2000 (*BOE* n.º 262, de 1 de noviembre), del Ministerio del Interior, por la que se determina el régimen reglamentario aplicable a un artefacto denominado cañón lanza-redes; y Resolución de 26 de noviembre de 1998, de la Dirección General de la Guardia Civil, por la que se determinan las medidas de seguridad mínimas que deben reunir las cajas fuertes y armarios o armeros para guardar las armas en domicilios particulares (*BOE* n.º 291, de 5 de diciembre).

Art. 563: V. arts. 88 ss., y 120 ss. del Reglamento de Armas citado en nota a la rúbrica de este Capítulo; Orden de 20 de mayo de 1993 por la que se aprueba el modelo de Tarjeta Europea de Armas de Fuego (*BOE* n.º 132, de 3 de junio).

Art. 564: Sobre marcas y numeración de armas, v. arts. 28 ss. del Reglamento de Armas citado en la nota a la rúbrica de este Capítulo; sobre importación de armas, v. arts. 59 ss. del citado Reglamento.

dos años, cuando concurra alguna de las circunstancias siguientes:

1.ª Que las armas carezcan de marcas de fábrica o de número, o los tengan alterados o borrados.

2.ª Que hayan sido introducidas ilegalmente en territorio español.

3.ª Que hayan sido transformadas, modificando sus características originales.

Art. 565. Los Jueces o Tribunales podrán rebajar en un grado las penas señaladas en los artículos anteriores, siempre que por las circunstancias del hecho y del culpable se evidencie la falta de intención de usar las armas con fines ilícitos.

Art. 566. 1. Los que fabriquen, comercialicen o establezcan depósitos de armas o municiones no autorizados por las Leyes o la autoridad competente serán castigados:

1.º Si se trata de armas o municiones de guerra o de armas químicas con la pena de prisión

---

Art. 566: Este artículo figura redactado conforme al texto de la LO 2/2000, de 7 de enero (*BOE* n.º 8, de 10 de enero), de modificación del Código Penal en materia de prohibición del desarrollo y el empleo de armas químicas. Su Exposición de Motivos indicaba:

«La Convención sobre la prohibición del desarrollo, la producción, el almacenamiento y el empleo de armas químicas y sobre su destrucción, hecha en París el 13 de enero de 1993 y ratificada por el Reino de España mediante instrumento de 22 de julio de 1994, publicado en el *Boletín Oficial del Estado* de 13 de diciembre de 1996, impone, en su artículo I, un conjunto de obligaciones positivas y negativas a los Estados partes y establece, en su artículo VII, entre las medidas a aplicar por dichos Estados, la necesidad de promulgar las leyes penales que sean precisas en orden a hacer efectiva la prohibición de las actividades vedadas por la Convención.

»La Ley Orgánica 10/1995, de 23 de noviembre, del Código Penal, contiene en sus artículos 566 y 567 expresas referencias a las armas químicas, penando de forma concreta la fabricación, comercialización, tráfico y establecimiento de depósitos de dichas armas.

»Poniendo en relación las actividades prohibidas dimanantes de la Convención y las conductas tipificadas como delito en los referidos preceptos del Código Penal, queda patente la insuficiencia de la cobertura por éstos de los supuestos contemplados en la Convención, por lo que se hace preciso, al objeto de cumplir con las exigencias derivadas de la ratificación de la Convención, incorporar al Código Penal la totalidad de las conductas prohibidas en la misma, lo que se lleva a efecto mediante la presente Ley Orgánica, en la que se incorpora un nuevo apartado 2 al artículo 566 para recoger el tipo específico relativo al desarrollo de armas químicas, actividad que comprende la investigación o estudio de carácter científico o técnico encaminados a la creación de una nueva arma química o a la modificación de una preexistente; el empleo de las mismas; y la iniciación de preparativos militares para la utilización de dichas armas.

»Asimismo, en el artículo 567, se precisa el concepto de depósito de armas, en su vertiente de comercialización, de modo que impida la idea de una comercialización final y deje claro que lo que se penaliza es la utilización de armas, piezas de las mismas, o sustancias químicas, para la formación de depósitos o para su empleo.»

V. art. 6.º Reglamento de Armas y arts. 263 bis y 282 bis LECr., reproducidos en nota al art. 368 de este Código.

de cinco a diez años los promotores y organizadores, y con la de prisión de tres a cinco años los que hayan cooperado a su formación.

2.º Si se trata de armas de fuego reglamentadas o municiones para las mismas, con la pena de prisión de dos a cuatro años los promotores y organizadores, y con la de prisión de seis meses a dos años los que hayan cooperado a su formación.

3.º Con las mismas penas será castigado, en sus respectivos casos, el tráfico de armas o municiones de guerra o de defensa, o de armas químicas.

2. Las penas contempladas en el punto 1.º del apartado anterior se impondrán a los que desarrollen o empleen armas químicas o inicien preparativos militares para su empleo.

Art. 567. 1. Se considera depósito de armas de guerra la fabricación, la comercialización o la tenencia de cualquiera de dichas armas, con independencia de su modelo o clase, aun cuando se hallen en piezas desmontadas. Se considera depósito de armas químicas la fabricación, la comercialización o la tenencia de las mismas.

El depósito de armas, en su vertiente de comercialización, comprende tanto la adquisición como la venta.

2. Se consideran armas de guerra las determinadas como tales en las disposiciones reguladoras de la Defensa Nacional. Se consideran armas químicas las determinadas como tales en los Tratados o Convenios Internacionales en los que España sea parte.

Se entiende por desarrollo de armas químicas cualquier actividad consistente en la investigación o estudio de carácter científico o técnico encaminada a la creación de una nueva arma química o la modificación de una preexistente.

3. Se considera depósito de armas de fuego reglamentadas la fabricación, comercialización o reunión de cinco o más de dichas armas, aun cuando se hallen en piezas desmontadas.

4. Respecto de las municiones, los Jueces y Tribunales, teniendo en cuenta la cantidad y clase de las mismas, declararán si constituyen depósito a los efectos de este capítulo.

Art. 567: Este artículo figura redactado conforme al texto de la Ley Orgánica 2/2000, de 7 de enero (*BOE* n.º 8, de 10 de enero), de modificación del Código Penal en materia de prohibición del desarrollo y el empleo de armas químicas. Sobre éstas vid. las referencias de la nota al art. 610 de este Código. V. art. 107 Reglamento de Armas y arts. 263 bis y 282 bis LECr., reproducidos en nota al art. 368 de este Código.

Art. 568. La tenencia o el depósito de sustancias o aparatos explosivos, inflamables, incendiarios o asfixiantes, o sus componentes, así como su fabricación, tráfico o transporte, o suministro de cualquier forma, no autorizado por las Leyes o la autoridad competente, serán castigados con la pena de prisión de cuatro a ocho años, si se trata de sus promotores y organizadores, y con la pena de prisión de tres a cinco años para los que hayan cooperado a su formación.

Art. 569. Los depósitos de armas, municiones o explosivos establecidos en nombre o por cuenta de una asociación con propósito delictivo, determinarán la declaración judicial de ilicitud y su consiguiente disolución.

Art. 570. En los casos previstos en este capítulo, si el delincuente estuviera autorizado para fabricar o traficar con alguna o algunas de las sustancias, armas y municiones mencionadas en el mismo, sufrirá, además de las penas señaladas, la de inhabilitación especial para el ejercicio de su industria o comercio por tiempo de doce a veinte años.

SECCIÓN 2.ª

De los delitos de terrorismo *

Art. 571. Los que perteneciendo, actuando al servicio o

Art. 568: V. arts. 31 ss., 106 ss., 135 ss., 150 ss., 194 ss., 214 ss. y 238 ss. del Reglamento de Explosivos citado en nota a la rúbrica de este Capítulo; arts. 263 bis y 282 bis LECr., reproducidos en nota al art. 368 de este Código; y Ley 10/1998, de 21 de abril (*BOE* n.º 96, de 22 de abril), de Residuos.

* V. art. 55.2 CE:

«Una ley orgánica podrá determinar la forma y los casos en los que, de forma individual y con la necesaria intervención judicial y el adecuado control parlamentario, los derechos reconocidos en los artículos 17, apartado 2, y 18, apartados 2 y 3, pueden ser suspendidos para personas determinadas, en relación con las investigaciones correspondientes a la actuación de bandas armadas o elementos terroristas.

»La utilización injustificada o abusiva de las facultades reconocidas en dicha ley orgánica producirá responsabilidad penal, como violación de los derechos y libertades reconocidos por las leyes.»

Sobre extradición y terrorismo, art. 13.3 CE: «La extradición sólo se concederá en cumplimiento de un tratado o de la ley, atendiendo al principio de reciprocidad. Quedan excluidos de la extradición los delitos políticos, no considerándose como tales los actos de terrorismo»; art. 4.1 LE (Apéndice 5); Declaración de España al art. 3 del Convenio Europeo de Extradición reproducido en nota al preámbulo de la LE (Apéndice 5); Convenio Europeo de 27 de enero de 1977 para la Represión del Terrorismo, cuyos arts. 1.º a 7.º se reproducen en nota al art. 1.º de la LE (Apéndice 5), y Convenio Internacional para la represión de los atentados terroristas cometidos con bombas, hecho en Nueva York el 15 de diciembre de 1997, y ratificado por Instrumento de 22 de abril de 1999 (*BOE* n.º 140, de 12 de junio de 2001).

Sobre la competencia de los Tribunales españoles por delitos de rebelión y de terrorismo realizados en el extranjero, art. 23

colaborando con bandas armadas, organizaciones o grupos cuya finalidad sea la de subvertir el orden constitucional o alte-

---

LOPJ, reproducido en nota al art. 3.º1 LE (Apéndice 5).

V., asimismo, los arts. 170 y 514 de este Código, y los arts. 384 bis, 504 bis (este precepto ha sido declarado inconstitucional y nulo por la sentencia del Tribunal Constitucional 71/1994, de 3 de marzo), 520 bis, 553 y 579 LECr, todos ellos introducidos por Ley Orgánica 4/1988, de 25 de mayo, de reforma de la Ley de Enjuiciamiento Criminal (*BOE* n.º 126, de 26 de mayo), así como la disposición transitoria de esta Ley Orgánica, que dice:

«Los Juzgados Centrales de Instrucción y la Audiencia Nacional continuarán conociendo de la instrucción y enjuiciamiento de las causas por delitos cometidos por personas integradas en bandas armadas o relacionadas con elementos terroristas o rebeldes cuando la comisión del delito contribuya a su actividad, y por quienes de cualquier modo cooperen o colaboren con la actuación de aquellos grupos o individuos. Conocerán también de los delitos conexos con los anteriores.

»La legislación que pueda modificar esta atribución de competencias se inspirará en el principio de inmediación judicial.»

V., también, art. 282 bis LECr., reproducido en nota al art. 368 de este Código; y Ley 19/1993, de 28 de diciembre, sobre determinadas medidas de prevención del blanqueo de capitales (*BOE* n.º 311, de 29 de diciembre).

V., finalmente, por lo que se refiere a indemnizaciones como consecuencia de delitos terroristas, RD 1.576/1990, de 7 de diciembre, por el que se regula la concesión en el sistema de la Seguridad Social de pensiones extraordinarias motivadas por actos de terrorismo (*BOE* n.º 294, de 8 de diciembre); RD 1.211/1997, de 18 de julio (*BOE* n.º 182, de 31 de julio), por el que se aprueba el Reglamento de ayudas y resarcimientos a las víctimas de delitos de terrorismo, modificado por RD 1.734/1998, de 31 de julio (*BOE* n.º 215, de 8 de septiembre), y por RD 59/2001, de 26 de enero (*BOE* n.º 24, de 27 de enero); RD 851/1992, de 10 de julio, por el que se regulan determinadas pensiones extraordinarias causadas por actos de terrorismo (*BOE* n.º 184, de 1 de agosto); Ley 32/1999, de 8 de octubre (*BOE* n.º 242, de 9 de octubre), de solidaridad con las víctimas del terrorismo, modificada por Ley 14/2000, de 29 de diciembre (*BOE* n.º 313, de 30 de diciembre); y su Reglamento, aprobado por RD 1.912/1999, de 17 de diciembre (*BOE* n.º 305, de 22 de diciembre; corrección de errores en *BOE* n.º 19, de 22 de enero de 2000); Ley 12/1996, de 19 de diciembre, de la Comunidad de Madrid, de ayuda a las víctimas del terrorismo (*BOE* n.º 93, de 18 de abril de 1997), modificada por Ley 7/1997, de 17 de febrero (*BOE* n.º 207, de 29 de agosto), de la Comunidad de Madrid; arts. 93 a 96 de la Ley 13/1996, de 30 de diciembre, de medidas fiscales, administrativas y del orden social (*BOE* n.º 315, de 31 de diciembre) —y ésta, a su vez, por la Ley 50/1998, de 30 de diciembre (*BOE* n.º 313, de 31 de diciembre; corrección de errores en *BOE* n.º 109, de 7 de mayo de 1999), del mismo nombre—, arts. 120 a 123 Ley de Expropiación Forzosa de 16 de diciembre de 1954 (*BOE* n.º 351, de 17 de diciembre), modificada por Ley 11/1996, de 27 de diciembre, de Presupuestos Generales del Estado para 1997 (*BOE* n.º 313, de 28 de diciembre); RD 429/1993, de 26 de marzo, por el que se aprueba el Reglamento de los procedimientos de las Administraciones Públicas en materia de responsabilidad patrimonial (*BOE* n.º 106, de 4 de mayo); Orden de 17 de julio de 1998 (*BOE* n.º 180, de 29 de julio), del Ministerio del Interior, por la que se crea y regula el fichero automatizado «Asister», sobre víctimas del terrorismo; y RD 1.974/1999, de 23 de diciembre (*BOE* n.º 307, de 24 de diciembre), por el que se aprueba el Reglamento de la Real Orden de Reconocimiento Civil a las Víctimas del Terrorismo.

rar gravemente la paz pública, cometan los delitos de estragos o de incendios tipificados en los artículos 346 y 351, respectivamente, serán castigados con la pena de prisión de quince a veinte años, sin perjuicio de la pena que les corresponda si se produjera lesión para la vida, integridad física o salud de las personas.

Art. 572. 1. Los que perteneciendo, actuando al servicio o colaborando con las bandas armadas, organizaciones o grupos terroristas descritos en el artículo anterior, atentaren contra las personas, incurrirán:

1.º En la pena de prisión de veinte a treinta años si causaran la muerte de una persona.

2.º En la pena de prisión de quince a veinte años si causaran lesiones de las previstas en los artículos 149 y 150 o secuestraran a una persona.

3.º En la pena de prisión de diez a quince años si causaran cualquier otra lesión o detuvieran ilegalmente, amenazaran o coaccionaran a una persona.

2. Si los hechos se realizaran contra las personas mencionadas en el apartado 2 del artículo 551 o contra miembros de las Fuerzas Armadas, de las Fuerzas y Cuerpos de Seguridad del Estado, Policías de las Comunidades Autónomas o de los Entes locales, se impondrá la pena en su mitad superior.

Art. 573. El depósito de armas o municiones o la tenencia o depósito de sustancias o aparatos explosivos, inflamables, incendiarios o asfixiantes, o de sus componentes, así como su fabricación, tráfico, transporte o suministro de cualquier forma, y la mera colocación o empleo de tales sustancias o de los medios o artificios adecuados, serán castigados con la pena de prisión de seis a diez años cuando tales hechos sean cometidos por quienes pertenezcan, actúen al servicio o colaboren con las bandas armadas, organizaciones o grupos terroristas descritos en los artículos anteriores.

Art. 574. Los que perteneciendo, actuando al servicio o colaborando con bandas armadas, organizaciones o grupos terroristas, cometan cualquier otra infracción con alguna de las finalidades expresadas en el artículo 571, serán castigados con la pena señalada al delito o falta ejecutados en su mitad superior.

Art. 572: Vid. nota a la rúbrica de esta Sección 2.ª y art. 7.º3.º LO 2/1986, de 13 de marzo (*BOE* n.º 63, de 14 de marzo), de Fuerzas y Cuerpos de Seguridad.

Art. 575. Los que, con el fin de allegar fondos a las bandas armadas, organizaciones o grupos terroristas señalados anteriormente, o con el propósito de favorecer sus finalidades, atentaren contra el patrimonio, serán castigados con la pena superior en grado a la que correspondiere por el delito cometido, sin perjuicio de las que proceda imponer conforme a lo dispuesto en el artículo siguiente por el acto de colaboración.

Art. 576. 1. Será castigado con las penas de prisión de cinco a diez años y multa de dieciocho a veinticuatro meses el que lleve a cabo, recabe o facilite, cualquier acto de colaboración con las actividades o las finalidades de una banda armada, organización o grupo terrorista.

2. Son actos de colaboración la información o vigilancia de personas, bienes o instalaciones; la construcción, el acondicionamiento, la cesión o la utilización de alojamientos o depósitos; la ocultación o traslado de personas vinculadas a las bandas armadas, organizaciones o grupos terroristas; la organización de prácticas de entrenamiento o la asistencia a ellas, y, en general, cualquier otra forma equivalente de cooperación, ayuda o mediación, económica o de otro género, con las actividades de las citadas bandas armadas, organizaciones o grupos terroristas.

Cuando la información o vigilancia de personas mencionada en el párrafo anterior, ponga en peligro la vida, la integridad física, la libertad o el patrimonio de las mismas, se impondrá la pena prevista en el apartado 1, en su mitad superior. Si llegara a ejecutarse el riesgo prevenido, se castigará el hecho como coautoría o complicidad, según los casos.

Art. 577. Los que, sin pertenecer a banda armada, organi-

Art. 577: Este artículo figura redactado conforme al texto de la Ley Orgánica 7/2000, de 22 de diciembre (*BOE* n.º 307, de 23 de diciembre), cuya Exposición de Motivos, en lo que a este precepto se refiere, dice:

«En primer término, cabe mencionar la modificación del artículo 577, que se ocupa del denominado "terrorismo urbano". En su actual redacción, dicho artículo tipifica las acciones de los que, sin pertenecer a banda armada, comparten sus fines y contribuyen a subvertir el orden constitucional o a alterar gravemente la paz pública. La experiencia demuestra, sin embargo, que estas previsiones no están cumpliendo el objetivo perseguido. Por una parte, porque los sucesos de terrorismo urbano sólo vienen considerados como tales en el caso de que exista riesgo para la vida o la integridad física de las personas. Por otra, porque la actual legislación no facilita que se condene a quienes interviniendo en estas acciones portan, no ya los explosivos o armas que provocan incendios o destrozos, sino solamente los componentes necesarios para provocar la explosión.

zación o grupo terrorista, y con la finalidad de subvertir el orden constitucional o de alterar gravemente la paz pública, o la de contribuir a estos fines atemorizando a los habitantes de una población o a los miembros de un colectivo social, político o profesional, cometieren homicidios, lesiones de las tipificadas en los artículos 147 a 150, detenciones ilegales, secuestros, amenazas o coacciones contra las personas, o llevaren a cabo cualesquiera delitos de incendios, estragos, daños de los tipificados en los artículos 263 a 266, 323 ó 560, o tenencia, fabricación, depósito, tráfico, transporte o suministro de armas, municiones o sustancias o aparatos explosivos, inflamables, incendiarios o asfixiantes, o de sus componentes, serán castigados con la pena que corresponda al hecho cometido en su mitad superior.

Art. 578. El enaltecimiento o la justificación por cualquier medio

---

»Frente a estas complejidades, la nueva redacción del artículo 577, partiendo de que, según se dice ahora expresamente, estas acciones no se limitan a dañar bienes materiales individuales o colectivos, sino que persiguen atemorizar a toda una población o colectivo para favorecer los fines terroristas, poniendo con ello en entredicho valores constitucionales que, como el respeto a la vida o a la dignidad de las personas o la propia libertad, deben ser objeto de la máxima protección, incorpora el delito de daños al elenco de los enumerados en dicho precepto y resuelve las dudas interpretativas sobre la tenencia de explosivos utilizados para cometer actos de terrorismo.

»En lógica consonancia con ello, se modifican los artículos 266, 346 y 351 del propio Código, agravando los delitos de daños causados por incendio, explosión o con riesgo para las personas, cubriendo determinadas lagunas técnicas apreciadas en la redacción actual.»

Art. 578: Este artículo está redactado conforme al texto de la Ley Orgánica 7/2000, de 22 de diciembre (*BOE* n.º 307, de 23 de diciembre), cuya Exposición de Motivos, en lo que a este precepto se refiere, dice:

«La introducción de un nuevo tipo penal de exaltación del terrorismo en el nuevo artículo 578 del Código Penal se dirige a sancionar a quienes enaltezcan o justifiquen por cualquier medio de expresión pública o difusión los delitos de terrorismo o a quienes participen en su ejecución, o la realización de actos que entrañen descrédito, menosprecio o humillación de las víctimas de los delitos terroristas o de sus familiares.

»Las acciones que aquí se penalizan, con independencia de lo dispuesto en el artículo 18 del propio Código, constituyen no sólo un refuerzo y apoyo a actuaciones criminales muy graves y a la sostenibilidad y perdurabilidad de las mismas, sino también otra manifestación muy notoria de cómo por vías diversas generará el terror colectivo para hacer avanzar los fines terroristas.

»No se trata, con toda evidencia, de prohibir el elogio o la defensa de ideas o doctrinas, por más que éstas se alejen o incluso pongan en cuestión el marco constitucional, ni, menos aún, de prohibir la expresión de opiniones subjetivas sobre acontecimientos históricos o de actualidad. Por el contrario, se trata de algo tan sencillo como perseguir la exaltación de los

de expresión pública o difusión de los delitos comprendidos en los artículos 571 a 577 de este Código o de quienes hayan participado en su ejecución, o la realización de actos que entrañen descrédito, menosprecio o humillación de las víctimas de los delitos terroristas o de sus familiares se castigará con la pena de prisión de uno a dos años. El Juez también podrá acordar en la sentencia, durante el período de tiempo que el mismo señale, alguna o algunas de las prohibiciones previstas en el artículo 57 de este Código.

Art. 579. 1. La provocación, la conspiración y la proposición para cometer los delitos previstos en los artículos 571 a 578 se castigarán con la pena inferior en uno o dos grados a la que corresponda, respectivamente, a los hechos previstos en los artículos anteriores.

2. Los responsables de los delitos previstos en esta sección, sin perjuicio de las penas que correspondan con arreglo a los artículos precedentes, serán también castigados con la pena de inhabilitación absoluta por un tiempo superior entre seis y veinte años al de la duración de la pena de privación de libertad impuesta, en su caso, en la sentencia, atendiendo proporcionalmente a la gravedad del delito, el número de los cometidos y a las circunstancias que concurran en el delincuente.

3. En los delitos previstos en esta sección, los Jueces y Tribunales, razonándolo en sentencia, podrán imponer la pena inferior en uno o dos grados a la señalada por la Ley para el delito de que se trate, cuando el sujeto haya abandonado voluntariamente sus actividades delictivas y se presente a las autoridades confesando los hechos en que haya participado y además colabore activamente con éstas para impedir la producción del delito o coadyuve eficazmente a la obtención de pruebas decisivas para la identificación o captura

---

métodos terroristas, radicalmente ilegítimos desde cualquier perspectiva constitucional, o de los autores de estos delitos, así como las conductas especialmente perversas de quienes calumnian o humillan a las víctimas al tiempo que incrementan el horror de sus familiares. Actos todos ellos que producen perplejidad e indignación en la sociedad y que merecen un claro reproche penal.

»La incorporación de este nuevo delito en el artículo 578 origina la reforma de los anteriores artículos 578 y 579, que ahora se refunden en el nuevo artículo 579, con algunas modificaciones.»

Art. 579: Los dos primeros apartados de este artículo fueron introducidos por Ley Orgánica 7/2000, de 22 de diciembre (*BOE* n.º 307, de 23 de diciembre), cuya Exposición de Motivos, en lo que a este precepto se refiere, está parcialmente reproducida en notas a los arts. 504 y 578 de este mismo Código.

de otros responsables o para impedir la actuación o el desarrollo de bandas armadas, organizaciones o grupos terroristas a los que haya pertenecido o con los que haya colaborado.

Art. 580. En todos los delitos relacionados con la actividad de las bandas armadas, organizaciones o grupos terroristas, la condena de un Juez o Tribunal extranjero será equiparada a las sentencias de los Jueces o Tribunales españoles a los efectos de aplicación de la agravante de reincidencia.

TÍTULO XXIII

De los delitos de traición y contra la paz o la independencia del Estado, y relativos a la defensa nacional*

CAPÍTULO PRIMERO

DELITOS DE TRAICIÓN**

Art. 581. El español que indujere a una potencia extranjera a declarar la guerra a España o se concertare con ella para el mismo fin, será castigado con la pena de prisión de quince a veinte años.

Art. 582. Será castigado con la pena de prisión de doce a veinte años:

1.º El español que facilite al enemigo la entrada en España, la toma de una plaza, puesto militar, buque o aeronave del Estado o almacenes de intendencia o armamento.

2.º El español que seduzca o allegue tropa española o que se halle al servicio de España, para que se pase a las filas enemigas o deserte de sus banderas estando en campaña.

3.º El español que reclute gente o suministre armas u otros medios eficaces para hacer la guerra a España, bajo banderas enemigas.

Art. 583. Será castigado con la pena de prisión de doce a veinte años:

1.º El español que tome las armas contra la Patria bajo banderas enemigas.

Se impondrá la pena superior en grado al que obre como jefe o promotor, o tenga algún

* V. art. 23 LOPJ.

** V. arts. 49 ss. CPM.

mando, o esté constituido en autoridad.

2.º El español que suministre a las tropas enemigas caudales, armas, embarcaciones, aeronaves, efectos o municiones de intendencia o armamento u otros medios directos y eficaces para hostilizar a España, o favorezca el progreso de las armas enemigas de un modo no comprendido en el artículo anterior.

3.º El español que suministre al enemigo planos de fortalezas, edificios o de terrenos, documentos o noticias que conduzcan directamente al mismo fin de hostilizar a España o de favorecer el progreso de las armas enemigas.

4.º El español que, en tiempo de guerra, impida que las tropas nacionales reciban los auxilios expresados en el número 2.º o los datos y noticias indicados en el número 3.º de este artículo.

Art. 584. El español que, con el propósito de favorecer a una potencia extranjera, asociación u organización internacional, se procure, falsee, inutilice o revele información clasificada como reservada o secreta, susceptible de perjudicar la seguridad nacional o la defensa nacional, será castigado, como traidor, con la pena de prisión de seis a doce años.

Art. 585. La provocación, la conspiración y la proposición para cualquiera de los delitos previstos en los artículos anteriores de este capítulo, serán castigadas con la pena de prisión inferior en uno o dos grados a la del delito correspondiente.

Art. 586. El extranjero residente en España que cometiere alguno de los delitos comprendidos en este capítulo será castigado con la pena inferior en grado a la señalada para ellos, salvo lo establecido por Tratados o por el Derecho de gentes acerca de los funcionarios diplomáticos, consulares y de Organizaciones internacionales.

Art. 584: V. Ley 9/1968, de 5 de abril (*BOE* n.º 84, de 6 de abril), de Secretos Oficiales, modificada por Ley 48/1978, de 7 de octubre (*BOE* n.º 243, de 11 de octubre).

Art. 586: V. art. 13.4 CE; Ley 5/1984, de 26 de marzo, reguladora del derecho de asilo y de la condición de refugiado (*BOE* n.º 74, de 27 de marzo), modificada por Ley 9/1994, de 19 de mayo (*BOE* n.º 122, de 23 de mayo; corrección de errores en *BOE* n.º 131, de 2 de junio), y su Reglamento, aprobado por RD 203/1995, de 10 de febrero (*BOE* n.º 52, de 2 de marzo); LO 4/2000, de 11 de enero (*BOE* n.º 10, de 12 de enero; corrección de errores en *BOE* n.º 20, de 24 de enero), sobre derechos y libertades de los extranjeros en España y su integración social, modificada por Ley Orgánica 8/2000, de 22 de diciembre (*BOE* n.º 307, de 23 de diciembre; corrección de errores en *BOE* n.º 47, de 23 de febrero de 2001).

Art. 587. Las penas señaladas en los artículos anteriores de este capítulo son aplicables a los que cometieren los delitos comprendidos en los mismos contra una potencia aliada de España, en caso de hallarse en campaña contra el enemigo común.

Art. 588. Incurrirán en la pena de prisión de quince a veinte años los miembros del Gobierno que, sin cumplir con lo dispuesto en la Constitución, declararan la guerra o firmaran la paz.

CAPÍTULO II

DELITOS QUE COMPROMETEN LA PAZ O LA INDEPENDENCIA DEL ESTADO

Art. 589. El que publicare o ejecutare en España cualquier orden, disposición o documento de un Gobierno extranjero que atente contra la independencia o seguridad del Estado, se oponga a la observancia de sus Leyes o provoque su incumplimiento, será castigado con la pena de prisión de uno a tres años.

Art. 590. 1. El que, con actos ilegales o que no estén debidamente autorizados, provocare o diere motivo a una declaración de guerra contra España por parte de otra potencia, o expusiere a los españoles a experimentar vejaciones o represalias en sus personas o en sus bienes, será castigado con la pena de prisión de ocho a quince años si es autoridad o funcionario, y de cuatro a ocho si no lo es.

2. Si la guerra no llegara a declararse ni a tener efecto las vejaciones o represalias, se impondrá, respectivamente, la pena inmediata inferior.

Art. 591. Con las mismas penas señaladas en el artículo anterior será castigado, en sus respectivos casos, el que, durante una guerra en que no intervenga España, ejecutare cualquier acto que comprometa la neutralidad del Estado o infringiere las disposiciones publicadas por el Gobierno para mantenerla.

Art. 592. 1. Serán castigados con la pena de prisión de cuatro a ocho años los que, con el fin de perjudicar la autoridad del Estado o comprometer la dignidad o los intereses vitales de España, mantuvieran inteligencia o relación de cualquier género con Gobiernos extranjeros, con sus agentes o con grupos, Organismos o Asociaciones internacionales o extranjeras.

2. Quien realizara los actos referidos en el apartado anterior con la intención de provocar una guerra o rebelión será castigado con arreglo a los artículos 581,

473 ó 475 de este Código según los casos.

Art. 593. Se impondrá la pena de prisión de ocho a quince años a quien violare tregua o armisticio acordado entre la Nación española y otra enemiga, o entre sus fuerzas beligerantes.

Art. 594. 1. El español que, en tiempo de guerra, comunicare o hiciere circular noticias o rumores falsos encaminados a perjudicar el crédito del Estado o los intereses de la Nación, será castigado con las penas de prisión de seis meses a dos años.

2. En las mismas penas incurrirá el extranjero que en el territorio español realizare cualquiera de los hechos comprendidos en el apartado anterior.

Art. 595. El que, sin autorización legalmente concedida, levantare tropas en España para el servicio de una potencia extranjera, cualquiera que sea el objeto que se proponga o la Nación a la que intente hostilizar, será castigado con la pena de prisión de cuatro a ocho años.

Art. 596. 1. El que, en tiempo de guerra y con el fin de comprometer la paz, seguridad o independencia del Estado, tuviere correspondencia con un país enemigo u ocupado por sus tropas cuando el Gobierno lo hubiera prohibido, será castigado con la pena de prisión de uno a cinco años. Si en la correspondencia se dieran avisos o noticias de las que pudiera aprovecharse el enemigo se impondrá la pena de prisión de ocho a quince años.

2. En las mismas penas incurrirá el que ejecutare los delitos comprendidos en este artículo, aunque dirija la correspondencia por país amigo o neutral para eludir la Ley.

3. Si el reo se propusiera servir al enemigo con sus avisos o noticias, se estimará comprendido en el número 3.º o el número 4.º del artículo 583.

Art. 597. El español o extranjero que, estando en el territorio nacional, pasare o intentare pasar a país enemigo cuando lo haya prohibido el Gobierno, será castigado con la pena de multa de seis a doce meses.

CAPÍTULO III

DE LOS DELITOS RELATIVOS A LA DEFENSA NACIONAL

SECCIÓN 1.ª

*Del descubrimiento y revelación de secretos e informaciones relativas a la defensa nacional**

Art. 598. El que, sin propósito de favorecer a una potencia extranjera, se procurare, revelare, falseare o inutilizare información legalmente calificada como reservada o secreta, relacionada con la seguridad nacional o la defensa nacional o relativa a los medios técnicos o sistemas empleados por las Fuerzas Armadas o las industrias de interés militar, será castigado con la pena de prisión de uno a cuatro años.

Art. 599. La pena establecida en el artículo anterior se aplicará en su mitad superior cuando concurra alguna de las circunstancias siguientes:

1.º Que el sujeto activo sea depositario o conocedor del secreto o información por razón de su cargo o destino.

2.º Que la revelación consistiera en dar publicidad al secreto o información en algún medio de comunicación social o de forma que asegure su difusión.

Art. 600. 1. El que sin autorización expresa reprodujere planos o documentación referentes a zonas, instalaciones o materiales militares que sean de acceso restringido y cuyo conocimiento esté protegido y reservado por una información legalmente calificada como reservada o secreta, será castigado con la pena de prisión de seis meses a tres años.

2. Con la misma pena será castigado el que tenga en su

* V. Ley 9/1968, de 5 de abril, de Secretos Oficiales (*BOE* n.º 84, de 6 de abril), modificada por Ley 48/1978, de 7 de octubre; arts. 53 a 56 CPM; Acuerdo de 21 de septiembre de 1960 de la OTAN para la salvaguardia mutua del secreto de invenciones relativas a la defensa respecto de las cuales se hayan presentado solicitudes de patentes, al que España se adhirió por Instrumento de 17 de julio de 1987 (*BOE* n.º 217, de 10 de septiembre); Acuerdo de 19 de octubre de 1970 de la OTAN sobre la comunicación de información técnica con fines de defensa, al que España se adhirió por Instrumento de 17 de julio de 1987 (*BOE* n.º 217, de 10 de septiembre); Acuerdo de Seguridad de la Unión Europea Occidental (UEO), hecho en Bruselas el 28 de marzo de 1995 y ratificado por España por Instrumento de 2 de febrero de 1996 (*BOE* n.º 60, de 11 de marzo de 1997); Disp. Adic. 2.ª y arts. 44 ss. y 49 del Estatuto del personal del Centro Superior de Información de la Defensa, aprobado por RD 1.324/1995, de 28 de julio (*BOE* n.º 198, de 19 de agosto).

poder objetos o información legalmente calificada como reservada o secreta, relativos a la seguridad o a la defensa nacional, sin cumplir las disposiciones establecidas en la legislación vigente.

Art. 601. El que, por razón de su cargo, comisión o servicio, tenga en su poder o conozca oficialmente objetos o información legalmente calificada como reservada o secreta o de interés militar, relativos a la seguridad nacional o la defensa nacional, y por imprudencia grave dé lugar a que sean conocidos por persona no autorizada o divulgados, publicados o inutilizados, será castigado con la pena de prisión de seis meses a un año.

Art. 602. El que descubriere, violare, revelare, sustrajere o utilizare información legalmente calificada como reservada o secreta relacionada con la energía nuclear, será castigado con la pena de prisión de seis meses a tres años, salvo que el hecho tenga señalada pena más grave en otra Ley.

Art. 603. El que destruyere, inutilizare, falseare o abriere sin autorización la correspondencia o documentación legalmente calificada como reservada o secreta, relacionadas con la defensa nacional y que tenga en su poder por razones de su cargo o destino, será castigado con la pena de prisión de dos a cinco años e inhabilitación especial de empleo o cargo público por tiempo de tres a seis años.

SECCIÓN 2.ª

De los delitos contra el deber de prestación del Servicio Militar

Art. 604. El que, citado legalmente para el cumplimien-

Art. 604: Figura redactado conforme al texto aprobado por la LO 7/1998, de 5 de octubre (*BOE* n.º 239, de 6 de octubre), por la que se suprimen las penas de prisión y multa para los supuestos de no cumplimiento del servicio militar obligatorio y prestación social sustitutoria y se rebajan las penas de inhabilitación para dichos supuestos. V. la Exposición de Motivos de esta Ley Orgánica en nota al art. 527 del presente Código, y téngase en cuenta que por RD 247/2001, de 9 de marzo (*BOE* n.º 60, de 10 de marzo), se adelantó al 31 de diciembre de 2001 la fecha de suspensión de la prestación del servicio militar.

V. art. 30 CE, LO 13/1991, de 20 de diciembre (*BOE* n.º 305, de 21 de diciembre), del Servicio Militar, y su Reglamento, aprobado por RD 1.410/ 1994, de 25 de junio (*BOE* n.º 172, de 20 de julio); y RD 1.107/1993, de 9 de julio (*BOE* n.º 191, de 11 de agosto; corrección de errores en *BOE* n.º 253, de 22 de octubre), por el que se aprueba el Reglamento de Reclutamiento, modificado por RD 1/1999, de

to del servicio militar, no se presentare sin causa justificada, retrasando su incorporación al mismo por tiempo superior a un mes, o, no habiéndose incorporado aún a las Fuerzas Armadas, manifestare explícitamente en el expediente su negativa a cumplir el mencionado servicio sin causa legal alguna, será castigado con la pena de inhabilitación especial para empleo o cargo público por tiempo de cuatro a seis años.

La inhabilitación incluirá la incapacidad para desempeñar cualquier empleo o cargo al servicio de las Administraciones, entidades o empresas públicas o de sus Organismos autónomos y, además, la imposibilidad de obtener subvenciones, becas o ayudas públicas de cualquier tipo durante el período de condena.

Una vez cumplida la condena impuesta, el penado quedará exento del cumplimiento del Servicio Militar, excepto en el supuesto de movilización por causa de guerra.

TÍTULO XXIV

Delitos contra la Comunidad Internacional

CAPÍTULO PRIMERO

Delitos contra el Derecho de gentes

Art. 605. 1. El que matare al Jefe de un Estado extranjero, o a otra persona internacionalmente protegida por un Tratado, que se halle en España, será castigado con la pena de prisión de veinte a veinticinco años. Si concurrieran en el hecho dos o más circunstan-

---

8 de enero (*BOE* n.º 8, de 9 de enero). V., asimismo, Ley 22/1998, de 6 de julio (*BOE* n.º 161, de 7 de julio), reguladora de la Objeción de Conciencia y la Prestación Social Sustitutoria; RD 700/1999, de 30 de abril (*BOE* n.º 119, de 19 de mayo), por el que se aprueba el Reglamento de la objeción de conciencia y de la prestación social sustitutoria, y RD 342/2001, de 4 de abril (*BOE* n.º 92, de 17 de abril), por el que se suspende la prestación social sustitutoria del servicio militar.

Art. 605: V. Convención sobre la Prevención y el Castigo de Delitos contra Personas Internacionalmente Protegidas, inclusive los Agentes Diplomáticos, de 14 de diciembre de 1973, al que España se ha adherido por Instrumento de 26 de julio de 1985 (*BOE* n.º 33, de 7 de febrero de 1986); y Convención sobre la Seguridad del Personal de las Naciones Unidas y el Personal Asociado, hecho en Nueva York el 9 de diciembre de 1994, y que España ha ratificado por Instrumento de 11 de diciembre de 1997 (*BOE* n.º 124, de 25 de mayo de 1999).

cias agravantes se impondrá la pena de prisión de veinticinco a treinta años.

2. El que causare lesiones de las previstas en el artículo 149 a las personas mencionadas en el apartado anterior, será castigado con la pena de prisión de quince a veinte años.

Si se tratara de alguna de las lesiones previstas en el artículo 150 se castigará con la pena de prisión de ocho a quince años, y de cuatro a ocho años si fuera cualquier otra lesión.

3. Cualquier otro delito cometido contra las personas mencionadas en los números precedentes, o contra los locales oficiales, la residencia particular o los medios de transporte de dichas personas, será castigado con las penas establecidas en este Código para los respectivos delitos, en su mitad superior.

Art. 606. 1. El que violare la inmunidad personal del Jefe de otro Estado o de otra persona internacionalmente protegida por un Tratado, será castigado con la pena de prisión de seis meses a tres años.

2. Cuando los delitos comprendidos en este artículo y en el anterior no tengan señalada una penalidad recíproca en las leyes del país a que correspondan las personas ofendidas, se impondrá al delincuente la pena que sería propia del delito, con arreglo a las disposiciones de este Código, si la persona ofendida no tuviese el carácter oficial mencionado en el apartado anterior.

CAPÍTULO II

DELITOS DE GENOCIDIO

Art. 607. 1. Los que, con propósito de destruir total o par-

Art. 607: V. el Convenio de 9 de diciembre de 1948 para la prevención y sanción del delito de genocidio, al que España se adhirió el 13 de septiembre de 1968 (*BOE* n.º 34, de 8 de febrero de 1969) y, en especial, su art. VII, que dispone lo siguiente:

«A los efectos de extradición, el genocidio y los otros actos enumerados en el art. III no serán considerados como delitos políticos.

»Las Partes Contratantes se comprometen, en tal caso, a conceder la extradición conforme a su legislación y a los tratados vigentes.»

V. también el art. 3.º, en especial el párrafo 3.º, del PIDCP:

«1. El derecho a la vida es inherente a la persona humana. Este derecho estará protegido por la Ley. Nadie podrá ser privado de la vida arbitrariamente.

»2. En los países que no hayan abolido la pena capital sólo podrá imponerse la pena de muerte por los más graves delitos y de conformidad con leyes que estén en vigor en el momento de cometerse el delito y que no sean contrarias a las disposiciones del presente Pacto ni a la Convención para la prevención y la sanción del delito de genocidio. Esta pena sólo podrá

cialmente a un grupo nacional, étnico, racial o religioso, perpetraren alguno de los actos siguientes, serán castigados:

1.º Con la pena de prisión de quince a veinte años, si mataran a alguno de sus miembros.

Si concurrieran en el hecho dos o más circunstancias agravantes, se impondrá la pena superior en grado.

2.º Con la prisión de quince a veinte años, si agredieran sexualmente a alguno de sus miembros o produjeran alguna de las lesiones previstas en el artículo 149.

3.º Con la prisión de ocho a quince años, si sometieran al grupo

---

imponerse en cumplimiento de sentencia definitiva de un Tribunal competente.

»3. Cuando la privación de la vida constituya delito de genocidio se tendrá entendido que nada de lo dispuesto en este artículo excusará en modo alguno a los Estados Partes del cumplimiento de ninguna de las obligaciones asumidas en virtud de las disposiciones de la Convención para la prevención y la sanción del delito de genocidio.

»4. Toda persona condenada a muerte tendrá derecho a solicitar el indulto o la conmutación de la pena. La amnistía, el indulto o la conmutación de la pena capital podrán ser concedidos en todos los casos.

»5. No se impondrá la pena de muerte por delitos cometidos por personas de menos de 18 años de edad, ni se la aplicará a las mujeres en estado de gravidez.

»6. Ninguna disposición de este artículo podrá ser invocada por un Estado parte en el presente Pacto para demorar o impedir la abolición de la pena capital.»

V. también art. 23 LOPJ, reproducido en nota al art. 3.º1 LE (Apéndice 5); el Convenio-marco para la protección de las Minorías Nacionales (n.º 157 del Consejo de Europa), hecho en Estrasburgo el 1 de febrero de 1995, y ratificado por España por Instrumento de 20 de julio de 1995 (*BOE* n.º 20, de 23 de enero de 1998; corrección de errores en *BOE* n.º 37, de 12 de febrero, y corrección de erratas en *BOE* n.º 39, de 14 de febrero); la Resolución de 19 de octubre de 1993, de la Secretaría General Técnica, por la que se publica la Resolución 827/1993, de 25 de mayo, del Consejo de Seguridad de las Naciones Unidas creando un Tribunal Internacional para el castigo de los crímenes perpetrados en la antigua Yugoslavia y documento anejo (*BOE* n.º 281, de 24 de noviembre), modificada por Resolución 1329 (2000), de 30 de noviembre, del mismo Consejo, publicada por Resolución de 26 de febrero de 2001 (*BOE* n.º 64, de 15 de marzo; corrección de erratas en *BOE* n.º 80, de 3 de abril); LO 15/1994, de 1 de junio, para la cooperación con el Tribunal Internacional para el enjuiciamiento de los presuntos responsables de violaciones graves del Derecho internacional humanitario cometidas en el territorio de la ex Yugoslavia (*BOE* n.º 131, de 2 de junio); Acuerdo entre el Reino de España y las Naciones Unidas sobre la ejecución de condenas impuestas por el Tribunal Penal Internacional para la ex Yugoslavia, hecho en La Haya el 28 de marzo de 2000 (*BOE* n.º 54, de 3 de marzo de 2001); Resolución de 10 de mayo de 1995, de la Secretaría General Técnica, por la que se publica la Resolución 955 (1994), de 8 de noviembre de 1994, del Consejo de Seguridad de las Naciones Unidas, por lo que se crea un Tribunal Internacional para el enjuiciamiento de los crímenes internacionales perpetrados en Ruanda (*BOE* n.º 123, de 24 de mayo de 1995), modificada por Resolución 1.329 (2000), de 30 de noviembre, del mismo Consejo, publicada por Resolución de 26 de febrero de 2001 (*BOE* n.º 64, de 15 de marzo; corrección de erratas en *BOE* n.º 80, de 3 de abril); LO 4/1998, de 1 de julio (*BOE* n.º 157, de 2 de julio), para la Cooperación con el Tribunal Internacional para Ruanda, y LO 6/2000, de 4 de octubre (*BOE* n.º 239, de 5 de octubre), por la que se autoriza la ratificación por España del Estatuto de la Corte Penal Internacional.

o a cualquiera de sus individuos a condiciones de existencia que pongan en peligro su vida o perturben gravemente su salud, o cuando les produjeran algunas de las lesiones previstas en el artículo 150.

4.º Con la misma pena, si llevaran a cabo desplazamientos forzosos del grupo o sus miembros, adoptaran cualquier medida que tienda a impedir su género de vida o reproducción, o bien trasladaran por la fuerza individuos de un grupo a otro.

5.º Con la de prisión de cuatro a ocho años, si produjeran cualquier otra lesión distinta de las señaladas en los números 2.º y 3.º de este apartado.

2. La difusión por cualquier medio de ideas o doctrinas que nieguen o justifiquen los delitos tipificados en el apartado anterior de este artículo, o pretendan la rehabilitación de regímenes o instituciones que amparen prácticas generadoras de los mismos, se castigará con la pena de prisión de uno a dos años.

CAPÍTULO III

DE LOS DELITOS CONTRA LAS PERSONAS Y BIENES PROTEGIDOS EN CASO DE CONFLICTO ARMADO

Art. 608. A los efectos de este capítulo, se entenderá por personas protegidas:

1.º Los heridos, enfermos o náufragos y el personal sanitario o religioso, protegidos por el I y II Convenios de Ginebra de 12 de agosto de 1949 o por el Protocolo I Adicional de 8 de junio de 1977.

2.º Los prisioneros de guerra protegidos por el III Convenio de Ginebra de 12 de agosto de 1949 o por el Protocolo I Adicional de 8 de junio de 1977.

3.º La población civil y las personas civiles protegidas por el IV Convenio de Ginebra de 12 de agosto de 1949 o por el Protocolo I Adicional de 8 de junio de 1977.

4.º Las personas fuera de combate y el personal de la Potencia Protectora y de su sustituto protegidos por los Convenios de Ginebra de 12 de agosto de 1949 o por el Protocolo I Adicional de 8 de junio de 1977.

5.º Los parlamentarios y las personas que los acompañen, protegidos por el Convenio II de La Haya de 29 de julio de 1899.

6.º Cualquier otra que tenga aquella condición en virtud del Protocolo II Adicional de 8 de junio de 1977 o de cualesquiera otros Tratados internacionales en los que España fuere parte.

Art. 609. El que, con ocasión de un conflicto armado, maltrate de obra o ponga en grave peligro la vida, la salud o la integridad de cualquier persona protegida, la haga objeto de tortura o tratos inhumanos, incluidos los experimentos biológicos, le cause grandes sufrimientos o la someta a cualquier acto médico que no esté indicado por su estado de salud ni de acuerdo con las normas médicas generalmente reconocidas que la Parte responsable de la actuación aplicaría, en análogas circunstancias médicas, a sus propios nacionales no privados de libertad, será castigado con la pena de prisión de cuatro a ocho años, sin perjuicio de la pena que pueda corresponder por los resultados lesivos producidos.

Art. 610. El que, con ocasión de un conflicto armado, emplee u ordene emplear métodos o medios de combate prohibidos o destinados a causar sufrimientos innecesarios o males superfluos, así como aquellos concebidos para causar o de los que fundadamente quepa prever que causen daños extensos, duraderos y graves al medio ambiente natural, comprometiendo la

---

Art. 610: Véase la Convención sobre prohibiciones o restricciones del empleo de ciertas armas convencionales que puedan considerarse excesivamente nocivas o de efectos indiscriminados, hecha en Ginebra el 10 de octubre de 1980 y ratificada por España por Instrumento de 3 de diciembre de 1993 (*BOE* n.º 89, de 14 de abril de 1994); el Protocolo Adicional a esta Convención, hecho en Viena el 13 de octubre de 1995 (*BOE* n.º 114, de 13 de mayo de 1998), y el Protocolo II anexo a la misma, sobre prohibiciones o restricciones del empleo de minas, armas trampa y otros artefactos, enmendado el 3 de mayo de 1996, y aceptado por España por Instrumento de 19 de enero de 1998 (*BOE* n.º 269, de 10 de noviembre); la Convención sobre la prohibición del desarrollo, la producción, el almacenamiento y el empleo de armas químicas y sobre su destrucción, firmada en París el 13 de enero de 1993 y ratificada por España por Instrumento de 22 de julio de 1994 (*BOE* n.º 300, de 13 de diciembre de 1996; corrección de errores en *BOE* n.º 163, de 9 de julio de 1997); el Convenio sobre la marcación de explosivos plásticos para los fines de detección, hecho en Montreal el 1 de marzo de 1991, y ratificado por España por Instrumento de 23 de febrero de 1994 (*BOE* n.º 288, de 2 de diciembre de 1998); y la Convención sobre la prohibición del empleo, almacenamiento, producción y transferencia de minas antipersonal y sobre su destrucción, hecha en Oslo el 18 de septiembre de 1997, y ratificada por España mediante Instrumento de 7 de enero de 1999 (*BOE* n.º 62, de 13 de marzo); así como la Ley 33/1998, de 5 de octubre, de prohibición total de minas antipersonal y armas de efecto similar (*BOE* n.º 239, de 6 de octubre); la Ley 49/1999, de 20 de diciembre (*BOE* n.º 304, de 21 de diciembre), sobre medidas de control de sustancias químicas susceptibles de desvío para la fabricación de armas químicas; el RD 663/1997, de 12 de mayo, por el que se regula la composición y funciones de la Autoridad Nacional para la Prohibición de las Armas Químicas (*BOE* n.º 114, de 13 de mayo), y la Circular de 2 de febrero de 2000 (*BOE* n.º 41, de 17 de febrero), de la Secretaría General de Comercio Exterior, relativa a la prohibición de importar/exportar de/a determinados países algunas sustancias químicas tóxicas y precursores químicos.

salud o la supervivencia de la población, será castigado con la pena de prisión de diez a quince años, sin perjuicio de la pena que corresponda por los resultados producidos.

Art. 611. Será castigado con la pena de prisión de diez a quince años, sin perjuicio de la pena que corresponda por los resultados producidos, el que, con ocasión de un conflicto armado:

1.º Realice u ordene realizar ataques indiscriminados o excesivos o haga objeto a la población civil de ataques, represalias o actos o amenazas de violencia cuya finalidad principal sea aterrorizarla.

2.º Destruya o dañe, violando las normas del Derecho Internacional aplicables en los conflictos armados, buque o aeronave no militares de una Parte adversa o neutral, innecesariamente y sin dar tiempo o sin adoptar las medidas necesarias para proveer a la seguridad de las personas y a la conservación de la documentación de a bordo.

3.º Obligue a un prisionero de guerra o persona civil a servir, en cualquier forma, en las Fuerzas Armadas de la Parte adversa, o les prive de su derecho a ser juzgados regular e imparcialmente.

4.º Deporte, traslade de modo forzoso, tome como rehén o detenga ilegalmente a cualquier persona protegida.

5.º Traslade y asiente en territorio ocupado a población de la Parte ocupante, para que resida en él de modo permanente.

6.º Realice, ordene realizar o mantenga, respecto de cualquier persona protegida, prácticas de segregación racial y demás prácticas inhumanas y degradantes basadas en otras distinciones de carácter desfavorable, que entrañen un ultraje contra la dignidad personal.

7.º Impida o demore, injustificadamente, la liberación o la repatriación de prisioneros de guerra o de personas civiles.

Art. 612. Será castigado con la pena de prisión de tres a siete años, sin perjuicio de la pena que corresponda por los resultados producidos, el que, con ocasión de un conflicto armado:

1.º Viole a sabiendas la protección debida a unidades sanitarias y medios de transporte sanitarios, campos de prisioneros, zonas y localidades sanitarias y de seguridad, zonas neutralizadas o lugares de internamiento de la población civil, localidades no defendidas y zonas desmilitarizadas, dadas a conocer por los signos o señales distintivos apropiados.

2.º Ejerza violencia sobre el personal sanitario o religioso o integrante de la misión médica o de las sociedades de socorro.

3.º Injurie gravemente, prive o no procure el alimento indispensable o la asistencia médica necesaria a cualquier persona protegida o la haga objeto de tratos humillantes o degradantes, prostitución inducida o forzada o cualquier forma de atentado a su pudor, omita informarle, sin demora justificada y de modo comprensible, de su situación, imponga castigos colectivos por actos individuales, o viole las prescripciones sobre alojamiento de mujeres y familias o sobre protección especial de mujeres y niños establecidas en los Tratados internacionales en los que España fuere parte.

4.º Use indebidamente o de modo pérfido los signos protectores o distintivos, emblemas o señales establecidos y reconocidos en los Tratados internacionales en los que España fuere parte, especialmente los signos distintivos de la Cruz Roja y de la Media Luna Roja.

5.º Utilice indebidamente o de modo pérfido bandera, uniforme, insignia o emblema distintivo de Estados neutrales, de las Naciones Unidas o de otros Estados que no sean partes en el conflicto o de Partes adversas, durante los ataques o para cubrir, favorecer, proteger u obstaculizar operaciones militares, salvo en los casos exceptuados expresamente previstos en los Tratados internacionales en los que España fuere parte.

6.º Utilice indebidamente o de modo pérfido bandera de parlamento o de rendición, atente contra la inviolabilidad o retenga indebidamente a parlamentario o a cualquiera de las personas que lo acompañen, a personal de la Potencia Protectora o su sustituto, o a miembro de la Comisión Internacional de Encuesta.

7.º Despoje de sus efectos a un cadáver, herido, enfermo, náufrago, prisionero de guerra o persona civil internada.

Art. 613. 1. Será castigado con la pena de prisión de cuatro a seis años el que, con ocasión de un conflicto armado:

a) Ataque o haga objeto de represalias o de actos de hostilidad a bienes culturales o lugares de culto claramente reconocidos, que constituyen el patrimonio cultural o espiritual de los pueblos y a los que se haya conferido protección en virtud de acuerdos especiales, causando como consecuencia extensas destrucciones de los mismos y siempre que tales bienes no estén situados en la inmediata proximidad de objetivos militares o no sean utilizados en apoyo del esfuerzo militar del adversario.

b) Ataque o haga objeto de represalias o de actos de hostilidad a bienes de carácter civil de la Parte adversa, causando su destrucción, siempre que ello no ofrezca, en las circunstancias del caso, una ventaja militar definida o que tales bienes no contribuyan eficazmente a la acción militar del adversario.

c) Ataque, destruya, sustraiga o inutilice los bienes indispensables para la supervivencia de la población civil, salvo que la Parte adversa utilice tales bienes en apoyo directo de una acción militar o exclusivamente como medio de subsistencia para los miembros de sus Fuerzas Armadas.

d) Ataque o haga objeto de represalias a las obras o instalaciones que contengan fuerzas peligrosas, cuando tales ataques puedan producir la liberación de aquellas fuerzas y causar, en consecuencia, pérdidas importantes en la población civil, salvo que tales obras o instalaciones se utilicen en apoyo regular, importante y directo de operaciones militares y que tales ataques sean el único medio factible de poner fin a tal apoyo.

e) Destruya, dañe o se apodere, sin necesidad militar, de cosas que no le pertenezcan, obligue a otro a entregarlas o realice cualesquiera otros actos de pillaje.

2. En el caso de que se trate de bienes culturales bajo protección especial, o en los supuestos de extrema gravedad, se podrá imponer la pena superior en grado.

Art. 614. El que, con ocasión de un conflicto armado, realizare u ordenare realizar cualesquiera otras infracciones o actos contrarios a las prescripciones de los Tratados internacionales en los que España fuere parte y relativos a la conducción de las hostilidades, protección de los heridos, enfermos y náufragos, trato a los prisioneros de guerra, protección de las personas civiles y protección de los bienes culturales en caso de conflicto armado, será castigado con la pena de prisión de seis meses a dos años.

CAPÍTULO IV

DISPOSICIONES COMUNES

Art. 615. La provocación, la conspiración y la proposición para la ejecución de los delitos previstos en este Título, se castigarán con la pena inferior en uno o dos grados a la que correspondería a los mismos.

Art. 616. En el caso de cometerse cualquiera de los delitos comprendidos en este Título y en el anterior por una autoridad o funcionario público, se le impondrá, además de las penas señaladas en ellos, la inhabilitación absoluta por tiempo de diez a veinte años; si fuese un particular, los Jueces o Tribunales podrán imponerle la de inhabilitación especial para empleo o cargo público por tiempo de uno a diez años.

LIBRO III

Faltas y sus penas

TÍTULO PRIMERO

Faltas contra las personas

Art. 617. 1. El que, por cualquier medio o procedimiento, causare a otro una lesión no definida como delito en este Código, será castigado con la pena de arresto de tres a seis fines de semana o multa de uno a dos meses.

2. El que golpeare o maltratare de obra a otro sin causarle lesión será castigado con la pena de arresto de uno a tres fines de semana o multa de diez a treinta días.

Cuando el ofendido fuere alguna de las personas a las que se refiere el artículo 153, la pena será la de arresto de tres a seis fines de semana o multa de uno a dos meses, teniendo en cuenta la posible repercusión económica que la pena impuesta pudiera tener sobre la propia víctima o sobre el conjunto de los integrantes de la unidad familiar.

Art. 618. Serán castigados con la pena de arresto de tres a seis fines de semana o multa de uno a dos meses los que, encontrando abandonado a un menor de edad o a un incapaz, no lo presenten a la autoridad o a su familia, o no le presten, en su caso, el auxilio que las circunstancias requieran.

Art. 619. Serán castigados con la pena de multa de diez a veinte días los que dejaren de prestar asistencia o, en su caso, el auxilio que las circunstancias requieran a una persona de edad avanzada o discapacitada que se encuentre desvalida y dependa de sus cuidados.

Art. 620. Serán castigados con la pena de multa de diez a veinte días:

Art. 617: El apartado 2 figura redactado conforme al texto establecido en la LO 14/1999. V. su Exposición de Motivos en nota al art. 153 de este Código. V., también, arts. 57, 147 ss. y 153 CP y 14.1.º LECr.

Art. 618: V. art. 195 CP.
Art. 619: V. art. 195 CP.
Art. 620: Los dos últimos párrafos figuran redactados conforme al texto establecido en la LO 14/1999, de 9 de junio (*BOE*

1.º Los que, de modo leve, amenacen a otro con armas u otros instrumentos peligrosos, o los saquen en riña, como no sea en justa defensa, y salvo que el hecho sea constitutivo de delito.

2.º Los que causen a otro una amenaza, coacción, injuria o vejación injusta de carácter leve.

Los hechos descritos en los dos números anteriores sólo serán perseguibles mediante denuncia de la persona agraviada o de su representante legal.

Cuando el ofendido fuere alguna de las personas a las que se refiere el artículo 153, la pena será la de arresto de dos a cuatro fines de semana o la de multa de diez a veinte días, teniendo en cuenta la posible repercusión económica que la pena impuesta pudiera tener sobre la propia víctima o sobre el conjunto de los integrantes de la unidad familiar. En estos casos no será exigible la denuncia a que se refiere el párrafo anterior de este artículo, excepto para la persecución de las injurias.

Art. 621. 1. Los que por imprudencia grave causaren alguna de las lesiones previstas en el apartado 2 del artículo 147, serán castigados con la pena de multa de uno a dos meses.

2. Los que por imprudencia leve causaren la muerte de otra persona, serán castigados con la pena de multa de uno a dos meses.

3. Los que por imprudencia leve causaren lesión constitutiva de delito, serán castigados con pena de multa de quince a treinta días.

4. Si el hecho se cometiera con vehículo a motor o ciclomotor, podrá imponerse además, respectivamente, la privación del derecho a conducirlos por tiempo de tres meses a un año.

5. Si el hecho se cometiera con arma podrá imponerse, además, la privación del derecho a la tenencia y porte de armas por tiempo de tres meses a un año.

6. Las infracciones penadas en este artículo sólo serán perseguibles mediante denuncia de la persona agraviada o de su representante legal.

Art. 622. Los padres, tutores o guardadores de un menor que, sin llegar a incurrir, en su caso, en el delito de desobediencia, quebrantaren la resolu-

---

n.º 138, de 10 de junio), de modificación del Código Penal de 1995, en ma-teria de protección a las víctimas de malos tratos, y de la Ley de Enjuiciamiento Criminal. V. la Exposición de Motivos de esta Ley en nota al art. 153 de este Código. V. arts. 57, 169 ss., 208 ss. y 639 CP y 26.g) LOPSC.

Art. 621: V. arts. 47, 142, 152, 158, 639 y Disp. Adic. 3.ª CP, 1.902 ss. CC y 65 LPPNA.

Art. 622: V. arts. 172 a 174 y 215 ss. CC y 17 ss. LJM.

ción adoptada por el Juez o Tribunal, apoderándose del menor, sacándolo de la guarda establecida en la resolución judicial o por decisión de la entidad pública que tenga encomendada la tutela, retirándolo del establecimiento, familia, persona o institución tutelar a quien se le hubiese encomendado, o no restituyéndolo cuando estuvieren obligados, serán castigados con la pena de multa de uno a dos meses.

TÍTULO II

Faltas contra el patrimonio

Art. 623. Serán castigados con arresto de dos a seis fines de semana o multa de uno a dos meses:

1. Los que cometan hurto, si el valor de lo hurtado no excediera de cincuenta mil pesetas.
2. Los que realicen la conducta descrita en el artículo 236, siempre que el valor de la cosa no exceda de cincuenta mil pesetas.
3. Los que sustraigan, sin ánimo de apropiárselo, un vehículo a motor o ciclomotor ajeno, si el valor del vehículo utilizado no excediera de cincuenta mil pesetas.

Si el hecho se ejecutase empleando fuerza en las cosas, se impondrá la pena en su mitad superior. Si se realizara con violencia o intimidación en las personas, se penará conforme a lo dispuesto en el artículo 244.

4. Los que cometan estafa, apropiación indebida, o defraudación de electricidad, gas, agua u otro elemento, energía o fluido, o en equipos terminales de telecomunicación, en cuantía no superior a cincuenta mil pesetas.

Art. 624. El que ejecutare los actos comprendidos en el artículo 246, será castigado con multa de diez a treinta días si la utilidad no excede de cincuenta mil pesetas o no sea estimable, siempre que medie denuncia del perjudicado.

Art. 625. 1. Serán castigados con la pena de arresto de uno a seis fines de semana o multa de uno a veinte días los que inten-

---

Art. 623: V. arts. 234, 236, 244, 248 y 249, 252 ss., 255 y 256 CP.
Art. 624: V. art. 639 CP.
Art. 625: V art. 263 y nota al art. 235.1.º CP.

cionadamente causaren daños cuyo importe no exceda de cincuenta mil pesetas.

2. Se impondrá la pena en su mitad superior si los daños se causaran en bienes de valor histórico, artístico, cultural o monumental.

Art. 626. Los que deslucieren bienes inmuebles de dominio público o privado, sin la debida autorización de la Administración o de sus propietarios, serán castigados con la pena de arresto de uno a tres fines de semana.

Art. 627. El que defraudare a la Hacienda de las Comunidades más de cuatro mil ecus por cualquiera de los procedimientos descritos en el artículo 305, será castigado con multa de cinco días a dos meses.

Art. 628. El que defraudare a los presupuestos generales de las Comunidades, u otros administrados por éstas, u obtuviere indebidamente fondos de las mismas, por alguno de los procedimientos descritos en los artículos 306 y 309, en cuantía superior a cuatro mil ecus, será castigado con la pena de multa de cinco días a dos meses.

TÍTULO III

Faltas contra los intereses generales

Art. 629. Serán castigados con la pena de arresto de uno a cuatro fines de semana o multa de quince a sesenta días, los que, habiendo recibido de buena fe moneda, billetes, sellos de correos o efectos timbrados falsos, los expendieren en cantidad que no exceda de cincuenta mil pesetas, a sabiendas de su falsedad.

Art. 630. Los que abandonaren jeringuillas, en todo caso, u otros instrumentos peligrosos,

---

Art. 626: V. arts. 23.*m*) LOPSC y 14.1.º LECr.

Art. 627: Téngase en cuenta el texto del art. 2.º2 de la LO 10/1998, de 17 de diciembre (*BOE* n.º 302, de 18 de diciembre), reproducido en nota al art. 50 del presente Código. V. arts. 305, 306, 309 y 628 CP.

Art. 628: Téngase en cuenta el texto del art. 2.º2 de la LO 10/1998, de 17 de diciembre (*BOE* n.º 302, de 18 de diciembre), reproducido en nota al art. 50 del presente Código. V. arts. 306, 309 y 627 CP.

Art. 629: V. arts. 386, 387 y 389 CP.

Art. 630: V. art. 25 LOPSC y art. 14.1.º LECr.

de modo o con circunstancias que pudieran causar daño a las personas o contagiar enfermedades, o en lugares frecuentados por menores, serán castigados con las penas de arresto de tres a cinco fines de semana o multa de uno a dos meses.

Art. 631. Los dueños o encargados de la custodia de animales feroces o dañinos que los dejaren sueltos o en condiciones de causar mal, serán castigados con la pena de multa de quince a treinta días.

Art. 632. Los que maltrataren cruelmente a los animales domésticos o a cualesquiera otros en espectáculos no autorizados legalmente, serán castigados con la pena de multa de diez a sesenta días.

TÍTULO IV

Faltas contra el orden público

Art. 633. Los que perturbaren levemente el orden en la audiencia de un Tribunal o Juzgado, en los actos públicos, en espectáculos deportivos o culturales, solemnidades o reuniones numerosas, serán castigados con las penas de arresto de uno a seis fines de semana y multa de diez a treinta días.

Art. 634. Los que faltaren al respeto y consideración debida a la autoridad o sus agentes, o los desobedecieren levemente, cuando ejerzan sus funciones, serán castigados con la pena de multa de diez a sesenta días.

Art. 635. Serán castigados con las penas de arresto de uno a cinco fines de semana y multa de uno a dos meses el que se mantuviere contra la voluntad de su titular, fuera de las horas de apertura, en el domicilio de una per-

---

Art. 631: V. arts. 1.905 y 1.906 CC; Ley 50/1999, de 23 de diciembre (*BOE* n.º 307, de 24 de diciembre), sobre el régimen jurídico de la tenencia de animales potencialmente peligrosos; Ley 1/1990, de 1 de febrero, de Protección de Animales Domésticos de la Comunidad Autónoma de Madrid, modificada por Ley 1/2000, de 11 de febrero (*BOE* n.º 126, de 26 de mayo).

Art. 632: V. art. 14.1.º LECr.

Art. 633: V. arts. 558 CP, 14.1.º, 258 y 684 LECr, 437 ss. LEC y 23 y 26.*y*) LOPSC.

Art. 634: V. arts. 556 CP y 26.*h*) LOPSC.

Art. 635: V. arts. 203 y 204 CP.

sona jurídica pública o privada, despacho profesional u oficina, o establecimiento mercantil o local abierto al público.

Art. 636. Los que realizaren actividades careciendo de los seguros obligatorios de responsabilidad civil que se exigieran legalmente para el ejercicio de aquéllas, serán castigados con la pena de multa de uno a dos meses.

Art. 637. El que usare pública e indebidamente uniforme, traje, insignia o condecoración oficiales, o se atribuyere públicamente la cualidad de profesional amparada por un título académico que no posea, será castigado con la pena de arresto de uno a cinco fines de semana o multa de diez a treinta días.

TÍTULO V

Disposiciones comunes a las faltas

Art. 638. En la aplicación de las penas de este Libro procederán los Jueces y Tribunales, según su prudente arbitrio, dentro de los límites de cada una, atendiendo a las circunstancias del caso y del culpable, sin ajustarse a las reglas de los artículos 61 a 72 de este Código.

Art. 639. En las faltas perseguibles a instancias de la persona agraviada también podrá denunciar el Ministerio Fiscal si aquélla fuere menor de edad, incapaz o una persona desvalida.

La ausencia de denuncia no impedirá la práctica de diligencias a prevención.

Art. 636: V., entre otras nomas, Decreto 532/1968, de 21 de marzo, por el que se aprueba el texto refundido de la Ley sobre responsabilidad civil y seguro en la circulación de vehículos a motor; RD 2.641/1986, de 30 de diciembre (*BOE* n.º 313, de 31 de diciembre; corrección de errores en *BOE* n.º 18, de 21 de enero de 1987), por el que se aprueba el Reglamento del Seguro de Responsabilidad Civil derivado del Uso y Circulación de Vehículos de Motor, de suscripción obligatoria; RD 63/1994, de 21 de enero, por el que se aprueba el Reglamento del seguro de responsabilidad civil del cazador; RD 1.575/1989, de 22 de diciembre, por el que se aprueba el Reglamento del Seguro Obligatorio de Viajeros; Ley 22/1994, de 6 de julio, sobre responsabilidad civil por productos defectuosos; y RD 607/1999, de 16 de abril (*BOE* n.º 103, de 30 de abril), por el que se aprueba el Reglamento del seguro de responsabilidad civil de suscripción obligatoria para embarcaciones de recreo o deportivas.

Art. 637: V. arts. 402 y 403 CP y 164 CPM.

Art. 639: V. arts. 620, 621 y 624 CP.

En estas faltas, el perdón del ofendido o su representante legal extinguirá la acción penal o la pena impuesta, salvo lo dispuesto en el segundo párrafo del número 4.º del artículo 130.

DISPOSICIONES ADICIONALES

1.ª Cuando una persona sea declarada exenta de responsabilidad criminal por concurrir alguna de las causas previstas en los números 1.º y 3.º del artículo 20 de este Código, el Ministerio Fiscal instará, si fuera procedente, la declaración de incapacidad ante la Jurisdicción Civil, salvo que la misma hubiera sido ya anteriormente acordada y, en su caso, el internamiento conforme a las normas de la legislación civil.

2.ª Cuando la autoridad gubernativa tenga conocimiento de la existencia de un menor de edad o de un incapaz que se halla en estado de prostitución, sea o no por su voluntad, pero con anuencia de las personas que sobre él ejerzan autoridad familiar o ético-social o de hecho, o que carece de ellas, o éstas lo tienen en abandono y no se encargan de su custodia, lo comunicará de inmediato a la entidad pública que en el respectivo territorio tenga encomendada la protección de menores y al Ministerio Fiscal, para que actúen de conformidad con sus respectivas competencias.

Asimismo, en los supuestos en que el Juez o Tribunal acuerde la inhabilitación especial para el ejercicio de la patria potestad, el acogimiento, la guarda, tutela o curatela, lo comunicará de inmediato a la entidad pública que en el respectivo territorio tenga encomendada la protección de los menores y al Ministerio Fiscal para que actúen de conformidad con sus respectivas competencias.

3.ª Cuando, mediando denuncia o reclamación del perjudicado, se incoe un procedimiento penal por hechos constitutivos de infracciones previstas y penadas en los artículos 267 y 621 del presente Código, podrán comparecer en las diligencias penales que se incoen y mostrarse parte todos aquellos otros implicados en los mismos hechos que se consideren perjudicados, cualquiera que sea la cuantía de los daños que reclamen.

Disp. Adic. 2.ª: V. arts. 46, 189, 192, 220.4.º, 226.2.º y 233 CP y 446 CP 1973 (Apéndice 1).

DISPOSICIONES TRANSITORIAS

1.ª Los delitos y faltas cometidos hasta el día de la entrada en vigor de este Código se juzgarán conforme al cuerpo legal y demás leyes penales especiales que se derogan. Una vez que entre en vigor el presente Código, si las disposiciones del mismo son más favorables para el reo, se aplicarán éstas.

2.ª Para la determinación de cuál sea la ley más favorable se tendrá en cuenta la pena que

---

Disp. Trans. 1.ª: V. Circular 1/1996, de 23 de febrero, de la Fiscalía General del Estado, sobre el régimen transitorio de aplicación del CP.

Disp. Trans. 2.ª: La Disp. Trans. 1.ª RP establece:

«1. Continuarán aplicándose después de la fecha de entrada en vigor del Reglamento Penitenciario que se aprueba por este Real Decreto los artículos 65 a 73 del Reglamento de Servicios de Prisiones, aprobado por Decreto de 2 de febrero de 1956, y las disposiciones complementarias dictadas hasta dicha fecha por la Administración penitenciaria correspondiente en materia de redención de penas por el trabajo, a los únicos efectos siguientes:

»*a)* Para determinar la ley penal más favorable para el reo, conforme a lo establecido en las disposiciones transitorias primera, segunda, tercera y cuarta de la Ley Orgánica 10/1995, de 23 de noviembre, del Código Penal.

»*b)* Para el cumplimiento de las penas impuestas y que se ejecuten conforme al Código Penal que se deroga por la Ley Orgánica 10/1995, de 23 de noviembre, del Código Penal, en aplicación de lo previsto en las citadas disposiciones transitorias de dicha Ley Orgánica.

»2. Cuando en aplicación de las citadas disposiciones transitorias de la Ley Orgánica 10/1995, de 23 de noviembre, del Código Penal, los Jueces o Tribunales no hubiesen acordado la revisión de la sentencia por considerar más favorable la liquidación efectuada conforme al Código Penal derogado y como consecuencia de la pérdida por el interno del beneficio de la redención de penas por el trabajo resulte que la pena que se está ejecutando pueda ser de duración superior a la que le correspondería por la citada Ley Orgánica 10/1995, el Director del centro penitenciario, de oficio o a solicitud del interno, lo pondrá en conocimiento del Juez o Tribunal.

»3. En ningún caso resultarán aplicables las disposiciones sobre redención de penas por el trabajo a quienes se les apliquen las disposiciones de la Ley Orgánica 10/1995, de 23 de noviembre, del Código Penal.

»4. Cuando un penado deba cumplir dos o más penas privativas de libertad, unas de las cuales se deban ejecutar conforme a las normas del Código Penal derogado y otras con arreglo a la Ley Orgánica 10/1995, de 23 de noviembre, del Código Penal, comenzará el cumplimiento por las penas cuya ejecución deba regirse por el Código derogado, aplicándose, entre éstas, el criterio de prelación fijado en el artículo 70.1 del mismo.

»Cumplidas todas éstas, se iniciará la ejecución de las penas impuestas o revisadas al amparo de la Ley Orgánica 10/1995, de 23 de noviembre, del Código Penal, aplicándose entre las mismas el criterio de prelación del artículo 75 de dicho Cuerpo legal. En ningún caso resultará de aplicación a estas penas el beneficio de la redención de penas por el trabajo.

»Fijado el orden de cumplimiento conforme a lo dispuesto en los dos párrafos anteriores, el Director del centro lo pondrá

correspondería al hecho enjuiciado con la aplicación de las normas completas de uno u otro Código. Las disposiciones sobre redención de penas por el trabajo sólo serán de aplicación a todos los condenados conforme al Código derogado y no podrán gozar de ellas aquellos a quienes se les apliquen las disposiciones del nuevo Código.

En todo caso, será oído el reo.

3.ª Los Directores de los establecimientos penitenciarios remitirán a la mayor urgencia, a partir de la publicación del nuevo Código Penal, a los Jueces o Tribunales que estén conociendo de la ejecutoria, relación de los penados internos en el Centro que dirijan, y liquidación provisional de la pena en ejecución, señalando los días que el reo haya redimido por el trabajo y los que pueda redimir, en su caso, en el futuro conforme al artículo 100 del Código Penal que se deroga y disposiciones complementarias.

4.ª Los Jueces o Tribunales mencionados en la disposición anterior procederán, una vez recibida la anterior liquidación de condena, a dar traslado al Ministerio Fiscal, para que informe sobre si procede revisar la sentencia y, en tal caso, los términos de la revisión. Una vez haya informado el Fiscal, procederán también a oír al reo, notificándole los términos de la revisión propues-

---

en conocimiento del Juez de Vigilancia correspondiente a los efectos oportunos.

»5. Para computar las tres cuartas partes de la condena u otros plazos con efectos legales, se aplicarán las siguientes reglas:

»1.ª Se sumarán todas las penas de prisión, con independencia de que correspondan a uno u otro Código, de tal manera que la suma de las mismas será considerada como una sola pena. De la suma parcial de las penas cuya ejecución se rija por el Código derogado se rebajarán los días de redención concedidos al interno.

»2.ª En los casos en que el interno esté condenado a varias penas, de las cuales unas se rijan por el Código derogado y otras por la Ley Orgánica 10/1995, de 23 de noviembre, del Código Penal, y resultasen de aplicación las reglas penales de acumulación de condenas previstas en el artículo 70.2 del Código derogado o en el artículo 76.2 de la citada Ley Orgánica 10/1995, para la ejecución de la pena resultante se estará a lo que disponga el Juez o Tribunal, en orden al sometimiento de la ejecución a las normas de uno u otro Código.»

Téngase en cuenta, no obstante, que la Sala 2.ª TS está declarando (así, en sus SS de 18 de julio de 1996 ó 9 de mayo de 1997) que esta Disp. Trans. debe interpretarse de forma restrictiva respecto de la prohibición de aplicación de la redención de penas, debiendo entenderse que tal prohibición está únicamente referida a la redención que pudiera producirse después de la entrada en vigor de la nueva norma penal.

Disp. Trans. 3.ª: V. nota a la Disp. Trans. 2.ª de este mismo Código.

Disp. Trans. 4.ª: V. Circular 1/1996, de 23 de febrero, de la Fiscalía General del Estado, sobre el régimen transitorio de aplicación del CP.

ta, así como a dar traslado al Letrado que asumió su defensa en el juicio oral, para que exponga lo que estime más favorable para el reo.

5.ª El Consejo General del Poder Judicial, en el ámbito de las competencias que le atribuye el artículo 98 de la Ley Orgánica del Poder Judicial, podrá asignar a uno o varios de los Juzgados de lo Penal o Secciones de las Audiencias Provinciales dedicados en régimen de exclusividad a la ejecución de sentencias penales, la revisión de las sentencias firmes dictadas antes de la vigencia de este Código.

Dichos Jueces o Tribunales procederán a revisar las sentencias firmes y en las que el penado esté cumpliendo efectivamente la pena, aplicando la disposición más favorable considerada taxativamente y no por el ejercicio del arbitrio judicial. En las penas privativas de libertad no se considerará más favorable este Código cuando la duración de la pena anterior impuesta al hecho con sus circunstancias sea también imponible con arreglo al nuevo Código. Se expectúa el supuesto en que este Código contenga para el mismo hecho la previsión alternativa de una pena no privativa de libertad; en tal caso deberá revisarse la sentencia.

No se revisarán las sentencias en que el cumplimiento de la pena esté suspendido, sin perjuicio de hacerlo en caso de que se revoque la suspensión y antes de proceder al cumplimiento efectivo de la pena suspendida. Igual regla se aplicará si el penado se encuentra en período de libertad condicional.

Tampoco se revisarán las sentencias en que, con arreglo al Código derogado y al nuevo, corresponda, exclusivamente, pena de multa.

6.ª No serán revisadas las sentencias en que la pena esté ejecutada o suspendida, aunque se encuentren pendientes de ejecutar otros pronunciamientos del fallo, así como las ya totalmente ejecutadas, sin perjuicio de que el Juez o Tribunal que en el futuro pudiera tenerlas en cuenta a efectos de reincidencia deba examinar previamente si el hecho en ellas penado ha dejado de ser delito o pudiera corresponderle una pena menor de la impuesta conforme a este Código.

En los supuestos de indulto parcial, no se revisarán las sentencias cuando la pena resultante que se halle cumpliendo el condenado se encuentre comprendida en un marco imponible inferior respecto al nuevo Código.

7.ª A efectos de la apreciación de la agravante de reincidencia, se entenderán comprendidos en el mismo Título de este Código, aquellos delitos previstos en el Cuerpo legal que se deroga y que tengan análoga denominación y ataquen del mismo modo a idéntico bien jurídico.

8.ª En los casos en que la pena que pudiera corresponder por la aplicación de este Código fuera la de arresto de fin de semana, se considerará, para valorar su gravedad comparativa, que la duración de la privación de libertad equivale a dos días por cada fin de semana que correspondiera imponer. Si la pena fuera la de multa, se considerará que cada día de arresto sustitutorio que se haya impuesto o pudiese imponer el Juez o Tribunal conforme al Código que se deroga, equivale a dos cuotas diarias de la multa del presente Cuerpo legal.

9.ª En las sentencias dictadas conforme a la legislación que se deroga y que no sean firmes por estar pendientes de recurso, se observarán, una vez transcurrido el período de vacatio, las siguientes reglas:

a) Si se trata de un recurso de apelación, las partes podrán invocar y el Juez o Tribunal aplicará de oficio los preceptos del nuevo Código, cuando resulten más favorables al reo.

b) Si se trata de un recurso de casación, aún no formalizado, el recurrente podrá señalar las infracciones legales basándose en los preceptos del nuevo Código.

c) Si, interpuesto recurso de casación, estuviera sustanciándose, se pasará de nuevo al recurrente, de oficio o a instancia de parte, por el término de ocho días, para que adapte, si lo estima procedente, los motivos de casación alegados a los preceptos del nuevo Código, y del recurso así modificado se instruirán las partes interesadas, el Fiscal y el Magistrado Ponente, continuando la tramitación conforme a Derecho.

10.ª Las medidas de seguridad que se hallen en ejecución o pendientes de ella, acordadas conforme a la Ley de Peligrosidad y Rehabilitación Social, o en aplicación de los números 1.º y 3.º del artículo 8 o del número 1.º del artículo 9 del Código Penal que se deroga, serán revisadas conforme a los preceptos del Título IV del Libro I de este Código y a las reglas anteriores.

En aquellos casos en que la duración máxima de la medida prevista en este Código sea inferior al tiempo que efectivamente hayan cumplido los sometidos a la misma, el Juez o Tribunal dará por extinguido dicho cumplimiento y, en el caso de tratarse de una medida de internamiento, ordenará su inmediata puesta en libertad.

11.ª 1. Cuando se hayan de aplicar Leyes penales especiales o procesales por la jurisdicción ordinaria, se entenderán sustituidas:

a) La pena de reclusión mayor, por la de prisión de quince a veinte años, con la cláusula de elevación de la misma a la pena de prisión de veinte a veinticinco años cuando concurran en el hecho dos o más circunstancias agravantes.

b) La pena de reclusión menor, por la de prisión de ocho a quince años.

c) La pena de prisión mayor, por la de prisión de tres a ocho años.

d) La pena de prisión menor, por la de prisión de seis meses a tres años.

e) La pena de arresto mayor, por la de arresto de siete a quince fines de semana.

f) La pena de multa impuesta en cuantía superior a cien mil pesetas señalada para hechos castigados como delito, por la multa de tres a diez meses.

g) La pena de multa impuesta en cuantía inferior a cien mil pesetas señalada para hechos castigados como delito, por la de multa de dos a tres meses.

h) La pena de multa impuesta para hechos delictivos en cuantía proporcional al lucro obtenido o al perjuicio causado seguirá aplicándose proporcionalmente.

i) La pena de arresto menor, por la de arresto de uno a seis fines de semana.

j) La pena de multa establecida para hechos definidos como falta, por la multa de uno a sesenta días.

k) Las penas privativas de derechos se impondrán en los términos y por los plazos fijados en este Código.

l) Cualquier otra pena de las suprimidas en este Código, por la pena o medida de seguridad que el Juez o Tribunal estime más análoga y de igual o menor gravedad. De no existir o de ser todas más graves, dejará de imponerse.

2. En caso de duda, será oído el reo.

12.ª *Hasta la aprobación de la ley que regule la responsabilidad penal del menor, en los procedimientos que se sustancien por razón de un delito o falta presuntamente cometido por un menor de dieciocho años, el Juez o Tribunal competente requerirá a los equipos técnicos que están al servicio de los Jueces de menores, la elaboración de un informe sobre la situación psi-*

Disp. Trans. 12.ª: Esta Disposición ha sido derogada por la Disp. Final 5.ª de la LO 5/2000, de 12 de enero (que se reproduce en el Apéndice 8 de esta obra). V. Disp. Derog. 1.*a*) de este Código y arts. 9.º3 y 65 CP 1973 (Apéndice 1).

cológica, educativa y familiar del menor, así como sobre su entorno social y, en general, sobre cualquier otra circunstancia que pueda haber influido en el hecho que se le imputa.

DISPOSICIÓN DEROGATORIA

1. Quedan derogados:

a) El texto refundido del Código Penal publicado por el Decreto 3.096/1973, de 14 de septiembre, conforme a la Ley 44/1971, de 15 de noviembre, con sus modificaciones posteriores, excepto los artículos 8.2, 9.3, la regla 1.ª del artículo 20 en lo que que se refiere al número 2.º del artículo 8, el segundo párrafo del artículo 22, 65, 417 bis y las disposiciones adicionales primera y segunda de la Ley Orgánica 3/1989, de 21 de junio.

Disp. Derog.: El CP de 1973, en el que figuran los artículos que se declaran vigentes, se reproduce en esta obra como Apéndice 1. Las Disps. Adics. 1.ª y 2.ª de la LO 3/1989 establecen:

«*1.ª* 1. Los procesos civiles cualquiera que sea su cuantía, relativos a la indemnización de los daños y perjuicios ocasionados con motivo de la circulación de vehículos de motor, se decidirán en juicio verbal.

»2. En todo caso, será competente para conocer del juicio el Juez de Primera Instancia del lugar en que se causaron los daños, quien examinará de oficio su propia competencia territorial.

»3. El Juez podrá de oficio o a instancia de parte, solicitar de las Autoridades correspondientes los atestados que hubieren instruido y los informes que juzgue oportunos.

»4. Para interponer recurso de apelación contra la resolución que ponga fin a los procesos a que se refiere la presente disposición, el condenado al pago de la indemnización deberá acreditar haber constituido depósito en el establecimiento destinado al efecto del importe de la condena que se le hubiere impuesto incrementado con los intereses y recargos exigibles.

»*2.ª* 1. En los procesos a que se refiere la disposición anterior, cuando la parte apelada solicite la ejecución provisional de la sentencia al amparo de lo dispuesto en el artículo 385 de la Ley de Enjuiciamiento Civil, el Juez accederá a ella aunque no se ofrezca la constitución de fianza, si bien en este caso la ejecución se limitará a la parte de la condena de la que deba responder el asegurador. No obstante, no se entregará al apelado el importe de la condena hasta que se haya resuelto el recurso de apelación, mientras no preste la fianza o aval bancario a que se refiere el artículo 385 de la Ley de Enjuiciamiento Civil, quedando entre tanto en depósito en el establecimiento destinado al efecto.

»2. El perjudicado podrá obtener la ejecución de la sentencia de primera instancia cuando fuese él mismo quien hubiere interpuesto el recurso de apelación.»

Téngase en cuenta, no obstante, que el 13 de enero de 2001 entra en vigor la LO 5/2000, de 12 de enero (que se reproduce en el Apéndice 8 de esta obra), reguladora de la responsabilidad penal de los menores, y cuya Disp. Final 5.ª deroga los arts. 8.º2, 9.º3, 20.1.ª, 22.2.ª y 65 citados en el texto.

b) La Ley de 17 de marzo de 1908 de condena condicional, con sus modificaciones posteriores y disposiciones complementarias.

c) La Ley 16/1970, de 4 de agosto, sobre Peligrosidad y Rehabilitación Social, con sus modificaciones posteriores y disposiciones complementarias.

d) La Ley de 26 de julio de 1878, de prohibición de ejercicios peligrosos ejecutados por menores.

e) Los preceptos penales sustantivos de las siguientes leyes especiales:

Ley de 19 de septiembre de 1896, para la protección de pájaros insectívoros.

Ley de 16 de mayo de 1902, sobre la propiedad industrial.

Ley de 23 de julio de 1903, sobre mendicidad de menores.

Ley de 20 de febrero de 1942, de pesca fluvial.

Ley de 31 de diciembre de 1946, sobre pesca con explosivos.

Ley 1/1970, de 4 de abril, de caza. Los delitos y faltas previstos en dicha Ley, no contenidos en este Código, tendrán la consideración de infracciones administrativas muy graves, sancionándose con multa de cincuenta mil a quinientas mil pesetas y retirada de la licencia de caza, o de la facultad de obtenerla, por un plazo de dos a cinco años.

f) Los siguientes preceptos:

El artículo 256 del Reglamento Penitenciario, aprobado por Real Decreto 1.201/1981, de 8 de mayo.

Los artículos 65 a 73 del Reglamento de los servicios de prisiones, aprobado por Decreto de 2 de febrero de 1956.

Los artículos 84 a 90 de la Ley 25/1964, de 29 de abril, de Energía Nuclear.

El artículo 54 de la Ley 33/1971, de 21 de julio, de Emigración.

El segundo párrafo del artículo 24 de la Ley Orgánica 2/1981, de 6 de abril, del Defensor del Pueblo.

El artículo 2 de la Ley Orgánica 8/1984, de 26 de diciembre, sobre régimen de recursos en caso de objeción de conciencia y su régimen penal.

El artículo 4.º de la Ley Orgánica 5/1984, de 24 de mayo, de Comparecencia ante las Comisiones de Investigación del Congreso y del Senado o de ambas Cámaras.

Los artículos 29 y 49 de la Ley 209/1964, de 24 de diciembre, Penal y Procesal de la Navegación Aérea.

Los términos «activo y» del artículo 137 de la Ley Orgánica 5/1985, de 19 de junio, del Régimen Electoral General.

El artículo 6 de la Ley 57/1968, de 27 de julio, sobre Percibo de Cantidades Anticipadas en la Construcción y Venta de Viviendas.

2. Quedan también derogadas cuantas normas sean incompatibles con lo dispuesto en este Código.

DISPOSICIONES FINALES

1.ª La Ley de Enjuiciamiento Criminal quedará modificada en los siguientes términos:

«*Art. 14. Tercero. Para el conocimiento y fallo de las causas por delitos menos graves, así como de las faltas, sean o no incidentales, imputables a los autores de esos delitos o a otras personas, cuando la comisión de la falta o su prueba estuviesen relacionadas con aquéllos, el Juez de lo Penal de la circunscripción donde el delito fue cometido o el Juez Central de lo Penal en el ámbito que le es propio.*»

«*Art. 779.* Sin perjuicio de lo establecido para los demás procesos especiales, el procedimiento regulado en este Título se aplicará al enjuiciamiento de los delitos castigados con pena privativa de libertad no superior a nueve años, o bien con cualesquiera otras penas de distinta naturaleza, bien sean únicas, conjuntas o alternativas, cualquiera que sea su cuantía o duración.»

2.ª El apartado 2 del artículo 1 de la Ley Orgánica 5/1995, sobre el Tribunal del Jurado, queda redactado en los siguientes términos:

«2. Dentro del ámbito de enjuiciamiento previsto en el apartado anterior, el Tribunal del Jurado será competente para el conocimiento y fallo de las causas por los delitos tipificados en los siguientes preceptos del Código Penal:

a) Del homicidio (artículos 138 a 140).

b) De las amenazas (artículo 169.1.º).

c) De la omisión del deber de socorro (artículos 195 y 196).

d) Del allanamiento de morada (artículos 202 y 204).

Disp. Final 1.ª: Téngase en cuenta que el art. 14.3.º LECr. ha sido modificado por la Ley 36/1998, de 10 de noviembre, de modificación del artículo 14, apartados primero y tercero, de la LECr. (*BOE* n.º 270, de 11 de noviembre). El texto en la actualidad vigente es el siguiente:

«*Art. 14.* Tercero. Para el conocimiento y fallo de las causas por delitos a los que la Ley señale pena privativa de libertad de duración no superior a cinco años, o pena de multa cualquiera que sea su cuantía, o cualesquiera otras de distinta naturaleza, bien sean únicas, conjuntas o alternativas, siempre que la duración de éstas no exceda de diez años, así como por faltas, sean o no incidentales, imputables a los autores de esos delitos o a otras personas, cuando la comisión de la falta o su prueba estuviesen relacionadas con aquéllos, el Juez de lo Penal de la circunscripción donde el delito fue cometido o el Juez Central de lo Penal en el ámbito que le es propio.

»No obstante, en los supuestos de competencia del Juez de lo Penal, si el delito fuere de los atribuidos al Tribunal del Jurado, el conocimiento y fallo corresponderá a éste.»

e) De los incendios forestales (artículos 352 a 354).

f) De la infidelidad en la custodia de documentos (artículos 413 a 415).

g) Del cohecho (artículos 419 a 426).

h) Del tráfico de influencias (artículos 428 a 430).

i) De la malversación de caudales públicos (artículos 432 a 434).

j) De los fraudes y exacciones ilegales (artículos 436 a 438).

k) De las negociaciones prohibidas a funcionarios (artículos 439 y 440).

l) De la infidelidad en la custodia de presos (artículo 471).»

3.ª 1. El capítulo VI de la Ley 35/1988, de 22 de noviembre, sobre Técnicas de Reproducción Asistida, quedará modificado en los siguientes términos:

1.º Quedan suprimidas las letras *a*), *k*), *l*) y *v*) del apartado 2.B) del artículo 20.

2.º El texto de la letra *r*) de dicho apartado 2.B) se sustituirá por el siguiente: «la transferencia de gametos o preembriones humanos en el útero de otra especie animal o la operación inversa, así como las fecundaciones entre gametos humanos y animales que no estén autorizadas».

2. El artículo 21 del capítulo VII de la Ley 35/1988, sobre Técnicas de Reproducción Asistida, pasará a ser artículo 24.

4.ª La Ley Orgánica 1/1982, de 5 de mayo, de Protección del Derecho al Honor, a la Intimidad Personal y Familiar y a la Propia Imagen, quedará modificada en los siguientes términos:

«*Art. 1.º* 2. El carácter delictivo de la intromisión no impedirá el recurso al procedimiento de tutela judicial previsto en el artículo 9.º de esta Ley. En cualquier caso, serán aplicables los criterios de esta Ley para la determinación de la responsabilidad civil derivada de delito.»

«*Art. 7.º* 7. La imputación de hechos o la manifestación de juicios de valor a través de acciones o expresiones que de cualquier modo lesionen la dignidad de otra persona, menoscabando su fama o atentando contra su propia estimación.»

5.ª La disposición adicional segunda de la Ley Orgánica 6/1995, de 29 de junio, quedará modificada en los siguientes términos:

«La exención de responsabilidad penal contemplada en los párrafos segundos de los artículos 305, apartado 4; 307, apartado 3, y 308, apartado 4, resultará igualmente aplicable aunque las deudas objeto de regularización sean inferiores a las cuantías establecidas en los citados artículos.»

6.ª El Título V del Libro I de este Código, los artículos 193,

212, 233.3 y 272, así como las disposiciones adicionales primera y segunda, la disposición transitoria duodécima y las disposiciones finales primera y tercera tienen carácter de Ley ordinaria.

7.ª El presente Código entrará en vigor a los seis meses de su completa publicación en el *Boletín Oficial del Estado* y se aplicará a todos los hechos punibles que se cometan a partir de su vigencia.

No obstante lo anterior, queda exceptuada la entrada en vigor de su artículo 19 hasta tanto adquiera vigencia la ley que regule la responsabilidad penal del menor a que se refiere dicho precepto.

Disp. Final 7.ª: Téngase en cuenta que el 13 de enero de 2001 entró en vigor la LO 5/2000, de 12 de enero (que se reproduce en el Apéndice 8 de esta obra), reguladora de la responsabilidad penal de los menores, a que se refiere el texto.

APÉNDICES

APÉNDICE 1

DECRETO 3.096/1973, DE 14 DE SEPTIEMBRE, POR EL QUE SE PUBLICA EL CÓDIGO PENAL, TEXTO REFUNDIDO CONFORME A LA LEY 44/1971, DE 15 DE NOVIEMBRE*

(*BOE* n.os 297 a 300, de 12 a 15 de diciembre de 1973)

La disposición final de la Ley 44/1971, de 15 noviembre, establece que «El Gobierno, en el plazo de un año, contado a partir

* El texto que se publica en este Apéndice es el que estaba vigente a la entrada en vigor de la Ley Orgánica 10/1995. Incorpora, por tanto, las modificaciones efectuadas en este Decreto por las siguientes normas: Ley 39/1974, de 28 de noviembre (*BOE* n.º 287, de 30 de noviembre); Ley 26/1975, de 27 de junio (*BOE* n.º 155, de 30 de junio); Ley 23/1976, de 19 de julio (*BOE* n.º 174, de 21 de julio); Real Decreto-Ley 3/1977, de 4 de enero (*BOE* n.º 4, de 5 de enero); Real Decreto-Ley 16/1977, de 25 de febrero (*BOE* n.º 56 de 7 de marzo); Real Decreto-Ley 17/1977, de 4 de marzo (*BOE* n.º 58, de 9 de marzo); Real Decreto-Ley 24/1977, de 1 de abril, sobre libertad de expresión (*BOE* n.º 87, de 12 de abril); Ley 50/1977, de 14 de noviembre, sobre medidas urgentes de reforma fiscal (*BOE* n.º 274, de 16 de noviembre); Ley 17/1978, de 15 de marzo, sobre modificación del art. 161 y derogación de los arts. 164 bis a), b) y c) CP (*BOE* n.º 66, de 18 de marzo); Ley 20/1978, de 8 de mayo, sobre modificación de determinados arts. del CP y de la LECr. (*BOE* n.º 110, de 9 de mayo); Ley 22/1978, de 26 de mayo, sobre despenalización del adulterio y del amancebamiento (*BOE* n.º 128, de 30 de mayo; corrección de errores en *BOE* n.os 131 y 144, de 2 y 17 de junio); Ley 31/1978, de 17 de julio, de modificación del CP para tipificar el delito de tortura (*BOE* n.º 172, de 20 de julio); Ley 45/1978, de 7 de octubre, por la que se modifican los arts. 416 y 343 bis CP (*BOE* n.º 243, de 11 de octubre); Ley 46/1978, de 7 de octubre, por la que se modifican los delitos de estupro y rapto (*BOE* n.º 243, de 11 de octubre); Ley 81/1978, de 28 de diciembre, de modificación del CP en materia de reincidencia y reiteración (*BOE* n.º 11, de 12 de enero de 1979); Ley 82/1978, de 28 de diciembre, de modificación del CP en materia de terrorismo (*BOE* n.º 11 de 12 de enero de 1979); LO 4/1980, de 21 de mayo, de reforma del CP en materia de delitos relativos a las libertades de expresión, reunión y asociación (*BOE* n.º 142, de 13 de junio); LO 9/1980, de 6 de noviembre, de reforma del CJM (*BOE* n.º 280, de 21 de noviembre); LO 2/1981, de 4 de mayo, que modifica y adiciona determinados arts. del CP y el de Justicia Militar (*BOE* n.º 103, de 5 de mayo); LO 8/1983, de 25 de junio, de Reforma Urgente y Parcial del CP (*BOE* n.º 152, de 27 de junio; corrección de errores en *BOE*

de la entrada en vigor de esta Ley, publicará un texto refundido del Código Penal». El alcance de la modificación del texto del Código, en estricto cumplimiento del mandato mencionado, es bien limitado: se reduce a incluir en él las modificaciones siguientes, todas ellas establecidas por la Ley de referencia:

A. Modificación de las rúbricas correspondientes al capítulo I del título II del libro II y a la sección 1.ª, así como del artículo 148.

B. Adición del artículo 137 bis en el capítulo III del título I del libro II.

C. Modificación del artículo 344.

n.º 175, de 23 de julio); LO 2/1984, de 26 de marzo, reguladora del derecho de rectificación (*BOE* n.º 74, de 27 de marzo; corrección de errores en *BOE* n.º 90, de 14 de abril); LO 7/1984, de 15 de octubre, sobre tipificación penal de la colocación ilegal de escuchas telefónicas (*BOE* n.º 255, de 24 de octubre); LO 9/1984, de 26 de diciembre, contra la actuación de bandas armadas y elementos terroristas y de desarrollo del art. 55.2 CE (*BOE* n.º 3, de 3 de enero de 1985; corrección de errores en *BOE* n.ºs 10 y 65, de 11 de enero y 16 de marzo); LO 2/1985, de 29 de abril, de reforma del Código Penal en materia de delitos contra la Hacienda Pública (*BOE* n.º 103, de 30 de abril); LO 9/1985, de 5 de julio, de reforma del art. 417 bis CP (*BOE* n.º 166, de 12 de julio); LO 14/1985, de 9 de diciembre, de modificación del CP y de la LO 8/1984, de 26 de diciembre, en correlación con el CPM (*BOE* n.º 296, de 11 de diciembre); LO 2/1987, de 18 de mayo, de Conflictos Jurisdiccionales (*BOE* n.º 120, de 20 de mayo); LO 6/1987, de 11 de noviembre, por la que se modifica la Sección III del Capítulo IV, Título XIII, del Libro II del CP (*BOE* n.º 275, de 17 de noviembre); LO 7/1987, de 11 de diciembre, por la que se reforma parcialmente el CP en relación al delito de incendio (*BOE* n.º 297, de 12 de diciembre); LO 1/1988, de 24 de marzo, de reforma del CP en materia de tráfico ilegal de drogas (*BOE* n.º 74, de 26 de marzo); LO 3/1988, de 25 de mayo, de reforma del CP (*BOE* n.º 126, de 26 de mayo); LO 5/1988, de 9 de junio, sobre modificación de los arts. 431 y 432 y derogación de los arts. 239, 566.5.º, 567.1.º y 3.º y 577.1.º CP (*BOE* n.º 140, de 11 de junio); LO 3/1989, de 21 de junio, de Actualización del CP (*BOE* n.º 148, de 22 de junio); Ley 1/1991, de 7 de enero, de modificación de los Códigos Civil y Penal en materia de responsabilidad civil del profesorado (*BOE* n.º 7, de 8 de enero); LO 9/1991, de 22 de marzo, por la que se modifican los arts. 367, 368 y 390 CP y se introduce en él un nuevo capítulo acerca del tráfico de influencias (*BOE* n.º 74, de 27 de marzo; corrección de errores en *BOE* n.º 89, de 13 de abril); LO 13/1991, de 20 de diciembre, del Servicio Militar (*BOE* n.º 305, de 21 de diciembre); LO 8/1992, de 23 de diciembre, de modificación del CP y de la LECr en materia de tráfico de drogas (*BOE* n.º 308, de 14 de diciembre); LO 17/1994, de 23 de diciembre, sobre modificación de diversos artículos del CP, con el fin de tipificar la conducción de un ciclomotor bajo la influencia de bebidas alcohólicas, drogas tóxicas, estupefacientes o sustancias psicotrópicas o con temeridad o con imprudencia (*BOE* n.º 307, de 24 de diciembre); LO 18/1994, de 23 de diciembre, por la que se modifica el CP en lo referente al secreto de las comunicaciones (*BOE* n.º 307, de 24 de diciembre); LO 4/1995, de 11 de mayo, de modificación del CP, mediante la que se tipifica la apología de los delitos de genocidio (*BOE* n.º 113, de 12 de mayo); y LO 6/1995, de 29 de junio, por la que se modifican determinados preceptos del CP relativos a los delitos contra la Hacienda Pública y contra la Seguridad Social (*BOE* n.º 155, de 30 de junio).

D. Modificación de la rúbrica de la sección 3.ª, capítulo II, título II, libro II y de la redacción de los artículos que la integran.

E. Modificación de los artículos 540 y 541.

F. Modificación de la designación del artículo 563 bis y adición al título XIII del libro II de un nuevo capítulo —IX bis—, integrado por el artículo 563 bis b), de nueva redacción.

G. Modificación de los artículos 17, 173, 174, 251, 260, 261, 262, 263 y 264.

H. Modificación del número 1.º del artículo 529.

I. Adición de un nuevo capítulo —VIII— en el título XII del libro II, integrado por el artículo 499 bis.

J. Modificación del artículo 118.

En virtud de lo expuesto, a propuesta del Ministro de Justicia, previa deliberación del Consejo de Ministros en su reunión del día 14 de septiembre de 1973, de conformidad con el dictamen del Consejo de Estado y en cumplimiento de lo que establece la disposición final de la Ley 44/1971, de 15 de noviembre, dispongo:

Artículo único. Se publica como Ley el adjunto texto refundido del Código Penal, conforme a la Ley 44/1971, de 15 de noviembre.

LIBRO PRIMERO

Disposiciones generales sobre los delitos y faltas, las personas responsables y las penas

TÍTULO PRIMERO

De los delitos y faltas y de las circunstancias que eximen de responsabilidad criminal, la atenúan o la agravan

CAPÍTULO PRIMERO

DE LOS DELITOS Y FALTAS

Artículo 1.º Son delitos o faltas las acciones y omisiones dolosas o culposas penadas por la Ley.

No hay pena sin dolo o culpa. Cuando la pena venga determinada por la producción de un ulterior resultado más grave, sólo se responderá de éste si se hubiere causado, al menos, por culpa.

Art. 2.º En el caso de que un Tribunal tenga conocimiento de algún hecho que estime digno de represión y que no se halle penado por la Ley, se abstendrá de todo procedimiento sobre él y expondrá al Gobierno las razones que le asistan para creer que debiera ser objeto de sanción penal.

Del mismo modo, acudirá al Gobierno exponiendo lo conveniente, sin perjuicio de ejecutar desde luego la sentencia, cuando de la rigurosa aplicación de las disposiciones de la Ley resultare penada una acción u omisión que, a juicio del Tribunal, no debiera serlo, o la pena fuere notablemente excesiva, atendidos el grado de malicia y el daño causado por el delito.

Art. 3.º Son punibles: el delito consumado, el frustrado, la tentativa y la conspiración, proposición y provocación para delinquir.

Hay delito frustrado cuando el culpable practica todos los actos de ejecución que deberían producir como resultado el delito y, sin embargo, no lo producen por causas independientes de la voluntad del agente.

Hay tentativa cuando el culpable da principio a la ejecución del delito directamente por hechos exteriores y no practica todos los actos de ejecución que debieran producir el delito, por causa o accidente que no sea su propio y voluntario desistimiento.

Art. 4.º La conspiración existe cuando dos o más personas se conciertan para la ejecución de un delito y resuelven ejecutarlo.

La proposición existe cuando el que ha resuelto cometer un delito invita a otra u otras personas a ejecutarlo.

La provocación existe cuando se incita de palabra, por escrito o impreso, u otro medio de posible eficacia, a la perpetración de cualquier delito. Si a la provocación hubiere seguido la perpetración del delito, se castigará como inducción.

Art. 5.º Las faltas sólo se castigarán cuando han sido consumadas.

Se exceptúan las faltas frustradas contra las personas o la propiedad.

Art. 6.º Son delitos las infracciones que la ley castiga con penas graves.

Son faltas las infracciones a las que la ley señala penas leves.

Art 6.º bis a) El error invencible sobre un elemento esencial integrante de la infracción penal o que agrave la pena, excluye la responsabilidad criminal o la agravación en su caso.

Si el error a que se refiere el párrafo anterior fuere vencible, atendidas las circunstancias del hecho y las personales del autor, la infracción será castigada, en su caso, como culposa.

La creencia errónea e invencible de estar obrando lícitamente excluye la responsabilidad criminal. Si el error fuere vencible se observará lo dispuesto en el artículo 66.

Art. 6.º bis b) Si el hecho se causare por mero accidente, sin dolo ni culpa del sujeto, se reputará fortuito y no será punible.

Art. 7.º No quedan sujetos a las disposiciones de este Código los delitos y faltas que se hallen penados por leyes especiales.

No obstante, sí les serán de aplicación las disposiciones de este capítulo.

CAPÍTULO II

DE LAS CIRCUNSTANCIAS QUE EXIMEN DE LA RESPONSABILIDAD CRIMINAL

Art. 8.º Están exentos de responsabilidad criminal:

1.º El enajenado y el que se halla en situación de trastorno mental transitorio, a no ser que éste haya sido buscado de propósito para delinquir.

Cuando el enajenado hubiere cometido un hecho que la ley sancionare como delito, el Tribunal decretará su internamiento en uno de los establecimientos destinados a los enfermos de aquella clase, del cual no podrá salir sin previa autorización del mismo Tribunal.

Cuando el Tribunal sentenciador lo estime procedente, a la vista de los informes de los facultativos que asistan al enajenado y del resultado de las demás actuaciones que ordene, podrá sustituir el internamiento, desde un principio o durante el tratamiento, por alguna o algunas de las siguientes medidas:

a) Sumisión a tratamiento ambulatorio.

b) Privación del permiso o la licencia de conducción o de la facultad de obtenerlos durante el tratamiento o por el plazo que se señale.

c) Privación de la licencia o autorización administrativa para la tenencia de armas, o de la facultad de obtenerla, con intervención de las mismas durante el tratamiento o por el plazo que se señale.

d) Presentación mensual o quincenal, ante el Juzgado o Tribunal sentenciador, del enajenado, o de la persona que legal o judicialmente tenga atribuida su guarda o custodia.

2.º El menor de dieciséis años.

Cuando el menor que no haya cumplido esta edad ejecute un hecho penado por la Ley, será confiado a los Tribunales Tutelares de Menores.

3.º El que por sufrir alteración en la percepción desde el nacimiento o desde la infancia, tenga alterada gravemente la conciencia de la realidad.

Cuando estas personas hayan cometido un hecho que la Ley sancionare como delito, se les aplicará la medida de internamiento en un Centro educativo especial, durante el tiempo necesario para su educación, del cual no podrán salir sin autorización del Tribunal.

Cuando la evolución del tratamiento lo permita, esta medida será sustituida por alguna o algunas de las medidas del último párrafo del número 1 de este artículo.

4.º El que obre en defensa de la persona o derechos, propios o ajenos, siempre que concurran los requisitos siguientes:

Primero. Agresión ilegítima. En caso de defensa de los bienes se reputará agresión ilegítima al ataque a los mismos que constituya delito y los ponga en grave peligro de deterioro o pérdida inminentes; en caso de defensa de la morada o sus dependencias, se reputará agresión ilegítima la entrada indebida en aquélla o éstas.

Segundo. Necesidad racional del medio empleado para impedirla o repelerla.

Tercero. Falta de provocación suficiente por parte del defensor.

5.º [*Dejado sin contenido por la Ley Orgánica 8/1983, de 25 de junio.*]

6.º [*Dejado sin contenido por la Ley Orgánica 8/1983, de 25 de junio.*]

7.º El que, impulsado por un estado de necesidad, para evitar un mal propio o ajeno, lesiona un bien jurídico de otra persona o infringe un deber, siempre que concurran los requisitos siguientes:

Primero. Que el mal causado no sea mayor que el que se trate de evitar.

Segundo. Que la situación de necesidad no haya sido provocada intencionadamente por el sujeto.

Tercero. Que el necesitado no tenga, por su oficio o cargo, obligación de sacrificarse.

8.º [*Dejado sin contenido por la Ley Orgánica 8/1983, de 25 de junio.*]

9.º El que obra violentado por una fuerza irresistible.

10. El que obra impulsado por miedo insuperable de un mal igual o mayor.

11. El que obra en cumplimiento de un deber o en el ejercicio legítimo de un derecho, oficio o cargo.

12. El que obra en virtud de obediencia debida.

CAPÍTULO III

DE LAS CIRCUNSTANCIAS QUE ATENÚAN LA RESPONSABILIDAD CRIMINAL

Art. 9.º Son circunstancias atenuantes:

1.ª Las expresadas en el capítulo anterior, cuando no concurrieren los requisitos necesarios para eximir de responsabilidad en sus respectivos casos.

En los supuestos de eximente incompleta en relación con los números uno y tres del artículo anterior, el Juez o Tribunal podrá imponer, además de la pena correspondiente, las medidas previstas en dichos números. No obstante, la medida de internamiento sólo será aplicable cuando la pena impuesta fuere privativa de libertad y su duración no podrá exceder de la de esta última. En tales casos, la medida se cumplirá siempre antes que la pena y el período de internamiento se computará como tiempo de cumplimiento de la misma, sin perjuicio de que el Tribunal pueda dar por extinguida la condena o reducir su duración en atención al buen resultado del tratamiento.

2.ª La embriaguez no habitual, siempre que no se haya producido con propósito de delinquir.

3.ª La de ser el culpable menor de dieciocho años.

4.ª La de no haber tenido el delincuente intención de causar un mal de tanta gravedad como el que produjo.

5.ª [*Dejado sin contenido por la Ley Orgánica 8/1983, de 25 de junio.*]

6.ª [*Dejado sin contenido por la Ley Orgánica 8/1983, de 25 de junio.*]

7.ª [*Dejado sin contenido por la Ley Orgánica 8/1983, de 25 de junio.*]

8.ª La de obrar por causas o estímulos tan poderosos que hayan producido arrebato, obcecación u otro estado pasional de semejante entidad.

9.ª La de haber procedido el culpable antes de conocer la apertura del procedimiento judicial, y por impulsos de arrepentimiento espontáneo, a reparar o disminuir los efectos del delito, a dar satisfacción al ofendido o a confesar a las autoridades la infracción.

10. Y, últimamente, cualquiera otra circunstancia de análoga significación que las anteriores.

CAPÍTULO IV

DE LAS CIRCUNSTANCIAS QUE AGRAVAN LA RESPONSABILIDAD CRIMINAL

Art. 10. Son circunstancias agravantes:

1.ª Ejecutar el hecho con alevosía.

Hay alevosía cuando el culpable comete cualquiera de los delitos contra las personas empleando medios, modos o formas en la ejecución que tiendan directa y especialmente a asegurarla, sin riesgo para su persona que proceda de la defensa que pudiera hacer el ofendido.

2.ª Cometer el delito mediante precio, recompensa o promesa.

3.ª Ejecutarlo por medio de inundación, incendio, veneno, explosión, destrucción de aeronave, varamiento de nave o avería causada de propósito, descarrilamiento de locomotora o del uso de otro artificio ocasionado a grandes estragos.

4.ª Realizar el delito por medio de la imprenta, radiodifusión u otro que facilite la publicidad.

5.ª Aumentar deliberadamente el mal del delito causando otros males innecesarios para su ejecución.

6.ª Obrar con premeditación conocida.

7.ª Emplear astucia, fraude o disfraz.

8.ª Abusar de superioridad o emplear medio que debilite la defensa.

9.ª Obrar con abuso de confianza.

10. Prevalerse del carácter público que tenga el culpable.

11. Cometer el delito con ocasión de incendio, naufragio u otra calamidad o desgracia.

12. Ejecutarlo con auxilio de gente armada o de personas que aseguren o proporcionen la impunidad.

13. Ejecutarlo de noche, en despoblado o en cuadrilla.

Hay cuadrilla cuando concurren a la comisión del delito más de tres malhechores armados.

14. [*Dejado sin contenido por la Ley Orgánica 8/1983, de 25 de junio.*]

15. Ser reincidente.

Hay reincidencia cuando al delinquir el culpable hubiere sido condenado ejecutoriamente por un delito de los comprendidos en el mismo capítulo de este Código, por otro, al que la Ley señale igual o mayor pena, o por dos o más a los que aquélla señale pena menor.

La condena de un Tribunal extranjero será equiparada a las sentencias de los Tribunales españoles, siempre que hubiere sido impuesta por delito relacionado con la actividad de bandas armadas o de elementos terroristas o rebeldes.

A los efectos de este número no se computarán los antecedentes penales cancelados o que hubieren podido serlo.

16. Ejecutar el hecho con ofensa de la autoridad o desprecio del respeto que por la dignidad o edad mereciese el ofendido, o en su morada cuando no haya provocado el suceso.

17. Cometer cualquiera de los delitos contra las personas o el patrimonio por motivos racistas, antisemitas u otros referentes al origen étnico o nacional, o a la ideología, religión o creencias de la víctima.

CAPÍTULO V

DE LAS CIRCUNSTANCIAS QUE ATENÚAN O AGRAVAN LA RESPONSABILIDAD CRIMINAL, SEGÚN LOS CASOS

Art. 11. Es circunstancia que puede atenuar o agravar la responsabilidad según la naturaleza, los motivos y los efectos del delito, ser el agraviado cónyuge o persona a quien se halle ligado de forma permanente por análoga relación de afectividad, ascendiente, descendiente o hermano por naturaleza, adoptivo o afín en los mismos grados del ofensor.

TÍTULO II

De las personas responsables de los delitos y faltas

CAPÍTULO PRIMERO

DE LAS PERSONAS RESPONSABLES CRIMINALMENTE DE LOS DELITOS Y LAS FALTAS

Art. 12. Son responsables criminalmente de los delitos y faltas:

1.º Los autores.
2.º Los cómplices.
3.º Los encubridores.

Art. 13. Se exceptúan de lo dispuesto en el artículo anterior los delitos y faltas que se cometan por medio de la imprenta, el grabado u otra forma mecánica de reproducción, radiodifusión u otro procedimiento que facilite la publicidad. De dichas infracciones responderán criminalmente sólo los autores.

Art. 14. Se consideran autores:

1.º Los que toman parte directa en la ejecución del hecho.

2.º Los que fuerzan o inducen directamente a otros a ejecutarlo.

3.º Los que cooperan a la ejecución del hecho con un acto sin el cual no se hubiere efectuado.

Art. 15. Sin embargo de lo dispuesto en el artículo anterior, solamente se reputarán autores de las infracciones mencionadas en el artículo 13 los que realmente lo hayan sido del texto, escrito o estampa publicados o difundidos. Si aquéllos no fueren conocidos o no estuvieren domiciliados en España o estuvieren exentos de responsabilidad criminal, con arreglo al artículo 8.º de este Código, se reputarán autores los directores de la publicación que tampoco se hallen en ninguno de los tres casos mencionados. En defecto de éstos, se reputarán autores los editores, también conocidos y domiciliados en España y no exentos de responsabilidad criminal según el artículo anteriormente citado, y, en defecto de éstos, los impresores.

Se entiende por impresores, a efectos de este artículo, los directores o jefes del establecimiento en que se haya impreso, grabado o publicado, por cualquier otro medio, el escrito o estampa criminal.

Art. 15 bis. El que actuare como directivo u órgano de una persona jurídica o en representación legal o voluntaria de la misma, responderá personalmente, aunque no concurran en él y sí en la entidad en cuyo nombre obrare, las condiciones, cualidades o relaciones que la correspondiente figura de delito requiera para poder ser sujeto activo del mismo.

Art. 16. Son cómplices los que, no hallándose comprendidos en el artículo 14, cooperan a la ejecución del hecho con actos anteriores o simultáneos.

Art. 17. Son encubridores los que, con conocimiento de la perpetración del hecho punible, sin haber tenido participación en él como autores ni cómplices, intervienen con posterioridad a su ejecución de alguno de los modos siguientes:

1.º Auxiliando a los delincuentes para que se aprovechen de los efectos del delito o falta.

2.º Ocultando o inutilizando el cuerpo, los efectos o los instrumentos del delito o falta, para impedir su descubrimiento.

3.º Albergando, ocultando o proporcionando la fuga al culpable, siempre que concurra alguna de las circunstancias siguientes:

Primera. La de intervenir abuso de funciones públicas por parte del encubridor.

Segunda. La de ser el delincuente reo de traición, homicidio del jefe del Estado o su sucesor, parricidio, asesinato, detención ilegal bajo rescate o imponiendo cualquier otra condición, detención ilegal con simulación de funciones públicas, depósito de armas o municiones, tenencia de explosivos y estragos.

Art. 18. Están exentos de las penas impuestas a los encubridores los que lo sean de su cónyuge o de persona a quien se hallen ligados por análoga relación de afectividad, de sus ascendientes, descendientes, hermanos por naturaleza, adoptivos o afines en los mismos grados, con la sola excepción de los encubridores que se hallaren comprendidos en el número uno del artículo anterior.

CAPÍTULO II

DE LAS PERSONAS RESPONSABLES CIVILMENTE DE LOS DELITOS Y FALTAS

Art. 19. Toda persona responsable criminalmente de un delito o falta lo es también civilmente.

Art. 20. La exención de responsabilidad criminal declarada en los números 1.º, 2.º, 3.º, 7.º y 10.º del artículo 8.º no comprende la de responsabilidad civil, la cual se hará efectiva con sujeción a las reglas siguientes:

Primera. De los hechos que ejecutaren las personas señaladas en los números 1.º, 2.º y 3.º del artículo 8.º, serán responsables civilmente quienes las tengan bajo su potestad o guarda legal, siempre que hubiere por su parte culpa o negligencia.

No habiendo persona que las tenga bajo su potestad o guarda legal, o siendo aquella insolvente, responderán con sus bienes las propias personas a que hace referencia el párrafo anterior, dentro de los límites que para el embargo de bienes señalan las Leyes de Enjuiciamiento Civil y Criminal.

Segunda. En el caso del número 7.º son responsables civilmente las personas en cuyo favor se haya precavido el mal, en proporción del beneficio que hubieren reportado.

Los Tribunales señalarán, según su prudente arbitrio, la cuota proporcional de que cada interesado deba responder.

Cuando no sean equitativamente asignables, ni aun por aproximación, las cuotas respectivas, o cuando la responsabilidad se extienda al Estado o a la mayor parte de una población, y, en todo caso, siempre que el daño se hubiere causado con el asentimiento de la autoridad o de sus agentes, se hará la indemnización en la forma que establezcan las leyes o reglamentos especiales.

Tercera. En el caso del número 10, responderán principalmente los que hubiesen causado el miedo, y subsidiariamente los que hubiesen ejecutado el hecho, dentro de los límites, respecto a estos últimos, que para el embargo de bienes señalan las Leyes de Enjuiciamiento Civil y Criminal.

En todos los supuestos previstos en este artículo, el Juez o Tribunal que dictare sentencia absolutoria por estimar la concurrencia de alguna de las causas de exención citadas, procederá a declarar las responsabilidades civiles correspondientes, de acuerdo con las reglas que para cada caso se establecen, siempre que las acciones civiles hayan sido ejercidas conjuntamente con las penales.

Art. 21. Son también responsables civiles, en defecto de los que sean criminalmente, los posaderos, taberneros y cualesquiera personas o empresas, por los delitos o faltas que se cometieren en los establecimientos que dirijan, siempre que por su parte o la de sus dependientes haya intervenido infracción de los reglamentos generales o especiales de policía que esté relacionada con el hecho punible cometido.

Son, además, responsables subsidiariamente, los posaderos, de la restitución de los efectos robados o hurtados dentro de sus casas a los que se hospedaren en ellas, o de su indemnización, siempre que éstos hubiesen dado anticipadamente conocimiento al mismo posadero, o al que lo sustituya en el cargo, del depósito de aquellos efectos en la hospedería y, además, hubiesen observado las prevenciones que los dichos posaderos o sus sustitutos les hubiesen hecho sobre cuidado y vigilancia de los efectos. No tendrá lugar la responsabilidad en caso de robo con violencia o intimidación en las personas, a no ser ejecutado por los dependientes del posadero.

Art. 22. La responsabilidad subsidiaria que se establece en el artículo anterior será también extensiva a las personas, entidades, organismos y empresas dedicadas a cualquier género de industria, por los delitos o faltas en que hubiesen incurrido sus empleados o dependientes en el desempeño de sus obligaciones o servicio.

Igualmente, será extensiva dicha responsabilidad subsidiaria a las personas o entidades que sean titulares de un Centro docente de enseñanza no superior, por los delitos o faltas en que hubiesen incurrido los alumnos del mismo, menores de dieciocho años, durante los períodos en que dichos alumnos se hallen bajo el control o vigilancia del profesorado del Centro, desarrollando actividades escolares o extraescolares y complementarias.

TÍTULO III

De las penas

CAPÍTULO PRIMERO

DE LAS PENAS EN GENERAL

Art. 23. No será castigado ningún delito ni falta con pena que no se halle establecida por ley anterior a su perpetración.

Art. 24. Las leyes penales tienen efecto retroactivo en cuanto favorezcan al reo de un delito o falta, aunque al publicarse aquéllas hubiere recaído sentencia firme y el condenado estuviere cumpliendo la condena.

Art. 25. El perdón de la parte ofendida no extingue la acción penal. Se exceptúan los delitos que sólo pueden ser perseguidos mediante denuncia o querella del agraviado, salvo disposición contraria de la Ley.

La responsabilidad civil, en cuanto al interés del condonante, se extingue por su renuncia expresa.

Art. 26. No se reputarán penas:

1.º La detención y la prisión preventiva de los procesados.

2.º La suspensión de empleo o cargo público acordada durante el proceso o para instruirlo.

3.º Las multas y demás correcciones que, en uso de atribuciones gubernativas o disciplinarias, impongan los superiores a sus subordinados o administrados.

4.º Las privaciones de derechos y las reparaciones que en forma penal establezcan las leyes civiles.

5.º La privación del permiso para conducir vehículos de motor o de la licencia para conducir ciclomotores, acordada durante el proceso.

CAPÍTULO II

DE LA CLASIFICACIÓN DE LAS PENAS

Art. 27. Las penas que se pueden imponer con arreglo a este Código y sus diferentes clases son las que comprende la siguiente

ESCALA GENERAL

Penas graves

Reclusión mayor.
Reclusión menor.
Prisión mayor.
Prisión menor.
Arresto mayor.
Extrañamiento.
Confinamiento.
Destierro.
Reprensión pública.
Pérdida de la nacionalidad española.
Inhabilitación absoluta.
Inhabilitación especial para cargos públicos, derecho de sufragio activo y pasivo, profesión u oficio.
Suspensión de cargos públicos, derecho de sufragio activo y pasivo, profesión u oficio.

Penas leves

Arresto menor.

Penas comunes a las dos clases anteriores

Multa.
Privación del permiso o la licencia de conducción.
Caución.

Pena accesoria

Pérdida o comiso de los instrumentos y efectos del delito.

Art. 28. La multa, cuando se impusiere como pena principal única, y la privación del permiso o la licencia de conducción se reputarán:

1.º Graves, cuando la multa fuere de 100.000 pesetas o más y la privación del permiso o la licencia de conducción fuera por tiempo superior a tres meses.

2.º Leves, cuando la multa no llegare a la suma señalada en el párrafo anterior y la privación del permiso o la licencia de conducción no sea superior a tres meses.

Art. 29. Las penas de inhabilitación y suspensión para cargos públicos, derecho de sufragio, profesión u oficio, son accesorias en los casos en que, no imponiéndolas especialmente la ley, declara que otras penas las llevan consigo.

CAPÍTULO III

DE LA DURACIÓN Y EFECTOS DE LAS PENAS

SECCIÓN 1.ª

Duración de las penas

Art. 30. La duración de las penas será la siguiente:

La de reclusión mayor, de veinte años y un día a treinta años.

Las de reclusión menor y extrañamiento, de doce años y un día a veinte años.

La de prisión mayor y la de confinamiento, de seis años y un día a doce años.

La de inhabilitación absoluta e inhabilitación especial, de seis años y un día a doce años.

La de prisión menor y la de destierro, de seis meses y un día a seis años.

La de suspensión, de un mes y un día a seis años.

La de arresto mayor, de un mes y un día a seis meses.

La de arresto menor, de uno a treinta días.

La de caución, el tiempo que determinen los Tribunales, sin que pueda exceder de seis años.

La de privación del permiso para conducir vehículos de motor o de la licencia para conducir ciclomotores, de un mes a diez años.

Art. 31. Lo dispuesto en el artículo anterior no tiene lugar respecto de las penas que se impongan como accesorias de otras, en cuyo caso tendrán la duración que respectivamente tenga la principal.

Art. 32. Cuando el reo estuviere preso, la duración de las penas empezará a contarse desde el día en que la sentencia condenatoria hubiere quedado firme.

Cuando el reo no estuviere preso, la duración de las penas que consistan en privación de libertad empezará a contarse desde que aquél se halle a disposición de la autoridad judicial para cumplir condena.

La duración de las penas de extrañamiento, confinamiento y destierro no empezará a contarse sino desde el día en que el reo hubiere empezado a cumplir condena.

Art. 33. El tiempo de prisión preventiva sufrida por el delincuente durante la tramitación de la causa se abonará en su totalidad para el cumplimiento de la condena, cualquiera que sea la clase de la pena impuesta.

Igualmente se abonará en su totalidad para el cumplimiento de la condena todo el tiempo de privación del permiso para conducir vehículos de motor o de la licencia para conducir ciclomotores sufrido por el delincuente durante la tramitación de la causa.

SECCIÓN 2.ª

Efectos de las penas, según su naturaleza respectiva

Art. 34. La pena de pérdida de la nacionalidad española, solamente aplicable a los extranjeros naturalizados, privará de la cualidad de español a los responsables de delitos comprendidos en el título I del Libro II de este Código.

Art. 35. La pena de inhabilitación absoluta producirá los efectos siguientes:

1.º La privación de todos los honores y de los empleos y cargos públicos que tuviere el penado, aunque fueren electivos.

2.º La privación del derecho de elegir y ser elegido para cargos públicos durante el tiempo de la condena.

3.º La incapacidad para obtener los honores, cargos y derechos mencionados en el número 1.º, igualmente por el tiempo de la condena.

Art. 36. La inhabilitación especial para cargo público producirá los efectos siguientes:

1.º La privación del cargo o empleo sobre que recayere y de los honores anejos a él.

2.º La incapacidad de obtener otros análogos durante el tiempo de la condena.

Art. 37. La inhabilitación especial para el derecho de sufragio privará al penado del derecho de elegir y ser elegido durante el tiempo de la condena para el cargo electivo sobre que recayere.

Art. 38. La suspensión de un cargo público privará de su ejercicio al penado, así como de obtener otro de funciones análogas por el tiempo de la condena.

Art. 39. La suspensión del derecho de sufragio privará al penado, igualmente, de su ejercicio durante el tiempo de la condena.

Art. 40. Cuando la pena de inhabilitación, en cualquiera de sus clases y la de suspensión recayeren en personas eclesiásticas, se limitarán sus efectos a los cargos, derechos y honores que no tuvieren por la Iglesia y a la asignación que tuviesen derecho a percibir por razón de su cargo eclesiástico.

Art. 41. La inhabilitación para profesión u oficio privará al penado de la facultad de ejercerlos por el tiempo de la condena.

Cuando esa pena tenga carácter accesorio, sólo se impondrá si la profesión u oficio hubieren tenido relación directa con el delito cometido, debiendo determinarse expresamente en la sentencia.

Art. 42. La suspensión de profesión u oficio producirá los mismos efectos que la inhabilitación durante el tiempo de la condena.

Es aplicable a esta pena lo dispuesto en el segundo párrafo del artículo 41.

La privación de permiso para conducir vehículos de motor o de la licencia para conducir ciclomotores inhabilitará al penado para el ejercicio de ambos derechos durante el tiempo fijado en la sentencia.

Art. 43. [*Dejado sin contenido por la Ley Orgánica 8/1983, de 25 de junio.*]

Art. 44. La pena de caución obligará al reo a presentar un fiador abonado que se haga responsable de que no se ejecutará el mal que se trata de precaver, obligándose a entregar, si se causare, la cantidad fijada en la sentencia.

El Tribunal determinará, según su prudente arbitrio, la duración de la fianza.

Si no la diere el penado, incurrirá en la pena de destierro por el mismo tiempo que se hubiere fijado para la caución.

SECCIÓN 3.ª

Penas que llevan consigo otras accesorias

Art. 45. La pena de reclusión mayor llevará consigo la de inhabilitación absoluta durante el tiempo de la condena.

Art. 46. Las penas de reclusión menor, extrañamiento y confinamiento llevarán consigo la de inhabilitación absoluta durante el tiempo de la condena.

Art. 47. Las penas de prisión mayor, prisión menor y arresto mayor, llevarán consigo la suspensión de todo cargo público, profesión, oficio y derecho de sufragio durante el tiempo de la condena.

Art. 48. Toda pena que se impusiere por un delito o falta llevará consigo la pérdida de los efectos que de ellos provinieren y de los instrumentos con que se hubieren ejecutado. Los unos y los otros serán decomisados, a no ser que pertenecieren a un tercero no responsable del delito. Los que se decomisaren se venderán, si son de lícito comercio, aplicándose su producto a cubrir las responsabilidades del penado, y, si no lo fueren, se les dará el destino que dispongan los reglamentos, o, en su defecto, se inutilizarán.

Cuando los referidos efectos e instrumentos no sean de ilícito comercio y su valor no guarde proporción con la naturaleza y gravedad de la infracción penal, podrá el Juez o Tribunal no decretar el comiso o decretarlo parcialmente.

CAPÍTULO IV

DE LA APLICACIÓN DE LAS PENAS

SECCIÓN 1.ª

Reglas para la aplicación de las penas según el grado de ejecución y las personas responsables de las infracciones

Art. 49. A los autores de un delito o falta se les impondrá la pena que para el delito o falta que hubieren cometido se hallare señalada por la Ley.

Siempre que la Ley señalare generalmente la pena de una infracción, se entenderá que la impone a la consumada.

Art. 50. [*Dejado sin contenido por la Ley Orgánica 8/1983, de 25 de junio.*]

Art. 51. A los autores de un delito frustrado se les impondrá la pena inmediatamente inferior en grado a la señalada por la Ley para el delito consumado.

Art. 52. A los autores de tentativa de delito se les impondrá la pena inferior en uno o dos grados, según arbitrio del Tribunal, a la señalada por la Ley para el delito consumado.

La misma regla se observará en los casos de imposibilidad de ejecución o de producción del delito.

Igual pena se impondrá a los reos de conspiración, proposición o provocación para delinquir.

Art. 53. A los cómplices de un delito consumado, frustrado o intentado, se les impondrá la pena inmediatamente inferior en grado a la señalada por la Ley al autor del mismo delito.

Art. 54. A los encubridores de un delito consumado, frustrado o intentado se les impondrá la pena inferior en dos grados a la señalada por la Ley al autor del mismo delito.

Los encubridores comprendidos en el número 3.º del artículo 17, en quienes concurra la circunstancia primera del mismo número, sufrirán además la pena de inhabilitación especial.

Art. 55. Las disposiciones generales contenidas en los artículos 51 al 54, inclusive, no tendrán lugar en los casos en que el delito frustrado, la tentativa, la complicidad, el encubrimiento, la conspiración, la proposición o la provocación para delinquir se hallen especialmente penados por la ley.

Art. 56. Para graduar las penas que, conforme a lo dispuesto en los artículos 51 al 54, inclusive, corresponde imponer a los autores de delito frustrado y de tentativa, y a los cómplices y encubridores, se observarán las reglas siguientes:

1.º La pena inferior será la que siga en número en la escala gradual respectiva a la señalada al delito o a la menor de las impuestas al mismo, siempre que lo sean en toda su extensión.

2.º Cuando la pena señalada o la menor de las fijadas al delito no lo sean en toda su extensión, la inferior se compondrá de tres grados que se tomarán de los que sigan al mínimo de la propia pena parcialmente impuesta y de la que siga en número en la escala gradual respectiva.

Art. 57. Cuando la pena establecida para el delito estuviere incluida en dos escalas, se hará la graduación prevenida en el artículo precedente por la escala que comprenda las penas con que estén castigados la mayor parte de los delitos de la sección, capítulo o título donde esté contenido el delito.

Art. 57 bis a). Las penas correspondientes a los delitos relacionados con la actividad de bandas armadas o de elementos terroristas o rebeldes se impondrán en su grado máximo, salvo que tal circunstancia estuviese ya prevista como elemento constitutivo del tipo penal.

Art. 57 bis b). 1. En los delitos a que se refiere el artículo 57 bis a), serán circunstancias cualificadas para la graduación individual de las penas:

a) Que el sujeto haya abandonado voluntariamente sus actividades delictivas y se presente a las autoridades confesando los hechos en que hubiere participado.

b) Que el abandono por el culpable de su vinculación criminal hubiere evitado o disminuido sustancialmente una situación de peligro, impedido la producción del resultado dañoso o coadyuvado eficazmente a la obtención de pruebas decisivas para la identificación o captura de otros responsables.

2. En los supuestos mencionados en el apartado anterior el Tri-

bunal impondrá la pena inferior en uno o dos grados a la fijada al delito, sin tener en cuenta para ello la elevación de pena establecida en el artículo anterior. Asimismo, podrá acordar la remisión total de la pena cuando la colaboración activa del reo hubiere tenido una particular trascendencia para identificar a los delincuentes, evitar el delito o impedir la actuación o el desarrollo de las bandas armadas o elementos terroristas o rebeldes, siempre que no se imputen al mismo en concepto de autor acciones que hubieren producido la muerte de alguna persona o lesiones de los artículos 418, 419 y 421 del Código Penal. Esta remisión quedará condicionada a que el reo no vuelva a cometer cualquiera de los delitos a que se refiere el artículo 57 bis a).

SECCIÓN 2.ª

Reglas para la aplicación de las penas en consideración a las circunstancias atenuantes y agravantes

Art. 58. Las circunstancias atenuantes y agravantes se tomarán en consideración para disminuir o aumentar la pena en los casos y conforme a las reglas que se prescriben en esta sección.

Art. 59. No producen el efecto de aumentar la pena las circunstancias agravantes que por sí mismas constituyeren un delito especialmente castigado por la Ley o que ésta haya expresado al describirlo y sancionarlo.

Tampoco lo producen aquellas circunstancias agravantes de tal manera inherentes al delito que, sin la concurrencia de ellas, no pudiera cometerse.

Art. 60. Las circunstancias agravantes o atenuantes que consistieren en la disposición moral del delincuente, en sus relaciones particulares con el ofendido o en otra causa personal, servirán para agravar o atenuar la responsabilidad sólo de aquellos culpables en quienes concurran.

Las que consistieren en la ejecución material del hecho o en los medios empleados para realizarla, servirán para agravar o atenuar la responsabilidad únicamente de los que tuvieren conocimiento de ellas en el momento de la acción o de su cooperación para el delito.

Art. 61. En los casos en que la pena contenga tres grados, los Tribunales observarán para su aplicación, según haya o no circunstancias atenuantes o agravantes, las reglas siguientes:

1.ª Cuando en el hecho concurriere sólo alguna circunstancia atenuante, impondrán la pena en el grado mínimo.

2.ª Cuando concurriere sólo alguna circunstancia agravante,

la impondrán en su grado medio o máximo. Si concurrieren varias se impondrá en el grado máximo.

3.ª Cuando concurrieren circunstancias atenuantes y agravantes las compensarán racionalmente para la determinación de la pena, graduando el valor de unas y otras.

4.ª Cuando no concurrieren circunstancias atenuantes ni agravantes, los Tribunales, teniendo en cuenta la mayor o menor gravedad del hecho y la personalidad del delincuente, impondrán la pena en el grado mínimo o medio.

5.ª Cuando sean dos o más las circunstancias atenuantes o una sola muy calificada y no concurra agravante alguna, los Tribunales podrán imponer la pena inmediatamente inferior en uno o dos grados a la señalada, aplicándola en el grado que estimen pertinente, según la entidad y número de dichas circunstancias.

6.ª [*Dejado sin contenido por la Ley Orgánica 8/1983, de 25 de junio.*]

7.ª Dentro de los límites de cada grado, los Tribunales determinarán la extensión de la pena en consideración al número y entidad de las circunstancias agravantes y atenuantes y a la mayor o menor gravedad del mal producido por el delito.

Art. 62. En los casos en que la pena señalada por la Ley no se componga de tres grados, los Tribunales aplicarán las reglas contenidas en el artículo anterior, dividiendo en tres períodos iguales el tiempo que comprenda la pena impuesta, formando un grado de cada uno de los tres períodos.

Art. 63. En la aplicación de las multas, los Tribunales podrán recorrer toda la extensión en que la Ley permita imponerlas, consultando, para determinar en cada caso su cuantía, no sólo las circunstancias atenuantes y agravantes del hecho, sino principalmente el caudal o facultades del culpable.

Art. 64. [*Dejado sin contenido por la Ley Orgánica 8/1983, de 25 de junio.*]

Art. 65. Al mayor de dieciséis años y menor de dieciocho se aplicará la pena inferior en uno o dos grados a la señalada por la Ley, pudiendo el Tribunal, en atención a las circunstancias del menor y del hecho, sustituir la pena impuesta por internamiento en institución especial de reforma por tiempo indeterminado, hasta conseguir la corrección del culpable.

Art. 66. Se aplicará la pena inferior en uno o dos grados a la señalada por la Ley cuando el hecho no fuere del todo excusable por falta de alguno de los requisitos que se exigen para eximir de responsabilidad criminal en los respectivos casos de que se trata en el artículo 8.º, imponiéndola en el grado que los Tribunales estimaren conveniente, atendido el número y entidad de los requisitos que faltaren o concurrieren.

Esta disposición se entiende sin perjuicio de la contenida en el artículo 64.

Art. 67. Los Tribunales, en los delitos contra las personas y su honor, honestidad, libertad y seguridad, y propiedad, atendiendo a la gravedad de los hechos y al peligro que el delincuente represente, podrán acordar en sus sentencias la prohibición de que el reo vuelva al lugar en que hubiere cometido el delito, o en que resida la víctima o su familia, si fueren distintos, dentro del período de tiempo que el mismo Tribunal señale, según las circunstancias del caso.

SECCIÓN 3.ª

Disposiciones comunes a las dos secciones anteriores

Art. 68. Los hechos susceptibles de ser calificados con arreglo a dos o más preceptos de este Código, lo serán por aquel que aplique mayor sanción al delito o falta cometidos.

Art. 69. Al culpable de dos o más delitos o faltas se le impondrán todas las penas correspondientes a las diversas infracciones para su cumplimiento simultáneo, si fuera posible, por la naturaleza y efectos de las mismas.

Art. 69 bis. No obstante lo dispuesto en el artículo anterior, el que en ejecución de un plan preconcebido o aprovechando idéntica ocasión, realizare una pluralidad de acciones y omisiones que ofendan a uno o varios sujetos e infrinjan el mismo o semejantes preceptos penales, será castigado como responsable de un delito o falta continuados, con la pena señalada, en cualquiera de sus grados, para la infracción más grave, que podrá ser aumentada hasta el grado medio de la pena superior. Si se tratare de infracciones contra el patrimonio se impondrá la pena teniendo en cuenta el perjuicio total causado. En estas infracciones el Tribunal impondrá la pena superior en grado, en la extensión que estime conveniente, si el hecho revistiere notoria gravedad y hubiere perjudicado a una generalidad de personas.

Quedan exceptuadas de lo dispuesto en el párrafo anterior las ofensas a bienes jurídicos eminentemente personales, salvo las constitutivas de infracciones contra el honor y la libertad sexual, en cuyo caso se atenderá a la naturaleza del hecho y del precepto infringido para aplicar o no la continuidad delictiva.

Art. 70. Cuando todas o algunas de las penas correspondientes a las diversas infracciones no pudieran ser cumplidas simultáneamente por el condenado, se observarán, respecto a ellas, las reglas siguientes:

1.ª En la imposición de las penas se seguirá el orden de su respectiva gravedad para su cumplimiento sucesivo por el condenado en cuanto sea posible, por haber obtenido indulto de las primeramente impuestas o por haberlas ya cumplido.

La gravedad respectiva de las penas para la observancia de lo dispuesto en el párrafo anterior se determinará con arreglo a la siguiente escala:

Muerte.
Reclusión mayor.
Reclusión menor.
Presidio mayor.
Prisión mayor.
Presidio menor.
Prisión menor.
Arresto mayor.
Extrañamiento.
Confinamiento.
Destierro.

2.ª No obstante lo dispuesto en la regla anterior, el máximum de cumplimiento de la condena del culpable no podrá exceder del triplo del tiempo por que se le impusiere la más grave de las penas en que haya incurrido, dejando de extinguir las que procedan desde que las ya impuestas cubrieren el máximum de tiempo predicho, que no podrá exceder de treinta años.

La limitación se aplicará aunque las penas se hubieran impuesto en distintos procesos si los hechos, por su conexión, pudieran haberse enjuiciado en uno solo.

Art. 71. Las disposiciones del artículo anterior no son aplicables en el caso de que un solo hecho constituya dos o más delitos o cuando uno de ellos sea medio necesario para cometer otro.

En estos casos se impondrá la pena correspondiente al delito más grave en su grado máximo, hasta el límite que represente la suma de las que pudieran imponerse, penando separadamente los delitos.

Cuando la pena así computada exceda de este límite, se sancionarán los delitos por separado.

Art. 72. Siempre que los Tribunales impusieren una pena que llevare consigo otras por disposición de la Ley, según lo que se prescribe en la sección tercera del capítulo anterior, condenarán también expresamente al reo a estas últimas.

Art. 73. En los casos en que la Ley señale una pena inferior o superior en uno o más grados a otra determinada, se observarán para su graduación las reglas prescritas en los artículos 56 y 57.

La pena inferior o superior se tomará de la escala gradual en que se halle comprendida la pena determinada.

Cuando haya de aplicarse una pena superior a la de arresto mayor, se tomará de la escala en que se hallen comprendidas las penas señaladas para los delitos más graves de la misma especie que el castigado con arresto mayor.

Los Tribunales atenderán, para hacer la aplicación de la pena inferior o superior, a las siguientes:

ESCALAS GRADUALES

Escala número 1

1.ª Reclusión mayor.
2.ª Reclusión menor.
3.ª Prisión mayor.
4.ª Prisión menor.
5.ª Arresto mayor.

Escala número 2

1.ª Extrañamiento.
2.ª Confinamiento.
3.ª Destierro.
4.ª Reprensión pública.
5.ª Caución de conducta.

Escala número 3

1.ª Inhabilitación absoluta.
2.ª Inhabilitación especial para cargo público, derecho de sufragio, activo y pasivo, profesión u oficio.
3.ª Suspensión de cargo público, derecho de sufragio, activo o pasivo, profesión u oficio.

Art. 74. La multa en la cuantía de 100.000 a 1.000.000 de pesetas se considerará como la última pena de todas las escalas graduales anteriores.

Art. 75. En los casos en que la Ley señale una pena superior a otra determinada sin designar especialmente cuál sea, si no hubiere pena superior en la escala respectiva, se considerarán como inmediatamente superiores, no obstante lo establecido en el artículo 30 y regla 2.ª del 70, las siguientes:

1.ª Si la pena determinada fuese la de reclusión mayor, la misma pena, con la cláusula de que su duración será de cuarenta años.

2.ª Si fuese la de extrañamiento, la misma pena, con la cláusula de que su duración será de veinticinco años.

3.ª Si fuese la inhabilitación absoluta, la misma pena, con el término máximo de quince años.

Art. 76. Los grados superior e inferior de la pena de multa, sea de cuantía fija o proporcional, se formarán, respectivamente, aumentando la mitad de su cifra máxi-

TABLA DEMOSTRATIVA DE LA DURACIÓN DE LAS PENAS DIVISIBLES Y DEL TIEMPO QUE ABRAZA CADA UNO DE SUS GRADOS

Penas	*Tiempo que comprende toda la pena*	*Tiempo que comprende el grado mínimo*	*Tiempo que comprende el grado medio*	*Tiempo que comprende el grado máximo*
Reclusión mayor.	De veinte años y un día a treinta años.	De veinte años y un día a veintitrés años y cuatro meses.	De veintitrés años, cuatro meses y un día a veintiséis años y ocho meses.	De veintiséis años, ocho meses y un día a treinta años.
Reclusión menor.	De doce años y un día a veinte años.	De doce años y un día a catorce años y ocho meses.	De catorce años, ocho meses y un día a diecisiete años y cuatro meses.	De diecisiete años, cuatro meses y un día a veinte años.
Prisión mayor y confinamiento, inhabilitación absoluta e inhabilitación especial.	De seis años y un día a doce años.	De seis años y un día a ocho años.	De ocho años y un día a diez años.	De diez años y un día a doce años.
Prisión menor y destierro.	De seis meses y un día a seis años.	De seis meses y un día a dos años y cuatro meses.	De dos años, cuatro meses y un día a cuatro años y dos meses.	De cuatro años, dos meses y un día a seis años.
Suspensión.	De un mes y un día a seis años.	De un mes y un día a dos años.	De dos años y un día a cuatro años.	De cuatro años y un día a seis años.
Arresto mayor.	De un mes y un día a seis meses.	De un mes y un día a dos meses.	De dos meses y un día a cuatro meses.	De cuatro meses y un día a seis meses.

ma a la cantidad total señalada por la Ley, o reduciendo de su cifra mínima la mitad de esta última.

Art. 77. [*Dejado sin contenido por la Ley Orgánica 8/1983, de 25 de junio.*]

Art. 78. En las penas divisibles, el período legal de su duración se entiende distribuido en tres partes, que forman los tres grados: mínimo, medio y máximo, de la manera que expresa la anterior tabla demostrativa.

Art. 79. Cuando la pena señalada no tenga una de las formas previstas especialmente en este libro, se distribuirán los grados aplicando por analogía las reglas fijadas.

CAPÍTULO V

DE LA EJECUCIÓN DE LAS PENAS

SECCIÓN 1.ª

Disposiciones generales

Art. 80. No podrá ejecutarse pena alguna sino en virtud de sentencia firme.

Art. 81. Tampoco puede ser ejecutada pena alguna en otra forma que la prescrita por la Ley y reglamentos, ni con otras circunstancias o accidentes que los expresados en su texto.

Art. 82. Cuando el delincuente cayere en enajenación después de pronunciada sentencia firme, se suspenderá la ejecución tan sólo en cuanto a la pena personal, observándose en su caso lo establecido en el párrafo segundo del número 1.º del artículo 8.º

En cualquier tiempo en que el delincuente recobrare el juicio, cumplirá la sentencia, a no ser que la pena hubiese prescrito con arreglo a lo que establece este Código.

Se observarán también las disposiciones respectivas de esta sección cuando la enajenación sobreviniere hallándose el sentenciado cumpliendo la sentencia.

SECCIÓN 2.ª

Cumplimiento de las penas

Art. 83. [*Dejado sin contenido por la Ley Orgánica 8/1983, de 25 de junio.*]

Art. 84. Las penas de reclusión mayor y menor y prisiones se cumplirán según el sistema progresivo. El régimen, grados, ascensos, trabajos, enseñanza y visitas serán establecidos en la legislación penitenciaria.

Art. 85. El Tribunal podrá autorizar al reo para que cumpla en su propio domicilio el arresto menor.

Art. 86. El sentenciado a extrañamiento será expulsado del territorio español por el tiempo de la condena.

Art. 87. Los sentenciados a confinamiento serán conducidos a un pueblo o distrito situado en la Península o en las islas Baleares o Canarias, en el cual permanecerán en libertad, bajo la vigilancia de la autoridad.

Los Tribunales, para el señalamiento del punto en que deba cumplirse la condena, tendrán en cuenta el oficio, profesión o modo de vivir del sentenciado, con objeto de que pueda atender a su subsistencia.

Art. 88. El sentenciado a destierro quedará privado de entrar en el punto o puntos que se designen en la sentencia y en el radio que en la misma se señale, el cual comprenderá una distancia de 25 kilómetros al menos y 250 a lo más del punto o puntos designados, entre los que se comprenderá, si el ofendido lo pidiere, el lugar en que el reo delinquió y el de residencia habitual del mismo y del perjudicado y sus parientes próximos.

Art. 89. El sentenciado a reprensión pública la recibirá personalmente en audiencia del Tribunal, a puerta abierta.

Art. 90. El pago de la multa podrá hacerse en el tiempo que el Tribunal determine, bien inmediatamente o dentro de los quince días de impuesta la condena.

Cuando el multado carezca de recursos, el Tribunal podrá autorizarle para que satisfaga la suma impuesta en plazos, cuyo importe y fecha serán fijados teniendo en cuenta la situación del reo.

Art. 91. Si el condenado, una vez hecha excusión de sus bienes, no satisficiere la multa impuesta, quedará sujeto a una responsabilidad personal y subsidiaria que el Tribunal establecerá según su prudente arbitrio, sin que en ningún caso pueda exceder de seis meses cuando se hubiese procedido por razón de delito, ni de quince días cuando hubiese sido por falta.

El cumplimiento de dicha responsabilidad subsidiaria extingue la obligación de pago de la multa, aunque el reo mejore de fortuna.

Esta responsabilidad subsidiaria no se impondrá al condenado a pena privativa de libertad por más de seis años.

SECCIÓN 3.ª

Remisión condicional

Art. 92. Se confiere a los Tribunales la atribución de otorgar motivadamente por sí o de aplicar por ministerio de la Ley la condena condicional que deja en suspenso la ejecución de la pena.

El plazo de esta suspensión será de dos a cinco años, que fijarán los Tribunales, atendidas las circunstancias del hecho y la duración de la pena impuesta.

Art. 93. Serán condiciones indispensables para suspender el cumplimiento de las penas contenidas en el artículo 27:

1.ª Que el reo haya delinquido por primera vez o, en su caso, haya sido rehabilitado o pueda serlo con arreglo a lo dispuesto en el párrafo último del artículo 118 de este Código. La primera condena por imprudencia en todo caso no se tendrá en cuenta a estos efectos.

2.ª Que la pena consista en privación de libertad cuya duración no exceda de un año y esté impuesta como principal del delito o falta o como subsidiaria por insolvencia en caso de multa.

En los supuestos comprendidos en los dos números anteriores, los Tribunales podrán aplicar o no la condena condicional según lo estimen procedente, atendiendo para ello a la edad y antecedentes del reo, naturaleza jurídica del hecho punible y circunstancias de todas clases que concurrieren en su ejecución.

El Tribunal sentenciador podrá ampliar el beneficio de la condena condicional a los reos condenados a penas hasta de dos años de duración cuando así lo estimare procedente, en resolución expresa y motivada, si en el hecho delictivo concurriera alguna atenuante muy cualificada, o una eximente incompleta, o la atenuante tercera del artículo 9.º, apreciada como tal en la sentencia.

Art. 93 bis. Aun cuando no concurrieren las condiciones previstas en el artículo anterior, el Juez o Tribunal podrá aplicar el beneficio de la remisión condicional a los condenados a penas de privación de libertad cuya duración no exceda de dos años, que hubieren cometido el hecho delictivo por motivo de su dependencia de las drogas tóxicas, estupefacientes o sustancias psicotrópicas siempre que se den las siguientes circunstancias:

1.ª Que se declare probada en la sentencia la situación de drogodependencia del sujeto, así como que la conducta delictiva fue realizada por motivo de tal situación.

2.ª Que se certifique suficientemente, por centro o servicio debidamente acreditado u homologado, que el reo se encuentra deshabituado o sometido a tratamiento para tal fin en el momento de concederse el beneficio.

3.ª Que el sujeto no sea reincidente ni haya gozado con

anterioridad del beneficio de la remisión condicional.

La autoridad judicial requerirá al condenado o a los centros o servicios que participen en su tratamiento de deshabituación lo necesario para comprobar el comienzo y la continuación del mismo, así como para controlar su evolución y las modificaciones que hubiere de experimentar.

La suspensión de la ejecución de la pena quedará condicionada a que el reo no delinca en el período que se señale, así como a que no abandone el tratamiento.

Cumplido lo anterior, una vez transcurrido el plazo de suspensión y acreditada la deshabituación del reo, el Juez o Tribunal acordará la remisión de la pena. De lo contrario ordenará su cumplimiento.

Art. 94. El Tribunal aplicará, por ministerio de la Ley, la condena condicional en los casos siguientes:

1.º Cuando en la sentencia se aprecie el mayor número de los requisitos establecidos para declarar la exención de responsabilidad con arreglo a este Código.

2.º En los delitos que se persiguen a instancia del agraviado, si mediase solicitud expresa de la parte ofendida.

Art. 95. Contra la resolución que se dicte en todos los casos a que se refiere el artículo anterior, se dará el recurso de casación.

Art. 96. En los delitos que sólo pueden ser perseguidos a instancia de parte, el Tribunal oirá a la persona ofendida o a quien la represente antes de conceder el beneficio de la remisión condicional.

Art. 97. La condena condicional no será extensiva a las penas de suspensión de derecho de sufragio y de cargo o función de carácter público, si éstas figurasen como accesorias, ni alcanzará a las responsabilidades civiles.

SECCIÓN 4.ª

Libertad condicional

Art. 98. Se establece la libertad condicional para los sentenciados a más de un año de privación de libertad en quienes concurran las siguientes circunstancias:

1.ª Que se encuentren en el último período de condena.

2.ª Que hayan extinguido las tres cuartas partes de ésta.

3.ª Que merezcan dicho beneficio por su intachable conducta, y

4.ª Que ofrezcan garantías de hacer vida honrada en libertad.

Art. 98 bis. Los condenados por los delitos a que se refiere el artículo 57 bis a) podrán obtener la libertad condicional si concurre alguna de las circunstancias de los apartados 1.*b*) o 2 del artículo 57 bis b), y hubiesen cumplido, al menos, un tercio de la pena impuesta.

Art. 99. El período de libertad condicional durará todo el tiempo que falte al liberado para cumplir su condena. Si en dicho período vuelve a delinquir u observa mala conducta, se revocará la libertad concedida y el penado volverá a su situación anterior, reingresando en prisión y en el período penitenciario que corresponda, según las circunstancias.

La reincidencia o reiteración en el delito llevarán aparejada la pérdida del tiempo pasado en libertad condicional.

SECCIÓN 5.ª

Redención de penas por el trabajo

Art. 100. Podrán redimir su pena con el trabajo, desde que sea firme la sentencia respectiva, los reclusos condenados a penas de reclusión, prisión y arresto mayor. Al recluso trabajador se abonará, para el cumplimiento de la pena impuesta, previa aprobación del Juez de Vigilancia, un día por cada dos de trabajo, y el tiempo así redimido se le contará también para la concesión de la libertad condicional. El mismo beneficio se aplicará, a efectos de liquidación de su condena, a los reclusos que hayan estado privados provisionalmente de libertad.

No podrán redimir pena por el trabajo:

1.º Quienes quebranten la condena o intentaren quebrantarla, aunque no lograsen su propósito.

2.º Los que reiteradamente observen mala conducta durante el cumplimiento de la condena.

TÍTULO IV

De la responsabilidad civil y de las costas procesales

Art. 101. La responsabilidad establecida en el capítulo II, título II de este libro, comprende:

1.º La restitución.

2.º La reparación del daño causado.

3.º La indemnización de perjuicios.

Art. 102. La restitución deberá hacerse de la misma cosa, siempre que sea posible, con abono de deterioros o menoscabos, a regulación del Tribunal.

Se hará la restitución aunque la cosa se halle en poder de un tercero y éste la haya adquirido por un medio legal, salvo su repetición contra quien corresponda.

Esta disposición no es aplicable en el caso de que el tercero haya adquirido la cosa en la forma y con los requisitos establecidos por las leyes para hacerla irreivindicable.

Art. 103. La reparación se hará valorándose la entidad del daño por regulación del Tribunal, atendido el precio de la cosa, siempre que fuere posible, y el de afección del agraviado.

Art. 104. La indemnización de perjuicios materiales y morales comprenderá no sólo los que se hubieren causado al agraviado, sino también los que se hubieren irrogado, por razón del delito, a su familia o a un tercero.

Los Tribunales regularán el importe de esta indemnización en los mismos términos prevenidos para la reparación del daño en el artículo precedente.

Art. 105. La obligación de restituir, reparar el daño e indemnizar los perjuicios, se transmite a los herederos del responsable.

La acción para repetir la restitución, reparación e indemnización se transmite igualmente a los herederos del perjudicado.

Art. 106. En el caso de ser dos o más los responsables, civilmente, de un delito o falta, los Tribunales señalarán la cuota de que deba responder cada uno.

Art. 107. Sin embargo de lo dispuesto en el artículo anterior, los autores, los cómplices y los encubridores, cada uno dentro de su respectiva clase, serán responsables solidariamente entre sí por sus cuotas y subsidiariamente por las correspondientes a los demás responsables.

La responsabilidad subsidiaria se hará efectiva: primero, en los bienes de los autores; después, en los de los cómplices, y, por último, en los de los encubridores.

Tanto en los casos en que se haga efectiva la responsabilidad solidaria como la subsidiaria, quedará a salvo la repetición del que hubiere pagado contra los demás por las cuotas correspondientes a cada uno.

Art. 108. El que por título lucrativo hubiere participado de los efectos de un delito o falta está obligado al resarcimiento hasta la cuantía de su participación.

Art. 109. Las costas procesales se entienden impuestas por la Ley a los criminalmente responsables de todo delito o falta.

Art. 110. Las costas comprenderán los derechos e indemnizaciones ocasionados en las actuaciones judiciales, ya consistan en cantidades fijadas en forma arancelaria, ya deban establecerse en otra forma, con arreglo a la Ley de Enjuiciamiento Criminal.

Art. 111. En el caso de que los bienes del penado no fueren bastantes para cubrir todas las responsabilidades pecuniarias, se satisfarán por el orden siguiente:

1.º La reparación del daño causado e indemnización de perjuicios.

2.º La indemnización al Estado por el importe del papel sellado y los gastos que se hubieren hecho por su cuenta en la causa.

3.º Las costas del acusador privado.

4.º Las demás costas procesales, incluso las de la defensa del procesado, sin preferencia entre los interesados.

5.º La multa.

Cuando el delito hubiere sido de los que sólo pueden perseguirse a instancia de parte, se satisfarán las costas del acusador privado con preferencia a la indemnización del Estado.

TÍTULO V

Extinción de la responsabilidad y de sus efectos

CAPÍTULO PRIMERO

DE LAS CAUSAS QUE EXTINGUEN LA RESPONSABILIDAD

Art. 112. La responsabilidad penal se extingue:

1.º Por muerte del reo.

2.º Por cumplimiento de la condena.

3.º Por amnistía, la cual extingue por completo la pena y todos sus efectos.

4.º Por indulto.

Será aplicable al indultado, por el tiempo que a no haberlo sido debería durar la condena, lo dispuesto para el desterrado sobre lugares de entrada prohibida.

5.º Por perdón del ofendido, cuando la pena se haya impuesto por delitos solamente perseguibles mediante denuncia o querella del agraviado.

En los delitos contra menores o incapacitados, el Tribunal podrá rechazar la eficacia del perdón otorgado por los representantes de aquéllos, ordenando la continuación del procedimiento o el cumplimiento de la condena, con intervención del ministerio fiscal.

6.º Por prescripción del delito.

7.º Por prescripción de la pena.

Art. 113. Los delitos prescriben a los veinte años cuando la Ley señalare al delito la pena de reclusión mayor.

A los quince, cuando la Ley señalare al delito la pena de reclusión menor.

A los diez, cuando señalare una pena que exceda de seis años.

A los cinco, cuando señalare cualquier otra pena.

Exceptuánse los delitos de calumnia e injuria, de los cuales los primeros prescribirán al año, y los segundos, a los seis meses.

Las faltas prescriben a los dos meses.

Cuando la pena señalada sea compuesta, se estará a la mayor para la aplicación de las reglas comprendidas en este artículo.

Art. 114. El término de la prescripción comenzará a correr desde el día en que se hubiere cometido el delito.

Esta prescripción se interrumpirá desde que el procedimiento se dirija contra el culpable, volviendo a correr de nuevo el tiempo de la prescripción desde que aquél termine sin ser condenado o se paralice el procedimiento.

Art. 115. Las penas impuestas por sentencia firme prescriben:

Las de reclusión mayor, a los treinta y cinco años.

Las de reclusión menor, a los veinticinco.

Las demás penas, cuya duración exceda de seis años, a los quince.

Las penas superiores a un año y que no excedan de seis, a los diez.

Las restantes penas, con excepción de las leves, a los cinco años.

Las penas leves, al año.

Art. 116. El tiempo de la prescripción de la pena comenzará a correr desde la fecha de la sentencia firme o desde el quebrantamiento de la condena, si ésta hubiese comenzado a cumplirse.

Se interrumpirá, quedando sin efecto el tiempo transcurrido, cuando el reo cometiere otro delito antes de completar el tiempo de la prescripción, sin perjuicio de que ésta pueda comenzar a correr de nuevo.

Art. 117. La responsabilidad civil nacida de delito o falta se extinguirá de igual modo que las demás obligaciones, con sujeción a las reglas del derecho civil.

CAPÍTULO II

DE LA REHABILITACIÓN

Art. 118. Por la rehabilitación se extinguen de modo definitivo todos los efectos de la pena.

Los condenados que hayan extinguido su responsabilidad penal o alcanzado la remisión condicional de la pena, tienen derecho a obtener del Ministerio de Justicia la cancelación de sus antecedentes penales previo informe del Juez o Tribunal sentenciador.

Para obtener este beneficio serán requisitos indispensables:

1.º No haber delinquido durante los plazos que se señalan en el número 3.º

2.º Tener satisfechas las responsabilidades civiles provenientes de la infracción, excepto en los supuestos de insolvencia declarada por el Tribunal sentenciador, salvo que hubiera venido a mejor fortuna.

3.º Haber transcurrido el plazo de seis meses para las penas leves, dos años para las de arresto mayor, las impuestas por delito de imprudencia y penas no privativas de libertad, tres años para las de prisión y cinco para las de reclusión.

El Ministerio de Justicia procederá de oficio a la cancelación de los antecedentes penales cuando transcurriesen los plazos precedentemente señalados y un año más sin que se haya anotado una nueva y posterior condena o declaración de rebeldía del penado.

Estos plazos se contarán desde el día siguiente a aquel en que quedara extinguida la pena, pero si ello ocurriere mediante la remisión condicional, el plazo, una vez obtenida la remisión definitiva, se computará retrotrayéndolo al día siguiente a aquel en que hubiere quedado cumplida la pena si no se hubiere disfrutado de este beneficio. En este caso, se tomará como fecha inicial para el cómputo de la duración de la pena el día siguiente al del otorgamiento de la suspensión.

Las inscripciones de antecentes penales en el Registro Central de Penados y Rebeldes no serán públicas. Durante su vigencia sólo se emitirán certificaciones con las limitaciones y garantías previstas en sus normas específicas y en los casos establecidos por la Ley. En todo caso se librarán las que soliciten los Jueces y Tribunales, se refieran o no a inscripciones canceladas, haciendo constar expresamente, si se diere, esta última circunstancia.

En los casos en que, a pesar de cumplirse los requisitos establecidos en este artículo para la cancelación por solicitud del interesado, éste no hubiere instado la rehabilitación, el Juez o Tribunal sentenciador, acreditadas tales circunstancias, no apreciará la agravante y ordenará la cancelación.

4.º En los supuestos de reincidencia, los términos de la cancelación se incrementarán en un 50 por 100.

TÍTULO VI

Disposiciones generales

Art. 119. A los efectos penales, se reputará autoridad al que por sí solo o como individuo de alguna corporación o Tribunal tuviere mando o ejerciere jurisdicción propia.

Se reputarán también autoridades los funcionarios del ministerio fiscal.

Se considerará funcionario público todo el que por disposición inmediata de la Ley o por elección o por nombramiento de autoridad competente participe del ejercicio de funciones públicas.

LIBRO II

Delitos y sus penas

TÍTULO PRIMERO

Delitos contra la seguridad exterior del Estado

CAPÍTULO PRIMERO

DELITOS DE TRAICIÓN

Art. 120. El español que indujere a una potencia extranjera a declarar la guerra a España o se concertare con ella para el mismo fin, será castigado con la pena de reclusión mayor.

Art. 121. Será castigado con la pena de reclusión mayor en su grado máximo:

1.º El español que facilitare al enemigo la entrada en la Nación, la toma de una plaza, puesto militar, buque del Estado o almacenes de boca o guerra del mismo.

2.º El español que sedujere tropa española o que se hallare al servicio de España para que se pase a las filas enemigas o deserte de sus banderas estando en campaña.

3.º El español que, dentro o fuera del territorio de la Nación, reclutare gente, suministrare armas u otros medios eficaces para hacer la guerra a España bajo banderas enemigas, sediciosas o separatistas, o para atentar contra la seguridad del Estado en cualquier otra forma.

Art. 122. Será castigado con la pena de reclusión mayor en su grado máximo:

1.º El español que tomare las armas contra la Patria bajo banderas enemigas, sediciosas o separatistas, si obrare como jefe o promovedor o tuviera algún mando, aunque fuese subalterno, o estuviese constituido en autoridad.

En los demás casos será castigado con la pena de reclusión menor.

2.º El español que reclutare en España gente para el servicio de una potencia enemiga, en el caso de que no fuese para que aquélla tome parte directa en la guerra contra España.

3.º El español que, dentro o fuera de la Nación, suministrare a las tropas enemigas, sediciosas o separatistas, caudales, armas, embarcaciones, aeronaves, efectos o municiones de boca y guerra u otros medios directos y eficaces para hostilizar a España, o favoreciere el progreso de las armas enemigas de un modo no comprendido en el artículo anterior.

4.º El español que suministrare al enemigo planos de fortalezas o de terrenos, documentos o noticias que conduzcan directamente al mismo fin de hostilizar a España o de favorecer el progreso de las armas enemigas.

5.º El español que, en tiempo de guerra, impidiere que las tropas nacionales reciban los auxilios expresados en el número 3.º o los datos y noticias indicados en el 4.º

Art. 122 bis. El español que con el propósito de favorecer a una potencia extranjera se procurare, falseare o inutilizare información clasificada o de interés militar, susceptibles de perjudicar a la seguridad nacional o a la defensa nacional, o relativa a los medios técnicos o sistemas empleados por las Fuerzas Armadas o las industrias de interés militar, o revelase información legalmente clasificada susceptible de perjudicar a la seguridad nacional o a la defensa nacional, a potencia extranjera, asociación u organismo internacional, será castigado, como traidor, a la pena de prisión mayor.

Art. 123. Los ultrajes a la Nación española o al sentimiento de su unidad, al Estado o su forma política, así como a sus símbolos y emblemas, se castigarán con la pena de prisión menor, y, si tuvieren lugar con publicidad, con la de prisión mayor.

Art. 124. El extranjero que cometiere alguno de los delitos comprendidos en este título, si se hallare en España o se hubiere conseguido su extradición, será castigado con la pena señalada al delito cometido, salvo lo establecido por tratados o por el derecho de gentes acerca de los funcionarios diplomáticos, y sin perjuicio de las medidas de policía que puedan adoptarse respecto a dicho culpable extranjero.

Art. 125. Las penas señaladas en los artículos anteriores de este capítulo son aplicables a los que cometieren los delitos comprendidos en los mismos contra una potencia aliada de España, en el caso de hallarse en campaña contra el enemigo común.

CAPÍTULO II

DELITOS QUE COMPROMETEN LA PAZ O LA INDEPENDENCIA DEL ESTADO

Art. 126. El que introdujere, publicare o ejecutare en la Nación cualquier orden, disposición o documento de un gobierno extranjero que ofenda a la independencia o seguridad del Estado, se oponga a la observancia de sus leyes o provoque su incumplimiento será castigado con la pena de prisión menor, a no ser que de este delito se sigan directamente otros más graves, en cuyo caso será penado como autor de ellos.

Art. 127. El que, con actos ilegales o que no estén competentemente autorizados, provocare o diere motivo a una declaración de guerra contra España por parte de otra potencia, o expusiere a los españoles a experimentar vejaciones o represalias en sus personas o en sus bienes, será castigado con la pena de reclusión menor, si fuere funcionario público, y, no siéndolo, con la de prisión mayor.

Si la guerra no llegare a declararse ni a tener efecto las vejaciones o represalias, se impondrá, respectivamente, la pena inmediata inferior.

Art. 128. Con las mismas penas señaladas en el artículo anterior será castigado, en sus respectivos casos, el que, durante una guerra en que no intervenga España, ejecutare cualquier acto que comprometa la neutralidad del Estado o infrinja las disposiciones publicadas por el Gobierno para mantenerla.

Art. 129. Serán castigados con la pena de prisión mayor los que, con el fin de perjudicar la autoridad del Estado o comprometer la dignidad o los intereses vitales de España, mantuvieren inteligencia o relación de cualquier género con gobiernos extranjeros, con sus agentes o con grupos, organismos o asociaciones internacionales o extranjeras.

Si el culpable tratare de provocar una guerra o un movimiento rebelde o sedicioso u otros actos de grave hostilidad contra España, será castigado con arreglo a los artículos 120, 215 ó 217 de este Código, respectivamente.

Art. 130. Se impondrá la pena de reclusión menor al que violare tregua o armisticio acordado entre la Nación española y otra enemiga, o entre sus fuerzas beligerantes.

Art. 131. El funcionario público que, abusando de su cargo, comprometiera la dignidad o los intereses de la Nación española, de un modo que no esté comprendido en este capítulo, será castigado con las penas de prisión mayor e inhabilitación especial.

Art. 132. El español que, fuera del territorio nacional, comunicare o hiciere circular noticias o rumores falsos, desfigurados o tendenciosos, o ejecutare actos de cualquier clase encaminados a perjudicar el crédito o la autoridad del Estado, o a comprometer la dignidad o los intereses de la Nación española, será castigado con las penas de prisión menor, inhabilitación especial y multa de 100.000 a 5.000.000 de pesetas.

En las mismas penas incurrirá el extranjero que en el territorio español realizare cualquiera de los hechos comprendidos en el párrafo anterior.

Art. 133. El que, sin autorización bastante, levantare tropas en la Nación para el servicio de una potencia extranjera, cualquiera que sea el objeto que se proponga o la nación a quien intente hostilizar, será castigado con la pena de prisión mayor.

Art. 134. El que en tiempo de guerra tuviere correspondencia con país enemigo u ocupado por sus tropas será castigado:

1.º Con la pena de prisión mayor, si la correspondencia se siguiere en cifras, signos convencionales o por medio de radiotelegrafía o radiotelefonía.

2.º Con la de prisión menor, si se siguiese en la forma común y el Gobierno la hubiere prohibido.

3.º Con la de reclusión menor, si en la correspondencia se dieren avisos o noticias de que pueda aprovecharse el enemigo, cualquiera que sea la forma de aquélla y aunque no hubiere precedido prohibición del Gobierno.

En las mismas penas incurrirá el que ejecutare los delitos comprendidos en este artículo, aunque dirija la correspondencia por país amigo o neutral para eludir la Ley.

Si el culpable se propusiere servir al enemigo con sus avisos o noticias, se estimará comprendido en el artículo 122, número 4.º

Art. 135. El español culpable de tentativa para pasar a país enemigo cuando lo hubiere prohibido el Gobierno, será castigado con la pena de arresto mayor.

CAPÍTULO II BIS

DE LOS DELITOS RELATIVOS A LA DEFENSA NACIONAL

SECCIÓN 1.ª

Del descubrimiento y revelación de secretos e informaciones relativas a la defensa nacional

Art. 135 bis a). El que, sin propósito de favorecer a una potencia extranjera, se procurare, revelare, falseare o inutilizare información legalmente clasificada, relacionada con la seguridad nacional o la defensa nacional o relativa a los medios técnicos o sistemas empleados por las Fuerzas Armadas o las industrias de interés militar, será castigado con la pena de prisión menor.

Art. 135 bis b). La pena establecida en el artículo anterior se aplicará en su grado máximo cuando concurra alguna de las circunstancias siguientes:

1.º Que el sujeto activo sea depositario o conocedor del secreto o información por razón de su cargo o destino.

2.º Que la revelación consistiera en dar publicidad al secreto o información en algún medio de comunicación social o de forma que asegure su difusión.

Art. 135 bis c). El que sin autorización expresa reprodujera planos o documentaciones referentes a zonas, instalaciones o materiales militares que sean de acceso restringido y cuyo conocimiento esté protegido y reservado por una información legalmente clasificada, será castigado con la pena de prisión menor.

Con la misma pena será castigado el que tuviere en su poder objetos, o información legalmente clasificada, relativos a la seguridad o a la defensa nacional, sin cumplir las disposiciones establecidas en la legislación vigente.

Art. 135 bis d). El que por razón de su cargo, comisión o servicio, tuviere en su poder o conociera oficialmente objetos o información legalmente clasificada o de interés militar, relativos a la seguridad nacional o la defensa nacional y por imprudencia diera lugar a que sean conocidos por persona no autorizada o fueren divulgados, publicados o inutilizados, será castigado con la pena de prisión menor, en su grado mínimo.

SECCIÓN 2.ª

De los atentados contra los medios o recursos de la defensa nacional

Art. 135 bis e). El que destruyere, dañare de modo grave, o inutilizare para el servicio, aun de forma temporal, obras, establecimientos o instalaciones militares, buques de guerra, aeronaves militares, medios de transporte o transmisión militar, material de guerra, aprovisionamiento u otros medios o recursos afectados al servicio de las Fuerzas Armadas, será castigado con la pena de prisión mayor.

Si estos hechos fueren cometidos mediante incendio, explosión, naufragio, derribo, descarrilamiento, inundación, voladura, derrumbamiento o cualquier otro medio capaz de ocasionar graves estragos, comportaren un peligro para la vida o integridad de las personas o hubieran comprometido el potencial o capacidad bélica de la Nación, serán castigados con la pena de reclusión mayor.

Art. 135 bis f). El que comunicare falsamente la existencia, en lugar militar, de aparatos explosivos o similares será castigado con la pena de prisión menor.

En la misma pena incurrirá el que entorpeciere intencionadamente el transporte, aprovisionamiento, transmisiones o cualquier clase de misiones de los Ejércitos.

Art. 135 bis g). El que destruyere, inutilizare, falseare o abriese sin autorización la correspondencia oficial o documentación legalmente clasificada relacionadas con la defensa nacional que tuviere en su poder por razones de su cargo o destino, será castigado con la pena de prisión menor.

SECCIÓN 3.ª

De los delitos contra el deber de prestación del servicio militar

Art. 135 bis h). El que citado reglamentariamente para el cumplimiento del servicio militar u otras obligaciones militares no efectuare sin causa legal su incorporación a las Fuerzas Armadas en el plazo fijado para ello, será castigado con la pena de arresto mayor en su grado máximo a prisión menor en su grado mínimo. En tiempo de guerra se impondrá la pena de prisión menor, en sus grados medio o máximo, o la de prisión mayor en su grado mínimo.

Art. 135 bis i). El que citado reglamentariamente para el cumplimiento del servicio militar u otras obligaciones militares y sin haberse incorporado a las Fuerzas Armadas rehusare sin causa legal este cumplimiento será castigado con la pena de prisión menor en su grado medio o máximo y la inhabilitación absoluta durante el tiempo de la condena. En tiempo de guerra se impondrá la pena de prisión mayor o la de reclusión menor en su grado mínimo. Una vez cumplida la condena impuesta el penado quedará exento del cumplimiento del servicio militar, excepto en caso de movilización por causa de guerra.

CAPÍTULO III

DELITOS CONTRA EL DERECHO DE GENTES

Art. 136. El que matare al Jefe de un Estado extranjero, o a una persona internacionalmente protegida por un Tratado, que se hallare en España será castigado con la pena de reclusión mayor.

El que produjere lesiones graves a cualquiera de las personas mencionadas en el párrafo anterior será castigado con la pena de reclusión menor y con la de prisión mayor si fueran leves.

Cualquier otro delito cometido contra las personas mencionadas en los párrafos precedentes o contra los locales oficiales, la residencia particular o los medios de transporte de dichas personas, será castigado con las penas establecidas en este Código para los respectivos delitos, en su grado máximo.

Art. 137. El que violase la inmunidad personal del Jefe de otro Estado o de una persona internacionalmente protegida por un Tratado será castigado con la pena de prisión menor.

Cuando los delitos comprendidos en este artículo y en el anterior no tuvieren señalada una penalidad recíproca en las leyes del país a que correspondan las personas ofendidas, se impondrá al delincuente la pena que sería propia del delito, con arreglo a las disposiciones de este Código, si la persona ofendida no tuviere el carácter oficial mencionado en el párrafo anterior.

Art. 137 bis a). Los que, con propósito de destruir, total o parcialmente, a un grupo nacional étnico, racial o religioso perpetraren alguno de los actos siguientes, serán castigados:

1.º Con la pena de reclusión mayor si causaren la muerte, castración, esterilización, mutilación o lesión grave a alguno de sus miembros.

2.º Con la de reclusión menor, si sometieren al grupo o a cualquiera de sus individuos a condiciones de existencia que pongan en peligro su vida o perturben gravemente su salud.

En la misma pena incurrirán los que llevaren a cabo desplazamientos forzosos del grupo o de sus miembros, adoptaren cualquier medida que tienda a impedir su género de vida o reproducción o bien trasladaren individuos por la fuerza de un grupo a otro.

Art. 137 bis b). La apología de los delitos tipificados en el artículo anterior se castigará con la pena inferior en dos grados a las respectivamente establecidas en el mismo.

La apología existe cuando ante una concurrencia de personas o por cualquier medio de difusión se expongan ideas o doctrinas que ensalcen el crimen, enaltezcan a su autor, nieguen, banalicen o justifiquen los hechos tipificados en el artículo anterior, o pretendan la rehabilitación o constitución de regímenes o instituciones que amparen prácticas generadoras del delito de genocidio, siempre que tales conductas, por su naturaleza y circunstancias, puedan constituir una incitación directa a cometer delito.

Art. 137 bis c). En caso de cometerse cualquiera de los delitos comprendidos en los dos artículos anteriores por una autoridad o funcionario público, se le impondrá, además de las penas señaladas en ellos, la de inhabilitación absoluta; y si fuera un particular, los Jueces o Tribunales podrán aplicar la de inhabilitación especial para empleo o cargo público.

CAPÍTULO IV

DELITOS DE PIRATERÍA

Art. 138. El delito de piratería cometido contra españoles o súbditos de otra nación que no se halle en guerra con España, será castigado con la pena de reclusión mayor.

Cuando el delito se cometiere contra súbditos no beligerantes de otra nación que se halle en guerra con España, será castigado con la pena de presidio mayor.

Art. 139. Incurrirán en la pena de reclusión mayor en su grado máximo los que cometan los delitos de que se trata en el párrafo primero del artículo anterior, y en la pena de reclusión mayor los que cometan los delitos de que habla el párrafo segundo del mismo artículo:

1.º Siempre que hubieren apresado alguna embarcación al abordaje o haciéndola fuego.

2.º Siempre que el delito fuere acompañado de asesinato u homicidio o de alguna de las lesiones designadas en los artículos 418, 419 y 421.

3.º Siempre que fuere acompañado de cualquiera de los atentados contra la honestidad señalados en el capítulo I, título IX, de este libro.

4.º Siempre que los piratas hayan dejado a alguna persona sin medio de salvarse.

5.º En todo caso, el jefe, capitán o patrón pirata.

Las penas señaladas en este artículo y en el anterior son aplicables a los delitos que se cometieren contra aviones, aeronaves o aparatos similares o utilizando tales medios para la realización de aquéllos.

CAPÍTULO V

DISPOSICIONES COMUNES A LOS CAPÍTULOS ANTERIORES

Art. 140. En el caso de cometerse cualquiera de los delitos comprendidos en los capítulos anteriores por un funcionario público, abusando de su carácter o funciones, se le impondrá, además de las penas señaladas en ellos, la de inhabilitación absoluta.

Art. 141. El extranjero naturalizado en España, responsable de alguno de los delitos sancionados en este título, podrá ser condenado, además de la pena señalada a aquél, a la de pérdida de la nacionalidad española.

TÍTULO II

Delitos contra la seguridad interior del Estado

CAPÍTULO PRIMERO

DELITOS CONTRA EL JEFE DEL ESTADO, SU SUCESOR, ALTOS ORGANISMOS DE LA NACIÓN Y FORMA DE GOBIERNO

SECCIÓN 1.ª

Delitos contra el Jefe del Estado y su sucesor

Art. 142. Al que matare al Jefe del Estado se le impondrá la pena de reclusión mayor en su grado máximo.

Con igual pena se castigará el delito frustrado y la tentativa del mismo delito.

Art. 143. La conspiración y la provocación para el delito de que trata el artículo anterior se castigará con la pena de reclusión menor.

La proposición para el mismo delito, con la de prisión mayor.

Art. 144. Se castigará con la pena de reclusión mayor en su grado máximo:

1.º Al que privare al Jefe del Estado de su libertad personal.

2.º Al que con violencia o intimidación graves le obligare a ejecutar un acto contra su voluntad.

3.º Al que le causare lesiones graves no comprendidas en el párrafo segundo del artículo 142.

Art. 145. En los casos de los números 2.º y 3.º del artículo anterior, si la violencia y la intimidación o las lesiones no fueren graves, se impondrá al culpable la pena de reclusión menor.

Art. 146. Se impondrá la pena de prisión mayor:

1.º Al que injuriare o amenazare al Jefe del Estado en su presencia.

2.º Al que invadiere violentamente la morada del Jefe del Estado.

Art. 147. Incurrirá en la pena de prisión mayor el que injuriare o amenazare al Jefe del Estado por escrito o con publicidad fuera de su presencia.

Las injurias o amenazas inferidas en cualquier otra forma serán castigadas con la pena de prisión mayor, si fueren graves, y con la de prisión menor, si fueren leves.

Art. 148. Los delitos previstos en los artículos precedentes de esta sección, cometidos contra el sucesor del Jefe del Estado o el heredero de la Corona serán castigados con las penas que los mismos establecen para cada caso.

Art. 148 bis. Los Tribunales, apreciando las circunstancias del hecho y del culpable de cualesquiera de los delitos comprendidos en esta sección, así como su condición social y situación económica, podrán imponer, además de las penas señaladas, las de multa de 100.000 a 10.000.000 de pesetas e inhabilitación absoluta o especial.

Igualmente podrán los Tribunales, atendidas las mencionadas circunstancias del hecho y del culpable, rebajar en un grado las penas establecidas en los artículos correspondientes.

SECCIÓN 2.ª

Delitos contra los altos organismos de la Nación

Art. 149. Los que invadieren violentamente o con intimidación el palacio de las Cortes, si estuvieren reunidas, serán castigados con la pena de extrañamiento.

Art. 150. Incurrirán en la pena de confinamiento los que promovieren, dirigieren o presidieren manifestaciones u otra clase de reuniones al aire libre en los alrededores del palacio de las Cortes cuando estén reunidas.

Serán considerados como promovedores o directores de dichas reuniones o manifestaciones los que por los discursos que en las mismas pronunciaren, impresos que publicaren o en ellas repartieren, por los lemas, banderas u otros signos que ostentaren o por cualesquiera otros hechos, deban ser considerados como inspiradores de los actos de aquéllas.

Art. 151. Los que, sin estar comprendidos en el artículo anterior, tomaren parte en las reuniones al aire libre de que en el mismo se trata, serán castigados con la pena de destierro.

Art. 152. Los que, portando armas, intentaren penetrar en las sedes del Congreso de los Diputados o del Senado para presentar, en persona y colectivamente, peticiones a los mismos, incurrirán en la pena de prisión menor.

Art. 153. Los que, sin pertenecer a una fuerza armada, intentaren penetrar en el palacio de las Cortes para presentar en persona y colectivamente peticiones a las mismas, incurrirán en la pena de confinamiento.

El que sólo intentare penetrar en el mismo para presentar en persona individualmente una o más peticiones, incurrirá en la de destierro.

Art. 154. Los que, portando armas, presentaren o intentaren presentar colectivamente, aunque no fuere en persona, peticiones al Congreso de los Diputados o al Senado, incurrirán en la pena de prisión menor.

Art. 155. Los que ataquen o entorpezcan, en cualquier forma, la labor de las Cortes, serán castigados con la pena de prisión menor.

Art. 156. El que injuriare a las Cortes hallándose en sesión, o a alguna de sus comisiones en los actos públicos en que las representen, será castigado con la pena de destierro.

Art. 157. Incurrirán en la pena de confinamiento:

1.º Los que perturbaren gravemente el orden en las sesiones de las Cortes.

2.º Los que injuriaren o amenazaren gravemente en los mismos actos a algún miembro de las Cortes.

3.º Los que fuera de las sesiones injuriaren o amenazaren gravemente a un miembro de las Cortes por las opiniones manifestadas o por los votos emitidos en el seno de aquéllas.

4.º Los que emplearen fuerza, intimidación o amenaza grave para impedir a un miembro de las Cortes asistir a sus reuniones o por los mismos medios coartaren la libre manifestación de sus opiniones o la emisión de su voto.

Art. 158. Cuando la perturbación del orden de las sesiones, la injuria o la amenaza de que habla el artículo precedente no fueren graves, el delincuente sufrirá la pena de destierro.

Art. 159. El funcionario administrativo o judicial que detuviere o procesare a un miembro de las Cortes, fuera de los casos o sin los requisitos establecidos por la legislación vigente, incurrirá en la pena de inhabilitación especial.

Art. 160. Incurrirán en la pena de prisión mayor:

1.º Los que invadieren violentamente o con intimidación el local donde esté constituido el consejo de ministros.

2.º Los que coartaren o por cualquier medio pusieren obstáculos a la libertad de los ministros reunidos en consejo.

Art. 160 bis. Las mismas penas establecidas en los artículos anteriores de esta sección para los que atentaren contra las Cortes Generales o el consejo de ministros de la Nación, serán aplicadas a quienes de igual modo lo hicieren contra las asambleas legislativas de las Comunidades

Autónomas, los consejos de gobierno de las mismas o sus miembros.

Art. 161. Incurrirán en la pena de prisión mayor:

1.º Los que injuriaren, calumniaren o amenazaren gravemente al Regente o Regentes, al Gobierno, al Consejo General del Poder Judicial, al Tribunal Constitucional, al Tribunal Supremo o a los Gobiernos de las Comunidades Autónomas.

2.º Los que emplearen fuerza o intimidación para impedir a los miembros de dichos organismos asistir a sus respectivas reuniones.

Art. 162. Cuando la injuria o amenaza de que se habla en el artículo precedente no fueren graves, se impondrá al culpable la pena de prisión menor.

SECCIÓN 3.ª

Delitos contra la forma de gobierno

Art. 163. El que ejecutare actos directamente encaminados a sustituir por otro el Gobierno de la Nación, a cambiar ilegalmente la organización del Estado o a despojar en todo o en parte al Jefe del Estado de sus prerrogativas y facultades, será castigado con la pena de reclusión mayor si el culpable fuere promovedor o tuviere algún mando, aunque fuere subalterno, o estuviere constituido en autoridad, y con la de prisión mayor en los demás casos.

Cuando para la consecución de dichos fines se empleare la lucha armada, la pena será de reclusión mayor en su grado máximo para los promotores y jefes, así como para quienes cometieren actos de grave violencia, y la de reclusión menor para los meros participantes.

Art. 164. Serán castigados con la pena de reclusión menor:

1.º Los que en las manifestaciones o reuniones públicas o en sitios de numerosa concurrencia dieren vivas u otros gritos que provocaren aclamaciones directamente encaminadas a la realización de cualquiera de los fines determinados en el artículo anterior.

2.º Los que en dichas reuniones y sitios pronunciaren discursos, leyeren o repartieren impresos o llevaren lemas o banderas que provocaren directamente a la realización de los fines mencionados en el artículo anterior.

....

Arts. 164 a) a 164 bis c). [*Suprimidos por la Ley 17/1978, de 15 de marzo.*]

CAPÍTULO II

DE LOS DELITOS COMETIDOS CON OCASIÓN DEL EJERCICIO DE LOS DERECHOS DE LA PERSONA RECONOCIDOS POR LAS LEYES

SECCIÓN 1.ª

Delitos cometidos por los particulares con ocasión del ejercicio de los derechos de la persona reconocidos por las leyes

Art. 165. Incurrirá en la pena de arresto mayor y multa de 100.000 a 1.000.000 de pesetas el particular encargado de un servicio público que, por razón del origen, sexo, situación familiar o pertenencia o no pertenencia a una etnia, raza, religión, grupo político o sindicato, de una persona, le denegare una prestación a la que tuviere derecho.

Las mismas penas serán aplicables cuando los hechos requeridos se cometieren contra una Asociación, Fundación o Sociedad o contra sus miembros por razón del origen, sexo o situación familiar de sus miembros o de alguno de ellos, o por razón de la pertenencia o no pertenencia de aquéllos, o de una parte de los mismos a una etnia, nación, raza o religión determinada.

Art. 165 bis. Serán castigados con las penas de arresto mayor y multa de 100.000 a 1.000.000 de pesetas los que impidieren u obstaculizaren el legítimo ejercicio de la libertad de expresión y de difusión informativa.

Art. 165 bis a). Incurrirán en la pena de la multa de 100.000 a 1.000.000 de pesetas los autores, directores, editores o impresores, en los casos que proceda por la forma de su participación, de impresos que se reputen clandestinos, entendiendo por tales los que no lleven pie de imprenta o nombre y domicilio del autor.

Cuando la difusión se realizare a través de la radiodifusión o televisión se impondrá la pena de prisión menor en su grado máximo.

Art. 165 bis b). [*Derogado por el Real Decreto-Ley 24/1977, de 1 de abril.*]

Art. 165 ter. 1. Los que provoquen o inciten, directamente o mediante la apología, a través de medios de comunicación o por cualquier otro sistema que facilite la publicidad, a la discriminación de personas o grupos por motivos referentes a su origen racial, étnico o nacional, o a su ideología, religión o creencias, serán castigados con la pena de prisión menor en grado mínimo o medio y multa de 100.000 a 1.000.000 de pesetas.

2. La apología existe cuando, ante una concurrencia de personas o por cualquier medio de difusión, se expongan ideas o doctrinas que ensalcen el crimen o enaltezcan a su autor y que, por su naturaleza y circunstancias, puedan constituir una incitación directa a cometer delito.

Art. 166. Quienes impidieren u obstaculizaren el legítimo ejercicio de la libertad de reunión o perturbaren el curso de una reunión o manifestación lícita serán castigados con las penas de arresto mayor y multa de 100.000 a 1.000.000 de pesetas.

Art. 167. Son reuniones o manifestaciones ilícitas:

1.º Las que se celebraren con el fin de cometer algún delito.

2.º Aquellas a las que concurran personas con armas, artefactos explosivos u objetos contundentes o de cualquier otro modo peligrosos.

Los promotores o directores de cualquier reunión o manifestación comprendida en el anterior número 1.º, y los que, en relación con el número 2.º, no hubieren tratado de impedir por todos los medios a su alcance las circunstancias en ellos mencionadas, incurrirán en las penas de prisión menor y multa de 100.000 a 1.000.000 de pesetas.

Los asistentes a una reunión o manifestación portando armas u otros medios peligrosos serán castigados con la pena de prisión menor. Los Tribunales, atendiendo a los antecedentes del sujeto, circunstancias del caso y características del arma o instrumento portado, podrán rebajar en un grado la pena señalada.

Aquellas personas que con ocasión de la celebración de una reunión o manifestación realizaren actos de violencia contra la autoridad, sus agentes, personas o propiedades públicas o privadas, serán castigados con la pena que a su delito correspondiere en su grado máximo.

Art. 168. Incurrirán en la pena de multa de 100.000 a 1.000.000 de pesetas los promotores de cualquier reunión o manifestación que eludieren el cumplimiento de los requisitos previstos en las leyes reguladoras del derecho de reunión.

Art. 169. Los promotores o directores de cualquier reunión o manifestación que no la disolvieren en el acto a requerimiento de la autoridad o sus agentes, y los que celebraren o intentaren celebrar de nuevo una reunión o manifestación que hubiese sido expresamente prohibida o disuelta, serán castigados con la pena de prisión menor en los supuestos previstos en el artículo 167 y con la de arresto mayor en los demás casos. En ambos supuestos se impondrá, además, la pena de multa de 100.000 a 1.000.000 de pesetas.

Los meros asistentes a una reunión o manifestación que no se retiraren de ella a requerimiento de la autoridad o sus agentes incurrirán en la pena de multa de 100.000 a 1.000.000 de pesetas.

Art. 170. Las penas establecidas en los artículos 167 a 169 serán impuestas en su grado máximo o elevadas a la superior en grado, al prudente arbitrio del Tribunal sentenciador, cuando, como consecuencia de la reunión o manifestación, se produjeren hechos calificados por este Código o leyes penales especiales como delitos castigados con pena igual o superior a la de prisión mayor.

Art. 171. Para la aplicación de lo dispuesto en los artículos anteriores se reputarán directores de la reunión o manifestación los que las presidieren.

Las penas señaladas en los artículos 167 a 170 se impondrán en sus respectivos casos sin perjuicio de las que procedieren por delitos cometidos con ocasión de la reunión o manifestación celebrada o intentada.

Art. 172. Quienes impidieren u obstaculizasen el legítimo ejercicio de la libertad de asociación o de alguna manera perturbaren gravemente las actividades estatutarias de cualquier asociación lícita, incurrirán en las penas de arresto mayor y multa de 100.000 a 1.000.000 de pesetas, salvo que el hecho constituyere delito castigado con pena de mayor gravedad. Las penas se impondrán en su grado máximo cuando el impedimento, obstáculo o perturbación afectare al pluralismo político o sindical.

Art. 173. Son asociaciones ilícitas:

1.º Las que tuvieren por objeto cometer algún delito o, después de constituidas, promuevan su comisión.

2.º Las que, aun teniendo por objeto un fin lícito emplearen medios violentos para su consecución.

3.º Las organizaciones clandestinas o de carácter paramilitar.

4.º Las que promuevan la discriminación racial o inciten a ella.

Art. 174. En los casos previstos en el artículo anterior se impondrán las siguientes penas:

1.º A los fundadores, directores y presidentes de las asociaciones mencionadas, las de prisión menor, inhabilitación especial y multa de 250.000 a 2.500.000 pesetas.

2.º A los miembros activos, la de arresto mayor.

3.º A los promotores y directivos de las bandas armadas o de organizaciones terroristas o rebeldes y a quienes dirigieran cualquiera de sus grupos, las de prisión mayor en su grado máximo y multa de 150.000 a 750.000 pesetas. A los integrantes de las citadas bandas u organizaciones, la de prisión mayor y multa de 150.000 a 750.000 pesetas.

Dichas penas se impondrán en su grado máximo cuando se hubiere cometido algún delito contra la vida o la libertad de las personas, sin perjuicio de la pena que por éstos correspondiere.

Asimismo se acordará la disolución de la asociación ilícita.

Art. 174 bis a). 1. Será castigado con las penas de prisión mayor y multa de 500.000 a 2.500.000 pesetas el que obtenga, recabe o facilite cualquier acto de colaboración que favorezca la realización de las actividades o la consecución de los fines de una banda armada o de elementos terroristas o rebeldes.

2. En todo caso, son actos de colaboración la información o vigilancia de personas, bienes o instalaciones, la construcción, cesión o utilización de alojamientos o depósitos, la ocultación o traslados de personas integradas o vinculadas a bandas armadas o elementos terroristas o rebeldes, la organización o asistencia a prácticas de entrenamiento y cualquier otra forma de cooperación, ayuda o mediación, económica o de otro género, con las actividades de las citadas bandas o elementos.

Art. 174 bis b). El que, integrado en una banda armada u organización terrorista o rebelde, o en colaboración con sus objetivos y fines, realizare cualquier hecho delictivo que contribuya a la actividad de aquéllas, utilizando armas de fuego, bombas, granadas, sustancias o aparatos explosivos, inflamables o medios incendiarios de cualquier clase, cualquiera que sea el resultado producido, será castigado con la pena de prisión mayor en su grado máximo, a menos que por razón del delito cometido corresponda pena mayor. A los promotores y organizadores del hecho, así como a los que hubieren dirigido su ejecución, les será impuesta la pena de reclusión menor.

Art. 175. Los que con su cooperación económica o de cualquier otra clase, en todo caso relevante, favoreciesen la fundación, organización o actividad de las asociaciones comprendidas en el artículo 173, incurrirán en las penas de prisión menor y multa de 100.000 a 1.000.000 de pesetas.

Art. 176. Incurrirán en las penas previstas en el primer párrafo del artículo 169 los fundadores, directores, presidentes o miembros activos de asociaciones que vuelvan a celebrar sesión después de haber sido ésta suspendida por la autoridad o sus agentes, mientras no se haya dejado sin efecto la suspensión ordenada. A los meros asistentes se les aplicarán, en su caso, las penas establecidas en el segundo párrafo del mismo precepto.

Art. 177. Incurrirán en las penas de prisión menor y multa de 100.000 a 1.000.000 de pesetas los que fundaren establecimientos de enseñanza, que, por su objeto o circunstancias, sean contrarios a las leyes.

Art. 177 bis. Los que impidieren o limitaren el ejercicio legítimo de la libertad sindical o del derecho de huelga serán castigados con la pena de arresto mayor y multa de 100.000 a 1.000.000 de pesetas.

SECCIÓN 2.ª

De los delitos cometidos por los funcionarios públicos contra el ejercicio de los derechos de la persona reconocidos por las leyes

Art. 178. El funcionario que, arrogándose atribuciones judiciales, impusiere algún castigo equivalente a pena personal o pecuniaria grave, incurrirá en la pena de inhabilitación absoluta, y en la de suspensión, si aquélla fuere leve.

Art. 179. Si la pena personal arbitrariamente impuesta se hubiere ejecutado en todo o en parte, además de las determinadas en el artículo anterior, se aplicará al funcionario culpable la pena de prisión menor en el primer caso y la de arresto mayor en el segundo del mismo.

Art. 180. Cuando la pena pecuniaria arbitrariamente impuesta se hubiere ejecutado en todo o en parte, además de las penas determinadas en cada caso por el artículo 178, se aplicará al funcionario culpable la de multa del tanto al triplo sin que pueda bajar de 100.000 pesetas.

Art. 181. Las autoridades y funcionarios civiles y militares que establecieren una penalidad distinta de la prescrita por la Ley para cualquier género de delitos, y los que la aplicaren, incurrirán, respectivamente, y según los casos, en las penas señaladas en los tres artículos anteriores.

Art. 181 bis. Los funcionarios públicos que cometieren alguno de los actos previstos en el artículo 165 incurrirán en la misma pena en su grado máximo y en la de suspensión.

Art. 182. La autoridad judicial que entregare indebidamente una causa criminal a otra autoridad o funcionario, militar o administrativo, que ilegalmente se la reclamare, será castigado con la pena de suspensión.

Serán castigados con la pena de inhabilitación especial la autoridad o funcionario militar o administrativo que obligare a la autoridad judicial a la entrega indebida de la causa, después de haberle hecho presente ésta la ilegalidad de la reclamación.

Art. 183. Si la persona del reo hubiere sido también exigida y entregada, las penas serán, en sus respectivos casos, las inmediatamente superiores en grado a las señaladas en el artículo anterior.

Art. 184. El funcionario público que practicare ilegalmente cualquier detención incurrirá en la pena de suspensión si la detención no hubiere excedido de tres días, en las de suspensión y multa de 100.000 a 200.000 pesetas si, pasando de este tiempo, no hubiere llegado a quince; en la de inhabilitación absoluta si, no habiendo bajado de quince días, no hubiera llegado a un mes; en la de prisión menor, si hubiere pasado de un mes y no hubiere excedido de un año, y en la de prisión mayor, si hubiere pasado de un año.

Art. 185. El funcionario público que dilatare el cumplimiento de un mandato judicial, para que se ponga en libertad a un preso o detenido que tuviere a su disposición, será castigado con las penas señaladas en el artículo anterior, en proporción al tiempo de la dilación.

Art. 186. Incurrirá en la pena de suspensión el funcionario público que, no siendo autoridad judicial, detuviere a una persona por razón de delito y no le pusiere a disposición de la autoridad competente en las setenta y dos horas siguientes a aquella en que se hubiere practicado la detención.

Art. 187. Incurrirán en la pena de suspensión:

1.º El funcionario de prisiones o cualquier otro funcionario público que recibiere en calidad de detenido a cualquier persona y dejare transcurrir veinticuatro horas sin ponerlo en conocimiento de la autoridad judicial.

2.º El funcionario de prisiones o cualquier otro funcionario público que no pusiere en libertad al detenido que no hubiere sido constituido en prisión en las setenta y dos horas siguientes a la en que aquél hubiere puesto la detención en conocimiento de la autoridad judicial.

3.º El funcionario de prisiones o cualquier otro funcionario público que ocultare un preso a la autoridad judicial.

4.º El funcionario de prisiones que, sin mandato de autoridad judicial, tuviere a un preso o sentenciado incomunicado o en lugar distinto del que le corresponda.

5.º El funcionario de prisiones que impusiere a los presos o sentenciados privaciones indebidas o usare con ellos un rigor innecesario.

6.º El funcionario de prisiones que negare a un detenido o preso, o a quien le representare, certificación de su detención o prisión, o que no diere curso a cualquier solicitud relativa a su libertad.

7.º El funcionario de prisiones que retuviere a una persona en el establecimiento después de tener noticia oficial de su indulto o de la extinción de su condena.

Art. 188. Incurrirán en la pena de suspensión:

1.º La autoridad judicial que no pusiere en libertad o no constituyera en prisión por auto motivado a cualquier detenido dentro de las setenta y dos horas siguientes a la en que aquél hubiere sido puesto a su disposición.

2.º La autoridad judicial que, fuera del caso expresado en el número anterior, retuviere en calidad de preso al detenido cuya libertad proceda.

3.º La autoridad judicial que decretare o prolongare indebidamente la incomunicación de un preso.

4.º El secretario del Tribunal o Juzgado que dejare transcurrir el término fijado en el número 1.º de este artículo sin notificar al detenido el auto constituyéndolo en prisión o dejando sin efecto la detención.

5.º El Secretario de Tribunal o Juzgado que dilatare indebidamente a la notificación de auto alzando la incomunicación o poniendo en libertad a un preso.

6.º El secretario de Tribunal o Juzgado que dilatare dar cuenta a éstos de cualquier solicitud de un detenido o preso, o de su representante, relativa a su libertad.

Cuando la demora a que se refieren los números anteriores hubiere durado más de un mes y no hubiere excedido de tres, incurrirán los culpables en la pena de inhabilitación absoluta y multa de 100.000 a 500.000 pesetas, y si hubiere excedido de dicho tiempo, en la de inhabilitación absoluta y multa de 100.000 a 1.000.000 de pesetas.

Art. 189. El funcionario público que, fuera de los casos permitidos por las leyes, desterrare a cualquier persona o la compeliere a mudar de domicilio o residencia, será castigado con la pena de destierro y multa de 100.000 a 500.000 pesetas.

Art. 190. El funcionario público que deportare o extrañare del territorio de la Nación a cualquier persona, fuera de los casos previstos por las leyes, será castigado con la pena de confinamiento y multa de 100.000 a 1.000.000 de pesetas.

Art. 191. Incurrirán en las penas de suspensión y multa de 100.000 a 200.000 pesetas:

1.º El funcionario público que, no siendo autoridad judicial, entrare en el domicilio de un súbdito español sin su consentimiento, fuera de los casos permitidos por las leyes.

2.º El funcionario público que, no siendo autoridad judicial, y fuera de los casos permitidos por las leyes, registrare los papeles de un súbdito español y los efectos que se hallaren en su domicilio a no ser que el dueño hubiere prestado su consentimiento.

Si no devolviere al dueño, inmediatamente después del registro, los papeles y efectos registrados, las penas serán las de inhabilitación especial y multa de 100.000 a 500.000 pesetas.

Si los sustrajere y se los apropiare, será castigado como reo de delito de robo con violencia en las personas.

3.º El funcionario público que, con ocasión de lícito registro de papeles y efectos de un súbdito español, cometiere cualquier vejación injusta contra las personas o daño innecesario en sus bienes.

Art. 192. El funcionario público que, sin las debidas atribuciones, detuviere cualquier clase de correspondencia privada, incurrirá en la multa de 100.000 a 500.000 pesetas.

Incurrirá, además, si la abriere, en suspensión, y si la sustrajere, en inhabilitación absoluta.

Art. 192 bis. La autoridad o sus agentes y el funcionario público que, sin la debida autorización judicial, salvo, en su caso, lo previsto legalmente en desarrollo del artículo 55.2 de la Constitución, interceptare cualquier telecomunicación o utilizare artificios técnicos de escucha, transmisión, grabación o reproducción del sonido o de la imagen incurrirá en las penas de prisión menor en grado medio e inhabilitación especial de ocho años y un día a diez años.

Si divulgare o revelare la información obtenida por cualquiera de los precitados medios, se le impondrán las penas de prisión menor en grado máximo e inhabilitación especial de diez años y un día a doce años.

Art. 193. La autoridad gubernativa que, fuera de los casos permitidos por las leyes, estableciere la censura previa de imprenta, recogiere ediciones de libros o periódicos o suspendiere su publicación, incurrirá en la pena de inhabilitación absoluta.

Art. 194. Incurrirá en la pena de inhabilitación especial la autoridad o el funcionario público que impidiere a una persona el ejercicio de los derechos cívicos reconocidos por las leyes.

Art. 195. El funcionario público que, una vez disuelta cualquier reunión o manifestación o suspendida cualquier asociación o su sesión, se negare a poner en conocimiento de la autoridad competente que se lo reclamare las causas que hubieren motivado la disolución o suspensión indicada, será castigado con las penas de inhabilitación absoluta y multa de 100.000 a 1.000.000 de pesetas.

La autoridad o agente de la misma que empleare amenazas o coacciones para coartar el libre ejercicio de los derechos de reunión o asociación reconocidos por las leyes incurrirá en las penas de arresto mayor en su grado máximo, inhabilitación absoluta y multa de 75.000 a 300.000 pesetas.

Cuando las amenazas o coacciones coartaren el pluralismo político o sindical, la pena de arresto mayor en su grado máximo será sustituida por la de prisión menor.

Art. 196. El funcionario público que expropiare de sus bienes a un nacional o extranjero, fuera de los casos permitidos y sin cumplir los requisitos legales, incurrirá en las penas de suspensión y multa de 100.000 a 500.000 pesetas.

Art. 197. El funcionario público que ordenare la clausura o disolución de cualquier establecimiento privado de enseñanza, fuera de los casos prevenidos en las leyes, incurrirá en las penas de suspensión y multa de 100.000 a 500.000 pesetas.

Art. 198. La autoridad o funcionario público que, prevaliéndose de su cargo, ejerciere alguna profesión directamente relacionada con la esfera de sus atribuciones oficiales o interviniere directa o indirectamente en empresas o asociaciones privadas con móvil de lucro, incurrirá en la pena de inhabilitación especial y multa de 100.000 a 5.000.000 de pesetas.

Art. 199. Incurrirá en la pena de inhabilitación especial el funcionario público que atentare contra la independencia de los jueces y magistrados.

Art. 200. El ministro que mandare pagar un impuesto no autorizado por las leyes, será castigado con la pena de inhabilitación absoluta y multa de 100.000 a 10.000.000 de pesetas.

Art. 201. La autoridad que mandare pagar un impuesto provincial o municipal no aprobado legalmente por la respectiva diputación o ayuntamiento, será castigada con las penas de inhabilitación absoluta y multa de 100.000 a 1.000.000 de pesetas.

Art. 202. Los funcionarios públicos que exigieren a los contribuyentes para el Estado, la provincia o el municipio el pago de impuestos no autorizados por las leyes o corporaciones respectivas, incurrirán en las penas de suspensión y multa de 100.000 a 1.000.000 de pesetas.

Si la exacción se hubiere hecho efectiva, se impondrán las penas anteriores en su grado máximo.

Si se hubiere empleado el apremio u otro medio coercitivo, las penas serán la inhabilitación absoluta y la multa sobredicha.

Art. 203. Si el importe cobrado no hubiere entrado, según su clase, en las cajas del tesoro, de la provincia o del municipio, por culpa del que lo hubiere exigido, será éste castigado como estafador, con el grado máximo de la pena correspondiente.

Art. 204. Las autoridades que, a sabiendas de la ilegalidad de la exacción, presten su auxilio y cooperación a los funcionarios mencionados en los dos artículos anteriores, incurrirán en las penas de inhabilitación absoluta y multa de 100.000 a 1.000.000 de pesetas.

En el caso de que se hubieren lucrado de las cantidades cobradas, serán castigadas como coautores del delito penado en el artículo anterior.

Art. 204 bis. La autoridad o funcionario público que, en el curso de la investigación policial o judicial, y con el fin de obtener una confesión o testimonio, cometiere alguno de los delitos previstos en los capítulos I y IV del título VIII y capítulo VI del título XII de este Código, será castigado con la pena señalada al delito en su grado máximo y, además, la de inhabilitación especial.

Si con el mismo fin ejecutaren alguno de los actos penados en el artículo 582, párrafo segundo, el hecho se reputará delito y serán castigados con las penas de prisión menor en sus grados mínimo a medio e inhabilitación especial. Cuando los actos ejecutados sean algunos de los previstos en el artículo 585, el hecho se reputará igualmente delito y será castigado con las penas de arresto mayor y suspensión.

En las mismas penas incurrirán, respectivamente, la autoridad o funcionario de instituciones penitenciarias que cometiere, respecto de detenidos o presos, los actos a que se refieren los párrafos anteriores.

La autoridad o funcionario público que en el curso de un procedimiento judicial penal o en la investigación del delito sometieren al interrogado a condiciones o procedimientos que le intimiden o violenten su voluntad, será castigado con la pena de arresto mayor e inhabilitación especial.

Igualmente se impondrán las penas establecidas en los párrafos precedentes a la autoridad o funcionario que, faltando a los deberes de su cargo, permitiesen que otras personas ejecuten los hechos previstos en ellos.

Art. 204 bis a). Lo dispuesto en los artículos 178 a 204 bis se entenderá sin perjuicio de lo ordenado en otros preceptos de este Código que señalaren mayor pena a cualquiera de los hechos comprendidos en los artículos mencionados en esta Sección.

SECCIÓN 3.ª

Delitos contra la libertad de conciencia

Art. 205. Incurrirán en la pena de prisión menor:

1.º Los que por medio de violencia, intimidación, fuerza o cualquier otro apremio ilegítimo impidieren a un miembro o miembros de una confesión religiosa practicar los actos del culto que profese o asistir a los mismos.

2.º Los que por iguales medios forzaren a otro practicar o concurrir a actos de culto, o a realizar actos reveladores de profesar o no profesar una creencia religiosa, o a mudar la que profesare.

Art. 206. [*Dejado sin contenido por la Ley Orgánica 8/1983, de 25 de junio.*]

Art. 207. El que con violencia, amenaza, tumulto o vías de hecho, impidiere, interrumpiere o perturbare los actos, funciones, ceremonias o manifestaciones de las confesiones religiosas, será castigado con la pena de prisión menor, si el hecho se hubiere cometido en lugar destinado al culto, y con la de arresto mayor, si se realizare en cualquier otro lugar.

Art. 208. El que ejecutare actos de profanación en ofensa de los sentimientos religiosos legalmente tutelados, será castigado con la pena de prisión menor y multa de 100.000 a 500.000 pesetas.

Se impondrá esta pena en su grado máximo si los hechos previstos en el párrafo anterior fuesen realizados en templo, lugar destinado al culto o en ceremonias del mismo, oficialmente autorizadas, siempre que este requisito fuese necesario.

Cuando el hecho revistiere suma gravedad o relevante trascendencia, se aplicará la pena superior en grado.

Art. 209. El que de palabra o por escrito hiciere escarnio de una confesión religiosa, o ultrajare públicamente sus dogmas, ritos o ceremonias, será castigado con la pena de prisión menor si realizare el hecho en actos de culto, o en lugar destinado a celebrarlos, y con arresto mayor en los demás casos.

Art. 210. Al que maltratare de obra a un ministro de una confesión religiosa cuando se hallare cumpliendo los oficios de su ministerio o con ocasión del mismo, se le impondrá la pena de prisión menor y multa de 100.000 a 500.000 pesetas. El que ofendiere en iguales circunstancias con palabras o ademanes, será castigado con la pena de arresto mayor.

Art. 211. El que en lugar religioso ejecutare actos que, sin estar comprendidos en ninguno de los artículos anteriores, ofendieren el sentimiento religioso de los concurrentes, incurrirá en la pena de arresto mayor.

Art. 212. Los que cometieren los delitos de que se trata en los artículos anteriores, con motivo o con ocasión de su condición de enseñantes, incurrirán, además de las penas en ellos señaladas, en la de inhabilitación especial para el ejercicio de la enseñanza pública y privada.

SECCIÓN 4.ª

Disposición común a los capítulos anteriores

Art. 213. En los delitos cometidos por medio de la imprenta, comprendidos en los capítulos anteriores de este título y en el título I de este libro, el Tribunal podrá decretar el comiso de la imprenta cuando lo estime procedente, y lo decretará siempre cuando fuere clandestina.

CAPÍTULO III

Rebelión

Art. 214. Son reos de rebelión los que se alzaren públicamente para cualquiera de los fines siguientes:

1.º Derogar, suspender o modificar total o parcialmente la Constitución.

2.º Destituir al Jefe del Estado u obligarle a ejecutar un acto contrario a su voluntad.

3.º Impedir la libre celebración de elecciones para cargos públicos.

4.º Disolver las Cortes Generales, el Congreso de los Diputados, el Senado o cualquier Asamblea Legislativa de una Comunidad Autónoma, o impedir que se reúnan o deliberen o arrancarles alguna resolución.

5.º Declarar la independencia de una parte del territorio nacional o sustraer la Nación o parte de ella o cualquier clase de fuerza armada a la obediencia del Gobierno.

6.º Sustituir por otro el Gobierno de la Nación o el Consejo de Gobierno de una Comunidad Autónoma o usar o ejercer por sí o despojar al Gobierno de la Nación o al Consejo de Gobierno de una Comunidad Autónoma o a cualquiera de sus miembros de sus facultades o impedirles o coartarles su libre ejercicio, u obligar a cualquiera de ellos a ejecutar actos contrarios a su voluntad.

Art. 215. Los que, induciendo o determinando a los rebeldes, hubieren promovido o sostuvieren la rebelión, y los jefes principales de ésta, serán castigados con la pena de reclusión mayor; los que ejercieren un mando subalterno con la de reclusión menor, y los meros participantes, con la de prisión mayor.

Si se esgrimieren armas o concurriere cualquiera de las circunstancias previstas en el párrafo 1.º del artículo 219, las penas serán, respectivamente, de reclusión mayor en su grado máximo para los primeros y segundos, y de reclusión menor para los últimos.

Art. 216. Cuando la rebelión no hubiere llegado a organizarse con jefes conocidos, se reputarán por tales los que de hecho dirigieren a los demás, o llevaren la voz por ellos, o firmaren los recibos u otros escritos expedidos a su nombre, o ejercieren otros actos semejantes de dirección o representación.

Art. 216 bis a). 1. La conspiración, proposición y provocación a los delitos comprendidos en los artículos 174 bis b), 214 y 217, hechas públicamente o por medio de la imprenta, la radiodifusión o por cualquier otro medio que facilite su publicidad serán castigadas con la pena inferior en un grado a la que correspondería al autor de dichos delitos.

La misma pena se impondrá al reo de apología de los delitos a que se refiere el párrafo anterior y al de apología de la rebelión militar, aunque no llegue a cometerse, así como al de la del terrorismo realizado por medio de bandas o grupos armados a que se refiere la Ley Orgánica 11/1980, de 1 de diciembre.

Art. 216 bis b). [*Derogado por Ley Orgánica 9/1984, de 26 de diciembre.*]

Art. 217. Serán castigados como rebeldes, con la pena de prisión mayor:

1.º Los que, sin alzarse públicamente, cometieren por astucia o por cualquier otro medio contrario a las leyes alguno de los delitos comprendidos en el artículo 214.

2.º Los que sedujeren tropas o cualquier otra clase de fuerza armada para cometer el delito de rebelión.

Si llegare a tener efecto la rebelión, los seductores se reputarán promovedores y sufrirán la pena señalada en el artículo 215.

3.º Los que, en forma diversa de la prevista en el capítulo I, título I, de este libro, atentaren contra la integridad de la Nación española o la independencia de todo o parte del territorio bajo una sola representación de su personalidad como tal Nación.

Art. 217 bis. El militar que no empleare los medios a su alcance para contener la rebelión en las fuerzas de su mando, será castigado con la pena de prisión menor.

En la misma pena incurrirá el militar que, teniendo conocimiento de que se trata de cometer un delito de rebelión, no lo denunciare inmediatamente a sus superiores.

CAPÍTULO IV

SEDICIÓN

Art. 218. Son reos de sedición los que se alzan públicamente y tumultuariamente para conseguir por la fuerza o fuera de las vías legales cualquiera de los fines siguientes:

1.º Impedir la promulgación o ejecución de las leyes o la libre celebración de elecciones para cargos públicos.

2.º Impedir a cualquier autoridad, corporación oficial o funcionario público el libre ejercicio de sus funciones o el cumplimiento de sus providencias administrativas o judiciales.

3.º Ejercer algún acto de odio o venganza en la persona, familia o bienes de alguna autoridad o de sus agentes.

4.º Ejercer, con un objeto político o social, algún acto de odio o venganza contra los particulares o cualquiera clase del Estado.

5.º Despojar, con un objeto político o social, de todos o de parte de sus bienes propios a alguna clase de personas, al municipio, a la provincia o al Estado, o dañar o destruir dichos bienes.

Art. 219. Los reos de sedición serán castigados con las penas siguientes:

1.º Los que hubieren promovido la sedición, o la sostuvieren, o la dirigieren, o aparecieren como sus principales autores, con la pena de reclusión mayor en su grado máximo, si fueren personas constituidas en autoridad civil o eclesiástica, o si hubiere habido combate entre la fuerza de su mando y la fuerza pública fiel al Gobierno, o aquélla hubiere causado estragos en las propiedades de los particulares, de los pueblos o del Estado, cortado las comunicaciones telegráficas, ferroviarias o de otra clase, ejercido violencias graves contra las personas, exigido contribuciones o distraído los caudales públicos de su legítima inversión.

Fuera de estos casos, se impondrá al culpable la de reclusión mayor.

2.º Los que ejercieren un mando subalterno, con la de reclusión mayor, en los casos previstos en el párrafo primero del número anterior, y con la de reclusión menor, en los comprendidos en el párrafo segundo del mismo número.

3.º Los meros ejecutores de la sedición, con la pena de prisión mayor, en los casos del párrafo primero del número 1.º de este artículo, y con la de prisión menor, en los del párrafo segundo del mismo número.

Art. 220. Lo dispuesto en el artículo 216 es aplicable al caso de sedición cuando ésta no hubiere llegado a organizarse con jefes conocidos.

Art. 221. El que de palabra, por escrito, impreso u otro modo de posible eficacia, incitare a militares a cometer el delito de sedición militar, a las tropas a comportamientos de indisciplina o al incumplimiento de deberes militares o hiciera apología de la sedición militar o de los sediciosos será castigado con la pena de prisión menor.

Si llegare a tener efecto la sedición, los seductores se reputarán promovedores y sufrirán la pena a éstos señalada en el artículo 219.

Art. 222. Serán considerados como reos de sedición:

1.º Los funcionarios encargados de la prestación de todo género de servicios públicos o de reconocida e inaplazable necesidad que, suspendiendo su actividad, ocasionen trastornos a los mismos, o, de cualquier forma, alteren su regularidad.

2.º Los patronos y obreros que, con el fin de atentar contra la seguridad del Estado, perjudicar su autoridad, o perturbar su normal actividad, suspendieren o alteraren la regularidad del trabajo.

Art. 223. Los culpables de los delitos comprendidos en el artículo anterior serán castigados:

1.º Con la pena de prisión mayor, si fueren los promotores, organizadores y directores, o si para la comisión de los mismos delitos usaren de violencia o intimidación.

2.º Con la pena de prisión menor en los demás casos.

El Tribunal, apreciando las circunstancias del hecho y del delincuente, y especialmente su situación económica, podrá imponer, además de las penas señaladas, una multa de 100.000 a 5.000.000 de pesetas.

Art. 224. En el caso de que la sedición no hubiere llegado hasta el punto de embarazar de un modo grave el ejercicio de la autoridad pública, y no hubiere tampoco ocasionado la perpetración de otro delito al que la Ley señale penas superiores a presidio o prisión menores, los Tribunales rebajarán de uno a dos grados las penas señaladas en este capítulo.

CAPÍTULO V

Disposiciones comunes a los dos capítulos anteriores

Art. 225. Luego que se manifieste la rebelión o sedición, la autoridad gubernativa intimará hasta dos veces a los sublevados que inmediatamente se disuelvan y retiren, dejando pasar entre una y otra intimación el tiempo necesario para ello.

Si los sublevados no se retiraren inmediatamente después de la segunda intimación la autoridad hará uso de la fuerza pública para disolverlos.

Las intimaciones se harán mandando ondear al frente de los sublevados la bandera nacional, si fuere de día, y, si fuere de noche, requiriendo la retirada a toque de tambor, clarín u otro instrumento a propósito.

Si las circunstancias no permitieran hacer uso de los medios indicados, se ejecutarán las intimaciones por otros, procurando siempre la mayor publicidad.

No serán necesarias, respectivamente, la primera o la segunda intimación desde el momento en que los rebeldes o sediciosos rompieren el fuego.

Art. 226. Quedará exento de pena el que, implicado en un delito de rebelión o de sedición, lo revelare a tiempo de poder evitar sus consecuencias.

A los meros ejecutores que depongan las armas antes de haber hecho uso de ellas sometiéndose a las autoridades legítimas, se les aplicará la pena inferior en grado.

Art. 227. Los delitos particulares cometidos en una rebelión o sedición, o con motivo de ellas, serán castigados, respectivamente, según las disposiciones de este Código.

Cuando no puedan descubrirse sus autores, serán penados como tales los jefes principales de la rebelión o sedición.

Art. 228. Las autoridades de nombramiento directo del Gobierno que no hubiesen resistido a la rebelión o sedición por todos los medios que estuvieren a su alcance sufrirán la pena de inhabilitación absoluta.

Las que no fueren de nombramiento directo del Gobierno sufrirán la pena de suspensión.

Art. 229. Los funcionarios que continuaren desempeñando sus cargos bajo el mando de los alzados o que, sin habérseles admitido la renuncia de su empleo, lo abandonaren cuando haya peligro de rebelión o sedición, incurrirán en la pena de inhabilitación especial.

Art. 230. Los que aceptaren empleo de los rebeldes o sediciosos serán castigados con la pena de inhabilitación absoluta para cargos públicos.

CAPÍTULO VI

DE LOS ATENTADOS CONTRA LA AUTORIDAD, SUS AGENTES Y LOS FUNCIONARIOS PÚBLICOS, Y DE LA RESISTENCIA Y DESOBEDIENCIA

Art. 231. Cometen atentado:

1.º Los que, sin alzarse públicamente, emplearen fuerza o intimidación para alguno de los fines señalados en los delitos de rebelión o sedición.

2.º Los que acometieren a la autoridad, a sus agentes o a los funcionarios públicos, o emplearen fuerza contra ellos, o les intimidaren gravemente o les hicieren resistencia también grave, cuando se hallaren ejerciendo las funciones de sus cargos o con ocasión de ellas.

Art. 232. Los atentados contra la autoridad comprendidos en el artículo anterior serán castigados con las penas de prisión mayor y multa de 100.000 a 1.000.000 de pesetas, siempre que concurra alguna de las circunstancias siguientes:

1.ª Si la agresión se verificare con armas o el culpable pusiere manos en la autoridad.

2.ª Si los reos fueren funcionarios públicos.

3.ª Si por consecuencia de la coacción la autoridad hubiere accedido a las exigencias de los delincuentes.

Sin estas circunstancias, las penas serán de prisión menor y multa de 100.000 a 500.000 pesetas.

Art. 233. El que atentare contra un ministro en el ejercicio de sus funciones o con ocasión de las mismas, aun cuando hubiere cesado en ellas, incurrirá en la pena de reclusión mayor en su grado máximo si a consecuencia del hecho resultare muerte o lesiones de las comprendidas en los artículos 418, 419 ó 421, y en la de reclusión mayor en los demás casos.

Se impondrán las mismas penas del párrafo anterior, en sus respectivos casos, al que atentare contra autoridad o funcionario en el desempeño de misión o cargo de especial trascendencia para la seguridad pública o con motivo u ocasión de su ejercicio, aun cuando hubiere cesado en dichas funciones o cargo.

Iguales penas se impondrán a quienes, como integrantes de una banda armada u organización terrorista o rebelde o en colaboración con sus objetivos o actividades atentaren contra miembros de las Fuerzas Armadas, de las Fuerzas y Cuerpos de Seguridad del Estado, Policías de las Comunidades Autónomas o de los Entes Locales.

Art. 234. Serán castigados con las penas establecidas en el artículo anterior, en sus casos respectivos, los que acometieren o amenazaren gravemente al cónyuge, ascendientes o descendientes del Jefe del Estado, de los ministros, autoridades o funcionarios en el mismo artículo mencionados, siempre que la agresión o la amenaza tuviere relación con las funciones, misión o cargo desempeñado por aquéllos.

Art. 235. En los casos previstos en los dos artículos anteriores, los Tribunales, atendiendo a la menor gravedad y circunstancias del hecho y al móvil y condiciones del culpable, podrán rebajar en uno o dos grados las penas señaladas.

Art. 235 bis. El que maltratare de obra a fuerza armada en el ejercicio de sus funciones o con ocasión de ellas, será castigado con la pena de prisión menor en sus grados medio o máximo.

El que, en iguales circunstancias, hiciere resistencia grave a fuerza armada, se le impondrá la pena de prisión menor en sus grados mínimo o medio.

El que, en las circunstancias del párrafo primero, desobedeciere órdenes de fuerza armada se le impondrá la pena de arresto mayor y multa de 100.000 a 500.000 pesetas.

A estos efectos se entenderá por fuerza armada, los militares que, vistiendo de uniforme y portando armas, presten un servicio que legalmente esté encomendado a las Fuerzas Armadas y les haya sido reglamentariamente ordenado.

Art. 236. Se impondrá la pena de prisión menor a los que atentaren contra los agentes de la autoridad y los funcionarios públicos.

Igual pena se impondrá a los que acometieren a las personas que acudieren en auxilio de la autoridad, sus agentes o funcionarios.

Art. 237. Los que, sin estar comprendidos en el artículo 231, resistieren a la autoridad o a sus agentes, o los desobedecieren gravemente en el ejercicio de las funciones de su cargo, serán castigados con las penas de arresto mayor y multa de 100.000 a 500.000 pesetas.

Art. 238. El que desobedeciere órdenes expresas del Gobierno referentes a la fabricación, transformación, suministro, adquisición, transporte, importación o exportación de materias, efectos, productos, semovientes o cualquier género de mercancías en lo relativo a la sustancia, calidad, cantidad o tiempo de los mismos, incurrirá en las penas siguientes:

1.º Si el hecho causare perjuicio a la defensa nacional o se realizare con ánimo de atentar a la seguridad del Estado, las de prisión mayor y multa de 500.000 a 20.000.000 de pesetas.

2.º Si se hubiere irrogado perjuicio al Estado o a la economía nacional, las de prisión menor y multa de 250.000 a 10.000.000 de pesetas.

3.º En los demás casos, las de arresto mayor y multa de 100.000 a 2.000.000 de pesetas.

Cuando los hechos previstos en este artículo fueren cometidos por sociedades, empresas o entidades análogas, se impondrán, en sus respectivos casos, las penas señaladas a los directores, gerentes de las mismas o encargados del servicio de que se trate, así como a los componentes de los consejos de administración, siempre que éstos tuvieren conocimiento de la orden incumplida.

CAPÍTULO VII

DE LAS BLASFEMIAS

Art. 239. [*Dejado sin contenido por el art. 2.º de la Ley Orgánica 5/1988, de 9 de junio (BOE n.º 140, de 11 de junio).*]

CAPÍTULO VIII

DE LOS DESACATOS, INSULTOS, INJURIAS Y AMENAZAS A LA AUTORIDAD, Y DE LOS INSULTOS, INJURIAS Y AMENAZAS A SUS AGENTES Y A LOS DEMÁS FUNCIONARIOS PÚBLICOS

Art. 240. Cometen desacato los que, hallándose un ministro o una autoridad en el ejercicio de sus funciones o con ocasión de ellas, los calumniaren, injuriaren, insultaren o amenazaren de hecho o de palabra, en su presencia o en escrito que les dirijan.

Si la calumnia, la injuria, el insulto o la amenaza fueren graves, se impondrán las penas de prisión menor y multa de 100.000 a 500.000 pesetas, y si no lo fueren, las de arresto mayor y multa de 100.000 a 200.000 pesetas.

Si el culpable fuere funcionario público, jerárquicamente subordinado al ofendido, se le impondrán las penas superiores en grado a las señaladas en el párrafo anterior, y si no existiera subordinación jerárquica, se impondrán en su grado máximo aquellas penas.

Art. 241. El funcionario público que, hallándose su superior jerárquico en el ejercicio de su cargo, lo calumniare, injuriare, insultare o amenazare de hecho o de palabra en su presencia o en escrito que le dirija, será castigado con la pena de prisión menor, si la calumnia, insulto, injuria o amenaza fueren graves, y con la de arresto mayor si no lo fueren.

Si el funcionario culpable no estuviere subordinado jerárquicamente al ofendido, se impondrán en su grado mínimo las penas señaladas en el párrafo anterior.

Art. 242. Incurrirán en la pena de prisión menor los que injuriaren o amenazaren gravemente a los Ejércitos o a sus instituciones, armas, clases o cuerpos determinados.

Cuando las injurias o amenazas a que se refiere el párrafo anterior no fueren graves se impondrá al culpable la pena de arresto mayor o multa de 250.000 a 500.000 pesetas.

Art. 243. [*Dejado sin contenido por la Ley Orgánica 3/1989, de 21 de junio.*]

Art. 244. Los que, hallándose un ministro o una autoridad en el ejercicio de sus funciones o con ocasión de éstas, los calumniaren, injuriaren, insultaren o amenazaren de hecho o de palabra, fuera de su presencia o en escrito que no estuviere a ellos dirigido, serán castigados con la pena de arresto mayor y multa de 100.000 a 1.000.000 de pesetas.

Art. 245. Se impondrá la pena de arresto mayor a los que injuriaren, insultaren o amenazaren de hecho o de palabra a los funcionarios públicos o a los agentes de la autoridad, en su presencia o en escrito que les dirigieren.

CAPÍTULO IX

DE LOS DESÓRDENES PÚBLICOS

Art. 246. Serán castigados con la pena de prisión menor los que, actuando en grupo y con el fin de atentar contra la paz pública, alteren el orden, causando lesiones o vejación a las personas, produciendo desperfectos en las propiedades, obstaculizando las vías públicas u ocupando edificios, salvo que al hecho corresponda pena más grave en otro precepto de este Código.

Art. 246 bis. Los que produjeren tumulto o turbaren gravemente el orden en la audiencia de un Tribunal o Juzgado, en los actos públicos propios de cualquier autoridad o corporación, en algún colegio electoral, oficina o establecimiento público, en espectáculos, solemnidad o reunión numerosa serán castigados con las penas de arresto mayor y multa de 100.000 a 500.000 pesetas.

Los que sin pertenecer a un centro docente realizaren en el mismo actos que perturben o tiendan a perturbar su normal actividad, a menoscabar la libertad de enseñanza o a provocar la desobediencia a la autoridad académica, serán castigados con la pena de prisión menor.

Art. 247. Los que turbaren gravemente el orden público para causar injuria u otro mal a alguna persona, incurrirán en la pena de arresto mayor.

Si este delito tuviere por objeto impedir a alguna persona el ejercicio de sus derechos cívicos, se impondrán al culpable las penas de arresto mayor y multa de 100.000 a 500.000 pesetas.

Art. 248. Se impondrá la pena de arresto mayor a los que dieren gritos provocativos de rebelión o sedición en cualquiera reunión o asociación o en lugar público u ostentaren en los mismos sitios lemas o banderas que provocaren directamente a la alteración del orden público.

Art. 249. Los que causaren desperfectos en los caminos de hierro o en las líneas telegráficas o telefónicas, o interceptaren las comunicaciones o la correspondencia, serán castigados con la pena de prisión menor.

Se impondrá el grado máximo de la misma pena a los que se apoderaren de material fijo o móvil u otros objetos destinados al servicio público de transportes, abastecimiento de aguas, gas, hilos o cables instalados para los servicios eléctrico o de telecomunicación, cualquiera que fuere su valor.

En igual pena agravada incurrirán quienes adquirieren o tuvieren en su poder los referidos materiales u objetos cuando fundadamente pueda suponerse que conocían su procedencia ilícita, sin perjuicio de lo dispuesto en el artículo 71 de este Código.

Art. 249 bis. Los que, con ánimo de causar alarma, afirmaren falsamente la existencia de aparatos explosivos u otros que puedan producir el mismo efecto serán castigados con la pena de arresto mayor y multa de 100.000 a 1.000.000 de pesetas.

CAPÍTULO X

DISPOSICIÓN COMÚN A LOS CAPÍTULOS ANTERIORES

Art. 250. En el caso de hallarse constituido en autoridad el que cometiere cualquiera de los delitos expresados en los capítulos anteriores, se le impondrá, además de la respectiva pena, la de inhabilitación absoluta.

CAPÍTULO XI

....

Arts. 251 a 253. [*Derogados por la Ley Orgánica 4/1980, de 21 de mayo.*]

CAPÍTULO XII

DE LA TENENCIA Y DEPÓSITO DE ARMAS O MUNICIONES Y DE LA TENENCIA DE EXPLOSIVOS

SECCIÓN 1.ª

De la tenencia y depósito de armas o municiones

Art. 254. La tenencia de armas de fuego fuera del propio domicilio, sin poseer la guía y la licencia oportunas, o en el propio domicilio, sin la guía de pertenencia, se castigará con la pena de prisión menor.

Art. 255. El delito definido en el artículo anterior se castigará con prisión mayor cuando concurriere alguna de las circunstancias siguientes:

1.ª Que las armas carecieren de marca de fábrica o de número, o los tuvieren alterados o borrados.

2.ª Que fueren extranjeras y hubieren sido introducidas ilegalmente en territorio español; y

3.ª Que, aun siendo españolas, exportadas, hubieran vuelto a ser introducidas ilegalmente en territorio nacional.

Art. 256. Si de los antecedentes del procesado y de las circunstancias del hecho se dedujere la escasa peligrosidad social de aquél, la existencia en contra suya de amenazas graves de agresión ilegítima o la patente falta de intención de usar las armas con fines ilícitos, los Tribunales podrán rebajar las penas señaladas en esta sección en uno o dos grados.

Art. 257. Los que establezcan depósitos de armas o municiones no autorizadas por las leyes o la autoridad competente, serán castigados:

1.º Si se trata de armas o municiones de guerra, con la pena de reclusión menor los promotores y organizadores, y con la de prisión mayor, los que hubieren cooperado a su formación.

2.º Si se trata de armas o municiones de defensa, con la pena de prisión mayor los promotores y organizadores, y con la de prisión menor, los que hubieren cooperado a su formación.

Si los promotores o jefes no fueren conocidos, se reputarán por tales el más caracterizado entre los enjuiciados, y en igualdad de circunstancias, el de más edad.

Art. 258. Se reputa depósito de armas de guerra la reunión de tres o más de dichas armas, cualquiera que fuere su modelo o clase, aun cuando se hallaren en piezas desmontadas.

Se consideran armas de guerra:

1.º Todas las armas de fuego susceptibles de servir al armamento de tropas, con excepción de las pistolas y revólveres. Aquéllas no perderán su carácter de armas de guerra aunque se trate de modelos anticuados cuando sea posible adquirir sus municiones en el comercio libre.

2.º Las pistolas ametralladoras.

3.º Las bombas de mano.

Sin embargo, la tenencia de ametralladoras, pistolas y fusiles ametralladoras y bombas de mano, aun cuando se trate de una sola arma, se castigará siempre como depósito.

Se reputa depósito de armas de defensa la reunión de cinco o más de dichas armas, aun cuando se hallaren en piezas desmontadas.

Se consideran armas de defensa las pistolas, revólveres y pistolas automáticas de todos los modelos y calibres, con excepción de las pistolas ametralladoras.

El Tribunal, apreciando la cantidad y clase de las municiones, declarará si constituyen depósito a los efectos de esta sección.

Art. 259. Quedan exceptuados de carácter delictivo la tenencia y uso de armas de caza, sin licencia o guía, así como la tenencia de las de valor artístico o histórico, siempre que se acredite, respecto de éstas, que el poseedor no las da otro destino que el puramente artístico o coleccionista.

Se exceptúa igualmente la colección de armas de finalidad deportiva, cuyo poseedor se halle provisto de autorización especial.

SECCIÓN 2.ª

De los delitos de tenencia de explosivos

Arts. 260 a 263. [*Derogados por la Ley 82/1978, de 28 de diciembre.*]

Art. 264. La tenencia de sustancias o aparatos explosivos, inflamables o asfixiantes, así como su fabricación, transporte o suministro de cualquier forma, fuera de los casos permitidos por la Ley, y con propósito delictivo, será castigado con la pena de prisión mayor. Los Tribunales, teniendo en cuenta las circunstancias que concurran en el culpable, y en el hecho y la gravedad de éste, podrán rebajar en uno o dos grados la pena a que se refiere el párrafo anterior.

SECCIÓN 3.ª

Disposiciones comunes a las dos secciones anteriores

Art. 265. Los depósitos de armas, municiones o explosivos establecidos en nombre o por cuenta de una asociación con propósito delictivo, determinará la declaración judicial de ilicitud y su consiguiente disolución.

Art. 266. Cuando los actos definidos en este capítulo aparezcan realizados por menores de dieciséis años, los padres, tutores o guardadores de hecho incurrirán en multa de 100.000 a 1.000.000 de pesetas, que los Tribunales aplicarán según su prudente arbitrio, salvo que aquéllos acreditaren plenamente que adoptaron por su parte las medidas de previsión normalmente exigibles.

Art. 267. En los casos previstos en este capítulo, si el delincuente estuviere autorizado para fabricar o traficar con las sustancias, armas y municiones mencionadas en el mismo, sufrirá, además de las penas señaladas, la de inhabilitación especial para el ejercicio de su industria y comercio.

Art. 268. El que hiciere apología oral o escrita o por medio de la imprenta u otro procedimiento de difusión de delitos comprendidos en este título o de los cometidos por bandas o grupos armados y sus conexos o de sus culpables, será castigado con la pena inferior en uno o dos grados, según arbitrio del Tribunal, a la correspondiente al delito que hubiere sido objeto de la apología.

CAPÍTULO XIII

DISPOSICIÓN COMÚN A ESTE TÍTULO

Art. 268 bis. [*Dejado sin contenido por el artículo 4.º de la Ley 23/1976, de 19 de julio.*]

TÍTULO III
De las falsedades

CAPÍTULO PRIMERO
DE LA FALSIFICACIÓN DE LA FIRMA O ESTAMPILLA DEL JEFE DEL ESTADO, FIRMA DE LOS MINISTROS, SELLOS Y MARCAS

SECCIÓN 1.ª
De la falsificación de la firma o estampilla del Jefe del Estado y firma de los ministros

Art. 269. El que falsificare la firma o estampilla del Jefe del Estado o la firma de los ministros será castigado con la pena de prisión mayor.

Art. 270. El que falsificare la firma o estampilla del jefe de una potencia extranjera o la firma de sus ministros, será castigado con la pena de prisión menor si el culpable hubiere hecho uso en España de la firma o estampilla falsificadas, y con la de arresto mayor cuando hubiere hecho uso de ellas fuera de España.

Art. 271. El que constándole la falsedad de las firmas o estampillas de que se trata en los dos artículos anteriores, y sin haber tomado parte en su falsificación, se sirviere de ellas o las usare, incurrirá en la pena inmediatamente inferior a la señalada en los mismos para los falsificadores.

SECCIÓN 2.ª
De la falsificación de sellos y marcas

Art. 272. El que falsificare el sello del Estado será castigado con la pena de prisión mayor.

Art. 273. El que falsificare el sello del Estado de una potencia extranjera y usare de él en España será castigado con la pena de prisión menor, y con la de arresto mayor si hubiere hecho uso de él fuera de España.

Art. 274. El que, constándole la falsedad de los sellos de que se trata en los dos artículos anteriores, y sin haber tenido parte en su falsificación se sirviere de ellos o los usare, será castigado con la pena inmediatamente inferior a la señalada en los referidos artículos para los falsificadores.

Art. 275. La falsificación de las marcas y sellos de los fieles contrastes será castigada con las penas de prisión menor y multa de 100.000 a 500.000 pesetas.

Art. 276. Con la pena señalada en el artículo anterior serán castigados los que, a sabiendas, expusieren a la venta objetos de oro o plata marcados con sellos falsos de contraste.

Art. 277. La falsificación de los sellos usados por cualquier autoridad, tribunal, corporación oficial u oficina pública será castigada con las penas de prisión menor y multa de 100.000 a 500.000 pesetas.

El solo uso de esta clase de sellos, a sabiendas de que son falsos, se castigará con igual pena si tuviere por objeto el lucro con perjuicio de los fondos públicos; en otro caso, se impondrá al culpable la pena inmediatamente inferior.

Art. 278. La falsificación de los sellos, marcas y contraseñas usados en las oficinas del Estado para identificar cualquier objeto o para asegurar el pago de impuestos, será castigada con las penas de prisión menor y multa de 100.000 a 500.000 pesetas.

Art. 279. Si las falsificaciones de que tratan los dos artículos anteriores se hubieren verificado sin emplear timbre ni sello ni otro instrumento mecánico propio para la falsificación, se impondrá al culpable la pena inmediatamente inferior a las señaladas para aquellos delitos.

Art. 279 bis. La falsificación, sustitución, alteración u omisión de la placa de matrícula legítima de un vehículo automóvil será castigada con las penas de arresto mayor o multa de 100.000 a 500.000 pesetas.

Si el hecho tuviere como fin cometer algún delito o facilitar su impunidad, la pena será de presidio menor y multa de 100.000 a 2.000.000 de pesetas.

Art. 280. La falsificación de sellos, marcas, billetes o contraseñas que usen las empresas o establecimientos industriales o de comercio será castigada con la pena de prisión menor.

Art. 281. Será castigado con las penas de arresto mayor y multa de 100.000 a 500.000 pesetas el que expendiere objetos de comercio sustituyendo en ellos la marca o el nombre del fabricante verdadero por la marca o nombre de otro.

Art. 282. Incurrirá en las penas de arresto mayor y multa de 100.000 a 500.000 pesetas el que hiciere desaparecer de cualquier sello, billete o contraseña la marca o signo que indique haber ya servido o sido inutilizado para el objeto de su expendición.

CAPÍTULO II

DE LA FALSIFICACIÓN DE MONEDA METÁLICA Y BILLETES DEL ESTADO Y BANCO

Art. 283. Será castigado con la pena de reclusión menor:

1.º El que fabricare moneda falsa.

2.º El que cercenare o alterare moneda legítima.

3.º El que introdujere en el país moneda falsa, cercenada o alterada.

4.º El que en connivencia con el falsificador, cercenador, alterador o introductor, expendiere moneda falsa, cercenada o alterada.

Art. 284. A los efectos penales se entiende por moneda el papel moneda, los billetes del Estado y de banco, la moneda metálica y los demás signos de valor de curso legal emitidos por el Estado u organismos autorizados para ello.

A los mismos efectos se equiparan las monedas nacionales y las extranjeras.

Se reputa falsificación al estampillado ilegítimo de la moneda.

Art. 285. El que, sin la connivencia de que habla el artículo 283, expendiere monedas falsas, cercenadas o alteradas que hubiere adquirido, sabiendo que lo eran, para ponerlas en circulación, será castigado con la pena de prisión mayor.

Art. 286. El que, habiendo recibido de buena fe moneda falsa, cercenada o alterada, la expendiere después de constarle su falsedad, será castigado, si el valor aparente de la moneda expendida excediere de 30.000 pesetas, con la pena de arresto mayor.

Art. 287. Será castigado con la pena inferior en uno o dos grados a la respectivamente señalada en este capítulo para los delitos de expendición de moneda, aquel en cuyo poder se encontraren monedas falsas, cercenadas o alteradas, que por su número y condiciones se infiera racionalmente que estén destinadas a la expendición.

Art. 288. Las sanciones establecidas se aplicarán aun cuando los hechos hayan sido ejecutados en el extranjero, considerándose como infracciones independientes las realizadas en distintos países.

Art. 289. La condena de un tribunal extranjero, impuesta por delito comprendido en este capítulo, será equiparada a las sentencias de los tribunales españoles a los efectos de aplicación del número 15 del artículo 10 de este Código.

Art. 290. A los reos de los delitos sancionados en este capítulo se les impondrá, además de las penas señaladas, una multa del duplo al décuplo del valor aparente de la moneda falsa, cercenada o alterada.

CAPÍTULO III

DE LA FALSIFICACIÓN DE DOCUMENTOS DE CRÉDITO, PAPEL SELLADO, SELLOS DE TELÉGRAFOS Y CORREOS Y DEMÁS EFECTOS TIMBRADOS CUYA EXPENDICIÓN ESTÉ RESERVADA AL ESTADO

Art. 291. Los que falsificaren títulos al portador o sus cupones, cuya emisión hubiere sido autorizada por la Ley, o los que los introdujeren en el territorio nacional, serán castigados con las penas de prisión mayor y multa de 100.000 a 5.000.000 de pesetas.

Las mismas penas se impondrán a los que los expendieren en connivencia con el falsificador o introductor.

Art. 292. Los que, sin estar en relación con los falsificadores o introductores, adquirieren, para ponerlos en circulación, títulos al portador, o sus cupones, sabiendo que eran falsos, serán castigados con las penas de prisión menor y multa de 100.000 a 500.000 pesetas.

Art. 293. Serán castigados con las penas establecidas en el artículo anterior los que falsificaren en España títulos al portador, o sus cupones, cuya emisión esté autorizada por una Ley de un país extranjero o por una disposición que tenga en el mismo fuerza de Ley.

Art. 294. Los que habiendo adquirido de buena fe títulos al portador, o sus cupones, comprendidos en los artículos 291 y 293, los expendieren sabiendo su falsedad, en cuantía superior a 30.000 pesetas, serán castigados con la multa del duplo al cuádruplo del valor de aquéllos.

Art. 295. Los que falsificaren en España títulos nominativos u otros documentos de crédito que no sean al portador, cuya emisión esté autorizada en virtud de una Ley, serán castigados con las penas de prisión menor y multa de 100.000 a 1.000.000 de pesetas.

Las mismas penas se impondrán a los introductores.

Art. 296. Los que falsificaren títulos nominativos u otra clase de documentos de crédito que no sean al portador, cuya emisión esté autorizada por una Ley en un país extranjero o por una disposición que tenga en el mismo fuerza de Ley, serán castigados con las penas de prisión menor y multa de 100.000 a 1.000.000 de pesetas.

Art. 297. El que a sabiendas negociare o de cualquier otro modo se lucrare, con perjuicio de tercero, de un título falso de los comprendidos en los dos artículos precedentes, incurrirá en las penas de arresto mayor y multa del duplo al cuádruplo del valor de aquél.

Art. 298. El que presentare en juicio algún título nominativo o al portador, o sus cupones, constándole su falsedad, incurrirá en las penas establecidas en el artículo anterior.

Art. 299. El que falsificare papel sellado, sellos de correos o de telégrafos, o cualquier otra clase de efectos timbrados cuya expendición esté reservada al Estado, será castigado con la pena de prisión menor.

Igual pena se impondrá a los que los introdujeren en territorio español o a los que los expendieren en connivencia con los falsificadores o introductores.

Art. 300. Los que, sin estar en relación con los falsificadores o introductores, adquirieren a sabiendas papel, sellos o efectos falsos de las clases mencionadas en el artículo anterior, para expenderlos, serán castigados con las penas de arresto mayor y multa de 100.000 a 500.000 pesetas.

Art. 301. Los que habiendo adquirido de buena fe efectos públicos de los comprendidos en el artículo anterior los expendieren sabiendo su falsedad, en cuantía superior a 30.000 pesetas, incurrirán en las penas de arresto mayor y multa de 100.000 a 500.000 pesetas.

Los que meramente los usaren teniendo conocimiento de su falsedad incurrirán en la multa del quíntuplo al décuplo del valor del papel o efectos que hubieren usado.

CAPÍTULO IV

DE LA FALSIFICACIÓN DE DOCUMENTOS

SECCIÓN 1.ª

De la falsificación de documentos públicos, oficiales y de comercio y de los despachos telegráficos

Art. 302. Será castigado con las penas de prisión mayor y multa de 100.000 a 1.000.000 de pesetas el funcionario público que, abusando de su oficio, cometiera falsedad:

1.º Contrahaciendo o fingiendo letra, firma o rúbrica.

2.º Suponiendo en un acto la intervención de personas que no la han tenido.

3.º Atribuyendo a las que han intervenido en él declaraciones o manifestaciones diferentes de las que hubieren hecho.

4.º Faltando a la verdad en la narración de los hechos.

5.º Alterando las fechas verdaderas.

6.º Haciendo en documento verdadero cualquier alteración o intercalación que varíe su sentido.

7.º Dando copia en forma fehaciente de un documento supuesto o manifestando en ella cosa contraria o diferente de la que contenga el verdadero.

8.º Intercalando cualquier escritura en un protocolo, registro o libro oficial.

9.º Simulando un documento de manera que induzca a error sobre su autenticidad.

Será castigado también con la pena señalada en el párrafo primero de este artículo el ministro eclesiástico que incurriere en alguno de los delitos comprendidos en los números anteriores, respecto a actos y documentos que puedan producir efectos en el estado de las personas o en el orden civil.

Art. 303. El particular que cometiere en documento público u oficial, o en letras de cambio u otra clase de documentos mercantiles, alguna de las falsedades designadas en el artículo anterior será castigado con las penas de prisión menor y multa de 100.000 a 1.000.000 de pesetas.

Art. 304. El que a sabiendas presentare en juicio, o usare con intención de lucro, un documento falso de los comprendidos en los artículos precedentes, será castigado con la pena inferior en un grado a la señalada a los falsificadores.

Art. 305. Los funcionarios públicos encargados de los servicios de telecomunicación que supusieren o falsificaren un despacho telegráfico incurrirán en la pena de prisión menor.

El que hiciera uso del despacho falso con intención de lucro o de perjudicar a otro, será castigado como el autor de la falsedad.

SECCIÓN 2.ª

De la falsificación de documentos privados

Art. 306. El que, con perjuicio de tercero o con ánimo de causárselo, cometiere en documento privado alguna de las falsedades designadas en el artículo 302, será castigado con la pena de prisión menor.

Art. 307. El que, sin haber tomado parte en la falsificación, presentare en juicio o hiciere uso, con intención de lucro o con perjuicio de tercero, de un documento falso de los comprendidos en el artículo anterior, a sabiendas de su falsedad, incurrirá en la pena inferior en grado a la señalada a los falsificadores.

SECCIÓN 3.ª

De la falsificación de documentos de identidad y certificados

Art. 308. El funcionario público que, abusando de su oficio, expidiere documento de identidad o cédula de carácter personal bajo un nombre supuesto, o la diere en blanco, será castigado con las penas de prisión menor e inhabilitación especial.

Art. 309. El que hiciere un documento falso de las clases expresadas en el artículo anterior será castigado con las penas de arresto mayor y multa de 100.000 a 200.000 pesetas.

Las mismas penas se impondrán al que en documento verdadero de las clases referidas mudare el nombre de la persona a cuyo favor hubiere sido expedido o de la autoridad que lo expidiere, o al que alterare en el mismo alguna otra circunstancia esencial.

Art. 310. El que hiciere uso del documento de que se trata en el artículo anterior será castigado con multa de 100.000 a 1.000.000 de pesetas.

En la misma pena incurrirán los que hicieren uso de un documento verdadero de las mismas clases expedido a favor de otra persona.

Art. 311. El facultativo que librare certificado falso de enfermedad o lesión con el fin de eximir a una persona de algún servicio público será castigado con las penas de arresto mayor y multa de 100.000 a 200.000 pesetas.

Art. 312. El funcionario público que librare certificación falsa de méritos o servicios, de buena conducta, de pobreza o de otras circunstancias análogas, será castigado con las penas de suspensión y multa de 100.000 a 500.000 pesetas.

Art. 313. El particular que falsificare una certificación de las clases designadas en los artículos anteriores será castigado con la pena de arresto mayor.

Esta disposición es aplicable al que hiciere uso, a sabiendas, de la certificación falsa.

CAPÍTULO V

DISPOSICIONES COMUNES A LOS CUATRO CAPÍTULOS ANTERIORES

Art. 314. El que fabricare, introdujere o facilitare cuño, sello, marca, signo, dibujo, filigrana, papel filigranado, tinta especial o cualquier otra clase de sustancias, materias, útiles, máquinas o instrumentos destinados conocida o exclusivamente a las falsificaciones de que se trata en este título, será castigado con las mismas penas señaladas a los falsificadores.

Art. 315. El que tuviere en su poder cualquiera de las sustancias, materias, útiles, máquinas o instrumentos de que se habla en el artículo anterior y no diere descargo suficiente sobre su adquisición o conservación, será castigado con las mismas penas pecuniarias y las personales inferiores en uno o dos grados a las correspondientes a la falsificación para que aquéllos fueren propios.

Art. 316. El funcionario que para ejecutar cualquiera falsificación en perjuicio del Estado, o de una corporación de quien dependa hiciere uso de sustancias, materias, útiles, máquinas o instrumentos legítimos que le estuvieren confiados, incurrirá en las mismas penas pecuniarias y personales que correspondan a la falsedad cometida, imponiéndoselas en su grado máximo y, además, en la de inhabilitación absoluta.

Art. 317. Los que, sin estar comprendidos en el artículo anterior, se apoderaren de las sustancias, materias, útiles, máquinas o instrumentos legítimos que en el mismo se expresan e hicieren uso de ellos para ejecutar cualquier falsificación en perjuicio del Estado, de una corporación o de un particular a quien pertenecieren, incurrirán en las mismas penas pecuniarias y personales que correspondan a la falsedad cometida.

Art. 318. En todos los casos comprendidos en este capítulo y en los capítulos precedentes, con excepción del II, los Tribunales, teniendo en cuenta la gravedad del hecho y sus circunstancias, la naturaleza del documento, las condiciones del culpable y la finalidad perseguida por éste, podrán imponer la pena inferior en un grado a la respectivamente señalada.

CAPÍTULO VI

DEL DELITO FISCAL

[*Dejado sin contenido por la Ley Orgánica 2/1985, de 29 de abril, de Reforma del Código Penal en materia de delitos contra la Hacienda Pública (BOE n.º 103, de 30 de abril).*]

Art. 319. [*Derogado por Ley Orgánica 2/1985, de 29 de abril.*]

CAPÍTULO VII

DE LA USURPACIÓN DE FUNCIONES Y CALIDAD Y DEL USO INDEBIDO DE NOMBRES, TRAJES, INSIGNIAS Y CONDECORACIONES

Art. 320. El que sin título o causa legítima ejerciere actos propios de una autoridad o funcionario público, atribuyéndose carácter oficial, será castigado con la pena de prisión menor.

Con la misma pena será castigado el que usurpare carácter que habilite para el ejercicio de actos propios de ministros de culto o ejerciere dichos actos.

El que, atribuyéndose facultades que legalmente no tiene reconocidas, otorgare gracias o dignidades de carácter nobiliario, o cualesquiera otras distinciones honoríficas, será castigado con la pena de arresto mayor o multa de 100.000 a 500.000 pesetas.

Art. 321. El que ejerciere actos propios de una profesión sin poseer el correspondiente título oficial, o reconocido por disposición legal o convenio internacional, incurrirá en la pena de prisión menor.

Si el culpable se atribuyere públicamente la cualidad de profesional, se le impondrá además la pena de multa de 100.000 a 1.000.000 de pesetas.

Art. 322. El que públicamente usare un nombre supuesto o se atribuyere títulos de nobleza que no le pertenecieren, incurrirá en las penas de arresto mayor y multa de 100.000 a 200.000 pesetas.

Cuando el uso del nombre o título supuestos tuviere por objeto ocultar algún delito, eludir una pena o causar algún perjuicio al Estado o a los particulares, se impondrán al culpable las penas de arresto mayor y multa de 100.000 a 500.000 pesetas.

No obtante lo dispuesto en este artículo, el uso del nombre supuesto podrá ser autorizado temporalmente por la autoridad superior administrativa mediante justa causa.

Art. 323. El funcionario público que en los actos propios de su cargo atribuyere a cualquier persona, en connivencia con ella, títulos o nombre que no le pertenezcan, incurrirá en la multa de 100.000 a 500.000 pesetas.

Art. 324. El que usare pública e indebidamente título, diploma, nombramiento académico o profesional, uniforme, traje, insignia o condecoración será castigado con la pena de multa de 100.000 a 500.000 pesetas.

El uso indebido de hábito eclesiástico o religioso, tanto por seglares como por clérigos y religiosos a quienes estuviere prohibido por resolución firme de la autoridad eclesiástica oficialmente comunicada al Gobierno, será castigado con la pena de prisión menor.

TÍTULO IV

De los delitos contra la Administración de Justicia

CAPÍTULO PRIMERO

DE LA ACUSACIÓN Y DENUNCIA FALSAS

Art. 325. Los que imputaren falsamente a alguna persona hechos que, si fueran ciertos, constituirían delito o falta de los que dan lugar a procedimiento de oficio, si esta imputación se hiciere ante funcionario administrativo o judicial que por razón de su cargo debiera proceder a su averiguación y castigo, serán sancionados:

1.º Con las penas de prisión menor y multa de 100.000 a 500.000 pesetas, si se imputare un delito.

2.º Con la de arresto mayor y la misma multa, si la imputación hubiere sido de una falta.

No se procederá, sin embargo, contra el denunciador o acusador sino en virtud de sentencia firme o auto, también firme, de sobreseimiento del Tribunal que hubiere conocido del delito imputado.

Este mandará proceder de oficio contra el denunciador o acusador, siempre que de la causa principal resultaren méritos bastantes para abrir el nuevo proceso.

Art. 325 bis. El que con violencia o intimidación intentare que un denunciante o parte, perito, intérprete o testigo en un procedimiento, se retracte de su denuncia, desista de la acción o deje de prestar su declaración, informe o traducción, o las preste desviadamente, será castigado con la pena de prisión menor, que se impondrá en su grado máximo tratándose de procesos penales por delito.

Igual pena se impondrá a quien realizare cualquier acto contra la vida, integridad, libertad, seguridad o bienes de las personas expresadas en el párrafo anterior, como represalia de su actuación en un procedimiento judicial, salvo que el hecho constituya delito más grave, en cuyo caso se impondrá la pena en su grado máximo.

CAPÍTULO II

DEL FALSO TESTIMONIO

Art. 326. El que, en causa criminal, diere falso testimonio en contra del reo, será castigado con las penas de prisión menor y multa de 100.000 a 1.000.000 de pesetas, si hubiere recaído sentencia condenatoria por delito a consecuencia de la declaración falsa.

Si este falso testimonio se diere en juicio de faltas, las penas serán de arresto mayor y multa de 100.000 a 200.000 pesetas.

Cuando el presunto reo no fuere condenado, se impondrán al falso testigo las penas señaladas en los párrafos anteriores en su grado mínimo.

Art. 327. El que, en causa criminal, diere falso testimonio en favor del reo, será castigado con las penas de arresto mayor y multa de 100.000 a 1.000.000 de pesetas, si la causa fuere por delito.

Si este falso testimonio se diere en juicio de faltas, la pena será de multa de 100.000 a 500.000 pesetas.

Art. 328. Al que, en causa criminal por delito, diere falso testimonio que no perjudique ni favorezca al reo, se le impondrá la pena de arresto mayor.

Art. 329. El falso testimonio en causa civil será castigado con las penas de arresto mayor y multa de 100.000 a 1.000.000 de pesetas.

Art. 330. Las penas de los artículos precedentes son aplicables en su grado máximo a los peritos que declaren falsamente en juicio, los cuales serán condenados, además, a inhabilitación especial.

Art. 331. Siempre que la declaración falsa del testigo o perito fuere dada mediante cohecho, las penas serán las inmediatas superiores a las respectivamente señaladas en los artículos anteriores, imponiéndose, además, la multa del tanto al triplo del valor de la promesa o dádiva.

Art. 332. Cuando el testigo o perito, sin faltar sustancialmente a la verdad, la altere con reticencias o inexactitudes, la pena será multa de 100.000 a 1.000.000 de pesetas.

Art. 333. El que presentare a sabiendas testigos falsos en juicio, será castigado como reo de falso testimonio.

CAPÍTULO III

DEL QUEBRANTAMIENTO DE CONDENA Y DE LA EVASIÓN DE PRESOS

Art. 334. Los sentenciados o presos que quebrantaren su condena, prisión, conducción o custodia serán castigados con la pena de arresto mayor.

En la misma pena incurrirán los que quebrantaren la condena de privación del permiso o la licencia de conducción.

Art. 335. Cuando el delito previsto en el artículo anterior hubiere tenido lugar con violencia o intimidación en las personas, fuerza en las cosas o poniéndose de acuerdo con otros reclusos, o con dependientes de la prisión o encargados de la custodia, la pena será de prisión menor.

Art. 336. Los que extrajeren de las cárceles o de los establecimientos penales alguna persona recluida en ellos, o le proporcionaren la evasión, serán castigados, con la pena de prisión menor si emplearen al efecto la violencia o intimidación o el soborno, y con la pena de arresto mayor si se valieren de otros medios.

Si la evasión se verificare fuera de dichos establecimientos, sorprendiendo a los encargados de la conducción, se aplicarán las mismas penas en su grado mínimo.

CAPÍTULO IV

DE LA REALIZACIÓN ARBITRARIA DEL PROPIO DERECHO Y DE LA SIMULACIÓN DE DELITO

Art. 337. El que con violencia o intimidación se apoderare de una cosa perteneciente a su deudor para hacerse pago con ella, será castigado con la pena de multa equivalente al valor de la cosa, sin que pueda bajar de 100.000 pesetas.

Art. 338. El que ante autoridad competente simulare a sabiendas ser responsable o víctima de un delito y motivare una actuación procesal, será castigado con las penas de arresto mayor y multa de 100.000 a 500.000 pesetas.

CAPÍTULO V

DE LA OMISIÓN DEL DEBER DE IMPEDIR DETERMINADOS DELITOS O DE PONERLOS EN CONOCIMIENTO DE LA AUTORIDAD

Art. 338 bis. El que, pudiendo con su intervención inmediata y sin riesgo propio o ajeno impedir un delito contra la vida o que causa grave daño a la integridad, la libertad sexual, la libertad o la seguridad de las personas, se abstuviere voluntariamente de hacerlo, será castigado con la pena de arresto mayor o multa de 100.000 a 1.000.000 de pesetas, o con ambas penas.

El que se abstuviere de poner en conocimiento de la autoridad o de sus agentes, en el plazo más breve posible, los hechos delictivos a que se refiere el párrafo anterior será castigado con las penas previstas en él.

TÍTULO V

De la infracción de las leyes sobre inhumaciones, de la violación de sepulturas y de los delitos de riesgo en general

CAPÍTULO PRIMERO

DE LA INFRACCIÓN DE LAS LEYES SOBRE INHUMACIONES Y DE LA VIOLACIÓN DE SEPULTURAS

Art. 339. El que practicare o hiciere practicar una inhumación, contraviniendo lo dispuesto por las leyes o reglamentos respecto al tiempo, sitio y demás formalidades prescritas para las inhumaciones, incurrirá en las penas de arresto mayor y multa de 100.000 a 500.000 pesetas.

Art. 340. El que, faltando al respeto debido a la memoria de los muertos, violare los sepulcros o sepulturas o practicare cualesquiera actos de profanación de cadáveres, será castigado con las penas de arresto mayor y multa de 100.000 a 500.000 pesetas.

CAPÍTULO II

DE LOS DELITOS DE RIESGO EN GENERAL

SECCIÓN 1.ª

Delitos contra la seguridad del tráfico

Art. 340 bis a). Será castigado con las penas de arresto mayor o multa de 100.000 a 1.000.000 de pesetas y privación, en todo caso, del permiso o la licencia de conducción por tiempo de tres meses y un día a cinco años:

1.º El que condujere un vehículo de motor o un ciclomotor bajo la influencia de bebidas alcohólicas, drogas tóxicas, estupefacientes o sustancias psicotrópicas.

2.º El que condujere un vehículo de motor o un ciclomotor con temeridad manifiesta y pusiera en concreto peligro la vida o la integridad de las personas.

Art. 340 bis b). Será castigado con las penas de arresto mayor o multa de 100.000 a 1.000.000 de pesetas el que origine un grave riesgo para la circulación de alguna de las siguientes formas:

1.ª Alterando la seguridad del tráfico mediante la colocación en la vía de obstáculos imprevisibles, derramamiento de sustancias deslizantes o inflamables, mutación o daño de la señalización o por cualquier otro medio.

2.ª No restableciendo la seguridad de la vía, cuando haya obligación de hacerlo.

Art. 340 bis c). Cuando de los actos sancionados en los dos artículos anteriores se ocasionare, además del riesgo prevenido, un resultado lesivo, cualquiera que sea su gravedad, los Tribunales apreciarán tan sólo la infracción más gravemente penada.

En la aplicación de las penas establecidas en los citados artículos procederán los Tribunales según su prudente arbitrio, sin sujetarse a las reglas prescritas en el artículo 61.

Art. 340 bis d). Será castigado con las penas de prisión menor, multa de 150.000 a 3.000.000 de pesetas y privación del permiso o la licencia de conducción por tiempo de dos a diez años el que, con consciente desprecio por la vida de los demás, realizare la conducta descrita en el número 2 del artículo 340 bis a).

Cuando no se hubiere puesto en concreto peligro la vida o la integridad de las personas, la pena privativa de libertad será la de arresto mayor en su grado medio a prisión menor en su grado mínimo.

El vehículo de motor o el ciclomotor utilizado se considerará instrumento del delito a los efectos del artículo 48 de este Código.

SECCIÓN 2.ª

Delitos contra la salud pública y el medio ambiente

Art. 341. El que, sin hallarse autorizado, elaborare sustancias nocivas a la salud, o productos químicos que puedan causar estragos, para expenderlos, o los despachare o vendiere, o comerciare con ellos, será castigado con las penas de prisión menor y multa de 100.000 a 500.000 pesetas.

Art. 342. El que, hallándose autorizado para el tráfico de sustancias que puedan ser nocivas a la salud, o productos químicos de la clase expresada en el artículo anterior, los despachare o suministrare sin cumplir con las formalidades prescritas en los reglamentos respectivos, será castigado con las penas de arresto mayor y multa de 100.000 a 500.000 pesetas.

Art. 343. Los que despacharen medicamentos deteriorados, o sustituyeran unos por otros, serán castigados con las penas de prisión menor y multa de 100.000 a 500.000 pesetas.

Las penas de este artículo y del anterior se aplicarán en su grado máximo a los farmacéuticos y a sus dependientes cuando fueren los culpables.

Art. 343 bis. Los que expedieren medicamentos de cualquier clase o medios anticonceptivos sin cumplir las formalidades legales o reglamentarias serán castigados con las penas de arresto mayor y multa de 100.000 a 500.000 pesetas.

Art. 344. Los que ejecuten actos de cultivo, elaboración o tráfico, o de otro modo promuevan, favorezcan o faciliten el consumo ilegal de drogas tóxicas, estupefacientes o sustancias psicotrópicas o las posean con aquellos fines, serán castigados con la pena de prisión menor en su grado medio a prisión mayor en su grado mínimo y multa de un millón a 100 millones de pesetas si se tratare de sustancias o productos que causen grave daño a la salud, y de arresto mayor en su grado máximo a prisión menor en su grado medio y multa de 500.000 a 50 millones de pesetas en los demás casos.

Art. 344 bis a). Se impondrán las penas superiores en grado a las respectivamente señaladas en el artículo anterior:

1.º Cuando las drogas tóxicas, estupefacientes o sustancias psicotrópicas se faciliten a menores de dieciocho años o disminuidos psíquicos o se introduzcan o difundan en centros docentes, en centros, establecimientos y unidades militares o en establecimientos penitenciarios.

2.º Cuando los hechos descritos en el artículo 344 fueren realizados en establecimientos abiertos al público por los responsables o empleados de los mismos.

3.º Siempre que fuere de notoria importancia la cantidad de drogas tóxicas, estupefacientes o sustancias psicotrópicas objeto de las conductas a que se refiere el artículo anterior.

4.º Cuando las citadas sustancias o productos se faciliten a personas sometidas a tratamiento de deshabituación o rehabilitación.

5.º Cuando las referidas sustancias o productos se adulteren, manipulen o mezclen entre sí o con otros, incrementando el posible daño a la salud.

6.º Cuando el culpable perteneciere a una organización, incluso de carácter transitorio, que tuviere como finalidad difundir tales sustancias o productos aun de modo ocasional.

7.º Cuando el culpable fuere autoridad, facultativo, funcionario público, trabajador social, docente o educador.

8.º Cuando el culpable participare en otras actividades delictivas organizadas.

9.º Cuando el culpable participare en otras actividades ilícitas cuya ejecución se vea facilitada por la comisión del delito.

10.º Cuando los hechos descritos en el artículo 344 fueren realizados mediante menores de dieciséis años o utilizándolos.

Art. 344 bis b). Los Tribunales impondrán las penas superiores en grado a las señaladas en el artículo anterior cuando las conductas definidas en el mismo fueren de extrema gravedad, o cuando se trate de los jefes, administradores o encargados de las organizaciones mencionadas en su número 6.º En este último caso, así como cuando concurra el supuesto previsto en el número 2 del artículo anterior, la autoridad judicial podrá decretar, además, alguna de las medidas siguientes:

a) Disolución de la organización o clausura definitiva de sus locales o de los establecimientos abiertos al público.

b) Suspensión de las actividades de la organización o clausura de los establecimientos abiertos al público por tiempo de seis meses a tres años.

c) Prohibición a la misma de realizar aquellas actividades, operaciones mercantiles o negocios, en cuyo ejercicio se haya facilitado o encubierto el delito, por tiempo de dos meses a dos años.

Art. 344 bis c). Si los hechos a que se refieren los artículos 344 a 344 bis b), y 344 bis g) a 344 bis j) fueren realizados por facultativo, funcionario público, trabajador social, docente o educador, en el ejercicio de su cargo, profesión u oficio, se le impondrá, además de la pena correspondiente, la de inhabilitación especial. Se impondrá la pena de inhabilitación absoluta cuando los referidos hechos fueren realizados por Autoridad o agente de la misma.

A tal efecto, se entiende que son facultativos los Médicos, Psicólogos, las personas en posesión de título sanitario, los Veterinarios, los Farmacéuticos y sus dependientes.

Art. 344 bis d). Para la determinación de la cuantía de las multas que se impusieran en aplicación de los artículos 344 a 344 bis c), y 344 bis g) a 344 bis j), el Tribunal atenderá preferentemente al valor económico final del producto o, en su caso, al de la recompensa o ganancia obtenida por el reo, o que hubiera podido obtener.

Art. 344 bis e). 1 A no ser que pertenezcan a un tercero de buena fe no responsable del delito, serán objeto de comiso las sustancias a que se refiere el artículo 344 bis g), los vehículos, buques, aeronaves y cuantos bienes y efectos de la naturaleza que fueren, hayan servido de instrumento para la comisión de cualquiera de los delitos regulados en los artículos 344 a 344 bis b), o provinieren de los mismos, así como las ganancias de ellos obtenidas, cualesquiera que sean las transformaciones que hubieren podido experimentar.

2. A fin de garantizar la efectividad del comiso, los bienes, efectos e instrumentos a que se refiere el párrafo anterior podrán ser aprehendidos y puestos en

depósito por la autoridad judicial desde el momento de las primeras diligencias. Dicha autoridad podrá acordar, asimismo, que mientras sustancia el procedimiento, los bienes, efectos o instrumentos puedan ser utilizados provisionalmente por la policía judicial encargada de la represión del tráfico ilegal de drogas.

3. Los bienes, efectos e instrumentos definitivamente decomisados por sentencia se adjudicarán al Estado.

Art. 344 bis f). Las condenas de Tribunales extranjeros por delitos de la misma naturaleza a los previstos en los artículos 344 a 344 bis c), producirán ante los Tribunales españoles los mismos efectos que las de éstos, en orden a lo que establece el número 15 del artículo 10 del presente Código.

Art. 344 bis g). El que fabricare, transportare, distribuyere, comerciare o tuviese en su poder los equipos, materiales o sustancias enumeradas en el cuadro I y cuadro II de la Convención de Naciones Unidas, hecha en Viena el 20 de diciembre de 1988, sobre el tráfico ilícito de estupefacientes y sustancias psicotrópicas, y cualesquiera otros productos adicionados al mismo Convenio o en otros futuros Convenios o Convenciones, ratificados por España, a sabiendas de que van a utilizarse en el cultivo, la producción o la fabricación ilícitas de drogas tóxicas, estupefacientes o sustancias psicotrópicas, o para estos fines, será castigado con las penas de prisión menor y multa de uno a cien millones de pesetas.

Art. 344 bis h). 1. El que convirtiese o transfiriese bienes a sabiendas de que los mismos proceden de alguno o algunos de los delitos expresados en los artículos anteriores, o realizase un acto de participación en tales delitos, con el objeto de ocultar o encubrir el origen ilícito de los bienes o de ayudar a cualquier persona que participe en la comisión de tales delitos, a eludir las consecuencias jurídicas de sus acciones, será castigado con las penas de prisión menor y multa de uno a cien millones de pesetas.

2. Con las mismas penas será castigado el que ocultare o encubriere la naturaleza, el origen, la ubicación, el destino, el movimiento o la propiedad reales de bienes o derechos relativos a los mismos, a sabiendas de que proceden de alguno de los delitos expresados en los artículos anteriores o de un acto de participación en los mismos.

3. Si los hechos se realizasen por negligencia o ignorancia inexcusables la pena será de arresto mayor en su grado máximo y multa de uno a cincuenta millones de pesetas.

Art. 344 bis i). El que adquiera, posea o utilice bienes, a sabiendas, en el momento de recibirlos, de que los mismos proceden de alguno de los delitos expresados en los artículos anteriores, será castigado con las penas de prisión menor y multa de uno a cien millones de pesetas.

Art. 344 bis j). En los supuestos previstos en los artículos 344 bis g), 344 bis h) y 344 bis i) se impondrán las penas privativas de libertad en su grado máximo a las personas que pertenecieran a una organización dedicada a los fines señalados en los mismos, y la pena superior en grado a los jefes, administradores o encargados de las referidas organizaciones o asociaciones.

En tales casos, los Jueces o Tribunales impondrán, además de las penas correspondientes, la de inhabilitación especial y las demás medidas previstas en el artículo 344 bis b).

Art. 344 bis k). En el caso de que los bienes del penado por uno o varios de los delitos a que se refieren los artículos 344 a 344 bis j) no fueren bastantes para cubrir todas las responsabilidades pecuniarias, se satisfarán por el orden siguiente:

1.º La reparación del daño causado e indemnización de perjuicios.

2.º La multa.

3.º Las costas del acusador particular y las demás costas procesales, incluso las de la defensa del procesado sin preferencia entre los interesados.

Art. 344 ter. Será castigado con las penas de prisión menor, multa de 100.000 a 20.000.000 de pesetas y suspensión de profesión u oficio:

1.º El que altere la cantidad, la dosis o la composición genuina, según lo autorizado o declarado, de una sustancia medicinal que fabrique o elabore, privándole total o parcialmente de su eficacia terapéutica.

2.º El que altere, después de fabricadas o elaboradas, la cantidad, la dosis o la composición de las sustancias medicinales legítimas, privándolas en mayor o menor grado de su eficacia curativa.

3.º El que con ánimo de expenderlas o utilizarlas de cualquier manera, imitare o simulare sustancias medicinales dándoles apariencia de verdaderas.

4.º El que, a sabiendas de su alteración y con propósito de expenderlas o destinarlas al uso por otras personas, tenga en depósito, anuncie, ofrezca, exhiba, venda, facilite o utilice en cualquier forma las sustancias medicinales referidas.

En casos de suma gravedad, los Tribunales, teniendo en cuenta las circunstancias del culpable y del hecho, podrán imponer las penas superiores inmediatas a las antes señaladas, en el grado que estimen conveniente, pudiendo, además, decretar el cierre temporal, por tiempo de uno a seis años, o el definitivo de las fábricas, laboratorios o establecimientos.

Art. 345. El que exhumare o trasladare restos humanos con infracción de las disposiciones sanitarias incurrirá en la multa de 100.000 a 1.000.000 de pesetas.

Art. 346. El productor, distribuidor o comerciante que ofreciere en el mercado productos alimenticios, omitiendo o alterando los requisitos establecidos en las Leyes o Reglamentos sobre caducidad o composición y pusiere en peligro la salud de los consumidores, será castigado con la pena de prisión menor y multa de 750.000 a 3.000.000 de pesetas.

En la misma pena incurrirá quien, con cualquier mezcla nociva a la salud, alterase las bebidas o comestibles destinados al consumo público, vendiese géneros corrompidos, o fabricare o vendiere objetos en cuya composición se hubieren incorporado sustancias o productos de forma tal que resulte su uso nocivo para la salud.

Si dichos actos u omisiones se realizaren por negligencia, la pena será de arresto mayor y multa de 100.000 a 5.000.000 de pesetas.

Art. 347. Se impondrán las penas señaladas en el artículo anterior:

1.º Al que ocultare, o sustrajere, efectos destinados a ser inutilizados o desinfectados para venderlos o comprarlos.

2.º Al que arrojare en fuente, cisterna o río, cuya agua sirva de bebida, algún objeto que la haga nociva para la salud.

Art. 347 bis. Será castigado con la pena de arresto mayor y multa de 175.000 a 5.000.000 de pesetas el que, contraviniendo las Leyes o Reglamentos protectores del medio ambiente, provocare o realizare directa o indirectamente emisiones o vertidos de cualquier clase, en la atmósfera, el suelo o las aguas terrestres o marítimas, que pongan en peligro grave la salud de las personas, o puedan perjudicar gravemente las condiciones de la vida animal, bosques, espacios naturales o plantaciones útiles.

Se impondrá la pena superior en grado si la industria funcionara clandestinamente, sin haber obtenido la preceptiva autorización o aprobación administrativa de sus instalaciones, o se hubieren desobedecido las órdenes expresas de la autoridad administrativa de corrección o suspensión de la actividad contaminante, o se hubiere aportado información falsa sobre los aspectos ambientales de la misma o se hubiere obstaculizado la actividad inspectora de la Administración.

También se impondrá la pena superior en grado si los actos anteriormente descritos originaren un riesgo de deterioro irreversible o catastrófico.

En todos los casos previstos en este artículo podrá acordarse la clausura temporal o definitiva del establecimiento, pudiendo el Tribunal proponer a la Administración que disponga la intervención de la empresa para salvaguardar los derechos de los trabajadores.

Art. 348. Siempre que por consecuencia de cualquiera de los hechos comprendidos en los artículos anteriores resultara muerte, incurrirá el culpable en la pena de reclusión menor, además de las penas pecuniarias establecidas en los respectivos casos.

Art. 348 bis. El que maliciosamente propagare una enfermedad transmisible a las personas será castigado con la pena de prisión menor. No obstante, los Tribunales, teniendo en cuenta el grado de perversidad del delincuente, la finalidad perseguida o el peligro que la enfermedad entrañare, podrán imponer la pena superior inmediata, sin perjuicio de castigar el hecho como corresponda si constituyere delito más grave.

SECCIÓN 3.ª

Delitos contra la seguridad en el trabajo

Art. 348 bis a). Los que estando legalmente obligados no exijan o faciliten los medios o procuren las condiciones para que los trabajadores desempeñen una actividad con las medidas de seguridad e higiene exigibles, con infracción grave de las normas reglamentarias y poniendo en peligro su vida o integridad física, serán castigados con la pena de arresto mayor o multa de 100.000 a 500.000 pesetas.

SECCIÓN 4.ª

De otros delitos de riesgo

Art. 348 bis b). Los que en la fabricación, manipulación, transporte o tenencia de explosivos, sustancias inflamables o corrosivas, radioactivas, tóxicas y asfixiantes, o cualquiera otras materias, aparatos o artificios que puedan causar estragos, contravinieren las reglas de seguridad establecidas, poniendo en concreto peligro la vida, la integridad o la salud de las personas, serán castigados con la pena de arresto mayor y multa de 150.000 a 3.000.000 de pesetas.

Incurrirán en las mismas penas los que en la apertura de pozos o excavaciones, en la construcción de edificios, presas, canalizaciones u obras análogas o en la conservación, acondicionamiento o mantenimiento de los mismos infringieren las reglas de seguridad establecidas cuya inobservancia pudiera ocasionar resultados catastróficos, y pusieren en concreto peligro la vida, la integridad o la salud de las personas.

TÍTULO VI

Delitos contra la Hacienda Pública y contra la Seguridad Social

Art. 349. 1. El que, por acción u omisión dolosa, defraudare a la Hacienda Pública estatal, autonómica, foral o local, eludiendo el pago de tributos, cantidades retenidas o que se hubieran debido retener o ingresos a cuenta de retribuciones en especie, obteniendo indebidamente devoluciones o disfrutando beneficios fiscales de la misma forma, siempre que la cuantía de la cuota defraudada, el importe no ingresado de las retenciones o ingresos a cuenta o de las devoluciones o beneficios fiscales indebidamente obtenidos o disfrutados exceda de 15.000.000 de pesetas, será castigado con la pena de prisión menor y multa del tanto al séxtuplo de la citada cuantía.

Las penas señaladas en el párrafo anterior se aplicarán en su grado máximo cuando la defraudación se cometiere concurriendo alguna de las circunstancias siguientes:

a) La utilización de persona o personas interpuestas de manera que quede oculta la identidad del verdadero obligado tributario.

b) La especial trascendencia y gravedad de la defraudación atendiendo al importe de lo defraudado o a la existencia de una estructura organizativa que afecte o pueda afectar a una pluralidad de obligados tributarios.

Además de las penas señaladas, se impondrá al responsable la pérdida de la posibilidad de obtener subvenciones o ayudas públicas y del derecho a gozar de beneficios o incentivos fiscales o de la Seguridad Social durante un período de tres a seis años.

2. A los efectos de determinar la cuantía mencionada en el apartado anterior, si se tratare de tributos, retenciones, ingresos a cuenta o devoluciones, periódicos o de declaración periódica, se estará a lo defraudado en cada período impositivo o de declaración

y, si éstos fueran inferiores a doce meses, el importe de lo defraudado se referirá al año natural. En los demás supuestos, la cuantía se entenderá referida a cada uno de los distintos conceptos por los que un hecho imponible sea susceptible de liquidación.

3. Quedará exento de responsabilidad penal el que regularice su situación tributaria, en relación con las deudas a que se refiere el apartado 1 de este artículo, antes de que se le haya notificado por la Administración Tributaria la iniciación de actuaciones de comprobación tendentes a la determinación de las deudas tributarias objeto de regularización o, en el caso de que tales actuaciones no se hubieran producido, antes de que el Ministerio Público, el Abogado del Estado o el representante procesal de la Administración Autonómica, Foral o Local de que se trate, interponga querella o denuncia contra aquél dirigida, o cuando el Ministerio Público o el Juez Instructor realicen actuaciones que le permitan tener conocimiento formal de la iniciación de diligencias.

La exención de responsabilidad penal contemplada en el párrafo anterior alcanzará igualmente a dicho sujeto por las posibles irregularidades contables u otras falsedades instrumentales que, exclusivamente en relación a la deuda tributaria objeto de regularización, el mismo pudiera haber cometido con carácter previo a la regularización de su situación tributaria.

Art. 349 bis. 1. Las penas señaladas en el número 1 del artículo 349 de este Código serán aplicables al que, por acción u omisión dolosa, defraudare a la Seguridad Social para eludir el pago de las cuotas de ésta y conceptos de recaudación conjunta, obtener indebidamente devoluciones de las mismas o disfrutar de deducciones por cualquier concepto asimismo de forma indebida y con ánimo fraudulento, siempre que la cuantía de las cuotas defraudadas o de las devoluciones o deducciones indebidas exceda de 15.000.000 de pesetas.

Las penas señaladas en el párrafo anterior se aplicarán en su grado máximo cuando la defraudación se cometiere concurriendo alguna de las circunstancias siguientes:

a) La utilización de persona o personas interpuestas de manera que quede oculta la identidad del verdadero obligado frente a la Seguridad Social.

b) La especial trascendencias y gravedad de la defraudación atendiendo al importe de lo defraudado o a la existencia de una estructura organizativa que afecte o pueda afectar a una pluralidad de obligados frente a la Seguridad Social.

2. A los efectos de determinar la cuantía mencionada en el apartado anterior, se estará a lo defraudado en cada liquidación, devolución o deducción, refiriéndose al año natural el importe de lo defraudado cuando aquéllas correspondan a un período inferior a doce meses.

3. Quedará exento de responsabilidad penal el que regularice su situación ante la Seguridad Social, en relación con las deudas a que se refiere el apartado 1 de este artículo, antes de que se le haya notificado la iniciación de actuaciones inspectoras dirigidas a la determinación de dichas deudas o, en el caso de que tales actuaciones no se hubieran producido, antes de que el Ministerio Público o el Letrado de la Seguridad Social interpongan querella o denuncia contra aquél dirigida.

La exención de responsabilidad penal contemplada en el párrafo anterior alcanzará igualmente a dicho sujeto por las posibles falsedades instrumentales que, exclusivamente en relación a la deuda objeto de regularización, el mismo pudiera haber cometido con carácter previo a la regularización de su situación.

Art. 350. 1. El que obtuviere una subvención, desgravación o ayuda de las Administraciones Públicas de más de 10.000.000 de pesetas, falseando las condiciones requeridas para su concesión u ocultando las que la hubiesen impedido, será castigado con la pena de prisión menor y multa del tanto al sextuplo de su importe.

2. El que en el desarrollo de una actividad subvencionada con fondos de las Administraciones Públicas cuyo importe supere los 10.000.000 de pesetas, incumpliere las condiciones establecidas alterando sustancialmente los fines para los que la subvención fue concedida, será castigado con la pena de prisión menor y con multa del tanto al séxtuplo de la misma.

3. Además de las penas señaladas, se impondrá al responsable, con carácter accesorio, la pérdida de la posibilidad de obtener subvenciones o ayudas públicas y del derecho a gozar de beneficios o incentivos fiscales o de la Seguridad Social durante un período de tres a seis años.

4. Quedará exento de responsabilidad penal, en relación con las subvenciones, desgravaciones o ayudas a que se refieren los apartados 1 y 2 de este artículo, el que reintegre las cantidades recibidas, incrementadas en un interés anual equivalente al interés legal del dinero aumentado en dos puntos porcentuales, desde el momento en que las percibió, antes de que se le haya notificado la iniciación de actuaciones de inspección o control en relación con dichas subvenciones, desgravaciones o ayudas o, en el caso de que tales actuaciones no se hubieran producido,

antes de que el Ministerio Público, el Abogado del Estado o el representante de la Administración Autonómica o Local de que se trate interponga querella o denuncia contra aquél dirigida.

La exención de responsabilidad penal contemplada en el párrafo anterior alcanzará igualmente a dicho sujeto por las posibles falsedades instrumentales que, exclusivamente en relación a la deuda objeto de regularización, el mismo pudiera haber cometido con carácter previo a la regularización de su situación.

Art. 350 bis. Será castigado con la pena de arresto mayor y multa de 1.500.000 a 3.000.000 de pesetas el que estando obligado por Ley tributaria a llevar contabilidad mercantil o libros o registros fiscales:

a) Incumpliera absolutamente dicha obligación en régimen de estimación directa de bases tributarias.

b) Lleve contabilidades distintas que, referidas a una misma actividad y ejercicio económico, oculten o simulen la verdadera situación de la empresa.

c) No hubiere anotado en los libros obligatorios negocios, actos, operaciones o, en general, transacciones económicas, o los hubiere anotado con cifras distintas a las verdaderas.

d) Hubiere practicado en los libros obligatorios anotaciones contables ficticias.

La consideración como delito de los supuestos de hecho, a que se refieren las letras *c*) y *d*) anteriores, requerirá que se hayan omitido las declaraciones tributarias o que las presentadas fueren reflejo de su falsa contabilidad y que la cuantía, en más o menos, de los cargos o abonos omitidos o falseados exceda, sin compensación aritmética entre ellos, de 30.000.000 de pesetas por cada ejercicio económico.

TÍTULO VII

De los delitos de los funcionarios públicos en el ejercicio de sus cargos

CAPÍTULO PRIMERO

DE LA PREVARICACIÓN

Art. 351. El juez que, a sabiendas, dictare sentencia injusta contra el reo en causa criminal por delito, incurrirá en la pena de prisión menor, si la sentencia no se hubiere ejecutado, y en la misma pena y multa de 100.000 a 1.000.000 de pesetas si se hubiere ejecutado.

En todo caso se le impondrá, además, la inhabilitación absoluta.

Art. 352. Si la sentencia injusta se dictare a sabiendas contra el reo en juicio sobre faltas, las penas serán las de arresto mayor e inhabilitación especial.

Art. 353. El juez que, a sabiendas, dictare sentencia injusta en causa criminal a favor del reo, incurrirá en las penas de prisión menor e inhabilitación especial, si la causa fuere por delito, y en las de arresto mayor y suspensión, si fuere por falta.

Art. 354. El juez que, a sabiendas, dictare sentencia o resolución definitiva injustas en asunto no criminal, incurrirá en las penas de arresto mayor e inhabilitación especial.

Art. 355. El juez que, por negligencia o ignorancia inexcusables, dictare sentencia manifiestamente injusta, incurrirá en la pena de inhabilitación especial.

Art. 356. El juez que, a sabiendas, dictare auto injusto incurrirá en la pena de suspensión.

Art. 357. El juez que se negare a juzgar, so pretexto de oscuridad, insuficiencia o silencio de la Ley, será castigado con la pena de suspensión.

En la misma pena incurrirá el juez culpable de retardo malicioso en la Administración de Justicia.

Art. 358. El funcionario público que, a sabiendas, dictare resolución injusta en asunto administrativo, incurrirá en la pena de inhabilitación especial.

Con la misma pena será castigado el funcionario público que dictare, por negligencia o ignorancia inexcusable, resolución manifiestamente injusta en asunto administrativo.

Art. 359. El funcionario público que, faltando a la obligación de su cargo, dejare maliciosamente de promover la persecución y castigo de los delincuentes, incurrirá en la pena de inhabilitación especial.

Art. 360. Será castigado con las penas de suspensión y multa de 100.000 a 500.000 pesetas el abogado o procurador que, con abuso malicioso de su oficio, o negligencia o ignorancia inexcusable, perjudicare a su cliente o descubriere sus secretos, habiendo tenido conocimiento de ellos en el ejercicio de su profesión.

Art. 361. El abogado o procurador que, habiendo llegado a tomar la defensa o representación de una parte, defendiere o representare después, sin su consentimiento, a la contraria en el mismo negocio, o la aconsejare, será castigado con las penas de inhabilitación especial y multa de 100.000 a 500.000 pesetas.

CAPÍTULO II

DE LA INFIDELIDAD EN LA CUSTODIA DE PRESOS

Art. 362. El funcionario público culpable de connivencia en la evasión de un sentenciado, preso o detenido, cuya conducción o custodia le estuviere confiada, será castigado:

1.º En el caso de que el fugitivo se hallare condenado por ejecutoria con alguna pena, a las de prisión menor e inhabilitación especial.

2.º En los demás casos, con las penas de arresto mayor e inhabilitación especial.

Art. 363. El particular que, hallándose encargado de la conducción o custodia de un preso o detenido, cometiere alguno de los delitos expresados en el artículo precedente, será castigado con la pena de arresto mayor.

CAPÍTULO III

DE LA INFIDELIDAD EN LA CUSTODIA DE DOCUMENTOS

Art. 364. El funcionario público que sustrajere, destruyere u ocultare documentos o papeles que le estuvieren confiados por razón de su cargo, será castigado:

1.º Con las penas de prisión mayor y multa de 100.000 a 500.000 pesetas, siempre que del hecho resultare grave daño de tercero o de la causa pública.

2.º Con las de prisión menor y multa de 100.000 a 200.000 pesetas, cuando no fuere grave el daño de tercero o de la causa pública.

Se impondrá, además, la pena de inhabilitación especial.

Art. 365. El funcionario público que, teniendo a su cargo la custodia de papeles o efectos sellados por la autoridad, quebrantare los sellos o consintiere su quebrantamiento, será castigado con las penas de prisión menor, inhabilitación especial y multa de 100.000 a 500.000 pesetas.

Art. 366. El funcionario público que, no estando comprendido en el artículo anterior, abriere o consintiere abrir sin la autorización competente papeles o documentos cerrados cuya custodia le estuviere confiada, incurrirá en las penas de arresto mayor, inhabilitación especial y multa de 100.000 a 500.000 pesetas.

Las penas señaladas en los tres artículos anteriores son aplicables a los eclesiásticos y a los particulares encargados accidentalmente del despacho o custodia de documentos o papeles por comisión del Gobierno o de funcionarios a quienes hubieren sido confiados aquéllos por razón de su cargo.

CAPÍTULO IV

DE LA REVELACIÓN DE LOS SECRETOS E INFORMACIONES Y DE LA INFORMACIÓN PRIVILEGIADA Y SU USO INDEBIDO

Art. 367. El funcionario público o autoridad que revelare los secretos o cualquier información de que tenga conocimiento por razón de su oficio o cargo y que no deban ser divulgados será castigado con las penas de suspensión y multa de 100.000 a 200.000 pesetas.

Si de la revelación a que se refiere el párrafo anterior resultare grave daño para la causa pública o para tercero, las penas serán las de prisión menor e inhabilitación especial.

Si se tratare de secretos de un particular, las penas serán las de arresto mayor, suspensión y multa de 100.000 a 500.000 pesetas.

Art. 368. El funcionario público o autoridad que, haciendo uso de un secreto de que tenga conocimiento por razón de su oficio o cargo, o de una información privilegiada, obtuviere un beneficio económico para sí o tercero, será castigado con las penas de inhabilitación especial y multa por el importe del valor del beneficio obtenido o facilitado. Si resultare grave daño para la causa pública o para tercero, las penas serán las de prisión menor e inhabilitación especial.

A los efectos de este artículo, se entiende por información privilegiada toda información de carácter concreto que se tenga exclusivamente por razón del oficio o cargo públicos y que no haya sido notificada, publicada o divulgada.

CAPÍTULO V

DE LA DESOBEDIENCIA Y DENEGACIÓN DE AUXILIO

Art. 369. Los funcionarios judiciales o administrativos que se negaren abiertamente a dar el debido cumplimiento a sentencias, decisiones u órdenes de la autoridad superior, dictadas dentro de los límites de su respectiva competencia y revestidas de las formalidades legales, incurrirán en las penas de inhabilitación especial y multa de 100.000 a 500.000 pesetas.

Sin embargo, de lo dispuesto en el párrafo anterior, no incurrirán en responsabilidad criminal los funcionarios públicos por no dar cumplimiento a un mandato que constituya una infracción manifiesta, clara y terminante de un precepto de Ley.

Tampoco incurrirán en responsabilidad criminal los funcionarios públicos constituidos en autoridad que no den cumplimiento a un mandato en el que se infrinja manifiesta y terminantemente cualquiera otra disposición general.

Art. 370. El funcionario público que, habiendo suspendido, por cualquier motivo que no fuere de los expresados en el segundo párrafo del artículo anterior, la ejecución de las órdenes de sus superiores las desobedeciere después que aquéllos hubieren desaprobado la suspensión, sufrirá las penas de prisión menor e inhabilitación especial.

Art. 371. El funcionario público que, requerido por autoridad competente, no prestare la debida cooperación para la Administración de Justicia u otro servicio público, incurrirá en las penas de suspensión y multa de 100.000 a 500.000 pesetas.

Si de su omisión resultare grave daño para la causa pública o para un tercero, las penas serán de inhabilitación especial y multa de 100.000 a 500.000 pesetas.

En iguales penas incurrirá, respectivamente, el funcionario público que, requerido por un particular a prestar algún auxilio a que esté obligado por razón de su cargo para evitar un delito u otro mal, se abstuviere de prestarlo sin causa justificada.

Art. 372. El que rehusare o se negare a desempeñar un cargo público obligatorio sin presentar ante la autoridad que corresponda excusa legal, o después de que la excusa fuere desatendida, incurrirá en la multa de 100.000 a 500.000 pesetas.

En la misma pena incurrirán el perito y el testigo que dejaren voluntariamente de comparecer ante un Tribunal a prestar sus declaraciones, cuando hubieren sido oportunamente citados al efecto.

CAPÍTULO VI

DE LA ANTICIPACIÓN, PROLONGACIÓN Y ABANDONO DE FUNCIONES PÚBLICAS

Art. 373. El que entrare a desempeñar un empleo o cargo público sin haber prestado en debida forma el juramento, promesa o fianza requeridos por las leyes, incurrirá en la multa de 100.000 a 500.000 pesetas y quedará suspenso del empleo o cargo hasta que cumpla las formalidades omitidas.

En la misma pena de multa incurrirá el funcionario público que le admitiere al desempeño del cargo sin que hubiere cumplido las expresadas formalidades.

Art. 374. El funcionario público que continuare ejerciendo su empleo, cargo o comisión después que debiere cesar con arreglo a las leyes, reglamentos o disposiciones del ramo respectivo será castigado con las penas de inhabilitación especial y multa de 100.000 a 500.000 pesetas.

Art. 375. El funcionario público culpable de cualquiera de los delitos penados en los dos artículos anteriores, que hubiere percibido derechos o emolumentos por razón de su cargo o comisión antes de poder desempeñarlo o después de haber debido cesar en él, será, además, condenado a restituirlos y a otra multa del tanto al triplo de su importe.

Art. 376. El funcionario público que, sin habérsele admitido la renuncia de su destino, lo abandonare, con daño de la causa pública, será castigado con las penas de multa de 100.000 a 500.000 pesetas e inhabilitación especial, y si no resultare daño de la causa pública, con la de suspensión.

Si el abandono de destino se hiciere para no impedir, no perseguir o no castigar cualquiera de los delitos comprendidos en los títulos I y II de este libro, se impondrá al culpable la pena de prisión menor, y si tuviere por motivo el no impedir, no perseguir o no castigar cualquier otro delito, la de arresto mayor.

CAPÍTULO VII

De la usurpación de atribuciones y de los nombramientos ilegales

Art. 377. El funcionario público que invadiere las atribuciones legislativas, ya dictando reglamentos o disposiciones generales, excediéndose de sus atribuciones, ya derogando o suspendiendo la ejecución de una ley, incurrirá en las penas de inhabilitación especial y multa de 100.000 a 500.000 pesetas.

Art. 378. El juez que se arrogare atribuciones propias de las autoridades administrativas, o impidiere a éstas el ejercicio legítimo de las suyas, será castigado con la pena de suspensión.

En la misma pena incurrirá todo funcionario del orden administrativo que se arrogare atribuciones judiciales o impidiere la ejecución de una providencia o decisión dictada por juez competente.

Art. 379. El funcionario público que, legalmente requerido de inhibición, continuare procediendo antes que se decida la contienda jurisdiccional, salvo en los casos permitidos por la Ley, será castigado con la multa de 100.000 a 1.000.000 de pesetas.

Art. 380. Los funcionarios administrativos o militares que dirigieren órdenes o intimaciones a una autoridad judicial, relativas a causas o negocios cuyo conocimiento o resolución sean de la exclusiva competencia de los Tribunales de Justicia, incurrirán en las penas de suspensión y multa de 100.000 a 500.000 pesetas.

Art. 381. [*Dejado sin contenido por la Disposición Derogatoria Primera, 1.b), de la Ley Orgánica 2/1987, de 18 de mayo, de Conflictos Jurisdiccionales (BOE n.º 120, de 20 de mayo).*]

Art. 382. El funcionario público que, a sabiendas, propusiere o nombrare para cargo público persona en quien no concurran los requisitos legales, será castigado con las penas de suspensión y multa de 100.000 a 500.000 pesetas.

CAPÍTULO VIII

DE LAS LIMITACIONES A LA LIBERTAD SEXUAL

Art. 383. Será castigado con la pena de inhabilitación especial el funcionario público que solicitare sexualmente a una persona que para sí misma o para su cónyuge o persona a quien se halle ligada de forma permanente por análoga relación de afectividad, ascendiente, descendiente, hermano, o afín en los mismos grados, tenga pretensiones pendientes de resolución de aquél, o acerca de las cuales debiera evacuar informe o elevar consulta a su superior.

Art. 384. El funcionario de prisiones que solicitare sexualmente a una persona sujeta a su guarda será castigado con la pena de prisión menor.

En la misma pena incurrirá cuando la persona solicitada fuera ascendiente, descendiente, hermano o afín en los mismos grados, de persona que tuviera bajo su guarda. Incurrirá, asimismo, en esta pena cuando la persona solicitada fuera cónyuge de persona que tuviera bajo su guarda o se hallara ligada a ésta de forma permanente por análoga relación de afectividad.

En todo caso, incurrirá, además, en la pena de inhabilitación especial.

CAPÍTULO IX

DEL COHECHO

Art. 385. El funcionario público que solicitare o recibiere, por sí o por persona intermedia, dádiva o presente, o aceptare ofrecimiento o promesa por ejecutar un acto relativo al ejercicio de su cargo que constituya delito, será castigado con las penas de prisión menor y multa del tanto al triplo del valor de la dádiva, sin perjuicio de la pena correspondiente al delito cometido en razón de la dádiva o promesa.

Art. 386. El funcionario público que solicitare o recibiere, por sí o por persona intermedia, dádiva o presente o aceptare ofrecimiento o promesa por ejecutar un acto injusto, relativo al ejercicio de su cargo, que no constituya delito, y que lo ejecutare, incurrirá en la pena de prisión menor y multa del tanto al triplo del valor de la dádiva; si el acto injusto no llegara a ejecutarse, se impondrán las penas de arresto mayor y multa del tanto al duplo del valor de la dádiva.

Art. 387. Cuando la dádiva solicitada, recibida o prometida tuviere por objeto abstenerse el funcionario público de un acto que debiera practicar en el ejercicio de su cargo, las penas serán las de arresto mayor y multa del tanto al triplo del valor de aquélla.

Art. 388. Lo dispuesto en los artículos precedentes tendrá aplicación a los jurados, árbitros, arbitradores, peritos, hombres buenos o cualesquiera personas que desempeñaren una función pública.

Art. 389. Las personas responsables criminalmente de los delitos comprendidos en los artículos anteriores incurrirán, además de en las penas en ellos señaladas, en la de inhabilitación especial.

Art. 390. El funcionario público que admitiere dádiva o regalo que le fueren ofrecidos en consideración a su función o para la consecución de un acto no prohibido legalmente, será castigado con las penas de arresto mayor y multa del tanto al triplo del valor de la dádiva o regalo, sin que pueda ser inferior a 100.000 pesetas.

Art. 391. Los que con dádivas, presentes, ofrecimientos o promesas corrompieren o intentaren corromper a los funcionarios públicos, o aceptaren sus solicitudes, serán castigados con las mismas penas que éstos, menos la de inhabilitación.

Art. 392. Cuando el soborno mediare en causa criminal en favor del reo, por parte de su cónyuge o de algún ascendiente, descendiente, hermano o afín en los mismos grados, sólo se impondrá al sobornante una multa equivalente al valor de la dádiva o promesa, sin que pueda bajar de 100.000 pesetas.

Art. 393. En todo caso, las dádivas o presentes serán decomisados.

CAPÍTULO X

DE LA MALVERSACIÓN DE CAUDALES PÚBLICOS

Art. 394. El funcionario público que sustrajere o consintiere que otro sustraiga los caudales o efectos públicos que tenga a su cargo o a su disposición por razón de sus funciones, será castigado:

1.º Con la pena de arresto mayor si la sustracción no excediere de 30.000 pesetas.

2.º Con la de prisión menor si excediere de 30.000 pesetas y no pasare de 500.000 pesetas.

3.º Con la de prisión mayor si excediere de 500.000 pesetas y no pasare de 2.500.000 pesetas.

4.º Con la de reclusión menor si excediere de 2.500.000 pesetas.

El Tribunal impondrá la pena que estime procedente de las señaladas en los números anteriores si, a su juicio, hubo sustracción, sin estar comprobada la cuantía de la misma.

En todos los casos se impondrá además la pena de inhabilitación absoluta.

Art. 395. El funcionario que por abandono o negligencia inexcusables diere ocasión a que se efectúe por otra persona la sustracción de caudales o efectos públicos de que se trata en los números 2.º, 3.º y 4.º del artículo anterior, incurrirá en la pena de multa de la mitad al tanto del valor de los caudales o efectos sustraídos, sin que pueda bajar de 100.000 pesetas.

Si el funcionario culpable reintegrase antes del juicio dichos caudales o efectos, o con sus gestiones se lograre el reintegro, la pena será la de reprensión pública.

Art. 396. El funcionario que aplicare a usos propios o ajenos los caudales o efectos puestos a su cargo, será castigado con la pena de inhabilitación especial, si resultare daño o entorpecimiento del servicio público, y con la de suspensión, si no resultare.

No verificándose el reintegro dentro de los diez días siguientes al de la incoación del sumario, se le impondrán las penas señaladas en el artículo 394.

Art. 397. El funcionario público que diere a los caudales o efectos que administrare una aplicación pública diferente de aquélla a que estuvieren destinados, incurrirá en las penas de inhabilitación especial y multa del 5 al 50 por 100 de la cantidad distraída, si resultare daño o entorpecimiento del servicio a que estuvieren consignados, sin que pueda bajar dicha multa de 100.000 pesetas, y en la de suspensión, si no resultare.

Art. 398. El funcionario público que, debiendo hacer un pago como, tenedor de fondos del

Estado, no lo hiciere será castigado con las penas de suspensión y multa del 5 al 25 por 100 de la cantidad no satisfecha.

Esta disposición es aplicable al funcionario público que, requerido por orden de autoridad competente, rehusare hacer entrega de una cosa puesta bajo su custodia o administración.

La multa se graduará en este caso por el valor de la cosa y no podrá bajar de 100.000 pesetas.

Art. 399. Las disposiciones de este capítulo son extensivas a los que se hallaren encargados por cualquier concepto de fondos, rentas o efectos provinciales o municipales, o pertenecientes a un establecimiento de instrucción o beneficencia, y a los administradores o depositarios de caudales embargados, secuestrados o depositados por autoridad pública, aunque pertenezcan a particulares.

CAPÍTULO XI

DE LOS FRAUDES Y EXACCIONES ILEGALES

Art. 400. El funcionario público que, interviniendo por razón de su cargo en alguna comisión de suministros, contratas, ajustes o liquidaciones de efectos o haberes públicos, se concertare con los interesados o especuladores, o usare de cualquier otro artificio para defraudar al Estado, provincia o municipio, incurrirá en las penas de prisión menor e inhabilitación especial.

Art. 401. El funcionario público que, directa o indirectamente, se interesare en cualquier clase de contrato u operación en que deba intervenir por razón de su cargo, será castigado con las penas de inhabilitación especial y multa del tanto al triplo del interés que hubiere tomado en el negocio.

Esta disposición es aplicable a los peritos, árbitros y contadores particulares, respecto de los bienes o cosas en cuya tasación, partición o adjudicación hubieren intervenido, y a los tutores o albaceas respecto de los pertenecientes a sus pupilos o testamentarías.

Art. 402. El funcionario público que exigiere, directa o indirectamente, mayores derechos de los que le estuvieren señalados por razón de su cargo, será castigado, sin perjuicio de los reintegros a que viniere obligado por otro concepto, con una multa del duplo al cuádruplo de la cantidad exigida, sin que pueda bajar de 100.000 pesetas.

El culpable habitual de este delito incurrirá, además, en la pena de inhabilitación especial.

Art. 403. El funcionario público que, abusando de su cargo, cometiere alguno de los delitos expresados en el capítulo IV, secciones 2.ª y 4.ª, título XIII de este libro, incurrirá en las penas allí señaladas y además en la de inhabilitación especial.

CAPÍTULO XII

DE LAS NEGOCIACIONES PROHIBIDAS A LOS FUNCIONARIOS

Art. 404. Los jueces, los funcionarios del ministerio fiscal, los jefes militares, gubernativos o económicos, con excepción de los alcaldes, que durante el ejercicio de sus cargos se mezclaren directa o indirectamente en operaciones de agio, tráfico o granjería, dentro de los límites de su jurisdicción o mando, sobre objetos que no fueren producto de sus bienes propios, serán castigados con las penas de suspensión y multa de 100.000 a 500.000 pesetas.

Esta disposición no es aplicable a los que impusieren sus fondos en acciones de banco o de cualquier empresa o compañía, siempre que no ejerzan en ellas cargo ni intervención directa, administrativa o económica.

CAPÍTULO XIII

DEL TRÁFICO DE INFLUENCIAS

Art. 404 bis a). El funcionario público o autoridad que influyere en otro funcionario público o autoridad prevaliéndose del ejercicio de las facultades de su cargo o de cualquier otra situación derivada de su relación personal o jerárquica con éste o con otro funcionario o autoridad y consiguiere una resolución, obteniendo por ello un beneficio económico para sí directa o indirectamente o para tercero, será castigado con las penas de arresto mayor, inhabilitación especial y multa por el importe del valor del beneficio obtenido.

Art. 404 bis b). El particular que influyere en un funcionario público o autoridad prevaliéndose de cualquier situación derivada de su relación personal con éste o con otro funcionario público o autoridad y consiguiere una resolución, obteniendo por ello un beneficio económico para sí directa o indirectamente o para tercero, será castigado con las penas de arresto mayor y multa por el importe del valor del beneficio obtenido.

Art. 404 bis c). Los que, ofreciendo hacer uso de influencias cerca de las autoridades o funcionarios públicos, solicitaren de terceros dádivas, presentes o cualquier otra remuneración o aceptaren ofrecimiento o promesa, serán castigados con la pena de arresto mayor.

Si los hechos a que se refiere el párrafo anterior fueren realizados por profesional titulado, se impondrá, además, como accesoria la pena de inhabilitación especial.

En cualquiera de los supuestos a que se refiere este artículo la autoridad judicial podrá imponer también la suspensión de las actividades de la sociedad, empresa, organización o despacho y la clausura de sus dependencias abiertas al público por tiempo de seis meses a tres años.

TÍTULO VIII

Delitos contra las personas

CAPÍTULO PRIMERO

Del homicidio

Art. 405. El que matare a cualquiera de sus ascendientes o descendientes, o a su cónyuge, será castigado, como reo de parricidio, con la pena de reclusión mayor.

Art. 406. Es reo de asesinato el que matare a una persona concurriendo alguna de las circunstancias siguientes:

1.º Con alevosía.

2.º Por precio, recompensa o promesa.

3.º Por medio de inundación, incendio, veneno o explosivo.

4.º Con premeditación conocida.

5.º Con ensañamiento, aumentando deliberada e inhumanamente el dolor del ofendido.

El reo de asesinato será castigado con la pena de reclusión mayor en su grado máximo.

Art. 407. El que matare a otro será castigado, como homicida, con la pena de reclusión menor.

Art. 408. [*Dejado sin contenido por la Ley Orgánica 3/1989, de 21 de junio.*]

Art. 409. El que prestare auxilio o induzca a otro para que se suicide será castigado con la pena de prisión mayor; si se lo prestare hasta el punto de ejecutar él mismo la muerte será castigado con la pena de reclusión menor.

CAPÍTULO II

Del infanticidio

Art. 410. La madre que para ocultar su deshonra matare al hijo recién nacido será castigada con la pena de prisión menor.

En la misma pena incurrirán los abuelos maternos que, para

ocultar la deshonra de la madre, cometieren este delito.

CAPÍTULO III

DEL ABORTO

Art. 411. El que de propósito causare un aborto será castigado:

1.º Con la pena de prisión mayor si obrare sin consentimiento de la mujer.

2.º Con la de prisión menor si la mujer lo consintiera.

Si se hubiere empleado violencia, intimidación, amenaza o engaño para realizar el aborto en el primer caso, o para obtener el consentimiento, en el segundo, se impondrá en su grado máximo la pena de prisión mayor.

Cuando a consecuencia de aborto o de prácticas abortivas realizadas en mujer no encinta, creyéndola embarazada, o por emplear medios inadecuados para producir el aborto, resultare muerte de la mujer o se le causare alguna de las lesiones a que se refiere el número 2.º del artículo 421, se impondrá la pena de reclusión menor, y si se le causare cualquier otra lesión grave, la de prisión mayor.

Art. 412. El aborto ocasionado violentamente, a sabiendas del estado de embarazo de la mujer, cuando no haya habido propósito de causarlo, se castigará con la pena de prisión menor.

Art. 413. La mujer que produjere su aborto o consintiera que otra persona se lo cause, será castigada con la pena de prisión menor.

Art. 414. Cuando la mujer produjere su aborto o consintiere que otra persona se lo cause para ocultar su deshonra, incurrirá en la pena de arresto mayor.

Igual pena se aplicará a los padres que, con el mismo fin y con el consentimiento de la hija, produzcan o cooperen a la realización del aborto de ésta. Si resultare muerte de la embarazada o lesiones graves se impondrá a los padres la pena de prisión menor.

Art. 415. El facultativo que, con abuso de su arte, causara el aborto o cooperase a él incurrirá en el grado máximo de las penas señaladas en los artículos anteriores y multa de 250.000 a 5.000.000 de pesetas.

La misma agravación y multa de 100.000 a 1.000.000 de pesetas se impondrá a los que, sin hallarse en posesión de título sanitario, se dedicaren habitualmente a esta actividad.

El farmacéutico que, sin la debida prescripción facultativa, expendiere un abortivo, incurrirá en las penas de arresto mayor y multa de 100.000 a 1.000.000 de pesetas.

La sanción del facultativo comprende a los médicos, matronas, practicantes y personas en posesión de títulos sanitarios, y la del farmacéutico a sus dependientes.

Art. 416. Serán castigados con arresto mayor y multa de 100.000 a 2.000.000 de pesetas los que con relación a medicamentos, sustancias, objetos, instrumentos, aparatos, medios o procedimientos capaces de provocar o facilitar el aborto realicen cualquiera de los actos siguientes:

1.º Los que en posesión de título facultativo o sanitario meramente los indicaren, así como los que, sin dicho título, hicieren la misma indicación con ánimo de lucro.

2.º El fabricante o negociante que los vendiere a personas no pertenecientes al cuerpo médico o a comerciantes no autorizados para su venta.

3.º El que los ofreciere en venta, vendiere, expendiere, suministrare o anunciare en cualquier forma.

4.º [*Suprimido por Ley 45/1978, de 7 de octubre.*]

5.º [*Suprimido por Ley 45/1978, de 7 de octubre.*]

Art. 417. Los culpables de aborto, se hallen o no en posesión de título facultativo o sanitario, serán condenados a las penas señaladas en los artículos anteriores y, además, a la de inhabilitación especial, que comprende, aparte de los efectos propios de ella, el de prestar cualquier género de servicios en clínicas, establecimientos sanitarios o consultorios ginecológicos, públicos o privados.

Art. 417 bis. 1. No será punible el aborto practicado por un médico, o bajo su dirección, en centro o establecimiento sanitario, público o privado, acreditado y con consentimiento expreso de la mujer embarazada, cuando concurra alguna de las circunstancias siguientes:

1.ª Que sea necesario para evitar un grave peligro para la vida o la salud física o psíquica de la embarazada y así conste en un dictamen emitido con anterioridad a la intervención por un médico de la especialidad correspondiente, distinto de aquel por quien o bajo cuya dirección se practique el aborto.

En caso de urgencia por riesgo vital para la gestante, podrá prescindirse del dictamen y del consentimiento expreso.

2.ª Que el embarazo sea consecuencia de un hecho constitutivo de delito de violación del artículo 429, siempre que el aborto se practique dentro de las doce primeras semanas de gestación y que el mencionado hecho hubiese sido denunciado.

3.ª Que se presuma que el feto habrá de nacer con graves taras físicas o psíquicas, siempre que el aborto se practique dentro de las veintidós primeras semanas de gestación y que el dictamen, expresado con anterioridad a la práctica del aborto, sea emitido por dos especialistas de centro o establecimiento sanitario, público o privado, acreditado al efecto, y distintos de aquel por quien o bajo cuya dirección se practique el aborto.

2. En los casos previstos en el número anterior, no será punible la conducta de la embarazada aun cuando la práctica del aborto no se realice en un centro o establecimiento público o privado acreditado o no se hayan emitido los dictámenes médicos exigidos.

CAPÍTULO IV

DE LAS LESIONES

Art. 418. El que de propósito mutilare o inutilizare a otro de un órgano o miembro principal, le privare de la vista o del oído, le causare la anulación o una grave limitación de su aptitud laboral, una grave enfermedad somática o psíquica o una incapacidad mental incurable, será castigado con la pena de reclusión menor.

Art. 419. El que de propósito causare a otro la mutilación o la inutilidad de un órgano o miembro no principal, la esterilidad o deformidad, será castigado con la pena de prisión mayor.

Art. 420. El que, por cualquier medio o procedimiento, causare a otro una lesión que menoscabe su integridad corporal o su salud física o mental, será castigado con la pena de prisión menor, siempre que las lesiones requieran para su sanidad, además de una primera asistencia facultativa, tratamiento médico o quirúrgico.

No obstante, el hecho descrito en el párrafo anterior podrá ser castigado con las penas de arresto mayor o multa de 100.000 a 500.000 pesetas, atendidas la naturaleza de la lesión y las demás circunstancias de aquél.

Art. 421. Las lesiones del artículo anterior serán castigadas con las penas de prisión menor en sus grados medio a máximo:

1.º Si en la agresión se hubieren utilizado armas, instrumentos, objetos, medios, métodos o formas susceptibles de causar graves daños en la integridad del lesionado o reveladoras de acusada brutalidad en la acción.

2.º Si como resultado de las lesiones el ofendido hubiere quedado impotente, estéril, deforme o con una enfermedad somática o psíquica incurable, o hubiere sufrido la pérdida de un miembro, órgano o sentido o quedado impedido de él.

3.º Si se hubiere empleado tortura.

Art. 422. El que se mutilare o el que prestare su consentimiento para ser mutilado, con el fin de eximirse del servicio militar o de un servicio público de inexcusable cumplimiento y fuere declarado exento de este servicio por efecto de la mutilación, incurrirá en la pena de prisión menor.

Igual pena se impondrá al que con la finalidad y resultado antes previstos se causare a sí mismo cualquier otra inutilidad o se la produjera a persona distinta con su consentimiento.

Art. 423. Si la conducta penada en el artículo anterior hubiere sido mediante precio, la pena será la inmediatamente superior a la señalada en dicho artículo.

Si el reo de este delito fuere cónyuge o persona a quien se halle ligado de forma permanente por análoga relación de afectividad, ascendiente, descendiente o hermano por naturaleza, adoptivo o afín en los mismos grados del mutilado, la pena será la de arresto mayor.

Art. 424. Quienes riñeren entre sí, acometiéndose confusa y tumultuariamente y utilizando medios o instrumentos peligrosos para la vida o integridad de las personas, serán castigados por su participación en la riña con la pena de arresto mayor en su grado máximo a prisión menor en su grado medio.

Art. 425. El que habitualmente, y con cualquier fin, ejerza violencia física sobre su cónyuge o persona a la que estuviese unido por análoga relación de afectividad, así como sobre los hijos sujetos a la patria potestad, o pupilo, menor o incapaz sometido a su tutela o guarda de hecho, será castigado con la pena de arresto mayor.

Art. 426. [*Dejado sin contenido por la Ley Orgánica 3/1989, de 21 de junio.*]

Art. 427. Las penas señaladas en los artículos 420 y 421, en sus respectivos casos, serán aplicables a las que por infracciones graves de las leyes o reglamentos de seguridad e higiene en el trabajo ocasionen quebranto apreciable en la salud o en la integridad física de los trabajadores.

CAPÍTULO V

DISPOSICIÓN GENERAL

Art. 428. Las penas señaladas en el capítulo anterior se impondrán en sus respectivos casos aun cuando mediare consentimiento del lesionado.

No obstante lo dispuesto en el párrafo anterior, el consentimiento libre y expresamente emitido exime de responsabilidad penal en los supuestos de trasplante de órganos efectuados con arreglo a lo dispuesto en la Ley, esterilizaciones y cirugía transexual realizadas por facultativo, salvo que el consentimiento se haya obtenido viciadamente, o mediante precio o recompensa, o el otorgante fuera menor o incapaz, en cuyo caso no será válido el prestado por éstos ni por sus representantes legales. Sin embargo, no será punible la esterilización de persona incapaz que adolezca de grave deficiencia psíquica cuando aquélla haya sido autorizada por el Juez a petición del representante legal del incapaz, oído el dictamen de dos especialistas, el Ministerio Fiscal y previa exploración del incapaz.

El consentimiento a que se refiere el párrafo segundo de este artículo, no eximirá de responsabilidad penal en los supuestos del artículo 422 de este Código.

TÍTULO IX

De los delitos contra la libertad sexual

CAPÍTULO PRIMERO

DE LA VIOLACIÓN Y DE LAS AGRESIONES SEXUALES

Art. 429. La violación será castigada con la pena de reclusión menor.

Comete violación el que tuviere acceso carnal con otra persona, sea por vía vaginal, anal o bucal, en cualquiera de los casos siguientes:

1. Cuando se usare fuerza o intimidación.
2. Cuando la persona se hallare privada de sentido o cuando se abusare de su enajenación.
3. Cuando fuere menor de doce años cumplidos, aunque no concurriere ninguna de las circunstancias expresadas en los dos números anteriores.

Art. 430. Cualquier otra agresión sexual no contemplada en el artículo anterior, realizada con la concurrencia de alguna de las circunstancias en el mismo expresadas, será castigada con la pena de prisión menor. La pena será la de prisión mayor si la agresión consistiere en introduccion de objetos o cuando se hiciere uso de medios, modos o instrumentos brutales, degradantes o vejatorios.

CAPÍTULO II

De los delitos de exhibicionismo y provocación sexual

Art. 431. El que ejecutare o hiciere ejecutar a otro actos lúbricos o de exhibición obscena ante menores de dieciséis años o deficientes mentales, será castigado con la pena de arresto mayor y multa de 100.000 a 1.000.000 de pesetas.

Se impondrá la pena de multa de 100.000 a 1.000.000 de pesetas al que ejecutare o hiciere ejecutar a otro las acciones previstas en el párrafo anterior ante mayores de dieciséis años sin su consentimiento. Para proceder por el delito previsto en este párrafo será precisa denuncia de la persona agraviada.

Art. 432. El que por cualquier medio difundiere, vendiere o exhibiere material pornográfico entre menores de dieciséis años o deficientes mentales, será castigado con la pena de arresto mayor y multa de 100.000 a 1.000.000 de pesetas.

Art. 433. [*Dejado sin contenido por el artículo 1.º, apartado c), del Decreto 168/1963, de 24 de enero, que desarrolló la Ley 79/1961, de Bases para la revisión parcial del Código Penal.*]

CAPÍTULO III

Del estupro

Art. 434. La persona que tuviere acceso carnal con otra mayor de doce años y menor de dieciocho, prevaliéndose de su superioridad, originada por cualquier relación o situación, será castigada, como reo de estupro, con la pena de prisión menor.

La pena se aplicará en su grado máximo cuando el delito se cometiere por ascendiente o hermano del estuprado.

Art. 435. Comete, asimismo, estupro la persona que, interviniendo engaño, tuviere acceso carnal con otra mayor de doce años y menor de dieciséis. En este caso la pena será de arresto mayor.

Art. 436. Se impondrá la pena de multa de 100.000 a 1.000.000 de pesetas al que cometiere cualquier agresión sexual, concurriendo iguales circunstancias que las establecidas en los dos artículos precedentes.

Art. 437. [*Derogado por la Ley 46/1978, de 7 de octubre.*]

Art. 438. [*Dejado sin contenido por el Decreto 168/1963, de 24 de enero, artículo 1.º, apartado c), que desarrolló la Ley 79/1961, de 23 de diciembre, de Bases para la revisión parcial del Código Penal.*]

Art. 439. [*Sin contenido por igual causa que el anterior. El contenido de este artículo y el anterior han quedado refundidos en el Capítulo VI de este título, que lleva por rúbrica la de «Delitos relativos a la prostitución».*]

CAPÍTULO IV

DEL RAPTO

Art. 440. El rapto de una persona, ejecutado contra su voluntad y con la finalidad de atentar contra su libertad sexual, será castigado con la pena de prisión mayor.

Si la persona raptada tuviere menos de doce años, se impondrá la misma pena, aunque el rapto fuere con su anuencia.

Arts. 441 y 442. [*Derogados por la Ley 46/1978, de 7 de octubre.*]

CAPÍTULO V

DISPOSICIONES COMUNES

Art. 443. Para proceder por los delitos de violación, agresiones sexuales, estupro y rapto bastará denuncia de la persona agraviada o del ascendiente, representante legal o guardador de hecho, por este orden, o del Ministerio Fiscal cuando se tratare de menores o incapaces.

En estos delitos el perdón del ofendido o del representante legal o guardador de hecho no extingue la acción penal ni la responsabilidad de esa clase.

Art. 444. Los reos de violación, estupro o rapto serán también condenados a indemnizar a la persona ofendida.

Los Tribunales harán la declaración que proceda en orden a la filiación y a la fijación de los alimentos en su caso, conforme a la legislación civil.

Art. 445. Los ascendientes, tutores, maestros o cualesquiera personas que, con abuso de autoridad o encargo, cooperaren como cómplices a la perpetración de los delitos comprendidos en este título serán castigados con la pena señalada para los autores.

Los maestros o encargados en cualquier manera de la educación o dirección de la juventud serán, además, condenados a inhabilitación especial.

Art. 446. Los comprendidos en el artículo precedente y cualesquiera otros reos de corrupción de menores en interés de tercero serán condenados también a la interdicción del derecho de tutela. Cuando la Autoridad Gubernativa tuviere conocimiento de la existencia de un menor de edad que se hallare en estado de prostitución o corrupción, sea o no por su voluntad, pero con anuencia de las personas que sobre él ejercieran autoridad familiar o ético-social o de hecho, o careciere de ellas, o éstas le tuvieren en abandono y no se encargaren de su custodia, lo comunicará de inmediato a la Entidad Pública que en el respectivo territorio tenga encomendada la protección de menores y al Ministerio Fiscal, para que actúen de conformidad con sus respectivas responsabilidades.

Art. 447. [*Derogado por la Ley 46/1978, de 7 de octubre.*]

Art. 448. Serán aplicables totalmente las sanciones establecidas en este título para los delitos en él previstos, aun cuando alguno de los hechos que los constituyan se ejecuten en país extranjero.

Pero en este caso no se castigarán en España cuando el culpable acredite haber sido penado y cumplida la condena por los ejecutados en la Nación.

....

Arts. 449 a 452. [*Derogados por la Ley 22/1978, de 26 de mayo.*]

CAPÍTULO VI

DELITOS RELATIVOS A LA PROSTITUCIÓN

Art. 452 bis a). Incurrirán en la penas de prisión menor en su grado máximo, multa de 100.000 a 500.000 pesetas e inhabilitación absoluta para el que fuere autoridad pública o agente de ésta y especial para el que no lo fuere:

1.º El que cooperare o protegiere la prostitución de una o varias personas, dentro o fuera de España, o su recluta para la misma.

2.º El que por medio de engaño, violencia, amenaza, abuso de autoridad u otro medio coactivo determine, a persona mayor de dieciocho años, a satisfacer deseos sexuales de otra.

3.º El que retuviere a una persona, contra su voluntad, en prostitución o en cualquier clase de tráfico inmoral.

Art. 452 bis b). Incurrirán en las penas de prisión menor en sus grados medio y máximo, inhabilitación absoluta para el que fuere autoridad pública o agente de ésta y especial para el que no lo fuere y multa de 100.000 a 500.000 pesetas:

1.º El que promueva, favorezca o facilite la prostitución o corrupción de persona menor de dieciocho años.

2.º El que para satisfacer los deseos sexuales de un tercero facilitare medios o ejerciere cualquier género de inducción en el ánimo de menores de dieciocho años, aun contando con su voluntad.

3.º El que mediante promesas o pactos, aun con apariencia de lícitos, indujere o diere lugar a la prostitución de menores de dieciocho años, tanto en territorio español como para conducirles con el mismo fin al extranjero.

4.º El que con cualquier motivo o pretexto ayude o sostenga la continuación en la corrupción o la estancia de menores de dieciocho años en casas o lugares de vicio.

Art. 452 bis c). Al que viviere en todo o en parte a expensas de la persona o personas cuya prostitución o corrupción explote le podrán ser aplicadas, además de las penas establecidas en el artículo 452 bis b), alguna de las siguientes medidas:

a) Internamiento en un establecimiento adecuado a las condiciones personales del sujeto.

b) Prohibición de residir en el lugar o territorio que se designe.

La medida de internamiento no podrá exceder a la de la pena impuesta y se computará para el cumplimiento de ésta.

A los proxenetas se les clausurará además el establecimiento donde hubiesen tenido lugar sus actividades.

Art. 452 bis d). Serán castigados con las penas de prisión menor, multa de 100.000 a 2.000.000 de pesetas y, en sus respectivos casos, con las inhabilitaciones señaladas en los artículos anteriores:

1.º El dueño, gerente, administrador o encargado del local, abierto o no al público, en el que se ejerza la prostitución u otra forma de corrupción, y toda persona que a sabiendas participe en su financiamiento.

En las mismas penas, en su grado mínimo, incurrirá toda persona que, a sabiendas, sirviera a los mencionados fines en los referidos locales.

2.º Los que dieren o tomaren en arriendo un edificio u otro local, o cualquier parte de los mismos, para explotar la prostitución o corrupción ajenas.

El Tribunal decretará, además de las referidas penas, el cierre temporal o definitivo del establecimiento o local y la retirada de la licencia que, en su caso, se hubiere concedido.

3.º En caso de procedimiento judicial por cualesquiera de los delitos previstos en este artículo, así como en los artículos 452 bis a), 452 bis b) y 452 bis c), el juez instructor podrá ordenar el cierre provisional del local o parte del mismo a que hace referencia este artículo, cuyo dueño, gerente, encargado, administrador o arrendatario fuese procesado.

Art. 452 bis e). La persona bajo cuya potestad estuviere un menor y que, con noticia de la prostitución o corrupción de éste o de su permanencia o asistencia frecuente a casas o lugares de vicio, no le recoja para impedir su continuación en tal estado y sitio, y no le ponga en su guarda o a disposición de la autoridad, si careciese de medios para su custodia, incurrirá en las penas de arresto mayor.

Iguales penas se impondrán a quien, en los casos a que se refiere el párrafo anterior, incurriere en las omisiones en él castigadas, aunque no tenga potestad legal sobre el menor, si, al tiempo del extravío de éste, le tuviere en su domicilio y confiado a su guarda o ejerciera sobre él, de hecho, una autoridad familiar o ético-social.

Art. 452 bis f). La condena de un tribunal extranjero impuesta por delitos comprendidos en este capítulo será equiparada a las sentencias de los tribunales españoles, a los efectos de aplicación del número 15 del artículo 10 de este Código.

CAPÍTULO VII

DISPOSICIÓN GENERAL

Art. 452 bis g). Sin perjuicio de lo dispuesto en los artículos 445 y 446, el ascendiente, tutor, maestro o cualquiera persona que, con abuso de autoridad o encargo, perpetrare alguno de los delitos comprendidos en este título será castigado con el grado máximo de la pena señalada al respectivo delito. El Tribunal sentenciador podrá además privar a los culpables de la patria potestad y tutela.

TÍTULO X

De los delitos contra el honor

CAPÍTULO PRIMERO

DE LA CALUMNIA

Art. 453. Es calumnia la falsa imputación de un delito de los que dan lugar a procedimiento de oficio.

Art. 454. La calumnia propagada por escrito y con publicidad se castigará con las penas de prisión menor y multa de 100.000 a 1.000.000 de pesetas.

Art. 455. No propagándose la calumnia con publicidad y por escrito, será castigada con las penas de arresto mayor y multa de 20.000 a 100.000 pesetas.

Art. 456. El acusado de calumnia quedará exento de toda

pena probando el hecho criminal que hubiere imputado.

La sentencia en que se declare la calumnia se publicará en los periódicos oficiales si el calumniado lo pidiere.

CAPÍTULO II

De las injurias

Art. 457. Es injuria toda expresión proferida o acción ejecutada, en deshonra, descrédito o menosprecio de otra persona.

Art. 458. Son injurias graves:

1.º La imputación de un delito de los que no dan lugar a procedimiento de oficio.

2.º La de un vicio o falta de moralidad cuyas consecuencias puedan perjudicar considerablemente la fama, crédito o interés del agraviado.

3.º Las injurias que por su naturaleza, ocasión o circunstancias fueren tenidas en el concepto público por afrentosas.

4.º Las que racionalmente merezcan la calificación de graves, atendidos el estado de dignidad y circunstancias del ofendido y del ofensor.

Art. 459. Las injurias graves, hechas por escrito y con publicidad, serán castigadas con la pena de arresto mayor o destierro, y en todo caso con la de multa de 100.000 a 1.000.000 de pesetas.

No concurriendo aquellas circunstancias se castigarán con las penas de destierro y multa de 100.000 a 500.000 pesetas.

Art. 460. Las injurias leves serán castigadas con la pena de multa de 100.000 a 2.000.000 de pesetas, cuando fueren hechas por escrito y con publicidad.

Art. 461. Al acusado de injuria no se admitirá prueba sobre la verdad de las imputaciones sino cuando éstas fueren dirigidas contra funcionarios públicos sobre hechos concernientes al ejercicio de su cargo, o cuando tenga derecho a perseguir el delito imputado en el caso del número 1.º del artículo 458.

En estos casos será absuelto el acusado si probare la verdad de las imputaciones.

CAPÍTULO III

Disposiciones generales

Art. 462. Se comete el delito de calumnia o de injuria no sólo manifiestamente, sino por alegorías, caricaturas, emblemas o alusiones.

Art. 463. La calumnia y la injuria se reputarán hechas por escrito y con publicidad cuando se propagaren por medio de papeles impresos, litografiados o grabados, por carteles o pasquines fijados en los sitios públicos, o por papeles manuscritos comunicados a más de diez personas.

Se equipararán a las del párrafo anterior la calumnia y la injuria emitidas ante un concurso de personas, o por discursos o gritos en reuniones públicas, o por radiodifusión, o en circunstancias o por medios análogos.

Art. 464. El acusado de calumnia o injuria encubierta, o equívoca, que rehusare dar en juicio explicación satisfactoria acerca de ella será castigado como reo de calumnia o injuria manifiesta.

Art. 465. Los directores o editores de los periódicos en que se hubieren propagado las calumnias o injurias insertarán en ellos dentro del término que señalen las leyes o el Tribunal en su defecto, la satisfacción o sentencia condenatoria, si lo reclamare el ofendido.

Art. 466. Podrán ejecutar la acción de calumnia o injuria los ascendientes, descendientes, cónyuge y hermanos del agraviado difunto, siempre que la calumnia o injuria trascendiere a ellos, y en todo caso el heredero.

Art. 467. Procederá asimismo la acción de calumnia o injuria cuando se hayan hecho por medio de publicaciones en país extranjero.

Nadie podrá deducir acción de calumnia o injuria causadas en juicio sin previa licencia del Juez o Tribunal que de él conociere.

Nadie será penado por calumnia o injuria sino en virtud de querella de la parte ofendida, salvo cuando la ofensa se dirija contra la autoridad pública, corporaciones o clases determinadas del Estado, y lo dispuesto en el capítulo VIII del título II de este libro.

El culpable de injuria o de calumnia contra particulares quedará relevado de la pena impuesta mediando el perdón de la parte ofendida.

Para los efectos de este artículo se reputan autoridad los jefes de estado de naciones amigas o aliadas, los agentes diplomáticos de las mismas y los extranjeros con carácter público que, según los tratados, debieren comprenderse en esta disposición.

Para proceder en los casos expresados en el párrafo anterior ha de preceder excitación especial del Gobierno.

TÍTULO XI

De los delitos contra el estado civil de las personas

CAPÍTULO PRIMERO

DE LA SUPOSICIÓN DE PARTO Y DE LA USURPACIÓN DE ESTADO CIVIL

Art. 468. La suposición de parto y la sustitución de un niño por otro serán castigadas con las penas de prisión menor y multa de 100.000 a 1.000.000 de pesetas.

Las mismas penas se impondrán al que ocultare o expusiere a un hijo con ánimo de hacerle perder su estado civil.

Art. 469. El facultativo o funcionario público que, abusando de su profesión o cargo, cooperare a la ejecución de alguno de los delitos expresados en el artículo anterior, incurrirá en las penas del mismo y, además, en la de inhabilitación especial.

Art. 470. El que usurpare el estado civil de otro será castigado con las penas de prisión menor y multa de 100.000 a 1.000.000 de pesetas.

CAPÍTULO II

DE LA CELEBRACIÓN DE MATRIMONIOS ILEGALES

Art. 471. El que contrajere segundo o ulterior matrimonio sin hallarse legítimamente disuelto el anterior será castigado con la pena de prisión menor.

Art. 472. El que con algún impedimento dirimente no dispensable contrajere matrimonio será castigado con la pena de prisión menor.

Arts. 473 a 477. [*Dejados sin contenido por el artículo 5.º de la Ley de 24 de abril de 1958.*]

Art. 478. El juez que autorizare matrimonio prohibido por la Ley o para el cual haya algún impedimento no dispensable conocido o denunciado en el expediente será castigado con las penas de suspensión y multa de 100.000 a 500.000 pesetas.

Si el impedimento fuera dispensable, la pena será de multa de 100.000 a 200.000 pesetas.

Art. 479. En los casos de este capítulo el contrayente doloso será condenado a dotar, según su posibilidad, a la mujer que hubiere contraído matrimonio de buena fe.

TÍTULO XII

De los delitos contra la libertad y seguridad

CAPÍTULO PRIMERO

DE LAS DETENCIONES ILEGALES

Art. 480. El particular que encerrare o detuviere a otro, privándole de su libertad, será castigado con la pena de prisión mayor.

En la misma pena incurrirá el que proporcionare lugar para la ejecución del delito.

Si el culpable diere libertad al encerrado, o detenido, dentro de los tres días de su detención, sin haber logrado el objeto que se propusiere ni haberse comenzado el procedimiento, las penas serán de prisión menor y multa de 100.000 a 200.000 pesetas.

Art. 481. El delito previsto en el artículo anterior será castigado con la pena de prisión mayor en su grado máximo a reclusión menor en su grado medio, sin perjuicio de las demás responsabilidades en que incurriese el culpable:

1.º Si se hubiere exigido rescate, o impuesto cualquier otra condición, o fuere consecutivo a un delito contra la propiedad.

2.º Si el encierro o detención hubieren durado más de quince días.

3.º Si se hubiere ejecutado con simulación de funciones públicas.

Art. 481 bis. El que construyere o acondicionare lugares con el propósito de cometer el delito a que se refiere el artículo 480 será castigado con la pena de prisión menor.

Igualmente será castigado con la pena de prisión menor el que construyere o acondicionare lugares con el propósito de proporcionarlos a otros para la comisión del delito a que se refiere el artículo 480.

El que por cualquier título tuviere a su disposición los lugares a que se refieren los párrafos anteriores, si no lo pusiere en conocimiento de las autoridades en el término más breve posible desde el momento de su adquisición, será castigado con la pena de arresto mayor.

Art. 482. El particular que, fuera de los casos permitidos por la Ley, aprehendiere a una persona para presentarla a la autoridad será castigado con las penas de arresto mayor y multa de 100.000 a 200.000 pesetas.

Art. 483. El reo de detención ilegal que no diere razón del paradero de la persona detenida, o no acreditare haberla dejado en libertad, será castigado con la pena de reclusión mayor.

CAPÍTULO II

DE LA SUSTRACCIÓN DE MENORES

Art. 484. La sustracción de un menor de siete años será castigada con la pena de presidio mayor.

Art. 485. El que hallándose encargado de la persona de un menor no lo presentare a sus padres o guardadores ni diera explicación satisfactoria acerca de su desaparición, será castigado con la pena de reclusión menor.

Art. 486. El que indujere a un menor de edad, pero mayor de siete años, a que abandonare la casa de sus padres, tutores o encargados de su persona será castigado con las penas de arresto mayor y multa de 100.000 a 1.000.000 de pesetas.

CAPÍTULO III

DEL ABANDONO DE FAMILIA Y DE NIÑOS

Art. 487. Será castigado con las penas de arresto mayor y multa de 100.000 a 500.000 pesetas el que dejare de cumplir los deberes legales de asistencia inherentes a la patria potestad, la tutela o el matrimonio, en los casos siguientes:

1.º Si abandonare maliciosamente el domicilio familiar.

2.º Si el abandono de sus deberes legales de asistencia tuviere por causa su conducta desordenada.

El que dejare de prestar la asistencia indispensable para el sustento a sus descendientes menores e incapaces para el trabajo, o a sus ascendientes o cónyuge que se hallaren necesitados, a no ser, respecto al último, que estuvieren separados por causa imputable al referido cónyuge, será castigado con la pena de arresto mayor en su grado máximo y multa de 100.000 a 1.000.000 de pesetas.

En todo caso, el Tribunal podrá acordar la privación del derecho de patria potestad o de tutela que tuviere el reo.

El delito previsto en este artículo se perseguirá previa denuncia de la persona agraviada o, en su caso, del Ministerio Fiscal.

El perdón expreso o presunto del ofendido, extingue la acción penal. Dicho perdón necesitará, oído el Fiscal, ser aprobado por el Tribunal competente.

Art. 487 bis. El que dejare de pagar durante tres meses consecutivos o seis meses no consecutivos cualquier tipo de prestación económica en favor de su cónyuge o sus hijos, establecida en convenio judicialmente aprobado o resolución judicial, en los supuestos de separación legal, divorcio o declaración de nulidad del matrimonio, será castigado con la pena de arresto mayor y multa de 100.000 a 500.000 pesetas.

Art. 488. El abandono de un niño menor de siete años por parte de la persona encargada de su guarda será castigado con las penas de arresto mayor y multa de 100.000 a 500.000 pesetas.

Si el hecho fuere ejecutado por los padres, tutor o guardador de hecho, las penas serán prisión menor y la multa sobredicha.

La mujer que, para ocultar su deshonra, abandonare al hijo recién nacido será castigada con arresto mayor.

La misma pena se impondrá a los abuelos maternos que, para ocultar la deshonra de la madre, realizaren el abandono.

En todos los casos de este artículo y sin perjuicio de castigar el hecho como corresponda si constituyere otro delito más grave, cuando por las circunstancias del abandono se hubiere puesto en peligro la vida del niño será castigado el culpable con las penas anteriores en su grado máximo, y, si sobreviniere la muerte, se impondrán las penas inmediatas superiores.

Art. 489. El que teniendo a su cargo la crianza o educación de un menor lo entregue a un establecimiento público, o a otra persona, sin anuencia de quien se lo hubiere confiado, o de la autoridad en su defecto, será castigado con la multa de 100.000 a 1.000.000 de pesetas.

Si a consecuencia de la entrega se pusiere en peligro la salud o la moralidad del menor, se impondrá, además de la multa anterior, la pena de arresto mayor.

Art. 489 bis. Los que utilizaren o prestaren a menores de dieciséis años para la práctica de la mendicidad serán castigados con la pena de arresto mayor.

Si para los fines del párrafo anterior se traficare con menores de dieciséis años, se empleare con ellos violencia o intimidación, o se les suministrare sustancias perjudiciales para su salud, se impondrá la pena superior en grado.

El Tribunal, si lo estima oportuno en atención a las circunstancias del menor, podrá privar de la patria potestad o de los derechos de guarda o tutela a los padres, tutores o guardadores responsables de estos hechos.

En todo caso, el Ministerio Fiscal instará de la Autoridad judicial competente la adopción de las medidas pertinentes para la debida custodia y protección del menor.

CAPÍTULO IV

DE LA OMISIÓN DEL DEBER DE SOCORRO

Art. 489 ter. El que no socorriere a una persona que se hallare desamparada y en peligro manifiesto y grave, cuando pudiere hacerlo sin riesgo propio ni de tercero, será castigado con la pena de arresto mayor o multa de 100.000 a 200.000 pesetas.

En la misma pena incurrirá el que, impedido de prestar socorro, no demandare con urgencia auxilio ajeno.

Si la víctima lo fuere por accidente ocasionado por el que omitió el auxilio debido, la pena será de prisión menor.

CAPÍTULO V

DEL ALLANAMIENTO DE MORADA

Art. 490. El particular que entrare en morada ajena o sin habitar en ella se mantuviere en la misma contra la voluntad de su morador será castigado con arresto mayor y multa de 100.000 a 500.000 pesetas.

Si el hecho se ejecutase con violencia o intimidación, la pena será de prisión menor y multa de 100.000 a 500.000 pesetas.

Art. 491. La disposición del artículo anterior no es aplicable al que entra en la morada ajena para evitar un mal grave a sí mismo, a los moradores o a un tercero, ni al que lo hace para prestar algún servicio humanitario o a la justicia.

Art. 492. Lo dispuesto en este capítulo no tiene aplicación respecto de los cafés, tabernas, posadas y demás casas públicas mientras estuvieren abiertas.

Art. 492 bis. Salvo lo dispuesto en el artículo 491, el que quebrantara la inviolabilidad de un lugar sagrado, edificio religioso u otro inmueble protegido por dicho privilegio por Ley especial o convenio internacional, debidamente ratificado, incurrirá en la pena de arresto mayor y multa de 100.000 a 1.000.000 de pesetas.

Si el reo fuera funcionario público o agente de la autoridad y obrare con abuso de su cargo, se impondrá la pena de prisión menor y multa de 100.000 a 1.000.000 de pesetas.

CAPÍTULO VI

DE LAS AMENAZAS Y COACCIONES

Art. 493. El que amenazare a otro con causar al mismo o a su familia, en sus personas, honra o propiedad, un mal que constituya delito será castigado:

1.º Con la pena de prisión menor, si se hubiere hecho la amenaza exigiendo una cantidad o imponiendo cualquiera otra condición, aunque no sea ilícita, y el culpable hubiere conseguido su propósito, y con la pena de arresto mayor si no lo hubiere conseguido.

La pena se impondrá en su grado máximo si las amenazas se hicieren por escrito o a nombre de entidades reales o supuestas.

2.º Con la pena de arresto mayor y multa de 100.000 a 500.000 pesetas si la amenaza no fuere condicional.

Art. 494. Las amenazas de un mal que no constituya delito, hechas en la forma expresada en el número 1.º del artículo anterior, serán castigadas con la pena de arresto mayor.

Art. 495. En todos los casos de los dos artículos anteriores se podrá condenar, además, al amenazador a dar caución de no ofender al amenazado y, en su defecto, a la pena de destierro.

Art. 496. El que sin estar legítimamente autorizado impidiere a otro con violencia hacer lo que la Ley no prohíbe o le compeliere a efectuar lo que no quiera, sea justo o injusto, será castigado con las penas de arresto mayor y multa de 100.000 a 1.000.000 de pesetas.

Incurrirán en las penas de arresto mayor en su grado máximo y multa de 100.000 a 1.000.000 de pesetas los que actuando con violencia o intimidación, en grupo, o individualmente pero de acuerdo con otros, obliguen a otras personas a iniciar o continuar una huelga, paro o cierre empresarial.

Serán castigados con la pena de prisión menor los que, actuando en la forma prevista en el párrafo anterior, fueren ajenos al conflicto o portaren armas o instrumentos peligrosos.

Art. 496 bis. Si las amenazas o coacciones se cometieren con el propósito de atemorizar a los habitantes de una población, se impondrá la pena superior en su grado.

CAPÍTULO VII

DEL DESCUBRIMIENTO Y REVELACIÓN DE SECRETOS

Art. 497. El que para descubrir los secretos de otro se apoderase de sus papeles o cartas y divulgare aquéllos será castigado con las penas de arresto mayor y multa de 100.000 a 2.000.000 de pesetas.

Si no los divulgare, las penas serán de arresto mayor y multa de 100.000 a 500.000 pesetas.

Esta disposición no es aplicable a los padres, tutores o quienes hagan sus veces en cuanto a los papeles o cartas de sus hijos o menores que se hallen bajo su dependencia.

Art. 497 bis. El que para descubrir los secretos o la intimidad de otro sin su consentimiento interceptare sus telecomunicaciones o utilizare artificios técnicos de escucha, transmisión, grabación o reproducción del sonido o de la imagen será castigado con las penas de prisión menor en grado medio y multa de 100.000 a 1.000.000 de pesetas.

Si divulgare o revelare lo descubierto, incurrirá en las penas de prisión menor en grado máximo y multa de 100.000 a 5.000.000 de pesetas.

El que con conocimiento de su origen ilícito, y sin haber tomado parte en su descubrimiento, realizare la conducta descrita en el párrafo anterior, será castigado con las penas de prisión menor en grado mínimo y multa de 100.000 a 1.000.000 de pesetas.

Art. 498. El administrador, dependiente o criado que en tal concepto supiere los secretos de su principal y los divulgare será castigado con las penas de arresto mayor y multa de 100.000 a 500.000 pesetas.

Art. 499. El encargado, empleado u obrero de una fábrica u otro establecimiento industrial que en perjuicio del dueño descubriere los secretos de su industria será castigado con las penas de arresto mayor y multa de 100.000 a 1.000.000 de pesetas.

CAPÍTULO VIII

DE LOS DELITOS CONTRA LA LIBERTAD Y LA SEGURIDAD EN EL TRABAJO

Art. 499 bis. Será castigado con pena de arresto mayor y multa de 100.000 a 2.000.000 de pesetas:

1.º El que usando de maquinaciones o procedimientos maliciosos imponga a los trabajadores a su servicio condiciones laborales o de seguridad social que perjudiquen los derechos que tengan reconocidos por disposiciones legales o convenios colectivos sindicales.

2.º El que por cesión de mano de obra, simulación de contrato, sustitución o falseamiento de empresa o de cualquier otra forma maliciosa suprima o restrinja los beneficios de la estabilidad en el empleo y demás condiciones de trabajo reconocidas a los trabajadores por disposiciones legales.

3.º El que trafique de cualquier manera ilegal con la mano de obra e intervenga en migraciones laborales fraudulentas, aunque de ello no se derive perjuicio para el trabajador.

El que en caso de crisis de una empresa hiciere ineficaces maliciosamente los derechos de los trabajadores incurrirá en las penas previstas en el artículo 519 de este Código.

Cuando los hechos previstos en los números anteriores fueren realizados por personas jurídicas se impondrá la pena señalada a los administradores o encargados del servicio que los hubieren cometido o que, conociéndolos y pudiendo hacerlo, no hubieren adoptado medidas para remediarlos. En su caso procederá la responsabilidad civil subsidiaria de la empresa.

TÍTULO XIII

De los delitos contra la propiedad

CAPÍTULO PRIMERO

De los robos

Art. 500. Son reos del delito de robo los que, con ánimo de lucrarse, se apoderan de las cosas muebles ajenas con violencia o intimidación en las personas o empleando fuerza en las cosas.

Art. 501. El culpable de robo con violencia o intimidación en las personas será castigado:

1.º Con la pena de reclusión mayor, cuando con motivo o con ocasión del robo se causare dolosamente la muerte de otro.

2.º La misma pena se impondrá cuando el robo fuere acompañado de violación o de alguna de las lesiones previstas en el artículo 418.

3.º Con la pena de reclusión menor, cuando el robo fuere acompañado de alguna de las lesiones previstas en los artículos 419 ó 421.2.º, si bien en estos últimos supuestos la pena no excederá del grado medio.

4.º Con la pena de prisión mayor, cuando con motivo u ocasión de robo se causare homicidio culposo, se infieran torturas, se tomaren rehenes para facilitar la ejecución del delito o la fuga del culpable o cuando el robo fuere acompañado de las lesiones a que se refiere el artículo 420.

5.º Con la pena de prisión menor, en los demás casos, salvo que por razón de concurrencia de alguna de las circunstancias del artículo 506 corresponda pena mayor con arreglo al artículo 505, en cuyo caso se aplicará éste.

Se impondrán las penas de los números anteriores en su grado máximo cuando el delincuente hiciere uso de las armas u otros medios peligrosos que llevase, sea al cometer el delito o para proteger la huida, y cuando el reo atacare con tales medios a los que acudieren en auxilio de la víctima o a los que le persiguieren.

Art. 502. Si los delitos de que trata el artículo anterior hubieren sido ejecutados en cuadrilla, al jefe de ella, si estuviere total o parcialmente armada, se le impondrá la pena superior inmediata.

Los malhechores presentes a la ejecución de un robo en cuadrilla serán castigados como autores de cualquiera de los atentados cometidos por ella, si no constare que procuraron impedirlo.

Art. 503. El que para defraudar a otro le obligare con violencia o intimidación a suscribir, otorgar o entregar una escritura pública o documento será castigado, como culpable de robo, con las penas respectivamente señaladas en este capítulo.

Art. 504. Son reos del delito de robo con fuerza en las cosas los que ejecutaren el hecho concurriendo alguna de las circunstancias siguientes:

1.º Escalamiento.

2.º Rompimiento de pared, techo, suelo, o fractura de puerta o ventana.

3.º Fractura de armarios, arcas u otra clase de muebles u objetos cerrados o sellados, o de sus cerraduras, o su sustracción para fracturarlos o violentarlos fuera del lugar del robo.

4.º Uso de llaves falsas, ganzúas u otros instrumentos semejantes.

Art. 505. El culpable de robo comprendido en alguno de los casos del artículo anterior, será castigado con la pena de arresto mayor, si el valor de lo robado no excediere de 30.000 pesetas, y de prisión menor en los demás casos.

Si concurriere en el hecho alguna de las circunstancias previstas en el artículo siguiente se impondrá la pena en el grado máximo.

Art. 506. Son circunstancias que agravan el delito, a los efectos del artículo anterior:

1.º Cuando el delincuente llevare armas u otros objetos peligrosos.

2.º Cuando el delito se verifique en casa habitada o alguna de sus dependencias.

3.º Cuando se cometa asaltando tren, buque, aeronave, automóvil u otro vehículo.

4.º Cuando se cometa contra oficina bancaria recaudatoria, mercantil u otra en que se conserven caudales o contra la persona que los custodie o transporte.

5.º Cuando se verifique en edificio público o alguna de sus dependencias.

6.º Cuando se trate de cosas destinadas a un servicio público produciéndose una grave perturbación del mismo, o de cosas de primera necesidad, cuando produzca una situación grave de desabastecimiento.

7.º Cuando recaiga sobre cosas de valor histórico, cultural o artístico.

8.º Cuando revistiere especial gravedad, atendiendo el valor de los efectos robados o se produzcan daños de especial consideración.

9.º Cuando el delito coloque a la víctima o su familia en grave situación económica o cuando se cometa abusando de superioridad en relación con las circunstancias personales de la víctima.

Cuando concurrieren la circunstancia primera del párrafo anterior junto con la segunda, la tercera, o la cuarta, podrán aplicarse las penas superiores en un grado.

Art. 507. Se impondrá la pena de arresto mayor al que, utilizando alguno de los medios comprendidos en el artículo 500, entrare a cazar o pescar en heredad cerrada o campo vedado, aunque llevare armas para dicho objeto.

Art. 508. Se considera casa habitada todo albergue que constituyere la morada de una o más personas, aunque se encontraren accidentalmente ausentes de ella cuando el robo tuviere lugar.

Se consideran dependencias de casa habitada o de edificio público destinado al culto sus patios, corrales, bodegas, graneros, pajares, cocheras, cuadras y demás departamentos o sitios cerrados y contiguos al edificio y en comunicación interior con el mismo, y con el cual formen un solo todo.

No están comprendidas en el párrafo anterior las huertas o demás terrenos destinados al cultivo o a la producción, aunque estén cercados, contiguos al edificio y en comunicación interior con el mismo.

Art. 509. El que tuviere en su poder ganzúas u otros instrumentos destinados especialmente para ejecutar el delito de robo será castigado con la pena de arresto mayor.

En igual pena incurrirán los que fabricaren dichos instrumentos. Si fueren cerrajeros se les aplicará la pena de prisión menor.

Art. 510. Se entenderán llaves falsas:

1.º Los instrumentos a que se refiere el artículo anterior.

2.º Las llaves legítimas sustraídas al propietario.

3.º Cualesquiera otras que no sean las destinadas por el propietario para abrir la cerradura violentada por el culpable.

Art. 511. [*Dejado sin contenido por la Ley Orgánica 8/1983, de 25 de junio.*]

Art. 512. Los delitos comprendidos en este capítulo quedan consumados cuando se produzca el resultado lesivo para la vida o la integridad física de las personas, aunque no se hayan perfeccionado los actos contra la propiedad propuestos por el culpable.

Art. 513. La mera asociación, aun transitoria, de tres o más personas para cometer el delito de robo se estimará comprendida en el número 2.º del artículo 172.

CAPÍTULO II

DE LOS HURTOS

Art. 514. Son reos de hurto los que con ánimo de lucro y sin violencia o intimidación en las personas ni fuerza en las cosas toman las cosas muebles ajenas sin la voluntad de su dueño.

Art. 515. 1.º Los reos de hurto serán castigados con la pena de arresto mayor si el valor de lo sustraído excediere de 30.000 pesetas.

2.º Si concurriere alguna de las circunstancias previstas en el artículo siguiente, se impondrá la pena en su grado máximo.

3.º Si concurrieren dos o más circunstancias de las expresadas en el artículo siguiente o una muy cualificada la pena será de prisión menor.

Art. 516. Son circunstancias que agravan el delito a efectos del artículo anterior:

1.ª Cuando se trate de cosas destinadas a un servicio público, si se produjera una grave perturbación del servicio, o de cosas de primera necesidad cuando produzcan una situación grave de desabastecimiento.

2.ª Cuando recaiga sobre cosas de valor histórico, cultural o artístico.

3.ª Cuando revista especial gravedad, atendiendo al valor de efectos sustraídos o se produzcan perjuicios de especial consideración.

4.ª Cuando coloque a la víctima o a su familia en grave situación económica o se haya realizado con abuso de superioridad en relación con las circunstancias personales de la víctima.

CAPÍTULO II BIS

UTILIZACIÓN ILEGÍTIMA DE VEHÍCULOS DE MOTOR AJENOS

Art. 516 bis. El que, sin la debida autorización y sin ánimo de haberlo como propio, utilizare un vehículo de motor ajeno, cualquiera que fuera su clase, potencia o cilindrada, será castigado con la pena de arresto mayor o multa de 100.000 a 1.000.000 de pesetas.

Si ejecutare el hecho empleando fuerza en las cosas, la pena se aplicará en su grado máximo.

Cuando, en los casos previstos en los párrafos anteriores, el culpable dejare transcurrir veinticuatro horas sin restituir directa o indirectamente el vehículo, se le impondrán conjuntamente las penas de arresto mayor y multa de 100.000 a 1.000.000 de pesetas, aplicándose, en su caso, las de los artículos 515 ó 505, respectivamente, cuando sean de mayor gravedad.

Si en la ejecución del hecho se empleare violencia o intimidación en las personas, se impondrán las penas señaladas en el artículo 501.

En todos los casos comprendidos en este artículo se impondrá además la pena de privación del permiso de conducción por tiempo de tres meses y un día a cinco años o la de obtenerlo en el mismo plazo.

CAPÍTULO III

DE LA USURPACIÓN

Art. 517. Al que con violencia o intimidación en las personas ocupare una cosa inmueble o usurpare un derecho real de ajena pertenencia se impondrá, además de las penas en que incurriere por las violencias que causare, una multa del 50 al 100 por 100 de la utilidad que haya reportado, sin que pueda bajar de 100.000 pesetas.

Si la utilidad no fuere estimable, se impondrá la multa de 100.000 a 200.000 pesetas.

Art. 518. El que alterare términos o lindes de pueblos o heredades o cualquier clase de señales destinadas a fijar los límites de propiedades o demarcaciones de predios contiguos, tanto de propiedad particular como de dominio público, o distrajere el curso de aguas públicas o privadas será castigado con una multa del 50 al 100 por 100 de la utilidad reportada o debido reportar con ello, siempre que dicha utilidad exceda de 30.000 pesetas, sin que la mencionada multa pueda bajar de 100.000 pesetas.

CAPÍTULO IV

DE LAS DEFRAUDACIONES

SECCIÓN 1.ª

Del alzamiento, quiebra, concurso e insolvencia punibles

Art. 519. El que se alzare con sus bienes en perjuicio de sus acreedores será castigado con las penas de prisión menor, si fuere comerciante, matriculado o no, y con la de arresto mayor, si no lo fuere.

Art. 520. El quebrado que fuere declarado en insolvencia fraudulenta, con arreglo al Código de Comercio, será castigado con la pena de prisión mayor.

Art. 521. El quebrado que fuere declarado en insolvencia culpable por alguna de las causas comprendidas en el artículo 888 del Código de Comercio incurrirá en la pena de prisión menor.

Art. 522. Serán penados como cómplices del delito de insolvencia fraudulenta los que ejecutaren cualesquiera de los actos que se determinan en el artículo 893 del Código de Comercio.

Art. 523. Incurrirá en la pena de arresto mayor el concursado cuya insolvencia resultare, en todo o en parte, de alguno de los hechos siguientes:

1.º Haber hecho gastos domésticos o personales excesivos o descompasados con relación a su fortuna, atendidas las circunstancias de su rango y familia.

2.º Haber sufrido en cualquiera clase de juego pérdidas que excedieren de lo que por vía de recreo aventurare, en entretenimiento de esta clase, un prudente padre de familia.

3.º Haber tenido pérdidas en apuestas cuantiosas, compras y ventas simuladas u otras operaciones de agiotaje cuyo éxito dependa exclusivamente del azar.

4.º Haber enajenado, con depreciación notable, bienes cuyo precio de adquisición estuviere adeudando.

5.º Retardo en presentarse en concurso cuando su pasivo fuere tres veces mayor que su activo.

Art. 524. Incurrirá en la pena de prisión menor el concursado cuya insolvencia fuere resultado, en todo o en parte, de alguno de los hechos siguientes:

1.º Haber incluido gastos, pérdidas o deudas supuestos, u ocultado bienes o derechos en el estado de deudas, relación de bienes o memorias que haya presentado a la autoridad judicial.

2.º Haberse apropiado o distraído bienes ajenos que le estuvieren encomendados en depósito, comisión o administración.

3.º Haber simulado enajenación o cualquier gravamen de bienes, deudas u obligaciones.

4.º Haber adquirido, por título oneroso, bienes a nombre de otra persona.

5.º Haber anticipado, en perjuicio de los acreedores, pago que no fuere exigible sino en época posterior a la declaración del concurso.

6.º Haber distraído, con posterioridad a la declaración del

concurso, valores correspondientes a la masa.

Art. 525. Serán penados como cómplices del delito de insolvencia fraudulenta, cometida por el deudor no dedicado al comercio, los que ejecutaren cualquiera de los actos siguientes:

1.º Confabularse con el concursado para suponer crédito contra él o para aumentarlo, alterar su naturaleza o fecha, con el fin de anteponerse en la graduación con perjuicio de otros acreedores, aun cuando esto se verificare antes de la declaración de concurso.

2.º Haber auxiliado al concursado para ocultar o sustraer sus bienes.

3.º Ocultar a los administradores del concurso la existencia de bienes que, perteneciendo a éste, obren en poder del culpable o entregarlos al concursado y no a dichos administradores.

4.º Celebrar con el concursado conciertos particulares en perjuicio de otros acreedores.

Art. 526. Las penas señaladas en esta sección se impondrán en su grado máximo al quebrado o concursado que no restituyere el depósito miserable o necesario.

Art. 527. En los casos en que la pérdida ocasionada a los acreedores no llegare al 10 por 100 de sus respectivos créditos se impondrán al quebrado o concursado las penas inmediatamente inferiores a las señaladas en los artículos 520 a 525.

Cuando la pérdida excediere del 50 por 100 se impondrán en su grado máximo las penas señaladas en los mencionados artículos.

SECCIÓN 2.ª

De las estafas y otros engaños

Art. 528. Cometen estafas los que con ánimo de lucro utilizan engaño bastante para producir error en otro, induciéndole a realizar un acto de disposición en perjuicio de sí mismo o de tercero.

El reo de estafa será castigado con la pena de arresto mayor, si la cuantía de lo defraudado excede de 30.000 pesetas. Si concurrieren dos o más circunstancias de las expresadas en el artículo siguiente o una muy cualificada, la pena será de prisión menor. Si concurrieren las circunstancias primera o séptima con la octava, la pena será de prisión mayor.

Si concurriere sólo alguna de las circunstancias del artículo siguiente, la pena se impondrá en su grado máximo.

Art. 529. Son circunstancias que agravan el delito a los efectos del artículo anterior:

1.ª Cuando se cometa alterando la sustancia, calidad o cantidad de cosas de primera necesidad, viviendas u otros bienes de reconocida utilidad social.

2.ª Cuando se realice con simulación de pleito o empleo de otro fraude procesal administrativo análogo.

3.ª Cuando se realice con abuso de firma en blanco.

4.ª Cuando se produzca destrucción, daño u ocultación de cosa propia, agravación de lesiones sufridas o autolesión para defraudar al asegurador o a un tercero.

5.ª Cuando coloque a la víctima en grave situación económica o se haya realizado abusando de superioridad en relación con las circunstancias personales de la víctima.

6.ª Cuando la defraudación se produzca traficando con supuestas influencias o con pretexto de remuneraciones a funcionarios públicos, sin perjuicio de la acción de calumnia que a éstos corresponda.

7.ª Cuando revistiere especial gravedad atendido el valor de la defraudación.

8.ª Cuando afecte a múltiples perjudicados.

Art. 530. [*Dejado sin contenido por la Ley Orgánica 8/1983, de 25 de junio.*]

Art. 531. Incurrirá en las penas señaladas en el artículo 528 quien, fingiéndose dueño de una cosa inmueble, la enajenare, arrendare o gravare.

En la misma pena incurrirá el que dispusiera de un bien como libre, sabiendo que estaba gravado, y también el que lo enajenare dos o más veces, o lo gravare o arrendare después de haberlo enajenado.

Art. 532. Incurrirá en las penas señaladas en el artículo precedente:

1.º El dueño de una cosa mueble que la sustrajere de quien la tenga legítimamente en su poder con perjuicio del mismo o de un tercero.

2.º El que otorgare en perjuicio de otro un contrato simulado.

Art. 533. [*Dejado sin contenido por la Ley Orgánica 8/1983, de 25 de junio.*]

SECCIÓN 3.ª

De las infracciones del derecho de autor y de la propiedad industrial

Art. 534. El que infringiere intencionadamente los derechos de propiedad industrial será castigado con las penas de arresto mayor y multa de 100.000 a 2.000.000 de pesetas.

Art. 534 bis a). Será castigado con la pena de multa de

100.000 a 2.000.000 de pesetas quien intencionadamente reprodujere, plagiare, distribuyere o comunicare públicamente, en todo o en parte, una obra literaria, artística o científica o su transformación o una interpretación o ejecución artística fijada en cualquier tipo de soporte o comunicada a través de cualquier medio, sin la autorización de los titulares de los correspondientes derechos de propiedad intelectual o de sus cesionarios.

La misma pena se impondrá a quien intencionadamente importare, exportare o almacenare ejemplares de dichas obras o producciones o ejecuciones sin la referida autorización.

Art. 534 bis b). 1. Será castigado con la pena de arresto mayor y multa de 175.000 a 5.000.000 de pesetas quien realizare cualquiera de las conductas tipificadas en el artículo anterior, concurriendo alguna de las siguientes circunstancias:

a) Obrar con ánimo de lucro.

b) Infringir el derecho de divulgación del autor.

c) Usurpar la condición de autor sobre una obra o parte de ella o el nombre de un artista en una interpretación o ejecución.

d) Modificar sustancialmente la integridad de la obra sin autorización del autor.

2. Se impondrá la pena de prisión menor, multa de 175.000 a 10.000.000 de pesetas e inhabilitación especial para el ejercicio de la profesión relacionada con el delito cometido, por un período de dos a cinco años, cuando, además de obrar con ánimo de lucro concurra alguna de las siguientes circunstancias:

a) Que la cantidad o el valor de las copias ilícitas posean especial trascendencia económica.

b) Que el daño causado revista especial gravedad.

En tales supuestos el Juez podrá, asimismo, decretar el cierre temporal o definitivo de la industria o establecimiento del condenado.

Art. 534 bis c). En el supuesto de sentencia condenatoria el Juez podrá decretar la publicación de ésta, a costa del infractor, en un periódico oficial.

Art. 534 ter. La extensión de la responsabilidad civil derivada de los delitos tipificados en los artículos 534 bis a) y 534 bis b) se regirá por las disposiciones de la Ley de Propiedad Intelectual relativas al cese de la actividad ilícita y a la indemnización de daños y perjuicios.

SECCIÓN 4.ª

De la apropiación indebida

Art. 535. Serán castigados con las penas señaladas en el artículo 528, los que en perjuicio de otro se apropiaren o distrajeren dinero, efectos o cualquier otra cosa mueble que hubieren recibido en depósito, comisión o administración, o por otro título que produzca obligación de entregarlos o devolverlos, o negaren haberlos recibido. La pena se impondrá en grado máximo en el caso de depósito miserable o necesario.

Igual pena se impondrá a los que encontrándose un bien perdido se lo apropiaren con ánimo de lucro.

SECCIÓN 5.ª

[*Sin contenido.*]

SECCIÓN 6.ª

De las defraudaciones de fluido eléctrico y análogas

Art. 536. Será castigado con las penas de arresto mayor y multa del tanto al triplo del perjuicio causado, sin que ésta pueda ser inferior a 100.000 pesetas, el que cometiere defraudación utilizando ilícitamente energía eléctrica ajena por alguno de los medios siguientes:

1.º Instalando mecanismos para utilizarla.

2.º Valiéndose de dichos mecanismos para la misma utilización.

3.º Alterando maliciosamente las indicaciones o aparatos contadores.

Art. 537. El que, con ánimo de obtener lucro ilícito en perjuicio del consumidor, alterare maliciosamente las indicaciones o aparatos contadores de fluido eléctrico o cometiere cualquier otro género de defraudación, será castigado con multa de 100.000 a 1.000.000 de pesetas.

Art. 538. Las penas señaladas en los dos artículos precedentes se aplicarán a las defraudaciones de gas, agua u otro elemento, energía o fluido ajenos, cometidas por los medios en aquéllos expresados.

CAPÍTULO V

DE LAS MAQUINACIONES PARA ALTERAR EL PRECIO DE LAS COSAS

Art. 539. Los que soliciten dádiva o promesa para no tomar parte en una subasta pública, y los que intentaren alejar de ella a los postores por medio de amenazas, dádivas, promesas o cualquier otro artificio, con el fin de alterar el precio del remate, serán castigados con una multa del 10 al 50 por 100 del valor de la cosa subastada, sin perjuicio de la sanción correspondiente a la amenaza u otros medios que emplearen.

La multa no podrá bajar en ningún caso de 100.000 pesetas.

Art. 540. Serán castigados con las penas de prisión menor y multa de 100.000 a 5.000.000 de pesetas los que, difundiendo noticias falsas o tendenciosas, empleando violencia, amenaza o engaño, o usando de cualquier otra maquinación, intentaren alterar los precios que habrían de resultar de la libre concurrencia de productos, mercancías, monedas, títulos o valores, o cualesquiera otras cosas, muebles o inmuebles, que fueran objeto de contratación.

Art. 541. Se impondrán las penas señaladas en el artículo anterior, en su grado máximo:

1.º Cuando, cualquiera que fuera la forma de determinación del precio, las conductas previstas en él recayeren sobre sustancias alimenticias, medicamentos, viviendas u otros objetos de primera necesidad.

2.º Cuando se haya perpetrado el delito con abuso de la condición de beneficiario de alguna concesión, subvención o protección pública.

CAPÍTULO VI

DE LA USURA Y DE LAS CASAS DE PRÉSTAMOS SOBRE PRENDAS

Art. 542. Será castigado con las penas de prisión menor y multa de 100.000 a 5.000.000 de pesetas el que habitualmente se dedicare a préstamos usurarios.

Art. 543. Será castigado con las penas del artículo anterior el que encubriere con otra forma contractual cualquiera la realidad de un préstamo usurario, aunque no exista habitualidad.

Art. 544. Será castigado con las penas de prisión menor y multa de 100.000 a 5.000.000 de pesetas el que, abusando de la impericia o pasiones en un menor, hiciere otorgar en su perjuicio alguna obligación, descargo o transmisión de derechos por razón de préstamo de dinero, crédito u otra cosa mueble, bien aparezca el préstamo claramente, bien se halle encubierto bajo otra forma.

Art. 545. Será castigado con la multa de 100.000 a 2.000.000 de pesetas el que hallándose dedicado a la industria de préstamos sobre prendas, sueldos o salarios no llevare libros o no asentare en ellos, sin claros ni entrerrenglonados, las cantidades prestadas, los plazos o intereses, los nombres y domicilios de los que las reciban, la naturaleza, calidad y valor de los objetos dados en prenda y las demás circunstancias que exijan los reglamentos.

Art. 546. El prestamista que no diere resguardo de la prenda o seguridad recibida será castigado con una multa del duplo al quíntuplo de su valor, sin que pueda bajar de 100.000 pesetas.

CAPÍTULO VII

DEL ENCUBRIMIENTO CON ÁNIMO DE LUCRO Y DE LA RECEPTACIÓN

Art. 546 bis a). El que con conocimiento de la comisión de un delito contra los bienes se aprovechare para sí de los efectos del mismo será castigado con prisión menor y multa de 100.000 a 2.000.000 de pesetas.

En ningún caso podrá imponerse pena privativa de libertad que exceda de la señalada al delito encubierto. Si éste estuviere castigado con pena de otra naturaleza, se impondrá la de arresto mayor.

Los reos habituales de este delito serán castigados con prisión mayor y multa de 75.000 a 1.500.000 pesetas.

Art. 546 bis b). Se impondrá la pena de prisión mayor y multa de 250.000 a 5.000.000 de pesetas a los dueños, gerentes o encargados de tienda, almacén, industria o establecimiento abierto al público que realizaren el delito previsto en el artículo anterior y a cuyo servicio pusieren los referidos establecimientos.

Art. 546 bis c). El que con conocimiento de la comisión de hechos constitutivos de falta contra la propiedad habitualmente se aprovechare o auxiliare a los culpables para que se aprovechen de los efectos de la misma, será castigado con arresto mayor o multa de 100.000 a 500.000 pesetas, o con ambas penas.

Art. 546 bis d). Cuando a juicio del Tribunal los hechos previstos en los artículos anteriores fueren de suma gravedad, se podrá imponer, además de las penas señaladas en los mismos, la inhabilitación del reo para el ejercicio de su profesión o industria y el cierre temporal o definitivo del establecimiento.

Art. 546 bis e). Los Tribunales graduarán las penas señaladas en los artículos anteriores atendiendo a la personalidad del delincuente y circunstancias del hecho, y entre éstas, a la naturaleza y valor de los efectos del delito.

Art. 546 bis f). El que con conocimiento de la comisión de alguno de los delitos regulados en los artículos 344 a 344 bis b) de este Código recibiere, adquiriere o de cualquier otro modo se aprovechare para sí o para un tercero de los efectos o ganancias del mismo, será castigado con prisión menor y multa de un millón a 100 millones de pesetas.

Se impondrán las penas superiores en grado a los reos habituales de este delito y a las personas que pertenecieren a una organización dedicada a los fines señalados en este artículo.

En los casos previstos en el párrafo anterior, así como cuando, a juicio del Tribunal, los hechos contemplados en este artículo fueren de especial gravedad, se impondrá, además de la pena correspondiente, la inhabilitación del reo para el ejercicio de su profesión o industria y el cierre del establecimiento por tiempo de seis meses a seis años o con carácter definitivo.

Serán aplicables a los supuestos contemplados en este precepto las disposiciones contenidas en el artículo 344 bis e) del presente Código.

Art. 546 bis g). Las disposiciones de este capítulo se aplicarán aun cuando el autor del hecho de que provinieren los efectos o beneficios aprovechados fuere irresponsable o estuviere exento de pena.

CAPÍTULO VIII

DE LOS INCENDIOS Y OTROS ESTRAGOS

SECCIÓN 1.ª

De los incendios

Art. 547. Serán castigados con la pena de reclusión mayor:

1.º Los que incendiaren arsenal, astillero, almacén, fábrica de pólvora o pirotecnia militar, parque de artillería, archivo o museo general del Estado.

2.º Los que incendiaren un tren de viajeros o aeronave en marcha o un buque fuera de puerto.

3.º Los que incendiaren en poblado un almacén de materias inflamables o explosivas.

4.º Los que incendiaren un teatro o una iglesia u otro edificio destinado a reuniones, cuando se hallare dentro una concurrencia numerosa.

Art. 548. Serán castigados con la pena de reclusión menor los que incendiaren edificio, alquería, choza, albergue, aeronave o buque en puerto, sabiendo que dentro se hallaban una o más personas.

Art. 549. Se impondrá la pena de prisión mayor:

1.º A los que incendiaren un edificio público si el valor del daño excediere de 250.000 pesetas.

2.º A los que incendiaren una casa habitada o cualquier edificio en que habitualmente se reúnan diversas personas, ignorando si había o no gente dentro, o un tren de mercancías en marcha, si el daño causado excediere de 250.000 pesetas.

Art. 550. Serán castigados con la pena de prisión menor:

1.º Los que cometieren cualquiera de los delitos comprendidos en el artículo anterior si el valor del daño causado no excediere de 250.000 pesetas.

2.º Los que incendiaren en poblado un edificio no destinado a habitación ni reunión, si el valor del daño causado no excediere de 250.000 pesetas.

Art. 551. Serán castigados con la pena de prisión menor cuando el daño causado excediere de 250.000 pesetas:

1.º Los que incendiaren un edificio destinado a habitación en lugar despoblado.

2.º Los que incendiaren mieses, pastos o plantíos.

Art. 552. El incendio de cosas no comprendidas en los artículos anteriores será castigado con la pena de arresto mayor cuando el daño causado excediera de 30.000 pesetas y no fuera superior a 250.000 pesetas, y con la de prisión menor si excediera de esta cantidad.

Art. 553. En caso de aplicarse el incendio a chozas, pajares o cobertizos deshabitados o a cualquier otro objeto cuyo valor no excediere de 50.000 pesetas, en tiempo o con circunstancias que manifiestamente excluyan todo peligro de propagación, el culpable no incurrirá en las penas señaladas en este capítulo, pero sí en las que mereciere por el daño que causare con arreglo a las disposiciones del capítulo siguiente.

SECCIÓN 2.ª

De los incendios forestales

Art. 553 bis a). El que incendiare montes o masas forestales será castigado con la pena de prisión mayor y multa de 5 a 50 millones de pesetas, cuando hubiere existido peligro para la vida o integridad de las personas.

Se impondrá la pena de prisión menor y multa de 5 a 25 millones de pesetas cuando el peligro para las personas estuviere manifiestamente excluido.

Art. 553 bis b). Las penas señaladas en el artículo anterior se impondrán en su grado máximo cuando el incendio alcanzare especial gravedad atendida la concurrencia de alguna de las circunstancias siguientes:

1.ª Que afecte a una superficie de considerable importancia.

2.ª Que se deriven grandes o graves efectos erosivos en los suelos.

3.ª Que se alteren significativamente las condiciones de vida animal o vegetal.

4.ª En todo caso, cuando ocasione grave deterioro o destrucción de los recursos afectados.

Art. 553 bis c). Será castigado con la pena de arresto mayor y multa de 1 a 10 millones de pesetas el que prendiere fuego a montes o masas forestales sin que llegue a propagarse el incendio de los mismos.

La conducta quedará exenta de pena si el incendio no se propaga por la acción voluntaria y positiva de su autor.

SECCIÓN 3.ª

De los estragos

Art. 554. Incurrirá en la pena de prisión mayor, como reo de estragos, con independencia del fin propuesto por el culpable, el que causare maliciosamente daños de cualquier cuantía mediante destrucción de aeronave, inmersión o varamiento de nave, empleo de sustancias, explosivos, inundación, levantamiento de carriles o cambio de señales de una vía férrea, destrozos de hilos o postes telegráficos, de aparatos o instrumentos de transmisión por ondas, o de cualquier otro medio de destrucción semejante a los expresados. Los Tribunales, teniendo en cuenta las circunstancias que concurran en el culpable, en el hecho y en la gravedad de éste, podrán rebajar en uno o dos grados la pena a que se refiere el párrafo anterior, que podrá imponerse en su grado máximo o en la superior en grado, si se hubiere producido una situación de grave peligro para la vida o la integridad corporal de las personas.

SECCIÓN 4.ª

De los incendios y estragos en bienes propios

Art. 555. El culpable de incendio o estragos en bienes ajenos no se eximirá de las penas impuestas en este capítulo, aunque para cometer el delito hubiere incendiado o destruido bienes de su pertenencia.

Art. 556. El incendiario de bienes propios será castigado con la pena de prisión menor si tuviere propósito de defraudar o perjudicar a tercero, hubiere causado defraudación o perjuicio o existiere peligro de propagación a edificio, arbolado o plantío ajeno.

CAPÍTULO IX

DE LOS DAÑOS

Art. 557. Son reos de daños y están sujetos a las penas de este capítulo los que en la propiedad ajena causaren alguno que no se halle comprendido en el anterior.

Art. 558. Serán castigados con la pena de prisión menor los que causaren daño cuyo importe excediere de 250.000 pesetas, si concurriere alguna de las circunstancias siguientes:

1.ª Con la mira de impedir el libre ejercicio de la autoridad o en venganza de sus determinaciones, bien se cometiere el delito contra funcionarios públicos, bien contra particulares, que como testigos o de cualquier otra manera hayan contribuido o puedan contribuir a la ejecución o aplicación de las leyes.

2.ª Produciendo, por cualquier medio, infección o contagio de ganado.

3.ª Empleando sustancias venenosas o corrosivas.

4.ª En cuadrilla o despoblado.

5.ª En un archivo, registro, museo, biblioteca, gabinete científico, institución análoga o en el patrimonio histórico-artístico nacional.

6.ª En puentes, caminos, paseos u otros bienes de uso público o comunal.

7.ª Arruinando al perjudicado.

Art. 559. El que con alguna de las circunstancias expresadas en el artículo anterior causare daño cuyo importe exceda de 30.000 pesetas, pero no pase de 250.000, será castigado con la pena de arresto mayor.

Art. 560. El incendio o destrucción de papeles o documentos cuyo valor fuere estimable, se castigará con arreglo a las disposiciones de este capítulo.

Si no fuere estimable, con las penas de arresto mayor y multa de 100.000 a 1.000.000 de pesetas.

Art. 561. A los que destruyeren o deterioraren pinturas, estatuas u otros monumentos públicos, de utilidad u ornato, se les aplicará la pena de arresto mayor y multa de 100.000 a 1.000.000 de pesetas.

Art. 562. El que intencionadamente y por cualquier medio destruyere, inutilizare o dañare una cosa propia de utilidad social o de cualquier otro modo la sustrajere al cumplimiento de los deberes legales impuestos en servicio de la economía nacional será castigado con las penas de arresto mayor y multa del tanto al triplo del valor de la cosa o del daño producidos, sin que pueda la multa bajar de 100.000 pesetas.

Art. 563. Los daños intencionadamente causados no comprendidos en los artículos anteriores, cuyo importe exceda de 30.000 pesetas, serán castigados con la pena de multa de 100.000 a 700.000 pesetas.

Cuando los daños a que se refiere el párrafo anterior fueren causados por imprudencia temeraria, será de aplicación el artículo 565 de este Código únicamente cuando la cuantía de dichos daños exceda de la cuantía del Seguro Obligatorio. Las infracciones a que se refiere este apartado sólo serán perseguibles previa denuncia del perjudicado y, en su defecto, de sus herederos o representante legal. El Ministerio Fiscal podrá denunciar en los casos que considere oportuno, en defensa de la persona agraviada, si ésta fuese de todo punto desvalida.

Art. 563 bis a). Los hechos punibles comprendidos en el presente título serán castigados con la pena respectivamente señalada a los mismos, impuesta en el grado máximo, o con la inmediatamente superior en grado, al arbitrio del Tribunal, según las circunstancias y gravedad del hecho, las condiciones del culpable y el propósito que éste llevare, siempre que las cosas objeto del delito perseguido fueren de relevante interés histórico, artístico o cultural.

CAPÍTULO IX BIS

DEL CHEQUE EN DESCUBIERTO

Art. 563 bis b). Será castigado con la pena de arresto mayor o multa de 100.000 a 1.000.000 de pesetas:

1.º El que librare, con cualquier finalidad, cheque o talón de cuenta corriente sin que en la fecha consignada en el documento exista a su favor disponibilidad de fondos bastantes en poder del librado para hacerlo efectivo.

2.º El que, habiendo librado un cheque o talón con provisión, retirase los fondos o parte de ellos, impidiendo su pago.

3.º El tomador del efecto que lo entregare a otro con cualquier fin, a sabiendas de su falta de cobertura.

No obstante lo dispuesto en los números anteriores, quedará exento de responsabilidad penal el librador del cheque o talón que hiciere efectivo su importe en el plazo de cinco días contados a partir de la fecha de su presentación al cobro.

Lo dispuesto en este artículo se entiende sin perjuicio de castigar el hecho como corresponda si constituyere otro delito más grave.

CAPÍTULO X

DISPOSICIONES GENERALES

Art. 564. Están exentos de responsabilidad criminal y sujetos únicamente a la civil por los robos sin violencia o intimidación en las personas, hurtos, defraudaciones, apropiación indebida o daños que recíprocamente se causaren:

1.º Los cónyuges, ascendientes y descendientes o afines en la misma línea.

2.º El consorte viudo respecto de las cosas de la pertenencia de su difunto cónyuge, mientras no hayan pasado a poder de otra persona.

3.º Los hermanos y cuñados, si vivieren juntos.

La excepción de este artículo no es aplicable a los extraños que participaren del delito.

TÍTULO XIV

De la imprudencia punible

Art. 565. El que por imprudencia temeraria ejecutare un hecho que, si mediare dolo, constituiría delito, será castigado con la pena de prisión menor.

Cuando se produjere muerte o lesiones con los resultados previstos en los artículos 418, 419 ó 421.2.º, a consecuencia de impericia o de negligencia profesional, se impondrán en su grado máximo las penas señaladas en este artículo. Dichas penas se podrán elevar en uno o dos grados, a juicio del Tribunal, cuando el mal causado fuere de extrema gravedad.

Las infracciones penadas en este artículo, cometidas con vehículos de motor o ciclomotor, llevarán aparejada la privación del permiso o la licencia de conducción por tiempo de tres meses y un día a diez años.

Lo dispuesto en los dos primeros párrafos de este artículo no tendrá lugar cuando las penas previstas en el mismo sean iguales o superiores a las del correspondiente delito doloso, en cuyo caso los Tribunales aplicarán la inmediata inferior a esta última en el grado que estimen conveniente.

En la aplicación de estas penas procederán los Tribunales a su prudente arbitrio, sin sujetarse a las reglas prescritas en el artículo 61.

LIBRO III

De las faltas y sus penas

TÍTULO PRIMERO

De las faltas contra el orden público

CAPÍTULO PRIMERO

DE LAS FALTAS DE IMPRENTA

Art. 566. [*Dejado sin contenido por la Ley Orgánica 3/1989, de 21 de junio.*]

CAPÍTULO II

DE LAS FALTAS CONTRA EL ORDEN PÚBLICO

Art. 567. [*Dejado sin contenido por la Ley Orgánica 3/1989, de 21 de junio.*]

Art. 568. Serán castigados con las penas de uno a cinco días de arresto menor y multa de 5.000 a 50.000 pesetas los que, dentro de población o en sitio público o frecuentado, dispararen armas de fuego, aire comprimido o gas.

Art. 569. Los que perturbaren levemente el orden en la audiencia de un Tribunal o Juzgado, en los actos públicos, en espectáculos, solemnidades o reuniones numerosas, serán castigados con las penas de uno a quince días de arresto menor y multa de 5.000 a 50.000 pesetas.

Art. 570. Serán castigados con multa de 5.000 a 25.000 pesetas:

1.º Los que faltaren al respeto y consideración debida a la autoridad, o la desobedecieren levemente, dejando de cumplir la órdenes particulares que les dictare.

2.º Los que ofendieren de modo leve a los agentes de la autoridad, cuando ejerzan sus funciones, y los que, en el mismo caso, les desobedecieren.

Art. 571. Serán castigados con multa de 5.000 a 25.000 pesetas los que ocultaren su verdadero nombre, vecindad, estado o domicilio a la autoridad o funcionario público que se lo preguntare en el ejercicio de sus funciones.

Art. 572. Será castigado con la multa de 10.000 a 100.000 pesetas el titulado o habilitado que ejerciere su profesión sin hallarse inscrito en el respectivo colegio, corporación o asociación oficial, siempre que sea exigido reglamentariamente este requisito.

TÍTULO II

De las faltas contra los intereses generales y régimen de las poblaciones

Art. 573. Serán castigados con la pena de uno a diez días de arresto menor o multa de 5.000 a 50.000 pesetas:

1.º Los que se negaren a recibir en pago moneda legítima.

2.º Los que habiendo recibido de buena fe moneda, billetes o títulos falsos los expidieren en cantidad que no exceda de 30.000 pesetas, después de constarles su falsedad.

Art. 574. [*Dejado sin contenido por la Ley Orgánica 3/1989, de 21 de junio.*]

Art. 575. [*Dejado sin contenido por la Ley Orgánica 8/1983, de 25 de junio.*]

Art. 576. Los facultativos que, apreciando señales de envenenamiento o de otro delito en una persona a la que asistieren o en un cadáver, no dieren parte inmediatamente a la autoridad, serán castigados con las penas de cinco a quince días de arresto menor y multa de 5.000 a 50.000 pesetas, siempre que por las circunstancias no incurrieren en responsabilidad mayor.

Art. 577. Los que profanaren los cadáveres, cementerios o lugares de enterramiento con hechos o actos de carácter leve, serán castigados con multa de 5.000 a 25.000 pesetas.

Art. 578. [*Dejado sin contenido por la Ley Orgánica 3/1989, de 21 de junio.*]

Art. 579. Los que apedrearen o mancharen estatuas o pinturas o causaren un daño cualquiera en las calles, parques, jardines o paseos, en el alumbrado o en objetos de ornato o pública utilidad o recreo, aun cuando pertenecieren a particulares, serán castigados con las penas de arresto menor y multa de 5.000 a 50.000 pesetas.

Art. 580. Los dueños o encargados de la custodia de animales feroces o dañinos que los dejaren sueltos o en disposición de causar mal, serán castigados con las penas de multa de 5.000 a 25.000 pesetas.

Art. 581. [*Dejado sin contenido por la Ley Orgánica 3/1989, de 21 de junio.*]

TÍTULO III

De las faltas contra las personas

Art. 582. El que por cualquier medio o procedimiento causare a otro una lesión que no precisare tratamiento médico o quirúrgico o sólo exigiere la primera asistencia facultativa, será castigado con la pena de arresto menor, salvo que se tratare de alguna de las lesiones del artículo 421.

El que golpeare o maltratare de obra a otro sin causarle lesión, será castigado con la pena de uno a quince días de arresto menor o multa de 25.000 a 100.000 pesetas. Cuando los ofendidos fuesen los ascendientes, el cónyuge o persona a quien se halle ligado de forma permanente por análoga relación de afectividad, o los hijos menores, la pena será la de arresto menor en toda su extensión.

Art. 583. [*Dejado sin contenido por la Ley Orgánica 3/1989, de 21 de junio.*]

Art. 584. Serán castigados con la pena de arresto menor o con la multa de 25.000 a 75.000 pesetas, al arbitrio del Tribunal:

1.º Los padres de familia que dejaren de cumplir los deberes de guarda o asistencia inherentes a la patria potestad por motivos que no fueren el abandono malicioso del domicilio familiar o su conducta desordenada.

2.º Los tutores o encargados de un menor de dieciocho años que dejaren de cumplir los deberes de tutela o guarda por los motivos expresados en el número anterior.

3.º Los encargados de un enajenado que dejaren de cumplir sus deberes de tutela o guarda o los que dejaren de atender a ancianos que dependan de su cuidado.

4.º Los que, sin haber tenido participación en faltas contra la propiedad cometidas por menores de dieciséis años, se lucraren en cualquier forma con los productos de las mismas.

5.º Los que, encontrando abandonado a un menor de siete años, no le presenten a la autoridad o a su familia, o no le presten, en su caso, el auxilio que las circunstancias requieran.

6.º Los padres, tutores o guardadores suspensos en el ejercicio de la guarda y educación de un menor que, sin llegar a incurrir en el delito de desobediencia, quebrantaren la resolución adoptada por el Juez en el ejercicio de su facultad protectora, apoderándose del menor, sacándole de la guarda establecida en la resolución judicial, y los padres, tutores o guardadores que, igualmente, sin llegar al delito de desobediencia, incumplieren una resolución judicial en el ejercicio de su facultad reformadora, retirando al menor, del establecimiento, familia o institución tutelar a quien se le hubiese encomendando para su observación o tratamiento.

Incurrirán también en dicha pena las terceras personas que realicen los actos de apoderarse o recibir indebidamente al menor o cooperen con ellos.

7.º Los representantes de asociaciones o instituciones tutelares o directores de establecimientos u otras personas que, incumpliendo las resoluciones a que se refiere el número anterior, entreguen indebidamente a sus padres o tutores, o a terceras personas, el menor que se les hubiere confiado, salvo que el hecho constituya delito.

Los padres o tutores mencionados en los números 1.º y 2.º de este artículo podrán ser suspendidos en el ejercicio de los derechos inherentes a la patria potestad o a la tutela sobre el menor.

Art. 585. Serán castigados con la pena de uno a cinco días de arresto menor o multa de 5.000 a 25.000 pesetas:

1.º Los que, de modo leve, amenazaren a otro con armas o las sacaren en riña, como no sea en justa defensa.

2.º Los que de palabra y en el calor de la ira amenazaren a otro con causarle un mal que constituya delito, y con sus actos posteriores demostraren que no persistieron en la idea que significaban con su amenaza.

3.º Los que de palabra amenazaren a otro con causarle algún mal que no constituya delito.

4.º Los que causaren a otro una coacción o vejación injusta de carácter leve.

Los hechos descritos en este artículo sólo serán perseguibles mediante denuncia del ofendido.

Art. 586. Serán castigados con multa de 25.000 a 100.000 pesetas:

1.º Los que injuriaren livianamente a otro de palabra o de obra, si reclamare el ofendido, cuyo perdón extinguirá la pena.

2.º Los que, requeridos por otro para evitar un mal mayor, dejaren de prestar el auxilio solicitado, siempre que no hubiere de resultarles perjuicio alguno y si reclamare el ofendido.

Art. 586 bis. Los que, por simple imprudencia o negligencia causaren un mal a las personas que, de mediar dolo, constituiría delito, serán castigados con la pena de arresto menor y multa de 50.000 a 100.000 pesetas, siempre que concurriere infracción de reglamentos, y, cuando ésta no concurriere, con la de uno a quince días de arresto menor o multa de 50.000 a 100.000 pesetas.

Si el hecho se cometiere con vehículo de motor podrá imponerse, además, la privación del permiso de conducir por tiempo de uno a tres meses.

Las infracciones penadas en este artículo sólo serán perseguibles previa denuncia del ofendido.

TÍTULO IV

De las faltas contra la propiedad

Art. 587. Serán castigados con arresto menor:

1.º Los que cometieren hurto o utilizaren ilegítimamente un vehículo de motor ajeno, si el valor de lo sustraído o utilizado no excediere de 30.000 pesetas.

2.º Los que cometieren estafa, apropiación indebida, o defraudación de electricidad, gas, agua, u otro elemento, energía o fluido, en cuantía no superior a 30.000 pesetas.

Art. 588. [*Dejado sin contenido por la Ley Orgánica 3/1989, de 21 de junio.*]

Art. 589. El que ejecutare los actos comprendidos en el artículo 518 será castigado con multa de 5.000 a 50.000 pesetas, si la utilidad no excediere de 30.000 pesetas o no fuere estimable, siempre que mediare denuncia del perjudicado.

Art. 590. El que entrare en heredad murada o cercada sin permiso del dueño, será castigado con multa de 5.000 a 25.000 pesetas, siempre que mediare denuncia del perjudicado.

Arts. 591 a 593. [*Dejado sin contenido por la Ley Orgánica 3/1989, de 21 de junio.*]

Art. 594. El encargado de la custodia de ganados que entraren en heredad ajena sin causar daño, no teniendo derecho o permiso para ello, será castigado con la multa de 5.000 a 25.000 pesetas, siempre que mediare denuncia del perjudicado.

Art. 595. Serán castigados con la pena de arresto menor o multa de 25.000 a 100.000 pesetas los que ejecutaren incendio de cosa a que se refiere el artículo 552, cuando el daño causado no exceda de 30.000 pesetas.

Art. 596. Los que infringieren los reglamentos o bandos de buen gobierno sobre quema de rastrojos u otros productos forestales, serán castigados con multa de 5.000 a 50.000 pesetas.

Art. 597. Serán castigados con la pena de dos a diez días de arresto menor o multa de 50.000 a 100.000 pesetas los que intencionadamente causaren daños cuyo importe no exceda de 30.000 pesetas.

Art. 598. [*Dejado sin contenido por la Ley Orgánica 3/1989, de 21 de junio.*]

Art. 600. Serán castigados con multa de 25.000 a 100.000 pesetas los que por simple imprudencia, con infracción de los reglamentos, causen daños en las cosas cuyo importe exceda de la cuantía del Seguro Obligatorio.

Si el hecho se hubiere cometido con vehículo de motor podrá imponerse, además, la privación del permiso de conducir por tiempo de hasta tres meses.

Las infracciones previstas en este artículo sólo serán perseguibles mediante denuncia del perjudicado.

TÍTULO V

De las disposiciones comunes a las faltas

Art. 601. En la aplicación de las penas de este libro procederán los Tribunales, según su prudente arbitrio, dentro de los límites de cada una, atendiendo a las circunstancias del caso y del culpable, sin ajustarse a las reglas de los artículos 49 a 66 y con estricta observancia del artículo 68.

Art. 602. En las faltas perseguibles previa denuncia del ofendido o perjudicado, en defecto de éstos, podrán también instar la incoación del procedimiento sus herederos o su representante legal.

El Ministerio Fiscal podrá denunciar, en los casos que considere oportuno, en defensa de la persona agraviada si ésta fuere de todo punto desvalida.

La ausencia de denuncia no impedirá la práctica de diligencias a prevención.

Art. 603. En las ordenanzas municipales y demás reglamentos generales o particulares de la administración que se publicaren en lo sucesivo y en los bandos de policía y buen gobierno que dictaren las autoridades, no se establecerán penas mayores que las señaladas en este libro, aun cuando hayan de imponerse en virtud de atribuciones gubernativas, a no ser que se determinare otra cosa por leyes especiales.

Conforme a este principio, las disposiciones de este libro no excluyen ni limitan las atribuciones que por las leyes municipales o cualesquiera otras especiales competan a los funcionarios de la Administración para dictar bandos de policía y buen gobierno y para corregir gubernativamente las faltas en los casos en que su represión les está encomendada por las mismas leyes.

DISPOSICIÓN FINAL

Art. 604. Queda derogado el Código Penal de 27 de octubre de 1932.

Los preceptos de leyes penales especiales incorporados al presente Código se aplicarán con arreglo a las disposiciones del mismo, quedando subsistentes aquellos otros que no contradigan ni se opongan a lo establecido en este cuerpo legal, tanto en el aspecto sustantivo como en el de la determinación de la jurisdicción competente.

APÉNDICE 2

LEY 62/1978, DE 26 DE DICIEMBRE, DE PROTECCIÓN JURISDICCIONAL DE LOS DERECHOS FUNDAMENTALES DE LA PERSONA*

(*BOE* n.º 3, de 3 de enero de 1979)

Artículo 1.º 1. El ejercicio de los derechos fundamentales de la persona, comprendidos en el ámbito de aplicación de esta ley, gozará de las garantías jurisdiccionales que en la misma se establecen.

2. Quedan comprendidas en el ámbito de aplicación de esta Ley, sin perjuicio de lo establecido en su disposición final, las libertades de expresión, reunión y asociación, la libertad y secreto de la correspondencia, la libertad religiosa y la de residencia, la garantía de la inviolabilidad del domicilio, la protección jurídica frente a las detenciones ilegales

---

* V. art. 53.2 CE; LO 1/1982, de 5 de mayo, de Protección Civil del Derecho al Honor, a la Intimidad Personal y Familiar y a la Propia Imagen (*BOE* n.º 115, de 14 de mayo), modificado por LO 3/1985, de 29 de mayo (*BOE* n.º 129, de 30 de mayo).

Téngase en cuenta también Real Decreto Legislativo 342/1979, de 20 de febrero (*BOE* n.º 50 de 27 de febrero), que dispone:

«*Art. único.* Quedan incorporados al ámbito de protección de la Ley 62/1978, de 26 de diciembre, los derechos al honor, a la intimidad personal y familiar y a la propia imagen, el secreto de las comunicaciones telefónicas y telegráficas, la libre circulación por el territorio nacional, la libre entrada y salida de España en los términos legales, la libertad de cátedra y la libertad sindical.»

V., además, Disp. Trans. 2.ª2 LO 2/1979, de 3 de octubre, del Tribunal Constitucional (*BOE* n.º 239, de 5 de octubre), modificada por LO 6/1988, de 9 de junio (*BOE* n.º 140, de 11 de junio; corrección de errores en *BOE* n.º 143, de 15 de junio), y por LO 7/1999, de 21 de abril (*BOE* n.º 96, de 22 de abril):

«En tanto no sean desarrolladas las previsiones del artículo 53.2 de la Constitución para configurar el procedimiento judicial de protección de los derechos y libertades fundamentales se entenderá que la vía judicial previa a la interposición del recurso de amparo será la contencioso-administrativa ordinaria o la configurada en la Sección Segunda de la Ley 62/1978, de 26 de diciembre, sobre protección jurisdiccional de los derechos fundamentales, a cuyos efectos el ámbito de la misma se entiende extendido a todos los derechos y libertades a que se refiere el expresado artículo 53.2 de la Constitución.»

y, en general, frente a las sanciones impuestas en materia de orden público.

SECCIÓN 1.ª

Garantía jurisdiccional penal

Art. 2.º 1. Los delitos y faltas contra los derechos fundamentales de la persona, comprendidos en el ámbito de aplicación de esta Ley, serán enjuiciados por los Juzgados y Tribunales de la jurisdicción ordinaria, según su propia competencia.

2. Para el enjuiciamiento de estos delitos y faltas se observarán las normas de procedimiento correspondientes de la Ley de Enjuiciamiento Criminal.

3. Cuando el conocimiento y fallo corresponda a la Audiencia Provincial, el trámite utilizado será el que dispone el capítulo III del título III del libro IV de dicha Ley de Enjuiciamiento Criminal con las siguientes modificaciones:

1.ª Los artículos de previo pronunciamiento se propondrán en el escrito de calificación provisional y serán resueltos en la sentencia definitiva.

2.ª El plazo para instrucción y calificación que concede el artículo 797 de la Ley de Enjuiciamiento Criminal se entenderá común, y de cinco días, para todas las partes acusadoras, y también común y de la misma duración para las partes acusadas.

Art. 3.º 1. Para el enjuiciamiento de los delitos cometidos a través de la imprenta, el grabado u otros medios mecánicos de publicación, sonoros o fotográficos, difundidos por escrito, radio, televisión, cinematógrafo u otros similares, se seguirán los trámites señalados en el Título V del Libro IV de la Ley de Enjuiciamiento Criminal, con las modificaciones señaladas en el párrafo 3 del artículo anterior.

2. Los Jueces, al iniciar el procedimiento, podrán acordar, según los casos, el secuestro de la publicación o la prohibición de difundir o proyectar el medio a través del cual se produjo la actividad delictiva. Contra dicha resolución podrá interponerse directamente recurso de apelación, que deberá ser resuelto en el plazo de cinco días.

Art. 4.º 1. Cuando los delitos a que se refiere el artículo anterior sean los de calumnia o injuria, previstos y penados en los capítulos primero y segundo del título X del libro II del Código Penal, en los supuestos a que se refiere el artículo 463 del mismo texto, bastará denuncia de la persona agraviada o, en su caso, de su representante legal, sin necesidad de acto de conciliación.

2. El perdón del ofendido o, en su caso, del representante legal extingue la acción legal o la pena impuesta o en ejecución.

3. Lo establecido en el párrafo anterior se aplicará también a las injurias livianas a que se refiere el número 1 del artículo 586 del Código Penal.

4. Las ofensas dirigidas a la Autoridad pública, Corporaciones o clases determinadas del Estado y lo dispuesto en el Capítulo VIII del Título II del Libro II del Código Penal no sufrirán alteración en su actual sistema de persecución como delitos públicos.

5. La indemnización por perjuicios materiales y morales será fijada en la sentencia expresamente. Los Tribunales tendrán en cuenta el agravio producido y el medio a través del cual se cometiera el delito o falta, así como la difusión del mismo.

Art. 5.º 1. La tramitación de las causas a que se refieren los artículos anteriores tendrá carácter urgente y preferente, y su duración, desde la iniciación del procedimiento hasta la sentencia, no podrá exceder de sesenta días en las del artículo 2.º ni de cuarenta y cinco en las del artículo 3.º

....

DISPOSICIÓN FINAL

Dentro de los dos meses desde la entrada en vigor de la Constitución, y entre tanto se regula definitivamente el procedimiento jurisdiccional de amparo o tutela de los derechos reconocidos en la misma, el Gobierno, por Decreto legislativo, previa audiencia del Consejo de Estado, podrá incorporar al ámbito de protección de esta Ley los nuevos derechos constitucionalmente declarados que sean susceptibles de ella.

DISPOSICIÓN DEROGATORIA

Se derogan los incisos B), C), D) y E) del apartado 2 del artículo 64 de la vigente Ley de Prensa; el Real Decreto-ley 24/1977, de 1 de abril, y el Real Decreto 1.048/1977, de 13 de mayo, y cualesquiera otras disposiciones que se opongan a lo prevenido en esta Ley.

DISPOSICIÓN TRANSITORIA

1. Las causas que se encuentren en trámite, por acciones u omisiones comprendidas en el ámbito de aplicación de la presente Ley, se acomodarán a las prescripciones de ésta, cualquiera que fuera su estado, incluso en el supuesto de que hubiere recaído sentencia siempre que ésta no fuera firme.

2. Los Juzgados, Tribunales y autoridades de cualesquiera

orden y jurisdicción distintas de las que componen la jurisdicción ordinaria, que estuvieren conociendo de actuaciones comprendidas en el ámbito de aplicación de la presente Ley, se inhibirán inmediatamente a favor de aquéllas. El Fiscal del Tribunal Supremo acordará lo conducente al cumplimiento de estas normas.

APÉNDICE 3

LEY 40/1979, DE 10 DE DICIEMBRE, SOBRE RÉGIMEN JURÍDICO DE CONTROL DE CAMBIOS, MODIFICADA POR LEY ORGÁNICA 10/1983, DE 16 DE AGOSTO*

(*BOE* n.º 298, de 13 de diciembre, y *BOE* n.º 197, de 18 de agosto; corrección de errores en *BOE* n.º 290, de 5 de diciembre)

CAPÍTULO PRIMERO

RÉGIMEN GENERAL DE CONTROL DE CAMBIOS

Artículo 1.º Quedan sometidos a los preceptos de la presente Ley los actos, negocios, transacciones y operaciones de toda índole entre residentes y no residentes que supongan, o de cuyo cumplimiento se deriven o puedan derivarse, cobros o pagos exteriores.

---

* La LO 10/1983, de 16 de agosto, que ha modificado la parte de contenido penal de la LO 40/1979, de 10 de diciembre, tiene el siguiente preámbulo:

«La experiencia adquirida en la aplicación de la Ley 40/1979, de 10 de diciembre, sobre régimen jurídico de control de cambios, ha aconsejado introducir determinadas modificaciones, de alcance fundamentalmente técnico, en la tipificación de las conductas constitutivas de delito monetario; y en aras de una mayor seguridad jurídica de los ciudadanos, de acuerdo con nuestro orden constitucional y por resultar afectado el derecho a la libertad personal, conferir naturaleza de Ley Orgánica al capítulo II, que contiene las normas que disciplinan los delitos monetarios.»

La Disp. Trans. de dicha LO 10/1983, de 16 de agosto, tiene el siguiente texto:

«La presente Ley entrará en vigor a los treinta días de su publicación en el *Boletín Oficial del Estado* y se aplicará retroactivamente en cuanto resulte más favorable para los responsables de los delitos o infracciones en ella tipificados.» Esta Ley ha sido también modificada por la Ley 41/1999, de 12 de noviembre (*BOE* n.º 272, de 13 de noviembre), sobre sistemas de pagos y de liquidación de valores.

V. art. 5.º Convenio Europeo de Extradición de 13 de diciembre de 1957, ratificado por Instrumento de 21 de abril de 1982 (*BOE* n.º 136, de 8 de junio), reproducido en nota al Preámbulo de la LE (Apéndice 5) V. RD 1.816/1991, de 20 de diciembre, sobre Transacciones Económicas con el Exterior (*BOE* n.º 310, de 27 de diciembre), modificado por RD 42/1993, de 15 de enero (*BOE* n.º 27, de 1 de febrero), RD 1.638/1996, de 5 de julio (*BOE* n.º 165, de 9 de julio), y RD 2.660/1998, de 14 de diciembre (*BOE* n.º 299, de 15 de diciembre), que tiene el siguiente texto:

Art. 2.º 1. Corresponderá al Gobierno en defensa de los intereses generales regular, de acuerdo con lo dispuesto en la

---

«*Art. 1.º* 1. Son libres los actos, negocios, transacciones y operaciones de toda índole que supongan, o de cuyo cumplimiento se deriven o puedan derivarse, cobros o pagos entre residentes y no residentes, o transferencias al o del exterior, a que se refieren los artículos 1 y 2 de la Ley 40/1979, sobre Régimen Jurídico de Control de Cambios, sin más excepciones que las que se deriven de la aplicación de lo dispuesto en los artículos 3.º, 4.º y 5.º del presente Real Decreto y de lo que dispongan las Leyes específicamente aplicables.

»2. La liberalización de los actos, negocios, transacciones y operaciones a que se refiere el párrafo anterior se extiende asimismo a los cobros y pagos exteriores, efectuados bien directamente, bien por compensación y a las transferencias del o al exterior derivados de los mismos, así como a la importación o exportación de los instrumentos de giro o crédito utilizados, sin perjuicio de las medidas indispensables de control que pudieran establecerse para impedir las infracciones al ordenamiento jurídico vigente.

»*Art. 2.º* 1. En relación con lo dispuesto en el artículo 4.3 de la Ley 40/1979, de 10 de diciembre, se consideran residentes a efectos de lo dispuesto en el presente Real Decreto, los establecimientos y sucursales en territorio español de personas físicas residentes en el extranjero o de personas jurídicas extranjeras. Análogamente se consideran no residentes los establecimientos y sucursales en el extranjero de personas físicas residentes en España o de personas jurídicas españolas.

»2. A los efectos de lo dispuesto en el citado artículo 4.4 de la Ley 40/1979, la residencia o no residencia en España deberá acreditarse en la forma dispuesta en el presente artículo.

»3. La condición de residente en España deberá acreditarse de la siguiente forma:

»*a*) Las personas físicas de nacionalidad extranjera, mediante la tarjeta o carné individual de autorización de residencia o cualquier otro documento público en el que conste la concesión de la autorización de residencia por el Ministerio del Interior.

»Nada obstará a la condición de residente de la persona física extranjera, a efectos de la Ley 40/1979, de 10 de diciembre, y del presente Real Decreto mientras dure su autorización de residencia, el que tenga además domicilio en el extranjero. En tal caso se entenderá que tiene su residencia principal en España, salvo que hubiera hecho devolución del carné o tarjeta de autorización de residencia.

»*b*) Los establecimientos y sucursales en territorio español de personas jurídicas extranjeras o de personas físicas residentes en el extranjero, mediante cualquier documento público en el que consten los datos correspondientes a su constitución, de acuerdo con la legislación española, o certificado de inscripción en el Registro Mercantil.

»*c*) Las personas físicas de nacionalidad española y las personas jurídicas domiciliadas en España se presumirán residentes en España salvo prueba en contrario.

»4. La condición de no residente deberá acreditarse de la siguiente forma:

»*a*) Las personas físicas españolas, mediante certificación de la autoridad consular española expedida con una antelación máxima de dos meses, que acredite su inscripción en el Registro de Matrícula del Consulado o Sección Consular de la Embajada correspondiente.

»*b*) Las personas físicas extranjeras, mediante certificación negativa de residencia expedida por el Ministerio del Interior con antelación máxima de dos meses.

»*c*) Las personas jurídicas domiciliadas en el extranjero, mediante documento fehaciente que acredite su naturaleza y domicilio.

»*d*) Las sucursales y establecimientos en el extranjero de personas jurídicas espa-

presente Ley, los actos, negocios, transacciones y operaciones a que se refiere el artículo anterior.

ñolas o de personas físicas residentes en España, mediante certificación del Cónsul español correspondiente de que se hallan constituidos en el país de que se trate.

»*e*) El personal diplomático español acreditado en el extranjero y el personal español que, sin tener la anterior condición, preste servicios en Embajadas y Consulados españoles, así como en Organizaciones Internacionales, mediante pasaporte diplomático o certificación del Jefe de Misión, Cónsul o autoridad competente de la Organización correspondiente en los que conste tal situación.

»*f*) Los diplomáticos extranjeros acreditados en España y el personal extranjero que preste servicios en Embajadas y Consulados extranjeros o en Organizaciones internacionales en España, mediante tarjeta de identidad expedida por el Ministerio de Asuntos Exteriores.

»5. Fuera de los supuestos previstos en el artículo 4 de la Ley no se podrá gozar simultáneamente de la condición de residente y no residente a efectos de control de cambios.

»*Art. 3.º* 1. No obstante lo dispuesto en el artículo 1.º por Real Decreto se podrá, excepcionalmente, a propuesta del Ministro de Economía y Hacienda, prohibir o limitar la realización de determinadas categorías de transacciones con el exterior o de las correspondientes operaciones de cobro, pago o transferencia, cuando éstas afecten gravemente a los intereses de España, o en aplicación de medidas adoptadas por organismos internacionales de los que España sea miembro.

»2. Asimismo, en caso de que movimientos de capitales a corto plazo excepcionalmente amplios provoquen fuertes tensiones en el mercado de cambios u originen perturbaciones graves en la dirección de la política monetaria y de cambios española, el Gobierno, a propuesta del Ministro de Economía y Hacienda podrá adoptar las medidas de salvaguardia que resulten necesarias, sometiendo a un régimen de autorización administrativa determinados tipos de transacciones.

»3. Si cualquiera de las medidas a que se refieren los dos párrafos anteriores afectase a residentes en Estados miembros de la Comunidad Económica Europea (CEE), la medida se adoptará, en su caso, de acuerdo con los procedimientos establecidos en la normativa de la CEE sobre movimientos de capital, así como con las disposiciones vigentes en la CEE que por la especialidad de la medida resultaren de aplicación.

»4. En los supuestos señalados en este artículo, el Real Decreto correspondiente determinará la naturaleza del régimen de excepción que se establezca, su duración y los tipos de transacciones que queden prohibidos o restringidos mientras dicho régimen se encuentre en vigor, así como el procedimiento administrativo aplicable al supuesto de que se trate.

»5. Las transacciones relativas a inversiones extranjeras en España e inversiones españolas en el extranjero se regirán por sus disposiciones específicas.

»*Art. 4.º* 1. La salida del territorio nacional de moneda metálica, billetes de banco y cheques bancarios al portador, estén cifrados en pesetas o en moneda extranjera, es libre. No obstante lo anterior, dicha salida estará sometida a declaración cuando su importe sea superior a 1.000.000 de pesetas por persona y viaje.

»2. La introducción en territorio nacional de moneda metálica, billetes de banco o cualesquiera otros medios de pago o instrumentos de giro o crédito, cifrados en pesetas o en moneda extranjera, es libre. No obstante, los no residentes que pretendan introducir en territorio español moneda metálica, billetes de banco o cheques bancarios al portador, cifrados en pesetas o en divisas, por importe superior a 1.000.000 de pesetas para efectuar con ellos alguna operación que, de acuerdo con las normas sobre transacciones con el exterior o sobre inversiones extranjeras en Espa-

2. A estos efectos, y mediante la reglamentación de control de cambios, podrá prohibir, someter a autorización previa, verificación o

ña, requieran la acreditación del origen de los citados medios de pago, tendrán obligación de declararlos en la forma que se determine.

»3. Las normas que se dicten en ejecución del presente Real Decreto regularán el procedimiento aplicable a las declaraciones a las que se refieren los apartados anteriores.

»*Art. 5.º* 1. Los cobros y pagos entre residentes y no residentes, así como las transferencias al o del exterior, estén cifrados todos ellos en pesetas o en moneda extranjera, deberán efectuarse a través de una Entidad de depósito inscrita en los Registros Oficiales del Banco de España (en adelante, "Entidades registradas"), con las excepciones señaladas en los artículos 6.º y 7.º del presente Real Decreto.

»2. En todos los supuestos de cobro, pago o transferencia a que se refiere el apartado anterior, el residente deberá aportar a la "Entidad registrada" a través de la que dicho cobro, pago o transferencia se efectúe, las declaraciones o informaciones que se determinen. Las Entidades registradas no podrán ejecutar ningún pago o transferencia al exterior sin el cumplimiento de dicho requisito.

»3. En todo caso, el citado residente deberá declarar a la "Entidad registrada", en la forma que se determine, su nombre o razón social, domicilio, Número de Identificación Fiscal, nombre o razón social y domicilio del no residente remitente o beneficiario del cobro o pago, importe, moneda, país de origen o destino, y concepto de la operación por la que se produce el cobro, pago o transferencia.

»4. Las "Entidades registradas" facilitarán en la forma que determine el Ministro de Economía y Hacienda, y dentro de los treinta días siguientes a cada mes natural, la información a que se refiere el apartado anterior y, en general, la información que se les requiera sobre los cobros, pagos o transferencias exteriores en que intervengan, a los efectos de seguimiento estadístico y fiscal de las operaciones.

»*Art. 6.º* 1. Es libre la apertura y mantenimiento por residentes de cuentas denominadas en pesetas o en divisas en oficinas operantes en el extranjero tanto de "Entidades registradas" como de Entidades bancarias o de crédito extranjeras, así como los cobros y pagos entre residentes y no residentes mediante abonos o adeudos en dichas cuentas.

»2. Los residentes que abran una de las cuentas a que se refiere el apartado anterior están obligados a declararla dentro de los treinta días siguientes a su apertura, en la forma que se determine, haciendo constar su nombre o razón social, domicilio, Número de Identificación Fiscal, clase y número de la cuenta, moneda de denominación de la misma, y datos identificativos de la oficina en que haya sido abierta.

»3. Asimismo los residentes titulares de estas cuentas están obligados a facilitar, en la forma que se determine, información relativa a los movimientos al crédito y al débito de las mismas.

»*Art. 7.º* 1. Los cobros y pagos entre residentes y no residentes en moneda metálica, billetes de banco o cheques bancarios al portador, cifrados en pesetas o en divisas, efectuados tanto dentro como fuera del territorio español son libres, si bien quedan sujetos a la obligación de declaración en la forma y con el alcance que se determine.

»2. Lo dispuesto en el párrafo anterior no obsta para el cumplimiento de lo establecido en el artículo 4.º del presente Real Decreto, respecto de la obligación de declaración para la salida del territorio nacional portando tales medios de pago por importe superior al señalado.

»*Art. 8.º* No obstante lo dispuesto en el artículo 1.º del presente Real Decreto, el Ministro de Economía y Hacienda podrá excepcionalmente someter a un trámite de previa verificación o declaración las operaciones de cobro, pago o transferencia del

declaración y, en general, a cualquier tipo de control administrativo:

a) Los actos de adquisición y disposición, realizados por un

---

o al exterior derivadas de los tipos de transacciones que se determinen, cuando dicho trámite resulte conveniente para el adecuado conocimiento por la Administración de las transacciones realizadas y, en particular, para el mantenimiento de los registros de activos o pasivos exteriores y la comprobación del cumplimiento de las obligaciones tributarias.

»*Art. 9.º* Las "Entidades registradas", así como las personas físicas o jurídicas residentes que realicen operaciones de las señaladas en el artículo 1.º del presente Real Decreto o mantengan activos o pasivos en el exterior, quedan sujetas a la obligación de facilitar a los órganos competentes de la Administración del Estado y al Banco de España, en la forma que se establezca, los datos que se les requieran para los fines de seguimiento estadístico y fiscal de las operaciones.

»*Art. 10.* 1. El incumplimiento de las obligaciones de declaración a que se refieren los artículos 4, 5, 6, 7 y 9 del presente Real Decreto constituirá infracción a los efectos de lo dispuesto en la Ley 40/1979, de 10 de diciembre.

»2. En aplicación de lo dispuesto en el artículo 15.2 de la Ley 40/1979, de 10 de diciembre, cuando por los Servicios de Aduanas se descubriera la salida del territorio nacional de moneda metálica, billetes de banco y cheques bancarios al portador por importe superior a 1.000.000 de pesetas, cifrados en pesetas o en moneda extranjera, sin haberse efectuado la preceptiva declaración, los funcionarios de Aduanas podrán intervenir cautelarmente los indicados medios de pago. En tales casos, el acuerdo de iniciación del procedimiento sancionador se pronunciará sobre las causas que justifiquen el levantamiento, total o parcial, de las medidas cautelares adoptadas o, en su caso, el mantenimiento de las mismas a los efectos previstos en el artículo 15.1 de la Ley 40/1979.

»Lo dispuesto en el presente apartado se entenderá sin perjuicio de las actuaciones que procedan en caso de apreciarse por los Servicios de Aduanas la presunta comisión de actividades delictivas.

»3. Las disposiciones que regulen el deber de colaboración con la Administración de las "Entidades Registradas" se considerarán normas de ordenación y disciplina a los efectos previstos en el artículo 1 de la Ley 26/1988, de 29 de julio, sobre Disciplina e Intervención de las Entidades de Crédito, y su infracción será sancionada en los términos establecidos en dicha Ley y por los órganos y autoridades competentes de acuerdo con la misma, sin perjuicio de la aplicación a las mismas de lo dispuesto en la Ley 40/1979, de 10 de diciembre.

»*Art. 11.* 1. Las competencias en materia de control de cambios objeto del presente Real Decreto corresponden al Ministro de Economía y Hacienda.

»2. Las citadas competencias serán ejercidas por el Ministerio de Economía y Hacienda a través de la Dirección General de Transacciones Exteriores, y del Banco de España, de acuerdo con lo establecido en el presente artículo.

»3. Corresponderán a la Dirección General de Transacciones Exteriores las competencias para:

»*a*) Conceder las autorizaciones, efectuar las verificaciones o establecer los controles sobre las transacciones exteriores y/o los cobros, pagos o transferencias con el extranjero que, en virtud del ejercicio de una cláusula de salvaguardia de las previstas en el artículo 3.º del presente Real Decreto, queden sujetas a prohibición o limitación.

»*b*) Establecer el procedimiento y tramitación relativos a las operaciones a que se refieren los artículos 4.º, 5.º, puntos 2 y 3, 6.º, 7.º y 8.º del presente Real Decreto.

»*c*) Ejercer el control e inspección de las operaciones efectuadas a través de las "Entidades registradas".

»*d*) Ejercer las actuaciones de inspección e investigación que resulten necesa-

residente, sobre bienes o derechos poseídos en el extranjero y los mismos actos, referentes a bienes o derechos poseídos en Es-

---

rias para prevenir y, en su caso, corregir las actividades contrarias al presente Real Decreto.

»*c*) Resolver los expedientes administrativos sancionadores a que se refiere el artículo 10 de la Ley 40/1979, de 10 de diciembre, dentro de las atribuciones que le confiere el artículo 12.3.*c)* de esta misma Ley.

»4. Corresponderán al Banco de España las competencias para:

»*a*) Conceder a bancos, cajas de ahorro y otras entidades financieras autorización para actuar en el mercado de divisas, en los casos en que dicha autorización se requiera de conformidad con la legislación vigente, así como autorizar las actividades de cambio de moneda extranjera en establecimientos abiertos al público de acuerdo con su normativa reguladora.

»*b*) Dictar, en el ámbito de las competencias que le confiere la Ley 26/1988, de 29 de julio, sobre Disciplina e Intervención de las Entidades de Crédito, las instrucciones relativas al contenido, procedimiento y frecuencia de las comunicaciones a que se refiere el artículo 5.º, punto 4, del presente Real Decreto.

»*c*) Recibir, en los términos prevenidos en el presente Real Decreto, y según el procedimiento establecido de acuerdo con los apartados 3.*b)* y 4.*b)* anteriores, las declaraciones e información a que se refieren los artículos 5.º, punto 4, y 6.º, puntos 2 y 3.

»*d*) Ejercer el control e inspección de las operaciones efectuadas a través de las "Entidades registradas".

»*e*) Ejercer las actuaciones de inspección e investigación que resulten necesarias para prevenir y, en su caso, corregir las actividades contrarias al presente Real Decreto.

»*Art. 12.* Para la imposición de las sanciones administrativas se aplicará lo dispuesto en el Real Decreto 1392/1993, de 4 de agosto, por el que se regula el procedimiento sancionador de las infracciones administrativas en materia de control de cambios.

»*Art. 13.* 1. Una vez firme la resolución en vía administrativa, se procederá a su ejecución. A tal efecto, se requerirá al expedientado a fin de que haga efectivo el importe de la multa en papel de pagos al Estado o mediante ingreso en la Caja General de Depósitos en el plazo de quince días, prorrogables por otros quince por la Administración, con advertencia de que caso de no efectuarlo, se procederá a su exacción por el procedimiento administrativo de apremio.

»Vencido este plazo, se iniciará dicho procedimiento en el que la resolución sancionadora, junto con la certificación de no haberse hecho efectivo el pago de la multa, tendrá el valor y eficacia que el Reglamento General de Recaudación confiere a la certificación de descubierto.

»2. La sanción principal o la accesoria a que se refiere el artículo 10 de la Ley 40/1979, de 10 de diciembre, podrán hacerse efectivas sobre las garantías que, en su caso, hubieran sido constituidas durante la tramitación del procedimiento administrativo, de conformidad con lo dispuesto en el artículo 15 de la misma Ley.

»3. La resolución que ponga fin al procedimiento sancionador acordará lo procedente acerca de las garantías constituidas y de las medidas cautelares adoptadas.

»*Art. 14.* De conformidad con lo dispuesto en el artículo 17, punto 2, de la Ley 40/1979, los órganos competentes de la Administración llevarán a cabo, a petición de otros órganos de la Administración, de los órganos judiciales, o por propia iniciativa, actuaciones de investigación acerca de los particulares que directa o indirectamente conduzcan al esclarecimiento de los hechos que pudieran ser constitutivos de infracción o a la prevención de los mismos.

»*Art. 15.* Los libros y la documentación sometidos a investigación que tengan rela-

paña, cuando el adquirente o disponente sea un no residente.

Se entienden por bienes o derechos poseídos en el extranjero:

---

ción con la presunta infracción podrán ser examinados por los órganos inspectores de la Administración en la vivienda, local, escritorio, despacho u oficina de la persona poseedora de los mismos, en su presencia o en la de la persona que a tal efecto designe.

»*Art. 16.* 1. Las actuaciones de investigación se documentarán mediante acta en la que se consignarán:

»*a*) El nombre, apellidos y documento nacional de identidad de la persona con la que se entienda la diligencia, reflejando el carácter o representación con que comparece en la misma.

»*b*) Los elementos esenciales de las actuaciones, datos y documentos objeto de investigación.

»*c*) En su caso, el reconocimiento por parte del presunto infractor de la comisión del ilícito, que tendrá, si procede, los efectos previstos por el artículo 14 de la Ley 40/1979, de 10 de diciembre.

»2. El acta de investigación será elevada al órgano competente al objeto de que, si hubiera lugar, se instruya el correspondiente expediente sancionador o, en su caso, se remita lo actuado a los órganos judiciales.

»*Art. 17.* 1. La liberalización de los pagos de residentes a no residentes y de las transferencias al exterior a que se refiere el artículo 1.º del presente Real Decreto se entenderá sin perjuicio del necesario cumplimiento de las obligaciones fiscales que, en su caso, correspondan al acto, transacción o negocio jurídico principal del que dichos pagos o transferencias deriven, de conformidad con las normas vigentes aplicables.

»2. El incumplimiento de las obligaciones establecidas en los artículos 5.º, puntos 3 y 4, 6.º, punto 2, y 8.º del presente Real Decreto, constituirá infracción tributaria simple, sancionable con arreglo a lo dispuesto en la Ley General Tributaria y sus normas de desarrollo.

»*Disps. Adicionales.*

»*1.ª* Los establecimientos abiertos al público para cambio de moneda extranjera deberán registrarse en el Banco de España en la forma que éste determine.

»*2.ª* En relación con lo dispuesto en el artículo 5.º del presente Real Decreto, podrán también efectuarse cobros y pagos entre residentes y no residentes a través de aquellas otras Entidades de crédito y financieras inscritas en los Registros Oficiales correspondientes del Banco de España o de la Comisión Nacional del Mercado de Valores, siempre que tengan legalmente reconocida dicha posibilidad y, en todo caso, en el ámbito operativo propio de cada una de ellas. Tales Entidades quedarán asimismo sujetas a la obligación señalada en el artículo 9.º del presente Real Decreto.

»*3.ª* El Número de Identificación Fiscal a declarar por los residentes con arreglo al presente Real Decreto deberá acreditarse según lo dispuesto en los números 1 y 2 del artículo 14 del Real Decreto 338/1990, de 9 de marzo.

»*Disp. Transitoria.* El Fiscal informará a la Dirección General de Transacciones Exteriores del Ministerio de Economía y Hacienda de las resoluciones judiciales de sobreseimiento o archivo que se dicten respecto de aquellas conductas anteriores que carezcan de relevancia penal a tenor del presente Real Decreto, a los efectos de depurar, en su caso, las responsabilidades administrativas a que hubiere lugar.

»*Disps. Finales.*

»*1.ª* Por el Ministro de Economía y Hacienda se dictarán las normas de desarrollo de este Real Decreto, y se establecerán los procedimientos de comunicación e información entre los órganos de la Administración del Estado competentes en materia de control de cambios, los órganos de la Administración Tributaria y el Banco de España.

»*2.ª* Quedan derogados el Real Decreto 2.402/1980, de 10 de octubre, sobre Régi-

1. Los bienes inmuebles o muebles que están sitos en el extranjero y los derechos establecidos sobre los mismos.

men Jurídico de Control de Cambios, el Real Decreto 1.750/1987, de 18 de diciembre, por el que se liberaliza la transferencia de tecnología y la prestación de asistencia técnica extranjera a Empresas españolas y el Real Decreto 1.723/1985, de 28 de agosto, simplificando y unificando el sistema de cuentas extranjeras en pesetas.

»Asimismo, quedan derogadas las siguientes Órdenes ministeriales:

»Orden de 25 de noviembre de 1959, sobre forma de pago de los billetes que expiden las Compañías de navegación aérea para líneas internacionales.

»Orden de 28 de julio de 1962 sobre oficinas para cambio de divisas.

»Orden de la Presidencia del Gobierno de 15 de septiembre de 1970, sobre exportación de billetes de banco y demás instrumentos de giro o crédito cifrados en divisas.

»Orden del Ministerio de Economía y Hacienda de 13 de marzo de 1987, sobre gastos de viaje y estancia en el extranjero y movimiento de divisas y pesetas por frontera.

»Orden del Ministerio de Economía y Hacienda de 26 de junio de 1987, sobre regulación de las cuentas extranjeras de pesetas convertibles.

»Orden del Ministerio de Economía y Hacienda de 10 de mayo de 1988, sobre cobros y pagos exteriores relacionados con exportaciones.

»Orden de 10 de abril de 1989, por la que se modifica parcialmente la de 26 de junio de 1987, sobre regulación de las cuentas extranjeras de pesetas convertibles.

»Orden del Ministerio de Economía y Hacienda de 29 de mayo de 1989, sobre pagos y cobros exteriores relacionados con importaciones.

»Orden de 29 de junio de 1989, por la que se modifica la de 10 de mayo de 1988, sobre cobros y pagos exteriores relacionados con exportaciones.

»Artículo 1.º de la Orden de 12 de marzo de 1990, sobre cuentas extranjeras de pesetas convertibles e inversiones extranjeras en Deuda del Estado.

»Orden del Ministerio de Economía y Hacienda de 19 de junio de 1990, sobre liberalización de garantías exteriores.

»Orden del Ministerio de Economía y Hacienda de 16 de abril de 1991, por la que se autorizan préstamos en pesetas otorgados por las Entidades delegadas a no residentes.

»Orden del Ministerio de Economía y Hacienda de 16 de abril de 1991, por la que se autorizan cuentas en divisas de residentes.

»Orden del Ministerio de Economía y Hacienda de 13 de junio de 1991, por la que se regulan las operaciones invisibles corrientes con el exterior.

»El presente Real Decreto entrará en vigor el 1 de febrero de 1992.»

V. también Orden de 27 de diciembre de 1991, de desarrollo del RD 1.816/1991, de 27 de diciembre, sobre transacciones económicas con el exterior (*BOE* n.º 313, de 31 de diciembre), modificada por Orden de 2 de febrero de 1993 (*BOE* n.º 36, de 11 de febrero) y por Orden de 9 de julio de 1996 (*BOE* n.º 168, de 12 de julio); Ley 18/1992, de 1 de julio, por la que se establecen determinadas normas en materia de inversiones extranjeras en España (*BOE* n.º 159, de 3 de julio); RD 664/1999, de 23 de abril (*BOE* n.º 106, de 4 de mayo), sobre inversiones exteriores, desarrollado por Orden de 28 de mayo de 2001 (*BOE* n.º 134, de 5 de junio), por la que se establecen los procedimientos aplicables para las declaraciones de inversiones exteriores y su liquidación; y Resolución de 9 de julio de 1996 (*BOE* n.º 168, de 12 de julio; corrección de errores en *BOE* n.º 172, de 17 de julio),

2. Las acciones, obligaciones, cuotas representativas de partes alícuotas de capital y participaciones en general en Sociedades y Empresas domiciliadas en país extranjero, así como cualquier otro título mobiliario.

Se entiende por bienes o derechos poseídos en España los definidos en el párrafo anterior, sitos en España, referentes a Sociedades y Empresas domiciliadas en España.

b) Los actos y negocios por los que un residente resulte o pueda resultar acreedor o deudor de un no residente, y los actos de disposición realizados sobre los derechos y obligaciones derivados de aquéllos.

c) Los actos y negocios en virtud de los cuales un residente constituya, adquiera, o disponga de haberes en divisas, o un no residente constituya, adquiera o disponga de haberes en pesetas.

A estos efectos se conceptúan como haberes los saldos de cuentas abiertas en Banco o cualesquiera otros establecimientos financieros, o en los libros de Sociedades y otras Entidades.

d) Los actos de cobro y pago entre residentes y no residentes.

e) La importación y exportación de oro amonedado o en barras, billetes de Banco, medios de pago de cualquier clase y, en general, títulos representativos de derechos, estén cifrados en pesetas o en moneda extranjera.

f) La tenencia en territorio español por parte de residentes o no residentes de medios de pago de cualquier clase y, en general, de títulos representativos de derechos cifrados en moneda extran-

---

de la Dirección General de Política Comercial e Inversiones Exteriores, por la que se dictan normas para la aplicación de los arts. 4.º, 5.º, 7.º y 10 de la Orden de 27 de diciembre de 1991, modificada por Resolución de 31 de octubre de 2000 (*BOE* n.º 280, de 22 de noviembre); RD 1.392/1993, de 4 de agosto, por el que se regula el procedimiento sancionador de las infracciones administrativas en materia de control de cambios (*BOE* n.º 191, de 11 de agosto), modificado por RD 664/1999, de 23 de abril (*BOE* n.º 106, de 4 de mayo), sobre inversiones exteriores; Circular n.º 1/1994, de 25 de febrero, del Banco de España, sobre cuentas de no residentes abiertas en España, Operaciones con billetes y efectos, Entidades registradas (*BOE* n.º 63, de 15 de marzo); Orden de 6 de febrero de 1995, sobre ordenación del pago y pago material en divisas (*BOE* n.º 37, de 13 de febrero); Ley 10/1995, de 29 de abril, por la que se crea la Fiscalía Especial para la Represión de los Delitos Económicos relacionados con la Corrupción (*BOE* n.º 98, de 25 de abril); RD 923/1995, de 9 de junio (*BOE* n.º 162, de 8 de julio), por el que se fija la plantilla orgánica de la Fiscalía Especial para la Represión de los Delitos Económicos relacionados con la Corrupción; y Resolución de 8 de enero de 1996 (*BOE* n.º 11, de 12 de enero), de la Agencia Estatal de Administración Tributaria, por la que se crea la Unidad de Apoyo a la Fiscalía Especial para la Represión de los Delitos Económicos relacionados con la Corrupción.

jera, o en pesetas, por parte de no residentes; la tenencia en el extranjero por parte de residentes de cualesquiera de tales medios de pago y títulos, y la venta, a través del mercado español de divisas, de aquellos que los residentes posean o adquieran.

3. De conformidad con lo dispuesto en los artículos 57.2 y 60.1 del Tratado Constitutivo de la Comunidad Europea, se entenderá prohibida o limitada, en los términos que señalen las normas comunitarias, la realización de determinados movimientos de capitales y sus correspondientes operaciones de cobro, pago o transferencia respecto a terceros países en relación con los cuales se hayan dictado Reglamentos comunitarios adoptando las medidas que correspondan.

Igualmente, y en virtud de lo establecido en el artículo 59 del Tratado Constitutivo de la Comunidad Europea, se entenderá prohibida o limitada, en los términos que señalen las normas comunitarias, la realización de determinados movimientos de capitales y sus correspondientes operaciones de cobro, pago o transferencia respecto de terceros países en relación con los cuales el Consejo de la Unión Europea haya adoptado medidas de salvaguardia.

Cuando, de acuerdo con lo dispuesto en los dos párrafos precedentes, las normas comunitarias reconozcan poderes a los Estados miembros o les impongan la adopción de medidas indispensables, necesarias para la correcta aplicación de dichas normas, el Gobierno, mediante Acuerdo del Consejo de Ministros, establecerá las especificaciones ulteriores que resulten necesarias, incluido el procedimiento de autorización aplicable, si procediera.

De conformidad con lo establecido en el artículo 60.2 del Tratado Constitutivo de la Comunidad Europea, el Gobierno, mediante Acuerdo del Consejo de Ministros, a propuesta del Ministro de Economía y Hacienda, podrá, en tanto no se hayan adoptado las medidas a que se refiere el artículo 60.1 del citado Tratado, por razones políticas graves y por motivos de urgencia, tomar medidas unilaterales contra un tercer país en lo relativo a los movimientos de capitales y los pagos.

4. El Gobierno, mediante Acuerdo del Consejo de Ministros, a propuesta del Ministro de Economía y Hacienda, podrá pro-

---

Art. 2.º3 y 4: Estos apartados fueron introducidos por la Ley 41/1999, de 12 de noviembre (*BOE* n.º 272, de 13 de noviembre), sobre sistemas de pagos y de liquidación de valores.

hibir o limitar la realización de determinados movimientos de capitales y sus correspondientes operaciones de cobro, pago o transferencia respecto a un Estado o grupo de Estados en aplicación de medidas adoptadas por organismos internacionales, distintos de la Comunidad Europea, de los que España sea miembro.

Art. 3.º Cuando en función de lo que se disponga en la reglamentación de cambios, una determinada operación deba considerarse legal o autorizada, se entenderá asimismo autorizado el cobro o pago exterior correspondiente y la importación o exportación de los instrumentos de giro o crédito utilizados, salvo que la reglamentación de cambios o la correspondiente autorización administrativa dispongan lo contrario.

Art. 4.º 1. Son residentes, a los efectos de la presente Ley, las personas físicas domiciliadas en territorio español o que residan principalmente en España, y las personas jurídicas con domicilio social en España.

Las personas físicas de nacionalidad española que residan en el extranjero tendrán la consideración de residentes respecto al patrimonio constituido en España con anterioridad a su toma de residencia en el extranjero, y a las rentas procedentes del mismo.

2. Son no residentes las personas físicas domiciliadas en territorio extranjero o que tengan allí su residencia principal y las personas jurídicas con domicilio social en el extranjero.

Las personas físicas de nacionalidad extranjera que residan en España tendrán la consideración de no residentes respecto al patrimonio constituido fuera de España, con anterioridad a la toma de residencia y a las rentas procedentes del mismo.

Las personas físicas de nacionalidad española que residan en España tendrán la consideración de no residentes respecto al patrimonio constituido fuera de España, durante su residencia en el extranjero.

3. La cualidad de residentes o no residentes de los establecimientos y sucursales de las personas jurídicas españolas en el extranjero y de los de las personas jurídicas extranjeras, en España, se determinará reglamentariamente.

4. La residencia o no residencia se acreditará en la forma que reglamentariamente se establezca.

Art. 5.º 1. La Administración podrá autorizar, en las condiciones y límites que se determinen reglamentariamente, a los Bancos operantes en España, Cajas de Ahorro y otras Entidades de crédito para intervenir en las operaciones reguladas por esta

Ley. Esta autorización es revocable existiendo motivo justificado para ello y estará subordinada al cumplimiento de las condiciones de la misma.

2. Las Entidades autorizadas quedan sujetas al deber de colaboración con los Organismos encargados del control de cambios y de la vigilancia de los delitos monetarios. Las Entidades que incumplan este deber podrán considerarse incursas en una infracción muy grave de las previstas en la Ley de Disciplina e Intervención de las Entidades de Crédito.

CAPÍTULO II

DELITOS MONETARIOS

Art. 6.º Cometen delito monetario los que contravinieren el sistema legal de control de cambios mediante cualquiera de los actos u omisiones siguientes, siempre que su cuantía exceda de 2.000.000 de pesetas:

A) Los que sin haber obtenido la preceptiva autorización previa o habiéndola obtenido mediante la comisión de un delito:

1.º Exportaren moneda metálica o billetes de Banco españoles o extranjeros, o cualquier otro medio de pago o instrumentos de giro o crédito, estén cifrados en pesetas o en moneda extranjera.

2.º Importaren moneda metálica española o billetes del Banco de España, o cualquier otro medio de pago o instrumento de giro o crédito cifrados en pesetas.

3.º Los residentes que a título oneroso adquirieran bienes muebles o inmuebles sitos en el extranjero o títulos mobiliarios emi-

---

Art. 5.º2: Redactado conforme a la Ley 26/1988, de 29 de julio, sobre Disciplina e Intervención de las Entidades de Crédito (*BOE* n.º 182, de 30 de julio; corrección de errores en *BOE* n.º 185, de 4 de agosto de 1989).

Art. 6.A): V. las normas citadas en nota a la rúbrica de la presente Ley, y téngase en cuenta que las Sentencias del Tribunal de Justicia de las Comunidades Europeas de 23 de febrero y 14 de diciembre de 1995 han declarado que los arts. 73.B.1 y 73.D.1.*b*) del Tratado CEE se oponen a una regulación nacional que subordine, de una manera general, la exportación de monedas, billetes de banco o cheques al portador a una autorización previa, y que aquellas normas pueden ser directamente invocadas ante los Jueces nacionales para obtener la inaplicación de las disposiciones nacionales que les sean contrarias. Por ello, la Fiscalía del Tribunal Supremo, en su Consulta 1/1996, ha concluido «no perseguir por la vía penal los actos de exportación de capital sin declaración, tanto sean inferiores como superiores a 5.000.000 de pesetas. Debe de pasarse el tanto de culpa no obstante a las autoridades administrativas a los efectos legales procedentes y por si desde ese ámbito legal fuera aplicable alguna sanción.» Aquellas Sentencias son el fundamento, precisamente, del RD 1.638/1996, de 5 de julio (*BOE* n.º 165, de 9 de julio), por el que se modifica el RD 1.816/1991, de 20 de diciembre, sobre Transacciones Económicas con el Exterior.

tidos en el exterior y los residentes que aceptaran préstamos o créditos de no residentes o se los otorgaren, o garantizasen obligaciones de no residentes.

4.º Los que en territorio español aceptasen cualquier pago, entrega o cesión de pesetas de un no residente, o por su cuenta, o los realizaren en su favor o por su cuenta.

B) Los residentes que no pusieren a la venta, a través del mercado español autorizado, y dentro de los quince días siguientes a su disponibilidad, las divisas que posean.

C) El que obtuviere divisas mediante alegación de causa falsa o por cualquier otra forma ilícita.

D) El que destinare divisas lícitamente adquiridas a fin distinto del autorizado.

Art. 7.º 1. Los autores de delito monetario serán castigados:

1.º Con la pena de prisión mayor y multa del tanto al décuplo de la cuantía del delito, cuando exceda de 50.000.000 de pesetas.

2.º Con la pena de prisión menor y multa de tanto al quíntuplo, cuando exceda de 10.000.000 de pesetas y no pase de 50.000.000 de pesetas.

3.º Con la pena de arresto mayor y multa del tanto al triplo, cuando exceda de 5.000.000 de pesetas y no pase de 10.000.000 de pesetas.

4.º Con la pena de multa del tanto al duplo, cuando exceda de 2.000.000 de pesetas y no pase de 5.000.000 de pesetas.

2. Los Tribunales impondrán las penas en su grado máximo cuando los delitos se cometan por medio o en beneficio de Entidades u Organizaciones en las que de su propia naturaleza o actividad pudiera derivarse una especial facilidad para la comisión de delito.

3. Cuando los actos previstos en el artículo 6.º se cometan en el seno de una Sociedad o Empresa u Organización serán también responsables de los delitos las personas físicas que efectivamente ejerzan la dirección y gestión de la entidad y aquéllas por cuenta de quien obren, siempre que tuvieran conocimiento de los hechos.

4. Los Tribunales, teniendo en cuenta la trascendencia eco-

Art. 7.º: Téngase en cuenta que, en virtud de lo previsto en la Disp. Trans. 11.ª1 de la LO 10/1995, por la que se aprueba el nuevo Código Penal, las penas de prisión mayor, establecidas para hechos castigados como delito en Leyes penales especiales, deben entenderse sustituidas por la pena de prisión de tres a ocho años y que, en los mismos términos, la pena de prisión menor ha de entenderse sustituida por la de prisión de seis meses a tres años, y que las multas proporcionales seguirán aplicándose proporcionalmente.

nómica del hecho para los intereses sociales, las especiales circunstancias que en él concurran y específicamente la reparación o disminución de los efectos del delito y la repatriación del capital, podrán imponer las penas inferiores en grado a las señaladas en el apartado 1 de este artículo.

5. La moneda española, divisa, objetos y cualquier otro de los elementos por cuyo medio se cometa delito monetario, se reputará instrumento del delito a efectos de lo previsto en el artículo 48 del Código Penal.

6. El Código Penal se aplicará con carácter supletorio.

Art. 8.º Los administradores, directivos o empleados de las Entidades autorizadas referidas en el artículo 5.º que, por negligencia en el ejercicio de sus funciones, apreciada por los Tribunales, hayan facilitado la comisión de alguna de las conductas descritas en el artículo 6.º serán castigados con multa de hasta 2.000.000 de pesetas.

Art. 9.º 1. Los Tribunales españoles serán competentes para el conocimiento de los delitos establecidos en el artículo 6.º de la presente Ley, cualquiera que fuera el lugar donde hubieran sido ejecutados los hechos.

2. La competencia y procedimientos para conocer de los delitos monetarios se regulará por la Ley de Enjuiciamiento Criminal y el Real Decreto-ley 1/1977, de 4 de enero.

3. Conforme a lo dispuesto en el artículo 142 de la Ley de Enjuiciamiento Criminal, la sentencia, sin perjuicio de los demás pronunciamientos que dicho precepto establece, determinará, en su caso, la responsabilidad civil que regula el artículo 104 del Código Penal.

En los supuestos contemplados en el apartado 3 del artículo 7.º serán responsables civiles subsidiarios la Sociedad, Empresa o las personas integrantes de la organización en cuyo seno se cometió el delito.

4. *a*) En todo caso los Jueces y Tribunales de la jurisdicción penal competente para conocer de los delitos de esta Ley podrán requerir el conocimiento de cualquier expediente que se

---

Art. 9.º2: El Real Decreto-Ley 1/1977, de 4 de enero, ha sido derogado por la LOPJ. V. ahora el art. 65.1.º*b*) de dicha LOPJ, que atribuye a la Audiencia Nacional la competencia para enjuiciar los «delitos monetarios y relativos al control de cambios», salvo que correspondan en primera instancia a los Juzgados Centrales de lo Penal; por otra parte, el art. 23.3.*i*) de la citada LOPJ atribuye a la jurisdicción española el conocimiento de los hechos cometidos fuera del territorio nacional por españoles o extranjeros cuando constituyan delitos relativos al control de cambios.

esté instruyendo por la Administración por hechos sancionados en esta Ley, de oficio o por denuncia, y la Administración tendrá la obligación de remitir las actuaciones, sin que quepa el planteamiento de conflicto jurisdiccional. Igual obligación de remisión tendrá la Administración cuando, con motivo del conocimiento de un expediente administrativo en materia de control de cambios, apreciase indicios de que el hecho pueda ser constitutivo de delito tipificado en el artículo 6.º de esta Ley.

b) Mientras estuviera conociendo de un hecho la autoridad judicial, la Administración se abstendrá de toda acción sancionadora en relación con las conductas origen del mismo. La actividad sancionadora de la Administración, en virtud de las infracciones administrativas previstas en esta Ley, sólo podrá iniciarse o continuarse cuando el proceso penal termine por sentencia absolutoria u otra resolución que la ponga fin, provisional o definitivamente, sin declaración de responsabilidad penal, siempre que estén basadas en motivo que no sea la inexistencia del hecho, la declaración expresa de no haber participado en él el acusado o la exención de responsabilidad penal del mismo. Sin embargo, en estos dos últimos supuestos, la Administración podrá sancionar las infracciones administrativas relacionadas con el hecho y cometidas por tercero no sujeto al procedimiento penal.

....

APÉNDICE 4

LEY ORGÁNICA 12/1995, DE 12 DE DICIEMBRE, DE REPRESIÓN DEL CONTRABANDO*

(*BOE* n.º 297, de 13 de diciembre)

EXPOSICIÓN DE MOTIVOS

1. NECESIDAD DE LA NORMA

En los últimos años la aduana española ha pasado por un período de cambio sin precedentes. La configuración de la Unión Europea como un mercado interior establecida en el Acta Única Europea ha traído consigo la libertad de circulación de mercancías sin que queden sometidas éstas a

* Las Disposiciones Adicionales, Transitoria, Derogatoria y Finales de esta Ley tienen el siguiente texto:

«*Disp. Adicional 1.ª Organización funcional.*—1. Las autoridades, los funcionarios y fuerzas a quienes está encomendada la persecución y el descubrimiento del contrabando continuarán desempeñando sus cometidos, con los derechos y facultades que, para la investigación, persecución y represión de estas conductas, han venido ostentando desde su creación.

»El Servicio de Vigilancia Aduanera, en la investigación, persecución y represión de los delitos de contrabando, actuará en coordinación con las Fuerzas y Cuerpos de Seguridad del Estado y tendrá, a todos los efectos legales, carácter colaborador de los mismos.

»2. Los órganos de la Administración aduanera de la Agencia Estatal de Administración Tributaria, a requerimiento de los organismos y servicios encargados de la persecución del contrabando, podrán autorizar, sin interferencias obstativas, la salida de mercancías de los recintos o lugares habilitados por la Administración aduanera, a fin de facilitar las investigaciones encaminadas al descubrimiento del contrabando.

»3. Con idéntico fin los organismos y servicios encargados de la persecución del contrabando podrán establecer contactos e intercambiar información con otros servicios homólogos nacionales o internacionales.

»*Disp. Adicional 2.ª Presupuestos de la Agencia Estatal de Administración Tributaria.*—1. La Agencia Estatal de Administración Tributaria podrá consignar en sus presupuestos partidas específicamente destinadas a operaciones confidenciales relacionadas con la persecución del contrabando.

»2. La fiscalización y control de estas partidas se llevará a cabo mediante el procedimiento que establezca la Intervención General de la Administración del Estado, en el que se regulará en todo caso la confidencialidad antes indicada.

»Del resultado de la fiscalización y control referidos se dará traslado al Tribunal de Cuentas.

»*Disp. Transitoria única. Retroactividad.*—1. Los preceptos contenidos en

controles como consecuencia del cruce de las fronteras interiores. Esta nueva situación hace necesaria una modificación de la nor-

---

la presente Ley tendrán efectos retroactivos, en cuanto favorezcan a los responsables de los actos constitutivos de contrabando a que la misma se refiere, en los términos establecidos en el Código Penal.

»2. Igual eficacia retroactiva tendrán las disposiciones sancionadoras previstas en esta Ley, conforme a lo dispuesto en el artículo 128.2 de la Ley 30/1992, de 26 de noviembre, de Régimen Jurídico de las Administraciones Públicas y del Procedimiento Administrativo Común.

»*Disp. Derogatoria única.* 1. Quedan derogados la Ley Orgánica 7/1982, de 13 de julio, que modifica la legislación vigente en materia de contrabando y regula los delitos e infracciones administrativas en la materia; el artículo primero de la Ley Orgánica 3/1992, de 30 de abril, que establece supuestos de contrabando en materia de exportación de material de defensa o de doble uso, y cuantas disposiciones de igual o inferior rango se opongan a lo establecido en esta Ley.

»2. En tanto que por el Gobierno no se aprueben las disposiciones reglamentarias de desarrollo de la presente Ley, el Real Decreto 971/1983, de 16 de febrero, que desarrolla el Título II de la Ley Orgánica 7/1982, de 13 de julio, continuará en vigor en todo aquello que no se oponga a la presente Ley.

»*Disp. Final 1.ª Normativa supletoria.*—1. En lo no previsto en el Título I de la presente Ley se aplicará supletoriamente el Código Penal.

»2. En lo no previsto en el Título II de la presente Ley se aplicarán supletoriamente las disposiciones reguladoras del régimen tributario general y, en concreto, la Ley General Tributaria, así como subsidiariamente la Ley 30/1992, de 26 de noviembre, de Régimen Jurídico de las Administraciones Públicas y del Procedimiento Administrativo Común.

»*Disp. Final 2.ª Carácter de la Ley.*— El artículo 4 del Título I, los preceptos contenidos en el Título II, así como los apartados 2 y 3 de la disposición adicional primera, el apartado 2 de la disposición transitoria única y el apartado 2 de la disposición final primera de la presente Ley tienen el carácter de Ley ordinaria.

»*Disp. Final 3.ª Entrada en vigor.*— La presente Ley entrará en vigor el día siguiente al de su publicación en el *Boletín Oficial del Estado.*»

Téngase en cuenta que las Leyes 13/1996, de 30 de diciembre, de medidas fiscales, administrativas y del orden social (*BOE* n.º 315, de 31 de diciembre), y 50/1998, de 30 de diciembre (*BOE* n.º 313, de 31 de diciembre; corrección de errores en *BOE* n.º 109, de 7 de mayo de 1999), han modificado los arts. 11, 12 y 14 de la presente Ley, que en este texto no se reproducen; que la Ley 66/1997, de 30 de diciembre (*BOE* n.º 311, de 31 de diciembre de 1997; corrección de errores en *BOE* n.º 157, de 2 de julio de 1998), de medidas fiscales, administrativas y del orden social, volvió a modificar esos arts. 11 y 12, incorporando un nuevo art. 12 bis; que la Ley 1/1998, de 26 de febrero (*BOE* n.º 50, de 27 de febrero), ha modificado el art. 15, que tampoco se reproduce; y que el RD 1.649/1998, de 24 de julio (*BOE* n.º 214, de 7 de septiembre), desarrolló el Título II de la presente Ley Orgánica, relativo a las infracciones administrativas de contrabando, que aquí tampoco se reproduce.

V. art. 113.2 Ley General Tributaria, modificada parcialmente por Leyes 10/1985, de 26 de abril (*BOE* n.º 101, de 27 de abril; corrección de errores en *BOE* n.º 134, de 5 de junio) y 25/1995, de 20 de julio (*BOE* n.º 174, de 22 de julio; corrección de errores en *BOE* n.º 245, de 13 de octubre); Disp. Adic. 1.ª 4 Ley 14/1985, de 29 de marzo, de Régimen Fiscal de Determinados Activos Financieros (*BOE* n.º 129, de 30 de mayo); art. 5.º Convenio Europeo de Extradición, reproducido en nota al Preámbulo de la LE (Apéndi-

mativa referente a la circulación intracomunitaria de mercancías, que respondía a un modelo basado, precisamente, en la imposición y el control fronterizos, lo que aconseja, a su vez, a proceder a una adecuación de la legislación conducente a reprimir la introducción ilícita de mercancías en el territorio aduanero.

Con la consagración del mercado único, la aduana española ha dejado de actuar como frontera fiscal para el tráfico con otros Estados miembros de la Unión Europea. El desafío fundamental del mercado único en este campo consiste en compatibilizar las facilidades dadas al libre movimiento de mercancías con la necesidad de mantener la efectividad del esfuerzo en la represión del contrabando.

Al mismo tiempo parece oportuno proceder a una revisión de la Ley Orgánica 7/1982, de 13 de julio, que modifica la legislación vigente en materia de contrabando y regula los delitos e infracciones administrativas en la materia, tras trece años de vigencia para, entre otras finalidades, actualizar el valor límite que en la misma se fijó de 1.000.000 de pesetas para la distinción entre delito e infracción administrativa de contrabando, incluir las operaciones ilícitas con algunas mercancías no recogidas anteriormente, como las especies de flora y fauna amenazadas de extinción y los precursores de drogas, y, por fin, colmar algunas lagunas que la experiencia ha puesto de manifiesto, así como tomar en consideración la nueva situación producida tras la incorporación de la Comunidad Autónoma Canaria al territorio aduanero comunitario, no obstante no formar parte del sistema común del Impuesto sobre el Valor Añadido.

---

ce 5); RD 1.631/1992, de 29 de diciembre, sobre restricciones a la circulación de ciertos bienes y mercancías (*BOE* n.º 1, de 1 de enero de 1993); arts. 27 ss. LIVA; Ley 13/1998, de 4 de mayo (*BOE* n.º 107, de 5 de mayo), de Ordenación del Mercado de Tabacos y Normativa Tributaria; RD 1.394/1993, de 4 de agosto, por el que se regula el procedimiento sancionador en el ámbito del Monopolio de Tabacos (*BOE* n.º 191, de 11 de agosto); Ley 10/1995, de 24 de abril, por la que se crea la Fiscalía Especial para la Represión de los Delitos Económicos relacionados con la Corrupción (*BOE* n.º 98, de 25 de abril); RD 923/1995, de 9 de junio (*BOE* n.º 162, de 8 de julio), por el que se fija la plantilla orgánica de la Fiscalía Especial para la Represión de los Delitos Económicos relacionados con la Corrupción; Resolución de 8 de enero de 1996 (*BOE* n.º 11, de 12 de enero), de la Agencia Estatal de Administración Tributaria, por la que se crea la Unidad de Apoyo a la Fiscalía Especial para la Represión de los Delitos Económicos relacionados con la Corrupción, y Orden de 1 de febrero de 2001 (*BOE* n.º 35, de 9 de febrero), del Ministerio de Hacienda, por la que se eliminan los procedimientos de despacho previo a la importación y exportación de mercancías.

2. ÁMBITO DE LA REFORMA

Como novedad respecto a la Ley precedente se incluyen en la nueva ciertas definiciones con el fin de delimitar su ámbito de aplicación habida cuenta la puesta en marcha del mercado único comunitario.

Se incrementa la cuantía del valor de las mercancías para la tipificación del delito hasta 3.000.000 de pesetas, no sólo para actualizar la equivalencia real del valor de la peseta, sino también para aliviar la carga que pesa sobre el orden jurisdiccional penal.

El impacto social, económico y recaudatorio del comercio ilegítimo de labores del tabaco obliga a intensificar la reacción jurídica frente a este ilícito. A tal fin, se considerarán géneros estancados, a efectos de la nueva Ley, las labores del tabaco, aunque se trate de mercancías comunitarias.

Como se ha indicado ya, la entrada en vigor del mercado interior comunitario el 1 de enero de 1993 supuso la supresión de los controles fronterizos entre los Estados miembros, lo que ha dado lugar a un abuso de las facilidades ofrecidas al comercio regular al amparo de los regímenes de tránsito y ocasionado desviaciones ilícitas de mercancías. Ello ha aconsejado que se penalicen los ilícitos que suponen el incumplimiento de la normativa reguladora del tránsito aduanero, recogida en el Reglamento (CEE) número 2.913/1992, del Consejo, de fecha 12 de octubre, por el que se aprueba el Código Aduanero Comunitario, y en sus normas de aplicación, así como en el Convenio TIR.

La nueva Ley consagra la existencia de contrabando en los casos de salida del territorio nacional de bienes que integren el Patrimonio Histórico Español, incluso si su destino es otro Estado miembro de la Unión. Esta inclusión se hace posible en virtud de lo prevenido en la Directiva 93/7/CEE, relativa a la restitución de bienes culturales, que deja libertad a cada Estado miembro para ejercer las acciones civiles y penales oportunas. Por otra parte, la nueva Ley tipifica como contrabando las operaciones realizadas con especímenes de la fauna y flora silvestres al tratarse de un comercio prohibido en ciertos casos, y en aplicación del Convenio de Washington de 3 de marzo de 1973 y del correspondiente Reglamento comunitario.

Entre los supuestos constitutivos de delito de contrabando se ha incluido la exportación de material de defensa o material de doble uso, en el sentido que desarrolla el artículo 1. Ambos conceptos estaban ya considerados como contrabando en virtud de lo dispuesto en la Ley Orgánica 3/1992, de 30 de abril.

En cuanto a las penas, la nueva Ley mantiene la pena de prisión menor para el delito de contrabando y eleva la cuantía de la multa para el mismo, dada la alarma social que entraña la comisión repetida de estos ilícitos.

Como productos económicos generados por el contrabando susceptibles de comiso se incluyen las ganancias obtenidas del delito, lo que se corresponde con el artículo 344 bis e) del Código Penal, en su redacción dada por la Ley Orgánica 8/1992, de 23 de diciembre.

El Título II de la Ley define y regula las infracciones administrativas de contrabando. Al propio tiempo eleva las cuantías hasta las que se consideren como infracciones administrativas y a partir de las cuales las conductas tipificadas constituyen delito de contrabando.

Como novedad respecto al texto de la Ley 7/1982, de 13 de julio, se incrementa el importe de las multas por infracciones administrativas de contrabando y se precisa el momento en que comienza el plazo de prescripción tanto para las propias infracciones como para las sanciones que de ellas se deriven.

La nueva Ley faculta a los órganos de la Administración aduanera para autorizar la salida de mercancías de los recintos aduaneros, como entrega vigilada, a fin de facilitar las investigaciones encaminadas al descubrimiento del contrabando, y autoriza a los organismos y servicios encargados de la persecución del contrabando para establecer contactos e intercambiar información con otros servicios homólogos.

Por último, dado su contenido, parte de la Ley tiene el carácter de Ley ordinaria.

TÍTULO PRELIMINAR

Disposiciones generales

Artículo 1.º *Definiciones.*— A los efectos de la presente Ley se entenderá por:

1. «Importación»: la entrada de mercancías no comunitarias en el territorio español comprendido en el territorio aduanero de la Unión Europea, así como la entrada de mercancías, cualquiera que sea su procedencia, en el ámbito territorial de Ceuta y Melilla. Se asimila a la importación la entrada de mercancías desde las áreas exentas.

2. «Exportación»: la salida de mercancías del territorio español. No se considerará exportación la salida de mercancías comunitarias

del territorio español comprendido en el territorio aduanero de la Unión Europea, con destino al resto de dicho territorio aduanero.

3. «Áreas exentas»: las zonas y depósitos francos y los depósitos aduaneros definidos en los artículos 166 y 98, apartado 2, del

---

Art. 1.º3: Los arts. 98.2, 99 y 166 a 168 del Reglamento (CEE) 2.913/92, del Consejo (*DOCE* n.º L 302, de 19 de octubre de 1992), tienen el siguiente texto:

«*Art. 98.2.* Se entenderá por "depósito aduanero", todo lugar reconocido por las autoridades aduaneras y sometido a su control, en el que puedan almacenarse mercancías en las condiciones establecidas.»

«*Art. 99.* El depósito aduanero podrá ser un depósito aduanero público, o bien un depósito aduanero privado.

»Se entenderá por:

»—"depósito aduanero público", un depósito aduanero que pueda utilizar cualquier persona para depositar mercancías:

»—"depósito aduanero privado", un depósito aduanero reservado para el depósito de mercancías por parte del depositario.

»Se entenderá por depositario la persona autorizada para gestionar el depósito aduanero.

»Se entenderá por depositante la persona vinculada por la declaración de inclusión de las mercancías en el régimen de depósito aduanero o aquella a la que han sido cedidos los derechos y obligaciones de esa primera persona.»

«*Art. 166.* Las zonas francas o depósitos francos son partes del territorio aduanero de la Comunidad o locales situados en ese territorio, separados, del resto del mismo, en los cuales:

»*a*) se considerará que las mercancías no comunitarias, para la aplicación de los derechos de la importación y de las medidas de políticas comercial de importación, no se encuentran en el territorio aduanero de la Comunidad, siempre que no se despachen a libre práctica, ni se incluyan en otro régimen aduanero, ni se utilicen o consuman en condiciones distintas de las establecidas en la normativa aduanera;

»*b*) las mercancías comunitarias, para las que una regulación comunitaria específica lo prevea, se beneficiarán, en razón de su inclusión en zona franca o en depósito franco, de las medidas relacionadas en principio con la exportación de mercancías.

»*Art. 167.* 1. Los Estados miembros podrán constituir determinadas partes del territorio aduanero de la Comunidad en zonas francas o autorizar la creación de depósitos francos.

»2. Los Estados miembros determinarán el límite geográfico de cada zona. Los locales destinados a constituir un depósito franco deberán estar autorizados por los Estados miembros.

»3. Las zonas francas estarán cercadas. Los Estados miembros fijarán los puntos de acceso y de salida de la zona franca o del depósito franco.

»4. Cualquier construcción de inmueble en una zona franca estará supeditada a una autorización previa de las autoridades aduaneras.

»*Art. 168.* 1. Los límites y los puntos de acceso y de salida de la zona franca y de los depósitos francos estarán sometidos a la vigilancia de las autoridades aduaneras.

»2. Las personas y los medios de transporte que entren en una zona franca o en un depósito franco o salgan de ellos podrán ser sometidos a control aduanero.

»3. El acceso a una zona franca o a un depósito franco podrá prohibirse a las personas que no ofrezcan todas las garantías necesarias para el cumplimiento de las disposiciones previstas en el presente Código.

»4. Las autoridades aduaneras podrán controlar las mercancías que entren en una zona franca o depósito franco, permanezcan en ellos o salgan de ellos. Para permitir este control, se deberá entregar o mantener a disposición de las autoridades

Reglamento (CEE) número 2.913/92, del Consejo, de 12 de octubre de 1992, por el que se aprueba el Código Aduanero Comunitario.

4. «Mercancías comunitarias»: las mercancías definidas como tales en el apartado 7 del artículo 4 del Reglamento (CEE) número 2.913/92, del Consejo, de 12 de octubre de 1992, por el que se aprueba el Código Aduanero Comunitario.

5. «Mercancías no comunitarias»: las mercancías definidas como tales en el apartado 8 del artículo 4 del Reglamento (CEE) número 2.913/92, del Consejo, de 12 de octubre de 1992, por el que se aprueba el Código Aduanero Comunitario.

6. «Géneros o efectos estancados»: los artículos, productos o sustancias cuya producción, adquisición, distribución o cualquiera otra actividad concerniente a los mismos sea atribuida por ley al Estado con carácter de monopolio, así como las labores del tabaco y todos aquellos a los que por ley se otorgue dicha condición.

7. «Géneros prohibidos»: todos aquellos cuya importación, exportación, circulación, tenencia, comercio o producción esté prohibida expresamente por disposición con rango de ley o por reglamento de la Unión Europea. El carácter de prohibido se limitará para cada género a la realización de la actividad o actividades que de modo expreso se deter-

---

aduaneras, a través de cualquier persona designada al efecto por dichas autoridades, una copia del documento de transporte, que deberá acompañar a las mercancías en el momento de su entrada y de su salida. Cuando se exija este control, las mercancías deberán ponerse a disposición de las autoridades aduaneras.»

Art. 1.º4: El art. 4.º del Reglamento (CEE) 2.913/92, del Consejo, establece:

«A los efectos del presente Código, se entenderá por

»[...]

»7) "mercancías comunitarias": las mercancías:

»—que se obtengan totalmente en el territorio aduanero de la Comunidad, en las condiciones contempladas en el artículo 23, sin agregación de mercancías importadas de países o territorios que no formen parte del territorio aduanero de la Comunidad,

»—importadas de países o territorios que no formen parte del territorio aduanero de la Comunidad y despachadas a libre práctica,

»—que se obtengan en el territorio aduanero de la Comunidad a partir de las mercancías a que se hace referencia en el segundo guión exclusivamente, o bien a partir de las mercancías a que se hace referencia en los guiones primero y segundo;».

Art. 1.º5: El art. 4.º del Reglamento (CEE) 2.913/92, del Consejo, establece:

«A los efectos del presente Código, se entenderá por

»[...]

»8) "mercancías no comunitarias": las mercancías no contempladas en el punto 7.

»Sin perjuicio de los artículos 163 y 164 las mercancías comunitarias perderán este estatuto aduanero al salir efectivamente del territorio aduanero de la Comunidad;».

mine en la norma que establezca la prohibición y por el tiempo que la misma señale.

8. «Material de defensa»: el armamento y todos los productos y tecnologías concebidos específicamente o modificados para uso militar como instrumento de fuerza, información o protección en conflictos armados, así como los destinados a la producción, ensayo o utilización de aquéllos y que se encuentren incluidos en el Real Decreto 824/1993, de 28 de mayo, o disposiciones que lo sustituyan.

9. «Material de doble uso»: los productos y tecnologías de habitual utilización civil que puedan ser aplicados a algunos de los usos enumerados en el apartado

---

Art. 1.º8: V. LO 3/1992, de 30 de abril, por la que se establecen supuestos de contrabando en materia de exportación de material de defensa o de doble uso (*BOE* n.º 105, de 1 de mayo). Sus arts. 2.º y 3.º disponen lo siguiente:

«*Art. 2.º* 1. Las autorizaciones para la exportación de material de defensa o de doble uso se sujetarán a los requisitos, condiciones y procedimientos que establezca el Gobierno por Real Decreto, pudiendo ser otorgadas con carácter general.

»2. Para la concesión, denegación o revocación de estas autorizaciones se tendrán en cuenta los siguientes criterios:

»*a*) La existencia de indicios racionales de que el material de defensa o de doble uso pueda ser empleado en acciones que perturben la paz, la estabilidad o la seguridad a nivel mundial o regional, o que su exportación pueda vulnerar los compromisos internacionales contraídos por España.

»*b*) Los intereses generales de la defensa nacional y de la política exterior del Estado.

»*Art. 3.º* La Administración podrá proceder a la inmediata retención del material de defensa o de doble uso en tránsito a través del territorio, o del espacio marítimo o aéreo sujetos a la soberanía española, cuando se den los supuestos previstos en el apartado 2 del artículo 2.º de la presente Ley, sin perjuicio de los controles establecidos por disposiciones especiales.»

V. también RD 1.631/1992, de 29 de diciembre, por el que se establecen restricciones a la circulación de material de defensa (*BOE* n.º 1, de 1 de enero de 1993), así como la Orden de 17 de mayo de 1994, por la que se desarrolla el art. 3.º de dicho RD (*BOE* n.º 119, de 19 de mayo), y, finalmente, RD 491/1998, de 27 de marzo (*BOE* n.º 84, de 8 de abril; corrección de errores en *BOE* n.º 144, de 17 de junio), por el que se aprueba el Reglamento del Comercio Exterior de Material de Defensa y de Doble Uso, y en cuyos extensos Anejos I y II se contiene, respectivamente, la Relación de Material de Defensa (material de defensa en general y productos y tecnologías específicos del Régimen de Control de tecnología de Misiles) y la Lista de Armas de Guerra; Orden de 30 de junio de 1998 (*BOE* n.º 163, de 9 de julio), por la que se regulan el procedimiento y tramitación del comercio exterior de material de defensa y de doble uso; y Orden de 24 de noviembre de 1998 (*BOE* n.º 289, de 3 de diciembre), por la que se regula el procedimiento de tramitación de las autorizaciones administrativas de importación y de las notificaciones previas de importación.

Art. 1.º9: V. el extenso Anejo II del RD citado en nota al apartado precedente, en el que se contiene un exhaustivo listado de productos y tecnologías industriales, nucleares y relativos a la proliferación de armas químicas y biológicas (precursores de armas químicas, equipos químicos, agentes biológicos, agentes patógenos para el hombre, agentes patógenos para los animales, y equipos biológicos).

anterior y que se encuentren incluidos en el Real Decreto 824/1993, de 28 de mayo, o disposiciones que los sustituyan.

10. «Precursores»: las sustancias y productos susceptibles de ser utilizados en el cultivo, la producción o la fabricación de drogas tóxicas, estupefacientes o sustancias psicotrópicas, enumeradas en los cuadros I y II de la Convención de Naciones Unidas hecha en Viena el 20 de diciembre de 1988, sobre el tráfico ilícito de estupefacientes y sustancias psicotrópicas y cualesquiera otros productos adicionados al mismo Convenio o en otros futuros Convenios ratificados por España.

11. «Deuda aduanera»: la obligación definida como tal en el apartado 9 del artículo 4 del Reglamento (CEE) número 2.913/92, del Consejo, de 12 de octubre de 1992, por el que se aprueba el Código Aduanero Comunitario.

TÍTULO PRIMERO

Delito de contrabando

Art. 2.º *Tipificación del delito.*—1. Cometen delito de contrabando, siempre que el valor de los bienes, mercancías, géneros o efectos sea igual o superior a 3.000.000 de pesetas, los que:

a) Importen o exporten mercancías de lícito comercio sin presentarlas para su despacho en las oficinas de aduanas o en los lugares habilitados por la Administración aduanera.

La ocultación o sustracción dolosa de cualquier clase de mercancías a la acción de la Administración aduanera dentro de los recintos o lugares habilitados equivaldrá a la no presentación.

b) Realicen operaciones de comercio, tenencia o circulación de mercancías no comunitarias de lícito comercio, sin cumplir los requisitos legalmente establecidos para acreditar su lícita importación.

Art. 1.º11: El art. 4.º del Reglamento (CEE) 2.913/92, del Consejo, establece:

«A los efectos del presente Código, se entenderá por

»[...]

»9) "deuda aduanera": la obligación que tiene una persona de pagar los derechos de importación (deuda aduanera de importación) o los derechos de exportación (deuda aduanera de exportación) aplicables a una determinada mercancía con arreglo a las disposiciones comunitarias vigentes;».

c) Destinen al consumo las mercancías en tránsito con incumplimiento de la normativa reguladora de este régimen aduane-

---

Art. 2.º1.c): Los arts. 91 a 97 y 163 a 165 del Reglamento (CEE) citado tienen el siguiente texto:

«*Art. 91.* 1. El régimen de tránsito externo permitirá la circulación de uno a otro punto del territorio aduanero de la Comunidad:

»*a*) de mercancías no comunitarias, sin que dichas mercancías estén sujetas a los derechos de importación y demás gravámenes ni a medidas de política comercial;

»*b*) de mercancías comunitarias que sean objeto de una medida comunitaria que requiera su exportación a países terceros y para las que se cumplan los trámites aduaneros de exportación correspondientes.

»2. La circulación contemplada en el apartado 1 podrá efectuarse:

»*a*) bien al amparo del régimen de tránsito comunitario externo;

»*b*) bien al amparo de un cuaderno TIR (Convenio TIR), siempre que:

»1) haya comenzado o deba terminar en el exterior de la Comunidad, o

»2) se refiera a envíos de mercancías que deban descargarse en el territorio aduanero de la Comunidad y sean despachadas con mercancías que deban descargarse en un país tercero, o

»3) Se efectúe de un punto a otro de la Comunidad pasando por el territorio de un país tercero;

»*c*) bien al amparo de un cuaderno ATA (Convenio ATA), utilizado como documento de tránsito;

»*d*) bien al amparo del manifiesto renano (artículo 9 del Convenio revisado para la navegación del Rin);

»*e*) bien al amparo del impreso 302 establecido en el marco del Convenio entre los Estados que son partes en el Tratado del Atlántico Norte, relativo al estatuto de sus fuerzas, firmado en Londres el 19 de junio de 1951;

»*f*) bien por envíos postales (incluidos los paquetes postales).

»3. El régimen de tránsito externo se aplicará sin perjuicio de las disposiciones específicas aplicables a la circulación de mercancías sometidas a un régimen aduanero económico.

»*Art. 92.* El régimen de tránsito externo finalizará cuando las mercancías y el documento correspondiente sean presentados en aduana en el lugar de destino, de conformidad con lo dispuesto en el régimen de que se trate.

»*Art. 93.* El régimen de tránsito comunitario externo únicamente se aplicará a los transportes que utilicen el territorio de un país tercero cuando:

»*a*) un acuerdo internacional prevea dicha posibilidad; o

»*b*) el paso a través de dicho país se efectúe al amparo de un título único de transporte, expedido en el territorio aduanero de la Comunidad; en ese caso, el efecto de dicho régimen quedará suspendido en el territorio del tercer país.

»*Art. 94.* 1. Sin perjuicio de lo dispuesto en el artículo 95, el obligado principal deberá prestar una garantía con objeto de asegurar el pago de la deuda aduanera y demás gravámenes que puedan surgir con respecto a dicha mercancía.

»2. Salvo casos que se determinarán por el procedimiento del comité cuando sea necesario, no se requerirá garantía alguna para cubrir:

»*a*) las travesías marítimas y aéreas;

»*b*) los transportes de mercancías por el Rin y las vías fluviales renanas;

»*c*) los transportes por conductos;

»*d*) las operaciones efectuadas por las compañías ferroviarias de los Estados miembros.

»3. Se determinarán con arreglo al procedimiento del Comité los casos en que los transportes de mercancías por otras vías navegables distintas de las mencionadas en la letra *b*) del apartado 1 quedarán dispensados de la prestación de garantía.

ro, establecida en los artículos 91 a 97 y 163 a 165 del Reglamento (CEE) número 2.913/92, del Consejo, de 12 de octubre, y sus

---

»*Art. 95.* 1. Cualquier persona que cumpla los requisitos establecidos en el apartado 2 podrá obtener de las autoridades aduaneras del Estado miembro en que esté establecida, y dentro de los límites previstos en el apartado 3, una dispensa de garantía para las operaciones de tránsito comunitario externo que efectúe, sean cuales fueren el Estado miembro de partida y los Estados miembros cuyo territorio se utilice para dichas operaciones.

»2. La dispensa de garantía contemplada en el apartado 1 sólo se concederá a las personas:

»*a)* que estén establecidas en el Estado miembro en que se conceda la dispensa de garantía;

»*b)* que utilicen habitualmente el régimen de tránsito comunitario;

»*c)* cuya situación financiera les permita hacer frente a sus compromisos;

»*d)* que no hayan cometido ninguna infracción grave de la legislación aduanera y fiscal; y

»*e)* que hayan suscrito, de conformidad con un modelo que se determinará, un compromiso de pagar, al primer requerimiento escrito de las autoridades aduaneras, las cantidades reclamadas por las operaciones de tránsito comunitario que efectúen.

»3. La dispensa de garantía concedida de conformidad con los apartados 1 y 2 no se aplicará a las operaciones de tránsito comunitario referidas a mercancías:

»*a)* cuyo valor global sea superior a un importe determinado con arreglo al procedimiento del Comité; o

»*b)* que presenten riesgos incrementados, habida cuenta del nivel de los derechos de importación y otros gravámenes a que estén sujetas en uno o varios Estados miembros.

»4. A cada persona que haya obtenido la dispensa de garantía, se le expedirá por parte de las autoridades que le han concedido la dispensa, en uno o varios ejemplares, un certificado de dispensa de garantía.

»*Art. 96.* 1. El obligado principal es el titular del régimen de tránsito comunitario externo. El obligado principal deberá:

»*a)* presentar las mercancías intactas en la oficina de aduana de destino, en el plazo señalado y habiendo respetado las medidas de identificación tomadas por las autoridades aduaneras;

»*b)* respetar las disposiciones relativas al régimen de tránsito comunitario.

»2. Sin perjuicio de las obligaciones del obligado principal contempladas en el apartado 1, el transportista o el destinatario de las mercancías que las acepte sabiendo que están bajo régimen de tránsito comunitario también deberá presentarlas intactas en la oficina de aduana de destino, en el plazo señalado y habiendo respetado las medidas de identificación tomadas por las autoridades aduaneras.

»*Art. 97.* 1. Las formas de funcionamiento del procedimiento y las excepciones se determinarán con arreglo al procedimiento del Comité.

»2. Siempre que se garantice la aplicación de las medidas comunitarias a que estén sujetas las mercancías:

»*a)* los Estados miembros tendrán la facultad de establecer entre ellos, mediante acuerdos bilaterales o multilaterales, procedimientos simplificados de conformidad con los criterios que se establezcan, cuando sea necesario, aplicables a determinados tráficos o a determinadas empresas;

»*b)* cada Estado miembro tendrá la facultad de establecer procedimientos simplificados aplicables, en determinadas circunstancias, en beneficio de mercancías que no tengan que circular por el territorio de otro Estado miembro.»

«*Art. 163.* 1. El régimen de tránsito interno permitirá, en las condiciones dispuestas en los apartados 2, 3 y 4, la circulación de un punto a otro del territorio adua-

disposiciones de aplicación y en el Convenio TIR de 14 de noviembre de 1975.

d) Realicen operaciones de importación, exportación, producción, comercio, tenencia, circulación o rehabilitación de géneros estancados o prohibidos, sin cumplir los requisitos establecidos por las leyes.

e) Saquen del territorio español bienes que integren el Patrimonio Histórico Español, sin la autorización de la Administración del Estado cuando ésta sea necesaria.

f) Realicen, sin cumplir con los requisitos legalmente establecidos, operaciones de importación, exportación, comercio, tenencia o

---

nero de la Comunidad, pasando por el territorio de un país tercero, de mercancías comunitarias sin que su estatuto aduanero se modifique. Esta disposición no impedirá la aplicación de la letra *b*) del apartado 1 del artículo 91.

»2. La circulación a que se hace referencia en el apartado 1 podrá efectuarse:

»*a*) según el régimen de tránsito comunitario interno, siempre que esté prevista tal posibilidad en un acuerdo internacional;

»*b*) al amparo de un cuaderno TIR (Convenio TIR);

»*c*) al amparo de un cuaderno ATA (Convenio ATA) utilizado como documento de tránsito;

d) al amparo del Manifiesto Renano (artículo 9 del Convenio revisado relativo a la navegación sobre el Rin);

»*e*) al amparo de un impreso 302 previsto en el Convenio entre los Estados partes en el Tratado del Atlántico Norte sobre el estatuto de sus fuerzas armadas, firmado en Londres el 19 de junio de 1951;

»*f*) a través de envíos postales (incluidos los paquetes postales).

»3. En el caso contemplado en la letra *a*) del apartado 2, se aplicarán *mutatis mutandis* los artículos 92, 94, 95, 96 y 97.

»4. En los casos contemplados en las letras *b*) a *f*) del apartado 2 las mercancías conservarán su estatuto aduanero únicamente si dicho estatuto está establecido en las condiciones y en la forma prescrita por las disposiciones adoptadas con arreglo al procedimiento del Comité.

»*Art. 164.* Con arreglo al procedimiento del Comité se determinarán las condiciones en que las mercancías comunitarias podrán circular, sin ser sometidas a un régimen aduanero, de un punto a otro del territorio aduanero de la Comunidad y temporalmente fuera de dicho territorio sin que se modifique su estatuto aduanero.

»*Art. 165.* El régimen de tránsito comunitario interno será aplicable asimismo en el caso de que una disposición comunitaria establezca expresamente su aplicación.»

Art. 2.º1.e): V. Convención de 17 de noviembre de 1970 sobre las medidas que deben adoptarse para prohibir e impedir la importación, la exportación y la transferencia de propiedad ilícita de bienes culturales, ratificada por Instrumento de 13 de diciembre de 1985 (*BOE* n.º 31, de 5 de febrero de 1986); Ley 13/1985, de 25 de junio, del Patrimonio Histórico Español (*BOE* n.º 155, de 19 de junio), desarrollada parcialmente por RD 111/1986, de 10 de enero (*BOE* n.º 24, de 28 de enero), modificado por RD 64/1994, de 11 de enero (*BOE* n.º 51, de 2 de marzo); Ley 36/1994, de 23 de diciembre, de incorporación al ordenamiento jurídico español de la Directiva 93/7/CEE, del Consejo, de 15 de marzo de 1993, relativa a la restitución de bienes culturales que hayan salido de forma ilegal del territorio de un Estado miembro de la Unión Europea (*BOE* n.º 307, de 24 de diciembre), parcialmente modificada por Ley 18/1998, de 15 de junio (*BOE* n.º 143, de 16 de junio). V., también, art. 282 bis LECr., reproducido en nota al art. 368 de este Código.

Art. 2.º1.f): El Convenio de Washington, citado en el texto, fue publicado en el

circulación de especímenes de fauna y flora silvestres y sus partes y productos, de especies recogidas en el Convenio de Washington, de 3 de marzo de 1973, y en el Reglamento (CEE) número 3.626/82, del Consejo, de 3 de diciembre de 1982.

g) Obtengan, mediante alegación de causa falsa o de cualquier otro modo ilícito, el despacho aduanero de géneros estancados o prohibidos o mercancías de lícito comercio o la autorización para los actos a que se refieren los apartados anteriores.

h) Conduzcan en buque de porte menor que el permitido por los reglamentos, salvo autorización para ello, mercancías no comunitarias o géneros estancados o prohibidos, en cualquier puerto o lugar de las costas no habilitado a efectos aduaneros o en cualquier punto de las aguas interiores o del mar territorial español.

i) Alijen o transborden de un buque clandestinamente cualquier

---

BOE el 30 de julio de 1986, y existen modificaciones y correcciones de errores en *BOE* de fechas 10 de agosto de 1991 y 27 de febrero y 29 y 30 de abril de 1996. El Reglamento (CEE) también citado en el texto fue publicado en el *DOCE* n.º L 378, de fecha 31 de diciembre de 1982.

Art. 2.º1.i): El art. 23 de la Convención de 29 de abril de 1958 sobre la alta mar, a la que España se adhirió el 25 de febrero de 1971 (*BOE* n.º 309, de 27 de diciembre), tiene el siguiente texto:

«1. El Estado ribereño podrá emprender la persecución de un buque extranjero cuando tenga motivos fundados para creer que ha cometido una infracción de sus Leyes y Reglamentos. La persecución habrá de empezar mientras el buque extranjero o una de sus lanchas se encuentre en las aguas interiores o en el mar territorial o en la zona contigua del Estado del buque perseguidor, y podrá continuar fuera del mar territorial o de la zona contigua a condición de que no se haya interrumpido. No es necesario que el buque que da la orden de detenerse a un buque extranjero que navega por el mar territorial o por la zona contigua se encuentre también en ellos en el momento en que el buque interesado reciba dicha orden. Si el buque extranjero se encontrase en una zona contigua, tal como está definida en el artículo 24 de la Convención sobre el Mar Territorial y la Zona Contigua, la persecución no se podrá emprender más que por atentado a los derechos para cuya protección fue creada dicha zona.

»2. El derecho de persecución cesará en el momento en que el buque perseguido entre en el mar territorial del país a que pertenece o en el de una tercera Potencia.

»3. La persecución no se considerará comenzada hasta que el buque perseguidor haya comprobado, por los medios prácticos de que disponga, que el buque perseguido o una de sus lanchas y otras embarcaciones que trabajen en equipo utilizando el buque perseguido como buque madrina se encuentran dentro de los límites del mar territorial o, si es del caso, en la zona contigua. No podrá darse comienzo a la persecución mientras no se haya emitido la señal de detenerse, visual o auditiva, desde una distancia que permita al buque interesado oírla o verla.

»4. El derecho de persecución sólo podrá ser ejercido por buques de guerra o por aeronaves militares, o por otros buques o aeronaves, destinados al servicio de un Gobierno y especialmente autorizados a tal fin.

»5. Cuando la persecución sea efectuada por una aeronave:

clase de mercancías, géneros o efectos dentro de las aguas interiores o del mar territorial español o en las circunstancias previstas por el artículo 23 de la Convención de Ginebra sobre alta mar de 29 de abril de 1958.

j) Exporten material de defensa o material de doble uso sin autorización o habiéndola obtenido mediante declaración falsa o incompleta en relación con la naturaleza o el destino último de los mismos o de cualquier otro modo ilícito.

2. También comete delito de contrabando el que, en ejecución de un plan preconcebido o aprovechando idéntica ocasión, realizare una pluralidad de acciones u omisiones constitutivas, aisladamente consideradas, de infracciones administrativas de contrabando, siempre que el valor acumulado de los bienes, mercancías, géneros o efectos en cuestión sea igual o superior a 3.000.000 de pesetas.

3. Cometen asimismo delito de contrabando quienes realicen alguno de los hechos descritos en el apartado 1 de este artículo, si concurre alguna de las circunstancias siguientes:

a) Cuando el objeto del contrabando sean drogas tóxicas, estupefacientes, sustancias psicotrópicas, sustancias catalogadas como precursores, armas, explosivos o cualesquiera otros bienes cuya tenencia constituya delito o cuando el contrabando se realice a través de una organización, aunque el valor de los bienes, mercancías, géneros o efectos sea inferior a 3.000.000 de pesetas.

b) Cuando se trate de labores del tabaco cuyo valor sea igual o superior a 1.000.000 de pesetas.

»*a*) Las disposiciones de los párrafos 1 a 3 de este artículo se aplicarán *mutatis mutandis* a esta forma de persecución.

»*b*) La aeronave que haya dado la orden de detención habrá de continuar activamente la persecución del buque hasta que un buque o aeronave del Estado ribereño llamado por ella llegue y la continúe, salvo si la aeronave puede por sí sola detener al buque. Para justificar la visita y registro de un buque en alta mar no basta que la aeronave lo haya descubierto cometiendo una infracción, o que tenga sospechas de que la ha cometido, si no le ha dado la orden de detenerse y no ha emprendido la persecución o no lo han hecho otras aeronaves o buques que continúan la persecución sin interrupción.

»6. Cuando el buque sea detenido en un lugar sometido a la jurisdicción de un Estado y escoltado hacia un puerto de este Estado a los efectos de una investigación por las autoridades competentes, no se podrá exigir que sea puesto en libertad por el solo hecho de que el buque y su escolta hayan atravesado una parte de alta mar, si las circunstancias han impuesto dicha travesía.

»7. Cuando un buque sea interceptado o detenido en alta mar en circunstancias que no justifiquen el ejercicio del derecho de persecución, se le resarcirá todo perjuicio o daño que haya sufrido por dicha detención o intercepción.»

Art. 2.º1.j): V. nota al art. 1.º8 y 1.º9 de esta misma Ley.

Art. 2.º2: V. arts. 11 ss. de esta Ley y 74 y 132 CP.

Art. 3.º *Penalidad.*—1. Los que cometieren el delito de contrabando serán castigados con las penas de prisión menor y multa del duplo al cuádruplo del valor de los bienes, mercancías, géneros o efectos.

En los casos previstos en las letras *a*) y *b*) del apartado 1 del artículo 2, las penas se impondrán en su grado mínimo y en los restantes en grado medio o máximo.

2. Los Jueces o Tribunales impondrán la pena correspondiente en su grado máximo cuando el delito se cometa por medio o en beneficio de personas, entidades u organizaciones de cuya naturaleza o actividad pudiera derivarse una facilidad especial para la comisión del mismo.

Art. 4.º *Responsabilidad civil.*—La responsabilidad civil que proceda declarar a favor del Estado derivada de los delitos de contrabando se extenderá en su caso al importe de la deuda aduanera y tributaria defraudada.

Art. 5.º *Comiso.*—1. Toda pena que se impusiere por un delito de contrabando llevará consigo el comiso de los siguientes bienes, efectos e instrumentos:

a) Las mercancías que constituyan el objeto del delito.

b) Los materiales, instrumentos o maquinaria empleados en la fabricación, elaboración, transformación o comercio de los géneros estancados o prohibidos.

c) Los medios de transporte con los que se lleve a efecto la comisión del delito, salvo que pertenezcan a un tercero que no haya tenido participación en éste, y el Juez o el Tribunal competente estimen que dicha pena accesoria resulta desproporcionada en atención al valor del medio de transporte objeto del comiso y al importe de las mercancías objeto del contrabando.

d) Las ganancias obtenidas del delito, cualesquiera que sean las transformaciones que hubieran podido experimentar.

e) Cuantos bienes y efectos, de la naturaleza que fueren, hayan servido de instrumento para la comisión del delito.

2. No se procederá al comiso de los bienes, efectos e instrumentos del contrabando cuan-

---

Art. 3.º: V. arts. 66 y 72 CP, y téngase en cuenta que, en virtud de lo previsto en la Disp. Trans. 11.ª1 de la LO 10/1995, por la que se aprueba el nuevo Código Penal, las penas de prisión menor, establecidas para hechos castigados como delito en Leyes penales especiales, deben entenderse sustituidas por la pena de prisión de seis meses a tres años, y que las multas proporcionales seguirán aplicándose proporcionalmente.

Art. 4.º: V. arts. 109 ss. y 116 ss. CP.

Art. 5.º: V. arts. 127 y 128 CP.

do éstos sean de lícito comercio y hayan sido adquiridos por un tercero de buena fe.

3. Los bienes, efectos e instrumentos definitivamente decomisados por sentencia se adjudicarán al Estado.

Art. 6.º *Intervención de bienes no monopolizados.*—1. El Juez o Tribunal acordarán la intervención de los bienes, efectos e instrumentos a que se refiere el artículo anterior, a resultas de lo que se decida en la resolución que ponga término al proceso.

2. La autoridad judicial, en atención a las circunstancias del hecho y a las de sus presuntos responsables, podrá designar a éstos como depositarios de los bienes, efectos e instrumentos intervenidos, con prestación, en su caso, de la garantía que se establezca.

3. La autoridad judicial podrá acordar, asimismo, que, mientras se sustancia el proceso, los bienes, efectos e instrumentos intervenidos se utilicen provisionalmente por las fuerzas o servicios encargados de la persecución del contrabando.

Art. 7.º *Enajenación anticipada.*—1. Los bienes, efectos e instrumentos intervenidos podrán ser enajenados, si éste fuere su destino final procedente, sin esperar al pronunciamiento o firmeza del fallo en los siguientes casos:

a) Cuando su propietario haga expreso abandono de ellos.

b) Cuando la autoridad judicial estime que su conservación pueda resultar peligrosa para la salud o seguridad pública o dar lugar a disminución importante de su valor. Se entenderán comprendidos en este apartado las mercancías, géneros o efectos que sin sufrir deterioro material se deprecian por el transcurso del tiempo.

2. La enajenación a la que se refiere este artículo será ordenada por la autoridad judicial. A tal efecto se procederá a la valoración de las mercancías, géneros o efectos, cuando ésta no estuviere practicada, en la forma prevista en esta Ley.

3. El importe de la enajenación, deducidos los gastos ocasionados, quedará en depósito a resultas del correspondiente proceso penal.

Art. 8.º *Adscripción de los bienes, efectos e instrumentos intervenidos.*—El uso de los bienes, efectos e instrumentos intervenidos que no sean enajenables quedarán adscritos a las fuerzas o servicios encargados de la persecución del contrabando de acuerdo con lo que prevea la legislación específica aplicable a esta materia.

Art. 9.º *Mercancías de monopolio.*—1. Cuando las mercancías aprehendidas sean de las comprendidas en los monopolios públicos, la autoridad judicial a cuya disposición se hayan colocado procederá en la forma que indiquen las disposiciones reguladoras de dichos monopolios.

2. La autoridad judicial podrá autorizar la realización de actos de disposición por parte de las compañías gestoras de los monopolios respecto a las mercancías o géneros que hayan sido aprehendidos a reserva de la pertinente indemnización, si hubiese lugar a ella, según el contenido de la sentencia firme.

Art. 10. *Valoración de los bienes.*—La fijación del valor de los bienes, mercancías, géneros o efectos objeto de contrabando se hará conforme a las siguientes reglas:

1. Si se trata de géneros estancados, por el precio máximo de venta al público. De no estar señalado dicho precio se adoptará la valoración establecida para la clase más similar. Si no fuera posible la asimilación, el juez fijará la valoración, previa tasación pericial.

2. Si se trata de mercancías no comunitarias, por aplicación de las normas que regulan la valoración en aduana. El valor resultante se incrementará con el importe de los tributos exigibles a su importación.

3. Respecto a las mercancías comunitarias, se estará a los precios oficiales, si los hubiere, o, en su defecto, a los precios medios del mercado señalados en ambos casos para mayoristas.

4. Para la valoración de los bienes, géneros y efectos comprendidos en las letras *e*) y *f*) del apartado 1 del artículo 2 de la presente Ley, así como para la de los de ilícito comercio, el juez recabará de los servicios competentes los asesoramientos e informes que estime necesarios.

....

APÉNDICE 5

LEY 4/1985, DE 21 DE MARZO, DE EXTRADICIÓN PASIVA

(*BOE* n.º 73, de 26 de marzo; corrección de errores en *BOE* n.º 90, de 15 de abril)

PREÁMBULO

El régimen de la extradición pasiva, especialmente en cuanto al procedimiento que ha de seguirse para su concesión, ha venido regulado por la Ley de 26 de diciembre de 1958.

En el relativamente escaso tiempo de su vigencia, tal régimen ha evidenciado su inadecuación, tanto en su aspecto interno como internacional.

En el primero, la Constitución española* extrema las garantías y formalidades a seguir para el respeto de derecho tan fundamental como la libertad de las personas que, por su propia esencia, en todo caso, queda bajo el control de la Autoridad judicial, y, lógicamente, también cuando el reclamado de extradición ha de ser privado de aquélla como medida precautoria que garantice la entrega al país reclamante, si tal extradición fuera acordada.

Por otra parte, la ratificación por España de varios Convenios europeos sobre la materia —Represión del Terrorismo, en 9 de mayo de 1980; el de Asistencia Judicial en Materia Penal, en 14 de julio de 1982, y, especialmente, el de Extradición, de 21 de abril de 1982**— hace indis-

* Véase art. 13.3 CE: «La extradición sólo se concederá en cumplimiento de un tratado o de la ley, atendiendo al principio de reciprocidad. Quedan excluidos de la extradición los delitos políticos, no considerándose como tales los actos de terrorismo.»

** El Convenio Europeo de Extradición, de 13 de diciembre de 1957, ratificado por Instrumento de 21 de abril de 1982 (*BOE* n.º 136, de 8 de junio), y modificado por el Protocolo Adicional (n.º 86), de 15 de octubre de 1975, ratificado por Instrumento de 18 de febrero de 1985 (*BOE* n.º 139, de 11 de junio) y por el Segundo Protocolo Adicional (n.º 98), de 17 de marzo de 1978, ratificado por Instrumento de 18 de febrero de 1985 (*BOE*

pensable una revisión a fondo de nuestra Ley interna para suprimir obsoletos criterios y recoger aquellos otros que la técnica in-

---

n.º 139, de 11 de junio), tiene el siguiente texto:

«*Por cuanto* el día 24 de julio de 1979, el Plenipotenciario de España, nombrado en buena y debida forma al efecto, firmó en Estrasburgo el Convenio Europeo de Extradición, hecho en París el 13 de diciembre de 1957.

»*Vistos y examinados* los treinta y dos artículos de dicho Convenio,

»*Concedida* por las Cortes Generales la Autorización prevista en el artículo 94.1 de la Constitución.

»*Vengo en aprobar y ratificar* cuanto en él se dispone, como en virtud del presente lo apruebo y ratifico, prometiendo cumplirlo, observarlo y hacer que se cumpla y observe puntualmente en todas sus partes, a cuyo fin, para su mayor validación y firmeza, *Mando* expedir este Instrumento de Ratificación firmado por Mí, debidamente sellado y refrendado por el infrascrito Ministro de Asuntos Exteriores, con las siguientes reservas y declaraciones:

»A) Reservas:

»— Al artículo 1: "La persona objeto de extradición no podrá ser sometida en el territorio del Estado requirente a un Tribunal de excepción. No se concederá la extradición para ello, ni para la ejecución de una pena o medida de seguridad impuesta por Tribunales que tengan este carácter."

»— Al artículo 10: "España no concederá la extradición si se hubiera producido la extinción de la responsabilidad criminal por cualquier causa prevista en la legislación de la Parte requirente o de la Parte requerida."

»— Al artículo 21.5: "España sólo concederá el tránsito en las condiciones que para la extradición se precisan en el presente Convenio."

»— Al artículo 23: "España exigirá de la Parte requirente una traducción al español, al francés o al inglés, de la solicitud de extradición y de los documentos aportados con la misma."

»B) Declaraciones:

»— Al artículo 2.7: "España se atendrá a la regla de la reciprocidad en cuanto a las infracciones excluidas del ámbito de aplicación del presente Convenio, en virtud del artículo 2 del mismo."

»— Al artículo 3: "A los efectos de la extradición, no se considerarán delitos políticos, además de los excluidos en el artículo 3, apartado 3, del Convenio, los delitos de terrorismo."

»— Al artículo 6.1.*b)*: "A los efectos del presente Convenio, España considerará como nacionales a las personas que ostentan esta condición con arreglo a las normas del Título I del Libro I del Código Civil Español."

»— Al artículo 9: "Se entenderá que la persona ha sido definitivamente sentenciada cuando la resolución judicial no sea susceptible de recurso ordinario alguno, por haberse agotado éstos, por haber sido consentida la resolución o por la propia naturaleza de la misma."

»— Al artículo 11: "Cuando el delito por el cual se pide la extradición pueda ser castigado con la pena de muerte según las leyes de la Parte requirente, España denegará la extradición, a no ser que la Parte requirente ofrezca garantías, consideradas suficientes por la Parte requerida, de que no se impondrá la pena de muerte o de que si se impone no será ejecutada.

»CONVENIO EUROPEO DE EXTRADICIÓN.

»Los Gobiernos signatarios, miembros del Consejo de Europa,

»Considerando que la finalidad del Consejo de Europa es lograr una unión más estrecha entre sus miembros;

»Considerando que tal objetivo puede alcanzarse mediante la conclusión de convenios o la adopción de una acción común en la esfera jurídica;

»Convencidos de que la aceptación de reglas uniformes en materia de extradición es adecuada para hacer progresar dicha obra de unificación,

ternacional ha perfeccionado a través del tiempo hasta ser aceptados por la generalidad de los países.

»Han convenido lo siguiente:

»*Art. 1.º Obligación de conceder la extradición.*—Las partes contratantes se obligan a entregarse recíprocamente, según las reglas y en las condiciones prevenidas en los artículos siguientes, a las personas a quienes las autoridades judiciales de la Parte requirente persiguieren por algún delito o buscaren para la ejecución de una pena o medida de seguridad.

»*Art. 2.º Hechos que dan lugar a extradición.*—1. Darán lugar a la extradición aquellos hechos que las leyes de la Parte requirente y de la Parte requerida castiguen, bien con pena privativa de libertad o medida de seguridad privativa de libertad cuya duración máxima sea de un año por lo menos, bien con pena más severa. Cuando en el territorio de la Parte requirente se hubiere pronunciado condena a una pena o se hubiere infligido una medida de seguridad, la sanción impuesta deberá tener una duración de cuatro meses cuando menos.

»2. Si la solicitud de extradición se refiere a varios hechos distintos castigados, cada uno de ellos, por la Ley de la Parte requirente y por la Ley de la Parte requerida con pena privativa de libertad o medida de seguridad privativa de libertad, pero algunos de tales hechos no cumplieren el requisito relativo a la duración mencionada de la pena, la Parte requerida tendrá la facultad de conceder también la extradición por estos últimos. Esta facultad se aplicará asimismo a los hechos castigados con sanciones de naturaleza pecuniaria.

»3. Toda parte contratante cuya legislación no autorizare la extradición por determinados delitos previstos en el párrafo 1 del presente artículo, podrá, por lo que atañe a dicha Parte, excluir los mismos del ámbito de aplicación del Convenio.

»4. Toda parte contratante que quisiere ejercitar la facultad prevista en el párrafo 3 del presente artículo entregará al Secretario general del Consejo de Europa, en el momento del depósito de su Instrumento de Ratificación o de Adhesión, bien una lista de los delitos por los cuales la extradición queda autorizada, bien una lista de los delitos por los cuales la extradición queda excluida, con expresión de las disposiciones legales que autoricen o excluyan la extradición. El Secretario General del Consejo remitirá dichas listas a los demás signatarios.

»5. Si posteriormente la legislación de una Parte contratante excluyere de la extradición otros delitos, dicha Parte notificará esta exclusión al Secretario general del Consejo, quien informará de la misma a los demás signatarios.

»Dicha notificación no surtirá efecto hasta que haya transcurrido un término de tres meses a partir de la fecha de su recepción por el Secretario general.

»6. Toda Parte que hubiere hecho uso de la facultad prevista en los párrafos 4 y 5 del presente artículo podrá, en todo momento, someter a la aplicación del presente Convenio los delitos que se hubieren excluido del mismo. Dicha Parte notificará tales modificaciones al Secretario general del Consejo quien las comunicará a los demás signatarios.

»7. Toda Parte podrá aplicar la regla de la reciprocidad por lo que atañe a las infracciones excluidas del ámbito de aplicación del Convenio en virtud del presente artículo.

»*Art. 3.º Delitos políticos.*—1. No se concederá la extradición si el delito por el cual se solicita es considerado por la Parte requerida como delito político o como hecho conexo con un delito de tal naturaleza.

»2. Se aplicará la misma regla si la Parte requerida tuviere razones fundadas para creer que la solicitud de extradición, motivada por un delito de naturaleza común, se ha presentado con el fin de perseguir o castigar a una persona por consideraciones de raza, religión, nacionali-

La presente Ley mantiene el mismo sistema y principio cardinal de la anterior, en cuanto que la extradición, como acto de sobera-

---

dad u opiniones políticas, o que la situación de dicha persona corre el riesgo de verse agravada por una u otra de tales consideraciones.

»3. Para la aplicación del presente Convenio, no se considerará como delito político, el atentado contra la vida de un Jefe de Estado o de un miembro de su familia.

»4. La aplicación del presente artículo no afectará a las obligaciones que las Partes hubieren contraído o contrajeren en lo futuro con arreglo a cualquier otro Convenio internacional de carácter multilateral.

»*Art. 4.º Delitos militares.*—Queda excluida del ámbito de aplicación del presente Convenio la extradición por causa de delitos militares que no constituyan delitos de naturaleza común.

»*Art. 5.º Delitos fiscales.*—1. En materia de tasas e impuestos, de aduana y de cambio, la extradición se concederá entre las Partes Contratantes, con arreglo a las disposiciones del Convenio, por los hechos que se correspondan, según la Ley de la Parte requerida, con un delito de la misma naturaleza.

»2. La extradición no podrá denegarse por el motivo de que la legislación de la Parte requerida no imponga el mismo tipo de impuestos o de tasas o no contenga el mismo tipo de reglamentación en materia de impuestos y tasas, de aduana y de cambio, que la legislación de la Parte requirente.

»*Art. 6.º Extradición de nacionales.*—1. *a*) Toda Parte contratante tendrá la facultad de denegar la extradición de sus nacionales.

»*b*) Cada Parte contratante podrá, mediante declaración hecha en el momento de la firma o del depósito de su instrumento de ratificación o de adhesión, definir, por lo que respecta a la misma, el término "nacionales" en el sentido del presente Convenio.

»*c*) La cualidad de nacional se apreciará en el momento de la decisión sobre la extradición. Sin embargo, si dicha cualidad hubiere sido concedida entre la fecha de la decisión y la fecha prevista para la entrega, la Parte requerida podrá también acogerse a lo dispuesto en la letra *a*) del presente párrafo.

»2. Si la Parte requerida no accediese a la extradición de un nacional, deberá, a instancia de la Parte requirente, someter el asunto a las autoridades competentes a fin de que pueda procederse judicialmente, en su caso, contra aquél. A tal efecto, los documentos, informaciones y objetos relativos al delito se remitirán gratuitamente por la vía prevenida en el párrafo 1, del artículo 12. Se informará a la Parte requirente del resultado que hubiere obtenido su solicitud.

»*Art. 7.º Lugar de comisión.*—1. La Parte requerida podrá denegar la extradición de la persona reclamada por causa de un delito que, según su legislación, se hubiere cometido total o parcialmente en su territorio o en lugar asimilado al mismo.

»2. Cuando el delito que motivare la solicitud de extradición se hubiere cometido fuera del territorio de la Parte requirente, la extradición solamente podrá ser denegada si la legislación de la Parte requerida no autorizare la persecución de un delito del mismo género cometido fuera de su territorio o no autorizare la extradición por el delito objeto de la solicitud.

»*Art. 8.º Actuaciones en curso por los mismos hechos.*—La Parte requerida podrá denegar la extradición de la persona reclamada si ésta fuera objeto de persecución por las autoridades competentes de aquélla, a causa del hecho o los hechos motivadores de la solicitud de extradición.

»*Art. 9.º [Non bis in idem].*—1. No se concederá la extradición cuando la persona reclamada hubiera sido definitivamente sentenciada por las autoridades competentes de la Parte requerida, por el hecho o los hechos motivadores de la solicitud

nía en relación con otros Estados, es función del Poder Ejecutivo, bajo el imperio de la Constitución y de la Ley, sin perjuicio de su

---

de extradición. Podrá ser denegada la extradición si las autoridades com-petentes de la Parte requerida hubieren decidido no entablar persecución, o poner fin a los procedimientos pendientes por el mismo o los mismos hechos.

»2. No se concederá la extradición de una persona sobre la que haya recaído sentencia firme en un tercer Estado, Parte Contratante del Convenio, por el delito o los delitos por razón de los cuales se haya presentado la solicitud:

»*a*) Cuando dicha sentencia sea absolutoria;

»*b*) Cuando la pena privativa de libertad o la otra medida impuesta:

»i. Se haya cumplido íntegramente.

»ii. Haya sido objeto de gracia o amnistía sobre la totalidad o sobre la parte no cumplida;

»*c*) Cuando el Juez hubiere declarado la culpabilidad del autor sin imposición de sanción alguna.

»3. Sin embargo, en los casos previstos en el párrafo 2, podrá concederse la extradición:

»*a*) Si el delito que hubiere dado lugar a la sentencia se hubiere cometido contra una persona, una institución o un bien que tenga carácter público en el Estado requirente;

»*b*) Si la persona sobre la cual recayere la sentencia tuviera ella misma un carácter público en el Estado requirente;

»*c*) Si el delito que hubiere dado lugar a la sentencia se hubiere cometido, en su totalidad o en parte, en el territorio del Estado requirente o en un lugar asimilado a su territorio.

»4. Las disposiciones de los párrafos 2 y 3 no serán obstáculo para la aplicación de disposiciones nacionales más amplias relativas al efecto *non bis in idem* inherente a las resoluciones judiciales dictadas en el extranjero.

»*Art. 10. Prescripción.*—No se concederá la extradición si se hubiere producido la prescripción de la acción penal o de la pena, con arreglo a la legislación de la Parte requirente o a la de la Parte requerida.

»*Art. 11. Pena capital.*—Si el hecho que motivare la solicitud de extradición estuviere castigado con pena capital por la Ley de la Parte requirente y, en tal caso, dicha pena no se hallare prevista en la legislación de la Parte requerida, o generalmente no se ejecutare, podrá no concederse la extradición sino a condición de que la Parte requirente dé seguridades, consideradas suficientes por la Parte requerida, de que la pena capital no será ejecutada.

»*Art. 12. Solicitud y documentos anejos.*—1. La solicitud se formulará por escrito y se dirigirá por el Ministerio de Justicia de la Parte requirente al Ministerio de Justicia de la Parte requerida; sin embargo, la vía diplomática no quedará excluida. Podrá convenirse otra vía mediante acuerdo directo entre dos o más Partes.

»2. En apoyo de la solicitud, se presentarán:

»*a*) El original o copia auténtica, bien de una decisión ejecutoria de condena, bien de un mandamiento de detención o de cualquier otro documento que tenga la misma fuerza, expedidos en la forma prescrita por la Ley de la Parte requirente.

»*b*) Una exposición de los hechos por los cuales se solicitare la extradición, indicando con la mayor exactitud posible el tiempo y lugar de su perpetración, su calificación legal y las referencias a las disposiciones legales que les fueran aplicables; y

»*c*) Una copia de las disposiciones legales aplicables o, si tal cosa no fuere posible, una declaración sobre el derecho aplicable, así como la filiación lo más precisa posible de la persona reclamada, y cualesquiera otros datos que permitan determinar su identidad y nacionalidad.

»*Art. 13. Información complementaria.*—Si la información proporcionada por la Parte requirente resultare insuficiente

aspecto técnico penal y procesal que han de resolver los Tribunales en cada caso con la intervención del Ministerio Fiscal.

---

para permitir a la Parte requerida tomar una decisión en aplicación del presente Convenio dicha Parte requerida solicitará la información complementaria necesaria, pudiendo fijar un plazo para la obtención de la misma.

»*Art. 14. Principio de especialidad.*—1. La persona que hubiere sido entregada no será perseguida, ni sentenciada, ni detenida a fines de ejecución de una pena o medida de seguridad, ni sometida a ninguna otra restricción de su libertad personal, por cualquier hecho anterior a la entrega distinto del que hubiera motivado la extradición, excepto en los casos siguientes:

»*a*) Cuando la parte que la hubiese entregado consintiere en ello. A tal efecto, se presentará una solicitud, acompañada de los documentos previstos en el artículo 12 y de un testimonio judicial de la declaración de la persona entregada. Se dará el consentimiento cuando el delito para el cual se solicite hubiere determinado la obligación de proceder a la extradición con arreglo al presente Convenio.

»*b*) Cuando la persona entregada, habiendo tenido la posibilidad de abandonar el territorio de la Parte a la cual se efectuó la entrega, no lo hubiere hecho así dentro de los cuarenta y cinco días siguientes a su excarcelación definitiva o hubiere regresado a dicho territorio después de haberlo abandonado.

»2. Sin embargo, la Parte requirente podrá tomar las medidas necesarias, de un lado, para una posible expulsión de su territorio y, de otro, para una interrupción de la prescripción con arreglo a su legislación, incluido el procedimiento en rebeldía.

»3. Cuando la calificación del hecho imputado se modificare durante el procedimiento, la persona entregada no será perseguida o sentenciada sino en la medida en que los elementos constitutivos de la infracción nuevamente calificada hubieran permitido la extradición.

»*Art. 15. Reextradición a un tercer Estado.*—Salvo en el caso previsto en el párrafo 1, letra *b*), del artículo 14, será necesario el consentimiento de la Parte requerida para permitir a la Parte requirente entregar a otra Parte o a un tercer Estado a la persona que le hubiese sido entregada a aquélla y que fuere reclamada por la mencionada otra Parte o tercer Estado a causa de delitos anteriores a la entrega. La Parte requerida podrá exigir el envío de los documentos previstos en el párrafo 2 del artículo 12.

»*Art. 16. Detención preventiva.*—1. En caso de urgencia, las autoridades competentes de la Parte requirente podrán solicitar la detención preventiva de la persona reclamada; las autoridades competentes de la Parte requerida resolverán acerca de esta solicitud de conformidad a la Ley de esta última Parte.

»2. La solicitud de detención preventiva indicará la existencia de alguno de los documentos previstos en el párrafo 2, letra *a*), del artículo 12, y notificará la intención de cursar una solicitud de extradición; mencionará asimismo el delito por el cual se solicitará la extradición, el tiempo y lugar de la comisión de aquél, y, en la medida de lo posible, la filiación de la persona reclamada.

»3. La solicitud de detención preventiva se remitirá a las autoridades competentes de la Parte requerida, bien por vía diplomática, bien directamente por vía postal o telegráfica, bien por conducto de la Organización Internacional de Policía Criminal (Interpol), bien por cualquier otro medio que deje constancia escrita o sea admitido por la mencionada Parte. Se informará sin dilación a la autoridad requirente del resultado que haya tenido su solicitud.

»4. La detención preventiva podrá concluir si, dentro de los dieciocho días siguientes a la misma, la Parte requerida no hubiere recibido la solicitud de extra-

Por lo demás, las novedades más sustanciales que la Ley contiene son las siguientes:

Primera.— En materia tan fundamental como la prisión preventiva se sigue íntegramente

---

dición ni los documentos mencionados en el artículo 12; en ningún caso la detención excederá de cuarenta días, contados desde la fecha de la misma. Sin embargo, será posible en cualquier momento la puesta en libertad provisional, pero en tal caso la Parte requerida habrá de tomar las medidas que estimare necesarias para evitar la fuga de la persona reclamada.

»5. La puesta en libertad no será obstáculo para una nueva detención, ni tampoco para la extradición si la solicitud de ésta se presentare ulteriormente.

»*Art. 17. Concurso de solicitudes de extradición.*—Si la extradición fuere solicitada concurrentemente por varios Estados, bien por el mismo hecho, o por hechos diferentes, la Parte requerida resolverá teniendo en cuenta todas las circunstancias y especialmente la gravedad relativa y lugar de los delitos, las respectivas fechas de las solicitudes, la nacionalidad de la persona reclamada y la posibilidad de una ulterior extradición a otro Estado.

»*Art. 18. Entrega del extradicto.*—1. La Parte requerida dará a conocer a la Parte requirente, por la vía prevista en el párrafo 1, del artículo 12, su decisión sobre la extradición.

»2. Toda denegación total o parcial será motivada.

»3. En caso de aceptación, la Parte requirente será informada del lugar y la fecha de la entrega, así como de la duración de la detención sufrida a fines de extradición por la persona reclamada.

»4. A reserva del caso previsto en el párrafo 5 del presente artículo, si la persona reclamada no hubiere sido recibida en la fecha fijada, podrá ser puesta en libertad una vez transcurrido un plazo de quince días a contar de dicha fecha, y será en todo caso puesta en libertad una vez transcurrido un plazo de treinta días, pudiendo la Parte requerida denegar la extradición por el mismo hecho.

»5. En caso de fuerza mayor que impidiere la entrega o la recepción del extradicto, la Parte interesada informará de ello a la otra Parte; en tal caso, ambas Partes convendrán en una nueva fecha de entrega, y se aplicarán las disposiciones del párrafo 4 del presente artículo.

»*Art. 19. Entrega aplazada o condicional.*—1. La Parte requerida podrá después de haber resuelto la solicitud de extradición, aplazar la entrega de la persona reclamada, a fin de que pueda ser perseguida por ella o, si ya hubiera sido condenada a fin de que pueda cumplir en su territorio de una pena impuesta por un hecho distinto de aquel que hubiere motivado la solicitud de la extradición.

»2. En lugar de aplazar la entrega, la parte requerida podrá entregar temporalmente a la Parte requirente a la persona reclamada, en las condiciones que se fijaren de común acuerdo entre las Partes.

»*Art. 20. Entrega de objetos*—1. A petición de la Parte requirente, la Parte requerida ocupará y entregará, en la medida en que lo permitiere su legislación, los objetos:

»*a)* Que pudieren servir de piezas de convicción, o

»*b)* Que, procediendo del delito, hubieran sido encontrados en el momento de la detención en poder de la persona reclamada, o fueren descubiertos con posterioridad.

»2. La entrega de los objetos mencionados en el párrafo 1 del presente artículo se efectuará incluso en el caso en que la extradición ya concedida no pudiere tener lugar a consecuencia de la muerte o evasión de la persona reclamada.

»3. Cuando dichos objetos fueren susceptibles de embargo o comiso en el territorio de la Parte requerida, esta última podrá a efectos de un proceso penal en curso, conservarlos temporalmente o entregarlos bajo condición de su restitución.

el criterio constitucional de dar intervención al Juez desde un principio, suprimiendo, en consecuencia, el régimen antiguo que

---

»4. En todo caso quedarán a salvo los derechos que la Parte requerida o terceros hubieran adquirido sobre los citados objetos. Si existieren tales derechos, los objetos serán restituidos lo antes posible y sin gastos de la Parte requerida, una vez terminado el proceso.

»*Art. 21. Tránsito.*—1. El tránsito a través del territorio de una de las Partes contratantes será concedido previa solicitud dirigida por la vía prevista en el párrafo 1 del artículo 12, a condición de que no se tratare de un delito considerado por la Parte requerida para el tránsito como de carácter político o puramente militar, habida cuenta de los artículos 3 y 4 del presente Convenio.

»2. El tránsito de un nacional, en el sentido del artículo 6, del país requerido para el tránsito, podrá ser denegado.

»3. A reserva de lo dispuesto en el párrafo 4 del presente artículo, será necesaria la presentación de los documentos previstos en el párrafo 2 del artículo 12.

»4. En el caso de que se utilizare la vía aérea, se aplicarán las disposiciones siguientes:

»*a*) Cuando no estuviere previsto aterrizaje alguno, la Parte requirente avisará a la Parte cuyo territorio haya de ser sobrevolado y certificará la existencia de algunos de los documentos previstos en el párrafo 2, letra *a*), del artículo 12. En caso de aterrizaje fortuito esta notificación surtirá los efectos de la solicitud de detención preventiva regulada en el artículo 16, y la Parte requirente presentará una solicitud formal de tránsito.

»*b*) Cuando estuviere previsto el aterrizaje, la Parte requirente presentará una solicitud formal de tránsito.

»5. No obstante, una de las Partes podrá declarar en el momento de la firma del presente Convenio o del depósito de su Instrumento de Ratificación o de Adhesión, que no concederá el tránsito de una persona mas que en las mismas condiciones que la extradición o algunas de ellas. En este caso podrá aplicarse el principio de reciprocidad.

»6. El tránsito de la persona entregada no se efectuará a través de un territorio en el que hubiere motivo para creer que su vida o su libertad podrían verse amenazadas a causa de su raza, religión, nacionalidad u opiniones políticas.

»*Art. 22. Procedimiento.*—Salvo disposición en contrario del presente Convenio, la ley de la Parte requerida es la única aplicable al procedimiento de extradición, así como al de la detención preventiva.

»*Art. 23. Lenguas.*—Los documentos que se presenten estarán redactados en la lengua de la Parte requirente o de la Parte requerida. Esta última podrá exigir una traducción en la lengua oficial del Consejo de Europa que eligiere.

»*Art. 24. Gastos.*—1. Los gastos ocasionados por la extradición en el territorio de la Parte requerida serán de cargo de ésta.

»2. Los gastos ocasionados por el tránsito a través del territorio de la Parte requerida para el tránsito serán de cargo de la Parte requirente.

»3. En caso de extradición procedente de un territorio no metropolitano de la Parte requerida, los gastos ocasionados por el transporte entre este territorio y el territorio metropolitano de la Parte requirente serán de cargo de esta última. Regirá la misma norma con respecto a los gastos ocasionados por el transporte entre el territorio no metropolitano de la Parte requerida y el territorio metropolitano de ésta.

»*Art. 25. Definición de "medidas de seguridad".*—A efectos del presente Convenio, la expresión "medidas de seguridad" designará cualquier medida de privación de libertad que hubiere sido impuesta como complemento o en sustitución de una pena por sentencia de un Organismo judicial penal.

»*Art. 26. Reservas.*—1. Toda Parte contratante podrá, en el momento de la

permitía la detención sin intervención judicial, hasta la resolución del expediente en vía gubernativa. Su duración se acomoda

---

firma del presente Convenio o del depósito de su Instrumento de Ratificación o Adhesión, formular alguna reserva con respecto a una o varias disposiciones determinadas del Convenio.

»2. Toda Parte Contratante que hubiere formulado alguna reserva la retirará tan pronto como lo permitieren las circunstancias. La retirada de reservas se hará por notificación dirigida al Secretario general del Consejo de Europa.

»3. La Parte contratante que hubiere formulado alguna reserva con respecto a una disposición del Convenio no podrá pretender la aplicación de dicha disposición por otra Parte más que en la medida en que ella misma la hubiere aceptado.

»*Art. 27. Ámbito de aplicación territorial.*—1. El presente Convenio se aplicará a los territorios metropolitanos de las Partes contratantes.

»2. Se aplicará igualmente, en lo que concierne a Francia, a Argelia y a los departamentos de ultramar; y en lo que concierne al Reino Unido de Gran Bretaña e Irlanda del Norte, a las islas Anglonormandas y a la isla de Man.

»3. La República Federal de Alemania podrá extender la aplicación del presente Convenio al *Land* de Berlín, por medio de declaración dirigida al Secretario general del Consejo de Europa. Éste notificará dicha declaración a las demás Partes.

»4. Por acuerdo directo entre dos o varias Partes Contratantes, podrá ampliarse el ámbito de aplicación del presente Convenio en las condiciones que se estipularen en el Acuerdo, a cualquier territorio de alguna de las Partes distinto de los mencionados en los párrafos 1, 2 y 3 del presente artículo y cuyas relaciones internacionales tuviere a su cargo una de las Partes.

»*Art. 28. Relaciones entre el presente Convenio y los acuerdos bilaterales.*—1. El presente Convenio abroga, en lo que concierne a los territorios en los cuales se aplica, las disposiciones de los Tratados, Convenios o Acuerdos bilaterales que regulen la materia de la extradición entre dos Partes contratantes.

»2. Las Partes contratantes no podrán concluir entre ellas Acuerdos bilaterales o multilaterales, mas que para completar las disposiciones del presente Convenio o para facilitar la aplicación de los principios contenidos en éste.

»3. Cuando entre dos o varias Partes contratantes se practicare la extradición sobre la base de una legislación uniforme, las Partes tendrán la facultad de regular sus relaciones mutuas en materia de extradición fundándose exclusivamente en dicho sistema, no obstante las disposiciones del presente Convenio. El mismo principio será aplicable entre dos o varias Partes Contratantes, cada una de las cuales tuviere en vigor una Ley que previere la ejecución en su territorio de los mandamientos de detención librados en el territorio de la otra o de las otras. Las Partes Contratantes que excluyan o excluyeren de sus relaciones mutuas la aplicación del presente Convenio, de conformidad con lo dispuesto en el presente párrafo, deberán remitir una notificación a este efecto al Secretario general del Consejo de Europa. Éste comunicará a las demás Partes Contratantes toda notificación recibida en virtud del presente párrafo.

»*Art. 29. Firma, ratificación, entrada en vigor.*—1. El presente Convenio quedará abierto a la firma de los miembros del Consejo de Europa. Será ratificado y los Instrumentos de Ratificación serán depositados en poder del Secretario general del Consejo.

»2. El Convenio entrará en vigor noventa días después de la fecha del depósito del tercer Instrumento de Ratificación.

»3. El mismo entrará en vigor, con respecto a cualquier signatario que lo ratificare con posterioridad, noventa días después del depósito de su Instrumento de Ratificación.

al criterio de los nuevos Convenios europeos, no sólo por unificar criterios sobre la materia, sino porque, al propio tiempo, se su-

---

»*Art. 30. Adhesión.*—1. El Comité de Ministros del Consejo de Europa podrá invitar a cualquier Estado no miembro del Consejo a adherirse al presente Convenio. El Acuerdo concerniente a esta invitación deberá ser objeto de la aprobación unánime de los miembros del Consejo que hubieren ratificado el Convenio.

»2. La adhesión se efectuará por medio del depósito en poder del Secretario general del Consejo, de un Instrumento de Adhesión que surtirá efectos noventa días después de su depósito.

»*Art. 31. Denuncia.*—Cualquier Parte contratante podrá, en lo que le concierne, denunciar el presente Convenio dirigiendo una notificación al Secretario general del Consejo de Europa. Esta denuncia surtirá efecto seis meses después de la fecha de la recepción de su notificación por el Secretario general del Consejo.

»*Art. 32. Notificaciones.*—El Secretario general del Consejo de Europa notificará a los miembros del Consejo y al Gobierno de todo Estado que se hubiere adherido al presente Convenio:

»*a*) El depósito de todo Instrumento de Ratificación o de Adhesión.

»*b*) La fecha de entrada en vigor.

»*c*) Toda declaración hecha en aplicación de las disposiciones del párrafo 1 del artículo 6 y del párrafo 5 del artículo 21.

»*d*) Toda reserva formulada en aplicación de las disposiciones del párrafo 1 del artículo 26.

»*e*) La retirada de toda reserva efectuada en aplicación de las disposiciones del párrafo 2 del artículo 26.

»*f*) Toda notificación de denuncia recibida en aplicación de las disposiciones del artículo 31 del presente Convenio y la fecha en que ésta surtiere efecto.

»En fe de lo cual, los infrascritos, debidamente autorizados a este efecto, han firmado el presente Convenio.

»Hecho en París a 13 de diciembre de 1957, en francés y en inglés, haciendo fe igualmente ambos textos en un solo ejemplar que será depositado en los archivos del Consejo de Europa. El Secretario general del Consejo enviará copia fehaciente del mismo a los Gobiernos signatarios.»

Téngase en cuenta, además, la norma complementaria sobre el art. 3 del Convenio contenida en el Título I, art. 1, del Protocolo Adicional del Convenio Europeo de Extradición (n.º 86), y que dispone lo siguiente:

«Para la aplicación del artículo 3 del Convenio, no se considerará que son delitos políticos:

»*a*) Los crímenes de lesa humanidad previstos en el Convenio para la prevención y la sanción del delito de genocidio, aprobado el 9 de diciembre de 1948 por la Asamblea General de las Naciones Unidas;

»*b*) Las infracciones previstas en los artículos 50 del Convenio de Ginebra de 1949 para mejorar la suerte de los heridos y enfermos de las Fuerzas Armadas en Campaña, 51 del Convenio de Ginebra de 1949 para mejorar la suerte de los heridos, enfermos y náufragos de las Fuerzas Armadas en el Mar, 130 del Convenio de Ginebra de 1949 relativo al trato de los prisioneros de guerra y 147 del Convenio de Ginebra de 1949 relativo a la protección de personas civiles en tiempo de guerra;

»*c*) Cualesquiera violaciones análogas de las leyes de la guerra en vigor cuando empiece a aplicarse el presente Protocolo y de las costumbres de la guerra existentes en ese momento, que no estén ya previstas por las susodichas disposiciones de los Convenios de Ginebra.»

Ténganse en cuenta, también, las disposiciones complementarias contenidas en el Título III, art. 3, y en el Título IV, art. 4, del Segundo Protocolo Adicional al Convenio Europeo de Extradición (n.º 98), y que tienen el siguiente texto:

«TÍTULO III.

»*Art. 3. El Convenio se completará con las disposiciones siguientes: "Sentencias*

primen plazos intermedios que podían inducir, y con frecuencia han inducido, a confusión.

El plazo de prisión preventiva para casos de urgencia se fija en cuarenta días, tiempo ya consagrado en reciente práctica judicial y que se estima suficiente para que el Estado reclamante curse la demanda de extradición, habida cuenta que ésta debe formularse en base a la misma sentencia condenatoria o auto de prisión que justifica aquella medida provisional.

A este plazo sigue otro de cuarenta días, a partir de la presentación formal de la demanda, lo que supone un total máximo de ochenta días, que, unido al tiempo que exija la tramitación en fase puramente judicial, no debe sobrepasar, en ningún caso, por respeto al principio de presunción de inocencia y al derecho fundamental a la libertad que a toda persona alcanza los límites máximos señalados en nuestro derecho para la prisión provisional.

---

en rebeldía".—1. Cuando una Parte Contratante pida a otra Parte Contratante la extradición de una persona con el fin de ejecutar una pena o una medida de seguridad impuesta en virtud de una resolución dictada contra ella en rebeldía, la Parte requerida podrá denegar dicha extradición si, en su opinión, el proceso que dio lugar a la sentencia no respetó los derechos mínimos de defensa reconocidos a cualquier persona acusada de un delito. No obstante, se concederá la extradición si la Parte requirente diese la seguridad que se estimare suficiente para garantizar a la persona cuya extradición se solicita el derecho a un nuevo proceso que salvaguarde los derechos de la defensa. Esta decisión autorizará a la Parte requirente bien a ejecutar la sentencia de que se trate, si el condenado no se opusiere a ello, bien en caso contrario a proceder contra la persona objeto de extradición.

»2. Cuando la Parte requerida comunicare a la persona cuya extradición se solicite la resolución dictada contra ella en rebeldía, la Parte requirente no considerará esta comunicación como una notificación que produzca efectos con respecto al procedimiento penal en dicho Estado.

»TÍTULO IV.

»*Art. 4. El Convenio se completará con las disposiciones siguientes: "Amnistía".*—No se concederá la extradición por un delito objeto de una amnistía en el Estado requerido si éste tuviera competencia para perseguir dicho delito con arreglo a su propia Ley penal.»

V., también, los Convenios establecidos sobre la base del art. K.3 del Tratado de la Unión Europea relativos a la extradición entre los Estados miembros de la Unión Europea, hecho en Dublín el 27 de septiembre de 1996 (*BOE* n.º 47, de 24 de febrero de 1998); y al procedimiento simplificado de extradición entre los Estados miembros de la Unión Europea, hecho en Bruselas el 10 de marzo de 1995 (*BOE* n.º 89, de 14 de abril de 1999); y el Acuerdo de 26 de mayo de 1989 entre los Estados miembros de las Comunidades Europeas relativo a la simplificación y a la modernización de las formas de transmisión de las solicitudes de extradición, ratificado por Instrumento de 18 de diciembre de 1991 (*BOE* n.º 117, de 17 de mayo de 1995); así como arts. 59 ss., referidos a la extradición, del Acuerdo de Adhesión del Reino de España al Convenio de aplicación del Acuerdo de Schengen, de 14 de junio de 1985, ratificado por Instrumento de 23 de julio de 1993 (*BOE* n.º 81, de 5 de abril de 1994).

Tampoco contiene esta Ley previsiones que puedan limitar el arbitrio judicial o contradecir el régimen general instaurado por Ley Orgánica 7/1983, de 23 de abril, sobre esta materia en desarrollo de preceptos constitucionales.

Segunda.— En cuanto a los hechos que puedan dar lugar a la extradición, se sigue el sistema de identidad normativa o doble incriminación junto al de apertura en los tipos. Basta, pues, que la infracción esté tipificada en la legislación de ambos países, sin que, en consecuencia, deba estar incluida en la lista cerrada; sistema éste, olvidado en la actualidad, aunque continúe imperando en viejos Convenios bilaterales del pasado siglo.

Novedad importante en esta materia es la fijación de un límite mínimo a la gravedad del hecho, determinada por la pena aplicable —un año— o aplicada en sentencia condenatoria —cuatro meses—. Se sigue así la orientación marcada por el Convenio europeo; ya que éste comprende, además de las penas, las medidas de seguridad privativas de libertad de la misma duración.

Tercera.— Como excepciones a la extradición, se mantiene la de los nacionales y los supuestos que sean de la competencia de nuestros Tribunales, uno y otros por razón de soberanía, lo que no implica impunidad, ya que, en ambos supuestos, se invitará al país reclamante a que remita las actuaciones seguidas para que los presuntos culpables puedan ser juzgados en España.

Por lo demás, se mantienen también otras excepciones, delitos militares, de prensa, privados con algunas limitaciones, etc. Pero se silencian otros casos como faltas o contravenciones administrativas, cuya cita era innecesaria.

En todo caso y por la misma razón de no existir Tratado vinculante, se declara siempre potestativa la concesión de la extradición, artículo segundo, con la que España, a la vista de las circunstancias concurrentes, podrá decidir con libertad cada demanda de extradición.

Cuarta.—Se establece la facultad del Gobierno de no proceder a la extradición, aun habiéndola considerado procedente el Tribunal en base al principio de reciprocidad, soberanía, seguridad, orden público y demás intereses de España. Con ello se siguen los sistemas francés e italiano en los que la decisión favorable a la extradición no es obligatoria, si bien se precisan los criterios de esta última decisión del Gobierno tal y como establece la legislación suiza.

Ello es lógico, y en ningún caso implicará incumplimiento de resoluciones judiciales, habida cuenta del distinto campo y finalidad en que actúan y persiguen los Tribunales y el Gobierno; técnico y sobre todo tutelar del derecho a la libertad los primeros y políticos, esencialmente, el segundo. Otra cosa sería que, denegada la extradición por el Tribunal, pudiera el Gobierno decretar la entrega.

Quinta.—Se mantienen las dos fases del procedimiento extradicional, incluso los trámites para casos de urgencia, debidamente acomodados a las facultades judiciales para acordar la prisión preventiva. No obstante, y en atención a precedentes que así lo aconsejan, se admite el recurso de súplica contra los autos del propio Tribunal, que, con el de reforma ya admitido en la ley hasta ahora vigente, permiten posibles correcciones, antes vedadas en esta segunda parte del procedimiento judicial, que pudieran resultar aconsejables ante circunstancias concretas puestas de manifiesto por los propios interesados o el Ministerio Fiscal.

Sexta.—Otras adaptaciones afectan especialmente a la extradición en tránsito que, por circunstancias no muy comprensibles, ha sido objeto de reserva por parte de España al ratificar el Convenio Europeo de Extradición, y que, en consecuencia, sólo se concederá a los países que lo han ratificado, en las mismas condiciones que la extradición ordinaria, marginando así el procedimiento más racional, ágil y aconsejable que admite el propio Convenio. No parece que deban concederse a los demás países beneficios o ventajas que por esta reserva se niegan a los que han ratificado el Convenio Europeo y, en régimen de reciprocidad, al propio Estado español. Únicamente se admite el supuesto excepcional.

Séptima.—Quizá también, como novedad digna de mención, debe citarse el procedimiento consignado para la ampliación de extradición como complemento indispensable del principio de especialidad, que permitirá otorgar autorización para proceder por hechos anteriores y distintos a los que motivaron la entrega. Se recoge así el criterio del Convenio europeo, el seguido con otros países, y, en definitiva, el que resulta aconsejable para evitar situaciones anteriores de impunidad por delitos, incluso más graves y rechazables en el concierto social, que el que motivó la extradición concedida.

Octava.—Por lo demás, se ha suprimido la autorización que la anterior Ley concedía al Gobierno para «convenir reciprocidad en materia de extradición», por estimar que tal autorización podría vulnerar el artículo 94 de la Constitución, que, para los supuestos que contempla en su apartado *c*), requiere previa autorización de las Cortes Generales, autorización que debe entenderse para cada

«Convenio», cuyo contenido ha de someterse previamente al Parlamento. Lo que no excluye la aplicación del principio de reciprocidad en cada caso concreto, según el artículo 1.º, autorizado por el artículo 13.3 de la misma Constitución, incluso existiendo tantos Tratados como Leyes de Extradición.

Novena.— También se han suprimido las referencias al grado de participación (autores, cómplices y encubridores) o al de ejecución del delito (intentado, frustrado y consumado), por anticuadas e innecesarias. El Convenio europeo tampoco las recoge. Bastará, en consecuencia, que al reclamado le corresponda una de las penas que pueden motivar la extradición para que, con o sin aquellas indicaciones, pueda acordarse su entrega.

Por último, se trata de una Ley, que, si bien se inspira en el Convenio europeo, tal vez el más perfecto, no supone necesariamente una ejecución, cumplimiento o desarrollo del mismo ni de ningún otro. De no existir Convenio o no habiéndolo ratificado España, la Ley seguiría siendo necesaria. Así, pues, no se considera preceptiva la consulta al Consejo de Estado que prevé el artículo 21.2 de su Ley orgánica reguladora.

Artículo 1.º Las condiciones, los procedimientos y los efectos de la extradición pasiva se regi-

---

Art. 1.º: Los Tratados de extradición actualmente en vigor son los siguientes:

Alemania: Firmado el 2 de mayo de 1978 (*Gaceta* n.º 327, de 23 de noviembre de 1878). (Abrogado por el art. 28 del Convenio Europeo reproducido en nota al Preámbulo de esta Ley.)

Andorra: Se aplica el Convenio Europeo de Extradición, entrando en vigor el 11 de enero de 2001, con las reservas y declaraciones que se enumeran en *BOE* n.º 62, de 13 de marzo de 2001.

Argentina: Firmado el 3 de marzo de 1987 (*BOE* n.º 170, de 17 de julio de 1990; corrección de errores en *BOE* n.º 222, de 15 de septiembre). V., también, Canje de Notas de 12 y 20 de febrero de 1991, constitutivo de Acuerdo entre España y la República Argentina, sobre el desarrollo del Tratado de Extradición y Asistencia Judicial en Materia Penal Hispano-Argentino de 3 de marzo de 1987 (*BOE* n.º 122, de 22 de mayo de 1991); Tratado de 29 de octubre de 1987 entre el Reino de España y la República Argentina sobre traslado de condenados (*BOE* n.º 127, de 27 de mayo de 1992; corrección de errores en *BOE* n.º 141, de 12 de junio); y Acuerdo entre el Reino de España y la República Argentina, sobre cooperación en materia de prevención del uso indebido y control del tráfico ilícito de estupefacientes y sustancias psicotrópicas, hecho *ad referendum* en Madrid el 7 de octubre de 1998 (*BOE* n.º 278, de 20 de noviembre de 2000).

Australia: Firmado el 22 de abril de 1987 (*BOE* n.º 101, de 27 de abril de 1988; corrección de errores en *BOE* n.º 241, de 7 de octubre de 1988). V., también, Tratado de asistencia mutua en materia penal entre el Reino de España y Australia, hecho en Madrid el 3 de julio de 1989 (*BOE* n.º 11, de 2 de enero de 1991).

Austria: Se aplica el Convenio Europeo, ratificado por Austria el 21 de mayo de 1969, entrando en vigor el 19 de agosto del mismo año.

rán por la presente Ley, excepto en lo expresamente previsto en los Tratados en los que España sea parte.

Bélgica: Firmado el 17 de junio de 1870 (*Gaceta* n.º 232, de 2 de agosto de 1870).

Declaración completando el Convenio, firmada el 28 de enero de 1876 y aprobada por RD de 29 de febrero de 1876 (*Gaceta* n.º 67, de 7 de marzo de 1876).

Segunda Declaración modificando el art. 6.º del Convenio, firmada el 4 de marzo de 1903 (*Gaceta* n.º 91, de 1 de abril de 1903).

Canje de notas referente al mismo Convenio, de 24 de enero de 1947 (*BOE* n.º 84, de 25 de marzo de 1947).

Bolivia: Firmado el 24 de abril de 1990 (*BOE* n.º 128, de 30 de mayo de 1995; corrección de errores en *BOE* n.º 160, de 6 de julio).

Tratado entre España y Bolivia sobre transferencia de personas condenadas, ratificado por Instrumento de 27 de febrero de 1995 (*BOE* n.º 128, de 30 de mayo).

Acuerdo entre el Reino de España y la República de Bolivia sobre cooperación en materia de prevención del consumo y control del tráfico de estupefacientes y sustancias psicotrópicas, hecho en La Paz el 10 de noviembre de 1997 (*BOE* n.º 80, de 3 de abril de 1998), con entrada en vigor el 26 de diciembre de 1998 (*BOE* n.º 281 de 24 de noviembre).

Convenio entre el Reino de España y la República de Bolivia para evitar la doble imposición y prevenir la evasión fiscal en materia de impuestos sobre la renta y sobre el patrimonio, hecho *ad referendum* en La Paz el 30 de junio de 1997 (*BOE* n.º 295, de 10 de diciembre de 1998).

Convenio entre el Reino de España y la República de Bolivia sobre asistencia judicial en materia penal, hecho *ad referendum* en La Paz el 16 de marzo de 1998, y ratificado por Instrumento de 14 de abril de 1999 (*BOE* n.º 53, de 2 de marzo de 2000).

Brasil: Firmado el 2 de febrero de 1988 (*BOE* n.º 148, de 21 de junio de 1990).

Tratado sobre traslado de presos entre el Reino de España y la República Federativa del Brasil, hecho en Brasilia el 7 de noviembre de 1996 (*BOE* n.º 84, de 8 de abril de 1998).

Bulgaria: Convenio de Extradición y Asistencia Judicial en Materia Penal entre el Reino de España y la República de Bulgaria, firmado el 23 de mayo de 1993 (*BOE* n.º 156, de 1 de julio de 1994), y con entrada en vigor el 9 de agosto de 1999 (BOE n.º 153, de 27 de junio de 2001).

Convenio entre el Gobierno del Reino de España y el Gobierno de la República de Bulgaria para Cooperación en la Lucha contra la Delincuencia, hecho *ad referendum* en Sofía el 21 de julio de 1998 (*BOE* n.º 65, de 17 de marzo de 1999).

Canadá: Firmado el 31 de mayo de 1989 (*BOE* n.º 189, de 8 de agosto de 1990; corrección de errores en *BOE* n.º 223, de 17 de septiembre).

Tratado de asistencia mutua en materia penal entre el Reino de España y Canadá, hecho en Madrid el 4 de julio de 1994 (*BOE* n.º 47, de 24 de febrero de 1995; correción de errores en *BOE* n.º 136, de 8 de junio).

Colombia: Firmado el 23 de julio de 1882 (*Gaceta* n.º 51, de 20 de febrero de 1894).

Canje de notas de 19 de septiembre de 1991 constitutivo de Acuerdo entre el Reino de España y la República de Colombia para desarrollar el Convenio de Extradición Hispano-Colombiano de 23 de julio de 1892 (*BOE* n.º 159, de 3 de julio de 1992).

Tratado sobre traslado de personas condenadas entre el Reino de España y la República de Colombia, hecho *ad referendum* en Madrid el 28 de abril de 1993 (*BOE* n.º 109, de 7 de mayo de 1998).

Convenio de cooperación judicial en materia penal entre el Reino de España y la República de Colombia, hecho en Bogotá el 29 de mayo de 1997, y ratificado por Instrumento de 4 de julio de 2000 (*BOE* n.º 276, de 17 de noviembre).

Corea: Firmado el 17 de enero de 1994 (*BOE* n.º 30, de 4 de febrero de 1995).

En todo caso, la extradición sólo se concederá atendiendo al principio de reciprocidad. El Gobierno podrá exigir una garantía

---

Costa Rica: Firmado el 23 de octubre de 1997 (*BOE* n.º 175, de 23 de julio de 1998) corrección de erratas en *BOE* n.º 229, de 24 de septiembre).

Tratado sobre traslado de personas condenadas, entre el Reino de España y la República de Costa Rica, hecho en Madrid el 23 de octubre de 1997 (*BOE* n.º 267, de 7 de noviembre de 2000).

Cuba: Firmado el 26 de octubre de 1905 (*Gaceta* n.º 213, de 1 de agosto de 1906).

Convenio entre el Reino de España y la República de Cuba sobre ejecución de Sentencias penales, hecho *ad referendum* en Madrid el 23 de julio de 1998 (*BOE* n.º 267, de 7 de noviembre; corrección de erratas en *BOE* n.º 288, de 2 de diciembre), que entró en vigor el 16 de junio de 2000 (*BOE* n.º 240, de 6 de octubre).

Acuerdo entre el Reino de España y la República de Cuba sobre cooperación en materia de prevención del consumo y lucha contra el tráfico ilícito de estupefacientes y sustancias psicotrópicas, hecho en La Habana el 10 de noviembre de 1998 (*BOE* n.º 312, de 30 de diciembre de 1998; corrección de erratas en *BOE* n.º 24, de 28 de enero de 1999, y corrección de errores en *BOE* n.º 240, de 6 de octubre de 2000).

Convenio entre el Reino de España y la República de Cuba para evitar la doble imposición y prevenir la evasión fiscal en materia de impuestos sobre la renta y sobre el patrimonio, hecho en Madrid el 3 de febrero de 1999; y Canje de Notas de 9 de noviembre y 30 de diciembre de 1999, que lo modifica (*BOE* n.º 9, de 10 de enero de 2001; corrección de erratas en *BOE* n.º 122, de 22 de mayo).

Chile: Tratado de Extradición y de Asistencia Judicial en Materia Penal, firmado el 14 de abril de 1992 (*BOE* n.º 8, de 10 de enero de 1995; corrección de errores en *BOE* n.º 53, de 3 de marzo).

Acuerdo sobre cooperación en materia de prevención del uso indebido y el control del tráfico ilícito de estupefacientes y sustancias psicotrópicas, hecho *ad referendum* en Santiago el 12 de noviembre de 1996 (*BOE* n.º 121, de 21 de mayo de 1998; corrección de erratas en *BOE* n.º 141, de 13 de junio).

Chipre: Se aplica el Convenio Europeo, reproducido en nota al Preámbulo de esta Ley, ratificado por Chipre el 22 de enero de 1971, entrando en vigor el 22 de abril del mismo año.

Dinamarca: Se aplica el Convenio Europeo, reproducido en nota al Preámbulo de esta Ley, ratificado por Dinamarca el 13 de septiembre de 1992, entrando en vigor el 12 de diciembre del mismo año.

República Dominicana: Firmado el 4 de mayo de 1981 (*BOE* n.º 273, de 14 de noviembre de 1984).

Ecuador: Firmado el 28 de junio de 1989 (*BOE* n.º 313, de 31 de diciembre de 1997; corrección de erratas en *BOE* n.º 25, de 29 de enero de 1998).

Convenio entre el Reino de España y la República del Ecuador para el cumplimiento de condenas penales, hecho en Quito el 25 de agosto de 1995 (*BOE* n.º 72, de 25 de marzo de 1997).

Acuerdo entre el Reino de España y la República del Ecuador sobre cooperación en materia de prevención del consumo y control del tráfico ilícito de estupefacientes, sustancias psicotrópicas y precursores químicos, hecho *ad referendum* en San Francisco de Quito, el 30 de junio de 1999 (*BOE* n.º 45, de 22 de febrero de 2000).

Egipto: Convenio entre el Reino de España y la República Árabe de Egipto sobre traslado de personas condenadas, firmado en El Cairo el 5 de abril de 1994 (*BOE* de 26 de junio de 1995).

Eslovaquia: Convenio entre el Gobierno del Reino de España y el Gobierno de la República Eslovaca sobre la cooperación en materia de la lucha contra la delincuencia organizada, hecho *ad referendum* en Bratislava el 3 de marzo de 1999 (*BOE* n.º 192, de 12 de agosto), y cuya entrada en vigor fue el 29 de enero de 2000 (*BOE* n.º 21, de 25 de enero).

de reciprocidad al Estado requirente.

Art. 2.º Se podrá conceder la extradición por aquellos hechos

---

Estados Unidos de América: Firmado el 29 de mayo de 1970 (*BOE* n.º 220, de 14 de septiembre de 1971).

Tratado suplementario de extradición, firmado el 25 de enero de 1975 (*BOE* n.º 152, de 27 de junio de 1978).

Segundo Tratado Suplementario de extradición entre el Reino de España y EEUU, ratificado por Instrumento de 23 de abril de 1993 (*BOE* n.º 156, de 1 de julio; corrección de errores en *BOE* n.º 192, de 12 de agosto de 1993).

Tercer Tratado Suplementario de extradición entre el Reino de España y los Estados Unidos de América, ratificado por Instrumento de 14 de mayo de 1999 (*BOE* n.º 162, de 8 de julio).

Tratado de Asistencia Jurídica Mutua en Materia Penal entre el Reino de España y EEUU, ratificado por Instrumento de 23 de abril de 1993 (*BOE* n.º 144, de 17 de junio; corrección de errores en *BOE* n.º 170, de 17 de julio).

Estonia: Acuerdo de extradición entre el Reino de España y la República de Estonia, hecho en Tallinn el 28 de junio de 1999 (*BOE* n.º 115, de 13 de mayo de 2000).

Finlandia: Se aplica el Convenio Europeo, reproducido en nota al Preámbulo de esta Ley, al que Finlandia se adhirió el 12 de mayo de 1971, entrando en vigor el 11 de agosto del mismo año.

Francia: Firmado el 14 de diciembre de 1877 (*Gaceta* n.º 180, de 29 de junio de 1878).

Los arts. 13, 14 y 15 del Convenio de Extradición fueron sustituidos por el Convenio de 9 de abril de 1969 con Francia sobre asistencia judicial en materia penal (*BOE* n.º 197, de 18 de agosto de 1970). (Abrogado por el Convenio Europeo reproducido en nota al Preámbulo de esta Ley.) V. Canje de Cartas de 23 de marzo de 1992 y 3 de mayo de 1993, constitutivo de Acuerdo entre España y Francia para la extensión a los territorios franceses de Ultramar del Convenio Europeo n.º 30, sobre Asistencia Judicial en Materia Penal y del Convenio Europeo n.º 24 sobre Extradición (*BOE* n.º 156, de 1 de julio de 1993).

Grecia: Firmado el 7 y 20 de mayo de 1910 (*Gaceta* n.º 271, de 28 de septiembre de 1910). (Abrogado por el Convenio Europeo reproducido en nota al Preámbulo de esta Ley.)

Guatemala: Firmado el 7 de noviembre de 1895 (*Gaceta* n.º 161, de 10 de junio de 1897).

Protocolo adicional aclarando el art. 6.º del Tratado, firmado el 23 de febrero de 1897 (*Gaceta* n.º 174, de 23 de junio de 1897).

Honduras: Tratado sobre traslado de personas condenadas, entre el Reino de España y la República de Honduras, hecho en Tegucigalpa el 13 de noviembre de 1999, y ratificado por Instrumento de 9 de febrero de 20001 (*BOE* n.º 112, de 10 de mayo).

Hungría: Firmado el 10 de mayo de 1985 (*BOE* n.º 25, de 29 de enero de 1988). V. también Convenio sobre ejecución recíproca de resoluciones judiciales en materia penal entre el Reino de España y la República Popular Húngara, ratificado por Instrumento de 22 de septiembre de 1988 (*BOE* n.º 10, de 12 de enero de 1989). (Abrogado por el Convenio Europeo reproducido en nota al Preámbulo de esta Ley.)

Irlanda: Se aplica el Convenio Europeo, reproducido en nota al Preámbulo de esta Ley, ratificado por Irlanda el 2 de mayo de 1966, entrando en vigor el 1 de agosto del mismo año.

Islandia: Se aplica el Convenio Europeo, ratificado por Islandia el 20 de junio de 1984, entrando en vigor el 18 de septiembre del mismo año.

Israel: Se aplica el Convenio Europeo al que Israel se adhirió el 27 de septiembre de 1967, entrando en vigor el 26 de diciembre del mismo año.

Convenio entre el Reino de España y el Estado de Israel para evitar la doble imposición y prevenir la evasión fiscal en materia de impuestos sobre la renta y sobre el patrimonio, hecho en Jerusalén el 30 de noviembre de 1999 (*BOE* n.º 9, de 10 de enero de 2001).

para los que las Leyes españolas y las de la parte requirente señalen una pena o medida de seguridad cuya duración no sea infe-

---

Italia: Firmado el 22 de mayo de 1973 (*BOE* n.º 281, de 24 de noviembre de 1977). (Abrogado por el Convenio Europeo reproducido en nota al Preámbulo de esta Ley.)

Liechtenstein: Se aplica el Convenio Europeo, reproducido en nota al Preámbulo de esta Ley, al que Liechtenstein se adhirió el 28 de octubre de 1969, entrando en vigor el 26 de enero de 1970.

Luxemburgo: Se aplica el Convenio Europeo, ratificado por Luxemburgo el 18 de noviembre de 1976, entrando en vigor el 16 de febrero de 1977.

Malta: Acuerdo entre el Reino de España y la República de Malta sobre cooperación en materia de prevención del uso ilícito y lucha contra el tráfico ilícito de estupefacientes y sustancias psicotrópicas, hecho en La Valetta el 28 de mayo de 1998 (*BOE* n.º 181, de 30 de julio), y con entrada en vigor el 27 de noviembre de este año (*BOE* n.º 264, de 4 de noviembre).

Marruecos: Firmado el 30 de mayo de 1997 (*BOE* n.º 151, de 25 de junio), y con entrada en vigor el 1 de julio de 1999 (*BOE* n.º 151, de 25 de junio de 1999).

Convenio relativo a la asistencia judicial en materia penal entre el Reino de España y el Reino de Marruecos, firmado en Madrid el 30 de mayo de 1997 (*BOE* n.º 150, de 24 de junio), y con entrada provisional en vigor el 1 de julio de 1999 (*BOE* n.º 151, de 25 de junio de 1999), y ratificado mediante Instrumento de 31 de mayo de 1999 (BOE n.º 167, de 13 de julio), con entrada en vigor el 1 de agosto de 2000.

Convenio entre el Reino de España y el Reino de Marruecos relativo a la asistencia a personas detenidas y al traslado de personas condenadas, firmado en Madrid el 30 de mayo de 1997 (*BOE* n.º 145, de 18 de junio), y con entrada en vigor el 1 de julio de 1999 (*BOE* n.º 151, de 25 de junio de 1999).

Méjico: Firmado el 21 de noviembre de 1978 (*BOE* n.º 145, de 17 de junio de 1980), y modificado por Protocolo de 23 de junio de 1995, ratificado por Instrumento de 23 de enero de 1996 (*BOE* n.º 190, de 7 de agosto; corrección de errores en *BOE* n.º 207, de 27 de agosto), y por Protocolo de 6 de diciembre de 1999, ratificado por Instrumento de 16 de febrero de 2001 (*BOE* n.º 80, de 3 de abril).

Canje de notas, constitutivo de Acuerdo, entre España y los Estados Unidos Mexicanos para desarrollar el Convenio Hispano-Mejicano de Extradición de 1978, realizado en Madrid el 1 de diciembre de 1984 (*BOE* n.º 267, de 7 de noviembre de 1986).

V. también Tratado sobre ejecución de sentencias penales entre el Reino de España y los Estados Unidos Mexicanos, ratificado por Instrumento de 20 de enero de 1989 (*BOE* n.º 115, de 15 de mayo); y Acuerdo entre el Reino de España y los Estados Unidos Mexicanos de cooperación en materia de prevención del uso indebido y lucha contra el tráfico ilícito de estupefacientes y sustancias psicotrópicas, hecho *ad referendum* en Ciudad de México el 6 de noviembre de 1997 (*BOE* n.º 152, de 26 de junio).

Acuerdo de cooperación mutua entre el Reino de España y el Gobierno de los Estados Unidos Mexicanos para el intercambio de información respecto de operaciones financieras realizadas a través de instituciones financieras para prevenir y combatir operaciones de procedencia ilícita o de lavado de dinero, hecho *ad referendum* en Madrid el 24 de mayo de 1999 (*BOE* n.º 221, de 14 de septiembre de 2000).

Nicaragua: Firmado *ad referendum* en Managua el 12 de noviembre de 1997 (*BOE* n.º 235, de 30 de septiembre de 2000).

Convenio entre el Reino de España y la República de Nicaragua para el cumplimiento de condenas penales, firmado en Managua el 18 de febrero de 1995 y ratificado por Instrumento de 9 de septiembre

rior a un año de privación de libertad en su grado máximo o a una pena más grave; o cuando la reclamación tuviere por objeto el

---

de 1996 (*BOE* n.º 140, de 12 de junio de 1997).

Noruega: Se aplica el Convenio Europeo, ratificado por Noruega el 19 de enero de 1960, que entró en vigor el 18 de abril del mismo año.

Convenio entre el Reino de España y el Reino de Noruega para evitar la doble imposición y prevenir la evasión fiscal en materia de impuestos sobre la renta y sobre el patrimonio, hecho en Madrid el 6 de octubre de 1999 (*BOE* n.º 9, de 10 de enero de 2001).

Países Bajos: Firmado el 28 de octubre de 1894 (*Gaceta* n.º 1, de 1 de enero de 1895).

Canje de notas referente al Convenio de 14 de septiembre de 1951 (*BOE* n.º 315, de 11 de noviembre de 1951). (Abrogado por el Convenio Europeo reproducido en nota al Preámbulo de esta Ley.) V. también Canje de notas, de fechas 11 de noviembre de 1993 y 24 de noviembre de 1994, constitutivo de Acuerdo entre el Reino de España y el Reino de los Países Bajos para la extensión a Antillas Neerlandesas y Aruba del Convenio Europeo número 24 (*BOE* n.º 41, de 17 de febrero de 1995; corrección de errores en *BOE* n.º 230, de 26 de septiembre de 1995).

Panamá: Firmado el 10 de noviembre de 1997 (*BOE* n.º 213, de 5 de septiembre de 1998; corrección de erratas en *BOE* n.º 231, de 26 de septiembre).

Tratado entre el Reino de España y la República de Panamá sobre traslado de personas condenadas, firmado en Madrid el 20 de marzo de 1996 y ratificado por Instrumento de 19 de diciembre de 1996 (*BOE* n.º 153, de 27 de junio).

Acuerdo entre el Reino de España y la República de Panamá sobre cooperación en materia de prevención del consumo y control del tráfico ilícito de estupefacientes y sustancias psicotrópicas hecho *ad referendum* en Panamá el 13 de febrero de 1998 (*BOE* n.º 172, de 20 de julio de 1999).

Convenio entre el Reino de España y la República de Panamá sobre asistencia legal y cooperación judicial en materia penal, hecho en Madrid, *ad referendum*, el 19 de octubre de 1998, ratificado por Instrumento de 17 de septiembre de 1999, y con entrada en vigor el 1 de marzo de 2000 (*BOE* n.º 42, de 18 de febrero de 2000).

Paraguay: Firmado el 27 de julio de 1998 (*BOE* n.º 89, de 13 de abril de 2001, corrección de erratas en *BOE* n.º 119, de 18 de mayo), que entró en vigor el 23 de febrero de 2001.

Tratado sobre traslado de personas condenadas, firmado entre el Reino de España y la República de Paraguay, el 7 de septiembre de 1994 en Asunción (*BOE* n.º 263, de 3 de noviembre de 1995).

Convenio de cooperación judicial en materia penal entre el Reino de España y la República de Paraguay, hecho *ad referendum* en Asunción el 26 de junio de 1999, y ratificado por Instrumento de 16 de febrero de 2001 (*BOE* n.º 99, de 25 de abril).

Perú: Ratificado por Instrumento de 19 de noviembre de 1993 (*BOE* n.º 21, de 25 de enero de 1994).

Acuerdo entre el Reino de España y la República del Perú sobre cooperación en materia de prevención del consumo, desarrollo alternativo, y control del tráfico ilícito de estupefacientes y sustancias psicotrópicas, hecho *ad referendum* en Lima el 17 de septiembre de 1998 (*BOE* n.º 151, de 25 de junio de 1999).

Portugal: Firmado el 25 de junio de 1867 (*Gaceta* n.º 38, de 7 de febrero de 1869).

Artículos adicionales al Convenio firmados el 7 de febrero de 1873 (*Gaceta* n.º 9, de 9 de enero de 1876).

Canje de notas referente a dicho Convenio de 10 y 12 de mayo de 1884 (*Gaceta* n.º 151, de 30 de mayo de 1884).

Convenio entre el Reino de España y la República Portuguesa relativo a la cooperación judicial en materia penal y civil,

cumplimiento de condena a una pena o medida de seguridad no inferior a cuatro meses de privación de libertad por hechos tam-

---

hecho en Madrid el 19 de noviembre de 1997 (*BOE* n.º 18, de 21 de enero de 1999).

Acuerdo entre el Reino de España y la República Portuguesa sobre la creación de comisarías comunes en frontera, hecho *ad referendum* en Madrid el 19 de noviembre de 1997 (*BOE* n.º 231, de 26 de septiembre de 1998).

Acuerdo entre el Reino de España y la República Portuguesa sobre persecución transfronteriza, hecho *ad referendum* en Albufeira, el 30 de noviembre de 1998 (*BOE* n.º 42, de 18 de febrero de 2000).

Tratado entre el Reino de España y la República Portuguesa para la represión del tráfico ilícito de drogas en el mar, hecho en Lisboa el 2 de marzo de 1998 (*BOE* n.º 18, de 20 de enero de 2001).

Reino Unido de Gran Bretaña e Irlanda del Norte: Firmado el 22 de julio de 1985 (*BOE* n.º 102, de 2 de abril de 1986). V. también Canjes de notas de 1 de febrero de 1991 para extender el Tratado de Extradición a territorios cuyas relaciones internacionales asume el Reino Unido y a Gibraltar (*BOE* n.º 153, de 27 de junio; corrección de errores en *BOE* n.º 204, de 26 de agosto). (Abrogado por el Convenio Europeo reproducido en nota al Preámbulo de esta Ley.)

Acuerdo entre el Reino de España y el Reino Unido de Gran Bretaña e Irlanda del Norte en materia de prevención y represión del tráfico ilícito y el uso indebido de drogas, hecho en Madrid el 26 de junio de 1989, y extendido a la isla de Man (*BOE* n.º 100, de 26 de abril de 2001).

Rusia: Convenio entre el Reino de España y la Federación de Rusia relativo al traslado de personas condenadas para el cumplimiento de penas privativas de libertad, hecho en Moscú el 16 de enero de 1998 (*BOE* n.º 45, de 21 de febrero; corrección de erratas en *BOE* n.º 63, de 14 de marzo), y ratificado mediante Instrumento de 11 de mayo de 2001 (BOE n.º 141, de 13 de junio).

Convenio entre el Gobierno del Reino de España y el Gobierno de la Federación de Rusia sobre cooperación en materia de lucha contra la delincuencia, hecho en Moscú el 17 de mayo de 1999 (*BOE* n.º 158, de 3 de julio; corrección de errores en *BOE* n.º 251, de 20 de octubre), cuya entrada en vigor tuvo lugar el 9 de junio de 2000 (*BOE* n.º 106, de 3 de mayo).

Convenio entre el Gobierno del Reino de España y el Gobierno de la Federación Rusa para evitar la doble imposición y prevenir la evasión fiscal en materia de impuestos sobre la renta y sobre el patrimonio, hecho en Madrid el 16 de diciembre de 1998 (*BOE* n.º 161, de 6 de julio de 2000).

El Salvador: Firmado el 10 de marzo de 1997 (*BOE* n.º 38, de 13 de febrero de 1998).

Tratado sobre el traslado de personas condenadas, firmado entre el Reino de España y la República de El Salvador, el 14 de febrero de 1995 en San Salvador (*BOE* n.º 139, de 8 de junio de 1996).

Convenio de cooperación judicial en materia penal entre el Reino de España y la República de El Salvador, hecho *ad referendum* en Madrid el 10 de marzo de 1997 (*BOE* n.º 182, de 31 de julio de 1998).

Suecia: Se aplica el Convenio Europeo, ratificado por Suecia el 22 de enero de 1959.

Suiza: Firmado el 31 de agosto de 1883 (*Gaceta* n.º 36, de 5 de febrero de 1884). (Abrogado por el Convenio Europeo reproducido en nota al Preámbulo de esta Ley.)

Tailandia: Convenio entre el Gobierno del Reino de España y el Gobierno del Reino de Tailandia a fin de evitar la doble imposición y de prevenir la evasión y el fraude fiscal en materia de impuestos sobre la renta, hecho en Madrid el 14 de octubre de 1997 (*BOE* n.º 242, de 9 de octubre de 1998).

Turquía: Se aplica el Convenio Europeo, ratificado por Turquía el 7 de enero de 1960, y que entró en vigor el 18 de abril del mismo año.

Uruguay: Firmado el 28 de febrero de 1996 (*BOE* n.º 93, de 18 de abril de 1997).

bién tipificados en la legislación española.

Cuando la solicitud se refiera a varios hechos y sólo concurran en

---

Convenio de cooperación jurídica entre el Reino de España y la República Oriental del Uruguay, hecho en Montevideo el 4 de noviembre de 1987 (*BOE* n.º 103, de 30 de abril de 1998).

Tratado de Asistencia Jurídica Mutua en Asuntos Penales entre el Reino de España y la República Oriental del Uruguay, hecho en Montevideo el 19 de noviembre de 1991, y ratificado por Instrumento de 30 de noviembre de 1999 (*BOE* n.º 47, de 24 de febrero de 2000; corrección de errores en *BOE* n.º 66, de 17 de marzo).

Yugoslavia: Firmado el 8 de julio de 1980 (*BOE* n.º 137, de 9 de junio de 1982).

Venezuela: Firmado el 4 de enero de 1989 (*BOE* n.º 294, de 8 de diciembre de 1990).

Convenio entre el Reino de España y la República de Venezuela sobre ejecución de sentencias penales, firmado en Caracas el 17 de octubre de 1994 (*BOE* n.º 276, de 18 de noviembre).

Acuerdo entre el Reino de España y la República de Venezuela sobre cooperación en materia de prevención del consumo y represión del tráfico ilícito de estupefacientes y sustancias psicotrópicas, hecho *ad referendum* en Madrid el 24 de septiembre de 1996 (*BOE* n.º 74, de 27 de marzo de 1998).

A estos Tratados hay que añadir los Convenios multilaterales firmados y ratificados por España que afectan a la materia extradicional y que son los siguientes:

Convenio de Ginebra de 20 de abril de 1929 para la represión de la falsificación de moneda, ratificado por España el 28 de abril de 1930 (*Gaceta* n.º 98, de 8 de abril de 1931). Los arts. 3.º, 8.º, 9.º y 10 y los párrafos que afectan a la extradición del protocolo facultativo disponen lo siguiente:

«*Art. 3.º* Deberán ser castigados como infracciones de derecho común:

»1.º Todos los hechos fraudulentos de fabricación o alteración de moneda, cualquiera que sea el medio empleado para producir el resultado.

»2.º El hecho de poner en circulación fraudulenta la moneda falsa.

»3.º Los hechos, con objeto de poner en circulación, de introducir en el país o de recibir o procurarse moneda falsa sabiendo que lo es.

»4.º Las tentativas de dichas infracciones y los hechos de participación dolosa.

»5.º Los hechos fraudulentos de fabricar, recibir o procurarse instrumentos u otros objetos destinados por su naturaleza a la fabricación de moneda falsa o a la alteración de las monedas.»

«*Art. 8.º* En los países que no admitan el principio de extradición de los nacionales, sus súbditos que hayan vuelto al territorio de su país, después de haber sido culpables en el extranjero de hechos previstos por el artículo 3, deberán ser castigados de la misma manera que si el hecho hubiese sido cometido en su propio territorio, y eso aun en el caso de que el culpable hubiere adquirido su nacionalidad posteriormente a la realización de la infracción.

»Esta disposición no será aplicable si, en caso semejante, no pudiere ser concedida la extradición de un extranjero.

»*Art. 9.º* Los extranjeros que hayan cometido hechos previstos en el artículo 3 y que se encuentren en el territorio de un país cuya legislación interna admitía, como regla general, el principio de la persecución de infracciones cometidas en el extranjero, deberán ser castigados de la misma manera que si el hecho hubiere sido cometido en el territorio de dicho país.

»La obligación de la persecución se subordinará a la condición de que la extradición haya sido solicitada y que el país requerido no pueda entregar al inculpado por una razón sin relación con el hecho.

»*Art. 10.* Los hechos previstos en el artículo 3 serán de pleno derecho comprendidos como casos de extradición en todo tratado de extradición ultimado o que fuera a ultimarse entre las diversas Altas Partes contratantes.

algunos de ellos los requisitos del párrafo anterior sobre duración de las penas o medidas de seguridad, el acuerdo de extradición podrá

»Las Altas Partes contratantes que no subordinen la extradición a la existencia de un tratado o a una condición de reciprocidad, reconocerán, desde ahora, los hechos previstos en el artículo 3 como casos de extradición entre ellas.

»La extradición se concederá conforme al derecho del país requerido.»

«Protocolo facultativo. Reconociendo los importantes progresos en materia de represión de la falsificación de moneda realizados por el Convenio para la represión de la falsificación de moneda que lleva la fecha de hoy, las Altas Partes signatarias de este Protocolo, a reserva de ratificación, se comprometen, en sus relaciones recíprocas, a considerar desde el punto de vista de la extradición, los hechos previstos en el artículo 3 del susodicho Convenio como infracciones de derecho común.

»La extradición será concedida conforme al derecho del país requerido.»

Convenio de 9 de diciembre de 1948 para la prevención y sanción del delito de genocidio, al que España se adhirió el 13 de septiembre de 1968 (*BOE* n.º 34, de 8 de febrero de 1969), cuyo art. VII, reproducido en nota al art. 607 CP, dispone que, a efectos de extradición, el genocidio no será considerado delito político.

Convenio de 21 de marzo de 1950 para la Represión de la Trata de Personas y de la Explotación de la Prostitución Ajena, al que España se adhirió el 18 de junio de 1962 (*BOE* n.º 230, de 25 de septiembre de 1962), cuyos arts. 1.º, 2.º, 8.º, 9.º y 10 disponen lo siguiente:

«*Art. 1.º* Las Partes en el presente Convenio se comprometen a castigar a toda persona que, para satisfacer las pasiones de otra:

»1. Concertare la prostitución de otra persona, la indujere a la prostitución o la corrompiere con objeto de prostituirla, aun con el consentimiento de tal persona.

»2. Explotare la prostitución de otra persona, aun con el consentimiento de tal persona.

»*Art. 2.º* Las Partes en el presente Convenio se comprometen asimismo a castigar a toda persona que:

»1. Mantuviere una casa de prostitución, la administrare o a sabiendas la sostuviere o participare en su financiación.

»2. Diere o tomare a sabiendas en arriendo, un edificio u otro local, o cualquier parte de los mismos para explotar la prostitución ajena.»

«*Art. 8.º* Las infracciones mencionadas en los artículos 1 y 2 del presente Convenio serán consideradas como casos de extradición en todo tratado de extradición ya concertado o que ulteriormente se concierte entre cualesquiera de las Partes en el presente Convenio.

»Las Partes en el presente Convenio que no subordinen la extradición a la existencia de un tratado, deberán reconocer en adelante las infracciones mencionadas en los artículos 1 y 2 del presente Convenio como casos de extradición entre ellas.

»La extradición será concedida con arreglo a las leyes del Estado al que se formulare la petición de extradición.

»*Art. 9.º* En los Estados cuya legislación no admita la extradición de nacionales, los nacionales que hubieren regresado a su propio Estado después de haber cometido en el extranjero cualquiera de las infracciones mencionadas en los artículos 1 y 2 del presente Convenio, serán enjuiciados y castigados por los tribunales de su propio Estado.

»No se aplicará esta disposición cuando, en casos análogos entre las Partes en el presente Convenio, no puede concederse la extradición de un extranjero.

»*Art. 10.* Las disposiciones del artículo 9 no se aplicarán cuando el inculpado hubiese sido enjuiciado en un Estado extranjero y, caso de haber sido condenado, hubiere cumplido su condena o se le hubiere condenado o reducido la pena con arreglo a lo dispuesto en las leyes de tal Estado extranjero.»

extenderse también a los que tengan señalada penalidad inferior.

Si la solicitud de extradición se basa en sentencia dictada en rebel-

---

Convenio Europeo de Extradición de 13 de diciembre de 1957, ratificado por Instrumento de 21 de abril de 1982, reproducido en nota al Preámbulo de esta Ley de Extradición.

Convención única de 1961 sobre estupefacientes, enmendada por el Protocolo que modifica la Convención única de 1961 sobre estupefacientes, Nueva York, 8 de agosto de 1975 (*BOE* n.º 264, de 4 de noviembre de 1981), cuyo art. 36 dispone lo siguiente:

«1. *a*) A reserva de lo dispuesto por su Constitución, cada una de las Partes se obliga a adoptar las medidas necesarias para que el cultivo y la producción, fabricación, extracción, preparación, posesión, ofertas en general, ofertas de venta, distribución, compra, venta, despacho de cualquier concepto, corretaje, expedición, expedición en tránsito, transporte, importación y exportación de estupefacientes, no conformes a las disposiciones de esta Convención o cualesquiera otros actos que en opinión de la Parte puedan efectuarse en infracción de las disposiciones de la presente Convención, se consideren como delitos si se cometen intencionadamente y que los delitos graves sean castigados en forma adecuada, especialmente con penas de prisión u otras penas de privación de libertad.

»*b*) No obstante lo dispuesto en el apartado anterior, cuando las personas que hagan uso indebido de estupefacientes hayan cometido esos delitos, las Partes podrán en vez de declararlas culpables o de sancionarlas penalmente, o además de declararlas culpables o de sancionarlas, someterlas a medidas de tratamiento, educación, postramiento, rehabilitación y readaptación social, de conformidad con lo dispuesto en el párrafo 1 del artículo 38.

»2. A reserva de lo dispuesto por su Constitución, del régimen jurídico y de la legislación nacional de cada Parte:

»*a*) i) Cada uno de los delitos enumerados en el inciso 1, si se comete en diferentes países, se considerará como un delito distinto:

»ii) La participación deliberada o la confabulación para cometer cualquiera de esos delitos, así como la tentativa de cometerlos, los actos preparatorios y operaciones financieras, relativos a los delitos de que trata este artículo, se considerarán como delitos, tal como se dispone en el inciso 1;

»iii) Las condenas pronunciadas en el extranjero por esos delitos serán computadas para determinar la reincidencia, y

»iv) Los referidos delitos graves cometidos en el extranjero, tanto por nacionales como por extranjeros, serán juzgados por la Parte en cuyo territorio se haya cometido el delito, o por la Parte en cuyo territorio se encuentre el delincuente, si no procede la extradición de conformidad con la Ley de la Parte a la cual se la solicita, y si dicho delincuente no ha sido ya procesado y sentenciado.

»*b*) i) Cada uno de los delitos enumerados en el párrafo 1 y en el inciso ii) del apartado *a*) del párrafo 2 del presente artículo se considerará incluido entre los delitos que den lugar a extradición en todo tratado de extradición celebrado entre las Partes. Las Partes se comprometen a incluir tales delitos como casos de extradición en todo tratado de extradición que celebren entre sí en el futuro;

»ii) Si una Parte, que subordine la extradición a la existencia de un tratado, recibe de otra Parte, con la que no tiene tratado, una solicitud de extradición, podrá discrecionalmente considerar la presente Convención como la base jurídica necesaria para la extradición referente a los delitos enumerados en el párrafo 1 y en el inciso ii) del apartado *a*) del párrafo 2 del presente artículo. La extradición estará sujeta a las demás condiciones exigidas por el derecho de la Parte requerida;

»iii) Las Partes que no subordinen la extradición a la existencia de un tratado reconocerán los delitos enumerados en el

día del reclamado, en la que éste haya sido condenado a pena que, con arreglo a la legislación española, no puede ser impuesta a

---

párrafo 1 y en el inciso ii) del apartado *a*) del párrafo 2 del presente artículo como casos de extradición entre ellas, sujetos a las condiciones exigidas por el derecho de la Parte requerida;

»iv) La extradición será concedida con arreglo a la legislación de la Parte a la que se haya pedido y, no obstante lo dispuesto en los incisos i), ii) y iii) del apartado *b*) de este párrafo, esa Parte tendrá derecho a negarse a conceder la extradición si sus autoridades competentes consideran que el delito no es suficientemente grave.

»3. Las disposiciones del presente artículo estarán limitadas por las disposiciones del derecho penal de la Parte interesada, en materia de jurisdicción.

«4. Ninguna de las disposiciones del presente artículo afectará el principio de que los delitos a que se refiere han de ser definidos, perseguidos y castigados de conformidad con la legislación nacional de cada Parte.»

Convenio de 14 de septiembre de 1963 sobre Infracciones y ciertos otros actos cometidos a bordo de aeronaves, ratificado por Instrumento de 25 de agosto de 1969 (*BOE* n.º 308, de 25 de diciembre de 1969), cuyo art. 16 dispone lo siguiente:

«1. Las infracciones cometidas a bordo de aeronaves matriculadas en un Estado Contratante serán consideradas, a los fines de extradición, como si se hubiesen cometido, no sólo en el lugar en el que hayan ocurrido, sino también en el territorio del Estado de matrícula de la aeronave.

»2. A reserva de lo dispuesto en el párrafo anterior, ninguna disposición de este Convenio se interpretará en el sentido de crear una obligación de conceder la extradición.»

Convenio de 16 de diciembre de 1970 para la Represión del Apoderamiento Ilícito de Aeronaves, ratificado por Instrumento de 6 de octubre de 1972 (*BOE* n.º 13, de 15 de enero de 1973); véanse, especialmente, arts. 4.º ss.

Convenio de 23 de septiembre de 1971 para la Represión de Actos Ilícitos contra la Seguridad de la Aviación Civil, ratificado por Instrumento de 6 de octubre de 1972 (*BOE* n.º 9, de 10 de enero de 1974), y Protocolo de 24 de febrero de 1988 para la represión de actos ilícitos de violencia en los aeropuertos que presten Servicio a la aviación civil internacional, complementario de dicho Convenio, ratificado por Instrumento de 8 de abril de 1991 (*BOE* n.º 56, de 5 de marzo de 1992); véanse, especialmente, arts. 5.º ss.

Convenio Europeo de 27 de enero de 1977 para la Represión del Terrorismo, ratificado por Instrumento de 9 de mayo de 1980 (*BOE* n.º 242, de 8 de octubre de 1980, corrección de errores en *BOE* n.º 208, de 31 de agosto de 1982), cuyos arts. 1 a 7 disponen lo siguiente:

«*Art. 1.º* A los efectos de la extradición entre Estados contratantes, ninguno de los delitos mencionados a continuación se considerarán como delito político, como delito conexo con un delito político o como delito inspirado por móviles políticos:

»*a*) Los delitos comprendidos en el ámbito de aplicación del Convenio para la represión del apoderamiento ilícito de aeronaves, firmado en La Haya el 16 de diciembre de 1970;

»*b*) Los delitos comprendidos en el ámbito de aplicación del Convenio para la represión de actos ilícitos contra la seguridad de la aviación civil, firmado en Montreal el 23 de septiembre de 1971;

»*c*) Los delitos graves constituidos por un ataque contra la vida, la integridad corporal o la libertad de las personas que tengan derecho a una protección internacional, incluidos los agentes diplomáticos;

»*d*) Los delitos que impliquen rapto, toma de rehenes o secuestro arbitrario;

»*e*) Los delitos que impliquen la utilización de bombas, granadas, cohetes, armas de fuego automáticas, o cartas o paquetes con explosivos ocultos, en los casos

quien no haya estado presente en el acto del juicio oral, se concederá la extradición condicionándola a que la representación diplomá-

---

en que dicha utilización represente un peligro para las personas:

»*f)* La tentativa de comisión de alguno de los delitos anteriormente mencionados o la participación como coautor o cómplice de una persona que cometa o intente cometer dichos delitos.

»*Art. 2.º* A los efectos de la extradición entre Estados Contratantes, un Estado Contratante podrá no considerar como delito político, como delito conexo con éste o como delito inspirado por móviles políticos, cualquier acto grave de violencia no comprendido en el artículo primero y que esté dirigido contra la vida, la integridad corporal o la libertad de las personas.

»2. Se aplicará el mismo criterio respecto de cualquier acto grave contra los bienes, no comprendido en el artículo primero, cuando dicho acto haya creado un peligro colectivo para las personas.

»3. Se aplicará el mismo criterio respecto de la tentativa de comisión de algunos de los delitos anteriormente mencionados, o de la participación como coautor o cómplice de una persona que cometa o intente cometer dichos delitos.

»*Art. 3.º* Las disposiciones de cualesquiera tratados y convenios de extradición aplicables entre los Estados Contratantes, incluido el Convenio Europeo de Extradición, quedarán modificadas, en cuanto a las relaciones entre Estados Contratantes, en la medida en que resulten incompatibles con el presente Convenio.

»*Art. 4.º* A los efectos del presente Convenio, en los casos en que alguno de los delitos comprendidos en los artículos 1.º o 2.º no figuren en la lista de supuestos de extradición en un tratado o convenio de extradición en vigor entre los Estados Contratantes, se considerará como incluido en dicha lista.

»*Art. 5.º* Ninguna disposición del presente Convenio deberá interpretarse en el sentido de que implique una obligación de llevar a cabo la extradición si el Estado requerido tiene serias razones para creer que la solicitud de extradición motivada por un delito mencionado en el artículo 1.º o 2.º se ha presentado con el fin de perseguir o de castigar a una persona por consideración de raza, religión, nacionalidad u opiniones políticas, o que la situación de dicha persona corre el riesgo de agravarse por una u otra de las citadas razones.

»*Art. 6.º* 1. Cada Estado Contratante adoptará las medidas necesarias para establecer su competencia, con el fin de conocer de un delito comprendido en el artículo 1.º, en el caso de que el presunto autor de aquél se encuentre en su territorio y que el Estado no lleve a cabo la extradición después de haber recibido una solicitud de extradición de un Estado Contratante cuya jurisdicción esté fundada sobre una norma de competencia que exista igualmente en la legislación del Estado requerido.

»2. El presente Convenio no excluirá ninguna competencia en materia penal ejercida con arreglo a las leyes nacionales.

»*Art. 7.º* El Estado Contratante en cuyo territorio se descubra al presunto autor de un delito comprendido en el artículo primero y que haya recibido una solicitud de extradición en las condiciones mencionadas en el párrafo primero del artículo 6.º, en el supuesto de que no accediese a la extradición del citado individuo, someterá el caso, sin excepción alguna y sin demora injustificada a sus autoridades competentes para el ejercicio de la correspondiente acción penal. Dichas autoridades tomarán la decisión que proceda, en las mismas condiciones que para cualquier delito de carácter grave, con arreglo a las leyes del Estado.»

Convención Internacional de 17 de diciembre de 1979 contra la Toma de Rehenes, a la que España se adhirió por Instrumento de 9 de marzo de 1984 (*BOE* n.º 162, de 7 de julio de 1984), cuyos arts. 1.º, 8.º, 9.º y 10 establecen lo siguiente:

«*Art. 1.º* 1. Toda persona que se apodere de otra (que en adelante se denomi-

tica en España del país requirente, en el plazo que se le exija, ofrezca garantías suficientes de que el reclamado será sometido a nuevo

---

nará "el rehén") o la detenga y amenace con matarla, herirla o mantenerla detenida a fin de obligar a un tercero, a saber, un Estado, una organización internacional intergubernamental, una persona natural o jurídica o un grupo de personas, a una acción u omisión como condición explícita o implícita para la liberación del rehén, comete el delito de toma de rehenes en el sentido de la presente Convención.

»2. Toda persona que:

»*a*) Intente cometer un acto de toma de rehenes; o

»*b*) Participe como cómplice de otra persona que cometa o intente cometer un acto de toma de rehenes comete igualmente un delito en el sentido de la presente Convención.»

«*Art. 8.º* 1. El Estado Parte en cuyo territorio sea hallado el presunto delincuente, si no concede su extradición, estará obligado a someter el caso a las autoridades competentes a efectos de enjuiciamiento, sin excepción alguna y con independencia de que el delito haya sido o no cometido en su territorio, según el procedimiento previsto en la legislación de ese Estado. Dichas autoridades tomarán su decisión en las mismas condiciones que las aplicables a los delitos comunes de carácter grave de acuerdo con el derecho de tal Estado.

»2. Toda persona respecto de la cual se entable un procedimiento en relación con cualquiera de los delitos previstos en el artículo 1 gozará de las garantías de un trato equitativo en todas las fases del procedimiento, incluido el goce de todos los derechos y garantías previstos en el derecho del Estado en cuyo territorio se encuentre.

»*Art. 9.º* 1. No se accederá a la solicitud de extradición de un presunto delincuente, de conformidad con la presente Convención si el Estado Parte al que se presenta la solicitud tiene motivos fundados para creer:

»*a*) Que la solicitud de extradición por un delito mencionado en el artículo 1 se ha hecho con el fin de perseguir o castigar a una persona por causa de su raza, religión, nacionalidad, origen étnico u opinión política; o

»*b*) Que la posición de esa persona puede verse perjudicada;

»i) Por alguna de las razones mencionadas en el inciso *a*) del presente párrafo; o

»ii) Porque las autoridades competentes del Estado que esté facultado para ejercer derechos de protección no pueden comunicarse con ella.

»2. Con respecto a los delitos definidos en la presente Convención, las disposiciones de todos los Tratados y Acuerdos de extradición aplicables entre Estados Partes quedan modificadas en lo que afecte a los Estados Partes en la medida en que sean incompatibles con la presente Convención.

»*Art. 10.* 1. Los delitos previstos en el artículo 1 se considerarán incluidos entre los delitos que dan lugar a extradición en todo tratado de extradición celebrado entre Estados Partes. Los Estados Partes se comprometen a incluir tales delitos como casos de extradición en todo tratado de extradición que celebren entre sí en el futuro.

»2. Si un Estado Parte que subordine la extradición a la existencia de un tratado recibe de otro Estado Parte, con el que no tiene tratado, una solicitud de extradición, podrá discrecionalmente considerar la presente Convención como la base jurídica necesaria para la extradición con respecto a los delitos previstos en el artículo 1. La extradición estará sujeta a las demás condiciones exigidas por el derecho del Estado al que se ha hecho la solicitud.

»3. Los Estados Partes que no subordinen la extradición a la existencia de un tratado reconocerán los delitos previstos en el artículo 1 como casos de extradición entre ellos, con sujeción a las condiciones exigidas por el derecho del Estado al que se ha hecho la solicitud.

juicio en el que deberá estar presente y debidamente defendido.

»4. A los fines de la extradición entre Estados Partes se considerará que los delitos previstos en el artículo 1 se han cometido no sólo en el lugar donde ocurrieron, sino también en el territorio de los Estados obligados a establecer su jurisdicción de acuerdo con el párrafo 1 del artículo 5.»

Convenio Europeo de 19 de agosto de 1985 sobre la violencia e irrupciones de espectadores con motivo de manifestaciones deportivas y especialmente de partidos de fútbol, ratificado por Instrumento de 22 de junio de 1987 (*BOE* n.º 193, de 13 de agosto). V. art. 5.º

Convención de 3 de marzo de 1980 sobre protección física de los materiales nucleares, ratificado por Instrumento de 20 de abril de 1987 (*BOE* n.º 256, de 25 de octubre de 1991). V. arts. 10 ss.

Convenio de 10 de marzo de 1988 para la represión de actos ilícitos contra la seguridad de la navegación marítima, ratificado por Instrumento de 15 de junio de 1989 (*BOE* n.º 99, de 24 de abril de 1992). V. art. 11.

Protocolo de 10 de marzo de 1988 para la represión de actos ilícitos contra la seguridad de las plataformas fijas emplazadas en la plataforma continental, ratificado por Instrumento de 15 de junio de 1985 (*BOE* n.º 99, de 24 de abril de 1992). V. art. 1.º

Convención sobre la Seguridad del Personal de las Naciones Unidas y el Personal Asociado, hecha en Nueva York el 9 de diciembre de 1994 y ratificada por España mediante Instrumento de 11 de diciembre de 1997 (*BOE* n.º 124, de 25 de mayo de 1999).

Convenio Internacional para la represión de los atentados terroristas cometidos con bombas, hecho en Nueva York el 15 de diciembre de 1997, y ratificado mediante Instrumento de 22 de abril de 1999 (*BOE* n.º 140, de 12 de junio).

Véanse, además, *Convenio Europeo de 20 de abril de 1959, de Asistencia Judicial en Materia Penal,* ratificado por Instrumento de 14 de julio de 1982 (*BOE* n.º 223, de 17 de septiembre de 1982), y *Protocolo Adicional de 17 de marzo de 1978 al Convenio Europeo de Asistencia Judicial en Materia Penal,* ratificado por Instrumento de 27 de mayo de 1991 (*BOE* n.º 184, de 2 de agosto); arts. 48 ss., referidos a asistencia judicial en materia penal, del Acuerdo de Adhesión del Reino de España al Convenio de Aplicación del Acuerdo de Schengen, de 14 de junio de 1985, ratificado por Instrumento de 23 de julio de 1993 (*BOE* n.º 81, de 5 de abril de 1994); *Convenio Europeo de 15 de mayo de 1972 sobre la Transmisión de Procedimientos en Materia Penal,* ratificado por Instrumento de 24 de junio de 1988 (*BOE* n.º 270, de 10 de noviembre); *Convenio de 21 de marzo de 1983 sobre traslado de personas condenadas,* ratificado por Instrumento de 18 de febrero de 1985 (*BOE* n.º 138, de 10 de junio de 1985), y reformulación de la Declaración por parte de España al art. 3.3 del Convenio (*BOE* n.º 65, de 17 de marzo de 1995); Acuerdo relativo a la aplicación entre los Estados miembros de las Comunidades Europeas del Convenio sobre traslado de personas condenadas, hecho en Bruselas el 25 de mayo de 1987, y ratificado por Instrumento de 11 de marzo de 1992 (*BOE* n.º 132, de 31 de mayo de 1996); arts. 67 ss., referidos a la transmisión de la ejecución de sentencias penales, del Acuerdo de Adhesión del Reino de España al Convenio de Aplicación del Acuerdo de Schengen (*BOE* n.º 81, de 5 de abril de 1994); Convenio Europeo n.º 70, sobre el valor internacional de las sentencias penales, de 28 de mayo de 1970, ratificado por Instrumento de 9 de agosto de 1994 (*BOE* n.º 78, de 30 de marzo de 1996).

Art. 3.º 1. No se concederá la extradición de españoles, ni de

Art. 3.º1: Sobre la competencia de los Tribunales españoles en materia penal, v. art. 23 LOPJ, que dispone lo siguiente:

«1. En el orden penal corresponderá a la jurisdicción española el conocimiento de las causas por delitos y faltas cometidos en territorio español o cometidos a bordo de buques o aeronaves españoles, sin perjuicio de lo previsto en los tratados internacionales en los que España sea parte.

los extranjeros por delitos de que corresponda conocer a los Tribunales españoles, según el Ordenamiento nacional. La cualidad de nacional será apreciada por el Tribunal competente para conocer de la extradición en el momento de la decisión sobre la misma, con arreglo a los preceptos correspondientes del Ordenamiento jurídico español, y siempre que no fuera adquirida con el fraudulento propósito de hacer imposible la extradición.

2. Cuando proceda denegar la extradición por el motivo pre-

»2. Asimismo conocerá de los hechos previstos en las leyes penales españolas como delitos, aunque hayan sido cometidos fuera del territorio nacional, siempre que los criminalmente responsables fueren españoles o extranjeros que hubieren adquirido la nacionalidad española con posterioridad a la comisión del hecho y concurrieren los siguientes requisitos:

»*a*) Que el hecho sea punible en el lugar de ejecución.

»*b*) Que el agraviado o el Ministerio Fiscal denuncien o interpongan querella ante los Tribunales españoles.

»*c*) Que el delincuente no haya sido absuelto, indultado o penado en el extranjero, o, en este último caso, no haya cumplido la condena. Si sólo la hubiere cumplido en parte se le tendrá en cuenta para rebajarle proporcionalmente la que le corresponda.

»3. Conocerá la jurisdicción española de los hechos cometidos por españoles o extranjeros fuera del territorio nacional cuando sean susceptibles de tipificarse, según la ley penal española, como alguno de los siguientes delitos:

»*a*) De traición y contra la paz o la independencia del Estado.

»*b*) Contra el titular de la Corona, su Consorte, su Sucesor o el Regente.

»*c*) Rebelión y sedición.

»*d*) Falsificación de la firma o estampilla reales, del sello del Estado, de las firmas de los Ministros y de los sellos públicos u oficiales.

»*e*) Falsificación de moneda española y su expendición.

»*f*) Cualquier otra falsificación que perjudique directamente al crédito o intereses del Estado, e introducción o expedición de lo falsificado.

»*g*) Atentado contra autoridades o funcionarios públicos españoles.

»*h*) Los perpetrados en el ejercicio de sus funciones por funcionarios públicos españoles residentes en el extranjero y los delitos contra la Administración Pública española.

»*i*) Los relativos al control de cambios.

»4. Igualmente será competente la jurisdicción española para conocer de los hechos cometidos por españoles o extranjeros fuera del territorio nacional susceptibles de tipificarse, según la ley penal española, como alguno de los siguientes delitos:

»*a*) Genocidio.

»*b*) Terrorismo.

»*c*) Piratería y apoderamiento ilícito de aeronaves.

»*d*) Falsificación de moneda extranjera.

»*e*) Los delitos relativos a la prostitución y los de corrupción de menores o incapaces.

»*f*) Tráfico ilegal de drogas psicotrópicas, tóxicas y estupefacientes.

»*g*) Y cualquier otro que, según los tratados o convenios internacionales, deba ser perseguido en España.

»5. En los supuestos de los apartados 3 y 4 será de aplicación lo dispuesto en la letra *c*) del apartado 2 de este artículo.»

Sobre la nacionalidad española, v. arts. 17 ss. CC.

Art. 3.º2: V. Convenio Europeo, de 20 de abril de 1959, de Asistencia Judicial en Materia Penal, ratificado por Instrumento de 14 de julio de 1982 (*BOE* n.º 223, de 17 de septiembre), y Protocolo Adicional

visto en el apartado anterior, si el Estado en que se hayan ejecutado los hechos así lo pidiere el Gobierno español dará cuenta del hecho que motivó la demanda al Ministerio Fiscal a fin de que se proceda judicialmente, en su caso, contra el reclamado. Si así se acordare, solicitará del Estado requirente que remita las actuaciones practicadas o copia de las mismas para continuar el procedimiento penal en España.

3. Cuando el delito se hubiere cometido fuera del territorio del país que solicite la extradición, ésta podrá ser denegada si la legislación española no autorizare la persecución de un delito del mismo género cometido fuera de España.

Art. 4.º No se concederá la extradición en los casos siguientes:

1.º Cuando se trate de delitos de carácter político, no considerándose como tales los actos de terrorismo; los crímenes contra la Humanidad previstos por el Convenio para la prevención y penalización del crimen de genocidio adoptado por la Asamblea General de las Naciones Unidas, ni el atentado contra la vida de un Jefe de Estado o de un miembro de su familia.

2.º Cuando se trate de delitos militares tipificados por la legislación española y sin perjuicio de lo establecido al respecto en los Convenios internacionales suscritos y ratificados por España; de los cometidos a través de los medios de comunicación social en el ejercicio de la libertad de expresión, y de los que sólo son perseguibles a instancia de parte, con excepción de los delitos de violación, estupro, rapto y abusos deshonestos.

3.º Cuando la persona reclamada deba ser juzgada por un Tribunal de excepción.

4.º Cuando se haya extinguido la responsabilidad criminal, conforme a la legislación española o la del Estado requirente.

5.º Cuando la persona reclamada haya sido juzgada o lo esté siendo en España por los mismos

---

de 17 de marzo de 1978 al Convenio Europeo de Asistencia Judicial en Materia Penal, ratificado por Instrumento de 27 de marzo de 1991 (*BOE* n.º 184, de 2 de agosto).

Art. 4.º1.º: Véase art. 13.3 CE, reproducido en nota al Preámbulo de esta Ley; Declaración al art. 3 del Convenio Europeo de Extradición, reproducida igualmente en la nota al Preámbulo de esta Ley; norma complementaria sobre el art. 3 del mismo Convenio contenida en el Protocolo Adicional y reproducida también en la misma nota; art. VII del Convenio de 9 de diciembre de 1948 para la prevención y sanción del delito de genocidio, reproducido en la nota al art. 607 CP; arts. 1.º ss. Convenio Europeo de 27 de enero de 1977 para la represión del Terrorismo, reproducidos en nota al art. 1 de la presente Ley de Extradición.

Véanse, igualmente, arts. 571 ss. CP y sus correspondientes notas.

Art. 4.º4.º: Véase art. 130 CP.

hechos que sirvan de base a la solicitud de extradición. Podrá, no obstante, accederse a ésta cuando se hubiere decidido no entablar persecución o poner fin al procedimiento pendiente por los referidos hechos y no haya tenido lugar por sobreseimiento libre o cualquier otra resolución que deba producir el efecto de cosa juzgada.

6.º Cuando el Estado requirente no diera la garantía de que la persona reclamada de extradición no será ejecutada o que no será sometida a penas que atenten a su integridad corporal o a tratos inhumanos o degradantes.

7.º Cuando el Estado requirente no hubiera dado las garantías exigidas en el párrafo 3.º del artículo segundo.

8.º Cuando a la persona reclamada le hubiere sido reconocida la condición de asilado. El no reconocimiento de la condición de asilado, cualquiera que sea su causa, no impedirá la denegación de la extradición por cualquiera de las causas previstas en esta Ley.

Art. 5.º Asimismo podrá denegarse la extradición:

1.º Si se tuvieran razones fundadas para creer que la solicitud de extradición, motivada por un delito de naturaleza común, se ha presentado con el fin de perseguir o castigar a una persona por consideraciones de raza, religión, nacionalidad u opiniones políticas, o que la situación de dicha persona corre el riesgo de verse agravada por tales consideraciones.

2.º Cuando la persona reclamada sea menor de dieciocho años en el momento de la demanda de extradición y teniendo residencia habitual en España, se considere que la extradición puede impedir su reinserción social, sin perjuicio de adoptar, de acuerdo con las autoridades del Estado requirente, las medidas más apropiadas.

Art. 4.º8.º: Véase art. 13.4 CE («La ley establecerá los términos en que los ciudadanos de otros países y los apátridas podrán gozar del derecho de asilo en España»); Ley 5/1984, de 26 de marzo, reguladora del derecho de asilo y de la condición de refugiado (*BOE* n.º 74, de 27 de marzo), modificada por Ley 9/1994, de 19 de mayo (*BOE* n.º 122, de 23 de mayo; corrección de errores en *BOE* n.º 131, de 2 de junio), así como el Reglamento para su aplicación, aprobado por RD 203/1995, de 10 de febrero (*BOE* n.º 52, de 2 de marzo). El art. 5.º2 de la mencionada Ley de Asilo dispone lo siguiente: «La solicitud de asilo basada en cualquiera de las causas previstas en esta Ley suspenderá, hasta la decisión definitiva, el fallo de cualquier proceso de extradición del interesado que se halle pendiente, o, en su caso, la ejecución del mismo. A tal fin, la solicitud de concesión de asilo será comunicada inmediatamente al órgano ante el que tuviera lugar el correspondiente proceso.» V. también el Convenio relativo a la determinación del Estado responsable del examen de las solicitudes de asilo presentadas en los Estados miembros de las Comunidades Europeas, de 15 de junio de 1990, ratificado por Instrumento de 27 de marzo de 1995 (*BOE* n.º 183, de 1 de agosto de 1997).

Art. 6.º Si la resolución firme del Tribunal denegare la extradición, dicha resolución será definitiva y no podrá concederse aquélla.

La resolución del Tribunal declarando procedente la extradición no será vinculante para el Gobierno, que podrá denegarla en el ejercicio de la soberanía nacional, atendiendo al principio de reciprocidad o a razones de seguridad, orden público o demás intereses esenciales para España.

Contra lo acordado por el Gobierno no cabrá recurso alguno.

Art. 7.º 1. La solicitud de extradición se formulará por vía diplomática, o directamente por escrito del Ministro de Justicia de la parte requirente al Ministro de Justicia español, debiendo acompañarse:

a) La sentencia condenatoria o el auto de procesamiento y prisión o resolución análoga según la legislación del país requirente con expresión sumaria de los hechos y lugar y fecha en que fueron realizados.

b) Cuantos datos sean conocidos sobre la identidad, nacionalidad y residencia del sujeto reclamado y, a ser posible, su fotografía y huellas dactilares.

c) Copia de los textos legales con expresión de la pena aplicable.

d) Si el hecho estuviere castigado con alguna de las penas a que se refiere el número 6.º del artículo 4.º, el Estado requirente dará seguridades, suficientes a juicio del Gobierno español, de que tales penas no serán ejecutadas.

2. Los referidos documentos, originales o en copia auténtica, se acompañarán de una traducción oficial al español.

Art. 8.º 1. En caso de urgencia podrá ser interesada la detención como medida preventiva, si bien deberá hacerse constar expresamente en la solicitud que ésta responde a una sentencia condenatoria o mandamiento de detención firmes con expresión de la fecha y hechos que lo motiven, tiempo y lugar de la comisión de éstos y filiación de la persona cuya detención se interesa, con ofrecimiento de presentar seguidamente demanda de extradición.

2. La solicitud de detención preventiva se remitirá por vía postal, telegráfica o cualquier

---

Art. 8.º2: El art. 65.4.º LOPJ, establece que la Sala de lo Penal de la Audiencia Nacional conocerá «de los procedimientos judiciales de extradición pasiva, sea cual fuere el lugar de residencia o en que hubiere tenido lugar la detención del presunto extradicto».

otro medio que deje constancia escrita, bien por vía diplomática, bien directamente al Ministerio de Justicia, bien por conducto de la Organización Internacional de Policía Criminal, y si en ella constaren todas las circunstancias necesarias, se procederá a la detención del reclamado, poniéndolo a disposición del Juzgado Central de Instrucción de guardia en plazo no superior a veinticuatro horas para que, si lo estima procedente, decrete la prisión provisional, que dejará sin efecto si transcurridos cuarenta días el país requirente no hubiere presentado en forma la solicitud de extradición.

3. El Juez podrá, en cualquier momento y en atención a las circunstancias del caso, acordar la libertad del detenido, adoptando alguna o algunas de las medidas siguientes para evitar su fuga: vigilancia a domicilio, orden de no ausentarse de un lugar determinado sin la autorización del Juez, orden de presentarse periódicamente ante la autoridad designada por el Juez, retirada de pasaporte y prestación de una fianza. El incumplimiento de estas medidas dará lugar a la prisión provisional dentro del plazo establecido en el apartado anterior.

La puesta en libertad, con o sin medidas alternativas de la prisión provisional, no será obstáculo para una nueva detención ni para la extradición, si la solicitud de ésta llegara después de la expiración del plazo mencionado en el apartado anterior.

4. En todo caso, se informará al país reclamante de las resoluciones adoptadas, especialmente y con la urgencia posible, de la detención y del plazo dentro del cual deberá presentarse la demanda de extradición.

Art. 9.º 1. Cuando la solicitud se hubiera formulado por vía diplomática, el Ministerio de Asuntos Exteriores remitirá al de Justicia la solicitud de extradición con expresión de la fecha en que se hubiere recibido.

2. El Ministerio de Justicia, atendidas las circunstancias de la solicitud y cuando el reclamado no estuviera ya detenido preventivamente, podrá interesar del Ministerio del Interior que proceda a la detención de la persona reclamada y la ponga a disposición del Juzgado Central de Instrucción de guardia, y remitirá a este Juez información bastante acerca de la demanda de extradición.

Puesto a disposición judicial el reclamado y a la vista de la información recibida, el Juez podrá acordar la prisión provisional del detenido.

3. El Ministerio de Justicia, en un plazo máximo de ocho días, computados desde el siguiente al de la recepción de la solicitud o, en su caso, de los justificantes,

aclaraciones o traducciones por él reclamados, elevará al Gobierno propuesta motivada sobre si ha lugar o no a continuar en vía judicial del procedimiento de extradición en base a los artículos 2.º a 5.º de esta Ley.

4. El Gobierno adoptará su decisión dentro del plazo de quince días, contados desde la elevación de la propuesta por el Ministerio de Justicia. Transcurrido este plazo sin que el Gobierno haya adoptado resolución, el Ministerio de Justicia lo hará en su nombre, dentro de los tres días siguientes a la expiración del mismo, sin perjuicio de lo establecido en el apartado 5 de este artículo.

5. Cuando el acuerdo fuere denegatorio se pondrá en conocimiento del Estado requirente. Si el reclamado estuviere en prisión, se notificará al Juez que la hubiere decretado para que acuerde su libertad.

Art. 10. Cuando el procedimiento se inicie, por petición urgente de detención preventiva, conforme al artículo 8.º, uno y dos, la prisión preventiva se dejará sin efecto si transcurridos cuarenta días el Estado requirente no hubiere presentado en forma la solicitud de extradición por vía diplomática ante el Ministerio de Asuntos Exteriores o directamente ante el Ministerio de Justicia españoles. Si se hubiese presentado dentro de dicho plazo de cuarenta días, éste se ampliará a cuarenta días más, para dar tiempo a que el Ministerio de Justicia y el Gobierno españoles puedan cumplir lo establecido en el artículo anterior, números tres y cuatro.

Si el procedimiento se inicia por la recepción de la solicitud de extradición por vía diplomática ante el Ministerio de Asuntos Exteriores o directamente ante el Ministerio de Justicia españoles, el Juez Central de Instrucción competente dejará sin efecto la prisión provisional del reclamado que hubiese decretado, si no recibe dentro del plazo de cuarenta días el acuerdo gubernativo de continuación de la vía judicial del procedimiento de extradición.

El límite máximo de la prisión provisional del reclamado y los derechos que corresponden al detenido por causa de extradición se regirán en lo no previsto por esta Ley, por los preceptos correspondientes de la Ley de Enjuiciamiento Criminal.

Art. 11. Si el Gobierno acordare la continuación del procedimiento en vía judicial remitirá

Art. 10: V. arts. 503 y 504 LECr.

el expediente al Juzgado Central de Instrucción, y si el reclamado no estuviere en prisión, el Ministerio de Justicia oficiará también al Ministerio del Interior para que se practique la detención, se redacte el oportuno atestado y en el plazo de veinticuatro horas siguientes se ponga al detenido, con los documentos, efectos o dinero, que le hubieren sido ocupados, a disposición de la misma autoridad judicial.

Art. 12. 1. Acordada la continuación del procedimiento en vía judicial, el Juez, a cuya disposición estuviere el reclamado, ordenará la inmediata comparecencia de éste, quien deberá hacerlo asistido de Abogado y, en su caso, de intérprete. Se citará siempre al Ministerio Fiscal.

2. Identificado el detenido, el Juez le invitará a que manifieste, con expresión de sus razones, si consiente en la extradición o intenta oponerse a ella; si consintiera y no se suscitaran obstáculos legales que a ello se opongan, el Juez podrá acceder, desde luego, a la demanda de extradición. En otro caso adoptará la resolución que proceda, bien ordenando la libertad del detenido o bien elevando su detención a prisión, si antes no hubiera decretado ésta, con o sin fianza u otras medidas previstas en el apartado 3 del artículo 8.º, a resultas del procedimiento subsiguiente, a cuyo fin acordará elevar lo actuado a la Sala de lo Penal de la Audiencia Nacional.

3. Las resoluciones anteriores adoptarán la forma de auto, que se dictará dentro de las veinticuatro horas siguientes a la comparecencia y del que se dará traslado inmediato al Ministerio de Justicia. Contra este auto sólo procederá el recurso de reforma por los trámites de la Ley de Enjuiciamiento Criminal.

4. El Juez, de oficio, a instancia del Fiscal o del reclamado, podrá acordar que se complete la información aportada con los datos necesarios referentes a la identidad del reclamado y a los supuestos de hecho y de derecho justificativos de la solicitud de extradición, pudiendo señalar un plazo que en ningún caso excederá de treinta días. Las resoluciones del Juez, en esta materia, serán recurribles conforme a lo establecido en el apartado anterior.

Art. 13. 1. Recibido el expediente, el Tribunal lo pondrá de

Art. 12: V. art. 65.4.º LOPJ, reproducido en nota al art. 8.2 de la presente Ley de Extradición.

manifiesto en Secretaría al Fiscal y al Abogado defensor por plazo sucesivo de tres días, y podrá reclamar, a petición de cualquiera de ambos o de oficio, los antecedentes que juzgue convenientes en relación con el artículo siguiente, sin que contra la resolución del Tribunal sobre este extremo quepa recurso alguno.

2. Si el reclamado de extradición no tuviera defensor se le nombrará de oficio antes de ponerle de manifiesto el expediente.

Art. 14. 1. Dentro de los quince días siguientes al período de instrucción, se señalará la vista que tendrá lugar con intervención del Fiscal, del reclamado de extradición asistido, si fuera necesario, de intérprete y del Abogado defensor. En la vista podrá intervenir, y a tal efecto será citado el representante del Estado requirente cuando así lo hubiere solicitado y el Tribunal lo acuerde atendido el principio de reciprocidad, a cuyo fin reclamará, en su caso, la garantía necesaria a través del Ministerio de Justicia.

2. El reclamado prestará declaración durante la vista, pero solamente se admitirá y practicará la prueba que verse sobre extremos relacionados con las condiciones exigidas por el Tratado aplicable o por esta Ley.

Art. 15. 1. El Tribunal resolverá, por auto motivado, en el plazo improrrogable de los tres días siguientes a la vista, sobre la procedencia de la extradición, y, al propio tiempo, sobre si ha lugar a la entrega al Estado requirente de los valores, objetos o dinero que hubiesen sido ocupados al reclamado.

2. Contra este auto sólo cabrá recurso de súplica, que deberá ser resuelto por el Pleno de la Sala de lo Penal de la Audiencia Nacional y sin que pueda ser designado ponente ninguno de los Magistrados que dictaren el auto suplicado.

Art. 16. Si la extradición hubiere sido solicitada por varios Estados, bien por el mismo hecho o por hechos diferentes, se decidirá sobre aquélla por el Gobierno y en su caso la entrega del reclamado, teniendo en cuenta todas las circunstancias concurrentes y, especialmente, la existencia o no de tratado, la gravedad relativa y lugar de la comisión del delito, fechas de las respectivas solicitudes, nacionalidad de la persona reclamada y posibilidad de una ulterior extradición a otro Estado.

Art. 17. Cuando sea firme la resolución denegatoria de la extradición, el Tribunal, sin dilación, librará testimonio de la misma al Ministerio de Justicia, que a su vez lo comunicará al de Asuntos Exteriores para su notificación a la representación diplomática del país que formuló la demanda de extradición.

Asimismo, el Tribunal ordenará la inmediata puesta en libertad de la persona requerida de extradición.

Art. 18. 1. Si el Tribunal dictare auto declarando procedente la extradición, librará sin dilación testimonio del mismo al Ministerio de Justicia. El Gobierno decidirá la entrega de la persona reclamada o denegará la extradición de conformidad con lo dispuesto en el párrafo segundo del artículo 6.º

Asimismo, el Tribunal notificará las indicaciones que, de oficio o a instancia del representante diplomático, estime pertinente formular para la entrega de la persona reclamada, así como del tiempo en que ésta fue privada de libertad a fines de extradición, que quedará condicionada a que se compute como período de cumplimiento de condena.

2. Acordada la entrega de la persona requerida de extradición, el Ministerio de Justicia lo comunicará al de Asuntos Exteriores para su notificación a la representación diplomática del país que formuló la demanda de extradición. Dicho acuerdo será comunicado asimismo a la persona requerida de extradición.

3. Si el Gobierno denegare la extradición de conformidad con el párrafo segundo del artículo 6.º, el Ministerio de Justicia lo comunicará al Tribunal para que acuerde la puesta en libertad de la persona reclamada, sin perjuicio de su posible expulsión de España, de conformidad con la legislación de extranjeros. Igualmente, lo comunicará al de Asuntos Exteriores para su notificación a la representación diplomática que formuló la demanda de extradición.

Art. 19. 1. La entrega de la persona cuya extradición haya sido acordada se realizará por agente de la autoridad española, previa notificación del lugar y fecha fijados, observándose la legislación nacional vigente en este orden. Con aquélla, se entregarán a las autoridades o agentes del Estado requirente acreditados a tal fin los documentos, efectos y dinero que deban ser igualmente puestos a su disposición. Si la entrega del individuo reclamado no puede efectuarse, se procederá a la de dichos documentos, efectos y dinero, quedando a salvo, en todo caso, los derechos que pudieran corresponder sobre los mismos a otros interesados. El lugar y fecha fijados para la entrega serán comunicados asimismo al Tribunal que entendió de la solicitud.

2. Si la persona reclamada se encontrara sometida a procedimiento o condena por los Tribu-

nales españoles o sancionada por cualquier otra clase de organismos o autoridades nacionales, la entrega podrá aplazarse hasta que deje extinguidas sus responsabilidades en España o efectuarse temporal o definitivamente en las condiciones que se fijen de acuerdo con el Estado requirente.

3. Si la persona reclamada no hubiera sido recibida en la fecha y lugar fijados podrá ser puesta en libertad transcurridos quince días a contar de dicha fecha y necesariamente a los treinta, y se podrá denegar su extradición por el mismo hecho si de nuevo se solicitara.

Art. 20. 1. La extradición en tránsito se otorgará previo el cumplimiento de los requisitos y con las mismas condiciones que para la extradición exige la presente Ley.

2. Excepcionalmente, por razones de urgencia, y cuando se utilizare la vía aérea y no estuviera previsto aterrizaje en territorio español, el Gobierno podrá autorizar el tránsito previa recepción de una solicitud con el contenido a que se refiere el número 1 del artículo 8.º y que producirá los efectos previstos en el citado artículo en caso de aterrizaje fortuito.

Art. 21. 1. Para que la persona que haya sido entregada pueda ser juzgada, sentenciada o sometida a cualquier restricción de su libertad personal, por hechos anteriores y distintos a los que hubieran motivado su extradición, será preciso autorización ampliatoria de la extradición concedida, a cuyo fin se presentará otra solicitud acompañada de los documentos previstos en el artículo séptimo y testimonio judicial de la declaración de la persona entregada que se tramitará como nueva demanda de extradición. Iguales requisitos será necesario cumplir para conceder la reextradición de la persona entregada a un tercer Estado.

2. No será necesaria esta autorización cuando la persona entregada, habiendo tenido la posibilidad de abandonar el territorio del Estado al que se entregó, permanezca en él más de cuarenta y cinco días o regrese al mismo después de abandonarlo.

Art. 22. Los gastos ocasionados por la extradición en territorio nacional serán, en régimen de reciprocidad, a cargo del Gobierno español. Los causados por extradición en tránsito serán de cuenta del Estado requirente.

DISPOSICIÓN DEROGATORIA

Queda derogada la Ley de Extradición de 26 de diciembre de 1958.

DISPOSICIÓN TRANSITORIA

Las disposiciones de naturaleza procesal contenidas en esta Ley sólo serán aplicables a las extradiciones que se soliciten a partir de su entrada en vigor.

Las de naturaleza sustantiva sólo tendrán efecto retroactivo en cuanto favorezcan al reclamado, el cual, en todo caso, será oído para que manifieste lo que le resulta más ventajoso, atendidas sus personales circunstancias.

APÉNDICE 6

LEY ORGÁNICA 5/1985, DE 19 DE JUNIO, DEL RÉGIMEN ELECTORAL GENERAL*

(*BOE* n.º 147, de 20 de junio; corrección de errores en *BOE* n.º 17, de 20 de enero de 1986)

....

TÍTULO PRIMERO

Disposiciones comunes para las elecciones por sufragio universal directo

....

CAPÍTULO VIII

DELITOS E INFRACCIONES ELECTORALES

SECCIÓN 1.ª

Disposiciones generales

Art. 135. 1. A los efectos de este Capítulo son funcionarios públicos los que tengan esa consideración según el Código Penal, quienes desempeñen alguna función pública relacionada con las elecciones, y en particular los Presidentes y Vocales de las Juntas Electorales, los Presidentes, Vocales e Interventores de las Mesas Electorales y los correspondientes suplentes.

2. A los mismos efectos tienen la consideración de documentos oficiales, el censo y sus

* Modificada por LO 1/1987, de 2 de abril, para la regulación de las elecciones al Parlamento Europeo (*BOE* n.º 80, de 3 de abril); por LO 8/1991, de 13 de marzo (*BOE* n.º 63, de 14 de marzo; corrección de errores en *BOE* n.º 65, de 16 de marzo); por LO 6/1992, de 2 de noviembre (*BOE* n.º 264, de 3 de noviembre); por LO 13/1994, de 30 de marzo (*BOE* n.º 77, de 31 de marzo); por LO 3/1995, de 23 de marzo (*BOE* n.º 71, de 24 de marzo); por el apartado 1.*f*) de la Disp. Derog. Única de la LO 10/1995, por

copias autorizadas, las Actas, listas, certificaciones, talones o credenciales de nombramiento de quienes hayan de intervenir en el proceso electoral y cuantos emanen de personas a quienes la presente Ley encargue su expedición.

Art. 136. Los hechos susceptibles de ser calificados con arreglo a esta Ley y al Código Penal lo serán siempre por aquel precepto que aplique mayor sanción al delito o falta cometidos.

Art. 137. Por todos los delitos a que se refiere este Capítulo se impondrá, además de la pena señalada en los artículos siguientes, la de inhabilitación especial para el derecho del sufragio pasivo.

Art. 138. En lo que no se encuentre expresamente regulado en este Capítulo se aplicará el Código Penal.

También serán de aplicación, en todo caso, las disposiciones del Capítulo I, Título I, del Código Penal a los delitos penados en esta Ley.

SECCIÓN 2.ª

Delitos electorales

Art. 139. Serán castigados con las penas de arresto mayor y multa de 30.000 a 300.000 pese-

---

la que se aprueba el nuevo Código Penal; por LO 1/1997, de 30 de mayo, para la transposición de la Directiva 94/80/CE, de Elecciones Municipales (*BOE* n.º 130, de 31 de mayo); por LO 3/1998, de 15 de junio (*BOE* n.º 143, de 16 de junio); y por LO 8/1999, de 21 de abril (*BOE* n.º 96, de 22 de abril). V. arts. 214, n.º 3.º, 217, n.º 1.º, y 218, n.º 1.º, CP de 1973 (Apéndice 1); RD 1.732/1985, de 24 de septiembre, por el que se regulan las condiciones de los locales y las características oficiales de los elementos materiales a utilizar en los procesos electorales (*BOE* n.º 233, de 28 de septiembre); y RD 605/1999, de 16 de abril (*BOE* n.º 92, de 17 de abril), de regulación complementaria de los procesos electorales.

Art. 135.1: V. arts. 24 CP y 119 CP de 1973 (Apéndice 1).

Art. 135.2: V. arts. 26 y 390 ss. CP y 302 ss. CP de 1973 (Apéndice 1).

Art. 136: V. arts. 8 CP y 68 CP de 1973 (Apéndice 1).

Art. 137: V. arts. 44 CP y 37 CP de 1973 (Apéndice 1). Téngase en cuenta que el apartado 1.*f)* de la Disp. Derog. Única de la LO 10/1995, por la que se aprueba el nuevo CP, derogó los términos «activo y» que figuraban también en este precepto.

Art. 138: V. art. 9.º, Título Preliminar y Título I del Libro I CP.

Art. 139: Téngase en cuenta que, en virtud de lo previsto en la Disp. Trans. 11.ª1 de la LO 10/1995, por la que se aprueba el nuevo CP, las penas de multa en cuantía superior a cien mil pesetas, señaladas para hechos castigados como delito en Leyes penales especiales, deben entenderse sustituidas por la multa de tres a diez meses, y que, en los mismos términos, las multas de cuantía inferior a cien mil pesetas deben entenderse sustituidas por la multa de dos a tres meses, y la pena de arresto mayor sustituida por la de arresto de siete a quince fines de semana.

tas los funcionarios públicos que dolosamente:

1. Incumplan las normas legalmente establecidas para la formación, conservación y exhibición al público del censo electoral.

2. Incumplan las normas legalmente establecidas para la constitución de las Juntas y Mesas Electorales, así como para las votaciones, acuerdos y escrutinios que éstas deban realizar.

3. No extiendan las actas, certificaciones, notificaciones y demás documentos electorales en la forma y momentos previstos por la Ley.

4. Susciten, sin motivo racional, dudas sobre la identidad de una persona o la entidad de sus derechos.

5. Suspendan, sin causa justificada, cualquier acto electoral.

6. Nieguen, dificulten o retrasen indebidamente la admisión, curso o resolución de las protestas o reclamaciones de las personas que legalmente estén legitimadas para hacerlas, o no dejen de ellas la debida constancia documental.

7. Causen, en el ejercicio de sus competencias, manifiesto perjuicio a un candidato.

8. Incumplan los trámites establecidos para el voto por correspondencia.

Art. 140. 1. Serán castigados con las penas de prisión mayor y multa de 30.000 a 300.000 pesetas los funcionarios que abusando de su oficio o cargo dolosamente realicen alguna de las siguientes falsedades:

a) Alterar sin autorización las fechas, horas o lugares en que deba celebrarse cualquier acto electoral incluso de carácter preparatorio, o anunciar su celebración de forma que pueda inducir a error a los electores.

b) Omitir o anotar de manera que induzca a error sobre su autenticidad los nombres de los votantes en cualquier acto electoral.

Art. 139.1: V. arts. 31 ss. de la presente Ley del Régimen Electoral General.

Art. 139.2: V. arts. 80 ss. de la presente Ley.

Art. 139.3: V. arts. 98 ss. de la presente Ley.

Art. 139.6: V. art. 108 de la presente Ley.

Art. 139.8: V. arts. 72 ss. de la presente Ley del Régimen Electoral General.

Art. 140: V. arts. 26 y 390 ss. CP y 302 ss. CP de 1973 (Apéndice 1). Téngase en cuenta que, en virtud de lo previsto en la Disp. Trans. 11.ª1 de la LO 10/1995, por la que se aprueba el nuevo CP, las penas de multa en cuantía superior a cien mil pesetas, señaladas para hechos castigados como delito en Leyes penales especiales, deben entenderse sustituidas por la multa de tres a diez meses, y que, en los mismos términos, las multas de cuantía inferior a cien mil pesetas deben entenderse sustituidas por la multa de dos a tres meses, la pena de prisión mayor por la de prisión de tres a ocho años, y la prisión menor por la de prisión de seis meses a tres años.

c) Cambiar, ocultar o alterar, de cualquier manera, el sobre o papeleta electoral que el elector entregue al ejercitar su derecho.

d) Realizar con inexactitud el recuento de electores en actos referentes a la formación o rectificación del Censo, o en las operaciones de votación y escrutinio.

e) Efectuar proclamación indebida de personas.

f) Faltar a la verdad en manifestaciones verbales que hayan de realizarse en algún acto electoral, por mandato de esta Ley.

g) Consentir, pudiendo evitarlo, que alguien vote dos o más veces o lo haga sin capacidad legal, o no formular la correspondiente protesta.

h) Imprimir, confeccionar o utilizar papeletas o sobres electorales con infracción de las normas establecidas.

i) Cometer cualquier otra falsedad en materia electoral, análoga a las anteriores, por alguno de los modos señalados en el artículo 302 del Código Penal.

2. Si las alteraciones de la verdad a las que se refiere este artículo fueran producidas por imprudencia temeraria, serán sancionadas con la pena de prisión menor.

3. En la apreciación de los supuestos a que se refiere el presente artículo, los Tribunales se atendrán a lo dispuesto en el artículo 318 del Código Penal.

Art. 141. 1. El particular que dolosamente vulnere los trámites establecidos para el voto por correo será castigado con las penas de arresto mayor y multa de 30.000 a 300.000 pesetas.

2. El particular que participe dolosamente en alguna de las falsedades señaladas en el artículo anterior será castigado con las penas de prisión menor y multa de 30.000 a 300.000 pesetas. En estos supuestos los Tribunales se atendrán igualmente a lo dispuesto en el artículo 318 del Código Penal.

Art. 142. Serán castigados con las penas de prisión menor

Art. 141. Téngase en cuenta que, en virtud de lo previsto en la Disp. Trans. 11.ª1 de la LO 10/1995, por la que se aprueba el nuevo CP, las penas de multa en cuantía superior a cien mil pesetas, señaladas para hechos castigados como delitos en Leyes penales especiales, deben entenderse sustituidas por la multa de tres a diez meses, y que, en los mismos términos, las multas de cuantía inferior a cien mil pesetas deben entenderse sustituidas por la multa de dos a tres meses, la pena de arresto mayor por la de arresto de siete a quince fines de semana, y la de prisión menor, por la prisión de seis meses a tres años.

Art. 141.1: Introducido por LO 6/1992, de 2 de noviembre (*BOE* n.º 264, de 3 de noviembre).

Art. 142: V. arts. 42 ss., 66 y 72 CP, y téngase en cuenta que, en virtud de lo previsto en la Disp. Trans. 11.ª1 de la LO 10/1995, por la que se aprueba el nuevo

en grado mínimo, inhabilitación especial y multa de 30.000 a 300.000 pesetas quienes voten dos o más veces en la misma elección o quienes voten dolosamente sin capacidad para hacerlo.

Art. 143. El Presidente y los Vocales de las Mesas Electorales así como sus respectivos suplentes que dejen de concurrir a desempeñar sus funciones, las abandonen sin causa legítima o incumplan sin causa justificada las obligaciones de excusa o aviso previo que les impone esta Ley, incurrirán en la pena de arresto mayor y multa de 30.000 a 300.000 pesetas.

Art. 144. 1. Serán castigados con la pena de arresto mayor o multa de 30.000 a 300.000 pesetas quienes lleven a cabo alguno de los actos siguientes:

a) Realizar actos de propaganda una vez finalizado el plazo de la campaña electoral.

b) Infringir las normas legales en materia de carteles electorales y espacios reservados de los mismos, así como las normas relativas a las reuniones y otros actos públicos de propaganda electoral.

2. Serán castigados con las penas de prisión menor en grado mínimo y multa de 100.000 a 500.000 pesetas los miembros en activo de las Fuerzas Armadas y Seguridad del Estado, de las Policías de las Comunidades Autónomas y locales, los Jueces, Magistrados y Fiscales y los miembros de las Juntas Electorales que difundan propaganda electoral o lleven a cabo otras actividades de campaña electoral.

Art. 145. Serán castigados con la pena de arresto mayor, multa de 500.001 a 5.000.000 de pesetas y accesoria de inhabilitación especial para el ejercicio de la profesión quienes dolosamente infrinjan la normativa vigente en materia de encuestas electorales.

Art. 146. 1. Serán castigados con la pena de arresto mayor

CP, las penas de multa en cuantía superior a cien mil pesetas, señaladas para hechos castigados como delito en Leyes penales especiales, deben entenderse sustituidas por la multa de tres a diez meses, y, en los mismos términos, las multas de cuantía inferior a cien mil pesetas deben entenderse sustituidas por la multa de dos a tres meses, y la de prisión menor, por la de prisión de seis meses a tres años.

Art. 143: V. arts. 407 y 463 CP y 372 y 376 CP de 1973 (Apéndice 1), y nota al art. 139 de esta misma Ley.

Art. 144: V. arts. 66 y 72 CP y nota al art. 141 de la presente Ley.

Art. 144.1: V. arts. 53 ss. de la presente Ley del Régimen Electoral General.

Art. 145: V. arts. 45 CP, 41 CP de 1973 (Apéndice 1) y 69 de la presente Ley, y nota al art. 139 de ésta.

Art. 146: V. arts. 42 y 172 CP, y 36 y 496 CP de 1973 (Apéndice 1), y nota al art. 139 de esta misma Ley.

y multa de 30.000 a 300.000 pesetas:

a) Quienes por medio de recompensas, dádivas, remuneraciones o promesas de las mismas, soliciten directa o indirectamente el voto de algún elector, o le induzcan a la abstención.

b) Quienes con violencia o intimidación presionen sobre los electores para que no usen de su derecho, lo ejerciten contra su voluntad o descubran el secreto de voto.

c) Quienes impidan o dificulten injustificamente la entrada, salida o permanencia de los electores, candidatos, apoderados, interventores y notarios en los lugares en los que se realicen actos del procedimiento electoral.

2. Incurrirán en la pena señalada en el número anterior y, además, en la inhabilitación especial para cargo público, los funcionarios públicos que usen de sus competencias para algunos de los fines señalados en este artículo.

Art. 147. Los que perturben gravemente el orden en cualquier acto electoral o penetren en los locales donde éstos se celebren portando armas u otros instrumentos susceptibles de ser usados como tales, serán castigados con la pena de arresto mayor y multa de 30.000 a 300.000 pesetas.

Art. 148. Cuando los delitos de calumnia e injuria se cometan en período de campaña electoral y con motivo u ocasión de ella, las penas privativas de libertad previstas al efecto en el Código Penal se impondrán en su grado máximo.

Art. 149. 1. Los administradores generales y de las candidaturas de los partidos, federaciones, coaliciones o agrupaciones de electores que falseen las cuentas, reflejando u omitiendo indebidamente en las mismas aportaciones o gastos o usando de cualquier artificio que suponga aumento o disminución de las partidas contables, serán castigados con la pena de prisión menor y multa de 30.000 a 300.000 pesetas.

2. Los Tribunales, atendiendo a la gravedad del hecho y sus circunstancias, podrán imponer la pena en un grado inferior a la señalada en el párrafo anterior.

Art. 147: V. arts. 558 y 559 CP y 246 bis y 247 CP de 1973 (Apéndice 1), y nota al art. 139 de esta misma Ley.

Art. 148: V. arts. 66, 72 y 205 ss. CP y 453 ss. CP de 1973 (Apéndice 1).

Art. 149: V. arts 310 y 390 ss. CP y 302 ss. y 350 bis CP de 1973 (Apéndice 1), y la nota al art. 142 de la presente Ley.

Art. 150. 1. Los administradores generales y de las candidaturas, así como las personas autorizadas a disponer de las cuentas electorales, que se apropien o distraigan fondos para fines distintos de los contemplados en esta Ley serán sancionados con las penas de prisión menor y multa de 30.000 a 300.000 pesetas.

2. Si concurre ánimo de lucro personal, la pena será de prisión mayor y multa de 30.000 a 300.000 pesetas.

3. Los Tribunales, teniendo en cuenta la gravedad del hecho y sus circunstancias, las condiciones del culpable y la finalidad perseguida por éste, podrán imponer la pena inferior en un grado a la señalada.

SECCIÓN 3.ª

Procedimiento judicial

Art. 151. 1. El procedimiento para la sanción de estos delitos se tramitará con arreglo a la Ley de Enjuiciamiento Criminal. Las actuaciones que se produzcan por aplicación de estas normas tendrán carácter preferente y se tramitarán con la máxima urgencia posible.

2. La acción penal que nace en estos delitos es pública y podrá ejercitarse sin necesidad de depósito o fianza alguna.

Art. 152. El Tribunal o Juez a quien corresponda la ejecución de las Sentencias firmes dictadas en causas por delitos a los que se refiere este Título dispondrá la publicación de aquéllas en el *Boletín Oficial* de la Provincia y remitirá testimonio de las mismas a la Junta Electoral Central.

SECCIÓN 4.ª

Infracciones electorales

Art. 153. 1. Toda infracción de las normas obligatorias establecidas en la presente Ley que no constituya delito será sancionada por la Junta Electoral competente. La multa será de 20.000 a 200.000 pesetas si se trata de autoridades o funcionarios y de 5.000 a 100.000 si se realiza por particulares.

2. Las infracciones de lo dispuesto en esta Ley sobre régimen de encuestas electorales serán sancionadas con multa de 50.000 a 500.000 pesetas.

....

Art. 150: V. arts. 252 CP y 535 CP de 1973 (Apéndice 1), y nota al art. 140 de esta misma Ley.

APÉNDICE 7

LEY ORGÁNICA 5/1995, DEL TRIBUNAL DEL JURADO*

(*BOE* n.º 122, de 23 de mayo)

....

DISPOSICIONES ADICIONALES

....

2.ª *Infracciones penales.*—1. Los jurados que abandonen sus funciones sin causa legítima, o incumplan las obligaciones que les imponen los artículos 41.4 y 58.2 de esta Ley incurrirán en

---

* Modificada por LO 8/1995, de 16 de noviembre (*BOE* n.º 275, de 17 de noviembre), y LO 10/1995, de 23 de noviembre (*BOE* n.º 281, de 24 de noviembre), por la que se aprueba el nuevo CP. Por RD 385/1996, de 1 de marzo (*BOE* n.º 64, de 14 de marzo; corrección de errores en *BOE* n.º 90, de 13 de abril), se estableció el régimen retributivo e indemnizatorio del desempeño de las funciones de jurado.

Disp. Adic. 2.ª: Los arts. 41, 55 y 58 LOTJ, a los que se remite esta Disp. Adic. 2.ª, disponen lo siguiente:

«*Art. 41. Juramento o promesa de los designados.*—1. Una vez que el Tribunal se haya constituido, se procederá a recibir juramento o promesa a los designados. Puestos en pie el Magistrado-presidente dirá: "¿Juráis o prometéis desempeñar bien y fielmente vuestra función de jurado, examinar con rectitud la acusación formulada contra —aquí indicará el nombre y apellidos de cada acusado—, apreciando sin odio ni afecto las pruebas que se os dieren, y resolver con imparcialidad si son o no culpables de los delitos imputados, así como guardar el secreto de las deliberaciones?"

»2. Los jurados se irán aproximando, de uno en uno, a la presencia del Magistrado-presidente y, colocados frente a él, dirán: "sí juro" o "sí prometo", y tomarán asiento en el lugar destinado al efecto.

»3. El Magistrado-presidente, cuando todos hayan jurado o prometido, dirá: "Si así lo hiciereis, vuestros conciudadanos os lo premien; y, si no, os lo demanden" y mandará comenzar la audiencia pública.

»4. Nadie podrá ejercer las funciones de jurado sin prestar el juramento o promesa indicados. Quien se negase a prestarlo será conminado con el pago de una multa de 50.000 pesetas que el Magistrado-presidente impondrá en el acto. Si el llamado persiste en su negativa se deducirá el oportuno tanto de culpa y en su lugar será llamado el suplente.»

«*Art. 55. Deliberación del Jurado.*—1. Seguidamente el Jurado se retirará a la sala destinada para su deliberación.

la pena de multa de 100.000 a 500.000 pesetas.

2. Los jurados que incumplan las obligaciones impuestas en el apartado 3 del artículo 55, incurrirán en la pena de arresto mayor y multa de 100.000 a 500.000 pesetas.

....

»2. Presididos inicialmente por aquél cuyo nombre fuese el primero en salir en el sorteo, procederán a elegir al portavoz.

»3. La deliberación será secreta, sin que ninguno de los jurados pueda revelar lo en ella manifestado.»

«*Art. 58. Votación nominal.*—1. La votación será nominal, en alta voz y por orden alfabético, votando en último lugar el portavoz.

»2. Ninguno de los jurados podrá abstenerse de votar. Si alguno insistiere en abstenerse, después de requerido por el portavoz, se hará constar en acta y, en su momento, será sancionado por el Magistrado-presidente con 75.000 pesetas de multa. Si, hecha la constancia y reiterado el requerimiento, persistiera la negativa de voto, se dejará nueva constancia en acta de la que se deducirá el testimonio correspondiente para exacción de la derivada responsabilidad penal.

»3. En todo caso, la abstención se entenderá voto a favor de no considerar probado el hecho perjudicial para la defensa y de la no culpabilidad del acusado.»

Téngase en cuenta que, en virtud de lo previsto en la Disp. Trans. 11.ª1 de la LO 10/1995, por la que se aprueba el nuevo CP, las penas de multa en cuantía superior a cien mil pesetas, señaladas para hechos castigados como delito en Leyes penales especiales, deben entenderse sustituidas por la multa de tres a diez meses, y que, en los mismos términos, la pena de arresto mayor ha de entenderse sustituida por la de arresto de siete a quince fines de semana.

APÉNDICE 8

LEY ORGÁNICA 5/2000, DE 12 DE ENERO, REGULADORA DE LA RESPONSABILIDAD PENAL DE LOS MENORES*

(*BOE* n.º 11, de 13 de enero)

EXPOSICIÓN DE MOTIVOS

I

1. La promulgación de la presente Ley Orgánica reguladora de la responsabilidad penal de los menores era una necesidad impuesta por lo establecido en la Ley Orgánica 4/1992, de 5 de junio, sobre reforma de la Ley reguladora de la competencia y el pro-

---

* Esta Ley fue modificada por Ley Orgánica 7/2000, de 22 de diciembre (*BOE* n.º 307, de 23 de diciembre), cuya Exposición de Motivos, en lo que a esta reforma se refiere, dice:

«Finalmente, en el artículo segundo de esta Ley, se introduce una modificación en la Ley Orgánica 5/2000, de 12 de enero, de responsabilidad penal de los menores, que se traduce en la incorporación de una nueva disposición adicional —y en la consecuente modificación técnica de algunos preceptos afectados por dicha disposición—, que tiene por finalidad reforzar la aplicación de los principios inspiradores de la citada Ley a los menores implicados en delitos de terrorismo, así como conciliar tales principios con otros bienes constitucionalmente protegidos a los que ya se ha hecho reiterada alusión en esta exposición y que aquí se ven particularmente afectados por la creciente participación de menores, no sólo en las acciones de terrorismo urbano, sino en el resto de las actividades terroristas.

»No se trata, en consecuencia, de excepcionar de la aplicación de la Ley 5/2000 a estos menores, ni tampoco de aplazar o graduar la entrada en vigor de la misma, prevista para el próximo 13 de enero de 2001, sino de establecer las mínimas especialidades necesarias para que el enjuiciamiento de las conductas de los menores responsables de delitos terroristas se realice en las condiciones más adecuadas a la naturaleza de los supuestos que se enjuician y a la trascendencia de los mismos para el conjunto de la sociedad manteniendo sin excepción todas las especiales garantías procesales que, para los menores, ha establecido la Ley 5/2000, y para que la aplicación de las medidas rehabilitadoras, especialmente valiosas y complejas respecto de conductas que ponen radicalmente en cuestión los valores más elementales de la convivencia, pueda desarrollarse en condiciones ambientales favorables, con apoyos técnicos especializados, y por un tiempo suficiente para hacer eficaz el proceso rehabilitador.

»A ello responden la articulación en la Audiencia Nacional de un Juez Central de Menores [apartados *a*) y *b*)], la posible prolongación de los plazos de internamiento

cedimiento de los Juzgados de Menores; en la moción aprobada por el Congreso de los Diputados el 10 de mayo de 1994, y en el artículo 19 de la vigente Ley Orgánica 10/1995, de 23 de noviembre, del Código Penal.

2. La Ley Orgánica 4/1992, promulgada como consecuencia de la sentencia del Tribunal Constitucional 36/1991, de 14 de febrero, que declaró inconstitucional el artículo 15 de la Ley de Tribunales Tutelares de Menores, texto refundido de 11 de junio de 1948, establece un marco flexible para que los Juzgados de Menores puedan determinar las medidas aplicables a éstos en cuanto infractores penales, sobre la base de valorar especialmente el interés del menor, entendiendo por menores a tales efectos a las personas comprendidas entre los doce y los dieciséis años. Simultáneamente, encomienda al Ministerio Fiscal la iniciativa procesal, y le concede amplias facultades para acordar la terminación del proceso con la intención de evitar, dentro de lo posible, los efectos aflictivos que el mismo pudiera llegar a producir. Asimismo, configura al equipo técnico como instrumento imprescindible para alcanzar el objetivo que persiguen las medidas y termina estableciendo un procedimiento de naturaleza sancionadora-educativa, al que otorga todas las garantías derivadas de nuestro ordenamiento constitucional, en sintonía con lo establecido en la aludida sentencia del Tribunal Constitucional y lo dispuesto en el artículo 40 de la Convención de los Derechos del Niño de 20 de noviembre de 1989.

Dado que la expresada Ley Orgánica se reconocía a sí misma

[apartado *c*)] y la previsión de la ejecución de las medidas de internamiento que la Audiencia acuerde con el apoyo y control del personal especializado que el Gobierno ponga a disposición y bajo dirección de la propia Audiencia [apartados *c*) y *d*)]. Todo ello, sin mayores modificaciones de las facultades que la Ley 5/2000 atribuye en estos procedimientos a Jueces y Fiscales, quienes mantienen un amplio margen para discriminar de acuerdo con la diferente gravedad de las conductas el tiempo de duración del internamiento, y para flexibilizar el régimen del menor, mediante modificación, suspensión o sustitución de la medida impuesta, especialmente en lo que se refiere a los menores de dieciséis años.

»Del mismo modo que, según acaba de señalarse, se considera conveniente establecer un tratamiento diferenciado entre los menores de dieciséis años y los de edades comprendidas entre los dieciséis y los dieciocho años, se consolida lo que, por otra parte se deduce ya de lo dispuesto en el artículo 4 de la Ley reguladora de la responsabilidad penal de los menores, como es que no procede aplicar dicha norma a los jóvenes mayores de dieciocho años.»

La presente Ley fue también modificada por Ley Orgánica 9/2000, de 22 de diciembre (*BOE* n.º 307, de 23 de diciembre), sobre medidas urgentes para la agilización de la Administración de Justicia.

V. arts. 19 y 69 CP.

expresamente «el carácter de una reforma urgente, que adelanta parte de una renovada legislación sobre reforma de menores, que será objeto de medidas legislativas posteriores», es evidente la oportunidad de la presente Ley Orgánica, que constituye esa necesaria reforma legislativa, partiendo de los principios básicos que ya guiaron la redacción de aquélla (especialmente, el principio del superior interés del menor), de las garantías de nuestro ordenamiento constitucional, y de las normas de Derecho internacional, con particular atención a la citada Convención de los Derechos del Niño de 20 de noviembre de 1989, y esperando responder de este modo a las expectativas creadas en la sociedad española, por razones en parte coyunturales y en parte permanentes, sobre este tema concreto.

3. Los principios expuestos en la moción aprobada unánimemente por el Congreso de los Diputados el día 10 de mayo de 1994, sobre medidas para mejorar el marco jurídico vigente de protección del menor, se refieren esencialmente al establecimiento de la mayoría de edad penal en los dieciocho años y a la promulgación de «una ley penal del menor y juvenil que contemple la exigencia de responsabilidad para los jóvenes infractores que no hayan alcanzado la mayoría de edad penal, fundamentada en principios orientados hacia la reeducación de los menores de edad infractores, en base a las circunstancias personales, familiares y sociales, y que tenga especialmente en cuenta las competencias de las Comunidades Autónomas en esta materia...».

4. El artículo 19 del vigente Código Penal, aprobado por la Ley Orgánica 10/1995, de 23 de noviembre, fija efectivamente la mayoría de edad penal en los dieciocho años y exige la regulación expresa de la responsabilidad penal de los menores de dicha edad en una Ley independiente. También para responder a esta exigencia se aprueba la presente Ley Orgánica, si bien lo dispuesto en este punto en el Código Penal debe ser complementado en un doble sentido. En primer lugar, asentando firmemente el principio de que la responsabilidad penal de los menores presenta frente a la de los adultos un carácter primordial de intervención educativa que trasciende a todos los aspectos de su regulación jurídica y que determina considerables diferencias entre el sentido y el procedimiento de las sanciones en uno y otro sector, sin perjuicio de las garantías comunes a todo justiciable. En segundo término, la edad límite de dieciocho años establecida por el Código Penal para referirse a la responsabilidad penal de los menores precisa de otro límite mínimo a

partir del cual comience la posibilidad de exigir esa responsabilidad y que se ha concretado en los catorce años, con base en la convicción de que las infracciones cometidas por los niños menores de esta edad son en general irrelevantes y que, en los escasos supuestos en que aquéllas pueden producir alarma social, son suficientes para darles una respuesta igualmente adecuada los ámbitos familiar y asistencial civil, sin necesidad de la intervención del aparato judicial sancionador del Estado.

5. Asimismo, han sido criterios orientadores de la redacción de la presente Ley Orgánica, como no podía ser de otra manera, los contenidos en la doctrina del Tribunal Constitucional, singularmente en los fundamentos jurídicos de las sentencias 36/1991, de 14 de febrero, y 60/1995, de 17 de marzo, sobre las garantías y el respeto a los derechos fundamentales que necesariamente han de imperar en el procedimiento seguido ante los Juzgados de Menores, sin perjuicio de las modulaciones que, respecto del procedimiento ordinario, permiten tener en cuenta la naturaleza y finalidad de aquel tipo de proceso, encaminado a la adopción de unas medidas que, como ya se ha dicho, fundamentalmente no pueden ser represivas, sino preventivo-especiales, orientadas hacia la efectiva reinserción y el superior interés del menor, valorados con criterios que han de buscarse primordialmente en el ámbito de las ciencias no jurídicas.

II

6. Como consecuencia de los principios, criterios y orientaciones a que se acaba de hacer referencia, puede decirse que la redacción de la presente Ley Orgánica ha sido conscientemente guiada por los siguientes principios generales: naturaleza formalmente penal pero materialmente sancionadora-educativa del procedimiento y de las medidas aplicables a los infractores menores de edad, reconocimiento expreso de todas las garantías que se derivan del respeto de los derechos constitucionales y de las especiales exigencias del interés del menor, diferenciación de diversos tramos a efectos procesales y sancionadores en la categoría de infractores menores de edad, flexibilidad en la adopción y ejecución de las medidas aconsejadas por las circunstancias del caso concreto, competencia de las entidades autonómicas relacionadas con la reforma y protección de menores para la ejecución de las medidas impuestas en la sentencia y control judicial de esta ejecución.

7. La presente Ley Orgánica tiene ciertamente la naturale-

za de disposición sancionadora, pues desarrolla la exigencia de una verdadera responsabilidad jurídica a los menores infractores, aunque referida específicamente a la comisión de hechos tipificados como delitos o faltas por el Código Penal y las restantes leyes penales especiales. Al pretender ser la reacción jurídica dirigida al menor infractor una intervención de naturaleza educativa, aunque desde luego de especial intensidad, rechazando expresamente otras finalidades esenciales del Derecho penal de adultos, como la proporcionalidad entre el hecho y la sanción o la intimidación de los destinatarios de la norma, se pretende impedir todo aquello que pudiera tener un efecto contraproducente para el menor, como el ejerccio de la acción por la víctima o por otros particulares.

Y es que en el Derecho penal de menores ha de primar, como elemento determinante del procedimiento y de las medidas que se adopten, el superior interés del menor. Interés que ha de ser valorado con criterios técnicos y no formalistas por equipos de profesionales especializados en el ámbito de las ciencias no jurídicas, sin perjuicio desde luego de adecuar la aplicación de las medidas a principios garantistas generales tan indiscutibles como el principio acusatorio, el principio de defensa o el principio de presunción de inocencia.

8. Sin embargo, la Ley tampoco puede olvidar el interés propio del perjudicado o víctima del hecho cometido por el menor, estableciendo un procedimiento singular, rápido y poco formalista para el resarcimiento, en su caso, de daños y perjuicios, dotando de amplias facultades al Juez de Menores para la incorporación a los autos de documentos y testimonios relevantes de la causa principal. En este ámbito de atención a los intereses y necesidades de las víctimas, la Ley introduce el principio en cierto modo revolucionario de la responsabilidad solidaria con el menor responsable de los hechos de sus padres, tutores, acogedores o guardadores, si bien permitiendo la moderación judicial de la misma y recordando expresamente la aplicabilidad en su caso de la Ley 30/1992, de 26 de noviembre, de Régimen Jurídico de las Administraciones Públicas y del Procedimiento Administrativo Común, así como de la Ley 35/1995, de 11 de diciembre, de ayudas y asistencia a las víctimas de delitos violentos y contra la libertad sexual.

Asimismo la Ley regula, para procedimientos por delitos graves cometidos por mayores de dieciséis años, un régimen de intervención del perjudicado en orden a salvaguardar el interés de la víctima en el esclarecimiento de los hechos y su enjuiciamiento por el orden jurisdiccional competente, sin contaminar el procedimiento propiamente educativo y sancionador del menor.

Esta Ley arbitra un amplio derecho de participación a las víctimas ofreciéndoles la oportunidad de intervenir en las actuaciones procesales proponiendo y practicando prueba, formulando conclusiones e interponiendo recursos. Sin embargo, esta participación se establece de un modo limitado ya que respecto de los menores no cabe reconocer a los particulares el derecho a constituirse propiamente en parte acusadora con plenitud de derechos y cargas procesales. No existe aquí ni la acción particular de los perjudicados por el hecho criminal, ni la acción popular de los ciudadanos, porque en estos casos el interés prioritario para la sociedad y para el Estado coincide con el interés del menor.

9. Conforme a las orientaciones declaradas por el Tribunal Constitucional, anteriormente aludidas, se instaura un sistema de garantías adecuado a la pretensión procesal, asegurando que la imposición de la sanción se efectuará tras vencer la presunción de inocencia, pero sin obstaculizar los criterios educativos y de valoración del interés del menor que presiden este proceso, haciendo al mismo tiempo un uso flexible del principio de intervención mínima, en el sentido de dotar de relevancia a las posibilidades de no apertura del procedimiento o renuncia al mismo, al resarcimiento anticipado o conciliación entre el infractor y la víctima, y a los supuestos de suspensión condicional de la medida impuesta o de sustitución de la misma durante su ejecución.

La competencia corresponde a un Juez ordinario, que, con categoría de Magistrado y preferentemente especialista, garantiza la tutela judicial efectiva de los derechos en conflicto. La posición del Ministerio Fiscal es relevante, en su doble condición de institución que constitucionalmente tiene encomendada la función de promover la acción de la Justicia y la defensa de la legalidad, así como de los derechos de los menores, velando por el interés de éstos. El letrado del menor tiene participación en todas y cada una de las fases del proceso, conociendo en todo momento el contenido del expediente, pudiendo proponer pruebas e interviniendo en todos los actos que se refieren a la valoración del interés del menor y a la ejecución de la medida, de la que puede solicitar la modificación.

La adopción de medidas cautelares sigue el modelo de solicitud de parte, en audiencia contradictoria, en la que debe valorarse especialmente, una vez más, el superior interés del menor.

En defensa de la unidad de doctrina, el sistema de recursos ordinario se confía a las Salas de Menores de los Tribunales Superiores de Justicia, que habrán de crearse, las cuales, con la inclusión de Magistrados especialistas, aseguran y refuerzan la efectividad de la tutela judicial en relación con las finalidades que se propone la Ley. En el mismo sentido, procede destacar la instauración del recurso de casación para unificación de doctrina, reservado a los casos de mayor gravedad, en paralelismo con el proceso penal de adultos, reforzando la garantía de la unidad de doctrina en el ámbito del derecho sancionador de menores a través de la jurisprudencia del Tribunal Supremo.

10. Conforme a los principios señalados, se establece, inequívocamente, el límite de los catorce años de edad para exigir este tipo de responsabilidad sancionadora a los menores de edad penal y se diferencian, en el ámbito de aplicación de la Ley y de la graduación de las consecuencias por los hechos cometidos, dos tramos, de catorce a dieciséis y de diecisiete a dieciocho años, por presentar uno y otro grupo diferencias características que requieren, desde un punto de vista científico y jurídico, un tratamiento diferenciado, constituyendo una agravación específica en el tramo de los mayores de dieciséis años la comisión de delitos que se caracterizan por la violencia, intimidación o peligro para las personas.

La aplicación de la presente Ley a los mayores de dieciocho años y menores de veintiuno, prevista en el artículo 69 del Código Penal vigente, podrá ser acordada por el Juez atendiendo a las circunstancias personales y al grado de madurez del autor, y a la naturaleza y gravedad de los hechos. Estas personas reciben, a los efectos de esta Ley, la denominación genérica de «jóvenes».

Se regulan expresamente, como situaciones que requieren una respuesta específica, los supuestos en los que el menor presente síntomas de enajenación mental o la concurrencia de otras circunstancias modificativas de su responsabilidad, debiendo promover el Ministerio Fiscal, tanto la adopción de las medidas más adecuadas al interés del menor que se encuentre en tales situaciones, como la constitución de los organismos tutelares previstos por las leyes. También se establece que las acciones u omisiones imprudentes no puedan ser sancionadas con medidas de internamiento en régimen cerrado.

11. Con arreglo a las orientaciones expuestas, la Ley establece un amplio catálogo de medidas aplicables, desde la referida perspectiva sancionadora-educativa, debiendo primar nuevamen-

te el interés del menor en la flexible adopción judicial de la medida más idónea, dadas las características del caso concreto y de la evolución personal del sancionado durante la ejecución de la medida. La concreta finalidad que las ciencias de la conducta exigen que se persiga con cada una de las medidas relacionadas, se detalla con carácter orientador en el apartado III de esta exposición de motivos.

12. La ejecución de las medidas judicialmente impuestas corresponde a las entidades públicas de protección y reforma de menores de las Comunidades Autónomas, bajo el inexcusable control del Juez de Menores.

Se mantiene el criterio de que el interés del menor tiene que ser atendido por especialistas en las áreas de la educación y la formación, pertenecientes a esferas de mayor inmediación que el Estado. El Juez de Menores, a instancia de las partes y oídos los equipos técnicos del propio Juzgado y de la entidad pública de la correspondiente Comunidad Autónoma, dispone de amplias facultades para suspender o sustituir por otras las medidas impuestas, naturalmente sin mengua de las garantías procesales que constituyen otro de los objetivos primordiales de la nueva regulación, o permitir la participación de los padres del menor en la aplicación y consecuencias de aquéllas.

13. Un interés particular revisten en el contexto de la Ley los temas de la reparación del daño causado y la conciliación del delincuente con la víctima como situaciones que, en aras del principio de intervención mínima, y con el concurso mediador del equipo técnico, pueden dar lugar a la no incoación o sobreseimiento del expediente, o a la finalización del cumplimiento de la medida impuesta, en un claro predominio, una vez más, de los criterios educativos y resocializadores sobre los de una defensa social esencialmente basada en la prevención general y que pudiera resultar contraproducente para el futuro.

La reparación del daño causado y la conciliación con la víctima presentan el común denominador de que el ofensor y el perjudicado por la infracción llegan a un acuerdo, cuyo cumplimiento por parte del menor termina con el conflicto jurídico iniciado por su causa. La conciliación tiene por objeto que la víctima reciba una satisfacción psicológica a cargo del menor infractor, quien ha de arrepentirse del daño causado y estar dispuesto a disculparse. La medida se aplicará cuando el menor efectivamente se arrepienta y se disculpe, y la persona ofendida lo acepte y otorgue su perdón. En la reparación el acuerdo no se alcanza únicamente mediante la vía de la satisfacción psicológica, sino que requiere algo más: el menor ejecuta el compromiso contraído con la víctima o perjudicado de reparar el daño causado, bien mediante trabajos en beneficio de la comunidad, bien mediante acciones, adaptadas a las necesidades del sujeto, cuyo beneficiario sea la propia víctima o perjudicado.

III

14. En la medida de amonestación, el Juez, en un acto único que tiene lugar en la sede judicial, manifiesta al menor de modo concreto y claro las razones que hacen socialmente intolerables los hechos cometidos, le expone las consecuencias que para él y para la víctima han tenido o podían haber tenido tales hechos, y le formula recomendaciones para el futuro.

15. La medida de prestaciones en beneficio de la comunidad, que, en consonancia con el artículo 25.2 de nuestra Constitución, no podrá imponerse sin consentimiento del menor, consiste en realizar una actividad, durante un número de sesiones previamente fijado, bien sea en beneficio de la colectividad en su conjunto, o de personas que se encuentren en una situación de precariedad por cualquier motivo. Preferentemente, se buscará relacionar la naturaleza de la actividad en que consista esta medida con la de los bienes jurídicos afectados por los hechos cometidos por el menor.

Lo característico de esta medida es que el menor ha de comprender, durante su realización, que la colectividad o determinadas personas han sufrido de modo injustificado unas consecuencias negativas derivadas de su conducta. Se pretende que el sujeto comprenda que actuó de modo incorrecto, que merece el reproche formal de la sociedad, y que la prestación de los trabajos que se le exigen es un acto de reparación justo.

16. Las medidas de internamiento responden a una mayor peligrosidad, manifestada en la naturaleza peculiarmente grave de los hechos cometidos, caracterizados en los casos más destacados por la violencia, la intimidación o el peligro para las personas. El objetivo prioritario de la medida es disponer de un ambiente que provea de las condiciones educativas adecuadas para que el menor pueda reorientar aquellas disposiciones o deficiencias que han caracterizado su comportamiento antisocial, cuando para ello sea necesario, al menos de manera temporal, asegurar la estancia del infractor en un régimen físicamente restrictivo de su libertad. La mayor o menor intensidad de tal restricción da lugar a los diversos tipos

de internamiento, a los que se va a aludir a continuación. El internamiento, en todo caso, ha de proporcionar un clima de seguridad personal para todos los implicados, profesionales y menores infractores, lo que hace imprescindible que las condiciones de estancia sean las correctas para el normal desarrollo psicológico de los menores.

El internamiento en régimen cerrado pretende la adquisición por parte del menor de los suficientes recursos de competencia social para permitir un comportamiento responsable en la comunidad, mediante una gestión de control en un ambiente restrictivo y progresivamente autónomo.

El internamiento en régimen semiabierto implica la existencia de un proyecto educativo en donde desde el principio los objetivos sustanciales se realizan en contacto con personas e instituciones de la comunidad, teniendo el menor su residencia en el centro, sujeto al programa y régimen interno del mismo.

El internamiento en régimen abierto implica que el menor llevará a cabo todas las actividades del proyecto educativo en los servicios normalizados del entorno, residiendo en el centro como domicilio habitual.

El internamiento terapéutico se prevé para aquellos casos en los que los menores, bien por razón de su adicción al alcohol o a otras drogas, bien por disfunciones significativas en su psiquismo, precisan de un contexto estructurado en el que poder realizar una programación terapéutica, no dándose, ni, de una parte, las condiciones idóneas en el menor o en su entorno para el tratamiento ambulatorio, ni, de otra parte, las condiciones de riesgo que exigirían la aplicación a aquél de un internamiento en régimen cerrado.

17. En la asistencia a un centro de día, el menor es derivado a un centro plenamente integrado en la comunidad, donde se realizan actividades educativas de apoyo a su competencia social. Esta medida sirve el propósito de proporcionar a un menor un ambiente estructurado durante buena parte del día, en el que se lleven a cabo actividades socio-educativas que puedan compensar las carencias del ambiente familiar de aquél. Lo característico del centro de día es que en ese lugar es donde toma cuerpo lo esencial del proyecto socio-educativo del menor, si bien éste puede asistir también a otros lugares para hacer uso de otros recursos de ocio o culturales. El sometido a esta medida puede, por lo tanto, continuar residiendo en su hogar, o en el de su familia, o en el establecimiento de acogida.

18. En la medida de libertad vigilada, el menor infractor está sometido, durante el tiempo establecido en la sentencia, a una vi-

gilancia y supervisión a cargo de personal especializado, con el fin de que adquiera las habilidades, capacidades y actitudes necesarias para un correcto desarrollo personal y social. Durante el tiempo que dure la libertad vigilada, el menor también deberá cumplir las obligaciones y prohibiciones que, de acuerdo con esta Ley, el Juez puede imponerle.

19. La realización de tareas socio-educativas consiste en que el menor lleve a cabo actividades específicas de contenido educativo que faciliten su reinserción social. Puede ser una medida de carácter autónomo o formar parte de otra más compleja. Empleada de modo autónomo, pretende satisfacer necesidades concretas del menor percibidas como limitadoras de su desarrollo integral. Puede suponer la asistencia y participación del menor a un programa ya existente en la comunidad, o bien a uno creado *ad hoc* por los profesionales encargados de ejecutar la medida. Como ejemplos de tareas socio-educativas, se pueden mencionar las siguientes: asistir a un taller ocupacional, a un aula de educación compensatoria o a un curso de preparación para el empleo; participar en actividades estructuradas de animación sociocultural, asistir a talleres de aprendizaje para la competencia social, etc.

20. El tratamiento ambulatorio es una medida destinada a los menores que disponen de las condiciones adecuadas en su vida para beneficiarse de un programa terapéutico que les ayude a superar procesos adictivos o disfunciones significativas de su psiquismo. Previsto para los menores que presenten una dependencia al alcohol o las drogas, y que en su mejor interés puedan ser tratados de la misma en la comunidad, en su realización pueden combinarse diferentes tipos de asistencia médica y psicológica. Resulta muy apropiado para casos de desequilibrio psicológico o perturbaciones del psiquismo que puedan ser atendidos sin necesidad de internamiento. La diferencia más clara con la tarea socio-educativa es que ésta pretende lograr una capacitación, un logro de aprendizaje, empleando una metodología, no tanto clínica, sino de orientación psicoeducativa. El tratamiento ambulatorio también puede entenderse como una tarea socio-educativa muy específica para un problema bien definido.

21. La permanencia de fin de semana es la expresión que define la medida por la que un menor se ve obligado a permanecer en su hogar desde la tarde o noche del viernes hasta la noche del domingo, a excepción del tiempo en que realice las tareas socio-educativas asignadas por el Juez. En la práctica, combina elementos del arresto de fin de semana y de la medida de tareas socio-

educativas o prestaciones en beneficio de la comunidad. Es adecuada para menores que cometen actos de vandalismo o agresiones leves en los fines de semana.

22. La convivencia con una persona, familia o grupo educativo es una medida que intenta proporcionar al menor un ambiente de socialización positivo, mediante su convivencia, durante un período determinado por el Juez, con una persona, con una familia distinta a la suya o con un grupo educativo que se ofrezca a cumplir la función de la familia en lo que respecta al desarrollo de pautas socioafectivas prosociales en el menor.

23. La privación del permiso de conducir ciclomotores o vehículos a motor, o del derecho a obtenerlo, o de licencias administrativas para caza o para el uso de cualquier tipo de armas, es una medida accesoria que se podrá imponer en aquellos casos en los que el hecho cometido tenga relación con la actividad que realiza el menor y que ésta necesite autorización administrativa.

24. Por último, procede poner de manifiesto que los principios científicos y los criterios educativos a que han de responder cada una de las medidas, aquí sucintamente expuestos, se habrán de regular más extensamente en el Reglamento que en su día se dicte en desarrollo de la presente Ley Orgánica.

TÍTULO PRELIMINAR

Artículo 1.º *Declaración general.*—1. Esta Ley se aplicará para exigir la responsabilidad de las personas mayores de catorce años y menores de dieciocho por la comisión de hechos tipificados como delitos o faltas en el Código Penal o las leyes penales especiales.

2. También se aplicará lo dispuesto en esta Ley para los menores a las personas mayores de dieciocho años y menores de veintiuno, en los términos establecidos en el artículo 4 de la misma.

3. Las personas a las que se aplique la presente Ley gozarán de todos los derechos reconocidos en la Constitución y en el ordenamiento jurídico, particularmente en la Ley Orgánica 1/1996, de 15 de enero, de Protección Jurídica del Menor, así como en la

Art. 1.º: V. arts. 19 y 69 CP.

Convención sobre los Derechos del Niño de 20 de noviembre de 1989 y en todas aquellas normas sobre protección de menores contenidas en los Tratados válidamente celebrados por España.

4. Al efecto de designar a las personas a quienes se aplica esta Ley, en el articulado de la misma se utiliza el término menores para referirse a las que no han cumplido dieciocho años, y el de jóvenes para referirse a las mayores de dicha edad.

Sin perjuicio de lo anterior, cuando esta Ley se refiera genéricamente al menor o a los menores, se entenderá que lo hace a todos los incluidos en su ámbito de aplicación.

TÍTULO PRIMERO

Del ámbito de aplicación de la Ley

Art. 2.º *Competencia de los Jueces de Menores.*—1. Los Jueces de Menores serán competentes para conocer de los hechos cometidos por las personas mencionadas en el artículo 1 de esta Ley, así como para hacer ejecutar sus sentencias, sin perjuicio de las facultades atribuidas por esta Ley a las Comunidades Autónomas respecto a la protección y reforma de menores.

2. Los Jueces de Menores serán asimismo competentes para resolver sobre las responsabilidades civiles derivadas de los hechos cometidos por las personas a las que resulta aplicable la presente Ley.

3. La competencia corresponde al Juez de Menores del lugar donde se haya cometido el hecho delictivo, sin perjuicio de lo establecido en el artículo 20.3 de esta Ley.

Art. 3.º *Régimen de los menores de catorce años.*—Cuando el autor de los hechos mencionados en los artículos anteriores sea menor de catorce años, no se le exigirá responsabilidad con arreglo a la presente Ley, sino que se le aplicará lo dispuesto en las normas sobre protección de menores previstas en el Código Civil y demás disposiciones vigentes. El Ministerio Fiscal deberá remitir a la entidad pública de protección de menores testimonio de los particulares que considere precisos respecto al menor, a fin de valorar su situación, y dicha entidad habrá de promover las medidas de protección adecuadas a las circunstancias de aquél conforme a lo dispuesto en la Ley Orgánica 1/1996, de 15 de enero.

Art 4.º *Régimen de los mayores de dieciocho años.*—1. De conformidad con lo establecido en el artículo 69 de la Ley Orgánica 10/1995, de 23 de noviembre, del Código Penal, la presente Ley se aplicará a las personas mayores de dieciocho años y menores de veintiuno imputadas en la comisión de hechos delictivos, cuando el Juez de Instrucción competente, oídos el Ministerio Fiscal, el letrado del imputado y el equipo técnico a que se refiere el artículo 27 de esta Ley, así lo declare expresamente mediante auto.

2. Serán condiciones necesarias para la aplicación de lo dispuesto en el apartado anterior las siguientes:

1.ª Que el imputado hubiere cometido una falta, o un delito menos grave sin violencia o intimidación en las personas ni grave peligro para la vida o la integridad física de las mismas, tipificados en el Código Penal o en las leyes penales especiales.

2.ª Que no haya sido condenado en sentencia firme por hechos delictivos cometidos una vez cumplidos los dieciocho años. A tal efecto no se tendrán en cuenta las anteriores condenas por delitos o faltas imprudentes ni los antecedentes penales que hayan sido cancelados, o que debieran serlo con arreglo a lo dispuesto en el artículo 136 del Código Penal.

3.ª Que las circunstancias personales del imputado y su grado de madurez aconsejen la aplicación de la presente Ley, especialmente cuando así lo haya recomendado el equipo técnico en su informe.

3. Contra el auto que resuelva lo indicado en los apartados anteriores, cabrá recurso de apelación en el plazo de tres días, del que conocerá la *Sala de Menores del Tribunal Superior de Justicia* correspondiente, sin previo recurso de reforma. La apelación se sustanciará conforme al régimen general establecido en la Ley de Enjuiciamiento Criminal.

Del mencionado auto, una vez firme, se dará traslado al Ministerio Fiscal para la tramitación

---

Art. 4.º: Téngase en cuenta que la Disp. Trans. Única de la Ley Orgánica 9/2000, de 22 de diciembre (*BOE* n.º 307, de 23 de diciembre), estableció la suspensión de la presente Ley Orgánica «en lo referente a los infractores de edades comprendidas entre los dieciocho y veintiún años, por un plazo de dos años desde la entrada en vigor de la misma».

Por otra parte, la Disp. Adic. 2.ª de esta misma Ley establece: «Todas las referencias a las Salas de Menores de los Tribunales Superiores de Justicia contenidas en la Ley Orgánica 5/2000, de 12 de enero, reguladora de la responsabilidad penal de los menores, deben entenderse realizadas a las Audiencias Provinciales.»

del procedimiento previsto en la presente Ley.

Art. 5.º *Bases de la responsabilidad de los menores.*—1. Los menores serán responsables con arreglo a esta Ley cuando hayan cometido los hechos a los que se refiere el artículo 1 y no concurra en ellos ninguna de las causas de exención o extinción de la responsabilidad criminal previstas en el vigente Código Penal.

2. No obstante lo anterior, a los menores en quienes concurran las circunstancias previstas en los números 1.º, 2.º y 3.º del artículo 20 del vigente Código Penal les serán aplicables, en caso necesario, las medidas terapéuticas a las que se refiere el artículo 7.1, letras *d*) y *e*), de la presente Ley.

3. Las edades indicadas en el articulado de esta Ley se han de entender siempre referidas al momento de la comisión de los hechos, sin que el haberse rebasado las mismas antes del comienzo del procedimiento o durante la tramitación del mismo tenga incidencia alguna sobre la competencia atribuida por esta misma Ley a los Jueces y Fiscales de Menores.

Art. 6.º *De la intervención del Ministerio Fiscal.*—Corresponde al Ministerio Fiscal la defensa de los derechos que a los menores reconocen las leyes, así como la vigilancia de las actuaciones que deban efectuarse en su interés y la observancia de las garantías del procedimiento, para lo cual dirigirá personalmente la investigación de los hechos y ordenará que la policía judicial practique las actuaciones necesarias para la comprobación de aquéllos y de la participación del menor en los mismos, impulsando el procedimiento.

TÍTULO II

De las medidas

Art. 7.º *Enumeración de las medidas susceptibles de ser impuestas a los menores.*—1. Las medidas que pueden imponer los Jueces de Menores, ordenadas según la restricción de derechos que suponen, son las siguientes:

a) Internamiento en régimen cerrado. Las personas sometidas a esta medida residirán en el cen-

---

Art. 7.º: El apartado *n*) del n.º 1 de este artículo fue introducido por Ley Orgánica 7/2000, de 22 de diciembre (*BOE* n.º 307, de 23 de diciembre).

tro y desarrollarán en el mismo las actividades formativas, educativas, laborales y de ocio.

b) Internamiento en régimen semiabierto. Las personas sometidas a esta medida residirán en el centro, pero realizarán fuera del mismo actividades formativas, educativas, laborales y de ocio.

c) Internamiento en régimen abierto. Las personas sometidas a esta medida llevarán a cabo todas las actividades del proyecto educativo en los servicios normalizados del entorno, residiendo en el centro como domicilio habitual, con sujeción al programa y régimen interno del mismo.

d) Internamiento terapéutico. En los centros de esta naturaleza se realizará una atención educativa especializada o tratamiento específico dirigido a personas que padezcan anomalías o alteraciones psíquicas, un estado de dependencia de bebidas alcohólicas, drogas tóxicas o sustancias psicotrópicas, o alteraciones en la percepción que determinen una alteración grave de la conciencia de la realidad. Esta medida podrá aplicarse sola o como complemento de otra medida prevista en este artículo. Cuando el interesado rechace un tratamiento de deshabituación, el Juez habrá de aplicarle otra medida adecuada a sus circunstancias.

e) Tratamiento ambulatorio. Las personas sometidas a esta medida habrán de asistir al centro designado con la periodicidad requerida por los facultativos que las atiendan y seguir las pautas fijadas para el adecuado tratamiento de la anomalía o alteración psíquica, adicción al consumo de bebidas alcohólicas, drogas tóxicas o sustancias psicotrópicas, o alteraciones en la percepción que padezcan. Esta medida podrá aplicarse sola o como complemento de otra medida prevista en este artículo. Cuando el interesado rechace un tratamiento de deshabituación, el Juez habrá de aplicarle otra medida adecuada a sus circunstancias.

f) Asistencia a un centro de día. Las personas sometidas a esta medida residirán en su domicilio habitual y acudirán a un centro, plenamente integrado en la comunidad, a realizar actividades de apoyo, educativas, formativas, laborales o de ocio.

g) Permanencia de fin de semana. Las personas sometidas a esta medida permanecerán en su domicilio o en un centro hasta un máximo de treinta y seis horas entre la tarde o noche del viernes y la noche del domingo, a excepción del tiempo que deban dedicar a las tareas socio-educativas asignadas por el Juez.

h) Libertad vigilada. En esta medida se ha de hacer un seguimiento de la actividad de la persona sometida a la misma y de su asistencia a la escuela, al centro de formación profesional o al lugar de trabajo, según los casos, procurando ayudar a aquélla a superar los factores que determinaron la infracción cometida. Asimismo, esta medida obliga, en su caso, a seguir las pautas socioeducativas que señale la entidad pública o el profesional encargado de su seguimiento, de acuerdo con el programa de intervención elaborado al efecto y aprobado por el Juez de Menores. La persona sometida a la medida también queda obligada a mantener con dicho profesional las entrevistas establecidas en el programa y a cumplir, en su caso, las reglas de conducta impuestas por el Juez, que podrán ser alguna o algunas de las siguientes:

1.ª Obligación de asistir con regularidad al centro docente correspondiente, si el interesado está en el período de la enseñanza básica obligatoria, y acreditar ante el Juez dicha asistencia regular o justificar en su caso las ausencias, cuantas veces fuere requerido para ello.

2.ª Obligación de someterse a programas de tipo formativo, cultural, educativo, profesional, laboral, de educación sexual, de educación vial u otros similares.

3.ª Prohibición de acudir a determinados lugares, establecimientos o espectáculos.

4.ª Prohibición de ausentarse del lugar de residencia sin autorización judicial previa.

5.ª Obligación de residir en un lugar determinado.

6.ª Obligación de comparecer personalmente ante el Juzgado de Menores o profesional que se designe, para informar de las actividades realizadas y justificarlas.

7.ª Cualesquiera otras obligaciones que el Juez, de oficio o a instancia del Ministerio Fiscal, estime convenientes para la reinserción social del sentenciado, siempre que no atenten contra su dignidad como persona.

i) Convivencia con otra persona, familia o grupo educativo. La persona sometida a esta medida debe convivir, durante el período de tiempo establecido por el Juez, con otra persona, con una familia distinta a la suya o con un grupo educativo, adecuadamente seleccionados para orientar a aquélla en su proceso de socialización.

j) Prestaciones en beneficio de la comunidad. La persona sometida a esta medida, que no podrá imponerse sin su consentimiento, ha de realizar las actividades no retribuidas que se le indiquen, de interés social o en beneficio de personas en situación de precariedad. Se buscará relacionar la naturaleza de dichas actividades con la naturaleza del bien jurídico lesionado por los hechos cometidos por el menor.

k) Realización de tareas socio-educativas. La persona sometida a esta medida ha de realizar, sin internamiento ni libertad vigilada, actividades específicas de contenido educativo encaminadas a facilitarle el desarrollo de su competencia social.

l) Amonestación. Esta medida consiste en la reprensión de la persona llevada a cabo por el Juez de Menores y dirigida a hacerle comprender la gravedad de los hechos cometidos y las consecuencias que los mismos han tenido o podrían haber tenido, instándole a no volver a cometer tales hechos en el futuro.

m) Privación del permiso de conducir ciclomotores o vehículos a motor, o del derecho a obtenerlo, o de las licencias administrativas para caza o para uso de cualquier tipo de armas. Esta medida podrá imponerse como accesoria cuando el delito o falta se hubiere cometido utilizando un ciclomotor o un vehículo a motor, o un arma, respectivamente.

n) Inhabilitación absoluta. De conformidad con lo previsto en la disposición adicional cuarta, la medida de inhabilitación absoluta produce la privación definitiva de todos los honores, empleos y cargos públicos sobre el que recayere, aunque sean electivos: así como la incapacidad para obtener los mismos o cualesquiera otros honores, cargos o empleos públicos, y la de ser elegido para cargo público, durante el tiempo de la medida.

2. Las medidas de internamiento constarán de dos períodos: el primero se llevará a cabo en el centro correspondiente, conforme a la descripción efectuada en el apartado anterior de este artículo; el segundo se llevará a cabo en régimen de libertad vigilada, en la modalidad elegida por el Juez. La duración total no excederá del tiempo que se expresa en el artículo 9. El equipo técnico deberá informar respecto del contenido de ambos períodos, y el Juez expresará la duración de cada uno en la sentencia.

3. Para la elección de la medida o medidas adecuadas, tanto por el Ministerio Fiscal y el letrado del menor en sus postulaciones como por el Juez en la sentencia, se deberá atender de modo flexible, no sólo a la prueba y valoración jurídica de los hechos, sino especialmente a la edad, las circunstancias familiares y sociales, la personalidad y el interés del menor, puestos de manifiesto los dos últimos en los informes de los equipos técnicos y, en su caso, de las entidades públicas de protección y reforma de menores emitidos conforme a lo dispuesto en el artículo 27 de la presente Ley. El Juez deberá motivar la sentencia, expresando con detalle las razones por las que aplica una determinada medida, así como el plazo de duración de la misma, a los efectos de la valoración del mencionado interés del menor.

Art. 8.º *Principio acusatorio.*—El Juez de Menores no podrá imponer una medida que suponga una mayor restricción de derechos ni por un tiempo superior a la medida solicitada por el Ministerio Fiscal.

Tampoco podrá exceder la duración de las medidas privativas de libertad contempladas en el artículo 7.1.*a*), *b*), *c*), *d*) y *g*), en ningún caso, del tiempo que hubiera durado la pena privativa de libertad que se le hubiere impuesto por el mismo hecho, si el sujeto, de haber sido mayor de edad, hubiera sido declarado responsable, de acuerdo con el Código Penal.

Art. 9.º *Reglas para la aplicación de las medidas.*—No obstante lo establecido en el artículo 7.3, la aplicación de las medidas se atendrá a las siguientes reglas:

1.ª Cuando los hechos cometidos sean calificados de falta, sólo se podrán imponer las medidas de amonestación, permanencia de fin de semana hasta un máximo de cuatro fines de semana, prestaciones en beneficio de la comunidad hasta cincuenta horas, y privación del permiso de conducir o de otras licencias administrativas.

2.ª La medida de internamiento en régimen cerrado sólo podrá ser aplicable cuando en la descripción y calificación jurídica de los hechos se establezca que en su comisión se ha empleado violencia o intimidación en las personas o actuado con grave riesgo para la vida o la integridad física de las mismas.

3.ª La duración de las medidas no podrá exceder de dos años, computándose, en su caso, a estos efectos el tiempo ya cumplido por el menor en medida cautelar, conforme a lo dispuesto en el artículo 28.5 de la presente Ley. La medida de prestaciones en beneficio de la comunidad no podrá superar las cien horas. La medida de permanencia de fin de semana no podrá superar los ocho fines de semana.

4.ª En el caso de personas que hayan cumplido los dieciséis años en el momento de la comisión de los hechos, el plazo de duración de las medidas podrá alcanzar un máximo de cinco años, siempre que el delito haya sido cometido con violencia o intimidación en las personas o con grave riesgo para la vida o la integridad física de las mismas y el equipo técnico en su informe aconseje la prolongación de la medida. En estos supuestos, la medida de prestaciones en beneficio de la comunidad podrá alcanzar las doscientas horas, y la

Art. 9.º: La regla 5.ª de las contenidas en este artículo figura redactada conforme al texto de la Ley Orgánica 7/2000, de 22 de diciembre (*BOE* n.º 307, de 23 de diciembre).

de permanencia de fin de semana, dieciséis fines de semana.

5.ª Excepcionalmente, cuando los supuestos previstos en la regla anterior revistieran extrema gravedad, apreciada expresamente en la sentencia, el Juez habrá de imponer una medida de internamiento de régimen cerrado de uno a cinco años de duración, complementada sucesivamente por otra medida de libertad vigilada con asistencia educativa hasta un máximo de otros cinco años. Sólo podrá hacerse uso de lo dispuesto en los artículos 14 y 51.1 de esta Ley una vez transcurrido el primer año de cumplimiento efectivo de la medida de internamiento. Todo ello sin perjuicio de lo previsto en la disposición adicional cuarta.

La medida de libertad vigilada deberá ser ratificada mediante auto motivado, previa audiencia del Ministerio Fiscal, del letrado del menor y del representante de la entidad pública de protección o reforma de menores, al finalizar el internamiento, y se llevará a cabo por las instituciones públicas encargadas del cumplimiento de las penas, conforme a lo establecido en el artículo 105.1 del vigente Código Penal.

A los efectos de este artículo, se entenderán siempre supuestos de extrema gravedad aquellos en los que se apreciara reincidencia.

6.ª Las acciones u omisiones imprudentes no podrán ser sancionadas con medidas de internamiento en régimen cerrado.

7.ª Cuando en la postulación del Ministerio Fiscal o en la resolución dictada en el procedimiento se aprecien algunas de las circunstancias a las que se refiere el artículo 5.2 de esta Ley, sólo podrán aplicarse las medidas terapéuticas descritas en el artículo 7.1, letras *d*) y *e*), de la misma.

Art. 10. *De la prescripción.*— 1. Los hechos delictivos cometidos por los menores prescriben:

1.º A los cinco años, cuando se trate de un delito grave sancionado en el Código Penal con pena superior a diez años.

2.º A los tres años, cuando se trate de cualquier otro delito grave.

3.º Al año, cuando se trate de un delito menos grave.

4.º A los tres meses, cuando se trate de una falta.

2. Las medidas que tengan un plazo superior a los dos años prescribirán a los tres años. Las restantes medidas prescribirán a los dos años, excepto la amonestación, las prestaciones en beneficio de la comunidad y el arres-

---

Ar. 9.º5.ª: V. arts. 22.8.ª, 138, 139, 170, 179, 180 y 571 a 580 CP.

Art. 10: V. arts. 13, 33, 131 y 132 CP.

to con tareas de fin de semana, que prescribirán al año.

3. Los hechos delictivos cometidos por mayores de dieciocho años y menores de veintiuno prescribirán con arreglo a las normas contenidas en el Código Penal.

Art. 11. *Concurso de infracciones.*—1. Al menor responsable de una pluralidad de hechos se le impondrá una o varias medidas, teniendo en cuenta los criterios expresados en los artículos 7.3 y 9 de la presente Ley.

2. Sin embargo, cuando una misma conducta sea constitutiva de dos o mas infracciones, o una conducta sea medio necesario para la comisión de otra, se tendrá en cuenta exclusivamente la más grave de ellas para la aplicación de la medida correspondiente.

Art. 12. *Infracción continuada o con pluralidad de víctimas.*—En los supuestos de infracción continuada o de una sola infracción con pluralidad de víctimas, el Juez impondrá a la persona sentenciada una sola medida, tomando como referencia el más grave de los hechos cometidos, en la máxima extensión de aquélla conforme a las reglas del artículo 9, salvo cuando el interés del menor aconseje la imposición de la medida en una extensión inferior.

Art. 13. *Imposición de varias medidas.*—Cuando a la persona sentenciada se le impusieren varias medidas en el mismo procedimiento y no pudieran ser cumplidas simultáneamente, el Juez, a propuesta del Ministerio Fiscal y del letrado del menor, oídos el representante del equipo técnico y la entidad pública de protección o reforma de menores, podrá sustituir todas o alguna de ellas, o establecer su cumplimiento sucesivo, sin que en este caso el plazo total de cumplimiento pueda superar el doble del tiempo por el que se le impusiere la más grave de ellas.

Art. 14. *Modificación de la medida impuesta.*—1. El Juez, de oficio o a instancia del Ministerio Fiscal o del letrado del menor, previa audiencia de éstos e informe del equipo técnico y, en su caso, de la entidad pública de protección o reforma de menores, podrá en cualquier momento dejar sin efecto la medida impuesta, reducir su duración o sustituirla por otra, siempre que la modificación redunde en el interés del menor y se exprese suficientemente a éste el reproche merecido por su conducta.

2. En los casos anteriores, el Juez resolverá por auto motivado, contra el cual se podrán interponer los recursos previstos en la presente Ley.

Art. 15. *Mayoría de edad del condenado.*—Cuando el menor a quien se le hubiere impuesto una medida de las establecidas en esta Ley alcanzase la mayoría de edad, continuará el cumplimiento de la medida hasta alcanzar los objetivos propuestos en la sentencia en que se le impuso conforme a los criterios expresados en los artículos anteriores.

No obstante lo señalado en el párrafo anterior, cuando las medidas de internamiento sean impuestas a quien haya cumplido veintitrés años de edad o, habiendo sido impuestas, no haya finalizado su cumplimiento al alcanzar el joven dicha edad, el Juez de Menores, oído el Ministerio Fiscal, sin perjuicio de lo dispuesto en los artículos 14 y 51 de la presente Ley, ordenará su cumplimiento en centro penitenciario conforme al régimen ordinario previsto en la Ley Orgánica General Penitenciaria.

TÍTULO III

De la instrucción del procedimiento

CAPÍTULO PRIMERO

Reglas generales

Art. 16. *Incoación del expediente.*—1. Corresponde al Ministerio Fiscal la instrucción de los procedimientos por los hechos a los que se refiere el artículo 1 de esta Ley.

2. Quienes tuvieren noticia de algún hecho de los indicados en el apartado anterior, presuntamente cometido por un menor de dieciocho años, deberán ponerlo en conocimiento del Ministerio Fiscal, el cual admitirá o no a trámite la denuncia, según que los hechos sean o no indiciariamente constitutivos de delito; custodiará las piezas, documentos y efectos que le hayan sido remitidos, y practicará, en su caso, las diligencias que estime pertinentes para la comprobación del hecho y de la responsabilidad del menor en su comisión, pudiendo resolver el archivo de las actuaciones cuando los hechos no constituyan delito o no tengan autor conocido. La resolución recaída sobre la denuncia deberá notificarse a quienes hubieran formulado la misma.

3. Una vez efectuadas las actuaciones indicadas en el apartado anterior, el Ministerio Fiscal dará cuenta de la incoación

del expediente al Juez de Menores, quien iniciará las diligencias de trámite correspondientes.

4. El Juez de Menores abrirá al propio tiempo la pieza separada de responsabilidad civil, que se tramitará conforme a lo establecido en las reglas del artículo 64 de esta Ley.

5. Cuando los hechos mencionados en el artículo 1 hubiesen sido cometidos conjuntamente por mayores de edad penal y por personas de las edades indicadas en el mismo artículo 1 y en el 4 de esta Ley, en sus respectivos casos, el Juez de Instrucción competente para el conocimiento de la causa, tan pronto como compruebe la edad de los imputados, adoptará las medidas necesarias para asegurar el éxito de la actividad investigadora respecto de los mayores de edad y ordenará remitir testimonio de los particulares precisos al Ministerio Fiscal, a los efectos prevenidos en el apartado 2 de este artículo.

Art. 17. *Detención de los menores.*—1. Las autoridades y funcionarios que intervengan en la detención de un menor deberán practicarla en la forma que menos perjudique a éste y estarán obligados a informarle, en un lenguaje claro y comprensible y de forma inmediata, de los hechos que se le imputan, de las razones de su detención y de los derechos que le asisten, especialmente los reconocidos en el artículo 520 de la Ley de Enjuiciamiento Criminal, así como a garantizar el respeto de los mismos. También deberán notificar inmediatamente el hecho de la detención y el lugar de la custodia a los representantes legales del menor y al Ministerio Fiscal. Si el menor detenido fuera extranjero, el hecho de la detención se notificará a las correspondientes autoridades consulares cuando el menor tuviera su residencia habitual fuera de España o cuando así lo solicitaran el propio menor o sus representantes legales.

2. Toda declaración del detenido, se llevará a cabo en presencia de su letrado y de aquéllos que ejerzan la patria potestad, tutela o guarda del menor —de hecho o de derecho—, salvo que, en este último caso, las circunstancias aconsejen lo contrario. En defecto de estos últimos la declaración se llevará a cabo en presencia del Ministerio Fiscal, representado por persona distinta del instructor del expediente.

3. Mientras dure la detención, los menores deberán hallarse custodiados en dependencias adecuadas y separadas de las que se utilicen para los mayores de edad, y recibirán los cuidados, protección y asistencia social, psicológica, médica y física que requieran, habida cuenta de su edad, sexo y características individuales.

4. La detención de un menor por funcionarios de policía no podrá durar más tiempo del estrictamente necesario para la realización de las averiguaciones tendentes al esclarecimiento de los hechos, y, en todo caso, dentro del plazo máximo de veinticuatro horas, el menor detenido deberá ser puesto en libertad o a disposición del Ministerio Fiscal. Se aplicará, en su caso, lo dispuesto en el artículo 520 bis de la Ley de Enjuiciamiento Criminal, atribuyendo la competencia para las resoluciones judiciales previstas en dicho precepto al Juez de Menores.

5. Cuando el detenido sea puesto a disposición del Ministerio Fiscal, éste habrá de resolver, dentro de las cuarenta y ocho horas a partir de la detención, sobre la puesta en libertad del menor, sobre el desistimiento al que se refiere el artículo siguiente, o sobre la incoación del expediente, poniendo a aquél a disposición del Juez de Menores competente e instando del mismo las oportunas medidas cautelares, con arreglo a lo establecido en el artículo 28.

6. El Juez competente para el procedimiento de hábeas corpus en relación a un menor será el Juez de Instrucción del lugar en el que se encuentre el menor privado de libertad; si no constare, el del lugar donde se produjo la detención, y, en defecto de los anteriores, el del lugar donde se hayan tenido las últimas noticias sobre el paradero del menor detenido.

Cuando el procedimiento de hábeas corpus sea instado por el propio menor, la fuerza pública responsable de la detención lo notificará inmediatamente al Ministerio Fiscal, además de dar curso al procedimiento conforme a la ley orgánica reguladora.

Art. 18. *Desistimiento de la incoación del expediente por corrección en el ámbito educativo y familiar.*—El Ministerio Fiscal podrá desistir de la incoación del expediente cuando los hechos denunciados constituyan delitos menos graves sin violencia o intimidación en las personas, o faltas, tipificados en el Código Penal o en las leyes penales especiales. En tal caso, el Ministerio Fiscal dará traslado de lo actuado a la entidad pública de protección de menores para la aplicación de lo establecido en el artículo 3 de la presente Ley. Lo dispuesto en este apartado se entenderá sin perjuicio de la tramitación de la correspondiente pieza de responsabilidad civil.

No obstante, cuando conste que el menor ha cometido con anterioridad otros hechos de la misma naturaleza, el Ministerio Fiscal deberá incoar el expediente y, en su caso, actuar conforme autoriza el artículo 27.4 de la presente Ley.

Art. 19. *Sobreseimiento del expediente por conciliación o* *reparación entre el menor y la víctima.*—1. También podrá el Ministerio Fiscal desistir de la continuación del expediente, atendiendo a la gravedad y circunstancias de los hechos y del menor, de modo particular a la falta de violencia o intimidación graves en la comisión de los hechos, y a la circunstancia de que además el menor se haya conciliado con la víctima o haya asumido el compromiso de reparar el daño causado a la víctima o al perjudicado por el delito, o se haya comprometido a cumplir la actividad educativa propuesta por el equipo técnico en su informe.

El desistimiento en la continuación del expediente sólo será posible cuando el hecho imputado al menor constituya delito menos grave o falta.

2. A efectos de lo dispuesto en el apartado anterior, se entenderá producida la conciliación cuando el menor reconozca el daño causado y se disculpe ante la víctima, y ésta acepte sus disculpas, y se entenderá por reparación el compromiso asumido por el menor con la víctima o perjudicado de realizar determinadas acciones en beneficio de aquéllos o de la comunidad, seguido de su realización efectiva. Todo ello sin perjuicio del acuerdo al que hayan llegado las partes en relación al ejercicio de la acción por responsabilidad civil derivada del delito o falta, regulada en esta Ley.

3. El correspondiente equipo técnico realizará las funciones de mediación entre el menor y la víctima o perjudicado, a los efectos indicados en los apartados anteriores, e informará al Ministerio Fiscal de los compromisos adquiridos y de su grado de cumplimiento.

4. Una vez producida la conciliación o cumplidos los compromisos de reparación asumidos con la víctima o perjudicado por el delito o falta cometido, o cuando una u otros no pudieran llevarse a efecto por causas ajenas a la voluntad del menor, el Ministerio Fiscal dará por concluida la instrucción y solicitará del Juez el sobreseimiento y archivo de las actuaciones, con remisión de lo actuado.

5. En el caso de que el menor no cumpliera la reparación o la actividad educativa acordada, el Ministerio Fiscal continuará la tramitación del expediente.

6. En los casos en los que la víctima del delito o falta fuere menor de edad o incapaz, el compromiso al que se refiere el presente artículo habrá de ser asumido por el representante legal de la misma, con la aprobación del Juez de Menores.

Art. 20. *Unidad de expediente.*—1. El Ministerio Fiscal in-

Art. 20: V. arts. 17 y 18 LECr.

coará un procedimiento por cada hecho delictivo, salvo cuando se trate de hechos delictivos conexos.

2. Todos los procedimientos tramitados a un mismo menor o joven se archivarán en el expediente personal que del mismo se haya abierto en la Fiscalía. De igual modo se archivarán las diligencias en el Juzgado de Menores respectivo.

3. En los casos en los que los delitos atribuidos al menor expedientado hubieran sido cometidos en diferentes territorios, la determinación del órgano judicial competente para el enjuiciamiento de todos ellos en unidad de expediente, así como de las entidades públicas competentes para la ejecución de las medidas que se apliquen, se hará teniendo en cuenta el lugar del domicilio del menor y, subsidiariamente, los criterios expresados en el artículo 18 de la Ley de Enjuiciamiento Criminal.

Art. 21. *Remisión al órgano competente.*—Cuando el conocimiento de los hechos no corresponda a la competencia de los Juzgados de Menores, el Fiscal acordará la remisión de lo actuado al órgano legalmente competente.

Art. 22. *De la incoación del expediente.*—1. Desde el mismo momento de la incoación del expediente, el menor tendrá derecho a:

a) Ser informado por el Juez, el Ministerio Fiscal, o agente de policía de los derechos que le asisten.

b) Designar abogado que le defienda, o a que le sea designado de oficio y a entrevistarse reservadamente con él, incluso antes de prestar declaración.

c) Intervenir en las diligencias que se practiquen durante la investigación preliminar y en el proceso judicial, y a proponer y solicitar, respectivamente, la práctica de diligencias.

d) Ser oído por el Juez o Tribunal antes de adoptar cualquier resolución que le concierna personalmente.

e) La asistencia afectiva y psicológica en cualquier estado y grado del procedimiento, con la presencia de los padres o de otra persona que indique el menor, si el Juez de Menores autoriza su presencia.

f) La asistencia de los servicios del equipo técnico adscrito al Juzgado de Menores.

2. El expediente será notificado al menor desde el momento mismo de su incoación, a salvo lo dispuesto en el artículo 24. A tal fin, el Secretario del Juzgado de Menores, una vez recibido del Ministerio Fiscal el parte de in-

---

Art. 22: V. art. 520 LECr.

coación del expediente, requerirá al menor y a sus representantes legales para que designen letrado en el plazo de tres días, advirtiéndoles que, de no hacerlo, aquél le será nombrado al menor de oficio de entre los integrantes del turno de especialistas del correspondiente Colegio de Abogados.

3. Igualmente, el Ministerio Fiscal notificará a quien aparezca como perjudicado, desde el momento en que así conste en la instrucción del expediente, la posibilidad de ejercer las acciones civiles que le puedan corresponder, personándose ante el Juez de Menores en la pieza de responsabilidad civil que se tramitará por el mismo.

Art. 23. *Actuación instructora del Ministerio Fiscal.*—1. La actuación instructora del Ministerio Fiscal tendrá como objeto, tanto valorar la participación del menor en los hechos para expresarle el reproche que merece su conducta, como proponer las concretas medidas de contenido educativo y sancionador adecuadas a las circunstancias del hecho y de su autor y, sobre todo, al interés del propio menor valorado en la causa.

2. El Ministerio Fiscal deberá dar vista del expediente al letrado del menor, en un plazo no superior a veinticuatro horas, tantas veces como aquél lo solicite.

3. El Ministerio Fiscal no podrá practicar por sí mismo diligencias restrictivas de derechos fundamentales, sino que habrá de solicitar del Juzgado la práctica de las que sean precisas para el buen fin de las investigaciones. El Juez de Menores resolverá sobre esta petición por auto motivado. La práctica de tales diligencias se documentará en pieza separada.

Art. 24. *Secreto del expediente.*—El Juez de Menores, a solicitud del Ministerio Fiscal, del menor o de su familia, y mediante auto motivado, podrá decretar el secreto del expediente, en su totalidad o parcialmente, durante toda la instrucción o durante un período limitado de ésta. No obstante, el letrado del menor deberá, en todo caso, conocer en su integridad el expediente al evacuar el trámite de alegaciones. Este incidente se tramitará por el Juzgado en pieza separada.

Art. 25. *Participación del perjudicado e inexistencia de acción particular y popular.*—En este procedimiento no cabe en ningún caso el ejercicio de acciones por particulares, salvo lo previsto en el artículo 61.1 de esta Ley sobre ejercicio de acciones civiles.

No obstante lo anterior, cuando los hechos tipificados como delitos se atribuyan a personas que hayan cumplido los dieciséis años en el momento de la comisión de los hechos, con violencia o intimidación, o con grave riesgo para la vida o integridad física de las personas, el perjudicado podrá personarse en el procedimiento, tanto en la fase instructora como en la fase de audiencia, con las siguientes facultades:

Tener vista de lo actuado, siendo notificado de las diligencias que se soliciten y acuerden.

Proponer pruebas que versen sobre el hecho delictivo y las circunstancias de su comisión, salvo en lo referente a la situación psicológica, educativa, familiar y social del menor.

Participar en la práctica de las pruebas, ya sea en fase de instrucción, ya sea en fase de audiencia; a estos efectos el órgano actuante podrá denegar la práctica de la prueba de careo, si ésta fuera solicitada, cuando no resulte fundamental para la averiguación de los hechos o la participación del menor en los mismos.

Contra la denegación por el Fiscal de la personación del perjudicado en fase instructora, éste podrá reiterar su petición ante el Juzgado de Menores en el plazo de cinco días, y contra la denegación de la práctica de una prueba por el Fiscal no se dará recurso alguno, sin perjuicio de la posibilidad de volver a solicitarla en el escrito de alegaciones o en la fase de audiencia.

Asimismo, con carácter previo a la remisión por el Fiscal del escrito de alegaciones con el expediente al Juzgado de Menores, el Ministerio Fiscal concederá al perjudicado que se hubiera personado un plazo de cinco días para que valore el conjunto de la prueba practicada y, en su caso, proponga aquellas que debieran realizarse en la fase de audiencia.

Cuando proceda la celebración de la audiencia, el Juez invitará al perjudicado personado en la causa a que manifieste lo que tenga por conveniente sobre la práctica de nuevas pruebas, y tras ésta se le oirá en relación a los hechos probados resultantes de las mismas y a la participación del menor, sin que en ningún caso pueda realizar manifestación alguna sobre la procedencia de las medidas propuestas.

Contra los autos y providencias de los Jueces de Menores que afecten al ejercicio de las facultades reconocidas en este artículo, se estará a lo dispuesto en el artículo 41.2.

Contra la sentencia dictada por el Juez de Menores, el perjudicado podrá interponer recurso de apelación de acuerdo con lo establecido en el artículo 41.1, fundamentado en la incompetencia del Juzgado, la inadecuación del procedimiento, el quebrantamiento de las formas esenciales del juicio que haya producido indefensión al perjudicado o la falta de apreciación de algún elemento de prueba esencial para la calificación de los hechos, pudiendo, si fuera necesario, solicitar su práctica, igualmente en los términos prevenidos por el artículo 41.1.

Art. 26. *Diligencias propuestas por el letrado del menor.*—1. El letrado del menor solicitará del Ministerio Fiscal la práctica de cuantas diligencias considere necesarias. El Ministerio Fiscal decidirá sobre su admisión, mediante resolución motivada que notificará al letrado y pondrá en conocimiento del Juez de Menores. Con relación a las diligencias no practicadas, el letrado podrá reproducir su petición, en cualquier momento, ante el Juzgado de Menores.

2. No obstante lo dispuesto en el apartado anterior, cuando el letrado proponga que se lleve a efecto la declaración del menor, el Ministerio Fiscal deberá recibirla en el expediente, salvo que ya hubiese concluido la instrucción y el expediente hubiese sido elevado al Juzgado de Menores.

3. Si las diligencias propuestas por el letrado del menor afectaren a derechos fundamentales de éste o de otras personas, el Ministerio Fiscal, de estimar pertinente la solicitud, se dirigirá al Juez de Menores conforme a lo dispuesto en el artículo 23.3 de la presente Ley, sin perjuicio de la facultad del letrado de reproducir su solicitud ante el Juez de Menores en las condiciones establecidas en el apartado 1 de este artículo.

Art. 27. *Informe del equipo técnico.*—1. Durante la instrucción del expediente, el Ministerio Fiscal requerirá del equipo técnico, que a estos efectos dependerá funcionalmente de aquél sea cual fuere su dependencia orgánica, la elaboración de un informe o actualización de los anteriormente emitidos, que deberá serle entregado en el plazo máximo de diez días, prorrogable por un período no superior a un mes en casos de gran complejidad, sobre la situación psicológica, educativa y familiar del menor, así como sobre su entorno social, y en general sobre cualquier otra circunstancia relevante a los efectos de la adopción de alguna de las medidas previstas en la presente Ley.

2. El equipo técnico podrá proponer, asimismo, una intervención socio-educativa sobre el menor, poniendo de manifiesto en tal caso aquellos aspectos del mismo que considere relevantes en orden a dicha intervención.

3. De igual modo, el equipo técnico informará, si lo considera conveniente y en interés del menor, sobre la posibilidad de que éste efectúe una actividad reparadora o de conciliación con la víctima, de acuerdo con lo dis-

puesto en el artículo 19 de esta Ley, con indicación expresa del contenido y la finalidad de la mencionada actividad. En este caso, no será preciso elaborar un informe de las características y contenidos del apartado 1 de este artículo.

4. Asimismo podrá el equipo técnico proponer en su informe la conveniencia de no continuar la tramitación del expediente en interés del menor, por haber sido expresado suficientemente el reproche al mismo a través de los trámites ya practicados, o por considerar inadecuada para el interés del menor cualquier intervención, dado el tiempo transcurrido desde la comisión de los hechos. En estos casos, si se reunieran los requisitos previstos en el artículo 19.1 de esta Ley, el Ministerio Fiscal podrá remitir el expediente al Juez con propuesta de sobreseimiento, remitiendo además, en su caso, testimonio de lo actuado a la entidad pública de protección de menores que corresponda, a los efectos de que actúe en protección del menor.

5. En todo caso, una vez elaborado el informe del equipo técnico, el Ministerio Fiscal lo remitirá inmediatamente al Juez de Menores y dará copia del mismo al letrado del menor.

6. El informe al que se refiere el presente artículo podrá ser elaborado o complementado por aquellas entidades públicas o privadas que trabajen en el ámbito de la educación de menores y conozcan la situación del menor expedientado.

CAPÍTULO II

De las medidas cautelares

Art. 28. *Reglas generales.*— 1. El Ministerio Fiscal, cuando existan indicios racionales de la comisión de un delito o el riesgo de eludir u obstruir la acción de la justicia por parte del menor, podrá solicitar del Juez de Menores, en cualquier momento, la adopción de medidas cautelares para la custodia y defensa del menor expedientado. Dichas medidas podrán consistir en internamiento en centro, en el régimen adecuado, libertad vigilada o convivencia con otra persona, familia o grupo educativo. El Juez, oído el letrado del menor, así como el equipo técnico y la representación de la entidad pública de protección o reforma de menores, que informarán especialmente sobre la naturaleza de la medida cautelar, resolverá sobre lo propuesto tomando en especial consideración el interés del menor. La medida cautelar adoptada podrá mantenerse hasta el momento de la celebración de la audiencia prevista en los artículos 31 y siguientes de esta Ley o durante la sustanciación de los eventuales recursos.

2. Para la adopción de la medida cautelar de internamiento se atenderá a la gravedad de los hechos, su repercusión y la alarma social producida, valorando siempre las circunstancias personales y sociales del menor. El Juez de Menores resolverá sobre la propuesta del Ministerio Fiscal en una comparecencia a la que asistirán también el letrado del menor y el representante del equipo técnico y el de la entidad pública de protección o reforma de menores, los cuales informarán al Juez sobre la conveniencia de la adopción de la medida solicitada, desde la perspectiva del interés del menor y de su situación procesal.

En dicha comparecencia el Ministerio Fiscal y el letrado del menor podrán proponer los medios de prueba que puedan practicarse en el acto o dentro de las veinticuatro horas siguientes.

3. El tiempo máximo de duración de la medida cautelar de internamiento será de tres meses, y podrá prorrogarse, a instancia del Ministerio Fiscal y mediante auto motivado, por otros tres meses como máximo.

4. Las medidas cautelares se documentarán en el Juzgado de Menores en pieza separada del expediente.

5. El tiempo de cumplimiento de las medidas cautelares se abonará en su integridad para el cumplimiento de las medidas que se puedan imponer en la misma causa o, en su defecto, en otras causas que hayan tenido por objeto hechos anteriores a la adopción de aquéllas. El Juez, a propuesta del Ministerio Fiscal y oídos el letrado del menor y el equipo técnico que informó la medida cautelar, ordenará que se tenga por ejecutada la medida impuesta en aquella parte que estime razonablemente compensada por la medida cautelar.

Art. 29. *Medidas cautelares en los casos de exención de la responsabilidad.*—Si en el transcurso de la instrucción que realice el Ministerio Fiscal quedara suficientemente acreditado que el menor se encuentra en situación de enajenación mental o en cualquiera otra de las circunstancias previstas en los apartados 1.º, 2.º ó 3.º del artículo 20 del Código Penal vigente, se adoptarán las medidas cautelares precisas para la protección y custodia del menor conforme a los preceptos civiles aplicables, instando en su caso las actuaciones para la incapacitación del menor y la constitución de los organismos tutelares conforme a derecho, sin perjuicio todo ello de concluir la instrucción y de efectuar las alegaciones previstas en esta Ley conforme a lo que establecen sus artículos 5.2 y 9, y de solicitar, por los trámites de la misma, en su caso, alguna medida terapéutica adecuada al interés del menor de entre las previstas en esta Ley.

CAPÍTULO III

DE LA CONCLUSIÓN DE LA INSTRUCCIÓN

Art. 30. *Remisión del expediente al Juez de Menores.*—1. Acabada la instrucción, el Ministerio Fiscal resolverá la conclusión del expediente, notificándosela al letrado del menor, y remitirá al Juzgado de Menores el expediente, junto con las piezas de convicción y demás efectos que pudieran existir, con un escrito de alegaciones en el que constará la descripción de los hechos, la valoración jurídica de los mismos, el grado de participación del menor, una breve reseña de las circunstancias personales y sociales de éste, y la proposición de alguna medida de las previstas en esta Ley con exposición razonada de los fundamentos jurídicos y educativos que la aconsejen.

2. En el mismo acto propondrá el Ministerio Fiscal la prueba de que intente valerse para la defensa de su pretensión procesal.

3. Asimismo, podrá proponer el Ministerio Fiscal la participación en el acto de la audiencia de aquellas personas o representantes de instituciones públicas y privadas que puedan aportar al proceso elementos valorativos del interés del menor y de la conveniencia o no de las medidas solicitadas.

4. El Ministerio Fiscal podrá también solicitar del Juez de Menores el sobreseimiento de las actuaciones por alguno de los motivos previstos en la Ley de Enjuiciamiento Criminal, así como la remisión de los particulares necesarios a la entidad pública de protección de menores en su caso.

TÍTULO IV

De la fase de audiencia

Art. 31. *Apertura de la fase de audiencia.*—Recibido el escrito de alegaciones con el expediente, las piezas de convicción,

---

Art. 30.4: V. arts. 637 y 641 LECr.

los efectos y demás elementos procesales remitidos por el Ministerio Fiscal, el Juzgado de Menores los incorporará a sus diligencias, y procederá a abrir el trámite de audiencia, para lo cual dará traslado al letrado del menor del escrito de alegaciones del Ministerio Fiscal y del testimonio del expediente, a fin de que en un plazo de cinco días hábiles formule a su vez escrito de alegaciones comprensivo de los mismos extremos que el escrito del Ministerio Fiscal y proponga la prueba que considere pertinente.

Art. 32. *Sentencia de conformidad.*—Si el escrito de alegaciones del Ministerio Fiscal solicitara la imposición de alguna o algunas de las medidas previstas en las letras *e*) a *m*) del apartado 1 del artículo 7, y hubiere conformidad del menor y de su letrado, la cual se expresará en comparecencia ante el Juez de Menores en los términos del artículo 36, éste dictará sentencia sin más trámite imponiendo la medida solicitada.

Art. 33. *Otras decisiones del Juez de Menores.*—En los casos no previstos en el artículo anterior, a la vista de la petición del Ministerio Fiscal y del escrito de alegaciones del letrado del menor, el Juez adoptará alguna de las siguientes decisiones:

a) La celebración de la audiencia.

b) El sobreseimiento, mediante auto motivado, de las actuaciones.

c) El archivo por sobreseimiento de las actuaciones con remisión de particulares a la entidad pública de protección de menores correspondiente cuando así se haya solicitado por el Ministerio Fiscal.

d) La remisión de las actuaciones al Juez competente, cuando el Juez de Menores considere que no le corresponde el conocimiento del asunto.

e) Practicar por sí las pruebas propuestas por el letrado del menor y que hubieran sido denegadas por el Fiscal durante la instrucción, conforme a lo dispuesto en el artículo 26.1 de la presente Ley, y que no puedan celebrarse en el transcurso de la audiencia, siempre que considere que son relevantes a los efectos del proceso. Una vez practicadas, dará traslado de los resultados al Ministerio Fiscal y al letrado del menor, antes de iniciar las sesiones de la audiencia.

Contra las precedentes resoluciones cabrán los recursos previstos en esta Ley.

Art. 34. *Pertinencia de pruebas y señalamiento de la audiencia.*—El Juez de Menores, dentro del plazo de cinco días desde la presentación del escrito de alegaciones del letrado del menor, o una vez transcurrido el plazo para la presentación sin que ésta se hubiere efectuado, acordará, en su caso, lo procedente sobre la pertinencia de las pruebas propuestas, mediante auto de apertura de la audiencia, y señalará el día y hora en que deba comenzar ésta dentro de los diez días siguientes.

Art. 35. *Asistentes y no publicidad de la audiencia.*—1. La audiencia se celebrará con asistencia del Ministerio Fiscal, del perjudicado que, en su caso, se haya personado, del letrado del menor, de un representante del equipo técnico que haya evacuado el informe previsto en el artículo 27 de esta Ley, y del propio menor, el cual podrá estar acompañado de sus representantes legales, salvo que el Juez, oídos los citados Ministerio Fiscal, letrado del menor y representante del equipo técnico, acuerde lo contrario. También podrá asistir el representante de la entidad pública de protección o reforma de menores que haya intervenido en las actuaciones de la instrucción, cuando el Juez así lo acuerde.

2. El Juez podrá acordar, en interés de la persona imputada o de la víctima, que las sesiones no sean públicas y en ningún caso se permitirá que los medios de comunicación social obtengan o difundan imágenes del menor ni datos que permitan su identificación.

Art. 36. *Conformidad del menor.*—1. El Juez de Menores informará al menor expedientado, en un lenguaje comprensible y adaptado a su edad, de las medidas solicitadas por el Ministerio Fiscal en su escrito de alegaciones, así como de los hechos y de la causa en que se funden.

2. El Juez seguidamente preguntará al menor si se declara autor de los hechos y si está de acuerdo con la medida solicitada por el Ministerio Fiscal. Si mostrase su conformidad con ambos extremos, oído el letrado del menor, el Juez podrá dictar resolución de conformidad. Si el letrado no estuviese de acuerdo con la conformidad prestada por el propio menor, el Juez resolverá sobre la continuación o no de la audiencia, razonando esta decisión en la sentencia.

3. Si el menor estuviere conforme con los hechos pero no con la medida solicitada, se sustanciará el trámite de la audiencia sólo en lo relativo a este último extremo, practicándose la prueba propuesta a fin de determinar la aplicación de dicha medida o su sustitución por otra más adecuada al interés del menor y que haya sido propuesta por alguna de las partes.

Art. 37. *Celebración de la audiencia.*—1. Cuando proceda la celebración de la audiencia, el Juez invitará al Ministerio Fiscal y al letrado del menor a que manifiesten lo que tengan por conveniente sobre la práctica de nuevas pruebas o sobre la vulneración de algún derecho fundamental en la tramitación del procedimiento, o, en su caso, les pondrá de manifiesto la posibilidad de aplicar una distinta calificación o una distinta medida de las que hubieran solicitado. Seguidamente, el Juez acordará la continuación de la audiencia o la subsanación del derecho vulnerado, si así procediere. Si acordara la continuación de la audiencia, el Juez resolverá en la sentencia sobre los extremos planteados.

2. Seguidamente se iniciará la práctica de la prueba propuesta y admitida, y la que, previa declaración de su pertinencia, ofrezcan las partes para su práctica en el acto, oyéndose asimismo al equipo técnico sobre las circunstancias del menor. A continuación, el Juez oirá al Ministerio Fiscal y al letrado del menor sobre la valoración de la prueba, su calificación jurídica y la procedencia de las medidas propuestas; sobre este último punto, se oirá también al equipo técnico. Por último, el Juez oirá al menor, dejando la causa vista para sentencia.

3. En su caso, en este procedimiento se aplicará lo dispuesto en la legislación relativa a la protección de testigos y peritos en causas penales.

4. Si en el transcurso de la audiencia el Juez considerara, de oficio o a solicitud de las partes, que el interés del menor aconseja que éste abandone la sala, podrá acordarlo así motivadamente, ordenando que continúen las actuaciones hasta que el menor pueda retornar a aquélla.

TÍTULO V

De la sentencia

Art. 38. *Plazo para dictar sentencia.*—Finalizada la audiencia, el Juez de Menores dictará sentencia sobre los hechos sometidos a debate en un plazo máximo de cinco días.

Art. 39. *Contenido y registro de la sentencia.*—1. La sentencia contendrá todos los requisitos previstos en la vigente Ley Orgánica del Poder Judicial y en ella, valorando las pruebas prac-

---

Art. 39.1: V. arts. 245 y 248 LOPJ y 141 y 142 LECr.

ticadas, las razones expuestas por el Ministerio Fiscal y por el letrado del menor y lo manifestado en su caso por éste, tomando en consideración las circunstancias y gravedad de los hechos, así como todos los datos debatidos sobre la personalidad, situación, necesidades y entorno familiar y social del menor y la edad de éste en el momento de dictar la sentencia, resolverá sobre la medida o medidas propuestas, con indicación expresa de su contenido, duración y objetivos a alcanzar con las mismas, y será motivada, consignando expresamente los hechos que se declaren probados y los medios probatorios de los que resulte la convicción judicial. También podrá ser anticipado oralmente el fallo al término de las sesiones de la audiencia sin perjuicio de su documentación con arreglo al artículo 248.3 de la citada Ley Orgánica del Poder Judicial.

2. El Juez, al redactar la sentencia, procurará expresar sus razonamientos en un lenguaje claro y comprensible para la edad del menor.

3. Cada Juzgado de Menores llevará un registro de sentencias en el cual se extenderán y firmarán todas las definitivas.

Art. 40. *Suspensión de la ejecución del fallo.*—1. El Juez de Menores, de oficio o a instancia del Ministerio Fiscal o del letrado del menor, y oídos en todo caso éstos, así como el representante del equipo técnico y de la entidad pública de protección o reforma de menores, podrá acordar motivadamente la suspensión de la ejecución del fallo contenido en la sentencia, cuando la medida impuesta no sea superior a dos años de duración, durante un tiempo determinado y hasta un máximo de dos años. Dicha suspensión se acordará en la propia sentencia, o por auto motivado cuando aquélla sea firme, debiendo expresar, en todo caso, las condiciones de la misma.

2. Las condiciones a las que estará sometida la suspensión de la ejecución del fallo contenido en la sentencia dictada por el Juez de Menores serán las siguientes:

a) No ser condenado en sentencia firme por delito cometido durante el tiempo que dure la suspensión, si ha alcanzado la mayoría de edad, o no serle aplicada medida en sentencia firme en procedimiento regulado por esta Ley durante el tiempo que dure la suspensión.

b) Que el menor asuma el compromiso de mostrar una actitud y disposición de reintegrarse a la sociedad, no incurriendo en nuevas infracciones.

c) Además, el Juez puede establecer la aplicación de un régimen de libertad vigilada durante el plazo de suspensión o la obligación de realizar una actividad socio-educativa, recomendada por el equipo técnico o la entidad pública de protección o reforma de menores en el precedente trámite de audiencia, incluso con compromiso de participación de los padres, tutores o guardadores del menor, expresando la naturaleza y el plazo en que aquella actividad deberá llevarse a cabo.

3. Si las condiciones expresadas en el apartado anterior no se cumplieran, el Juez alzará la suspensión y se procederá a ejecutar la sentencia en todos sus extremos. Contra la resolución que así lo acuerde se podrán interponer los recursos previstos en esta Ley.

TÍTULO VI

Del régimen de recursos

Art. 41. *Recursos de apelación y reforma.*—1. Contra la sentencia dictada por el Juez de Menores en el procedimiento regulado en esta Ley cabe recurso de apelación ante la correspondiente Audiencia Provincial, que se interpondrá ante el Juez que dictó aquélla en el plazo de cinco días a contar desde su notificación, y se resolverá previa celebración de vista pública, salvo que en interés de la persona imputada o de la víctima, el Juez acuerde que se celebre a puerta cerrada. A la vista deberán asistir las partes y, si el Tribunal lo considera oportuno, el representante del equipo técnico y el representante de la entidad pública de protección o reforma de menores que hayan intervenido en el caso concreto. El recurrente podrá solicitar del Tribunal la práctica de la prueba que, propuesta y admitida en la instancia, no se hubiera celebrado, conforme a las reglas de la Ley de Enjuiciamiento Criminal.

2. Contra los autos y providencias de los Jueces de Menores cabe recurso de reforma ante el propio órgano, que se interpondrá en el plazo de tres días a partir de la notificación. El auto que resuelva la impugnación de la providencia será susceptible de recurso de apelación.

3. Contra los autos que pongan fin al procedimiento o resuelvan el incidente de los artículos 14, 28, 29 y 40 de esta Ley, cabe recurso de apelación ante la Audiencia Provincial por los trámites que regula la Ley de Enjui-

---

Art. 41: Los apartados 1 y 3 de este artículo figuran redactados conforme al texto de la Ley Orgánica 9/2000, de 22 de diciembre (BOE n.º 307, de 23 de diciembre). V. arts. 211, 212, 216, 217, 219 a 222 y 787 LECr.

ciamiento Criminal para el procedimiento abreviado.

Art. 42. *Recurso de casación para unificación de doctrina.*—1. Son recurribles en casación, ante la Sala Segunda del Tribunal Supremo, las sentencias dictadas en apelación por las *Salas de Menores de los Tribunales Superiores de Justicia* cuando se hubiere impuesto una de las medidas a las que se refieren las reglas 4.ª y 5.ª del artículo 9 de la presente Ley.

2. El recurso tendrá por objeto la unificación de doctrina con ocasión de sentencias dictadas en apelación por las mencionadas *Salas de Menores de los Tribunales Superiores de Justicia* que fueran contradictorias entre sí con las de otra u otras *Salas de Menores de los referidos Tribunales Superiores*, o con sentencias del Tribunal Supremo, respecto de hechos y valoraciones de las circunstancias del menor que, siendo sustancialmente iguales, hayan dado lugar, sin embargo, a pronunciamientos distintos.

3. El recurso podrá prepararlo el Ministerio Fiscal o el letrado del menor que pretenda la indicada unificación de doctrina dentro de los diez días siguientes a la notificación de la sentencia de la *Sala de Menores del Tribunal Superior de Justicia*, en escrito dirigido a la misma.

4. El escrito de interposición deberá contener una relación precisa y circunstanciada de la contradicción alegada, con designación de las sentencias aludidas y de los informes en que se funde el interés del menor valorado en la sentencia.

5. Acreditados los requisitos a los que se refiere el apartado anterior, la *Sala de Menores del Tribunal Superior de Justicia* ante quien se haya interpuesto el recurso requerirá testimonio de las sentencias citadas a los Tribunales que las dictaron, y en un plazo de diez días remitirá la documentación a la Sala Segunda del Tribunal Supremo, emplazando al recurrente y al Ministerio Fiscal, si no lo fuera, ante dicha Sala.

6. Cuando la parte recurrente hubiese incumplido de modo manifiesto e insubsanable a criterio del Tribunal Supremo los requisitos establecidos para el recurso o cuando la pretensión carezca de contenido casacional, el Magistrado ponente dará cuenta a la *Sala* de la causa de inadmisión y aquélla acordará oír al recurrente y al Ministerio Fiscal, cuando éste no hubiera interpuesto el recurso, por plazo de tres días, dictando seguidamente auto contra el que no cabrá recurso alguno.

7. La Sala Segunda del Tribunal Supremo, constituida en

Art. 42.7: V. arts. 899 ss. LECr.

forma ordinaria, convocará a la parte recurrente, y en todo caso al Ministerio Fiscal, a una vista oral, en la que oirá las alegaciones que se efectúen y podrá solicitar informe a la entidad pública de protección o reforma de menores del territorio donde ejerza su jurisdicción el Juzgado que dictó la resolución impugnada, y, en su caso, a aquella a la que corresponda la ejecución de la misma, dictando seguidamente la sentencia de casación del modo y con los efectos señalados en la Ley de Enjuiciamiento Criminal.

8. También, y en unificación de doctrina y por los mismos trámites, el Ministerio Fiscal podrá recurrir en casación, los autos definitivos dictados por las *Salas de Menores de los Tribunales Superiores de Justicia*, al resolver los recursos contra las resoluciones de los Jueces de Instrucción dictadas en aplicación de lo dispuesto en el artículo 4 de la presente Ley Orgánica.

TÍTULO VII

De la ejecución de las medidas

CAPÍTULO PRIMERO

DISPOSICIONES GENERALES

Art 43. *Principio de legalidad.*—1. No podrá ejecutarse ninguna de las medidas establecidas en esta Ley sino en virtud de sentencia firme dictada de acuerdo con el procedimiento regulado en la misma.

2. Tampoco podrán ejecutarse dichas medidas en otra forma que la prescrita en esta Ley y en los reglamentos que la desarrollen.

Art. 44. *Competencia judicial.*—1. La ejecución de las medidas previstas en esta Ley se realizará bajo el control del Juez de Menores que haya dictado la sentencia correspondiente, el cual resolverá por auto motivado, oídos el Ministerio Fiscal, el letrado del menor y la representación de la entidad pública que ejecute aquélla, sobre las incidencias que se puedan producir durante su transcurso.

2. Para ejercer el control de la ejecución, corresponden especialmente al Juez de Menores, de oficio o a instancia del Ministerio Fiscal o del letrado del menor, las funciones siguientes:

a) Adoptar todas las decisiones que sean necesarias para proceder a la ejecución efectiva de las medidas impuestas.

b) Resolver las propuestas de revisión de las medidas a que se refiere el artículo 14 de esta Ley.

c) Aprobar los programas de ejecución de las medidas.

d) Conocer de la evolución de los menores durante el cumplimiento de las medidas a través de los informes de seguimiento de las mismas.

e) Resolver los recursos que se interpongan contra las resoluciones dictadas para la ejecución de las medidas, conforme establece el artículo 52 de esta Ley.

f) Acordar lo que proceda en relación a las peticiones o quejas que puedan plantear los menores sancionados sobre el régimen, el tratamiento o cualquier otra circunstancia que pueda afectar a sus derechos fundamentales.

g) Realizar regularmente visitas a los centros y entrevistas con los menores.

h) Formular a la entidad pública de protección o reforma de menores correspondiente las propuestas y recomendaciones que considere oportunas en relación con la organización y el régimen de ejecución de las medidas.

i) Adoptar las resoluciones que, en relación con el régimen disciplinario, les atribuye el artículo 60 de esta Ley.

Art. 45. *Competencia administrativa.*—1. La ejecución de las medidas adoptadas por los Jueces de Menores en sus sentencias firmes es competencia de las Comunidades Autónomas y de las Ciudades de Ceuta y Melilla, con arreglo a la disposición final vigésima segunda de la Ley Orgánica 1/1996, de 15 de enero, de Protección Jurídica del Menor. Dichas entidades públicas llevarán a cabo, de acuerdo con sus respectivas normas de organización, la creación, dirección, organización y gestión de los servicios, instituciones y programas adecuados para garantizar la correcta ejecución de las medidas previstas en esta Ley.

2. La ejecución de las medidas corresponderá a las Comunidades Autónomas y Ciudades de Ceuta y Melilla, donde se ubique el Juzgado de Menores que haya dictado la sentencia, sin perjuicio de lo dispuesto en el apartado 3 del artículo siguiente.

3. Las Comunidades Autónomas y las Ciudades de Ceuta y Melilla podrán establecer los convenios o acuerdos de colaboración necesarios con otras entidades, bien sean públicas, de la Administración del Estado, Local o de otras Comunidades Autónomas, o privadas sin ánimo de lucro, para la ejecución de las medidas de su competencia, bajo su directa supervisión, sin que ello suponga en ningún caso la cesión de la titularidad y responsabilidad derivada de dicha ejecución.

CAPÍTULO II

REGLAS PARA LA EJECUCIÓN DE LAS MEDIDAS

Art. 46. *Liquidación de la medida y traslado del menor a un centro.*—1. Una vez firme la sentencia y aprobado el programa de ejecución de la medida impuesta, el Secretario del Juzgado que la hubiere dictado practicará la liquidación de dicha medida, indicando las fechas de inicio y de terminación de la misma, con abono en su caso del tiempo cumplido por las medidas cautelares impuestas al interesado, teniendo en cuenta lo dispuesto en el artículo 28.5. Al propio tiempo, abrirá un expediente de ejecución en el que se harán constar las incidencias que se produzcan en el desarrollo de aquélla conforme a lo establecido en la presente Ley.

2. De la liquidación mencionada en el apartado anterior y del testimonio de particulares que el Juez considere necesario y que deberá incluir los informes técnicos que obren en la causa, se dará traslado a la entidad pública de protección o reforma de menores competente para el cumplimiento de las medidas acordadas en la sentencia firme. También se notificará al Ministerio Fiscal el inicio de la ejecución, y al letrado del menor si así lo solicitara del Juez de Menores.

3. Recibidos por la entidad pública el testimonio y la liquidación de la medida indicados en el apartado anterior, aquélla designará de forma inmediata un profesional que se responsabilizará de la ejecución de la medida impuesta, y, si ésta fuera de internamiento, designará el centro más adecuado para su ejecución de entre los más cercanos al domicilio del menor en los que existan plazas disponibles para la ejecución por la entidad pública competente en cada caso. El traslado a otro centro distinto de los anteriores sólo se podrá fundamentar en el interés del menor de ser alejado de su entorno familiar y social y requerirá en todo caso la aprobación del Juez de Menores que haya dictado la sentencia.

Art. 47. *Ejecución de varias medidas.*—1. Cuando el menor estuviere sometido a varias medidas, el Juez que hubiere dictado la última sentencia firme ordenará el cumplimiento de aquéllas de manera simultánea.

2. Cuando todas o algunas de las medidas impuestas no puedan ser cumplidas simultáneamente, se cumplirán sucesivamente, de conformidad con las reglas siguientes, salvo que el Juez disponga un orden distinto atendiendo al interés del menor:

1.ª Las medidas de internamiento se cumplirán antes que las medidas no privativas de libertad, y, en su caso, interrumpirán las que se estuvieren ejecutando que fueran de esta última naturaleza.

2.ª Cuando concurriere el internamiento terapéutico con otra medida, se impondrá en primer término la medida de internamiento terapéutico. El Juez suspenderá, en su caso, el inicio de la ejecución de las medidas posteriormente impuestas hasta que aquélla finalice o sea alzada, salvo que se haga uso de la facultad establecida en el artículo 14 de la presente Ley.

3.ª En los supuestos previstos en la regla 5.ª del artículo 9, la medida de libertad vigilada habrá de suceder a la medida de internamiento en régimen cerrado, conforme a la dicción del mencionado precepto.

4.ª Cuando concurran varias medidas de la misma naturaleza, se cumplirán por orden cronológico de firmeza de las respectivas sentencias.

5.ª Cuando el joven cumpla medidas previstas por esta Ley y sea condenado a medidas o penas del Código Penal, el Juez o Tribunal ordenará el cumplimiento simultáneo de las mismas, si ello fuera posible. En caso contrario, la pena de prisión se cumplirá a continuación de la medida de internamiento que se esté ejecutando, salvo que el Juez o Tribunal sentenciador, tratándose de una condena por delitos graves y atendidas las circunstancias del joven, ordene la inmediata ejecución de la pena de prisión impuesta.

3. El Juez, previa audiencia de las partes e informe del equipo técnico, podrá alterar el orden de cumplimiento previsto en el apartado anterior cuando así lo hiciere aconsejable el interés del menor.

Art. 48. *Expediente personal de la persona sometida a la ejecución de una medida.*—1. La entidad pública abrirá un expediente personal único a cada menor respecto del cual tenga encomendada la ejecución de una medida, en el que se recogerán los informes relativos a aquél, las resoluciones judiciales que le afecten y el resto de la documentación generada durante la ejecución.

2. Dicho expediente tendrá carácter reservado y solamente tendrán acceso al mismo el Defensor del Pueblo o institución análoga de la correspondiente Comunidad Autónoma, los Jueces de Menores competentes, el Ministerio Fiscal y las personas que intervengan en la ejecución y estén autorizadas por la entidad pública de acuerdo con sus normas de organización. El menor, su letrado y, en su caso, su representante legal, también tendrán acceso al expediente.

3. La recogida, cesión y tratamiento automatizado de datos

de carácter personal de las personas a las que se aplique la presente Ley, sólo podrá realizarse en ficheros informáticos de titularidad pública dependientes de las entidades públicas de protección de menores, Administraciones y Juzgados de Menores competentes o del Ministerio Fiscal, y se regirá por lo dispuesto en la Ley Orgánica 15/1999, de 13 de diciembre, de Protección de Datos de Cáracter Personal, y sus normas de desarrollo.

Art. 49. *Informes sobre la ejecución.*—1. La entidad pública remitirá al Juez de Menores y al Ministerio Fiscal, con la periodicidad que se establezca reglamentariamente en cada caso y siempre que fuese requerida para ello o la misma entidad lo considerase necesario, informes sobre la ejecución de la medida y sus incidencias, y sobre la evolución personal de los menores sometidos a las mismas. Dichos informes se remitirán también al letrado del menor si así lo solicitare a la entidad pública competente.

2. En los indicados informes la entidad pública podrá solicitar del Ministerio Fiscal, cuando así lo estime procedente, la revisión judicial de las medidas en el sentido propugnado por el artículo 14.1 de la presente Ley.

Art. 50. *Quebrantamiento de la ejecución.*—1. Cuando el menor quebrantare una medida privativa de libertad, se procederá a su reingreso en el mismo centro del que se hubiera evadido o en otro adecuado a sus condiciones, o, en caso de permanencia de fin de semana, en su domicilio, a fin de cumplir de manera ininterrumpida el tiempo pendiente.

2. Si la medida quebrantada no fuere privativa de libertad, el Ministerio Fiscal podrá instar del Juez de Menores la sustitución de aquélla por otra de la misma naturaleza. Excepcionalmente, y a propuesta del Ministerio Fiscal, oídos el letrado y el representante legal del menor, así como el equipo técnico, el Juez de Menores podrá sustituir la medida por otra de internamiento en centro semiabierto, por el tiempo que reste para su cumplimiento.

3. Asimismo, el Juez de Menores remitirá testimonio de los particulares relativos al quebrantamiento de la medida al Ministerio Fiscal, por si el hecho fuese constitutivo de alguna de las infracciones a que se refiere el artículo 1 de la presente Ley Orgánica y merecedora de reproche sancionador.

Art. 51. *Sustitución de las medidas.*—1. Durante la ejecución de las medidas el Juez de Menores que las haya impuesto podrá, de oficio o a instancia del Ministerio Fiscal, del letrado del menor o de la Administración competente, y oídas las partes, así como el equipo técnico y la representación de la entidad pública de protección o reforma de menores, dejar sin efecto aquéllas o sustituirlas por otras que se estimen más adecuadas de entre las previstas en esta Ley, por tiempo igual o inferior al que reste para su cumplimiento. Todo ello sin perjuicio de lo dispuesto en el apartado 2 del artículo anterior y de acuerdo con el artículo 14 de la presente Ley.

2. La conciliación del menor con la víctima, en cualquier momento en que se produzca el acuerdo entre ambos a que se refiere el artículo 19 de la presente Ley, podrá dejar sin efecto la medida impuesta cuando el Juez, a propuesta del Ministerio Fiscal o del letrado del menor y oídos el equipo técnico y la representación de la entidad pública de protección o reforma de menores, juzgue que dicho acto y el tiempo de duración de la medida ya cumplido expresan suficientemente el reproche que merecen los hechos cometidos por el menor.

3. En todos los casos anteriores, el Juez resolverá por auto motivado, contra el cual se podrán interponer los recursos previstos en la presente Ley.

Art. 52. *Presentación de recursos.*—1. Cuando el menor pretenda interponer ante el Juez de Menores recurso contra cualquier resolución adoptada durante la ejecución de las medidas que le hayan sido impuestas, lo presentará de forma escrita ante el Juez o Director del centro de internamiento, quien lo pondrá en conocimiento de aquél dentro del siguiente día hábil.

El menor también podrá presentar un recurso ante el Juez de forma verbal, o manifestar de forma verbal su intención de recurrir al Director del centro, quien dará traslado de esta manifestación al Juez de Menores en el plazo indicado. En este último caso, el Juez de Menores adoptará las medidas que resulten procedentes a fin de oír la alegación del menor.

El letrado del menor también podrá interponer los recursos, en forma escrita, ante las autoridades indicadas en el párrafo primero.

2. El Juez de Menores recabará informe del Ministerio Fiscal y resolverá el recurso en el plazo de dos días, mediante auto motivado. Contra este auto cabrá recurso de apelación ante la Sala de Menores del correspondiente Tribunal Superior de Justicia, conforme a lo dispuesto en el artículo 41 de la presente Ley.

Art. 53. *Cumplimiento de la medida.*—1. Una vez cumplida la medida, la entidad pública remitirá a los destinatarios designados en el artículo 49.1 un informe final, y el Juez de Menores dictará auto acordando lo que proceda respecto al archivo de la causa. Dicho auto será notificado al Ministerio Fiscal y al letrado del menor.

2. El Juez, de oficio o a instancia del Ministerio Fiscal o del letrado del menor, podrá instar de la correspondiente entidad pública de protección o reforma de menores, una vez cumplida la medida impuesta, que se arbitren los mecanismos de protección del menor conforme a las normas del Código Civil, cuando el interés de aquél así lo requiera.

CAPÍTULO III

REGLAS ESPECIALES PARA LA EJECUCIÓN DE LAS MEDIDAS PRIVATIVAS DE LIBERTAD

Art. 54. *Centros para la ejecución de las medidas privativas de libertad.*—1. Las medidas privativas de libertad, la detención y las medidas cautelares de internamiento que se impongan de conformidad con esta Ley se ejecutarán en centros específicos para menores infractores, diferentes de los previstos en la legislación penitenciaria para la ejecución de las condenas penales y medidas cautelares privativas de libertad impuestas a los mayores de edad penal.

2. No obstante lo dispuesto en el apartado anterior, las medidas de internamiento también podrán ejecutarse en centros socio-sanitarios cuando la medida impuesta así lo requiera. En todo caso se requerirá la previa autorización del Juez de Menores.

3. Los centros estarán divididos en módulos adecuados a la edad, madurez, necesidades y habilidades sociales de los menores internados y se regirán por una normativa de funcionamiento interno cuyo cumplimiento tenrá como finalidad la consecución de una convivencia ordenada, que permita la ejecución de los diferentes programas de intervención educativa y las funciones de custodia de los menores internados.

Art. 55. *Principio de resocialización.*—1. Toda la actividad de los centros en los que se ejecuten medidas de internamiento estará inspirada por el principio de que el menor internado es sujeto de derecho y continúa formando parte de la sociedad.

2. En consecuencia, la vida en el centro debe tomar como referencia la vida en libertad, reduciendo al máximo los efectos negativos que el internamiento pueda representar para el menor o para su familia, favoreciendo los vínculos sociales, el contacto con los familiares y allegados, y la colaboración y participación

de las entidades públicas y privadas en el proceso de integración social, especialmente de las más próximas geográfica y culturalmente.

3. A tal fin se fijarán reglamentariamente los permisos ordinarios y extraordinarios de los que podrá disfrutar el menor internado, a fin de mantener contactos positivos con el exterior y preparar su futura vida en libertad.

Art. 56. *Derechos de los menores internados.*—1. Todos los menores internados tienen derecho a que se respete su propia personalidad, su libertad ideológica y religiosa y los derechos e intereses legítimos no afectados por el contenido de la condena, especialmente los inherentes a la minoría de edad civil cuando sea el caso.

2. En consecuencia, se reconocen a los menores internados los siguientes derechos:

a) Derecho a que la entidad pública de la que depende el centro vele por su vida, su integridad física y su salud, sin que puedan, en ningún caso, ser sometidos a tratos degradantes o a malos tratos de palabra o de obra, ni ser objeto de un rigor arbitrario o innecesario en la aplicación de las normas.

b) Derecho del menor de edad civil a recibir una educación y formación integral en todos los ámbitos y a la protección específica que por su condición le dispensan las leyes.

c) Derecho a que se preserve su dignidad y su intimidad, a ser designados por su propio nombre y a que su condición de internados sea estrictamente reservada frente a terceros.

d) Derecho al ejercicio de los derechos civiles, políticos, sociales, religiosos, económicos y culturales que les correspondan, salvo cuando sean incompatibles con el objeto de la detención o el cumplimiento de la condena.

e) Derecho a estar en el centro más cercano a su domicilio, de acuerdo a su régimen de internamiento, y a no ser trasladados fuera de su Comunidad Autónoma excepto en los casos y con los requisitos previstos en esta Ley y sus normas de desarrollo.

f) Derecho a la asistencia sanitaria gratuita, a recibir la enseñanza básica obligatoria que corresponda a su edad, cualquiera que sea su situación en el centro, y a recibir una formación educativa o profesional adecuada a sus circunstancias.

g) Derecho de los sentenciados a un programa de tratamiento individualizado y de todos los internados a participar en las actividades del centro.

h) Derecho a comunicarse libremente con sus padres, representantes legales, familiares u otras personas, y a disfrutar de salidas y permisos, con arreglo a lo dispuesto en esta Ley y sus normas de desarrollo.

i) Derecho a comunicarse reservadamente con sus letrados, con el Juez de Menores competente, con el Ministerio Fiscal y con los servicios de Inspección de centros de internamiento.

j) Derecho a una formación laboral adecuada, a un trabajo remunerado, dentro de las disponibilidades de la entidad pública, y a las prestaciones sociales que pudieran corresponderles, cuando alcancen la edad legalmente establecida.

k) Derecho a formular peticiones y quejas a la Dirección del centro, a la entidad pública, a las autoridades judiciales, al Ministerio Fiscal, al Defensor del Pueblo o institución análoga de su Comunidad Autónoma y a presentar todos los recursos legales que prevé esta Ley ante el Juez de Menores competente, en defensa de sus derechos e intereses legítimos.

l) Derecho a recibir información personal y actualizada de sus derechos y obligaciones, de su situación personal y judicial, de las normas de funcionamiento interno de los centros que los acojan, así como de los procedimientos concretos para hacer efectivos tales derechos, en especial para formular peticiones, quejas o recursos.

m) Derecho a que sus representantes legales sean informados sobre su situación y evolución y sobre los derechos que a ellos les corresponden, con los únicos límites previstos en esta Ley.

n) Derecho de las menores internadas a tener en su compañía a sus hijos menores de tres años, en las condiciones y con los requisitos que se establezcan reglamentariamente.

Art. 57. *Deberes de los menores internados.*—Los menores internados estarán obligados a:

a) Permanecer en el centro a disposición de la autoridad judicial competente hasta el momento de su puesta en libertad, sin perjuicio de las salidas y actividades autorizadas que puedan realizar en el exterior.

b) Recibir la enseñanza básica obligatoria que legalmente les corresponda.

c) Respetar y cumplir las normas de funcionamiento interno del centro y las directrices o instrucciones que reciban del personal de aquél en el ejercicio legítimo de sus funciones.

d) Colaborar en la consecución de una actividad ordenada en el interior del centro y mantener una actitud de respeto y consideración hacia todos, dentro y fuera del centro, en especial hacia las autoridades, los trabajadores del centro y los demás menores internados.

e) Utilizar adecuadamente las instalaciones del centro y los medios materiales que se pongan a su disposición.

f) Observar las normas higiénicas y sanitarias, y sobre vestuario y aseo personal establecidas en el centro.

g) Realizar las prestaciones personales obligatorias previstas en las normas de funcionamiento interno del centro para mantener el buen orden y la limpieza del mismo.

h) Participar en las actividades formativas, educativas y laborales establecidas en función de su situación personal a fin de preparar su vida en libertad.

Art. 58. *Información y reclamaciones.*—1. Los menores recibirán, a su ingreso en el centro, información escrita sobre sus derechos y obligaciones, el régimen de internamiento en el que se encuentran, las cuestiones de organización general, las normas de funcionamiento del centro, las normas disciplinarias y los medios para formular peticiones, quejas o recursos. La información se les facilitará en un idioma que entiendan. A los que tengan cualquier género de dificultad para comprender el contenido de esta información se les explicará por otro medio adecuado.

2. Todos los internados podrán formular, verbalmente o por escrito, en sobre abierto o cerrado, peticiones y quejas a la entidad pública sobre cuestiones referentes a su situación de internamiento. Dichas peticiones o quejas también podrán ser presentadas al Director del centro, el cual las atenderá si son de su competencia o las pondrá en conocimiento de la entidad pública o autoridades competentes, en caso contrario.

Art. 59. *Medidas de vigilancia y seguridad.*—1. Las actuaciones de vigilancia y seguridad interior en los centros podrán suponer, en la forma y con la periodicidad que se establezca reglamentariamente, inspecciones de los locales y dependencias, así como registros de personas, ropas y enseres de los menores internados.

2. De igual modo se podrán utilizar exclusivamente los medios de contención que se establezcan reglamentariamente para evitar actos de violencia o lesiones de los menores, para impedir actos de fuga y daños en las instalaciones del centro o ante la resistencia activa o pasiva a las instrucciones del personal del mismo en el ejercicio legítimo de su cargo.

Art. 60. *Régimen disciplinario.*—1. Los menores internados podrán ser corregidos disciplinariamente en los casos y de acuerdo con el procedimiento que se establezca reglamentariamente, de acuerdo con los principios de la Constitución, de esta Ley y del Título IX de la Ley 30/1992, de 26 de noviembre, de Régimen Jurídico de las Administraciones Públicas y del Procedimiento Administrativo Común, respetando en todo momento la dignidad de aquéllos y sin que en ningún caso se les pueda privar de sus derechos de alimentación, enseñanza obligatoria y comunicaciones y visitas, previstos en esta Ley y disposiciones que la desarrollen.

2. Las faltas disciplinarias se clasificarán en muy graves, graves y leves, atendiendo a la violencia desarrollada por el sujeto, su intencionalidad, la importancia del resultado y el número de personas ofendidas.

3. Las únicas sanciones que se podrán imponer por la comisión de faltas muy graves serán las siguientes:

a) La separación del grupo por un período de tres a siete días en casos de evidente agresividad, violencia y alteración grave de la convivencia.

b) La separación del grupo durante tres a cinco fines de semana.

c) La privación de salidas de fin de semana de quince días a un mes.

d) La privación de salidas de carácter recreativo por un período de uno a dos meses.

4. Las únicas sanciones que se podrán imponer por la comisión de faltas graves serán las siguientes:

a) Las mismas que en los cuatro supuestos del apartado anterior, con la siguiente duración: dos días, uno o dos fines de semana, uno a quince días, y un mes respectivamente.

b) La privación de participar en las actividades recreativas del centro durante un período de siete a quince días.

5. Las únicas sanciones que se podrán imponer por la comisión de faltas leves serán las siguientes:

a) La privación de participar en todas o algunas de las actividades recreativas del centro durante un período de uno a seis días.

b) La amonestación.

6. La sanción de separación supondrá que el menor permanecerá en su habitación o en otra de análogas características a la suya, durante el horario de actividades del centro, excepto para asistir, en su caso, a la enseñanza obligatoria, recibir visitas y disponer de dos horas de tiempo al día al aire libre.

7. Las resoluciones sancionadoras podrán ser recurridas, antes del inicio de su cumplimiento, ante el Juez de Menores. A tal fin, el menor sancionado podrá presentar el recurso por escrito o verbalmente ante el Director del establecimiento, quien, en el plazo de veinticuatro horas, remitirá dicho escrito o testimonio de la queja verbal, con sus propias alegaciones, al Juez de Menores y éste, en el término de

una audiencia y oído el Ministerio Fiscal, dictará auto, confirmando, modificando o anulando la sanción impuesta, sin que contra dicho auto quepa recurso alguno. El auto, una vez notificado al establecimiento, será de ejecución inmediata. En tanto se sustancia el recurso, en el plazo de dos días, la entidad pública ejecutora de la medida podrá adoptar las decisiones precisas para restablecer el orden alterado, aplicando al sancionado lo dispuesto en el apartado 6 de este artículo. El letrado del menor también podrá interponer los recursos a que se refiere el párrafo anterior.

TÍTULO VIII

De la responsabilidad civil

Art. 61. *Reglas generales.*—1. La acción para exigir la responsabilidad civil en el procedimiento regulado en esta Ley se ejercitará por el Ministerio Fiscal, salvo que el perjudicado renuncie a ella, la ejercite por sí mismo en el plazo de un mes desde que se le notifique la apertura de la pieza separada de responsabilidad civil o se la reserve para ejercitarla ante el orden jurisdiccional civil conforme a los preceptos del Código Civil y de la Ley de Enjuiciamiento Civil.

2. Se tramitará una pieza separada de responsabilidad civil por cada uno de los hechos imputados.

3. Cuando el responsable de los hechos cometidos sea un menor de dieciocho años, responderán solidariamente con él de los daños y perjuicios causados sus padres, tutores, acogedores y guardadores legales o de hecho, por este orden. Cuando éstos no hubieren favorecido la conducta del menor con dolo o negligencia grave, su responsabilidad podrá ser moderada por el Juez según los casos.

4. En su caso, se aplicará también lo dispuesto en el artículo 145 de la Ley 30/1992, de 26 de noviembre, de Régimen Jurídico de las Administraciones Públicas y del Procedimiento Administrativo Común, y en la Ley 35/1995, de 11 de diciembre, de ayudas y asistencia a las víctimas de delitos violentos y contra la libertad sexual, y sus disposiciones complementarias.

Art. 62. *Extensión de la responsabilidad civil.*—La respon-

Art. 62: V. arts. 109 a 115 CP.

sabilidad civil a la que se refiere el artículo anterior se regulará, en cuanto a su extensión, por lo dispuesto en el capítulo I del Título V del Libro I del Código Penal vigente.

Art. 63. *Responsabilidad civil de los aseguradores.*—Los aseguradores que hubiesen asumido el riesgo de las responsabilidades pecuniarias derivadas de los actos de los menores a los que se refiere la presente Ley serán responsables civiles directos hasta el límite de la indemnización legalmente establecida o convencionalmente pactada, sin perjuicio de su derecho de repetición contra quien corresponda.

Art. 64. *Reglas de procedimiento.*—Los trámites para la exigencia de la responsabilidad civil aludida en los artículos anteriores se acomodarán a las siguientes reglas:

1.ª Tan pronto como el Juez de Menores reciba el parte de la incoación del expediente por el Ministerio Fiscal, procederá a abrir una pieza separada de responsabilidad civil, notificando a quienes aparezcan como perjudicados su derecho a ser parte en la misma, y estableciendo el plazo límite para el ejercicio de la acción.

2.ª En la pieza de referencia podrán personarse los perjudicados que hayan recibido notificación al efecto del Juez de Menores o del Ministerio Fiscal, conforme establece el artículo 22 de la presente Ley, y también espontáneamente quienes se consideren como tales. Asimismo, podrán personarse las compañías aseguradoras que se tengan por partes interesadas, dentro del plazo para el ejercicio de la acción de responsabilidad civil. En el escrito de personación, indicarán las personas que consideren responsables de los hechos cometidos y contra las cuales pretendan reclamar, bastando con la indicación genérica de su identidad.

3.ª El Juez de Menores notificará al menor y a sus representantes legales, en su caso, su condición de posibles responsables civiles.

4.ª Una vez personados los presuntos perjudicados y responsables civiles, el Juez de Menores dictará auto acordando el inicio del procedimiento, en el que se señalarán las partes actoras y demandadas, según lo que se haya solicitado por los actores y se desprenda del expediente, y concederá un plazo de diez días a los demandantes para que presenten un escrito con sus pretensiones y propongan la prueba que consideren necesaria, incluida la confesión en juicio y la de testigos.

5.ª Transcurrido dicho plazo, el Juez de Menores dará traslado del escrito a los demandados, quienes en un plazo de diez días deberán contestar a la demanda y proponer a su vez la prueba que consideren necesaria.

6.ª El Juez, inmediatamente que tenga en su poder los escritos de unos y de otros, convocará a los demandantes y a los demandados a una vista oral en la que aquéllos y éstos, por su orden, expondrán sus pretensiones y sus alegaciones sobre todo aquello que consideren relevante al objeto del proceso. En el mismo acto se admitirán las pruebas pertinentes y se practicarán las pruebas propuestas. No podrá rechazarse la confesión en juicio o la prueba testifical por el hecho de haber sido ya practicadas en el expediente principal.

7.ª El Juez, de oficio, mandará unir a los autos aquellos particulares del expediente del procedimiento de menores y de las actas de la audiencia que considere relevantes para su decisión.

8.ª Una vez celebrada la audiencia en el procedimiento de menores y dictada sentencia o recaída otra resolución definitiva, el Juez dictará sentencia civil absolviendo a los demandados o declarando los responsables civiles, con el contenido indicado en el artículo 115 del vigente Código Penal.

9.ª Contra la sentencia indicada en el apartado anterior cabrá recurso de apelación ante la Sala de Menores del Tribunal Superior de Justicia, que se sustanciará por los trámites de la apelación regulados en la Ley de Enjuiciamiento Civil que por la cuantía corresponda. Una vez firme la sentencia, podrá ser ejecutada de acuerdo con las normas del Código Penal y de la citada Ley de Enjuiciamiento Civil.

10. La sentencia dictada en este procedimiento no producirá fuerza de cosa juzgada, quedando a salvo el derecho de las partes para promover juicio ordinario sobre la misma cuestión, en el cual se considerarán hechos probados los hechos que el Juez de Menores haya estimado acreditados, así como la participación del menor.

11. En la pieza de responsabilidad civil no se precisa letrado ni procurador, pero, si fuere solicitado, se designará letrado de oficio al presunto responsable. Los representantes legales del menor podrán ser defendidos por el letrado designado al menor en el procedimiento principal, si así se aceptare por aquél.

DISPOSICIONES ADICIONALES

1.ª *Aplicación en la Jurisdicción Militar.*—Lo dispuesto en el artículo 4 de esta Ley se aplicará a quienes hubieren cometido delitos o faltas de los que deba conocer la Jurisdicción Militar, conforme a lo que se establezca sobre el particular en las leyes penales militares.

2.ª *Aplicación de medidas en casos de riesgo para la salud.*—Cuando los Jueces de Menores aplicaren alguna de las medidas terapéuticas a las que se refieren los artículos 5.2, 7.1 y 29 de esta Ley, en caso de enfermedades transmisibles u otros riesgos para la salud de los menores o de quienes con ellos convivan, podrán encomendar a las autoridades o Servicios de Salud correspondientes su control y seguimiento, de conformidad con lo dispuesto en la Ley Orgánica 3/1986, de 14 de abril, de medidas especiales en materia de salud pública.

3.ª *Registro de sentencias firmes dictadas en aplicación de lo dispuesto en la presente Ley.*—En el Ministerio de Justicia se llevará un Registro de sentencias firmes dictadas en aplicación de lo dispuesto en la presente Ley, cuyos datos sólo podrán ser utilizados por los Jueces de Menores y por el Ministerio Fiscal a efectos de lo establecido en los artículos 6, 30 y 47 de esta Ley, teniendo en cuenta lo dispuesto en la Ley Orgánica 15/1999, de 13 de diciembre, de Protección de Datos de Carácter Personal, y sus disposiciones complementarias.

4.ª *Aplicación a los delitos previstos en los artículos 138, 139, 179, 180, 571 a 580 y aquellos otros sancionados en el Código Penal con pena de prisión igual o superior a quince años.*—1. Lo dispuesto en el artículo 4 de la presente Ley Orgánica no será de aplicación a los mayores de dieciocho años imputados en la comisión de los delitos a que se refiere esta disposición adicional.

2 A los imputados en la comisión de los delitos mencionados en el apartado anterior, menores de dieciocho años, se les aplicarán las disposiciones de la presente Ley Orgánica, con las siguientes especialidades:

a) La competencia para conocer de los delitos previstos en los artículos 571 a 580 del Código Penal corresponderá al Juzgado Central de Menores de la Audiencia Nacional, cuyos autos

---

Disp. Adic. 4.ª: Esta Disposición fue incorporada por Ley Orgánica 7/2000, de 22 de diciembre (*BOE* n.º 307, de 23 de diciembre).

y sentencias podrán ser objeto de recurso de apelación ante la Sala correspondiente de la propia Audiencia. Las sentencias dictadas en apelación ante la Sala correspondiente de la propia Audiencia Nacional serán recurribles en casación conforme a lo dispuesto en el artículo 42 de esta Ley Orgánica. El Gobierno promoverá la necesaria adecuación de la estructura de la Audiencia Nacional, conforme a lo previsto en la disposición final segunda, apartado 1, de esta Ley Orgánica.

b) Los procedimientos competencia de la Audiencia Nacional no podrán ser objeto de acumulación con otros procedimientos instruidos en el ámbito de la jurisdicción de menores, sean o no los mismos los sujetos imputados.

c) Cuando alguno de los hechos cometidos sea de los previstos en esta disposición adicional y el responsable del delito fuera mayor de dieciséis años, el Juez impondrá una medida de internamiento en régimen cerrado de uno a ocho años, complementada, en su caso, por otra medida de libertad vigilada, hasta un máximo de cinco años, con el cumplimiento de los requisitos establecidos en el párrafo segundo de la regla 5.ª del artículo 9 de esta Ley Orgánica. En este supuesto sólo podrá hacerse uso de las facultades de modificación, suspensión o sustitución de la medida impuesta a las que se refieren los artículos 14, 40 y 51.1 de esta Ley Orgánica, cuando haya transcurrido, al menos, la mitad de la duración de la medida de internamiento impuesta.

Si los responsables de estos delitos son menores de dieciséis años, el Juez impondrá una medida de internamiento en régimen cerrado de uno a cuatro años, complementada, en su caso, por otra medida de libertad vigilada, hasta un máximo de tres años, con el cumplimiento de los requisitos establecidos en el párrafo segundo de la regla 5.ª del artículo 9 de esta Ley Orgánica.

No obstante lo previsto en los dos párrafos anteriores, la medida de internamiento en régimen cerrado podrá alcanzar una duración máxima de diez años para los mayores de dieciséis años y de cinco años para los menores de esa edad, cuando fueren responsables de más de un delito, alguno de los cuales esté calificado como grave y sancionado con pena de prisión igual o superior a quince años de los delitos de terrorismo comprendidos entre los artículos 571 a 580 del Código Penal.

Cuando se trate de los delitos previstos en los artículos 571 a 580, el Juez, sin perjuicio de otras medidas que correspondan con arreglo a esta Ley Orgánica, también impondrá la medida de inhabilitación absoluta por un tiempo superior entre cuatro y quince años al de la duración de la medida de internamiento en régimen cerrado impuesta, atendiendo proporcionalmente a la gravedad del delito, el número de los cometidos y a las circunstancias que concurran en el menor.

d) La ejecución de la detención preventiva, de las medidas cautelares de internamiento o de las medidas impuestas en la sentencia se llevará a cabo en los establecimientos y con el control del personal especializado que el Gobierno ponga a disposición de la Audiencia Nacional, en su caso, mediante convenio con las Comunidades Autónomas.

e) La ejecución de las medidas impuestas por el Juez Central de Menores o por la Sala correspondiente de la Audiencia Nacional será preferente sobre las impuestas, en su caso, por otros Jueces o Salas de Menores.

f) Los hechos delictivos y las medidas previstas en esta disposición prescribirán con arreglo a las normas contenidas en el Código Penal.

g) La referencia del último inciso del apartado 4 del artículo 17 y cuantas otras se contienen en la presente Ley al Juez de Menores se entenderán hechas al Juez Central de Menores en lo que afecta a los menores imputados por cualquiera de los delitos a que se refieren los artículos 571 a 580 del Código Penal.

5.ª El Gobierno dentro del plazo de cinco años desde la entrada en vigor de esta Ley Orgánica remitirá al Congreso de los Diputados un informe, en el que se analizarán y evaluarán los efectos y las consecuencias de la aplicación de la disposición adicional cuarta.

DISPOSICIÓN TRANSITORIA

Única. *Régimen transitorio.*— 1. A los hechos cometidos con anterioridad a la entrada en vigor de la presente Ley por los menores sujetos a la Ley Orgánica 4/1992, de 5 de junio, sobre Reforma de la Ley Reguladora de la Competencia y el Procedimiento de los Juzgados de Menores, que se deroga, les será de aplicación la legislación vigente en el momento de su comisión. Quie-

---

Disp. Adic. 5.ª: Incorporada por Ley Orgánica 7/2000, de 22 de diciembre (*BOE* n.º 307, de 23 de diciembre).

Disp. Trans. Única: Los apartados 5 y 6 de esta Disposición están redactados conforme al texto de la Ley Orgánica 9/2000, de 22 de diciembre (*BOE* n.º 307, de 23 de diciembre).

nes estuvieren cumpliendo una medida de las previstas en la citada Ley Orgánica 4/1992 continuarán dicho cumplimiento hasta la extinción de la responsabilidad en las condiciones previstas en dicha Ley.

2. A la entrada en vigor de la presente Ley, cesará inmediatamente el cumplimiento de todas las medidas previstas en la Ley Orgánica 4/1992 que estuvieren cumpliendo personas menores de catorce años, extinguiéndose las correspondientes responsabilidades.

3. A los menores de dieciocho años, juzgados con arreglo a lo dispuesto en el Código Penal de 1973, en las leyes penales especiales derogadas o en la disposición derogatoria del Código Penal vigente, a quienes se hubiere impuesto una pena de dos años de prisión menor o una pena de prisión superior a dos años, que estuvieren pendientes de cumplimiento a la entrada en vigor de la presente Ley, dichas penas les serán sustituidas por alguna de las medidas previstas en esta Ley, a instancia del Ministerio Fiscal, previo informe del equipo técnico o de la correspondiente entidad pública de protección o reforma de menores. A tal efecto, se habrá de dar traslado al Ministerio Fiscal de la ejecutoria y de la liquidación provisional de las penas impuestas a los menores comprendidos en los supuestos previstos en este apartado.

4. Si, en los supuestos a los que se refiere el apartado anterior, la pena impuesta o pendiente de cumplimiento fuera de prisión inferior a dos años o de cualquiera otra naturaleza, se podrá imponer al condenado una medida de libertad vigilada simple por el tiempo que restara de cumplimiento de la condena, si el Juez de Menores, a petición del Ministerio Fiscal y oídos el letrado del menor, su representante legal, la correspondiente entidad pública de protección o reforma de menores y el propio sentenciado, lo considerara acorde con la finalidad educativa que persigue la presente Ley. En otro caso, el Juez de Menores podrá tener por cumplida la pena y extinguida la responsabilidad del sentenciado.

5. Las decisiones del Juez de Menores a que se refieren los apartados anteriores se adoptarán mediante auto recurrible directamente en apelación, en el plazo de cinco días hábiles, ante la Audiencia Provincial. Los Jueces de Menores deberán adoptar estas decisiones en el plazo de dos meses desde la entrada en vigor de esta Ley. Durante este plazo la situación del menor no se verá afectada.

6. En los procedimientos penales en curso a la entrada en vigor de la presente Ley, en los que haya imputadas personas por la comisión de hechos delictivos cuando aún no hayan cumplido

los dieciocho años, el Juez o Tribunal competente remitirá las actuaciones practicadas al Ministerio Fiscal para que instruya el procedimiento regulado en la misma.

Los que se hallaren sujetos a prisión preventiva a la entrada en vigor de la Ley serán excarcelados y conducidos a un centro de reforma a disposición del Ministerio Fiscal. Si el Ministerio Fiscal estima procedente el mantenimiento del internamiento, deberá solicitarlo en el plazo de cuarenta y ocho horas del Juez de Menores, quien convocará la comparecencia prevista en el artículo 28.2.

Si el imputado lo fuere por hechos cometidos cuando era mayor de dieciocho años y menor de veintiuno, el Juez instructor acordará lo que proceda, según lo dispuesto en el artículo 4 de esta Ley.

DISPOSICIONES FINALES

1.ª *Derecho supletorio.*—Tendrán el carácter de normas supletorias, para lo no previsto expresamente en esta Ley Orgánica, en el ámbito sustantivo, el Código Penal y las leyes penales especiales, y, en el ámbito del procedimiento, la Ley de Enjuiciamiento Criminal, en particular lo dispuesto para los trámites del procedimiento abreviado regulado en el Título III del Libro IV de la misma.

2.ª *Modificación de la Ley Orgánica del Poder Judicial y del Estatuto Orgánico del Ministerio Fiscal.*—1. El Gobierno, en el plazo de seis meses a partir de la publicación de la presente Ley en el *Boletín Oficial del Estado*, elevará al Parlamento un proyecto de Ley Orgánica de reforma de la Ley Orgánica 6/1985, de 1 de julio, del Poder Judicial, para la creación de las Salas de Menores de los Tribunales Superiores de Justicia y para la adecuación de la regulación y competencia de los Juzgados de Menores y de la composición de la Sala Segunda del Tribunal Supremo a lo establecido en la presente Ley.

2. El Gobierno, en el plazo de seis meses a partir de la publicación de la presente Ley en el *Boletín Oficial del Estado*, elevará al Parlamento un proyecto de Ley de reforma de la Ley 50/1981, de 30 de diciembre, por la que se regula el Estatuto Orgánico del Ministerio Fiscal, a fin de adecuar la organización del Ministerio Fiscal a lo establecido en la presente Ley.

3.ª *Reformas en materia de personal.*—1. El Gobierno, a través del Ministerio de Justicia, oído el Consejo General del Poder Judicial, la Fiscalía General del Estado y las Comunidades Autónomas afectadas, en el plazo de seis meses desde la publicación de la presente Ley en el *Boletín Oficial del Estado* adoptará las disposiciones oportunas para adecuar la planta de los Juzgados de Menores y las plantillas de las Carreras Judicial y Fiscal a las necesidades orgánicas que resulten de la aplicación de lo dispuesto en la presente Ley.

2. Las plazas de Jueces de Menores deberán ser servidas necesariamente por Magistrados pertenecientes a la Carrera Judicial. A la entrada en vigor de esta Ley los titulares de un Juzgado de Menores que ostenten la categoría de Juez deberán cesar en dicho cargo, quedando, en su caso, en la situación que prevé el artículo 118.2 y concordantes de la vigente Ley Orgánica del Poder Judicial, procediéndose a cubrir tales plazas por concurso ordinario entre Magistrados.

3. El Gobierno, a través del Ministerio de Justicia, y las Comunidades Autónomas con competencia en la materia, a través de las correspondientes Consejerías, adecuarán las plantillas de funcionarios de la Administración de Justicia a las necesidades que presenten los Juzgados y las Fiscalías de Menores para la aplicación de la presente Ley, y determinarán el número de los equipos técnicos adscritos a los Juzgados y Fiscalías de Menores, su composición y la plantilla de los mismos.

4. Asimismo, el Gobierno, a través del Ministerio del Interior, y sin perjuicio de las competencias de las Comunidades Autónomas, adecuará las plantillas de los Grupos de Menores de las Brigadas de Policía Judicial, con objeto de establecer la adscripción a las Secciones de Menores de las Fiscalías de los funcionarios necesarios a los fines propuestos por esta Ley.

5. El Gobierno a través del Ministerio de Justicia, sin perjuicio de las competencias asumidas por las Comunidades Autónomas, y en el plazo de seis meses desde la publicación de la presente Ley en el Boletín Oficial del Estado, adoptará las disposiciones oportunas para la creación de Cuerpos de Psicólogos y Educadores y Trabajadores Sociales Forenses.

Disp. Final 3.ª: El apartado 5 de esta Disposición fue suprimido por la Disp. Adic. 4.ª de la Ley Orgánica 9/2000, de 22 de diciembre (*BOE* n.º 307, de 23 de diciembre).

4.ª *Especialización de Jueces, Fiscales y abogados.*—1. El Consejo General del Poder Judicial y el Ministerio de Justicia, en el ámbito de sus competencias respectivas, procederán a la formación de miembros de la Carrera Judicial y Fiscal especialistas en materia de Menores con arreglo a lo que se establezca reglamentariamente. Dichos especialistas tendrán preferencia para desempeñar los correspondientes cargos en las Salas de Menores de los Tribunales Superiores de Justicia y en los Juzgados y Fiscalías de Menores, conforme a lo que establezcan las leyes y reglamentos.

2. En todas las Fiscalías existirá una Sección de Menores compuesta por miembros de la Carrera Fiscal, especialistas, con las dotaciones de funcionarios administrativos que sean necesarios, según se determine reglamentariamente.

3. El Consejo General de la Abogacía deberá adoptar las disposiciones oportunas para que en los Colegios en los que resulte necesario se impartan cursos homologados para la formación de aquellos letrados que deseen adquirir la especialización en materia de menores a fin de intervenir ante los órganos de esta Jurisdicción.

5.ª *Cláusula derogatoria.*—1. Se derogan: la Ley Orgánica reguladora de la competencia y el procedimiento de los Juzgados de Menores, texto refundido aprobado por Decreto de 11 de junio de 1948, modificada por la Ley Orgánica 4/1992, de 5 de junio; los preceptos subsistentes del Reglamento para la ejecución de la Ley Orgánica reguladora de la competencia y el procedimiento de los Juzgados de Menores, aprobado por Decreto de 11 de junio de 1948; la disposición transitoria duodécima de la Ley Orgánica 10/1995, de 23 de noviembre, del Código Penal; y los artículos 8.2, 9.3, la regla 1.ª del artículo 20, en lo que se refiere al número 2.º del artículo 8, el segundo párrafo del artículo 22 y el artículo 65 del texto refundido del Código Penal, publicado por el Decreto 3.096/1973, de 14 de septiembre, conforme a la Ley 44/1971, de 15 de noviembre.

2. Quedan asimismo derogadas cuantas otras normas, de igual o inferior rango, se opongan a lo establecido en la presente Ley.

6.ª *Naturaleza de la presente Ley.*—Los artículos 16, 20, 21, 23 a 27, 30 a 35, 37 a 39, 41, 42 y 61 a 64, la disposición adicional tercera y la disposición final tercera de la presente Ley Orgánica tienen naturaleza de Ley ordinaria.

7.ª *Entrada en vigor y desarrollo reglamentario.*—1. La presente Ley Orgánica entrará en vigor al año de su publicación en el *Boletín Oficial del Estado*. En dicha fecha entrarán también en vigor los artículos 19 y 69 de la Ley Orgánica 10/1995, de 23 de noviembre, del Código Penal.

2. Durante el plazo mencionado en el apartado anterior, las Comunidades Autónomas con competencia respecto a la protección y reforma de menores adaptarán su normativa para la adecuada ejecución de las funciones que les otorga la presente Ley.

TABLAS ORIENTATIVAS DE CORRESPONDENCIAS

entre los artículos de los dos Códigos Penales que figuran en esta obra*

* Las correspondencias que se establecen en las tablas que se publican a continuación tienen exclusivamente una función orientativa, para introducir al lector en el Código Penal de 1995. En ellas sólo se recogen aquellos preceptos que, con mayores o menores semejanzas de redacción, contenido y ubicación sistemática, aparecen en los dos textos penales. No figuran, así, los artículos del Código de 1973 que carecen de correspondencia, en estos términos, en el de 1995, ni las nuevas regulaciones de la Ley Orgánica 10/1995.

1. ENTRE LOS ARTÍCULOS DEL CÓDIGO PENAL DE 1973 Y LOS DEL CÓDIGO PENAL DE 1995

CÓDIGO DE 1973	NUEVO CÓDIGO PENAL	CÓDIGO DE 1973	NUEVO CÓDIGO PENAL
	TÍTULO PRELIMINAR y	20	118 y 119
LIBRO I	LIBRO I	21 y 22	120 y 121
		23	2.1
		24	2.2
1	5, 10	26	34
2	4	27 y 28	32 y 33
3	15, 16	29	54
4	17, 18	30	36, 37 y 40
5	15.2	31	33.6
6	13	32	38
6 bis a)	14	33	58
7	9	35	41
8	19, 20	36	42
9	21	37	44
10	22, 580	38	43
11	23	41	45
12	27	42	47
13	30.1	45 a 47	55 y 56
14	28	48	127 y 128
15	30.2	49	61
15 bis	31	51 y 52	62
16	29	53	63
17	451	54	451 y 452
18	454	55	64
19	116	56	70

CÓDIGO DE 1973	NUEVO CÓDIGO PENAL	CÓDIGO DE 1973	NUEVO CÓDIGO PENAL
57 bis a)	571 a 578	98	90
57 bis b)	579	99	93
59	67	101	110
60	65	102	111
61	66	103	112
62	72	104	113
63	50	106 y 107	116
65	69	108	122
66	68	109	123
67	57	110	124
68	8	111	126
69	73	112	130
69 bis	74	113	131
70	75, 76 y 78	114	132
71	77	115	133
72	79	116	134
73	70	118	136
74	50 y 71	119	24
75 y 76	70		
79	72		
80	3.1	LIBRO II	LIBRO II
81	3.2		
82	60	120	581
84	36	121	582
86	89	122	583
87 y 88	48	122 bis	584
90	50.6	123	543
91	53	124	586
92	80	125	587
93	81	126	589
93 bis	87	127	590
96	86	128	591
97	80.3	129	592

CÓDIGO DE 1973	NUEVO CÓDIGO PENAL	CÓDIGO DE 1973	NUEVO CÓDIGO PENAL
130	593	163	472.2 y 6
132	594	165	511
133	595	165 ter	510 y 18
134	596	167	513 y 514
135	597	173	515
135 bis a)	598	174	516 y 517
135 bis b)	599	174 bis a)	576
135 bis c)	600	174 bis b)	577
135 bis d)	601	175	518
135 bis e)	265 y 266	177 bis	315
135 bis g)	603	182	529.1
135 bis h) e i)	604	183	529.2
136	605	184 a 187	167, 530, 531 y 533
137	606		
137 bis a)	607.1	191	534
137 bis b)	607.2	192	198 y 535
140	616	192 bis	198 y 536
142	485	193	538
143	488	194	542
144	486, 487 y 489	196	541
145	486 y 489	198	441
146	490 y 491	199	508.2
147	490 y 491	202	437
148	485 a 491	204 bis	174 y 176
149	493	205	522
150	494	207	523
152	495	208	524
156	496	209 y 210	525
157 y 158	497 y 498	214	472
159	500	215	473
160	503	216	474
160 bis	493 a 503	216 bis a)	477 y 578
161	490.3 y 504	217	475

CÓDIGO DE 1973	NUEVO CÓDIGO PENAL	CÓDIGO DE 1973	NUEVO CÓDIGO PENAL
217 bis	476	268	578
218	544	283	386
219	545	284	387
220	546	285 y 286	386
221	548	289	388
225	479 y 549	290	386
226	480 y 549	299 a 301	389
227	481 y 549	302	390
228	482 y 549	303	392
229	483 y 549	304	393
230	484 y 549	305	394
231	550	306	395
232	551 y 552	307	396
233	572	308	398
234	490.2 y 550	309	399.1
235 bis	554	310	399.2
236	550 y 555	311	397
237	556	312	398
242	505	313	399
246	557	314 y 315	400
246 bis	558	320	402
247	559	321	403
249	560	324	637
249 bis	561	325	456
250	562	325 bis	464
254	563	326 a 329	458
255	564	330	459
256	565	332	460
257	566	333	461
258	567	334	468
264	568	335	469
265	569	336	470
267	570	337	455

CÓDIGO DE 1973	NUEVO CÓDIGO PENAL	CÓDIGO DE 1973	NUEVO CÓDIGO PENAL
338	457	355	447
338 bis	450	357	448 y 449
340	526	358	404
340 bis a)	379 y 381	359	408
340 bis b)	382	360	467.2
340 bis c)	383	361	467.1
340 bis d)	384 y 385	362	471
341	359	364	413
342	360	365	414
343	361	366	415 y 416
344	368	367	417
344 bis a)	369	368	442
344 bis b)	370	369	410
344 bis c)	372	370	411
344 bis d)	377	371	412
344 bis e)	374	372	463
344 bis f)	375	376	407
344 bis g)	371	377	506
344 bis h) e i)	301	378	507 y 508.1
344 bis j)	371.2 y 302	379	509
344 bis k)	378	380	508.2
344 ter	362 y 363	382	405
346	363 a 365	383	443
347	363.5 y 365	384	444
347 bis	325 a 327	385	419
348 bis a)	316	386	420
348 bis b)	348 y 350	387	421
349	305	388	422
349 bis	307	389	419 a 421
350	308	390	426
350 bis	310	391	423
351 a 354		392	424
y 356	446	393	431

CÓDIGO DE 1973	NUEVO CÓDIGO PENAL	CÓDIGO DE 1973	NUEVO CÓDIGO PENAL
394	432	452 bis a)	188
396	433	452 bis b)	187
399	435	452 bis d)	194
400	436	452 bis e)	189.2
401	439 y 440	452 bis f)	190
402	437	452 bis g)	192
403	438	453	205
404 bis a)	428	454 y 455	206
404 bis b)	429	456	207
404 bis c)	430	457 y 458	208
406	139 y 140	459	209
407	138	460	620.2
409	143	461	210
411	144 y 145.1	463	211
412	146	465	216
413	145.2	467	215
417	144 y 145.1	468	220
418 y 419	149 y 150	469	222
420	147	470	401
421	148 y 173	471	217
424	154	472	218
425	153	478	219
428	155 y 156	480 y 481	163 a 165
429 y 430	178 a 182	482	163.4
431	185	483	166
432	186	484	165
434	181 y 182	485	223
435	183	486	224
436	181 a 183	487	226 y 228
443	191	487 bis	227
444	193	488	229
445	192	489	231
446	192.2 y D.A.2.ª	489 bis	232 y 233

CÓDIGO DE 1973	NUEVO CÓDIGO PENAL	CÓDIGO DE 1973	NUEVO CÓDIGO PENAL
489 ter	195	535	252 y 253
490	202	536	255
493	169	537	283
494	171	538	255
496	172	539	262
496 bis	170	540	284
497 y 497 bis	197	546 bis a) y bis b)	298
498 y 499	199	546 bis c)	299
499 bis	311 a 313 y 318	546 bis d) y bis e)	298
500	237	546 bis g)	300
501	242	547 a 551	351
503	243	553 bis a)	352
504	238	553 bis b)	353
505 y 506	240 y 241.1	553 bis c)	354
508	241.2 y 3	554	346
510	239	556	357
514	234	557	263
515 y 516	235	558	264 y 323
516 bis	244	559	264
517	245	561	323
518	246 y 247	562	289
519	257	563	263 y 267
520 a 527	260 y 261	564	268
528	248 y 249	565	142, 152, 267, 317, 331, 344, 347, 358, 367, 391, 467.2, 532
529	250		
531	251		
532	236 y 251.3		
534	273 y 274		
534 bis a) y bis b)	270 y 271	LIBRO III	LIBRO III
534 bis c)	272.2 y 288	569	633
534 ter	272.1	570	634

CÓDIGO DE 1973	NUEVO CÓDIGO PENAL	CÓDIGO DE 1973	NUEVO CÓDIGO PENAL
573	629	587	623
580	631	589	624
582	617	597	625
584	618, 619 y 622	601	638
585	620	602	639
586 bis	621		

2. ENTRE LOS ARTÍCULOS DEL CÓDIGO PENAL DE 1995 Y LOS DEL CÓDIGO PENAL DE 1973

NUEVO CÓDIGO PENAL	CÓDIGO DE 1973	NUEVO CÓDIGO PENAL	CÓDIGO DE 1973
TÍTULO PRELIMINAR y LIBRO I	LIBRO I	27	12
		28	14
		29	16
		30	13 y 15
2.1	23	31	15 bis
2.2	24	32 y 33	27 y 28
3.1	80	33.6	31
3.2	81	34	26
4	2	36	30 y 84
5	1	38	32
8	68	40	30
9	7	41	35
10	1	42	36
13	6	43	38
14	6 bis a)	44	37
15	3 y 5	45	41
16	3	47	42
17	4	48	87 y 88
18	4 y 165 ter	50	63 y 74
19	8	50.6	90
20	8	53	91
21	9	54	29
22	10	55 y 56	45 a 47
23	11	57	67
24	119	58	33

NUEVO CÓDIGO PENAL	CÓDIGO DE 1973	NUEVO CÓDIGO PENAL	CÓDIGO DE 1973
60	82	120 y 121	21 y 22
61	49	122	108
62	51 y 52	123	109
63	53	124	110
64	55	126	111
65	60	127 y 128	48
66	61	130	112
67	59	131	113
68	66	132	114
69	65	133	115
70	56, 73, 75 y 76	134	116
71	74	136	118
72	62 y 79		
73	69		
74	69 bis	LIBRO II	LIBRO II
75 y 76	70		
77	71	138	407
78	70	139 y 140	406
79	72	142	565
80	92 y 97	143	409
81	93	144	411 y 417
86	96	145	411, 413 y 417
87	93 bis	146	412
89	86	147	420
90	98	148	421
93	99	149 y 150	418 y 419
110	101	152	565
111	102	153	425
112	103	154	424
113	104	155 y 156	428
116	19, 106 y 107	163	480 a 482
118	20	164	480 y 481
119	20	165	481.3.º y 484

NUEVO CÓDIGO PENAL	CÓDIGO DE 1973
166	483
167	184 a 187
169	493
170	496 bis
171	494
172	496
173	421
174	204 bis
176	204 bis
178	430
179	429 y 430
181	429, 430, 434 y 436
182	429, 430, 434 y 436
183	435 y 436
185	431
186	432
187	452 bis b)
188	452 bis a)
189.2	452 bis e)
190	452 bis f)
191	443
192	445, 446 y 452 bis g)
193	444
194	452 bis d)
195	489 ter
197	497 y 497 bis
198	192 y 192 bis
199	498 y 499
202	490
205	453
206	454 y 455
207	456
208	457 y 458
209	459
210	461
211	463
215	467
216	465
217	471
218	472
219	478
220	468
222	469
223	485
224	486
226	487
227	487 bis
228	487
229	488
231	489
232 y 233	489 bis
234	514
235	515 y 516
236	532
237	500
238	504
239	510
240 y 241	505, 506 y 508
242	501
243	503
244	516 bis
245	517
246 y 247	518

NUEVO CÓDIGO PENAL	CÓDIGO DE 1973	NUEVO CÓDIGO PENAL	CÓDIGO DE 1973
248 y 249	528	311 a 313	499 bis
250	529	315	177 bis
251	531 y 532	316	348 bis a)
252 y 253	535	317	565
255	536 y 538	318	499 bis
257	519	323	558 y 561
260 y 261	520 a 527	325 a 327	347 bis
262	539	331	565
263	557 y 563	344	565
264	558 y 559	346	554
265 y 266	135 bis e)	347	565
267	563 y 565	348 y 350	348 bis b)
268	564	351	547 a 551
270 y 271	534 bis a) y bis b)	352	553 bis a)
		353	553 bis b)
272	534 bis c) y 534 ter	354	553 bis c)
		357	556
273 y 274	534	358	565
283	537	359	341
284	540	360	342
288	534 bis c)	361	343
289	562	362	344 ter
289	546 bis a), bis b), bis d) y bis e)	363	344 ter, 346 y 347
		365	346 y 347
299	546 bis c)	367	565
300	546 bis g)	368	344
301	344 bis h) e i)	369	344 bis a)
302	344 bis j)	370	344 bis b)
305	349	371	344 bis g) y 344 bis j)
307	349 bis		
308	350	372	344 bis c)
310	350 bis	374	344 bis e)

NUEVO CÓDIGO PENAL	CÓDIGO DE 1973	NUEVO CÓDIGO PENAL	CÓDIGO DE 1973
375	344 bis f)	413	364
377	344 bis d)	414	365
378	344 bis k)	415 y 416	366
379 y 381	340 bis a)	417	367
382	340 bis b)	419	385 y 389
383	340 bis c)	420	386 y 389
384 y 385	340 bis d)	421	387 y 389
386	283, 285, 286 y 290	422	388
		423	391
387	284	424	392
388	289	426	390
389	299 a 301	428	404 bis a)
390	302	429	404 bis b)
391	565	430	404 bis c)
392	303	431	393
393	304	432	394
394	305	433	396
395	306	435	399
396	307	436	400
397	311	437	202 y 402
398	308 y 312	438	403
399	309, 310 y 313	439 y 440	401
400	314 y 315	441	198
401	470	442	368
402	320	443	383
403	321	444	384
404	358	446	351 a 354 y 356
405	382		
407	376	447	355
408	359	448 y 449	357
410	369	450	338 bis
411	370	451 y 452	17 y 54
412	371	454	18

NUEVO CÓDIGO PENAL	CÓDIGO DE 1973	NUEVO CÓDIGO PENAL	CÓDIGO DE 1973
455	337	494	150 y 160 bis
456	325	495	152 y 160 bis
457	338	496	156 y 160 bis
458	326 a 329	497 y 498	157, 158 y 160 bis
459	330	500 y 501	159 y 160 bis
460	332	503	160 y 160 bis
461	333	504	161
463	372	505	242
464	325 bis	506	377
467	360, 361 y 565	507	378
468	334	508	199, 378 y 380
469	335	509	379
470	336	510	165 ter
471	362	511	165
472	163 y 214	513 y 514	167
473	215	515	173
474	216	516 y 517	174
475	217	518	175
476	217 bis	522	205
477	216 bis a)	523	207
479	225	524	208
480	226	525	209 y 210
481	227	526	340
482	228	529	182 y 183
483	229	530 y 531	184 a 187
484	230	532	565
485	142 y 148	533	184 a 187
486 y 487	144, 145 y 148	534	191
488	143 y 148	535	192
489	144, 145 y 148	536	192 bis
490 y 491	146 a 148, 161 y 234	538	193
493	149 y 160 bis	541	196

NUEVO CÓDIGO PENAL	CÓDIGO DE 1973	NUEVO CÓDIGO PENAL	CÓDIGO DE 1973
542	194	581	120
543	123	582	121
544	218	583	122
545	219	584	122 bis
546	220	586	124
548	221	587	125
549	225 a 230	589	126
550	231, 234 y 236	590	127
551 y 552	232	591	128
554	235 bis	592	129
555	236	593	130
556	237	594	132
557	246	595	133
558	246 bis	596	134
559	247	597	135
560	249	598	135 bis a)
561	249 bis	599	135 bis b)
562	250	600	135 bis c)
563	254	601	135 bis d)
564	255	603	135 bis g)
565	256	604	135 bis h) e i)
566	257	605	136
567	258	606	137
568	264	607	137 bis a) y 137 bis b)
569	265	616	140
570	267		
572	57 bis a) y 233		
576	57 bis a) y 174 bis a)	LIBRO III	LIBRO III
577	57 bis a) y 174 bis a)	617	582
		618	584.5.º
579	57 bis b)	619	584.3.º
580	10	620	460 y 585

NUEVO CÓDIGO PENAL	CÓDIGO DE 1973	NUEVO CÓDIGO PENAL	CÓDIGO DE 1973
621	586 bis	631	580
622	584.6.º	633	569
623	587	634	570
624	589	637	324
625	597	638	601
629	573	639	602

ÍNDICE ANALÍTICO

A

ABANDONO
—De actividades delictivas, 579; Apéndice 1, 57 bis b).
—De animales, 631; Apéndice 1, 580.
—De destino o empleo por funcionarios, 407, 483, 549; Apéndice 1, 229 y 376.
—De domicilio familiar, 224; Apéndice 1, 486.
—De familia, 226; Apéndice 1, 487.
—De incapaces, 229, 230; Apéndice 1, 487.
—De jeringuillas u otros instrumentos peligrosos, 630.
—De menores, 229, 230; Apéndice 1, 488, 489 y 584.5.º
—De servicio público, 409.
—De servicios sanitarios, 196.
ABOGADOS
—Agresiones por su actuación profesional, 464; Apéndice 1, 325 bis.
—Deslealtad profesional, 467; Apéndice 1, 360 y 361.
—Obstrucción a la Justicia, 463, 465.
—Presentación de documentos o testigos falsos, 461.
—Revelación de secretos procesales, 466.
ABONO
—De prisión preventiva, 58, 59; Apéndice 1, 33.
—De privaciones cautelares de derechos, 58, 59; Apéndice 1, 33.
ABORDAJE
—Apéndice 1, 139.1.º
ABORTO
—144 a 146; Apéndice 1, 411 ss.
—Pena accesoria, 57; Apéndice 1, 67.
ABUELOS
—Véanse «Ascendientes» y «Parentesco».
ABUSO
—De autoridad, Apéndice 1, 131, 302, 308, 400 y 403.
—De cargo, 107, 295, 369.8.º
—De confianza, 22.6.º; Apéndice 1, 10.9.º
—De firma, 250.4.º, 292; Apéndice 1, 529.3.º
—De funciones públicas, 451.3.*b*).
—De la impericia o pasiones de un menor, Apéndice 1, 544.
—De oficio, 107, 369.8.º; Apéndice 1, 360 y 469.
—De profesión, 369.8.º
—De relaciones personales, 250.7.º
—De situación de necesidad, 311, 315.
—De superioridad, 22.2.º, 181.3.º, 182, 235.4.º; Apéndice 1, 10.8.º
—En el ejercicio de la función pública, 443 a 445.
—Sexual, 181 a 183, 191.
ACCESO CARNAL
—179, 182, 183; Apéndice 1, 429, 434 y 435.
ACCIDENTE
—195; Apéndice 1, 489 ter.
—De trabajo, 316, 317; Apéndice 1, 348 bis a) y 427.
ACCIÓN PENAL
—215, 267; Apéndice 1, 443, 466, 467.2.º y 602.
ACOGIMIENTO
—46, 221.
ACOSO SEXUAL
—184, 191.
ACTUACIÓN EN NOMBRE DE OTRO
—31; Apéndice 1, 15 bis.
ACUSACIÓN FALSA
—456; Apéndice 1, 325.
ACUSADOR PRIVADO
—126; Apéndice 1, 111.
ADMINISTRACIÓN DE JUSTICIA
—Véase «Delitos contra la Administración de Justicia».

ADMINISTRACIÓN PÚBLICA
—Responsabilidad civil, 121; Apéndice 1, 22.
—Véase «Delitos contra la Administración Pública».
ADMINISTRADORES
—Apropiación indebida, 252; Apéndice 1, 535.
—De organizaciones delictivas, 370, 371.2; Apéndice 1, 344 bis b) y 344 bis j).
—De personas jurídicas, 31, 318; Apéndice 1, 15 bis y 499 bis.
—De sociedades, 290, 293 a 295.
—Divulgaciones de secretos, 197.4; Apéndice 1, 498.
—Malversación, 435; Apéndice 1, 399.
ADOPCIÓN
—23, 180.4.ª, 182, 220.4, 268, 454; Apéndice 1, 11 y 18.
—Ilegal, 221.
ADULTERACIÓN DE VÍVERES
—Véanse «Alimentos» y «Bebidas».
AERONAVES
—Asalto, Apéndice 1, 506.3.º
—Comiso, 374; Apéndice 1, 344 bis e).
—Destrucción, 265; Apéndice 1, 10.3.º y 554.
—Incendio, 266; Apéndice 1, 547.2.º y 548.
—Robo, Apéndice 1, 506.
—Suministro al enemigo, 582.1.º, 583.2.º; Apéndice 1, 122.3.º
AEROPUERTOS
—Destrucción, 346, 347.
AFECTIVIDAD
—Véase «Relación de afectividad».
AFINIDAD
—23, 180.4.ª; Apéndice 1, 11 y 18.
AGENTES
—De la autoridad: atentado, resistencia y desobediencia, 550 a 553, 556; Apéndice 1, 231 ss.; ofensas, 634; Apéndice 1, 570.2.
—Diplomáticos, 605, 606; Apéndice 1, 137 y 467.
AGIO
—Apéndice 1, 404 y 523.3.º
AGRAVANTES
—14, 22, 23, 65 a 67; Apéndice 1, 10, 11 y 58 ss.
AGRESIONES SEXUALES
—178 a 180, 191, 607.1.2.º; Apéndice 1, 430, 436 y 443.
AGUAS
—Adulteración, 365; Apéndice 1, 347.2.º
—Conducciones, 560.3; Apéndice 1, 249.
—Contaminación, 325; Apéndice 1, 347 bis.
—Defraudación, 255; Apéndice 1, 536 a 538.
—Distracción de su curso, 247; Apéndice 1, 518.
—Envenenamiento, 365; Apéndice 1, 347.2.º
—Extracción ilegal, 326.*f*).
ALARMAS
—Afirmación falsa de existencia de explosivos, 561; Apéndice 1, 249 bis.
—Inutilización, 238.5.ª
ALBACEAS
—440; Apéndice 1, 401.
ALCAHUETERÍA
—Apéndice 1, 452 bis a) ss.
ALCOHOLISMO
—Véanse «Delitos contra la seguridad del tráfico» y «Embriaguez».
ALEVOSÍA
—22.1.ª, 139.1.ª; Apéndice 1, 10.1.º y 406.1.º
ALIMENTOS
—Adulteración, 364; Apéndice 1, 346 y 348.
—En delitos contra la libertad sexual, 193; Apéndice 1, 444.2.º
—En el abandono de familia, 227.3; Apéndice 1, 487.
—Maquinaciones para alterar sus precios, 281; Apéndice 1, 541.1.º
—Nocivos para la salud, 363.2; Apéndice 1, 346.
—Sin los requisitos legales sobre caducidad o composición, 363.1; Apéndice 1, 346.
ALLANAMIENTO DE MORADA, DOMICILIO O LOCAL
—202 a 204, 534.1.º, 635; Apéndice 1, 191.1.º y 490 ss.
—Del Rey u otras personas especialmente protegidas, 490.1; Apéndice 1, 146.2.º
ALTERACIÓN
—Agua potable, 365; Apéndice 1, 347.
—Alimentos, 364.
—Aparatos automáticos de medición de precios, 283.
—Bebidas, 364.

—Contadores, 255.2.º; Apéndice 1, 536 ss.
—Datos, 197.2.
—Documentos, 390.1.1.º; Apéndice 1, 302.5.º y 6.º
—Efectos o instrumentos del delito, 451.2.º
—En la percepción desde el nacimiento o la infancia, 20.3.º, 103, 105, 106, 118, Disp. Adic. 1.ª; Apéndice 1, 8.º3.º
—Marca o número de fabricación de un arma, 564.2.1.ª; Apéndice 1, 255.1.º
—Medicamentos, 362.1.º; Apéndice 1, 344 ter.
—Precios, 281, 284; Apéndice 1, 540; en concursos y subastas, 262; Apéndice 1, 539.
—Psíquica, 20.1.º, 101, 105, 106, 118, Disp. Adic. 1.ª
—Seguridad del tráfico, 382.1.º; Apéndice 1, 340 bis b).1.º
—Términos o lindes, 246, 624; Apéndice 1, 518 y 589.

ALZAMIENTO DE BIENES
—257, 258; Apéndice 1, 519 y 526.

AMENAZAS
—169 a 171, 572, 577; Apéndice 1, 493 ss. y 585.2.º a 4.º
—A Clases y Cuerpos y Fuerzas de Seguridad, 505, 572.2.
—A los Ejércitos, 505; Apéndice 1, 242.
—A un miembro de las Cortes Generales, 572.2; Apéndice 1, 157 y 158.
—Al Consejo de Gobierno de una Comunidad Autónoma, 504, 572.2; Apéndice 1, 161.1.º
—Al Consejo General del Poder Judicial, 504, 572.2; Apéndice 1, 161.1.º
—Al Gobierno de la Nación, 504, 572.2; Apéndice 1, 161.1.º
—Al Rey u otras personas especialmente protegidas, 490.2; Apéndice 1, 146 a 148 y 161.1.º
—Al Tribunal Constitucional, 504, 572.2; Apéndice 1, 161.1.º
—Al Tribunal de Justicia de una Comunidad Autónoma, 504.
—Al Tribunal Supremo, 504; Apéndice 1, 161.1.º
—Falta, 620.

ANALOGÍA
—Atenuantes, 21.6.º; Apéndice 1, 9.º10.
—Grados de la pena, 72; Apéndice 1, 79.

ANIMALES
—Domésticos, 632.
—Feroces o dañinos, 631; Apéndice 1, 580.

ÁNIMO DE LUCRO
—En el hurto, 234; Apéndice 1, 514.
—En el robo, 237; Apéndice 1, 500.
—En la apropiación indebida, 253; Apéndice 1, 535.
—En la estafa, 248; Apéndice 1, 528.
—En la extorsión, 243.
—En la falsificación de documentos, Apéndice 1, 304, 305 y 307.
—En la malversación de caudales, 432, 434.
—En la receptación, 298, 299.
—En las defraudaciones de fluido eléctrico, Apéndice 1, 537.
—En los delitos relativos a la propiedad intelectual, 270.
—En los delitos societarios, 291.

ANTECEDENTES PENALES
—82.
—Cancelación, 85, 136, 137; Apéndice 1, 118.
—Cancelados, 22.8.º, 81; Apéndice 1, 10.15 y 93.

ANTICIPACIÓN DE FUNCIONES PÚBLICAS
—Apéndice 1, 373 y 375.

ANTISEMITISMO
—22.4.º, 510; Apéndice 1, 10.17 y 165 ter.

APERTURA
—De correspondencia, 197, 535, 603; Apéndice 1, 192.
—De documentos por funcionario público, 198, 535; Apéndice 1, 366.

APLICACIÓN
—De caudales públicos a usos indebidos, 433; Apéndice 1, 396 y 397.
—De la pena, 61 a 79, 638; Apéndice 1, 49 ss.
—De medidas, 101 a 108.
—Privada de bienes públicos, 434.

APOLOGÍA DE DELITOS
—18; Apéndice 1, 137 bis b), 165 ter, 216 bis a) y 268.

APREMIO
—Actos que impiden su eficacia, 257.

APROPIACIÓN
—De bienes del deudor, 455; Apéndice 1, 337.

—Ilegal de efectos procedentes de registros, 534.1.2.ª; Apéndice 1, 191.2.º
—Indebida, 252 a 254, 269, 438; Apéndice 1, 535, 564 y 587.2.º; Apéndice 6, 150.
ÁRBITROS
—422, 440; Apéndice 1, 388 y 401.
ARCHIVO
—Daños, 323, 324; Apéndice 1, 547.1.º, 558.5.º y 559.
ARMAS
—Agravante, 242.2, 473.2, 552.1.ª; Apéndice 1, 10.12, 232.1.º, 421, 501 y 506.1.º
—Biológicas o exterminadoras de la especie humana, 160.
—Coleccionismo, Apéndice 1, 259.
—Contrabando, Apéndice 6, 1.º
—Cortas, 564.1.1.º
—De caza, Apéndice 1, 259.
—De defensa, 566.3.º; Apéndice 1, 257.2.º y 258.
—De fuego, 566.2.º, 567; Apéndice 1, 254 ss.
—De guerra, 566.1.º y 3.º, 567; Apéndice 1, 257.1.º y 258.
—Deportivas, Apéndice 1, 259.
—Depósito, 566 a 570; Apéndice 1, 254 ss. y 264 ss.
—Importación ilegal, 564.2.2.ª; Apéndice 4.
—Largas, 564.1.2.º
—Químicas, 566.1.º y 3.º, 567.
—Suministro al enemigo, 583.2.º
—Tenencia ilícita, 563 a 565, 570; Apéndice 1, 254.
—Tráfico, 566 a 570.
—Transformadas, 563, 564.2.3.ª
—Uso, 148.1.º; Apéndice 1, 232.1.º, 421 y 501.
ARMISTICIO (VIOLACIÓN DE)
—593; Apéndice 1, 130, 140 y 141.
ARREBATO
—21.3.º; Apéndice 1, 9.º8.º
ARREPENTIMIENTO
—21.4.º y 5.º, 376, 579; Apéndice 1, 9.º9º.
ARRESTO
—De fin de semana, 33, 35, 37, 53, 70.2, 88, Disp. Trans. 8.ª
—Domiciliario, Apéndice 1, 85.
—Mayor, Disp. Trans. 11.ª1.*e*); Apéndice 1, 27, 30 y 47.
—Menor, Disp. Trans. 11.ª1.*i*); Apéndice 1, 27, 30 y 85.
—Véase también «Responsabilidad personal subsidiaria por impago de multa».
ARROGACIÓN DE ATRIBUCIONES
—Administrativas, 507; Apéndice 1, 378.
—Judiciales, 508; Apéndice 1, 178 ss. y 378.
—Legislativas, 506; Apéndice 1, 377.
ARTÍCULOS DE PRIMERA NECESIDAD
—281; Apéndice 1, 516.1.º, 529.1.º, 540 y 541.
ASAMBLEAS LEGISLATIVAS DE COMUNIDADES AUTÓNOMAS
—24, 472.4.º, 493 a 502, 551.2; Apéndice 1, 160 bis y 214.4.º.
ASCENDIENTES
—23, 180.4.ª, 182.1.º, 192, 220.4.º, 226, 268, 424, 443, 444, 454; Apéndice 1, 405, 410 y 488.
—Malos tratos, 153, 617; Apéndice 1, 582.
ASEGURADORAS
—117.
ASESINATO
—139, 140, 141; Apéndice 1, 17, 139.2.º y 406.
ASOCIACIÓN
—Clausura, 129.
—Establecimiento de depósitos de armas, explosivos o municiones, 569; Apéndice 1, 265.
—Ilícita, 515 a 521; Apéndice 1, 173 ss.
—Suspensión de actividades, 129.
ATENTADO
—Concepto, 550.
—Contra independencia de jueces y magistrados, 508.2; Apéndice 1, 199.
—Contra Jefes de Estado o representantes extranjeros, 605, 606; Apéndice 1, 136 y 137.
—Contra la autoridad, 550 a 553; Apéndice 1, 231 ss.
ATENUANTES
—21, 23, 65 a 67; Apéndice 1, 9.º y 11.
AUMENTO DELIBERADO DEL MAL DEL DELITO
—Véase «Ensañamiento».
AUTOMUTILACIÓN
—Apéndice 1, 422.

AUTOR
—27, 28, 61, 62, 116, 118; Apéndice 1, 12.1.º y 14.
—De los delitos cometidos con medios o soportes de difusión y comunicación, 30; Apéndice 1, 13 y 15.
—Responsabilidad solidaria o subsidiaria, 116.2.º; Apéndice 1, 107.
AUTORIDAD
—Autor de atentados, desobediencia, desórdenes públicos, resistencia, sedición, 562; Apéndice 1, 250.
—Concepto, 24; Apéndice 1, 119.
—En delitos contra la comunidad internacional, 615.
—Véanse «Atentado» y «Desacato».
AUXILIO
—A la Autoridad, 555; Apéndice 1, 236.
—A responsables de delito, 451. 1.º; Apéndice 1, 17.1.º
—Al suicidio, 143; Apéndice 1, 409.
—De otras personas, 22.2.º, 180.2.ª; Apéndice 1, 10.12 y 13, 502 y558.4.º
—Omisión, 618, 619; Apéndice 1, 338 bis, 489 ter y 586.2.º
AVERÍA DE NAVE
—Apéndice 1, 10.3.º

B

BANDAS ARMADAS
—515.2.º, 516.1.º, 571 a 580; Apéndice 1, 10.15, 57 bis a), 57 bis b), 98 bis, 174 ss. y 233.
BANDERAS
—De Estados neutrales, 612.5.º
—De parlamento o rendición, 612.6.º
—Enemigas, 582.3.º, 583.1.º
—Ultrajes, 543; Apéndice 1, 123.
BANDOS DE POLICÍA
—Apéndice 1, 603.
BEBIDAS
—Alcohólicas, 20.2.º, 21.2.º, 87; Apéndice 1, 9.º2.º
—Alteradas, 364.
—Conducir bajo su influencia, 379; Apéndice 1, 340 bis a).1.º
—Nocivas para la salud, 363.2; Apéndice 1, 346.
BENEFICIOS FISCALES
—305, 308; Apéndice 1, 349 y 350.
BENEFICIOS PENITENCIARIOS
—36, 78; Apéndice 1, 84.
BIBLIOTECAS
—Daños, 323, 324; Apéndice 1, 558.5.º
BIGAMIA
—217; Apéndice 1, 471 ss.
BLANQUEO DE CAPITALES
—301 a 304; Apéndice 1, 344 bis h), 344 bis i) y 344 bis j).
BUQUES
—Asalto, Apéndice 1, 506.3.º
—Avería, Apéndice 1, 10.3.º
—Comiso, 374.1.
—Destrucción, 265, 611.2.º; Apéndice 1, 554.
—Incendio, 266; Apéndice 1, 547.2.º y 548.
—Suministro a enemigo, 582.1.º; Apéndice 1, 122.3.º

C

CADÁVERES
—Conducción, inhumación o exhumación, Apéndice 1, 339 y 345.
—Despojo de efectos, 612.7.º
—Profanación, 524, 526; Apéndice 1, 340 y 577.
CALUMNIA
—131.1.º, 205 a 207, y 211 a 216; Apéndice 1, 161.1.º y 453 ss.
—Al Consejo de Gobierno de una Comunidad Autónoma, 504.
—Al Consejo General del Poder Judicial, 504; Apéndice 1, 161.1.º
—Al Gobierno de la Nación, 504; Apéndice 1, 161.1.º
—Al Rey u otras personas especialmente protegidas, 490.3, 491.1; Apéndice 1, 161.1.º
—Al Tribunal Constitucional, 504; Apéndice 1, 161.1.º
—Al Tribunal Superior de Justicia de una Comunidad Autónoma, 504.
—Al Tribunal Supremo, 504, Apéndice 1, 161.1.º
CARNÉ DE CONDUCIR
—Véase «Privación del derecho a conducir vehículos a motor y ciclomotores».
CASA HABITADA
—241; Apéndice 1, 506.2.º y 508.
CASO FORTUITO
—Apéndice 1, 6.º bis b).
CASTRACIÓN
—149; Apéndice 1, 137 bis, 418 y 428.
CAUCIÓN
—Apéndice 1, 27, 30, 44, 73 y 495.
CAUSAS QUE EXTINGUEN LA RESPONSABILIDAD CRIMINAL
—130; Apéndice 1, 112.
CAZA
—334 a 337, Disp. Derog. 1.*e*); Apéndice 1, 507.
CEGUERA
—Apéndice 1, 418 y 421.2.º
CENSURA PREVIA
—538; Apéndice 1, 193.
CENTRO DOCENTE
—369, 558; Apéndice 1, 22, 246.bis.2.º y 344 bis a).1.º
—Daños, 323, 324.
CERCENAMIENTO DE MONEDA
—Apéndice 1, 283.3.º
CERTIFICADOS
—Falsificación, 397 a 399; Apéndice 1, 311 ss.
CESIÓN DE MANO DE OBRA
—Apéndice 1, 499 bis.
CHEQUE
—250.1.3.º; Apéndice 1, 563 bis b).
CICLOMOTOR
—379, 381, 385; Apéndice 1, 340 bis a) y 340 bis d).
CIRCUNSTANCIAS
—Agravantes, 14, 22, 23, 65 a 67; Apéndice 1, 10.
—Atenuantes, 21, 23, 65 a 67; Apéndice 1, 9.º
—Eximentes, 19, 20; Apéndice 1, 8.º
—Mixta, 23, 65; Apéndice 1, 11.
CIRUGÍA TRANSEXUAL
—156; Apéndice 1, 428.
CLASIFICACIÓN DE LAS PENAS
—33; Apéndice 1, 27 ss.
CLAUSURA
—De empresas, locales o establecimientos, 129, 194, 221, 271, 298, 299, 302, 366, 370, 430; Apéndice 1, 344 bis b) y 347 bis.
CLONACIÓN
—161.
COACCIÓN
—172, 522, 572, 577, 620; Apéndice 1, 496, 496 bis y 585.4.º
—Al Rey u otras personas especialmente protegidas, 489; Apéndice 1, 144.2.º, 145 y 148.
COHECHO
—419 a 427; Apéndice 1, 331 y 385 a 393.
COLABORACIÓN
—Con las autoridades, 376, 579.
—En delitos cometidos por bandas armadas u organizaciones terroristas, 576; Apéndice 1, 174 bis a).
COLEGIOS
—221.
COMERCIO PROHIBIDO A FUNCIONARIOS
—Apéndice 1, 404.
COMESTIBLES
—Alterados, 364.

—Nocivos para la salud, 363.2; Apéndice 1, 346.
COMISIONES PARLAMENTARIAS
—502, Disp. Derog.1.*f*).
COMISO
—127, 128; Apéndice 1, 48.
—De dádivas a funcionarios públicos, 431; Apéndice 1, 393.
—De efectos e instrumentos del delito, 127; Apéndice 1, 48 y 213.
—De imprenta, Apéndice 1, 213.
—En cohecho, 431; Apéndice 1, 393.
—En contrabando, Apéndice 4, 5.º a 10.
—En delitos contra la seguridad del tráfico, 385; Apéndice 1, 340 bis d).
—En tráfico de drogas, 374; Apéndice 1, 344 bis a).
CÓMPLICES
—27, 29, 63, 64, 116; Apéndice 1, 12.2.º y 16.
COMUNICACIONES
—Interceptación, 197, 198, 535, 603; Apéndice 1, 135 bis g), 192, 192 bis, 497 y 497 bis.
COMUNIDADES AUTÓNOMAS
—Asambleas Legislativas, 24, 472.4.º, 493 a 502, 551, 572.2; Apéndice 1, 160 bis.
—Consejos de Gobierno, 472.6.º, 503, 504, 551, 572.2; Apéndice 1, 160 bis y 161.1.º
—Ofensas o ultrajes, 543.
—Responsabilidad civil, 121.
—Símbolos o emblemas, 543.
COMUNIDADES EUROPEAS
—305.3, 306, 309, 627.
CONCURSO
—De acreedores, 259 a 261; Apéndice 1, 523 ss.
—De leyes, 8; Apéndice 1, 68.
—Ideal de delitos, 77; Apéndice 1, 71.
—Público: alteración de precios, 262.
—Real de delitos, 73, 75, 76; Apéndice 1, 69 y 70.
CONDECORACIONES
—Uso indebido, 637; Apéndice 1, 324.
CONDENA
—Condicional, 80 a 87; Apéndice 1, 92 ss.
—De Juez o Tribunal extranjero, 190, 375, 388, 580; Apéndice 1, 10.15, 289, 344 bis f) y 452 bis f).
—Quebrantamiento, 37, 88, 89; Apéndice 1, 334 y 335.
CONDUCCIÓN
—Bajo la influencia de drogas o bebidas alcohólicas, 379; Apéndice 1, 340 bis a).
—Temeraria, 381, 384; Apéndice 1, 340 bis a) y 340 bis d).
CONFESIÓN DE LOS HECHOS A LA AUTORIDAD
—21.4.º; Apéndice 1, 9.º9.º
CONFESIONES RELIGIOSAS
—522 a 526; Apéndice 1, 205 ss.
CONFINAMIENTO
—Apéndice 1, 27, 30, 32, 46, 78 y 87.
CONGRESO DE LOS DIPUTADOS
—Véase «Cortes Generales».
CONSECUENCIAS ACCESORIAS
—127 a 129.
CONSEJO DE MINISTROS
—503.1, Apéndice 1, 160 y 160 bis.
CONSEJO GENERAL DEL PODER JUDICIAL
—504, 551, 572.2, Disp. Trans. 5.ª; Apéndice 1, 161.1.º, 162.
CONSEJOS DE GOBIERNO DE LAS COMUNIDADES AUTÓNOMAS
—472.6.º, 503, 504, 551, 572.2; Apéndice 1, 160 bis y 161.1.º
CONSENTIMIENTO
—En aborto, 145; Apéndice 1, 411 y 414.
—En abusos sexuales, 181.
—En lesiones, 155, 156; Apéndice 1, 428.
CONSPIRACIÓN
—Concepto, 17; Apéndice 1, 4.º
—En atentados contra la autoridad, 553.
—En delitos cometidos por bandas armadas, 578; Apéndice 1, 216 bis a).
—En delitos contra la comunidad internacional, 615.
—En delitos contra la Corona, 488; Apéndice 1, 143.
—En delitos contra la libertad, 168.
—En delitos contra la salud pública, 373.
—En delitos de asociación ilícita, 519.
—En delitos de blanqueo de capitales, 304.
—En delitos de homicidio, 141.
—En delitos de lesiones, 151.
—En rebelión, 477; Apéndice 1, 216 bis a).
—En sedición, 548.

—En terrorismo, 578; Apéndice 1, 216 bis a).
CONSTITUCIÓN
—Delitos contra, 472 a 543; Apéndice 1, 214.1.º
CONSTRUCCIONES NO AUTORIZADAS EN SUELOS PROTEGIDOS
—319, 338 a 340.
CONSUMACIÓN
—15, 61; Apéndice 1, 3.º y 49.
CONSUMIDORES
—Delitos contra, 278 a 288; Apéndice 1, 537 y 540.
CONTADORES-PARTIDORES
—440.
CONTABILIDAD MERCANTIL
—Falsedad, 261, 290, 310; Apéndice 1, 350 bis.
—Incumplimiento del deber de llevanza, 310; Apéndice 1, 350 bis.
CONTAGIO
—De ganado, 264.1.2.º; Apéndice 1, 558.2.º
CONTAMINACIÓN DE RECURSOS NATURALES
—325 a 327; Apéndice 1, 347 y 347 bis.
CONTRABANDO
—Apéndice 4.
CONTROL DE CAMBIOS
—Apéndice 3.
CÓNYUGES
—23, 268.1, 424, 443, 444, 454; Apéndice 1, 11, 18, 383, 384, 392 y 564.
—Abandono, 226; Apéndice 1, 487.
—Impago de prestaciones, 227; Apéndice 1, 487 bis.
—Malos tratos, 153, 617; Apéndice 1, 425 y 582.
COOPERACIÓN
—A la muerte de otro, 143.4.
—Al suicidio, 143.2 y 3; Apéndice 1, 409.
—Con asociaciones ilegales, 518; Apéndice 1, 175.
—Con bandas armadas u organizaciones terroristas, 576; Apéndice 1, 174 bis a).
—Necesaria, 28; Apéndice 1, 14.3.º
CORONA
—Delitos contra, 485 a 491; Apéndice 1, 142 ss.
CORRECCIONES GUBERNATIVAS O DISCIPLINARIAS
—34.2; Apéndice 1, 26.3.º
CORRESPONDENCIA
—Con país enemigo, 596; Apéndice 1, 134.
—Destrucción, apertura, inutilización o falseamiento de la relacionada con la defensa nacional, 603; Apéndice 1, 135 bis g).
—Interceptación, 197, 198, 535; Apéndice 1, 192, 192 bis, 497 y 497 bis.
—Interrupción u obstaculización, 560; Apéndice 1, 249.
—Reservada o secreta, 603; Apéndice 1, 135 bis g).
—Violación cometida por funcionarios, 535; Apéndice 1, 366.
CORRUPCIÓN DE MENORES
—187, 189, 192; Apéndice 1, 452 bis b) ss.
CORTES GENERALES
—Amenazas o coacciones a alguno de sus miembros, 572.2; Apéndice 1, 157.4.º
—Atentado contra sus miembros, 551.
—Carácter de autoridad de sus miembros, 24.
—Comisiones parlamentarias de investigación, 502.
—Detención ilegal de alguno de sus miembros, 500, 572.2; Apéndice 1, 159.
—Disolución o impedimento de sus deliberaciones, 472.4.º; Apéndice 1, 214.4.º, 217.1.º y 231.1.º
—Homicidio de alguno de sus miembros, 572.2.
—Impedimentos a su reunión para el nombramiento de Regente, 492.
—Impedimentos a sus miembros para asistir a sus reuniones, o emitir opiniones o votos, 498; Apéndice 1, 157.4.º
—Injurias, 496; Apéndice 1, 156.
—Invasión de sus sedes, 493; Apéndice 1, 149.
—Lesiones a alguno de sus miembros, 572.2.
—Manifestaciones ante sus sedes, cuando estén reunidas, 494; Apéndice 1, 150 y 151.
—Perturbación del orden de sus sesiones, 497; Apéndice 1, 157.1.º y 2.º
—Presentación violenta de peticiones, 495; Apéndice 1, 152 a 154.

—Procesamiento o inculpación ilegal de alguno de sus miembros, 501; Apéndice 1, 159.
—Quebranto de su inviolabilidad, 499.
COSTAS PROCESALES
—123, 124, 126; Apéndice 1, 109 ss.
CUADRILLA
—Véase «Auxilio de otras personas».
CULPA
—Véase «Imprudencia».
CULPABILIDAD (PRINCIPIO)
—5; Apéndice 1, 1.º
CUMPLIMIENTO DEL DEBER
—20.7.º; Apéndice 1, 8.º11.
CURATELA
—39, 46, 440.

D

DÁDIVA
—419 a 421, 423, 425, 426, 430, 431; Apéndice 1, 385 a 387, 390 a 391, 393 y 404 bis c).
DAÑOS
—263 a 267, 534.2, 557, 560, 603, 625, Disp. Adic. 3.ª; Apéndice 1, 557 ss., 564, 597 y 600.
DECLARACIÓN DE GUERRA
—588, 590; Apéndice 1, 127.
DEFENSA NACIONAL
—598 a 604; Apéndice 1, 135 bis a) ss.
DEFENSOR DEL PUEBLO
—502.
DEFORMIDAD
—149, 150; Apéndice 1, 419 y 421.2.º
DEFRAUDACIÓN
—A la Seguridad Social, 307; Apéndice 1, 349 bis.
—A los presupuestos de las Comunidades Europeas, 306, 627, 628.
—De energía, fluidos o telecomunicaciones, 255, 256; Apéndice 1, 536 ss.
—Tributaria, 305, 306; Apéndice 1, 349.
DELITO
—Cometido en nombre de otro, 31; Apéndice 1, 115 bis.
—Concepto, 10, 13; Apéndice 1, 1.º
—Consumado, 15, 61, 63; Apéndice 1, 3.º y 49.
—Continuado, 74, 132; Apéndice 1, 69 bis.
—Imposible, Apéndice 1, 52.
—Momento de comisión, 7.
—Permanente, 132.
—Prescripción, 131, 132; Apéndice 1, 113 y 114.
—Tentativa de, 15, 16, 62, 63, 64; Apéndice 1, 3.º, 52, 55, 56 y 142.
DELITOS
—Clasificación, 13; Apéndice 1, 6.º
—Cometidos con ocasión del ejercicio de los derechos fundamentales y de las libertades públicas: 510 a 526; Apéndice 1; 165 ss. y 178 ss.
—Cometidos por los funcionarios públicos: contra la inviolabilidad domiciliaria y demás garantías de la intimidad, 534 a 536; Apéndice 1, 191 ss.; contra la libertad individual, 529 a 533; Apéndice 1, 184 ss.; contra otros derechos individuales, 537 a 542; Apéndice 1, 193 ss.
—Contra el deber de cumplimiento de la prestación social sustitutoria, 527.
—Contra el deber de prestación del servicio militar, 604; Apéndice 1, 135 bis h) y 135 bis i).
—Contra el derecho a la propia imagen, 197, 198, 201.
—Contra el derecho de gentes, 605, 606, 615, 616; Apéndice 1, 136 ss.
—Contra el honor, 57, 74, 205 a 216; Apéndice 1, 453 ss.; Apéndice 2.
—Contra el orden público, 544 a 580; Apéndice 1, 218 ss.
—Contra el patrimonio y contra el orden socioeconómico, 57, 74, 234 a 304; Apéndice 1, 500 ss.
—Contra la Administración de Justicia, 446 a 471; Apéndice 1, 325 ss.

—Contra la Administración Pública, 404 a 445; Apéndice 1, 351 ss.
—Contra la comunidad internacional, 605 a 616; Apéndice 1, 136 ss.
—Contra la Constitución, 472 a 543; Apéndice 1, 214.1.º
—Contra la Corona, 485 a 491; Apéndice 1, 142 ss.
—Contra la Hacienda Pública y contra la Seguridad Social, 305 a 310; Apéndice 1, 349 ss.
—Contra la integridad moral, 57, 173 a 177; Apéndice 1, 204 bis.
—Contra la intimidad, 57, 197 a 201.
—Contra la inviolabilidad del domicilio, 202 a 204; Apéndice 1, 490 ss.
—Contra la libertad, 57, 163 a 172; Apéndice 1, 480 ss.
—Contra la libertad de conciencia, los sentimientos religiosos y el respeto a los difuntos, 522 a 526; Apéndice 1, 205 ss. y 340.
—Contra la libertad sexual, 57, 74, 178 a 194; Apéndice 1, 429 ss.
—Contra la propiedad industrial, 273 a 277, 287 y 288; Apéndice 1, 534.
—Contra la propiedad intelectual, 270 a 272, 287 y 288; Apéndice 1, 534 bis a) ss.
—Contra la salud pública, 359 a 378; Apéndice 1, 341 ss.
—Contra la seguridad: colectiva, 341 a 385; Apéndice 1, 340 bis d), 341 ss., 348 bis b) ss., 547 ss. y 554; del tráfico, 379 a 385; Apéndice 1, 340 bis a) ss. social, 307; Apéndice 1, 349 bis.
—Contra las Instituciones del Estado, 492 a 505; Apéndice 1, 149 ss.
—Contra las personas y bienes protegidos en caso de conflicto armado, 608 a 616.
—Contra las relaciones familiares, 217 a 233; Apéndice 1, 468 ss.
—Contra los derechos de los ciudadanos extranjeros, 318 bis.
—Contra los derechos de los trabajadores, 311 a 318; Apéndice 1, 177 bis, 348 bis a) y 499 bis.
—Contra los derechos y deberes familiares, 223 a 233; Apéndice 1, 487 ss.
—Contra los recursos naturales y el medio ambiente, 325 a 331, 338 a 340; Apéndice 1, 347 bis y 348.
—De contrabando, Apéndice 4.
—De cheque en descubierto, Apéndice 1, 563 bis b).
—De falsedad, 386 a 400; Apéndice 1, 269 ss.
—De genocidio, 607; Apéndice 1, 137 bis a) ss.
—De incendio, 351 a 358; Apendice 1, 547 ss.
—De manipulación genética, 159 a 162.
—De rebelión, 472 a 484; Apéndice 1 174 ss. y 214 ss.
—De riesgo catastrófico, 341 a 350; Apéndice 1, 348 bis b) y 554.
—De terrorismo, 571 a 580; Apéndice 1, 10.15, 17, 57 bis a), 57 bis b), 98 bis, 174 ss., 216 bis a), 233, 246, 249 bis, 338 bis, 481, 481 bis, 496 bis y 554; Apéndice 5, 4.º1.º
—De tortura, 57, 174, 176; Apéndice 1, 204 bis.
—De traición, 581 a 588; Apéndice 1, 120 ss.
—Ecológicos, 325 a 331, 338 a 340; Apéndice 1, 347 bis ss.
—Electorales, Apéndice 6.
—Monetarios, Apéndice 3.
—Publicitarios, 282.
—Que comprometen la paz o independencia del Estado, 589 a 597; Apéndice 1, 126 ss.
—Relativos a la defensa nacional, 598 a 604; Apéndice 1, 135 bis a) ss.
—Relativos a la energía nuclear y a las radiaciones ionizantes, 341 a 345.
—Relativos a la protección de la flora y la fauna, 332 a 340.
—Relativos al mercado y los consumidores, 278 a 288; Apéndice 1, 537 y 540.
—Sobre el patrimonio histórico, 321 a 324, 338 a 340; Apéndice 1, 563 bis a).
—Sobre la ordenación del territorio, 319, 320, 338 a 340.
—Societarios, 290 a 297.

DENEGACIÓN
—De asistencia sanitaria, 196.
—De auxilio, 412; Apéndice 1, 369 ss.
—De prestaciones, 511, 512; Apéndice 1, 165.

DENOMINACIONES DE ORIGEN
—275, 276.

DENUNCIA
—86; Apéndice 1, 96.

—Abandono de familia, 228; Apéndice 1, 487.
—Calumnia e injuria, 215; Apéndice 1, 466 y 467; Apéndice 2.
—Daños, 267; Apéndice 1, 563.
—Delitos contra la libertad sexual, 191; Apéndice 1, 443.
—Delitos contra la propiedad intelectual e industrial, 287.
—Delitos relativos al mercado y los consumidores, 287.
—Descubrimiento y revelación de secretos, 201, 287.
—En faltas, 620, 621; Apéndice 1, 585 y 586 bis.
—Falsa, 456; Apéndice 1, 325.
—Omisión en rebelión, 476.2.º; Apéndice 1, 217 bis.
—Reproducción asistida inconsentida, 162.

DEPÓSITO
—De armas, municiones y explosivos, 566 a 570; Apéndice 1, 254 ss. y 264 ss.
—De caudales o efectos públicos, 435.2.º; Apéndice 1, 399.
—De dinero o bienes embargados o secuestrados, 435.3.º; Apéndice 1, 399.

DEPÓSITOS
—De desechos o residuos, 325, 328.
—Municipales, 37.

DERECHOS
—Cívicos, 542; Apéndice 1, 194.
—Fundamentales, 510 a 526; Apéndice 1, 165 ss.; Apéndice 2.
—Huelga, 315; Apéndice 1, 177 bis.
—Laborales, 311, 312; Apéndice 1, 499 bis.

DESACATO
—Véanse «Amenazas», «Atentado», «Calumnias» e «Injurias».

DESCENDIENTES
—23, 180.4.ª, 182, 221, 226, 268.1, 424, 443, 444, 454; Apéndice 1, 11, 18, 383, 384, 392, 425, 487 y 564.
—Véase también «Hijos».

DESCUBRIMIENTO Y REVELACIÓN DE SECRETOS
—197 a 201, 417, 418, 442, 535, 536, 584; Apéndice 1, 122 bis, 367, 368 y 497 ss.; Apéndice 7.
—De empresa, 278 a 280, 287 y 288; Apéndice 1, 499.
—Procesales, 466.
—Relativos a la defensa nacional, 598 a 603; Apéndice 1, 135 bis a) ss.

DESISTIMIENTO
—354.2; Apéndice 1, 553 bis c).
—En la tentativa, 16; Apéndice 1, 3.º

DESLEALTAD PROFESIONAL
—Abogados y Procuradores, 467; Apéndice 1, 360 y 361.

DESLUCIMIENTO DE INMUEBLES
—626; Apéndice 1, 579.

DESOBEDIENCIA
—A Comisiones parlamentarias de investigación, 502.
—A la autoridad, 380, 410, 411, 556, 634; Apéndice 1, 237, 369, 370 y 570.
—A resoluciones judiciales, 410; Apéndice 1, 369.
—De órdenes de corrección o suspensión de actividades contaminantes, 326.*b*); Apéndice 1, 347 bis.

DESÓRDENES PÚBLICOS
—514.3, 557 a 561, 633; Apéndice 1, 246 ss., 568 y 569; Apéndice 6, 147

DESPACHOS TELEGRÁFICOS
—Falsificación, 394; Apéndice 1, 305.

DESPOBLADO
—Apéndice 1, 10.13 y 558.4.º

DESTIERRO
—Véase «Privación del derecho a residir o a acudir a determinados lugares».

DETENCIÓN
—De miembros de las Cortes Generales o Asamblea Legislativa de Comunidad Autónoma, 501, 572.2; Apéndice 1, 159.
—Del Rey u otras personas especialmente protegidas, 487; Apéndice 1, 144.1.º
—Ilegal, 163, 165 a 168, 572.3.º, 577, 611.4.º; Apéndice 1, 17.3.º, 184 y 480 ss.
—Preventiva, 34.1; Apéndice 1, 26.1.º
—Retención indebida, 530; Apéndice 1, 188.2.º y 5.º
—Violación de plazos o garantías, 530, 532; Apéndice 1, 186.
—Véase también «Secuestro».

DÍAS-MULTA
—50.2.

DISCRIMINACIÓN
—22.4.º, 314, 510 a 512; Apéndice 1, 10.17, 165 y 165 ter.

DISFRAZ
—22.2.º; Apéndice 1, 10.7.º

DISOLUCIÓN DE SOCIEDADES, ASOCIACIONES O FUNDACIONES
—129, 520, 539, 540, 569.
DISOLUCIÓN ILEGAL
—De asociaciones, 539; Apéndice 1, 195.
—De las Cortes Generales, 472.4.º; Apéndice 1, 214.4.º, 217.1.º y 231.1.º
—De reuniones, 540; Apéndice 1, 195.
—De un establecimiento de enseñanza, Apéndice 1, 197.
DISTRACCIÓN
—De aguas, 247; Apéndice 1, 518 y 589.
—De caudales públicos, 433, 473.2.º; Apéndice 1, 219.1.º
—De dinero o cosas muebles, 252; Apéndice 1, 535.
DIVULGACIÓN DE SECRETOS
—Véase «Descubrimiento y revelación de secretos».
DOCUMENTOS
—Concepto penal, 26.
—Destrucción, 413, 414, 465; Apéndice 1, 560.
—Falsificación, 390 a 399; Apéndice 1, 302 ss.
—Infidelidad en su custodia, 413 a 416; Apéndice I, 364 ss.
—Mercantiles, 392, 393; Apéndice 1, 303.
—Oficiales, 392, 393; Apéndice 1, 303; Apéndice 7, 135.
—Privados, 395, 396; Apéndice 1, 306 y 307.
—Públicos, 392, 393; Apéndice 1, 302 y 303.
—Reservados o secretos, 603; Apéndice 1, 135 bis g).
DOLO
—5 y 10; Apéndice 1, 1.º
DROGAS
—20.2.º, 21.2.º, 87, 102, 118, 368, 369, 371, 374, 379; Apéndice 1, 93 bis, 340 bis a), 344 ss. y 546 bis f); Apéndice 4, 1.º

E

ECOLOGÍA
—Delitos contra, 325 a 331, 338 a 340; Apéndice 1, 347 bis ss.
EDAD PENAL
—19, 69, Disp. Final 7.ª; Apéndice 1, 8.2.º, 9.3.º y 65.
EDIFICIOS
—Públicos, 346, 347; Apéndice 1, 506.5.º y 549.1.º
—Protegidos, 321, 322.
—Religiosos, 524; Apéndice 1, 211, 492 bis y 547.4.º
EDITORES
—30.2.3.º, 120, 212; Apéndice 1, 15 y 165 bis a).
EDUCADORES
—222, 303, 369.8.º, 372; Apéndice 1, 344 bis a) y 344 bis c).
EFECTOS TIMBRADOS
—389; Apéndice 1, 291 ss.
EJERCICIO LEGÍTIMO DE UN DERECHO, OFICIO O CARGO
—20.7.º; Apéndice 1, 8.º11.
EJÉRCITO
—Injurias o amenazas, 505; Apéndice 1, 242.
ELABORACIÓN
—De drogas tóxicas, estupefacientes o sustancias psicotrópicas, 368; Apéndice 1, 344.
—De sustancias nocivas para la salud, 359; Apéndice 1, 341.
ELECCIONES
—472.3.º; Apéndice 1, 214.3.º; Apéndice 6.
EMBRIAGUEZ
—20.2.º, 21.2.º, 102, 105, 106, 118; Apéndice 1, 9.º2.º y 340 bis a).
—Véase también «Bebidas».
ENAJENACIÓN MENTAL
—20.1.º, 101, 105, 106, 118; Apéndice 1, 8.º1.º, 20.1.º, 82 y 584.3.º
ENCUBRIMIENTO
—451 a 454; Apéndice 1, 17, 18 y 546 bis a).
ENERGÍA ELÉCTRICA
—255, 560; Apéndice 1, 249 y 536.

ENERGÍA NUCLEAR
—341 a 345, 602.
ENFERMEDAD
—80.4, 92, 143.4, 149, 180.3.ª, 182; Apéndice 1, 418, 420 y 421.2.º
—Motivo de discriminación, 22.4.ª, 314, 510 a 512.
ENSAÑAMIENTO
—22.5.º, 139.3.ª, 148.2.º; Apéndice 1, 10.5.º y 406.5.º
ENTREGA INDEBIDA
—De causa criminal, 529.1; Apéndice 1, 182.
—De hijo, 220, 221.
—De un detenido, 529.2; Apéndice 1, 183.
ENVENENAMIENTO
—De aguas potables, 365; Apéndice 1, 347, 347 bis y 348.
EQUIPOS DE TELECOMUNICACIONES
—256.
ERROR
—14, 118; Apéndice 1, 6 bis a).
ESCALAMIENTO
—238.1.º; Apéndice 1, 504.1.º
ESCUCHAS TELEFÓNICAS
—197, 198, 200, 201, 536; Apéndice 1, 192 bis y 497 bis.
ESPACIOS NATURALES PROTEGIDOS
—330, 331, 338.
ESPAÑA
—Ultrajes, 543; Apéndice 1, 123.
ESPECTÁCULOS DEPORTIVOS
—Alteraciones del orden público, 558, 633; Apéndice 1, 246 bis y 569.
ESPIONAJE
—592, 596; Apéndice 1, 122 bis y 134.
ESTADO CIVIL
—Usurpación, 401; Apéndice 1, 470.
ESTADO DE NECESIDAD
—20.5.º, 118; Apéndice 1, 8.º7.º
ESTADOS PASIONALES
—21.3.º; Apéndice 1, 9.º8.º
ESTAFA
—248 a 251, 269, 438; Apéndice 1, 528 ss.
ESTERILIDAD
—149; Apéndice 1, 419 y 421.2.º
ESTERILIZACIÓN
—156; Apéndice 1, 137 bis, 418 y 428.
ESTRAGOS
—346, 347, 359, 473.2, 571, 577; Apéndice 1, 554 y 555.
ESTUPEFACIENTES
—20.2.º, 21.2.º, 87, 102, 118, 368, 369, 371, 374, 379; Apéndice 1, 93 bis, 340 bis a), 344 ss. y 546 bis f); Apéndice 4, 1.º
ESTUPRO
—180.3.ª y 4.ª, 181.3, 182.1.º y 2.º, 183; Apéndice 1, 434 ss.
EURO
—50 (nota).
EUTANASIA
—143.
EVASIÓN DE PRESOS
—469 a 471; Apéndice 1, 336 ss.
EXACCIONES ILEGALES
—437; Apéndice 1, 200 ss. y 402.
EXCEPTIO VERITATIS
—207, 210, 505; Apéndice 1, 456 y 461.
EXCUSAS ABSOLUTORIAS
—Cheque en descubierto, Apéndice 1, 563 bis b).
—Cohecho, 427.
—De parientes, 268; Apéndice 1, 18, 497 y 564.
—Delitos contra la Hacienda Pública, 305; Apéndice 1, 349.
—Delitos contra la Seguridad Social, 307; Apéndice 1, 349 bis.
—Delitos de fraude de subvenciones, 308; Apéndice 1, 350.
—Falso testimonio, 462.
—Malversación, 433; Apéndice 1, 396.
—Rebelión, 480; Apéndice 1, 226.
—Sedición, 549; Apéndice 1, 226.
EXHIBICIONISMO
—185, 189; Apéndice 1, 431 y 432.
EXHUMACIONES ILEGALES
—Apéndice 1, 345.
EXIMENTES
—19, 20, Disp. Adic. 1.ª; Apéndice 1, 8.º
EXPENDICIÓN
—De efectos timbrados, 389; Apéndice 1, 299 ss.
—De medicamentos deteriorados o caducados, 361; Apéndice 1, 343 bis.
—De moneda falsa, 386; Apéndice 1, 283.4.º y 285 ss.
—De sustancias nocivas, 359, 360; Apéndice 1, 341 ss.
EXPLOSIVOS
—336, 346 a 348, 561, 568, 570, 573; Apéndice 1, 10.3.º, 17, 167, 249 bis, 264 y 406.3.º
EXPROPIACIÓN ILEGAL
—541; Apéndice 1, 196.

EXPULSIÓN DEL TERRITORIO NACIONAL
—89, 96, 108.
EXTORSIÓN
—243, 269; Apéndice 1, 503.
EXTRADICIÓN
—Apéndice 1, 124; Apéndice 5.
EXTRANJERO
—Delitos contra los derechos de estos ciudadanos, 318 bis.
—Delitos de traición, 586, Apéndice 1, 124.
—Delitos que comprometen la paz o independencia del Estado, 594, 597; Apéndice 1, 132.
—Expulsión, 89, 96, 108.
EXTRAÑAMIENTO
—Apéndice 1, 27, 32, 46 y 86.

F

FABRICACIÓN
—De armas o municiones, 566, 567, 573.
—De moneda falsa, 386.1.º; Apéndice 1, 283.
—De sustancias o aparatos explosivos, inflamables, incendiarios o asfixiantes, 568, 573; Apéndice 1, 264.
—De útiles e instrumentos para la falsificación documental, 400; Apéndice 1, 314.
FACULTATIVOS
—222, 303, 369.8.º, 372; Apéndice 1, 311, 344 bis a), 344 bis c), 415 y 469.
FALSEDADES
—Documentales, 390 a 399; Apéndice 1, 302 ss.
—En la alegación de objeción de conciencia, 528.
—En la contabilidad mercantil, 261, 290, 310; Apéndice 1, 350 bis.
—Información clasificada o secreta, 584, 598, 603; Apéndice 1, 122 bis, 135 bis a) y 135 bis g).
FALSIFICACIÓN
—De efectos timbrados, 389; Apéndice 1, 299 ss.
—De moneda, 386; Apéndice 1, 283 ss.
—De sellos de correos, 389; Apéndice 1, 299 ss.
FALSO TESTIMONIO
—458 a 462, 502.3; Apéndice 1, 326 ss.
FALTAS
—Concepto, 10, 13; Apéndice 1, 6.º
—Continuadas, 74; Apéndice 1, 69 bis.
—Contra el orden público, 633 a 637; Apéndice 1, 567 ss.
—Contra el patrimonio, 623 a 628; Apéndice 1, 587 ss.
—Contra las personas, 617 a 622; Apéndice 1, 582 ss.
—Contra los intereses generales, 629 a 632; Apéndice 1, 573 ss.
—Momento de comisión, 7.
—Prescripción, 131.2; Apéndice 1, 113.
—Tentativa, 15; Apéndice 1, 5.º
FAMILIA
—Delitos contra las relaciones familiares, 217 a 233; Apéndice 1, 468 ss.
FARMACÉUTICOS
—362.2, 372; Apéndice 1, 344 bis a) y 415.
FAUNA
—334 a 337.
FERROCARRILES
—Apéndice 1, 249, 506.3.º, 547.2.º, 549.2.º y 554.
FILIACIÓN
—Alteración o modificación, 220 a 222; Apéndice 1, 468 ss.
—En delitos contra la libertad sexual, 193; Apéndice 1, 444.
FISCAL
—Véase «Ministerio Fiscal».
FLORA
—332, 333.
FLUIDO ELÉCTRICO
—Defraudaciones, 255; Apéndice 1, 536 ss. y 587.2.º

FRACTURA
—De muebles u objetos cerrados, 238.3.º; Apéndice 1, 504.3.º
—De puerta o ventana, 238.2.º, Apéndice 1, 504.2.º
FRAUDE
—De subvenciones, 308, 309; Apéndice 1, 350.
—En la administración de una sociedad, 295.
—Por autoridad o funcionario, 436, 438; Apéndice 1, 400 y 403.
—Procesal, 250.2.º; Apéndice 1, 529.2.º
FRUSTRACIÓN
—Apéndice 1, 3.º y 51.
FUERZA EN LAS COSAS
—237 a 241; Apéndice 1, 500, 504 y 510.
FUERZA IRRESISTIBLE
—Apéndice 1, 8.º9.º
FUERZAS ARMADAS
—265, 554, 572.2, 598, 604; Apéndice 1, 135 bis a) ss., 233 y 235 bis.
FUERZAS Y CUERPOS DE SEGURIDAD
—265, 572.2; Apéndice 1, 233.
FUNCIONARIOS PÚBLICOS
—Concepto, 24; Apéndice 1, 119; Apéndice 7, 135.
—Delitos contra el ejercicio de los derechos fundamentales, 511, 521; Apéndice 1, 178 ss.
—Delitos contra la Administración Pública, 404 a 445; Apéndice 1, 351 ss.
—Delitos contra la comunidad internacional, 616; Apéndice 1, 140.
—Delitos contra la salud pública, 369.8.º, 372; Apéndice 1, 344 bis a) y 344 bis c).
—Delitos contra las Instituciones del Estado, 499, 500; Apéndice 1, 159.
—Delitos contra los recursos naturales y el medio ambiente, 329.
—Delitos de falsedad, 390, 391; Apéndice 1, 302, 305, 308 y 312.
—Delitos sobre el patrimonio histórico, 322.
—Delitos sobre la ordenación del territorio, 320.
—Usurpación de atribuciones, 506, 508, 509; Apéndice 1, 377 ss.
FUNDACIONES
—Clausura, 129.
—Suspensión de actividades, 129.

G

GABINETE CIENTÍFICO
—Daños, 323, 324; Apéndice 1, 558.5.º
GANADO
—Infección, 264.1.2.º; Apéndice 1, 558.2.º
GANZÚAS
—239.1.º; Apéndice 1, 504, 509 y 510.
GAS
—Conducciones, 560.3; Apéndice 1, 249.
—Defraudación en el consumo, 255; Apéndice 1, 536 ss.
GENÉTICA
—Delitos de manipulación, 159 a 162.
GENOCIDIO
—131.4, 133.2, 607; Apéndice 1, 10.17, 137 bis a) a 137 bis c) y 165 ter; Apéndice 6, 135.
—Encubrimiento, 451.3.º
GOBIERNO DE LA NACIÓN
—472.6.º y 7.º, 504, 551.2, 571.2; Apéndice 1, 161.1.º, 162, 163, 214.6.º y 238.
GRABACIONES ILEGALES
—197, 198, 536; Apéndice 1, 192 bis y 497 bis.
GRADUADOS SOCIALES
—Presentación de documentos o testigos falsos, 461.
GUARDA
—39, 46, 118, 221.
GUARDERÍAS
—221.

H

HÁBITOS RELIGIOSOS
—Uso indebido, Apéndice 1, 324.
HABITUALIDAD
—87, 88, 94.
—En el aborto, Apéndice 1, 415.2.
—En la receptación, 299; Apéndice 1, 546 bis a), 546 bis b) y 546 bis c).
—En la usura, Apéndice 1, 542.
—En fraudes y exacciones ilegales, Apéndice 1, 402.
—En uso de información privilegiada, 286.1.º
HACIENDA PÚBLICA
—Véase «Delitos contra la Hacienda Pública».
HEREDERO DE LA CORONA
—485 a 491; Apéndice 1, 148.
HERMANOS
—23, 180.4.ª, 182, 268, 424, 443, 444, 454; Apéndice 1, 11, 18, 383, 392 y 564.
HIJOS
—Malos tratos, 153, 617; Apéndice 1, 425 y 582.
—Impago de prestaciones, 227; Apéndice 1, 487 bis.
—Ocultamiento o entrega, 220, 221; Apéndice 1, 468.
—Véase también «Descendientes».
HOMICIDIO
—Del Jefe de un Estado extranjero, u otra persona internacionalmente protegida, 605.1; Apéndice 1, 136.
—Del Rey u otras personas especialmente protegidas, 485; Apéndice 1, 142 y 148.
—Delito de, 138, 141, 177, 572.1.1º, 577; Apéndice 1, 174, 233 y 407.
—Encubrimiento, 451.3.º
—Genocida, 607.1.1º; Apéndice 1, 137 bis a).
—Imprudente, 142.
—Pena accesoria, 57; Apéndice 1, 67.
—Título, 138 a 143; Apéndice 1, 405 a 409.
HONOR
—Véase «Delitos contra el honor».
HUELGA
—315; Apéndice 1, 177 bis.
HURTO
—234 a 236, 623; Apéndice 1, 514 ss. y 587.1.º
—De uso de vehículos, 244; Apéndice 1, 516 bis, 564 y 587.1.º

I

IDEOLOGÍA
—Motivo de discriminación, 22.4.ª, 314, 510 a 512; Apéndice 1, 10.17 y 165 ter.
IMAGEN
—197, 198, 491.2; Apéndice 1, 192 bis y 497 bis.
IMPAGO DE PRESTACIONES
—227; Apéndice 1, 487 bis.
IMPEDIMENTOS MATRIMONIALES
—217 a 219; Apéndice 1, 471, 472 y 478.
IMPORTACIÓN ILEGAL DE ARMAS
—564.2.2.ª; Apéndice 1, 255; Apéndice 4.
IMPOTENCIA
—149; Apéndice 1, 418 y 421.2.º
IMPRENTA
—Autoría, 30; Apéndice 1, 13 y 15.
—Medio de provocación, 18; Apéndice 1, 216 bis a) y 268.
—Propaganda del delito, 211; Apéndice 1, 463.
IMPRESOS ILEGALES
—Apéndice 1, 165 bis a).
IMPRUDENCIA
—5, 10, 12, 14; Apéndice 1, 1.º, 6.º bis a), 565, 586 bis y 600.
IMPUESTOS
—Defraudación tributaria, 305, 306; Apéndice 1, 349 ss.
—Ilegales, 437; Apéndice 1, 200 ss. y 402.
—Véase también «Exacciones ilegales».

INCAPACES
—Abandono, 229 a 231, 233; Apéndice 1, 487.
—Concepto penal, 25.
—Declaración, Disp. Adic. 1.ª
—En estado de prostitución, Disp. Adic. 2.ª
—Esterilización, 156; Apéndice 1, 428.
—Exhibicionismo, 185, 189; Apéndice 1, 431.
—Pornografía, 186; Apéndice 1, 432.
—Prostitución, 187, 188.
—Utilización, 232, 233.
INCENDIO
—266, 351, 357, 358, 571, 577; Apéndice 1, 10.3.º, 547 ss. y 595.
INCENDIOS FORESTALES
—352 a 355, 358; Apéndice 1, 553 bis a) ss.
INCOMPATIBILIDADES DE FUNCIONARIOS
—441; Apéndice 1, 198.
INCOMUNICACIÓN DE PRESOS
—531, 532; Apéndice 1, 188.3.º y 5.º
INCUMPLIMIENTO DE ÓRDENES DE LA AUTORIDAD
—Véase «Desobediencia».
INDEMNIZACIÓN DE PERJUICIOS
—109, 110, 113 a 115, 126; Apéndice 1, 104 ss.
INDEPENDENCIA DE JUECES Y MAGISTRADOS
—508.2; Apéndice 1, 199 y 380.
INDUCCIÓN
—A la rebelión, 473.1; Apéndice 1, 215.
—A la sedición, 545; Apéndice 1, 221.
—A menores o incapaces a abandonar el domicilio familiar, 224; Apéndice 1, 486.
—A una potencia extranjera a declarar la guerra a España, 581; Apéndice 1, 120.
—Al suicidio, 143; Apéndice 1, 409.
—Concepto, 18, 28; Apéndice 1, 4.º.
—En los delitos cometidos utilizando medios o soportes de difusión y comunicación, 30.1.º; Apéndice 1, 13.
INDULTO
—4, 130, Disp. Trans. 6.ª; Apéndice 1, 2.º2.º y 112.4.º
INFANTICIDIO
—Apéndice 1, 410.
INFECCIÓN DE GANADO
—264.1.2.º; Apéndice 1, 558.2.º
INFIDELIDAD EN LA CUSTODIA
—De documentos, 413 a 416; Apéndice 1, 364 ss.
—De presos, 471; Apéndice 1, 362 y 363.
INFORMACIÓN PRIVILEGIADA
—285, 286, 418, 442; Apéndice 1, 368.
INFORMÁTICA
—Delitos de manipulación, 248.2.
INHABILITACIÓN
—Absoluta, 33, 39, 40, 41, 55, 70.2; Apéndice 1, 27, 35, 40 y 46.
—Especial, 33, 39, 40, 70.2; Apéndice 1, 27, 29 y 30; para derecho de sufragio, 44, 56; Apéndice 1, 27, 29, 37 y 40; Apéndice 6, 137; para el ejercicio de la patria potestad, tutela, curatela, guarda o acogimiento, 46; para empleo o cargo público, 42, 56, 107; Apéndice 1, 27, 29, 36 y 40, para profesión, oficio, industria o comercio, 45, 56, 107; Apéndice 1, 27, 29 y 41.
—Imposición como medida, 96, 107.
—Imposición como pena accesoria, 54 a 56; Apéndice 1, 29, 45 y 46.
INHUMACIONES ILEGALES
—Apéndice 1, 339.
INJURIAS
—131.1, 208 a 216; Apéndice 1, 457 ss. y 586.1.º; Apéndice 6, 148.
—A Asamblea Legislativa de Comunidad Autónoma, 496; Apéndice 1, 160 bis.
—A Clases o Cuerpos y Fuerzas de Seguridad, 505.
—A las Cortes Generales, 496; Apéndice 1, 156.
—A persona protegida, en conflicto armado, 612.3.º
—Al Consejo de Gobierno de una Comunidad Autónoma, 504; Apéndice 1, 160 bis.
—Al Consejo General del Poder Judicial, 504; Apéndice 1, 161.1.º
—Al Ejército, 505; Apéndice 1, 242.
—Al Gobierno de la Nación, 504; Apéndice 1, 161.1.º y 162.
—Al Rey u otras personas especialmente protegidas, 490.3, 491.1; Apéndice 1, 146.1.º, 147 y 161.1.º
—Al Tribunal Constitucional, 504; Apéndice 1, 161.1.º
—Al Tribunal Superior de Justicia de una Comunidad Autónoma, 504.

—Al Tribunal Supremo, 504; Apéndice 1, 161.1.°
—Falta, 620; Apéndice 1, 586.1.°
—Prescripción, 131.1.°; Apéndice 1, 113.
—Sobre grupos o asociaciones, 510.2.
INMIGRACIÓN CLANDESTINA
—313; Apéndice 1, 499 bis.
INSIGNIAS OFICIALES
—Uso indebido, 636.
INSOLVENCIA
—257 a 261; Apéndice 1, 524 y 525.
INSTITUCIONES DEL ESTADO
—Delitos contra, 492 a 505; Apéndice 1, 149 ss.
INSTRUMENTOS PARA LA FALSIFICACIÓN
—400; Apéndice 1, 279.
INSULTOS
—Véase «Desacatos» e «Injurias».
INSUMISIÓN
—527, 528, 604.
INTEGRIDAD MORAL
—Delitos contra, 57, 173 a 177; Apéndice 1, 204 bis.
INTERNAMIENTO
—En centro de deshabituación, 96, 102, 104.
—En centro educativo especial, 96, 103, 104.
—En centro psiquiátrico, 96, 101, 104.
INTÉRPRETES
—Agresiones por su actuación procesal, 464; Apéndice 1, 325 bis.
—Mendacidad, 459, 460.
INTERVENCIÓN DE EMPRESAS
—129.
INTIMIDAD
—Delitos contra, 57, 197 a 201.
INTRUSISMO
—403; Apéndice 1, 321 y 572.
INUTILIZACIÓN
—De alarmas. 238.5.°
—De documentación reservada o secreta, 603; Apéndice 1, 135 bis g).
—De documentos procesales, 465.
—De efectos o instrumentos del delito, 451.2.°; Apéndice 1, 17.2.°
INVASIÓN
—De las sedes del Congreso de los Diputados o del Senado, o de Asamblea Legislativa de Comunidad Autónoma, 493; Apéndice 1, 149 y 152 ss.
—Del local donde esté constituido el Consejo de Ministros, o Consejo de Gobierno de una Comunidad Autónoma, 503.1; Apéndice 1, 160.1.° y 160 bis.

J

JEFE DE ESTADO EXTRANJERO
—605, 606; Apéndice 1, 136, 137 y 467.
JEFE DEL ESTADO ESPAÑOL
—Véase «Rey».
JUEZ DE VIGILANCIA PENITENCIARIA
—37, 78, 90, 91, 93, 97, 98, 105.
JURADOS
—422; Apéndice 1, 388.
JUSTIFICACIÓN DE DELITOS DE GENOCIDIO
—607.2; Apéndice 1, 137 bis b).

L

LEGALIDAD (PRINCIPIO DE)
—1 a 4, 12, 17, 18; Apéndice 1, 1.°, 2.°, 23 y 81.
LEGISLACIÓN ESPECIAL
—9, 19, 69; Apéndice 1, 7.°
LEGISLACIÓN PENITENCIARIA
—37, 49; Apéndice 1, 84.
LEGISLACIÓN TEMPORAL
—2.

LEGÍTIMA DEFENSA
—20.4.º; Apéndice 1, 8.º4.º
LESIONES
—147 a 151, 177, 557, 572.2 y 3, 577; Apéndice 1, 137 bis, 144, 145, 418 ss. y 582.
—Al feto, 157, 158.
—Al Jefe de un Estado extranjero, u otra persona internacionalmente protegida, 605.2; Apéndice 1, 136.
—Al Rey u otras personas especialmente protegidas, 486; Apéndice 1, 144.2.º, 145 y 148.
—Falta, 617, 621; Apéndice 1, 582 y 586 bis.
—Genocidas, 607.1.3.º y 5.º; Apéndice 1, 137 bis a).
—Imprudentes, 152.
—Pena accesoria, 57; Apéndice 1, 67.
LETRA DE CAMBIO EN BLANCO
—250.3.º
LIBERTAD
—Condicional, 78, 90 a 93; Apéndice 1, 98 y 99.
—De conciencia, 522, 523; Apéndice 1, 205 ss.
—Delitos contra, 57, 163 a 172; Apéndice 1, 480 ss.
—Sexual, 57, 74, 178 a 194; Apéndice 1, 429 ss.
—Sindical, 315; Apéndice 1, 177 bis.
LICENCIA DE ARMAS
—Véase «Privación del derecho a la tenencia y porte de armas».
LICENCIA DE CONDUCCIÓN
—Véase «Privación del derecho a conducir vehículos a motor y ciclomotores».
LICENCIAS URBANÍSTICAS ILEGALES
—320.
LINDES
—Alteración, 246, 624; Apéndice 1, 518 y 589.
LIQUIDACIÓN PROVISIONAL DE PENA
—Disp. Trans. 3.ª
LLAVES FALSAS
—238.4.º, 239; Apéndice 1, 504.4.º, 509 y 510.
LUGARES QUE FACILITEN LA IMPUNIDAD
—22.2.º; Apéndice 1, 10.13.

M

MALOS TRATOS
—A animales domésticos, 632.
—En conflicto armado, 609.
—Falta, 617; Apéndice 1, 582.
—Habituales, 153; Apéndice 1, 425.
MALVERSACIÓN DE CAUDALES
—432 a 435; Apéndice 1, 394 ss.
MANDOS DE APERTURA A DISTANCIA
—239.
MANIFESTACIONES
—Ante las sedes del Congreso de los Diputados, Senado o Asamblea Legislativa de una Comunidad Autónoma, 494; Apéndice 1, 150, 151 y 160 bis.
—Ilegales, 513, 514; Apéndice 1, 167 ss.
MANIPULACIÓN
—Genética, 159 a 162.
—Informática, 248.2.
MAQUINACIONES PARA ALTERAR EL PRECIO DE LAS COSAS
—281, 284; Apéndice 1, 539 ss.
MARCAS INDUSTRIALES O COMERCIALES
—274, 276; Apéndice 1, 280.
MATERIAL DE GUERRA
—Destrucción, 265; Apéndice 1, 135 bis e).
MATRIMONIOS ILEGALES
—217 a 219; Apéndice 1, 471 ss.
MATRONAS
—222.
MEDICAMENTOS
—Alterados, 362.1.º; Apéndice 1, 344 ter.
—Deteriorados o caducados, 361; Apéndice 1, 343.

—Falsos, 362.2.º
MÉDICOS
—222.
—Véase también «Facultativos».
MEDIDAS CAUTELARES
—34, 468.
MEDIDAS DE SEGURIDAD
—1 a 3, 6, 20, 95 a 108, Disp. Trans. 10.ª; Apéndice 1, 8.º1.º y 3.º, 9.º1.º y 65.
—Aplicación, 101 a 108.
—Cancelación de anotaciones, 137.
—Clases, 96.
—Prescripción, 135.
—Quebrantamiento, 100, 468.
MEDIO AMBIENTE
—Delitos contra, 325 a 331, 338 a 340; Apéndice 1, 347 bis a).
MEDIOS PELIGROSOS
—180.
MENDICIDAD
—232, 23; Apéndice 1, 489 bis.
MENORES
—Abandono, 229 a 231, 233; Apéndice 1, 488, 489 y 584.2.º y 5.º
—Abusos sexuales, 181.2.1.º, 183; Apéndice 1, 434 y 436.
—Derecho penal juvenil, 19, 69.
—Difusión de drogas, 369.1.º; Apéndice 1, 344 bis a).
—En estado de prostitución, Disp. Adic. 2.ª; Apéndice 1, 452 bis b) y 452 bis e).
—Entrega a terceros, 221, 231, 233; Apéndice 1, 489 y 489 bis.
—Exhibicionismo, 185, 189; Apéndice 1, 431.
—Eximente, 19, Disp. Final 7.ª; Apéndice 1, 8.º2.º
—Incumplimiento de resoluciones sobre su guarda o tutela, 622; Apéndice 1, 584.6.º
—Lesiones, 148.3.º
—Mendicidad, 232, Disp. Derog. 1.*e*); Apéndice 1, 489 bis.
—Omisión de auxilio, 618; Apéndice 1, 589.5.º
—Pornografía, 186; Apéndice 1, 432.
—Prostitución, 187 a 189; Apéndice 1, 452 bis b) y 452 bis e).
—Responsabilidad penal, 19 y Apéndice 8.
—Tráfico de, 232, 233.
—Utilización, 232, 233, 369.9.º; Apéndice 1, 344 bis a) y 489 bis.
MIEDO INSUPERABLE
—20.6.º, 118; Apéndice 1, 8.º10.
MINISTERIO FISCAL
—24, 37, 78, 81, 130, 156, 162, 189, 191, 201, 228, 233, 267, 287, 296, 305, 307, 308, 461, 463, 466, 639, Disp. Trans. 4.ª; Apéndice 1, 119, 487, 489 bis, 563 y 602.
MINUSVALÍA
—Motivo de discriminación, 22.4.ª, 314, 510 a 512.
MODELOS DE UTILIDAD
—273, 276.
MONTES
—352 a 354; Apéndice 1, 553 bis a) ss.
MONEDA
—Concepto penal, 387.
—Falsa, 386, 629; Apéndice 1, 283 ss. y 573.2.º
MORADA
—20.4.º; Apéndice 1, 10.16 y 506.2.º
MOTIVOS RACISTAS
—22.4.º, 314, 510.1, 511, 607; Apéndice 1, 10.17.
MULTA
—32, 33, 34.2, 50 a 53, 70.2.º, 88, 126, 377, Disp. Trans. 11.ª1.*f*), *g*), *h*) y *j*); Apéndice 1, 26.3.º, 27 ss., 63, 74, 76, 90 y 91.
MUNICIONES
—566, 569, 570; Apéndice 1, 257 ss.
MUSEOS
—Daños, 323, 324; Apéndice 1, 558.5.º
MUTILACIÓN
—149, 150; Apéndice 1, 137 bis, 418, 419 y 422.

N

NAUFRAGIO
—Apéndice 1, 10.11.
NAVE
—Varamiento o inmersión, 346, 347; Apéndice 1, 10.3.º y 554.
—Véase también «Buque».
NAVEGACIÓN AÉREA
—Disp. Derog. 1.*f*).
NEGACIÓN DE DELITOS DE GENOCIDIO
—607.2; Apéndice 1, 137 bis b).
NEGATIVA
—A desempeñar cargo público, Apéndice 1, 372; Apéndice 6, 143.
—A juzgar, 448; Apéndice 1, 357.
—A recibir moneda legítima, Apéndice 1, 573.1.º
NEGOCIACIONES PROHIBIDAS A FUNCIONARIOS
—439 a 442; Apéndice 1, 198 y 404.
NEGOCIO CAMBIARIO FICTICIO
—250.3.º
NOCTURNIDAD
—Apéndice 1, 10.13.
NOMBRAMIENTOS ILEGALES
—405, 406; Apéndice 1, 382.
NOTICIAS FALSAS
—Contra el crédito del Estado o los intereses de la Nación, 594; Apéndice 1, 132.
—De existencia de explosivos, 561; Apéndice 1, 249 bis.
—Tendenciosas para alterar el precio de las cosas, 284; Apéndice 1, 540.

O

OBCECACIÓN
—21.3.º; Apéndice 1, 9.º8.º
OBEDIENCIA DEBIDA
—Apéndice 1, 8.º12.
OBJECIÓN DE CONCIENCIA
—528.
OBSTRUCCIÓN A LA JUSTICIA
—463 a 465; Apéndice 1, 325 bis y 372.
OCULTACIÓN
—De documentos, 251.1.4.º, 413, 465; Apéndice 1, 364.
—De efectos destinados a inutilización o desinfección, 363.5; Apéndice 1, 347.
—De efectos o instrumentos de delito, 451.2.º; Apéndice 1, 17.2.º
—De hijo, 220; Apéndice 1, 468.
OMISIÓN
—1, 7, 10 a 12, 74; Apéndice 1, 1.º
—De asistencia a la familia, 226, 227; Apéndice 1, 487 y 487 bis.
—De auxilio, 412, 618, 619; Apéndice 1, 372 y 584.
—De poner en conocimiento de la autoridad determinados delitos, 450.2.º, 476.2.º; Apéndice 1, 338 bis y 481 bis.
—De seguros obligatorios, 636.
—Del deber de impedir determinados delitos, 407, 450; Apéndice 1, 338 bis.
—Del deber de perseguir delitos, 407, 408, 450; Apéndice 1, 359 y 376.
—Del deber de socorro, 195, 196; Apéndice 1, 489 ter.
ORDEN PÚBLICO
—Delitos contra, 544 a 580; Apéndice 1, 218 ss.
ORDEN SOCIOECONÓMICO
—Véase «Delitos contra el patrimonio y contra el orden socioeconómico».
ORDENACIÓN DEL TERRITORIO
—Delitos, 319, 320, 338 a 340.
ORGANIZACIÓN DELICTIVA
—302, 305, 307, 369.6.º, 370, 371.2, 569; Apéndice 1, 265, 344 bis a), 344 bis b), 344 bis j), 349 y 349 bis.
—De carácter paramilitar, 515.4.º; Apéndice 1, 173.3.º
—Terrorista, 571 a 580; Apéndice 1, 174 ss.

P

PARENTESCO
—23, 65, 153, 180.4.º, 182.1.º, 268 y 424; Apéndice 1, 11, 405, 410, 423, 425 y 488.
PARLAMENTO EUROPEO
—24.
PARRICIDIO
—Apéndice 1, 405.
PARTICIPACIÓN DELICTIVA
—16, 27 a 31, 63 a 65; Apéndice 1, 3.º, 4.º, 12 ss. y 53 ss.
PASO A PAÍS ENEMIGO
—597; Apéndice 1, 135.
PATENTES
—273, 276, 277; Apéndice 1, 534.
PATRIA POTESTAD
—39, 46, 120; Apéndice 1, 487, 489 bis y 584.
PATRIMONIO
—Véase «Delitos contra el patrimonio y contra el orden socioeconómico».
PATRIMONIO HISTÓRICO-ARTÍSTICO
—321 a 324; Apéndice 1, 506.7.º, 516.2.º, 558.5.º y 563 bis a).
PELIGROSIDAD CRIMINAL
—6, 78, 80, 97.
PENAS
—Accesorias, 33, 54 a 57, 79; Apéndice 1, 29 y 45 ss.
—Aplicación, 61 a 79; Apéndice 1, 49 ss.
—Clases, 32, 33; Apéndice 1, 27.
—Delito consumado, 61; Apéndice 1, 49.
—Duración, 36 a 38, 70.2; Apéndice 1, 30 ss.
—Ejecución, 3, 4, 60, 71, 99; Apéndice 1, 80 ss.
—Excesivas, 4; Apéndice 1, 2.º
—Máximo de cumplimiento efectivo, 76, 78; Apéndice 1, 70.
—Multa, 50 a 52; Apéndice 1, 27, 28, 63, 74 ss. y 90 ss.
—No lo son, 34; Apéndice 1, 26.
—Prescripción, 133, 134; Apéndice 1, 115 y 116.
—Privativas de derechos, 39 a 49, Disp. Trans. 11.ª1.*k*); Apéndice 1, 27 y 29 ss.
—Privativas de libertad, 35 a 38, 80 a 89; Apéndice 1, 27, 30, 33, 45 ss., 70 y 84.
—Tentativa de delito, 62; Apéndice 1, 52.
PÉRDIDA
—De los instrumentos y efectos del delito, 127, 128; Apéndice 1, 27 y 48.
PERDÓN DEL OFENDIDO
—130, 191, 201, 215, 267, 639; Apéndice 1, 25, 112.5.º, 443, 467 y 487; Apéndice 2, 4.º
PERITOS
—422, 440, 464; Apéndice 1, 325 bis, 330 y 388.
PERJUDICADO
—Ruina, 264.1.5.º; Apéndice 1, 558.7.º
PERMISO DE CONDUCCIÓN
—Véase «Privación del derecho a conducir vehículos a motor o ciclomotores».
PERSONAL DE ENFERMERÍA
—222.
PERSONAS JURÍDICAS
—31, 120, 200, 203, 204, 318; Apéndice 1, 15 bis, 238, 265 y 499 bis; Apéndice 2, 7.º y 8.º
PESCA
—334 a 337, Disp. Derog. 1.*e*); Apéndice 1, 507.
PETICIONES A LAS CORTES O ASAMBLEA LEGISLATIVA DE COMUNIDAD AUTÓNOMA
—495; Apéndice 1, 152 ss.
PIRATERÍA
—Apéndice 1, 138 y 139.
PLAGIO
—270 a 272; Apéndice 1, 534 bis a).
POLICÍAS
—De Comunidades Autónomas o Entes Locales, 572.2; Apéndice 1, 233.
PORNOGRAFÍA
—186, 189; Apéndice 1, 431 y 432.
PRECIO
—22.3.º, 139.2.ª, 156, 213; Apéndice 1, 10.2.º y 406.2.º
PRECURSORES
—371; Apéndice 1, 344 bis f).
PREMEDITACIÓN
—Apéndice 1, 10.6.º y 406.4.º
PRESCRIPCIÓN
—De la pena, 130, 133, 134; Apéndice 1, 115 y 116.
—De las medidas de seguridad, 135.

—Del delito, 130, 131, 132; Apéndice 1, 113 y 114.
PRESTACIÓN DEL SERVICIO MILITAR
—604; Apéndice 1, 135 bis h) y 135 bis i).
PRESTACIÓN SOCIAL SUSTITUTORIA
—527, 528.
PREVALIMIENTO DEL CARÁCTER PÚBLICO DEL CULPABLE
—22.7.ª, 187.2, 188.2, 198, 552.2.ª; Apéndice 1, 10.10.
PREVARICACIÓN
—De autoridad o funcionario público, 404; Apéndice 1, 358 ss.
—De Jueces y Magistrados, 446 a 449; Apéndice 1, 351 ss.
PRÍNCIPE HEREDERO
—Allanamiento de morada, 490.1; Apéndice 1, 146 y 148.
—Amenazas, 490.2; Apéndice 1, 147 y 148.
—Calumnias, 490.3, 491.1.
—Coacciones, 489; Apéndice 1, 144, 145 y 148.
—Detención ilegal, 487; Apéndice 1, 144 y 148.
—Homicidio, 485; Apéndice 1, 142 y 148.
—Injurias, 490.3, 491.1; Apéndice 1, 146 a 148.
—Lesiones, 486; Apéndice 1, 144, 145 y 148.
PRISIÓN
—33, 35.
—Beneficios penitenciarios, 36, 78; Apéndice 1, 84.
—Cumplimiento, 36, 80 a 87; Apéndice 1, 84 ss.
—Duración, 36, 70.2.º; Apéndice 1, 30 ss.
—Mayor, Disp. Trans. 11.ª1.*c*); Apéndice 1, 27 ss.
—Menor, Disp. Trans. 11.ª1.*d*); Apéndice 1, 27 ss.
—Preventiva, 34.1, 58; Apéndice 1, 26.1.º y 33.
—Quebrantamiento, 468 a 471; Apéndice 1, 334 ss.
—Sustitución, 88, 89.
PRISIONEROS DE GUERRA
—608.2.º, 611.7.º, 612.7.º, 614.
PRIVACIÓN DEL DERECHO A CONDUCIR VEHÍCULOS A MOTOR Y CICLOMOTORES
—33, 39, 40, 47, 70.2, 96, 105; Apéndice 1, 8.º1.º, 26.5.º, 27, 28, 30, 33, 42, 334 y 340 bis a).
PRIVACIÓN DEL DERECHO A LA TENENCIA Y PORTE DE ARMAS
—33, 39, 40, 47, 70.2, 96, 105.2; Apéndice 1, 254.
PRIVACIÓN DEL DERECHO A RESIDIR O ACUDIR A DETERMINADOS LUGARES
—33, 39, 40, 48, 57, 96, 105.1; Apéndice 1, 27, 30, 32, 67 y 88.
PROCEDIMIENTO EJECUTIVO
—Actos que impidan su eficacia, 257.
PROCESAMIENTO ILEGAL
—De miembro de las Cortes Generales o Asamblea Legislativa de Comunidad Autónoma, 501; Apéndice 1, 159.
PROCURADORES DE LOS TRIBUNALES
—Agresiones por su actuación profesional, 464; Apéndice 1, 325 bis.
—Deslealtad profesional, 467; Apéndice 1, 360 y 361.
—Obstrucción a la Justicia, 463, 465.
—Presentación de documentos o testigos falsos, 461.
—Revelación de actuaciones secretas, 466.
PROFANACIÓN DE CADÁVERES
—524, 526; Apéndice 1, 340 y 577.
PROGRAMAS O SOPORTES INFORMÁTICOS
—Daños, 264.2, 278.3.
—Medios delictivos, 400.
—Neutralización de sistemas de protección, 270.
PROHIBICIÓN DE ACTIVIDADES, OPERACIONES O NEGOCIOS
—129.
PROMESA
—22.3.º, 139.2.ª, 156, 213, 262, 419, 420, 423, 425; Apéndice 1, 10.1.º y 406.2.º
PROPALACIÓN DE RUMORES FALSOS
—284, 561, 594; Apéndice 1, 132, 249 bis y 540.
PROPIA IMAGEN
—Delitos contra, 197, 198, 201.

PROPIEDAD
—Industrial, 273 a 277, Disp. Derog. 1.*e*); Apéndice 1, 534.
—Intelectual, 270 a 272; Apéndice 1, 534 bis a) ss.
PROPOSICIÓN
—17, 141, 151, 168, 269, 304, 373, 477, 488, 519, 548, 553, 578, 585, 615; Apéndice 1, 4.º, 52, 143 y 216 bis a).
PROSTITUCIÓN
—187 a 190, 612.3.º, Disp. Adic. 2.ª; Apéndice 1, 452 bis a) ss.
PROVOCACIÓN
—18, 141, 151, 168, 269, 304, 373, 477, 488, 519, 548, 553, 578, 585, 615; Apéndice 1, 4.º, 52, 143 y 216 bis a).
PROVOCACIÓN SEXUAL
—186; Apéndice 1, 431 y 432.
PROXENETISMO
—188; Apéndice 1, 452 bis b).
PUBLICACIÓN DE SENTENCIAS CONDENATORIAS
—272, 288.
PUBLICIDAD
—De medicamentos alterados o simulados, 362.1.3.º; Apéndice 1, 344 ter.
—De secretos e informaciones relativos a la defensa nacional, 599.2.º; Apéndice 1, 135 bis b).
—En la comisión del delito, 18, 211; Apéndice 1, 463.
—Falsa, 282.
PUENTES
—Voladura, 346, 347.
PUERTOS
—Destrucción, 346, 347.

Q

QUEBRANTAMIENTO
—De condena, 37.3.º, 88, 89, 468 a 471; Apéndice 1, 334 ss.
—De deberes de custodia, 223; Apéndice 1, 485.
—De la inviolabilidad de las Cortes Generales o Asamblea Legislativa de Comunidad Autónoma, 499.
—De medida de seguridad, 100, 468 a 471.
QUERELLA
—86, 215; Apéndice 1, 467.
QUIEBRA
—259 a 261; Apéndice 1, 520 ss.
—De la subasta, 262.

R

RACISMO
—22.4.º, 314, 510.1, 511, 607; Apéndice 1, 10.17, 137 bis a) a 137 bis c) y 165 ter.
RADIACIONES IONIZANTES
—341 a 345.
RADIODIFUSIÓN Y TELEVISIÓN
—Agravante, Apéndice 1, 10.4.º
—Apología de delitos, Apéndice 1, 137 bis b), 165 ter, 216 bis a) y 268.
—Autores, 30; Apéndice 1, 13 y 15.
—Injurias o calumnias, 211; Apéndice 1, 46.3.
—Medio de provocación, 18.
—Responsabilidad civil, 120.
—Revelación de informaciones reservadas o secretas relativas a la defensa nacional, 599.2.º
—Suspensión de emisiones, 538.
RAPTO
—Apéndice 1, 440 ss.
REALIZACIÓN ARBITRARIA DEL PROPIO DERECHO
—455; Apéndice 1, 337.
REBELIÓN
—472 a 484; Apéndice 1, 10.15, 57 bis a), 57 bis b), 98 bis, 174 ss., 214 ss. y 233.
—Encubrimiento, 451.3.º

RECEPTACIÓN
—298 a 300; Apéndice 1, 249 y 546 bis a) ss.
RECLUSIÓN
—Mayor, Disp. Trans. 11.ª1.*a*); Apéndice 1, 27, 30, 45, 78, 84 y 113.
—Menor, Disp. Trans. 11.ª1.*b*); Apéndice 1, 27, 30, 46, 78, 84 y 113.
RECOMPENSA
—22.3.º, 139.2.ª, 156, 213, 425; Apéndice 1, 10.2.º y 406.2.º
RECURSO DE APELACIÓN
—Disp. Trans. 9.ª*a*).
RECURSO DE CASACIÓN
—Disp. Trans. 9.ª*b*); Apéndice 1,95.
RECURSOS NATURALES
—Delitos contra, 325 a 331, 338 a 340; Apéndice 1, 347 bis y 348.
REDENCIÓN DE PENAS POR EL TRABAJO
—Apéndice 1, 100.
REGENCIA
—Allanamiento de morada, 490.1.
—Amenazas, 490.2.
—Calumnias, 490.3, 491.1.
—Coacciones, 489.
—Destitución o despojo de sus prerrogativas, 472.2.º
—Detención ilegal, 487.
—Homicidio, 485.
—Injurias, 490.3, 491.1; Apéndice 1, 161.1.º y 162.
—Lesiones, 486.
RÉGIMEN JURÍDICO DE CONTROL DE CAMBIOS
—Apéndice 3.
REGISTRO CENTRAL DE PENADOS Y REBELDES
—82, 85, 136, 137; Apéndice 1, 118.
REGISTRO ILÍCITO
—534.2.º; Apéndice 1, 191.2.º y 3.º
REGULARIZACIÓN
—Ante la Seguridad Social, 307; Apéndice 1, 349 bis.
—Tributaria, 305; Apéndice 1, 349.
REHABILITACIÓN
—83.1.5.º, 136, 137; Apéndice 1, 118.
REINCIDENCIA
—22.8.º, 87, 190, 375, 388, 580, Disp. Trans. 7.ª; Apéndice 1, 10.15, 118, 289 y 452 bis f).
RELACIÓN DE AFECTIVIDAD
—23, 424, 443, 444, 454; Apéndice 1, 11, 18, 384, 425 y 582.
—Malos tratos, 153, 617; Apéndice 1, 425.
RELIGIÓN
—Motivo de discriminación, 22.4.ª, 314, 510 a 512; Apéndice 1, 10.17 y 137 bis a).
REMISIÓN CONDICIONAL
—Véase «Condena condicional».
REPARACIÓN DEL DAÑO
—21.5.º, 88, 109, 110, 112, 114, 126, 216, 227, 340, 378.1.º; Apéndice 1, 9.º9.º, 101, 103, 111.
REPRODUCCIÓN ASISTIDA
—162.
RESISTENCIA A LA AUTORIDAD
—554, 556; Apéndice 1, 237.
RESPONSABILIDAD CIVIL
—80, 81, 109 a 122, 136.2.º1.ª; Apéndice 1, 19 ss. y 101 ss.
—Contenido, 110 a 115, 272; Apéndice 1, 101 ss.
—Cumplimiento, 125, 126.
—Elusión dolosa, 258.
—Personas responsables, 116 a 122, 212, 268; Apéndice 1, 19 ss.
RESPONSABILIDAD CRIMINAL
—Exención, 268.1, 305, 307, 308; Apéndice 1, 349, 349 bis, 350 y 564.
—Extinción, 130 a 135; Apéndice 1, 112 a 116.
RESPONSABILIDAD PERSONAL SUBSIDIARIA POR IMPAGO DE MULTA
—33, 35, 53; Apéndice 1, 91.
RESTITUCIÓN DE LOS BIENES OBJETO DEL DELITO
—110, 111, 122; Apéndice 1, 101, 102 y 108.
RETARDO MALICIOSO EN LA ADMINISTRACIÓN DE JUSTICIA
—449; Apéndice 1, 357.
RETRACTACIÓN
—214, 462.
RETROACTIVIDAD DE LAS LEYES PENALES
—2; Apéndice 1, 24.
REUNIONES
—Disolución, 540; Apéndice 1, 195.
—Ilegales, 513, 514; Apéndice 1, 150, 151 y 166 ss.
—Prohibición, 540.
REVELACIÓN DE SECRETOS
—Véase «Descubrimiento y revelación de secretos».

REY
—Allanamiento de morada, 490.1; Apéndice 1, 146.
—Amenazas, 490.2; Apéndice 1, 147.
—Calumnias, 490.3, 491.1.
—Coacciones, 489; Apéndice 1, 144 y 145.
—Destitución o despojo de sus prerrogativas, 472.2.°; Apéndice 1, 163.
—Detención ilegal, 487; Apéndice 1, 144.1.°
—Homicidio, 485; Apéndice 1, 142.
—Imagen, 491.2.
—Injurias, 490.3, 491.1; Apéndice 1, 147.
—Lesiones, 486; Apéndice 1, 144.3.° y 145.
RIESGO CATASTRÓFICO
—341 a 350; Apéndice 1, 348 bis b) y 554.
RIÑA
—620.
—Tumultuaria, 154; Apéndice 1, 424.
ROBO
—237 a 242, 269; Apéndice 1, 500 ss. y 564.
—De uso de vehículo, 244; Apéndice 1, 516 bis.
ROMPIMIENTO DE PARED, TECHO O SUELO
—238.2.°; Apéndice 1, 504.2.° y 505.
RUFIANES
—Apéndice 1, 452 bis c) y 452 bis d).
RUMORES FALSOS
—284, 561, 594; Apéndice 1, 132, 140, 141, 249 bis y 540.

S

SALUD PÚBLICA
—359 a 378; Apéndice 1, 341 ss.
SECRETOS
—Véase «Descubrimiento y revelación de secretos».
SECUESTRO
—164 a 168, 577; Apéndice 1, 481 ss.
—Véase también «Detención ilegal».
SEDICIÓN
—544 a 549; Apéndice 1, 218 ss.
SEDUCCIÓN DE TROPAS
—475; Apéndice 1, 121.2.° y 217.2.°
SEGURIDAD E HIGIENE (NORMAS Y MEDIDAS DE)
—Contravención, 348 a 350; Apéndice 1, 348 bis b).
—Inexistencia, 316; Apéndice 1, 348 bis a).
SEGURIDAD SOCIAL
—Condiciones peyorativas, 311; Apéndice 1, 499 bis.1.°
—Delitos contra, 307; Apéndice 1, 349 bis.
—Protección, 49.4.ª
SEGUROS OBLIGATORIOS
—Omisión, 636.
SELLOS DE CORREOS
—Falsificación, 389; Apéndice 1, 299.
SENADO
—Véase «Cortes Generales».
SENTENCIAS EN EJECUCIÓN A LA ENTRADA EN VIGOR DEL NUEVO CÓDIGO
—Revisión, Disp. Trans. 3.ª a 8.ª
SENTIMIENTOS RELIGIOSOS
—524, 525; Apéndice 1, 208 a 211.
SERVICIO MILITAR
—604; Apéndice 1, 135 bis h), 135 bis i) y 422.
SERVICIO PÚBLICO
—Abandono, 409.
—Quebranto, 235.2; Apéndice 1, 516.1.°
SEXO
—Motivo de discriminación, 22.4.ª, 314, 510 a 512; Apéndice 1, 165.
SIGNOS DISTINTIVOS
—274, 276.
SIMULACIÓN
—De contrato, 251.3; Apéndice 1, 532.2.° y 543.
—De contrato laboral, 313; Apéndice 1, 499 bis.
—De delito, 457; Apéndice 1, 338.
—De documento, 390.1.2.°; Apéndice 1, 302.9.°
—De dominio, 251.1; Apéndice 1, 531.

—De funciones públicas, 165; Apéndice 1, 17 y 481.
—De pleito, 250.2.º; Apéndice 1, 529.2.º
SÍNDROME DE ABSTINENCIA
—20.2.º
SOBORNO
—Véase «Cohecho».
SOCIEDAD
—Clausura, 129.
—Concepto penal, 297.
—Delitos societarios, 290 a 297.
—Suspensión de actividades, 129.
SOLICITACIÓN
—443 a 445; Apéndice 1, 383 y 384.
SUBASTAS PÚBLICAS
—Alteración de precios, 262; Apéndice 1, 539.
SUBVENCIONES PÚBLICAS
—305, 308; Apéndice 1, 349 y 350.
SUICIDIO
—143; Apéndice 1, 409.
SUPOSICIÓN DE PARTO
—220; Apéndice 1, 468 y 469.
SUSPENSIÓN DE ACTIVIDADES DE SOCIEDADES, EMPRESAS, FUNDACIONES O ASOCIACIONES
—129.
SUSPENSIÓN DE EMPLEO O CARGO PÚBLICO
—33, 39, 40, 43, 56; Apéndice 1, 26.2, 27, 29, 38, 47 y 97.
SUSPENSIÓN DE LA EJECUCIÓN DE LAS PENAS PRIVATIVAS DE LIBERTAD
—80 a 87; Apéndice 1, 92 ss.
SUSPENSIÓN DE PAGOS
—259 a 261.
SUSTANCIAS PSICOTRÓPICAS
—20.2.º, 21.2.º, 87, 102, 118, 368, 369, 371, 374, 379; Apéndice 1, 93 bis, 340 bis a).1.º y 344 ss.
SUSTITUCIÓN DE NIÑOS
—220; Apéndice 1, 468.
SUSTITUCIÓN DE PENAS
—88, 89.
SUSTRACCIÓN
—De caudales o efectos públicos, 432; Apéndice 1, 394 ss.
—De cosa propia a su utilidad social, 289; Apéndice 1, 562.
—De documentos, 413; Apéndice 1, 364 ss.
—De menores, 165 y 220; Apéndice 1, 468 y 484 ss.

T

TALÓN
—Véase «Cheque».
TARJETAS DE CRÉDITO
—387.
TARJETAS MAGNÉTICAS O PERFORADAS
—239.
TEATROS
—Apéndice 1, 547.4.º
TENENCIA
—De armas, 563 a 565, 577; Apéndice 1, 254 ss.
—De sustancias o aparatos explosivos, inflamables, incendiarios o asfixiantes, 568, 573; Apéndice 1, 264.
TENTATIVA
—15, 16, 62 a 64; Apéndice 1, 3.º, 52, 55, 56 y 142.
TERRORISMO
—571 a 580; Apéndice 1, 10.15, 17, 57 bis a), 57 bis b), 98 bis. 174 ss., 216 bis a), 233, 246, 249 bis, 338 bis, 481, 481 bis, 496 bis y 554; Apéndice 6, 4.º1.º
—Asociación ilícita, 515.2.º, 516.1.º; Apéndice 1, 173 y 174.
—Encubrimiento, 451.3.º
TEST DE ALCOHOLEMIA
—380.
TESTIGOS
—Agresiones por su actuación procesal, 464; Apéndice 1, 325 bis.
—Daños, 264.1, 464.2.
—Incomparecencia, 463; Apéndice 1, 372.
—Mendaces, 458 a 460; Apéndice 1, 326 ss.

TORTURA
—57, 174, 176, 609; Apéndice 1, 204 bis y 421.3.º
TRABAJADORES
—Delitos contra sus derechos, 311 a 318; Apéndice 1, 177 bis, 348 bis a) y 499 bis.
TRABAJOS EN BENEFICIO DE LA COMUNIDAD
—33, 39, 40, 49, 53, 88.
TRÁFICO
—De armas o municiones, 566, 567, 570, 573, 577.
—De drogas, 368, 369; Apéndice 1, 344 ss.
—De especies de flora y fauna protegidas, 332, 334.
—De géneros corrompidos, 363.3.
—De influencias, 428, 429; Apéndice 1, 404 bis a) ss.
—De materiales radiactivos o sustancias nucleares, 345.
—De sustancias nocivas para la salud, 360.
—De sustancias o aparatos explosivos, inflamables, incendiarios o asfixiantes, 568, 570, 573.
—Delitos contra la seguridad del, 379 a 385; Apéndice 1, 340 bis a) ss.
—Ilegal de mano de obra, 312; Apéndice 1, 499 bis.
TRAICIÓN
—581 a 588; Apéndice 1, 120 ss.
—Encubrimiento, 451.3.º; Apéndice 1, 17.3.º
TRANSEXUALIDAD
—156; Apéndice 1, 428.
TRANSFERENCIAS INCONSENTIDAS
—248.
TRASPLANTE DE ÓRGANOS
—156; Apéndice 1, 428.
TRASTORNO MENTAL
—20.1.º, 60; Apéndice 1, 8.º1.º
TRATA DE BLANCAS
—187, 188; Apéndice 1, 452 bis a) ss.
TRATO DEGRADANTE
—173, 175, 176, 180.
TRIBUNAL CONSTITUCIONAL
—504; Apéndice 1, 161.1.º y 162.
—Miembros, 551, 572.2.
TRIBUNAL DE CUENTAS
—502.2.
TRIBUNAL SUPERIOR DE JUSTICIA DE UNA COMUNIDAD AUTÓNOMA
—504.
TRIBUNAL SUPREMO
—504; Apéndice 1, 161.1.º y 162.
TUTELA
—39, 46, 120, 440.

U

ULTRAJES
—A España, sus Comunidades Autónomas o sus símbolos o emblemas, 543; Apéndice 1, 123, 140 y 141.
UNIFORMES
—Uso indebido, 637.
URBANISMO
—Delitos contra, 319, 320, 338, a 340.
USO
—De documento falso, 393, 394.2, 396; Apéndice 1, 270, 271, 273, 274, 277 y 310.
—De efectos timbrados falsos, 389; Apéndice 1, 310.
—De sellos de correos falsos, 389.
—Indebido de banderas, uniformes o emblemas en conflicto armado, 612.4.º a 6.º
—Indebido de uniforme, traje, insignias o condecoración oficiales, 637; Apéndice 1, 322 ss.
USURA
—Apéndice 1, 542 ss.
USURPACIÓN
—De atribuciones, 506 a 509; Apéndice 1, 377 ss.
—De estado civil, 401; Apéndice 1, 470.
—De funciones públicas, 402.

—De inmuebles o derechos reales, 245; Apéndice 1, 517 y 518.
ÚTILES
—Para la falsificación documental, 400; Apéndice 1, 315 y 317.
UTILIZACIÓN ILEGÍTIMA DE VEHÍCULOS DE MOTOR
—Véanse «Hurto de uso de vehículo» y «Robo de uso de vehículo».

V

VANDALISMO
—514.3.
VARAMIENTO DE NAVE
—346; Apéndice 1, 10.3.° y 554.
VEHÍCULO A MOTOR
—379, 381, 384, 385; Apéndice 1, 340 bis a) y 340 bis d).
VEJACIÓN
—173, 175, 176, 180, 534.2, 590, 620; Apéndice 1, 191.3.° y 585.4.°
VENENO
—264.1.3.°, 336, 365; Apéndice 1, 10.3.°, 347, 406.3.° y 558.3.°
VERTEDEROS
—328.
VIOLACIÓN
—De correspondencia, 197, 198, 535, 603; Apéndice 1, 497.
—De edificio religioso, Apéndice 1, 492 bis.
—De información reservada o secreta, 602, 603.
—De inmunidad personal de un Jefe de Estado extranjero, 606; Apéndice 1, 137.
—De inmunidad personal del Rey u otras personas especialmente protegidas, 487, 490; Apéndice 1, 144.2.°, 145 y 146.2.°
—De protección de unidades y lugares en conflicto armado, 612.1.°
—De secretos, 417, 418; Apéndice 1, 367 y 368.
—De sepultura, 526; Apéndice 1, 340.
—De tregua o armisticio, 593; Apéndice 1, 130.
—Delito contra la libertad sexual, 179; Apéndice 1, 429.
VIVIENDAS
—245.2, 250.1.1.°; Apéndice 1, 529.1.° y 541.1.°

X

XENOFOBIA
—22.4.°, 314, 510 a 512, 607; Apéndice 1, 10.17, 137 bis a) a 137 bis c) y 165 ter.

Y

YACIMIENTOS ARQUEOLÓGICOS
—Daños, 323, 324.

BIBLIOTECA DE TEXTOS LEGALES

Derecho Administrativo

ACTIVIDADES MOLESTAS, INSALUBRES, NOCIVAS Y PELIGROSAS (5.ª ed.). *Edición de* D. J. Vera Jurado.
CÓDIGO ALIMENTARIO ESPAÑOL Y DISPOSICIONES COMPLEMENTARIAS (3.ª ed.). *Edición de* P. Deleuze Isasi.
COMPETENCIA Y ORGANIZACIÓN DE LA JURISDICCIÓN MILITAR. *Edición de* A. Millán Garrido.
JUSTICIA ADMINISTRATIVA (8.ª ed.). *Edición de* R. Fernández Montalvo.
LEGISLACIÓN ADMINISTRATIVA(4.ª ed.). *Edición de* J. Leguina Villa, C. Chinchilla Marín y E. Desdentado Daroca.
LEGISLACIÓN ADMINISTRATIVA SOBRE COMERCIO INTERIOR. *Edición de* P. Escribano Collado y E. Montoya Martín.
LEGISLACIÓN AÉREA (6.ª ed.). *Edición de* E. Mapelli López.
LEGISLACIÓN BÁSICA DE RADIO Y TELEVISIÓN (2.ª ed.). *Edición de* C. Chinchilla Marín.
LEGISLACIÓN BÁSICA DE RÉGIMEN LOCAL (9.ª ed.). *Edición de* J. E. Soriano García y R. E. Muñoz Blanco.
LEGISLACIÓN DE CAZA (2.ª ed.). *Edición de* A. Sánchez Gascón y J. L. Mateos Ibáñez.
LEGISLACIÓN DE CONTRATOS DE LAS ADMINISTRACIONES PÚBLICAS (8.ª ed.). *Edición de* A. E. de Asís Roig.
LEGISLACIÓN DE COSTAS (3.ª ed.). *Edición de* J. Leguina Villa y C. Chinchilla Marín.
LEGISLACIÓN DE FUNCIONARIOS. Administración del Estado y local (6.ª ed.). *Edición de* J. L. Piñar Mañas y D. J. Vera Jurado.
LEGISLACIÓN DE MINAS E HIDROCARBUROS. *Edición de* A. E. de Asís Roig.
LEGISLACIÓN DE PESCA. *Edición de* A. Sánchez Gascón y J. L. Mateos Ibáñez.
LEGISLACIÓN DE SANIDAD Y MEDICINA ANIMAL. *Edición de* T. Quintana López.
LEGISLACIÓN DE SEGURIDAD PRIVADA (2.ª ed.). *Edición de* B. Mapelli Caffarena y M. Martínez-Pais Loscertales.
LEGISLACIÓN DE SEGURIDAD Y POLÍCIA. *Edición de* M. Domínguez-Berrueta de Juan y otros.
LEGISLACIÓN DE SERVICIO MILITAR (3.ª ed.). *Edición de* A. Millán Garrido.
LEGISLACIÓN DE TRÁFICO, CIRCULACIÓN DE VEHÍCULOS A MOTOR Y SEGURIDAD VIAL (11.ª ed.). *Edición de* T. Cano Campos.

LEGISLACIÓN DEL MEDIO AMBIENTE (4.ª ed.). *Edición de* M. Sánchez Morón (dir.).
LEGISLACIÓN DEL MENOR (2.ª ed.). *Edición de* Emmanuel Jiménez Franco.
LEGISLACIÓN DEL SUELO. Normativa estatal y autonómica (2.ª ed.). *Edición de* C. Escuín Palop.
LEGISLACIÓN DEPORTIVA (3.ª ed.). *Edición de* M. C. González Grimaldo y P. González Schwitters.
LEGISLACIÓN ESTATAL DEL SUELO. (2.ª ed.) *Edición de* C. Escuín Palop.
LEGISLACIÓN FORESTAL (3.ª ed.). *Edición de* J. L. Piñar Mañas.
LEGISLACIÓN GENERAL DE RÉGIMEN JURÍDICO DE LAS ADMINISTRACIONES PÚBLICAS Y DEL PROCEDIMIENTO ADMINISTRATIVO COMÚN (8.ª ed.). *Edición de* J. Leguina Villa.
LEGISLACIÓN INFORMÁTICA BÁSICA. *Edición de* M. Álvarez Rico, M. Heredero Higueras y I. Álvarez-Rico.
LEGISLACIÓN NOTARIAL (2.ª ed.). *Edición de* A. Pau Pedrón.
LEGISLACIÓN NUCLEAR. *Edición de* V. López Mayor y S. Peciña.
LEGISLACIÓN SOBRE ACTIVIDADES CLASIFICADAS E IMPACTO AMBIENTAL. Normativa general y autonómica. *Edición de* D. J. Vera Jurado.
LEGISLACIÓN SOBRE ARMAS Y EXPLOSIVOS (3.ª ed.). *Edición de* S. Prados Prados.
LEGISLACIÓN SOBRE DEFENSA NACIONAL (2.ª ed.). *Edición de* G. Suárez Pertierra.
LEGISLACIÓN SOBRE DROGAS (2.ª ed.). *Edición de* A. J. Martínez Higueras.
LEGISLACIÓN SOBRE EL SECTOR PETROLERO. *Edición de* A. Calonge Velázquez y J. A. García de Coca.
LEGISLACIÓN SOBRE ENSEÑANZA. Vol. 1: Normativa básica y enseñanzas de régimen general (2.ª ed.). Vol. 2: Enseñanzas de Régimen Especial (Artísticas y de Idiomas) (2.ª ed.).Vol. 3: Profesorado. *Edición de* A. Embid Irujo.
LEGISLACIÓN SOBRE EXPROPIACIÓN FORZOSA (3.ª ed.). *Edición de* A. Blasco Esteve y M. Lafuente Benaches.
LEGISLACIÓN SOBRE FUERZAS Y CUERPOS DE SEGURIDAD (3.ª ed.). *Edición de* C. Chinchilla Marín.
LEGISLACIÓN SOBRE INDUSTRIA. *Edición de* G. Fernández Farreres y B. Raventós Soler.
LEGISLACIÓN SOBRE LA VIVIENDA. Normativa estatal y autonómica (2.ª ed.). *Edición de* R. García Macho y A. Soler Vidal.
LEGISLACIÓN SOBRE PATRIMONIO HISTÓRICO. *Edición de* J. García Fernández.
LEGISLACIÓN SOBRE SANIDAD (2.ª ed.). *Edición de* J. L. Beltrán Aguirre y otros.
LEGISLACIÓN SOBRE TELECOMUNICACIONES. *Edición de* J. M.ª Chillón Medina y J. F. Merino Merchán.
LEGISLACIÓN SOBRE TRANSPORTES TERRESTRES. *Edición de* A. E. de Asís Roig.
LEGISLACIÓN TURÍSTICA BÁSICA. *Edición de* I. Quintana Carlo y O. Sánchez Gil.
LEGISLACIÓN UNIVERSITARIA. Normativa general y autonómica (7.ª ed.). *Edición de* A. Embid Irujo y Fernando Gurrea casamayor.
LEY DE ORDENACIÓN DE LOS TRANSPORTES TERRESTRES (2.ª ed.). *Prólogo de* I. Arroyo Martínez.
LEY DE PROCEDIMIENTO ADMINISTRATIVO Y LEGISLACIÓN COMPLEMENTARIA. *Edición de* R. Fernández Montalvo.
LEY DE PUERTOS DEL ESTADO Y DE LA MARINA MERCANTE (2.ª ed.).

LEY DE RÉGIMEN JURÍDICO DE LAS ADMINISTRACIONES PÚBLICAS Y DEL PROCEDIMIENTO ADMINISTRATIVO COMÚN (3.ª ed.).

LEY DEL MEDICAMENTO. *Edición de* E. Cobreros Mendazona.

LEY DEL SECTOR ELÉCTRICO. Con normativa complementaria.

LEY DISCIPLINARIA DE LA GUARDIA CIVIL. *Edición de* A. Millán Garrido y S. Prados Prados.

LEY GENERAL DE SANIDAD (2.ª ed.).

LEY REGULADORA DE LA JURISDICCIÓN CONTENCIOSO-ADMINISTRATIVA (2.ª ed.). Prólogo de Victor Moreno Catena.

LEY REGULADORA DE LAS BASES DEL RÉGIMEN LOCAL. (2.ª ed.) *Edición de J. E. Soriano García y R. E. Muñoz Blanco.*

LEY SOBRE RÉGIMEN DEL SUELO Y VALORACIONES.

LEY SOBRE TRÁFICO, CIRCULACIÓN DE VEHÍCULOS A MOTOR Y SEGURIDAD VIAL (4.ª ed.).

LEY Y REGLAMENTO DE ESPECTÁCULOS TAURINOS. *Edición de* V. Moreno Catena (2.ª ed.).

NORMAS ADMINISTRATIVAS BÁSICAS (12 ª ed.). *Edición de* E. Roca Roca.

RÉGIMEN JURíDICO DE LOS ANIMALES POTENCIALMENTE PELIGROSOS Y DE COMPAÑÍA. *Edición de J. M. Pérez Monguió.*

RÉGIMEN JURÍDICO DE LOS COLEGIOS PROFESIONALES. *Edición de* A. J. Carreño Ayarza y V. M. González-Haba.

RÉGIMEN JURÍDICO DEL MILITAR PROFESIONAL. *Edición de* A. Millán Garrido y S. Prados Prados.

SISTEMA ELÉCTRICO NACIONAL. Ley de Ordenación y normas complementarias. *Edición de* V. López-Ibor Mayor y otros.

TEXTO REFUNDIDO DE LA LEY SOBRE EL RÉGIMEN DEL SUELO Y ORDENACIÓN URBANA.

Derecho Civil

ARRENDAMIENTOS RÚSTICOS, CÁMARAS AGRARIAS Y LEGISLACIÓN COMPLEMENTARIA (9.ª ed.). *Edición de* C. Lasarte Álvarez.

ARRENDAMIENTOS URBANOS Y LEGISLACIÓN COMPLEMENTARIA (4.ª ed.). *Edición de* C. Lasarte Álvarez y A. Moreno Andrade.

CÓDIGO CIVIL (21.ª ed.). *Edición de* R. Bercovitz y J. C. Erdozain.

COMPILACIONES Y LEYES DE LOS DERECHOS CIVILES FORALES O ESPECIALES. Aragón, Baleares, Cataluña, Galicia, Navarra y País Vasco. *Edición coordinada por* R. Bercovitz.

COMUNIDADES DE VECINOS Y ADMINISTRACIÓN DE FINCAS URBANAS Y COMPLEJOS RESIDENCIALES (6.ª ed.). *Edición de* C. Lasarte Álvarez y M. I. Feliú Rey.

LEGISLACIÓN AGRARIA (3.ª ed.). *Edición de* A. Luna Serrano y C. Maluquer de Motes.

LEGISLACIÓN BÁSICA DE CONSUMO (3.ª ed.). *Edición de* C. Martínez de Aguirre y Aldaz y M. A. Parra Lucán.

LEGISLACIÓN CANÓNICA Y MATRIMONIAL. *Edición de* A. Martínez Blanco y L. Babé Núñez.

LEGISLACIÓN DE AGUAS (5.ª ed.). *Edición de* A. Reverte Navarro y E. Pérez Pérez.

LEGISLACIÓN DE DATOS DE CARÁCTER PERSONAL (2.ª ed.). *Edición dirigida por* A. Orti Vallejo.

LEGISLACIÓN DE REGISTRO CIVIL. Con Resoluciones (5.ª ed.). *Edición de* U. Ruiz Gutiérrez.
LEGISLACIÓN HIPOTECARIA (16.ª ed.). *Edición de* R. Bercovitz.
LEGISLACIÓN SOBRE ASOCIACIONES (2.ª ed.). *Edición de* J. J. Marín López.
LEGISLACIÓN SOBRE EL EURO. *Edición de* I. J. Trujillo Díez y J. J. Marín López.
LEGISLACIÓN SOBRE EL HONOR, LA INTIMIDAD Y LA PROPIA IMAGEN (2.ª ed.). *Edición de* R. Bercovitz, J. Serra Callejo y M. A. Sánchez Domínguez.
LEGISLACIÓN SOBRE FUNDACIONES. *Edición de* J. J. Marín López.
LEGISLACIÓN SOBRE MULTIPROPIEDAD. *Edición de A. Pau Pedrón.*
LEGISLACIÓN SOBRE PROPIEDAD INTELECTUAL (4.ª ed.). *Edición de* R. Bercovitz y N. Pérez de Castro.
LEGISLACIÓN SOBRE RESPONSABILIDAD POR DAÑOS (2.ª ed.). *Edición de* L. F. Reglero Campos.
LEGISLACIÓN SOBRE VENTA A PLAZOS Y «LEASING» (2.ª ed.). *Edición de* M. A. Parra Lucán.
LEY DE ARRENDAMIENTOS URBANOS (7.ª ed.). *Edición de* C. Lasarte Álvarez.
LEY DE ENJUICIAMIENTO CIVIL (11.ª ed.). *Edición de* V. Moreno Catena.
LEY DE ENJUICIAMIENTO CIVIL .Texto íntegro de la Ley 1/2000, de 7 de enero, con legislación complementaria. *Edición de V. Moreno Catena.*
LEY SOBRE PROPIEDAD HORIZONTAL Y LEGISLACIÓN COMPLEMENTARIA (2.ª ed.). *Edición de* C. Lasarte Álvarez y M. I. Feliú Rey.

Derecho Político y Constitucional

ASISTENCIA JURÍDICA GRATUITA. Ley y Reglamento.
CONSTITUCIÓN ESPAÑOLA (10.ª ed.). *Edición de* L. López Guerra.
JUSTICIA CONSTITUCIONAL (2.ª ed.). *Edición de* M. Sánchez Morón.
LEGISLACIÓN BÁSICA DE DERECHO CONSTITUCIONAL (3.ª ed.). *Edición de* R. Punset Blanco y F. J. Bastida Freijedo.
LEGISLACIÓN BÁSICA DE DERECHO DE LA INFORMACIÓN (2.ª ed.). *Edición de* E. Gómez-Reino y E. García Llovet.
LEGISLACIÓN BÁSICA SOBRE EXTRANJEROS (4.ª ed.). *Edición de* J. C. Fernández Rozas y A. Álvarez Rodríguez.
LEGISLACIÓN ELECTORAL. *Edición dirigida por* J. F. Merino Merchán.
LEGISLACIÓN SOBRE NACIONALIDAD (3.ª ed.). *Edición de* M. T. Echezarreta Ferrer.
LEGISLACIÓN SOBRE ÓRGANOS CONSULTIVOS. *Edición de* T. Font Llovet y C. Pujol Cardenal.
LEY DE EXTRANJERÍA (2.ª ed).
LEY DEL JURADO (2.ª ed.). *Edición de* V. Moreno Catena.
LEY ORGÁNICA DE CONFLICTOS JURISDICCIONALES. *Prólogo de* J. J. Lavilla Rubira.
LEY ORGÁNICA DEL PODER JUDICIAL Y ESTATUTOS ORGÁNICOS (12.ª ed.). *Edición de* V. Moreno Catena.
LIBERTAD RELIGIOSA. *Edición de* A. Pau Pedrón.
NORMAS DE DERECHO CONSTITUCIONAL (6.ª ed.). *Edición de* J. de Esteban y P. J. González Trevijano.
NORMAS POLÍTICAS (2 ed.). *Edición de L. Aguiar de Luque* y P. Pérez Tremps.

Derecho Mercantil

CÓDIGO DE COMERCIO Y LEGISLACIÓN MERCANTIL (17.ª ed.). *Edición de* I. Arroyo Martínez.
CÓDIGO DE SEGUROS (5.ª ed.). *Edición de* R. Illescas Ortiz y M.ª J. Morillas Jarillo.
LEGISLACIÓN ARBITRAL (2.ª ed.). *Edición de* I. Arroyo Martínez.
LEGISLACIÓN BANCARIA Y DEL MERCADO DE VALORES. *Edición de* A. Madrid Parra.
LEGISLACIÓN BÁSICA DE CRÉDITO Y BANCA. *Edición de* L. A. Pomed Sánchez.
LEGISLACIÓN CONCURSAL. *Edición de* I. Arroyo Martínez y C. Górriz López.
LEGISLACIÓN COMERCIAL INTERNACIONAL. *Edición de* A. Ortiz-Arce de la Fuente y otros.
LEGISLACIÓN DE ARBITRAJE INTERNO E INTERNACIONAL. *Edición de* J. F. Merino Merchán y J. M. Chillón Medina.
LEGISLACIÓN DE AUDITORÍA DE CUENTAS. *Edición de* M. I. Feliú Rey y J. Feliú Rey.
LEGISLACIÓN DE COMERCIO ELECTRÓNICO. *Edición de* R. Casas Vallés, J. Bisbal Méndez, A. Abril i Abril j E. Planell Pons.
LEGISLACIÓN DE COMERCIO EXTERIOR. *Edición de* J. M. Portillo y A. M. Ávila.
LEGISLACIÓN DE MARCAS. *Edición de* T. de las Heras y J. L. Barbero.
LEGISLACIÓN DE SOCIEDADES MERCANTILES Y REGISTRO (8.ª ed.). *Edición de* I. Arroyo Martínez.
LEGISLACIÓN MARÍTIMA Y FUENTES COMPLEMENTARIAS (2.ª ed.). *Edición de* I. Arroyo Martínez.
LEGISLACIÓN PUBLICITARIA. *Edición de* J. Martín y Pérez de Nanclares y M. Urrea Corres.
LEGISLACIÓN SOBRE COLABORACIÓN EMPRESARIAL Y PROFESIONAL. *Edición de* A. Pau Pedrón.
LEGISLACIÓN SOBRE COMPETENCIA. *Edición de* E. Galán Corona.
LEGISLACIÓN SOBRE COOPERATIVAS (6.ª ed.). *Edición de* I. Arroyo Martínez y C. Górriz.
LEGISLACIÓN SOBRE INVERSIONES EXTRANJERAS (2.ª ed.). *Edición de* F. Eguidazu y D. Álvarez Pastor.
LEGISLACIÓN SOBRE PATENTES. *Edición de* A. Bercovitz, T. de las Heras y J. L. Barbero.
LEGISLACIÓN SOBRE PROPIEDAD INDUSTRIAL. *Edición de* A. Bercovitz, T. de las Heras y J. Macías.
LEY CAMBIARIA Y DEL CHEQUE (4.ª ed.). *Edición de* I. Arroyo Martínez.
LEY DE COOPERATIVAS (2.ª ed.). *Edición de* I. Arroyo Martínez.
LEY DE ORDENACIÓN Y SUPERVISIÓN DE LOS SEGUROS PRIVADOS. *Prólogo de* R. Illescas Ortiz.
LEY DE SOCIEDADES ANÓNIMAS (8.ª ed.). *Edición de* I. Arroyo Martínez.
LEY DE SOCIEDADES DE RESPONSABILIDAD LIMITADA. *Edición de* I. Arroyo Martínez.
LEY DEL MERCADO DE VALORES (2.ª ed.). *Prólogo de* I. Arroyo Martínez.
LEY GENERAL DE COOPERATIVAS (7.ª ed.). *Prólogo de* I. Arroyo Martínez.
LEYES DE ORDENACIÓN DEL COMERCIO MINORISTA. *Edición de* I. Arroyo Martínez.
PLAN GENERAL DE CONTABILIDAD (9.ª ed.). *Edición de* J. A. Rueda Martínez.
PLANES Y FONDOS DE PENSIONES (4.ª ed.). *Edición de* C. Albiñana.

REGLAMENTO DEL REGISTRO MERCANTIL (2.ª ed.). *Edición de* I. Arroyo Martínez.
SOCIEDADES ANÓNIMAS DEPORTIVAS. *Edición de* I. Arroyo Martínez.

Derecho Laboral

ESTATUTO DE LOS TRABAJADORES (14.ª ed.). *Edición de* J. Cruz Villalón y J. Maeztu.
LEGISLACIÓN BÁSICA SOBRE SERVICIOS SOCIALES (2.ª ED.). *Edición de* R. Barranco Vela y Isabel Martínez Madueño.
LEGISLACIÓN DE ACCIDENTES DE TRABAJO Y ENFERMEDADES PROFESIONALES. *Edición de* M. Casas, J. Aparicio, M. Baró y A. Baylos.
LEGISLACIÓN DE HUELGA. *Edición de* M. E. Casas, A. Baylos y J. Aparicio.
LEGISLACIÓN DE RELACIONES LABORALES (4.ª ed.). *Edición dirigida por* S. del Rey Guanter.
LEGISLACIÓN DE SEGURIDAD SOCIAL (14.ª ed.). *Edición de* A. Ojeda Avilés, M. F. Fernández López, J. Castiñeira Fernández y L. Hurtado González.
LEGISLACIÓN DEL PERSONAL AL SERVICIO DE LAS INSTITUCIONES SANITARIAS DE LA SEGURIDAD SOCIAL. *Edición dirigida por* S. del Rey Guanter.
LEGISLACIÓN LABORAL (15.ª ed.). *Edición de* M. Rodríguez-Piñero, A. Ojeda Avilés, M. F. Fernández López y J. Gorelli Hernández.
LEGISLACIÓN LABORAL DE LA UNIÓN EUROPEA (3.ª ed.). *Edición de* J. Cruz Villalón y J. M. Gómez Muñoz.
LEGISLACIÓN LABORAL Y DE SEGURIDAD SOCIAL. (2.ª ed.) *Edición de* M. Rodríguez-Piñero, A. Ojeda Avilés, Mª. F. Fernández López, J. Gorelli Hernández, J. Castiñeira Fernández y L. Hurtado González.
LEGISLACIÓN PROCESAL LABORAL (5.ª ed.). *Edición de* J. L. Gómez Colomer.
LEGISLACIÓN SINDICAL (10.ª ed.). *Edición de* A. Montoya Melgar y J. García Abellán.
LEGISLACIÓN SOBRE SEGURIDAD Y SALUD EN EL TRABAJO (9.ª ed.). *Edición de* E. González Biedma.
LEY DE PREVENCIÓN DE RIESGOS LABORALES.(2.ª ed.) *Edición de* E. González Biedma.
LEY DE PROCEDIMIENTO LABORAL (8.ª ed.). *Edición de* A. Montoya Melgar y B. Ríos Salmerón.
LEY GENERAL DE LA SEGURIDAD SOCIAL (3.ª ed.) *Edición de* M.ª F. Fernández López, J. Castiñeira Fernández, F. Salvador Pérez y L. Hurtado González.
PREVENCIÓN DE RIEGOS LABORALES. Ley y normas complementarias. (3.ª ed.). *Edición de* E. González Biedma.
SEGURIDAD SOCIAL DE LA UNIÓN EUROPEA. *Edición de* A. Ojeda Avilés y C. Sánchez-Rodas Navarro.

Derecho Penal

CÓDIGO PENAL (7.ª ed.). Ley Orgánica 10/1995, de 23 de noviembre. *Edición de* E. Gimbernat Ordeig y E. Mestre Delgado.
CÓDIGO PENAL MILITAR Y LEGISLACIÓN COMPLEMENTARIA (5.ª ed.). *Edición de* A. Millán Garrido.
LEGISLACIÓN PENITENCIARIA (3.ª ed.). *Edición de* C. García Valdés y E. Mestre Delgado.

LEY DE ENJUICIAMIENTO CRIMINAL (14.ª ed.). *Edición de* V. Moreno Catena.
LEY DISCIPLINARIA DE LAS FUERZAS ARMADAS. *Edición de A. Millán Garrido y S. Prados Prados.*
LEY PROCESAL MILITAR. *Edición de* A. Millán Garrido.
NORMAS SOBRE JUSTICIA DE MENORES. *Edición de* L. Vilaboy Lois.

Derecho Financiero y Tributario

CONTABILIDAD Y AUDITORÍA DE LA EMPRESA. *Edición de* V. Montesinos Julve y G. Orón Moratal.
IMPUESTO SOBRE ACTIVIDADES ECONÓMICAS (2.ª ed.). *Edición de* J. Martín Queralt.
IMPUESTO SOBRE EL VALOR AÑADIDO. Ley y Reglamento (4.ª ed.). *Edición de* E. de Miguel Canuto.
IMPUESTO SOBRE SOCIEDADES (15.ª ed.). *Edición de* C. Lozano Serrano.
IMPUESTO SOBRE SUCESIONES Y DONACIONES (5.ª ed.). *Edición de* J. V. Pedraza Bochons.
IMPUESTO SOBRE TRANSMISIONES PATRIMONIALES Y ACTOS JURÍDICOS DOCUMENTADOS (7.ª ed.). *Edición de* A. Martínez Lafuente y P. de Elizalde y Aymerich.
IMPUESTOS ESPECIALES Y RENTA DE ADUANAS. *Edición de* J. J. Hinojosa Torralvo.
IMPUESTOS SOBRE LA RENTA Y EL PATRIMONIO DE LAS PERSONAS FÍSICAS (15.ª ed.). *Edición de* J. Martín Queralt y M. T. Soler Roch.
IMPUESTOS Y TASAS ESTATALES (6.ª ed.). *Edición dirigida por* J. Martín Queralt.
JUSTICIA TRIBUTARIA. *Edición de* C. Lozano Serrano.
LEGISLACIÓN FISCAL DE LA UNIÓN EUROPEA. *Edición de* J. Calero Gallego y otros.
LEGISLACIÓN PRESUPUESTARIA (2.ª ed.). *Edición de* G. Orón Moratal.
LEGISLACIÓN SOBRE DEUDA PÚBLICA. *Edición de* J.-A. Piñol Espasa.
LEGISLACIÓN SOBRE DOBLE IMPOSICIÓN. *Edición de* J. Martín Queralt y M. J. Bas Palmero.
LEGISLACIÓN SOBRE EL IVA (5.ª ed.). *Edición de* E. de Miguel Canuto y F. Jiménez Ambel.
LEGISLACIÓN SOBRE HACIENDAS LOCALES (2.ª ed.). *Edición de* J. Martín Queralt.
LEGISLACIÓN SOBRE JUEGOS Y APUESTAS. *Edición de* J. Martín Queralt y G. Orón Moratal.
LEGISLACIÓN SOBRE VÍCTIMAS DE DELITOS. *Edición de* Isabel Ceballos Martín.
LEY DE HACIENDAS LOCALES. *Edición de* J. Martín Queralt y F. Espinosa Ferrando.
LEY DEL IMPUESTO SOBRE LA RENTA Y LEY DEL IMPUESTO SOBRE EL PATRIMONIO. *Edición de* J. Martín Queralt y M. T. Soler Roch.
LEY GENERAL TRIBUTARIA Y LEYES COMPLEMENTARIAS (7.ª ed.). *Edición de* J. Martín Queralt.
LEYES Y REGLAMENTOS DEL IRPF. *Edición de* J. Martín queralt y M. T. Soler Roch.
NORMAS DE CONTABILIDAD PÚBLICA (2.ª ed.). *Edición de* V. Montesinos Julve y G. Orón Moratal.

NORMAS GENERALES TRIBUTARIAS Y PRESUPUESTARIAS (4.ª ed.). *Edición de* J. Martín Queralt, F. Cervera Torrejón y C. Lozano Serrano.
PRESUPUESTOS Y CONTABILIDAD DE LAS ENTIDADES LOCALES (4.ª ed.). *Edición de* V. Montesinos Julve y G. Orón Moratal.
REGLAMENTO GENERAL DE LA INSPECCIÓN DE LOS TRIBUTOS. *Edición de* J. Martín Queralt.
REGLAMENTO GENERAL DE RECAUDACIÓN (2.ª ed.). *Edición de* J. Martín Queralt.

Derecho Internacional

COMUNIDAD ECONÓMICA EUROPEA. Tratado de Roma y Acta Única Europea (2.ª ed.). *Edición de* J. D. González Campos y M. Desantes Real.
COMUNIDADES EUROPEAS. Textos básicos. *Edición de* J. D. González Campos y M. Desantes Real.
DERECHO SOCIAL DE LAS COMUNIDADES EUROPEAS. *Edición de* R. A. López Parada y M. Velázquez Fernández.
DERECHOS HUMANOS. Textos internacionales (4.ª ed.). *Edición de* L. I. Sánchez Rodríguez y J. González Vega.
LEGISLACIÓN BÁSICA DE DERECHO INTERNACIONAL PRIVADO (10.ª ed.). *Edición de* A. Borrás Rodríguez, N. Bouza Vidal, J. D. González Campos y M. Virgós Soriano.
LEGISLACIÓN BÁSICA SOBRE DENOMINACIONES DE ORIGEN. *Edición de* I. Milans del Bosch Portolés.
LEGISLACIÓN SOBRE COOPERACIÓN Y AYUDA AL DESARROLLO. *Edición de* P. López Blanco.
NORMAS TRIBUTARIAS DE LA CEE. *Edición de* N. Sánchez García.
TRATADO DE LA UNIÓN EUROPEA, TRATADOS CONSTITUTIVOS DE LAS COMUNIDADES EUROPEAS Y OTROS ACTOS BÁSICOS DE DERECHO COMUNITARIO (9.ª ed.). *Edición de* A. Mangas Martín.
UNIÓN EUROPEA Y COMUNIDAD EUROPEA. *Edición de* M. Desantes Real y otros.